贵州少数民族地区民间珍稀文献汇编

清水江流域珍稀文献汇编·小江文书（第二辑）

小江文书·石引卷（下）

龙泽江　傅安辉◎编

贵州大学出版社
Guizhou University Press

目录

卷四　吴孝求户藏文书

（一）契约文书

1. 刘发祯卖禁山杉木字（同治八年十一月二十二日）

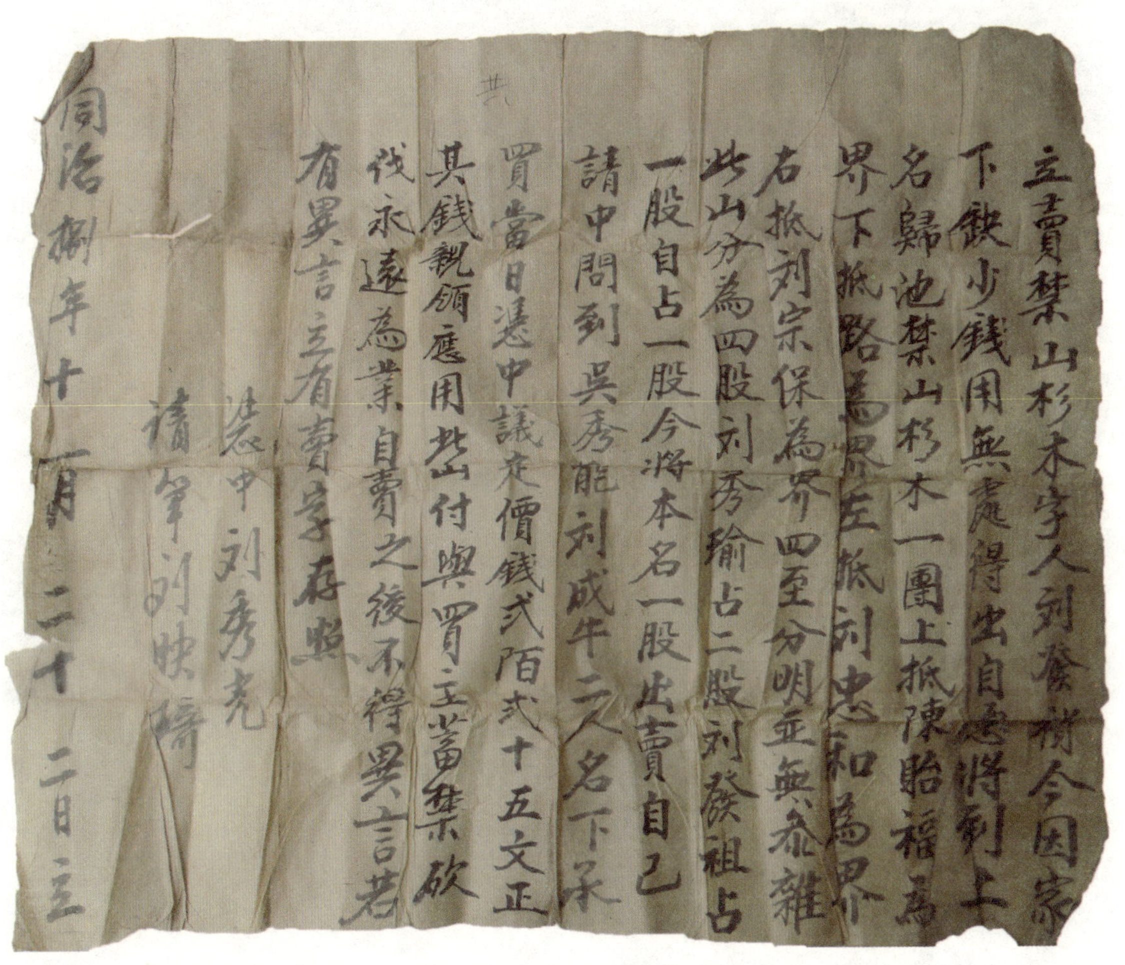

立卖禁山杉木字人刘发祯，今因家下缺少钱用，无处得出，自愿将到土名归池禁山杉木一团，上抵陈贻福为界，下抵路为界，左抵刘忠和为界，右抵刘宗保为界，四至分明，并无参（掺）杂，此山分为四股，刘秀瑜占二股，刘发祖占一股，自占一股，今将本名一股出卖。自己请中问到吴秀能、刘成牛二人名下承买，当日凭中议定价钱贰佰贰十五文正。其钱亲领应用，此山付与买主蓄禁砍伐永远为业。自卖之后，不得异言。若有异言，立有卖字存照。

凭中：刘秀光

请笔：刘映琦

同治捌年十一月二十二日立

2. 刘荣泰卖柴山字（同治十三年八月十六日）

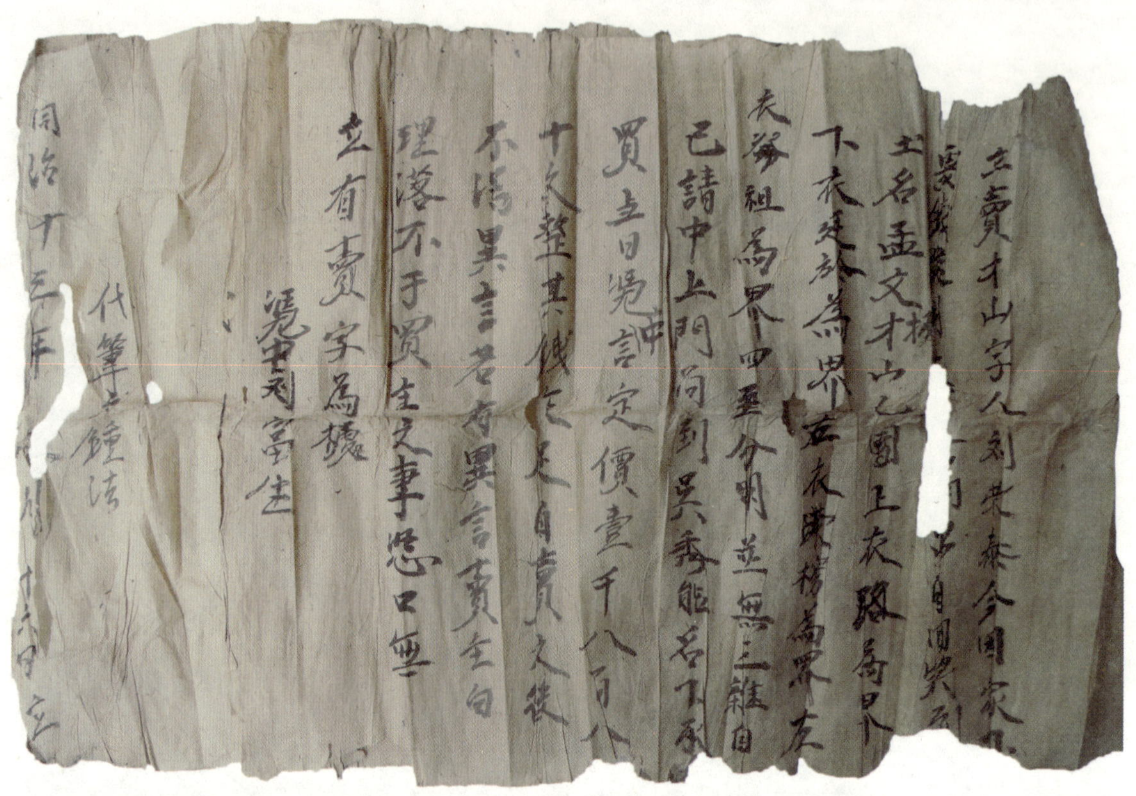

立卖才（柴）山字人刘荣泰，今因家下要钱□用，［无从得］出，自圆（愿）将到土名孟文才山一团，上衣（依）路为界，下衣（依）廷于为界，右衣（依）荣楞为界，左衣（依）发祖为界，四至分明，并无三（掺）杂，自己请中上门问到吴秀能名下承买，当日凭中言定价壹千八百八十文整。其钱交足，自卖之后，不得异言。若有异言，卖主向［前］理落，不于（干）买主之事。恐口无［凭］，立有卖字为据。

凭中：刘富生

代笔：□钟法

同治十三年八月十六日立

3. 陈全长借铜钱字（光绪二年二月十一日）

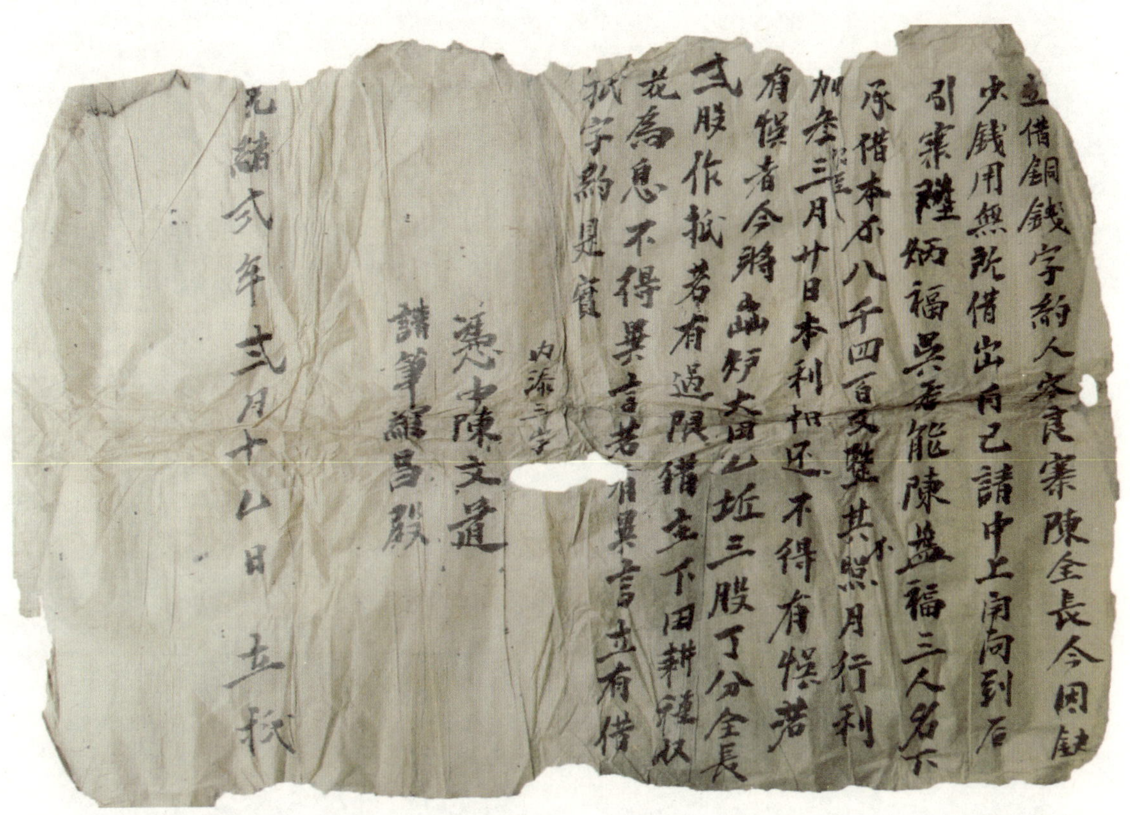

立借铜钱字约人岑良寨陈全长，今因缺少钱用，无所借出，自己请中上门问到石引寨陆炳福、吴香能、陈益福三人名下承借本钱八千四百文整。其钱照月行利加叁，限至三月廿日本利扣还，不得有误。若有误者，今将岀炉大田一丘三股丁（均）分，全长贰股作抵。若有过限，借主下田耕种收花为息，不得异言。若有异言，立有借抵字约是实。

内添三字

凭中：陈文道

请笔：罗昌殿

光绪贰年贰月十一日立抵

4. 刘富生卖田契（光绪八年五月十六日）

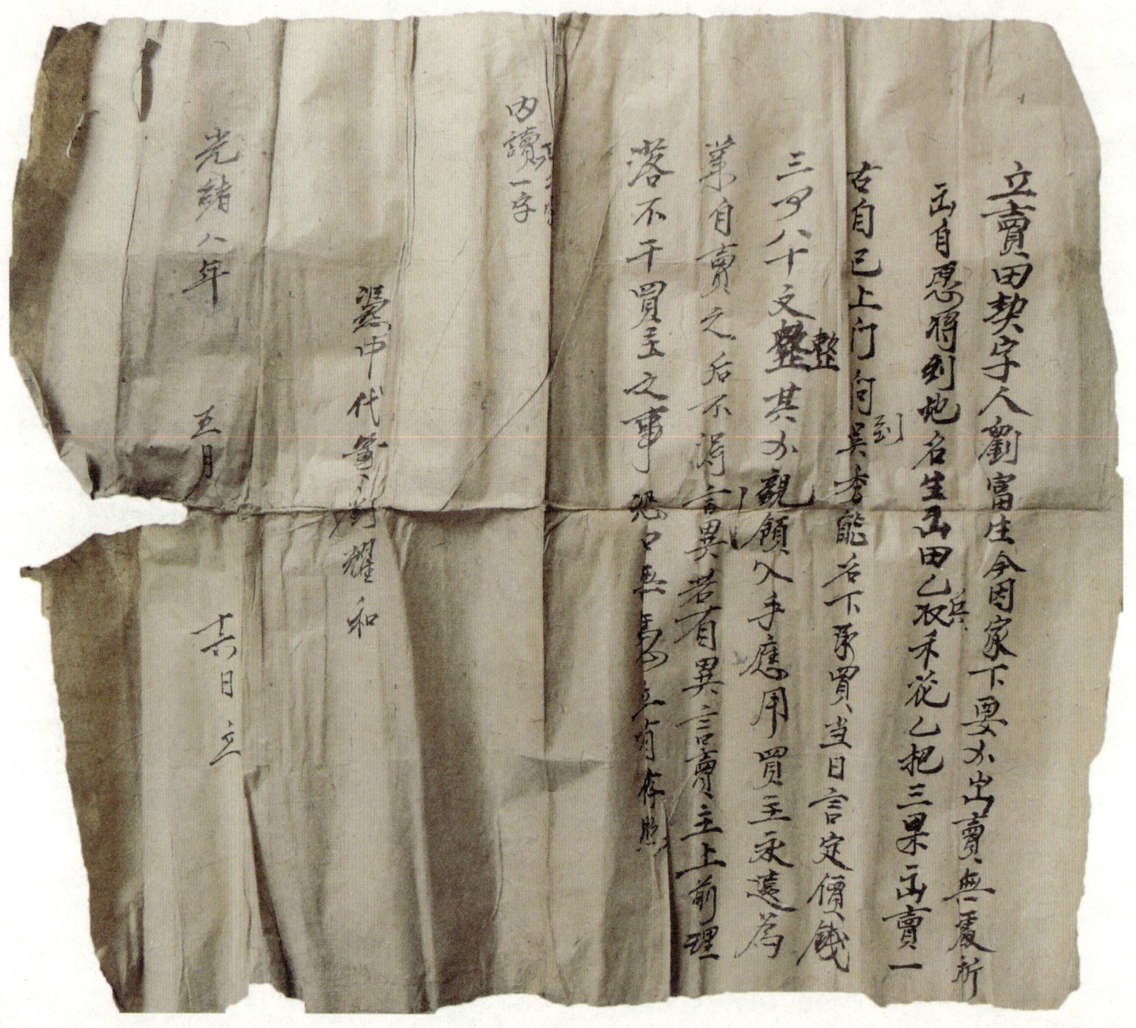

立卖田契字人刘富生，今因家下要钱出卖，无处所出，自愿将到地名生出田一丘，收禾花一把，三果（股）出卖一古（股）。自己上门问到吴秀能名下承买，当日言定价钱三百八十文整。其钱亲领入手应用，［其田］买主永远为业。自卖之后，不得异言。若有异言，卖主上前理落，不干买主之事。恐口无凭，立有［卖字］存照。

内天（添）二字，读（涂）一字

凭中、代笔：刘耀和

光绪八年五月十六日立

5. 刘富生卖柴山字（光绪十五年三月二十六日）

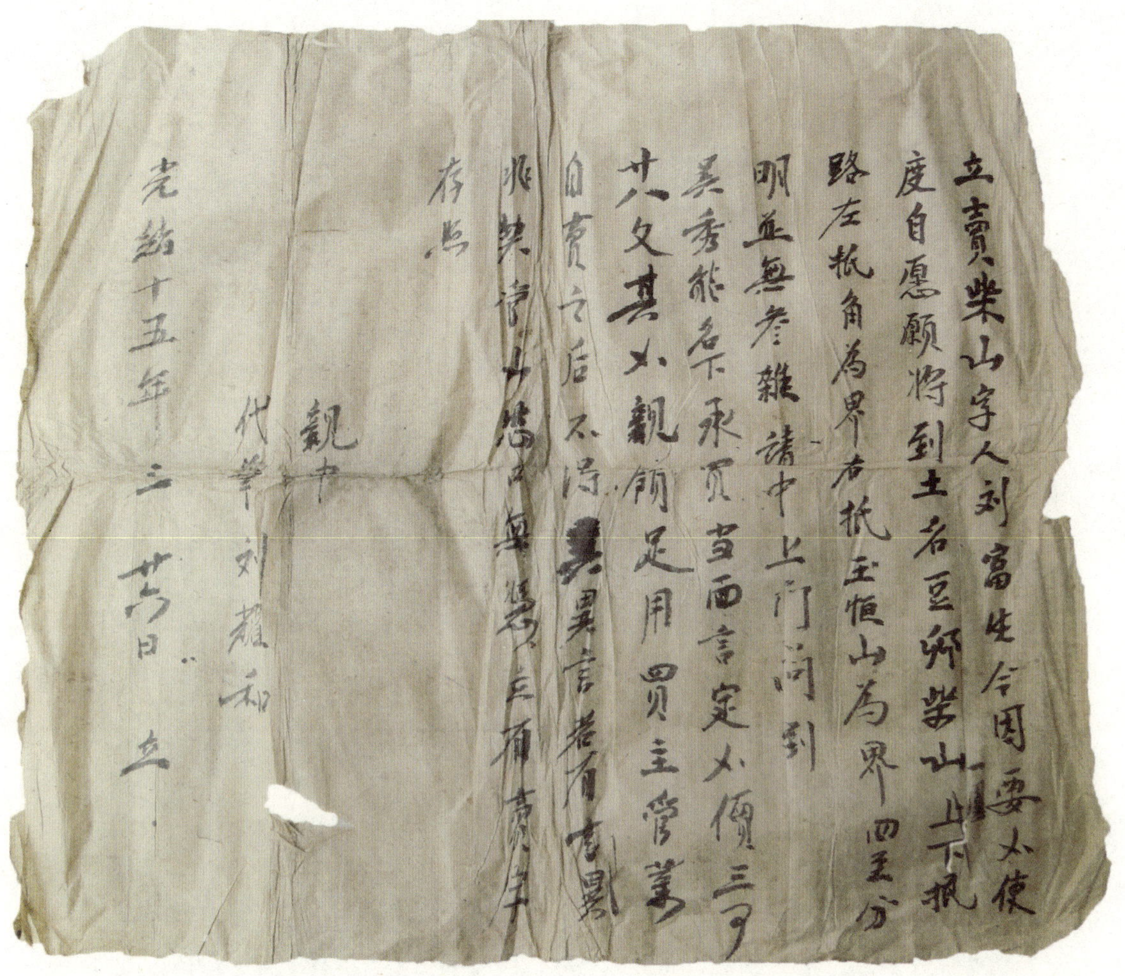

立卖柴山字人刘富生，今因要钱使度（用），自愿将到土名豆卯柴山一团，上下抵路，左抵角为界，右抵玉恒山为界，四至分明，并无叄（掺）杂，请中上门问到吴秀能名下承买，当面言定钱价三百廿八文。其钱亲领足用，［其地］买主管业。自卖之后，不得异言。若有异言，兆（照）契管山。恐口无凭，立有卖字存照。

亲（凭）中

代笔：刘耀和

光绪十五年三［月］廿六日立

6. 刘成牛卖山场字（光绪十八年三月初三日）

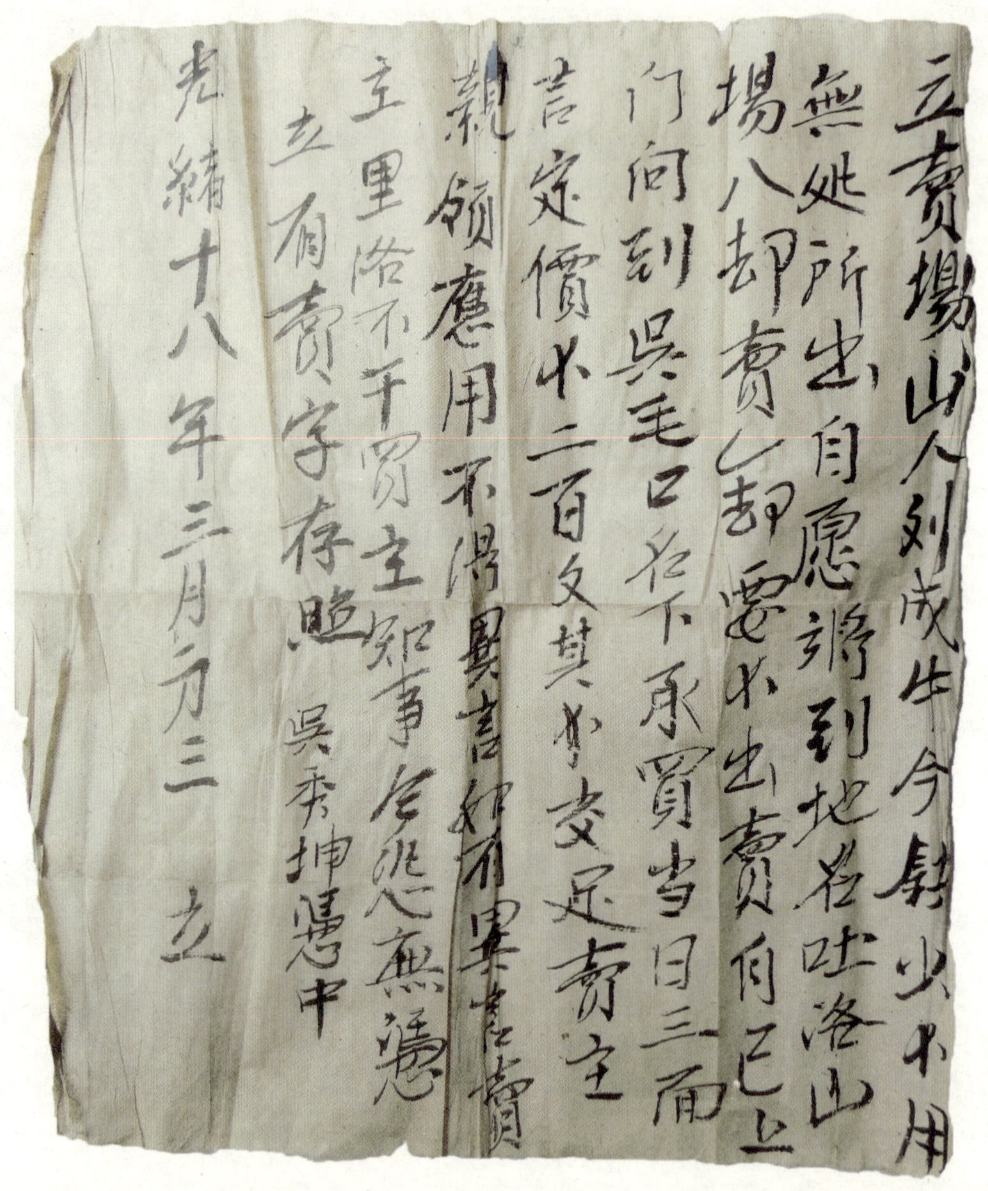

立卖山场人刘成牛，今缺少钱用，无处所出，自愿将到地名吐洛山场八却（股）卖一却（股），要钱出卖。自己上门问到吴毛口名下承买，当日三面言定价钱二百文。其钱交足，卖主亲领应用，不得异言。如有异言，卖主里（理）洛（落），不干买主知（之）事。今恐无凭，立有卖字存照。

吴秀坤凭中

光绪十八年三月初三［日］立

7. 陆显忠卖田契（光绪二十二年十一月十八日）

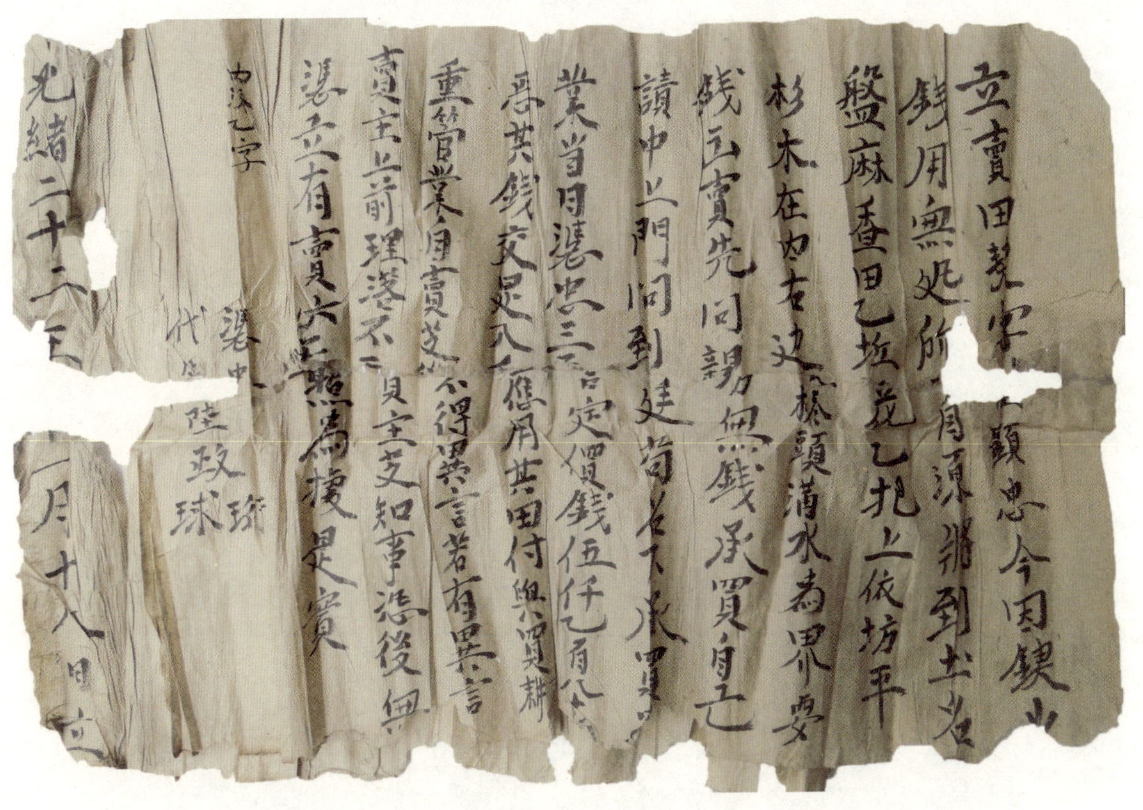

立卖田契字人［陆］显忠，今因缺少钱用，无处所［出］，自源（愿）将到土名盘麻□田一丘，［收］花一把，上依坊（荒）平（坪），杉木在内，右边桥头沟水为界，要钱出卖。先问亲［房］无钱承买，自己请中上门问到廷荀名下承买［为］业，当日凭忠（中）三［面议］定价钱伍仟一百八十［文］整。其钱交足入［手］应用，其田付与买［主］耕重（种）管业。自卖芝（之）［后］，不得异言。若有异言，卖主上前理落，不［干买］主芝（之）事。恐后无凭，立有卖字存照为据是实。

内添一字

凭中：陆政珩

代笔：陆政球

光绪二十二年［十］一月十八日立

8. **吴庭口租山场合同**（光绪二十二年七月初六日）

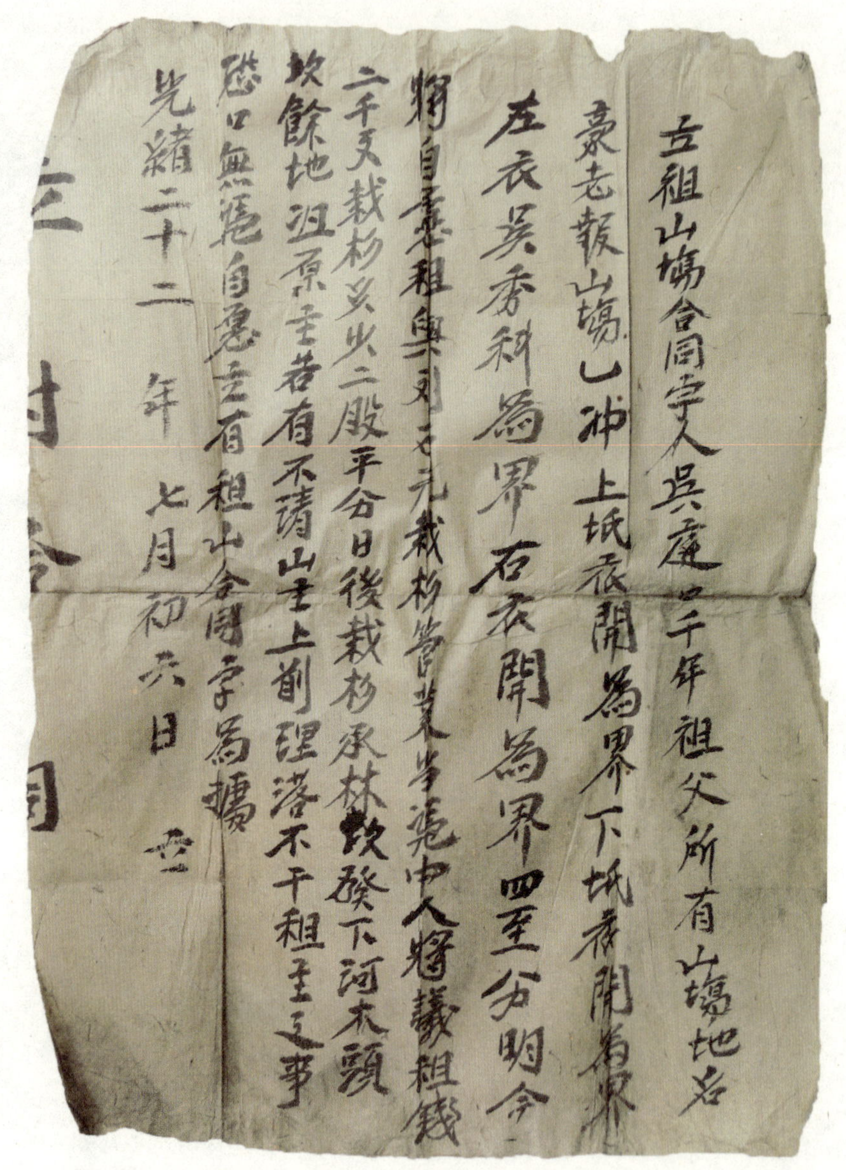

立租山场合同字人吴庭口，千（先）年祖父所有山场地名豪老报山场一冲，上坻（抵）衣开为界，下抵衣开为界，左衣（依）吴秀科为界，右衣（依）开为界，四至分明，今将自愿租与刘石元栽杉管业，当凭中人将议租钱二千文。栽杉多少，二股平分。日后栽杉承（成）林，坎（砍）发（伐）下河。木头坎（砍）余，地归原主。若有不清，山主上前理落，不干租主之事。恐口无凭，自愿立有租山合同字为据。

光绪二十二年七月初六日立

【立□合同】

9. 吴祖顺卖田契（光绪二十三年七月初六日）

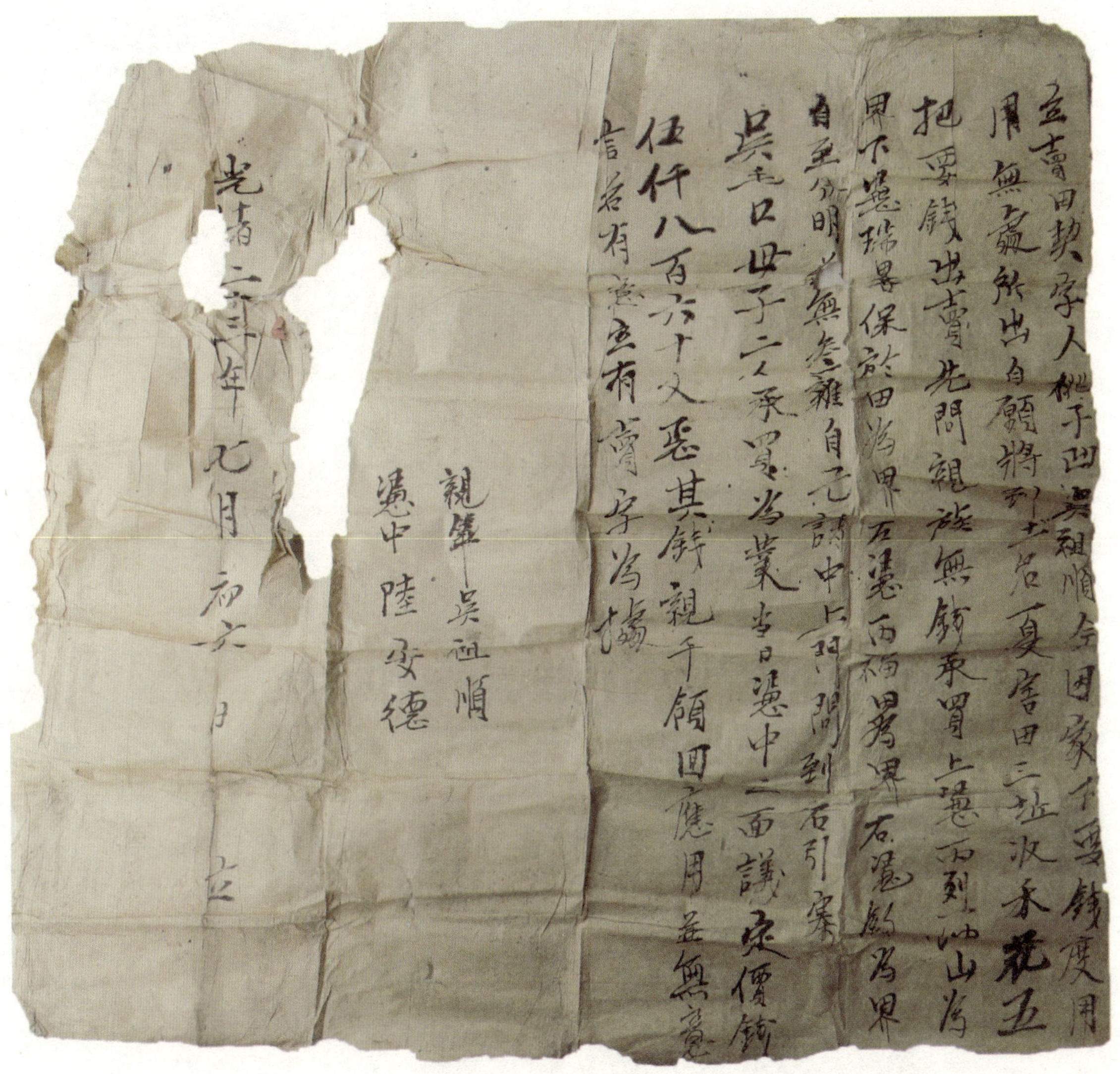

立卖田契字人桃子凹吴祖顺，今因家下要钱度用，无处所出，自愿将到土名夏害田三丘，收禾花五把，要钱出卖。先问亲族无钱承买，上凭丙烈油山为界，下凭瑞略保于田为界，左凭丙福田为界，右凭钩（沟）为界，自（四）至分明，［并］无叁（掺）杂，自己请中上门问到石引寨吴毛口母子二人承买为业，当日凭中三面议定价钱伍仟八百六十文整。其钱亲手领回应用，并无意（异）言。若有意（异）［言］，立有卖字为据。

亲笔：吴祖顺

凭中：陆安德

光绪二十三年七月初六日立

10. 刘发祥卖田契（光绪二十六年九月初二日）

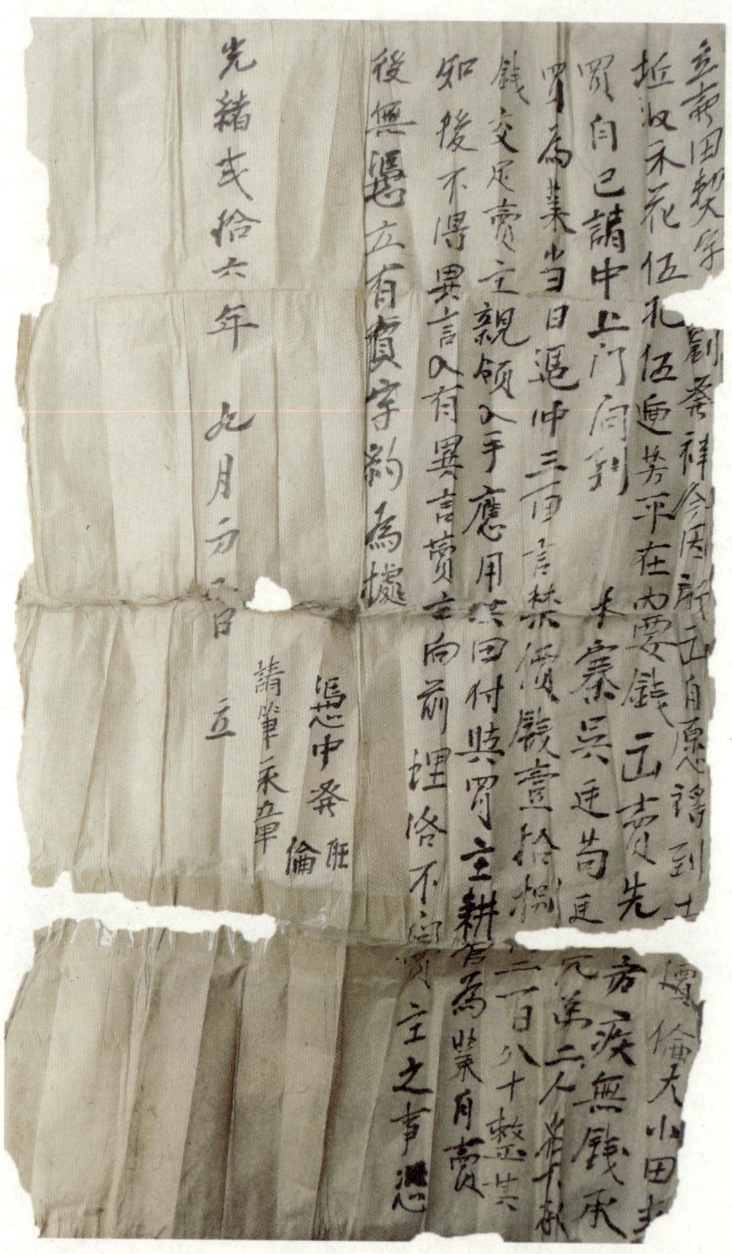

立卖田契字［人］刘发祥，今因［无］所出［处］，自愿将到土［名］价伦大小田贰丘，收禾花伍把伍遍（边），芳（荒）平（坪）在内，要钱出卖。先［问］房疾（族）无钱承买，自己请中上门问到本寨吴廷苟、廷口兄弟二人名下承买为业，当日凭中三面言禁（定）价钱壹拾捌仟二百八十整。其钱交足卖主亲领入手应用，其田付与买主耕官（管）为业。自卖知（之）后，不得异言。入（若）有异言，卖主向前理洛（落），不关买主之事。恐后无凭，立有卖字约为据。

凭中：发旺、发伦

请笔：永章

光绪贰拾六年九月初二日立

11. 吴洪陆、吴洪相卖地土山字（光绪二十七年正月二十一日）

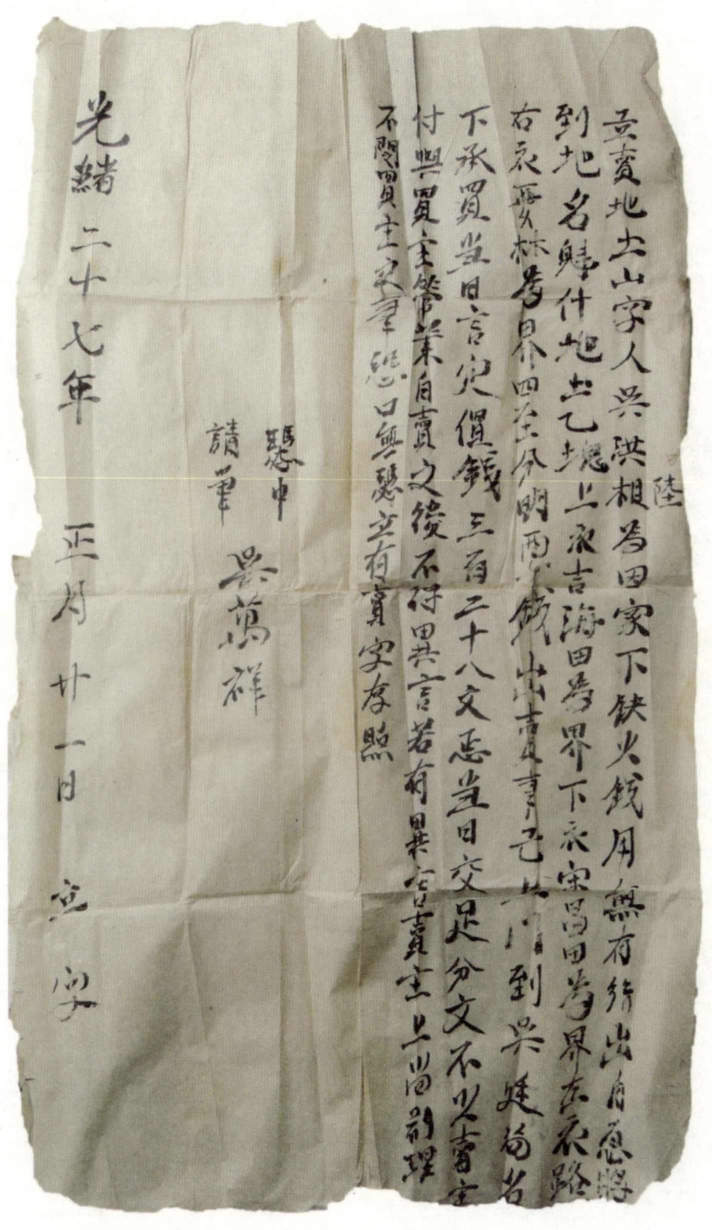

立卖地土山字人吴洪陆、吴洪相，为因家下缺少钱用，无有得（所）出，自愿将到地名魁什地土一块，上衣（依）吉海田为界，下衣（依）宋昌田为界，左衣（依）路，右衣（依）要林为界，四至分明，要钱出卖。自己上门［问］到吴廷苟名下承买，当日言定价钱三百二十八文整。当日交足，分文不少，［其地］卖主付与买主管业。自卖之后，不得异言。若有异言，卖主上前理［落］，不关买主之事。恐口无凭，立有卖字存照。

凭中、请笔：吴万祥

光绪二十七年正月廿一日立字

12. 吴洪贵、吴洪昌兄弟卖地土山场字（光绪二十七年二月十三日）

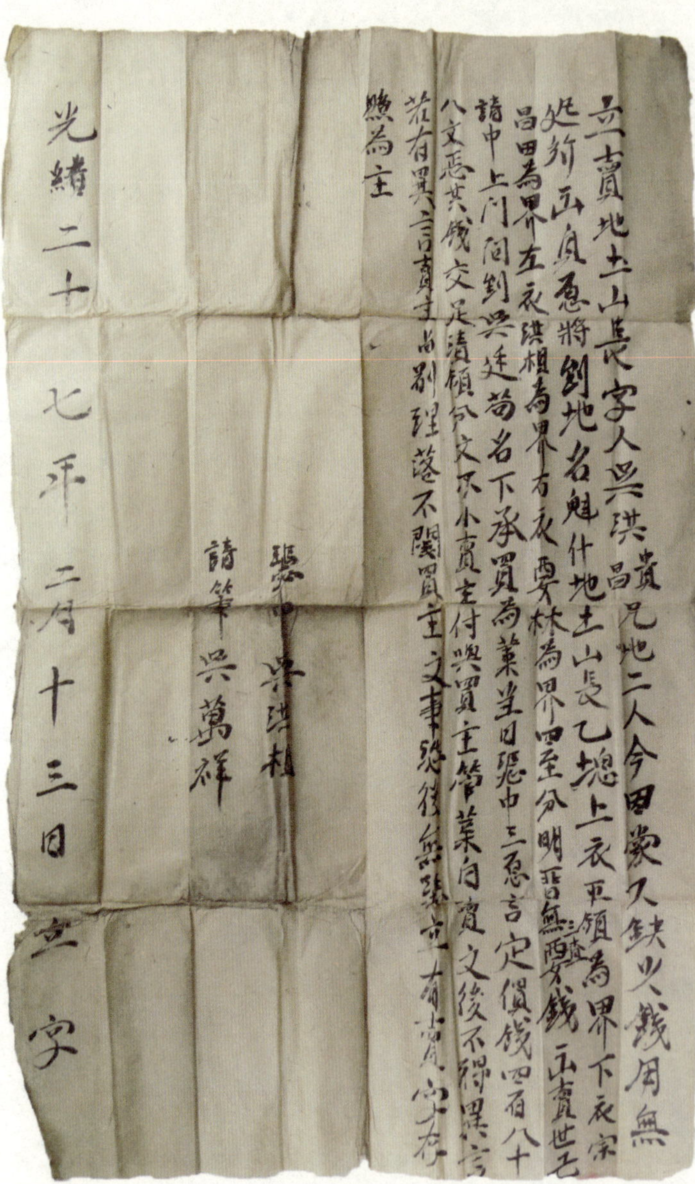

立卖地土山长（场）字人吴洪贵、吴洪昌兄地（弟）二人，今因家下缺少钱用，无处所出，自愿将到地名魁什地土山长（场）一块，上衣（依）平领（岭）为界，下衣（依）宗昌田为界，左衣（依）洪相为界，右衣（依）要林为界，四至分明，并无三（掺）查（杂），要钱出卖。世（自）己请中上门问到吴廷苟名下承买为业，当日凭中三愿（面）言定价钱四百八十八文整。其钱交足清（亲）领，分文不少，[其山场]卖主付与买主管业。自卖之后，不得异言。若有异言，卖主尚（上）前理落，不关买主之事。恐后无凭，立有卖字存照为主（据）。

凭中：吴洪相

请笔：吴万祥

光绪二十七年二月十三日立字

13. 刘耀林卖山地字（光绪二十七年三月二十六日）

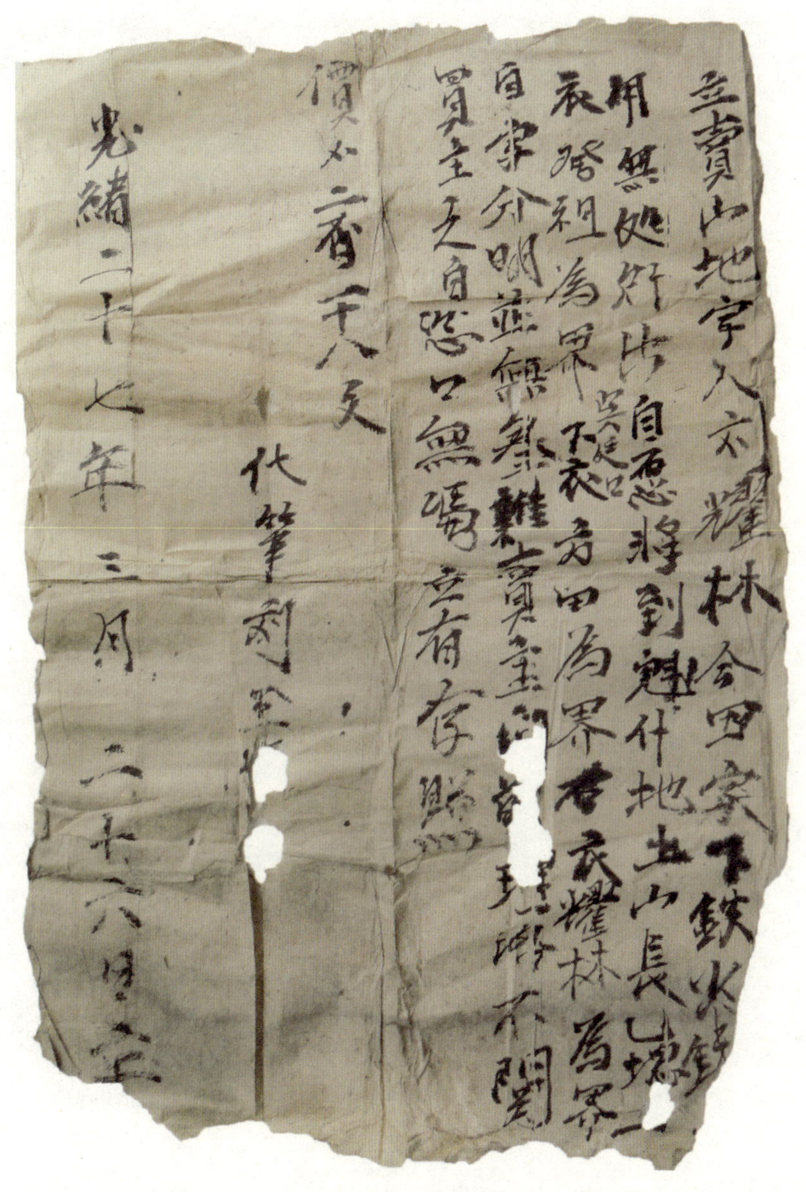

立卖山地字人刘耀林，今因家下缺少钱用，无处所出，自愿将到魁什地土山长（场）一块，上衣（依）发祖为界，下衣（依）吴廷口方田为界，右衣（依）耀林为界，自（四）字（至）分明，并无叁（掺）杂，卖主问（上）前理洛（落），不关买主之自（事）。恐口无凭，立有［卖字］存照。

价钱二百一十八文

代笔：刘玉口

光绪二十七年三月二十六日立

14. 吴宏相、吴宏陆兄弟卖地土山场字（光绪二十八年三月初八日）

立卖地土山长（场）字人吴宏相、吴宏陆兄弟二人，今因家下缺少钱用，无处所出，自愿将到地名七宗地土山长（场）一团，上［抵］平领（岭）为界，下衣（依）玉魁田为界，左衣（依）宗发田为［界］，右衣（依）买主地为界，世（四）至分明，并不三（掺）查（杂），要钱出卖。自己上门问到吴廷苟、吴万祥二人名下承买为业，当日三面言定价钱贰千八十文……［自］卖之后，不得异言。若有异言，卖主尚（上）前理落，不关买主之事。恐后无凭，立有卖字存照。

凭忠（中）、代笔：吴宏贵

光绪二十八年三月初八日立字

15. 刘耀元卖地土字（光绪二十口年正月二十一日）

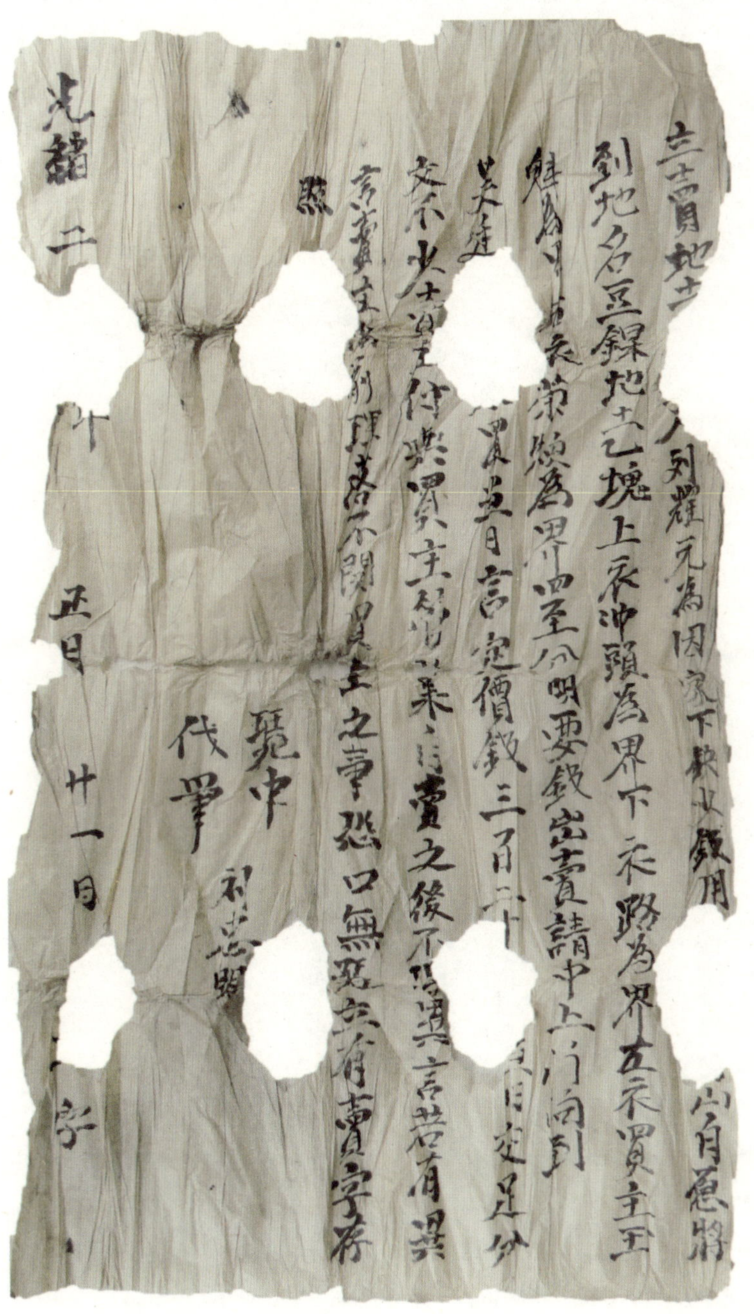

立卖地土［字人］刘耀元，为因家下缺少钱用，［无处所］出，自愿将到地名豆锞地土一块，上衣（依）冲头为界，下衣（依）路为界，左衣（依）买主玉魁为界，右衣（依）荣焕为界，四至分明，要钱出卖。请中上门问到吴廷……承买，当日言定价钱三百二十……。［其钱］当日交足，分文不少，［其地］卖主付与买主管业。自卖之后，不得异言。若有异言，卖主尚（上）前理落，不关买主之事。恐口无凭，立有卖字存照。

凭中、代笔：刘忠明

光绪二十口年正月廿一日　立字

16. 刘华祯父子卖田契（光绪三十一年四月十一日）

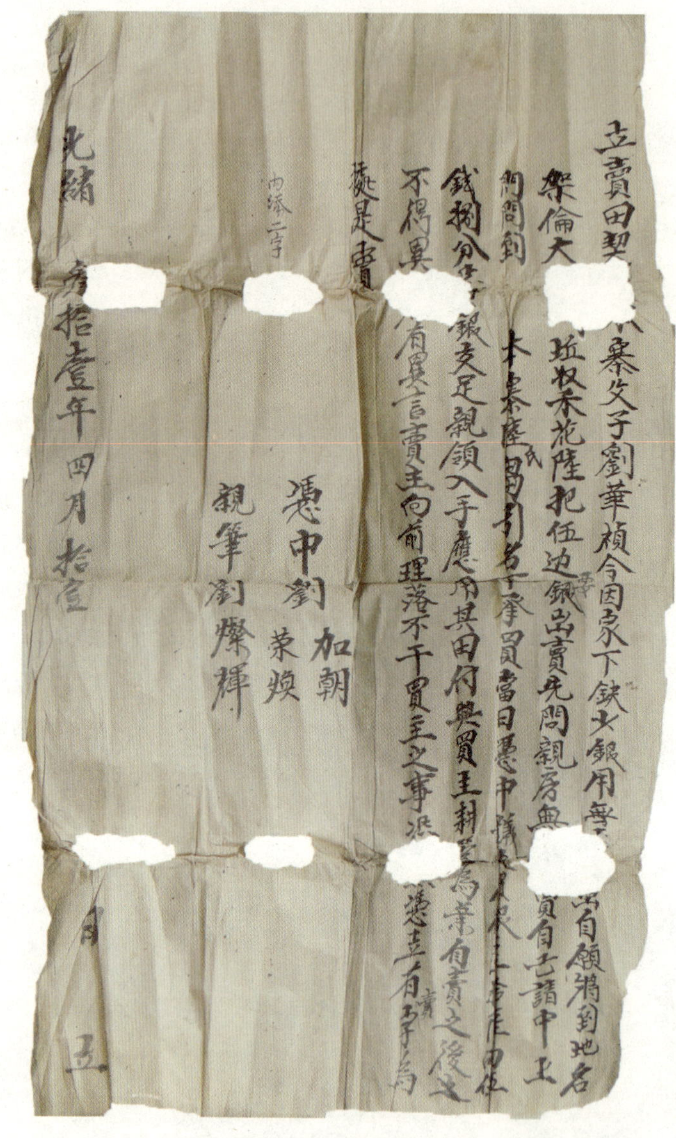

立卖田契［字人本］寨父子刘华祯，今因家下缺少银用，无［处所］出，自愿将到地名架伦大［田贰］丘，收禾花陆把伍边，要银出卖。先问亲房无［人承］买，自己请中上门问到本寨陆氏□引名下承买，当日凭中议定足银壹拾陆两伍钱捌分整。［其］银交足亲领入手应用，其田付与买主耕管为业。自卖之后，不得异［言］。若有异言，卖主向前理落，不干买主之事。恐［口无］凭，立有卖字为据是实。

凭中：刘加朝、刘荣焕

亲笔：刘灿辉

光绪叁拾壹年四月拾壹日立

17. 刘耀林卖田契（光绪三十三年五月初五日）

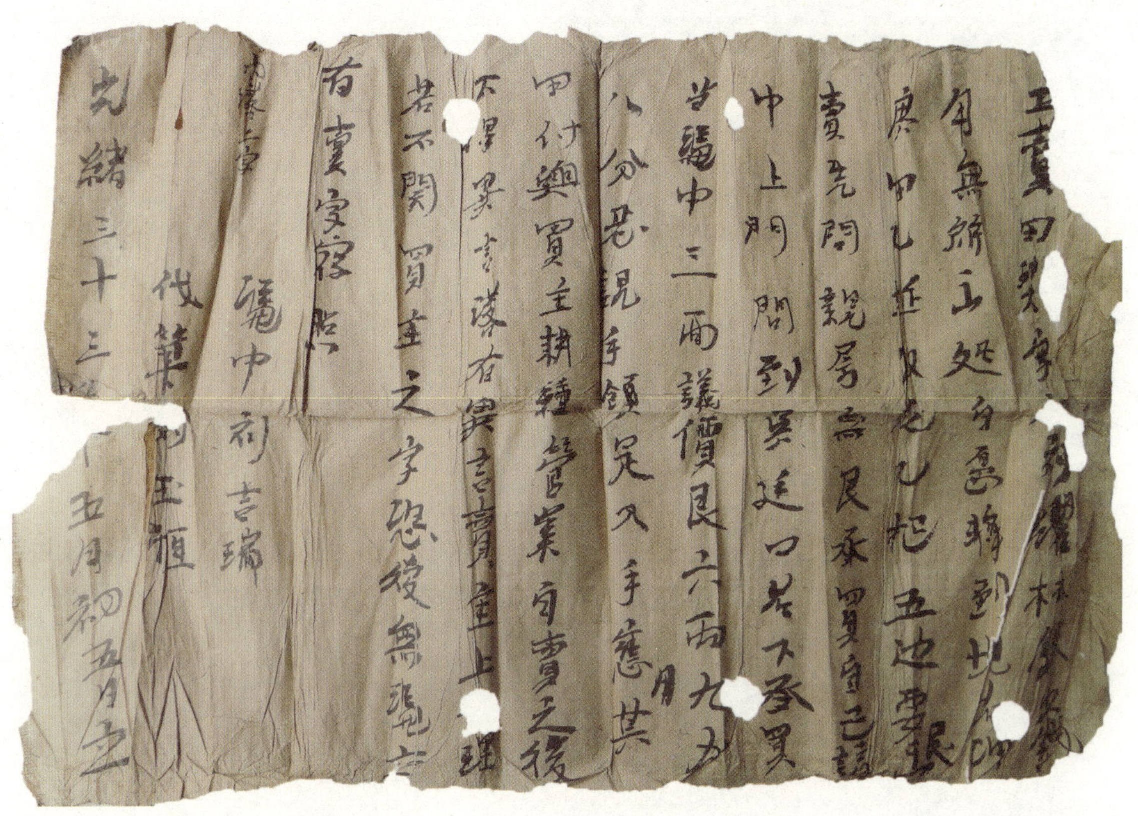

立卖田契字［人］刘耀林，缺少钱用，无所出处，自愿将到地名冲庚田一丘，收花一把五边，要银出卖。先问亲房无银承买，自己请中上门问到吴廷口名下承买，当［日］凭中三面议价银六两九钱八分整。［其钱］亲手领足入手应用，其田付与买主耕种管业。自卖之后，不得异言。落（若）有异言，卖主上［前］理若（落），不关买主之字（事）。恐后无凭，立有卖字存照。

内添二字

凭中：刘吉瑞

代笔：刘玉恒

光绪三十三［年］五月初五日立

18. 陆培恩、陆炳恩卖田契（光绪三十四年十二月初六日）

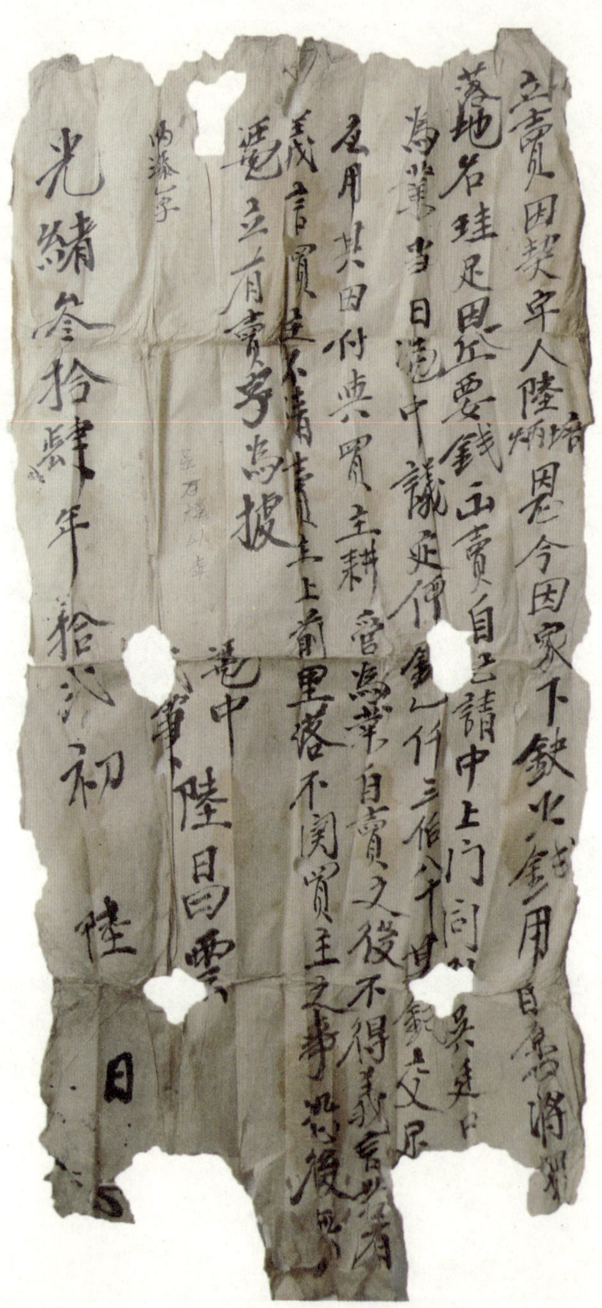

立卖田契字人陆培恩、陆炳恩，今因家下缺少钱用，自愿将到［坐］落地名珪足田一丘，要钱出卖。自己请中上门问到吴廷口［名下承买］为业，当日凭中议定价钱一仟三伯（佰）八十［文］。其钱交足应用，其田付与买主耕管为业。自卖之后，不得义（异）言。若有义（异）言，买主不清，卖主上前里（理）落，不关买主之事。恐后无凭，立有卖字为据。

内添一字

凭中、代笔：陆昌云

光绪叁拾肆年拾贰［月］初陆日［立］

19. 刘耀林卖山地字（光绪三十五年二月初一日）

立卖山地字人刘耀林，缺少钱用，无处所出，自愿将到地名归久溪山一团出卖，上抵领（岭）为界，下抵路坎为界，右抵卖主为界，左抵吉厚为界，至四（四至）分明，并无参（掺）杂，自己上门问到本寨吴廷口名下承买为业，当日三面议定价钱二百八十文。［其钱］亲手领足入主（手）应用，［自］己山付与买［主］管业。自卖［之后］，不得异言。若有异言，卖主向前理落，不干买主之事。恐后无凭，立卖字为据。

代笔：刘玉恒

光绪三十五年二月初一日立

20. 吴见安父子卖田契（宣统元年三月十六日）

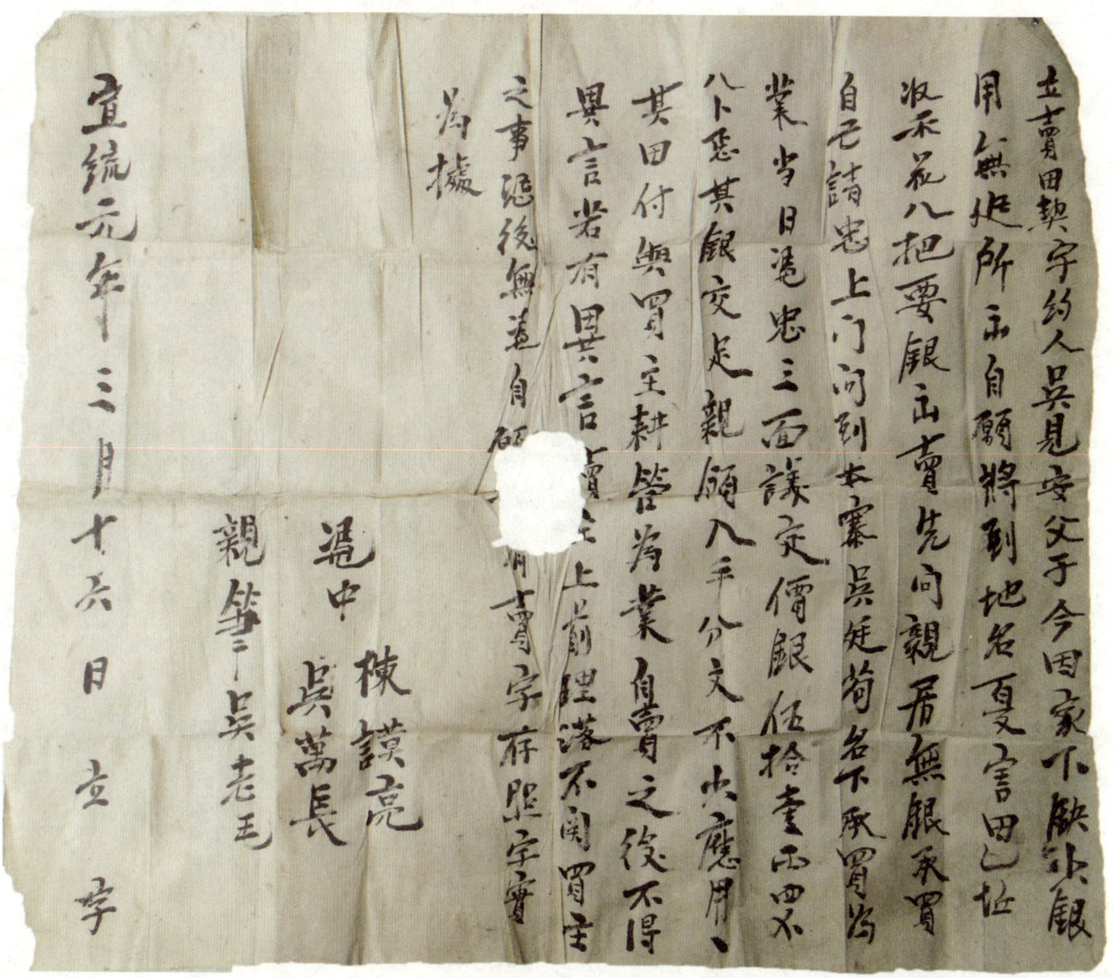

立卖田契字约人吴见安父子，今因家下缺少银用，无处所出，自愿将到地名夏害田一丘，收禾花八把，要银出卖。先问亲房无银承买，自己请忠（中）上门问到本寨吴廷苟名下承买为业，当日凭忠（中）三面议定价银伍拾壹两四钱八分整。其银交足亲领入手，分文不少应用，其田付与买主耕管为业。自卖之后，不得异言。若有异言，卖主上前理落，不关买主之事。恐后无凭，自愿［立］有卖字存照字（是）实为据。

凭中：陈谟亮、吴万长

亲笔：吴老毛

宣统元年三月十六日立字

21. 陆仁芳父子卖油山字（宣统元年六月十七日）

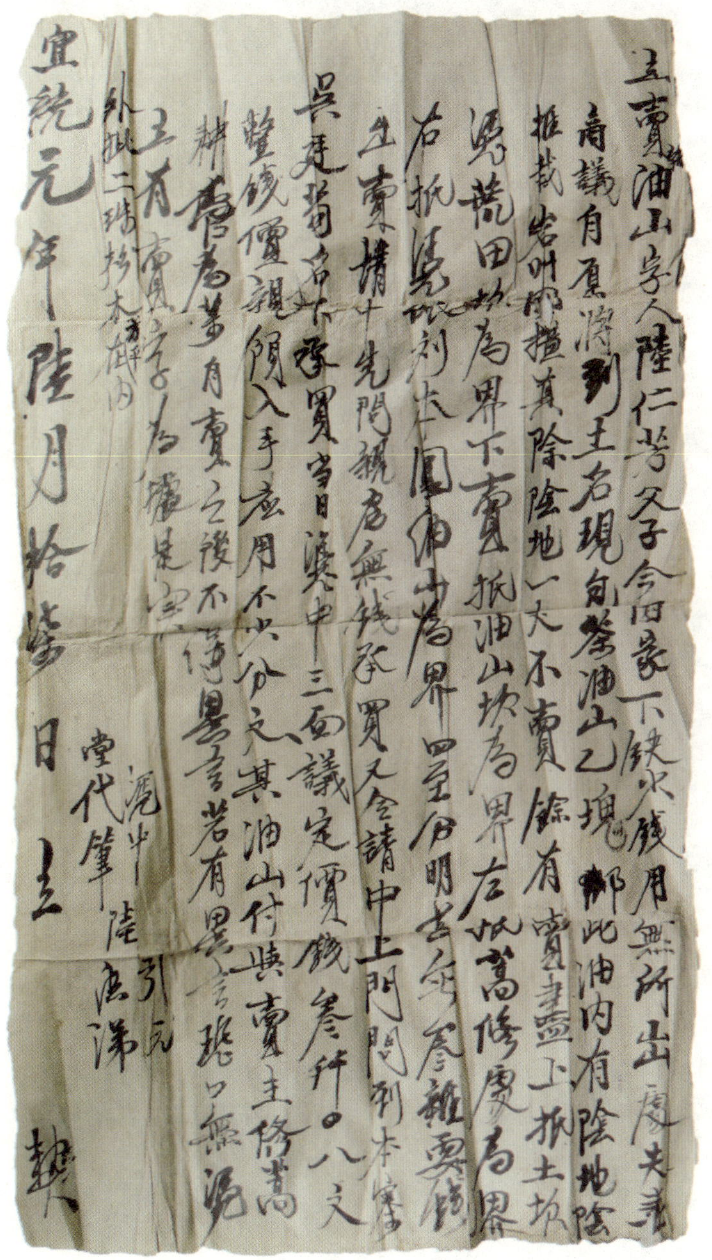

立卖油山字人陆仁芳父子，今因家下缺少钱用，无所出处，夫妻商议自愿将到土名现包茶油山一块，此油［山］内有阴地，阴［地］拒（距）栽岩叶（一）□横真（直）除阴地一丈不卖，余有卖尽。上抵土坎，凭荒田坎为界，下卖抵油山坎为界，左抵蒿修处为界，右抵凭依刘本圆油山为界。四至分明，并无参（掺）杂，要钱出卖。请中先问亲房无钱承买，又令（另）请中上门问到本寨吴廷苟名下承买，当日凭中三面议定价钱叁仟〇八文整。钱价亲领入手应用，不少分文，其油山付与卖主修蒿耕管为业。自卖之后，不得异言。若有异言，恐口无凭，立有卖字为据是实。

外批：二株杉木方平（荒坪）在内

凭中：陆引元

堂代笔：陆浜涕

宣统元年陆月拾柒日立契

22. 陆仁芳卖田契（宣统元年十二月十五日）

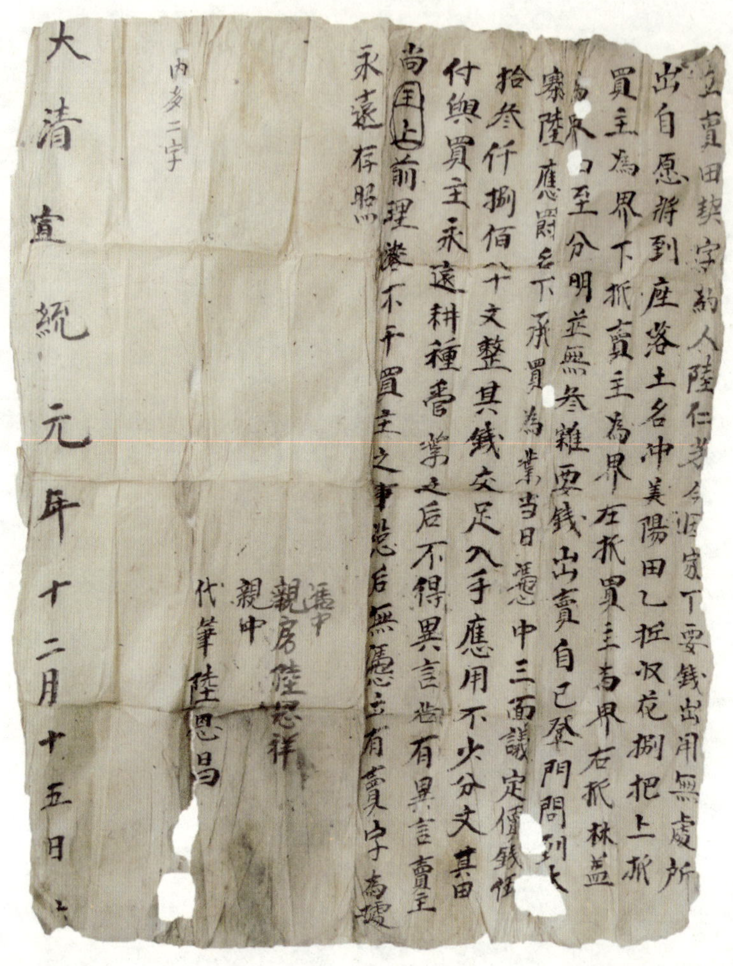

立卖田契字约人陆仁芳，今因家下要钱出用，无处所出，自愿将到座（坐）落土名冲美阳田一丘，收花捌把，上抵买主为界，下抵卖主为界，左抵买主为界，右抵林盖为界，四至分明，并无叁（掺）杂，要钱出卖。自己登门问到本寨陆应爵名下承买为业，当日凭中三面议定价钱伍拾叁仟捌佰八十文整。其钱交足入手应用，不少分文，其田付与买主永远耕种管业。之后不得异言。若有异言，卖主尚（上）前理落，不干买主之事。恐后无凭，立有卖字为据，永远存照。

凭中：亲房陆恩祥

亲中

代笔：陆恩昌

内多二字

大清宣统元年十二月十五日立

23. 刘发旺父子卖地基字（宣统二年六月二十六日）

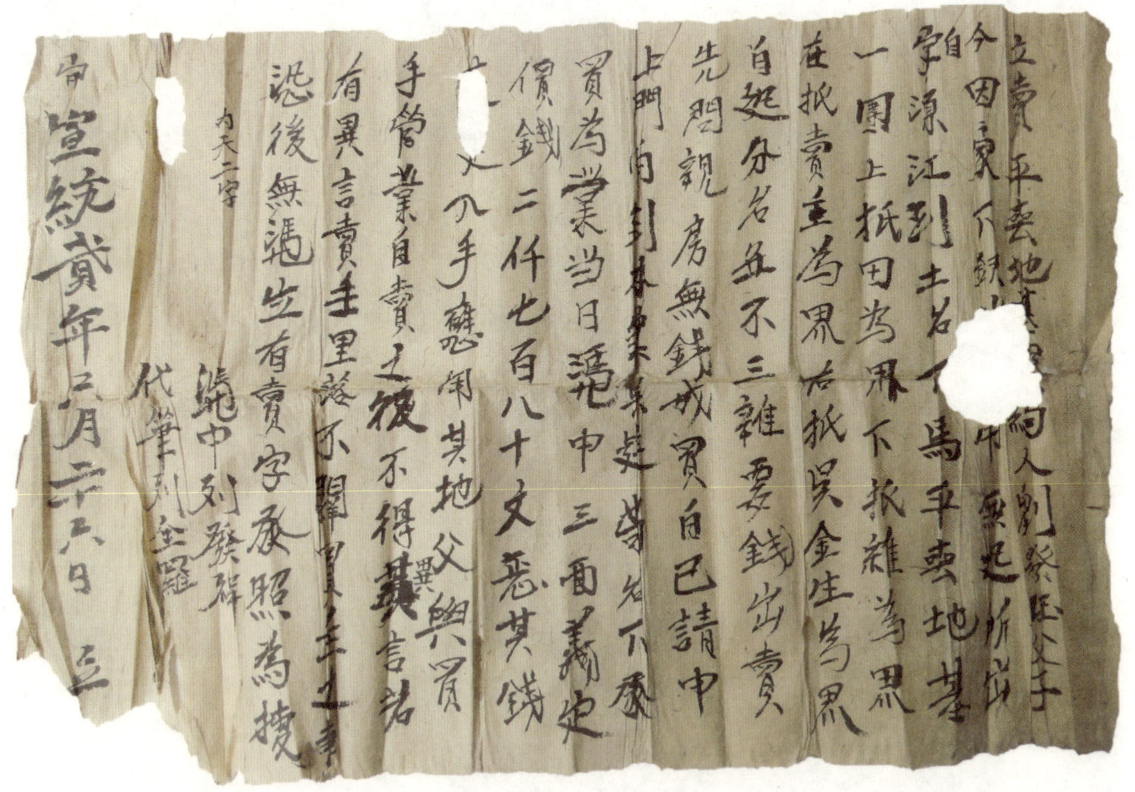

立卖平丧地基［字］约人刘发旺父子，今因家下缺少［钱］用，无处所出，自源（愿）江（将）到土名□马平丧地基一团，上抵田为界，下抵维为界，左抵卖主为界，右抵吴金生为界，自（四）处分名（明），并不三（掺）杂，要钱出卖。先问亲房无钱成（承）买，自己请中上门问到本寨吴廷荀名下承买为业，当日凭中三面义（议）定价钱二仟七百八十文整。其钱［领足］入手应用，其地父（付）与买手管业。自卖之后，不得异言。若有异言，卖主里（理）落，不关买主之事。恐后无凭，立有卖字承（存）照为据。

内天（添）二字

凭中：刘发祥

代笔：刘全罗

宣统贰年六月二十六日立

24. 吴炳富卖田契（宣统……年二月初七日）

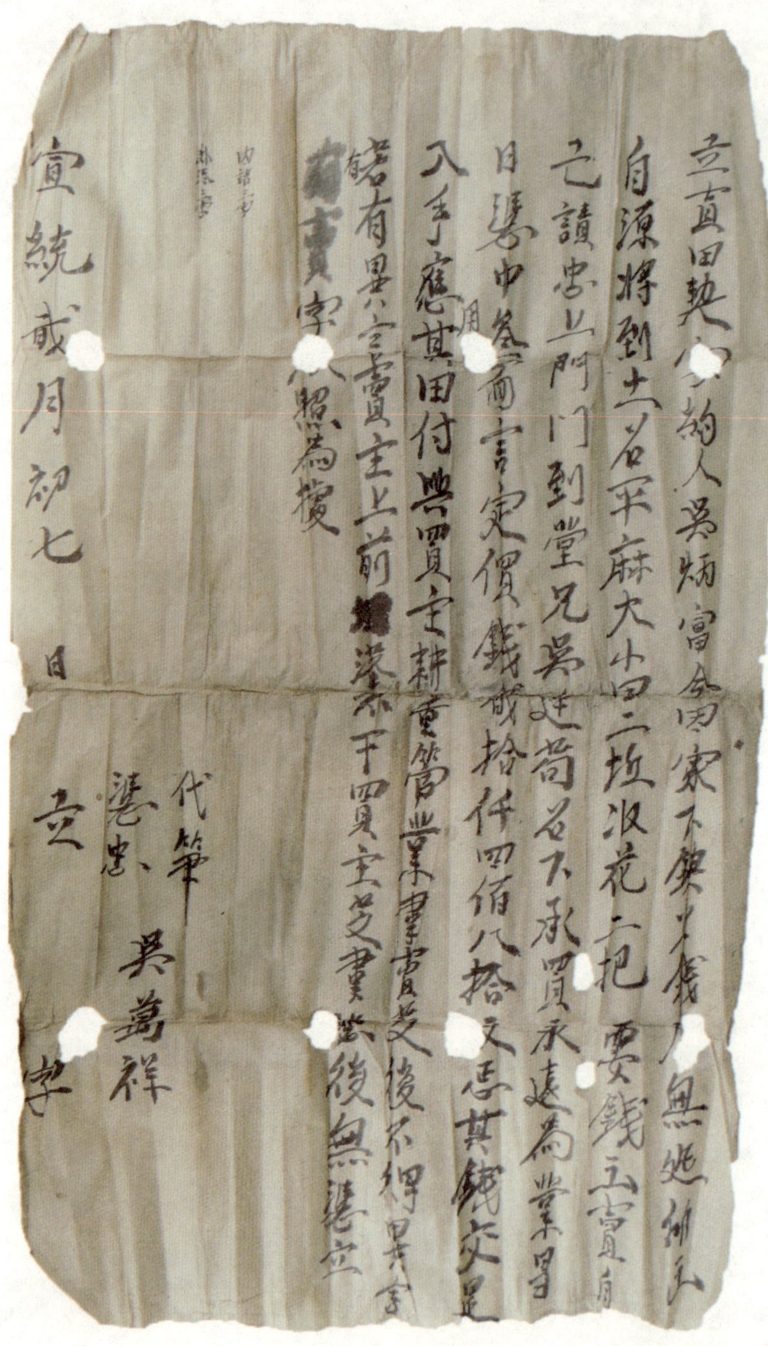

立卖田契字约人吴炳富，今因家下缺少钱用，无处所出，自源（愿）将到土名平麻大小田二丘，收花二把，要钱出卖。自己请忠（中）上门问到堂兄吴廷苟名下承买永远为业，当日凭中叁面言定价钱贰拾仟四佰八拾文整。其钱交足入手应用，其田付与买主耕重（种）管业。事（自）卖之后，不得异言。若有异言，卖主上前［理］落，不干买主芝（之）事。恐后无凭，立有卖字［存］照为据。

内读（涂）三字，外添三字

代笔、凭忠（中）：吴万祥

宣统贰月初七日立字

25. 吴金生卖地基字（宣统三年十二月十六日）

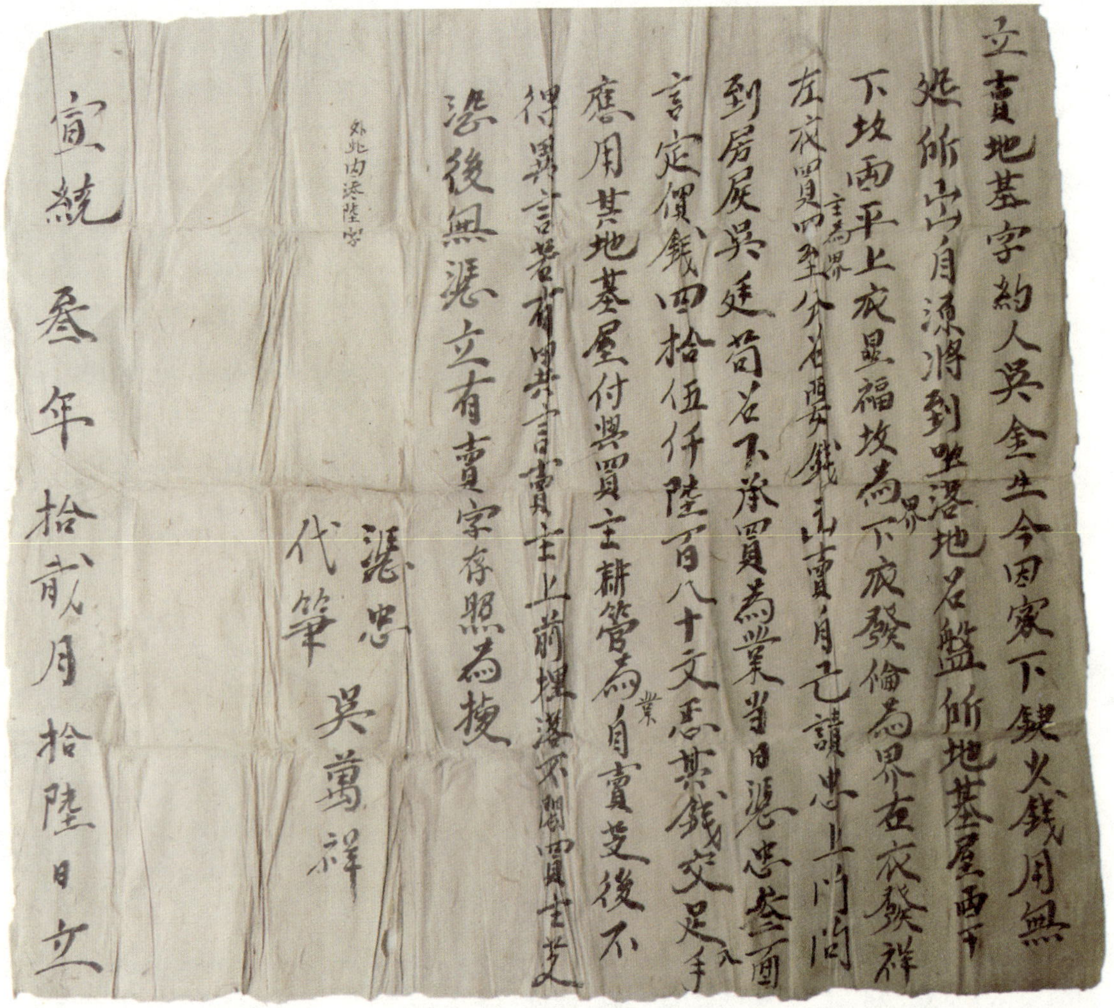

立卖地基字约人吴金生，今因家下缺少钱用，无处所出，自源（愿）将到坐落地名盘所地基屋两干（间），下坟两平，上衣（依）显福坟为界，下衣（依）发伦为界，右衣（依）发祥，左衣（依）买主为界，四至分名（明），要钱出卖。自己请忠（中）上门问到房族吴廷苟名下承买为业，当日凭忠（中）叁面言定价钱四拾伍仟陆百八十文整。其钱交足入手应用，其地基屋付与买主耕管为业。自卖之后，不得异言。若有异言，卖主上前理落，不关买主芝（之）事。恐后无凭，立有卖字存照为据。

外此（批）：内添陆字

凭忠（中）、代笔：吴万祥

宣统叁年拾贰月拾陆日立

26. 刘亚恒卖田契（民国元年六月初一日）

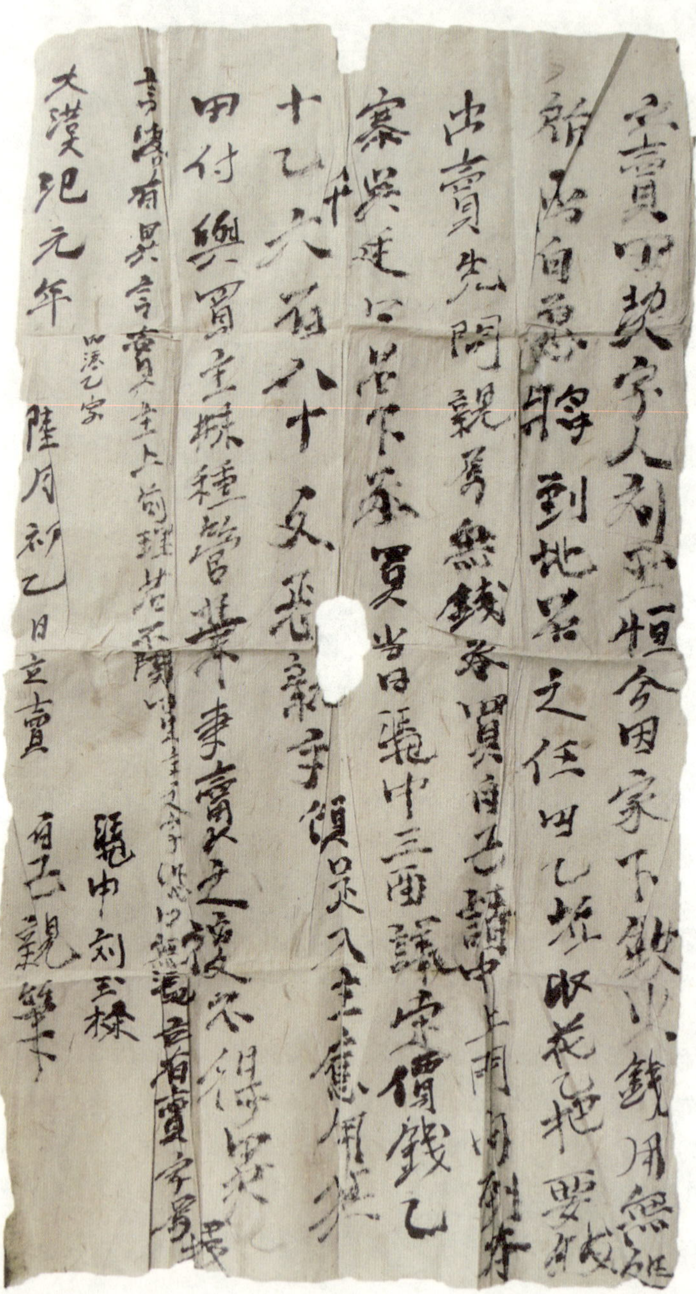

立卖田契字人刘亚恒，今因家下缺少钱用，无处所出。自愿将到地名之任田一丘，收花一把，要钱出卖。先问亲房无钱承买，自己请中上门问到本寨吴廷口名下承买，当日凭中三面议定价钱一十一千六百八十文整。[其钱] 亲手领足入主（手）应用，其田付与买主耕种管业。事（自）卖之后，不得异言。落（若）有异言，卖主上前理若（落），不关买主之字（事）。恐口无凭，立有卖字为据。

内添一字

凭中：刘玉林

自己亲笔

大汉纪元年陆月初一日立卖

27. 陆林汉卖油山字（民国元年十二月二十一日）

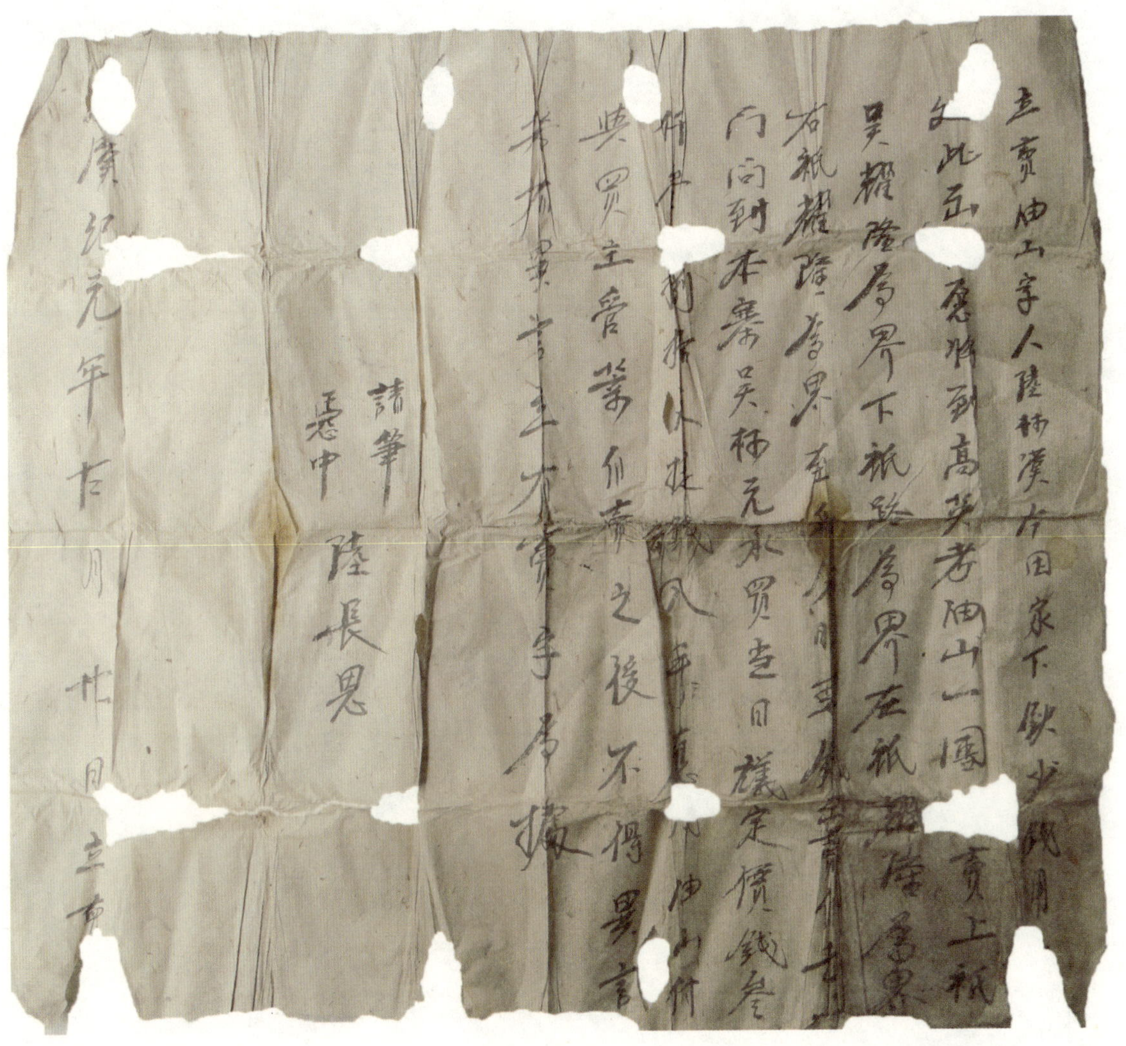

立卖油山字人陆林汉，今因家下缺少钱用，［无］处此（所）出，［自］愿将到高英考油山一团［出］卖。上祇（抵）吴耀隆为界，下祇（抵）路为界，左祇（抵）耀隆为界，右祇（抵）耀隆为界，至［自］（四至）分明，要钱出卖。自己上门问到本寨吴林元承买，当日议定价钱叁仟叁［百］捌拾文。其钱入手应用，油山付与买主管业。自卖之后，不得异言。若有异言，立有卖字为据。

请笔、凭中：陆长思

［大］汉纪元年十二月廿一日立卖

28. 吴金生卖园在坪字（民国二年七月十六日）

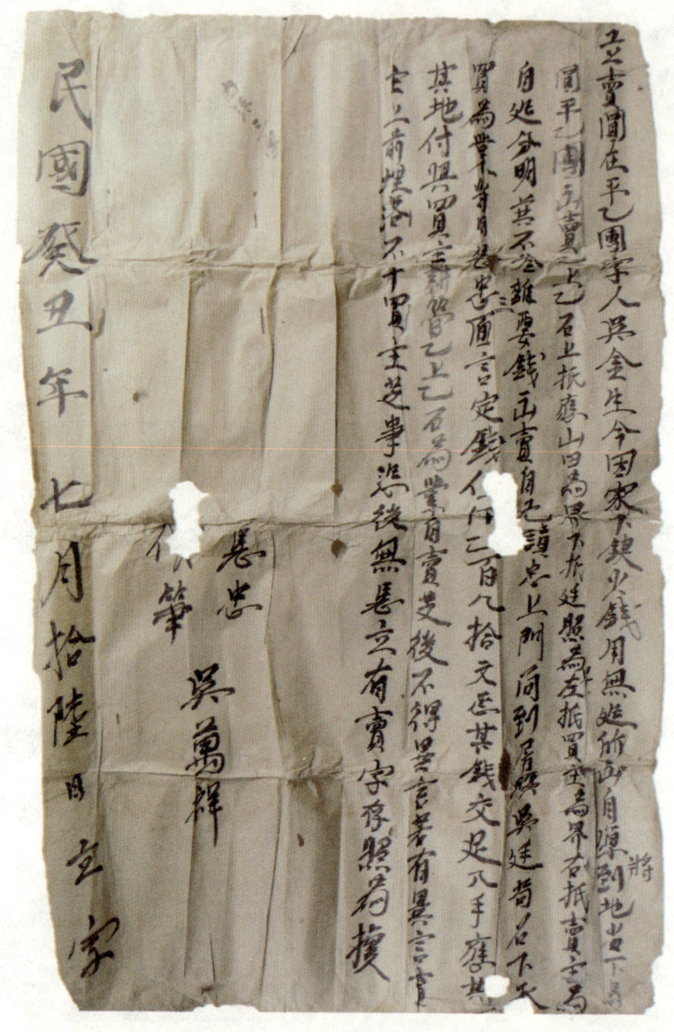

立卖圆（园）在平（坪）一团字人吴金生，今因家下缺少钱用，无处所出，自源（愿）将到地名下马圆（园）平（坪）一团出卖一上一石，上抵应山田为界，下抵廷照为界，左抵买主为界，右抵卖主为[界]，自（四）处分明，并不叁（掺）杂，要钱出卖。自己请忠（中）上门问到房族吴廷苟名下承买为业，当日凭忠（中）三面言定钱[伍]仟二百八拾文整。其钱交足入手应[用]，其地付与买主耕管一上一石为业。自卖芝（之）后，不得异言。若有异言，卖主上前理落，不关买主芝（之）事。恐后无凭，立有卖字存照为据。

内添三字

凭忠（中）、代笔：吴万祥

民国癸丑年七月拾陆日立字

29. 陆林益父子卖田契字（民国三年七月初二日）

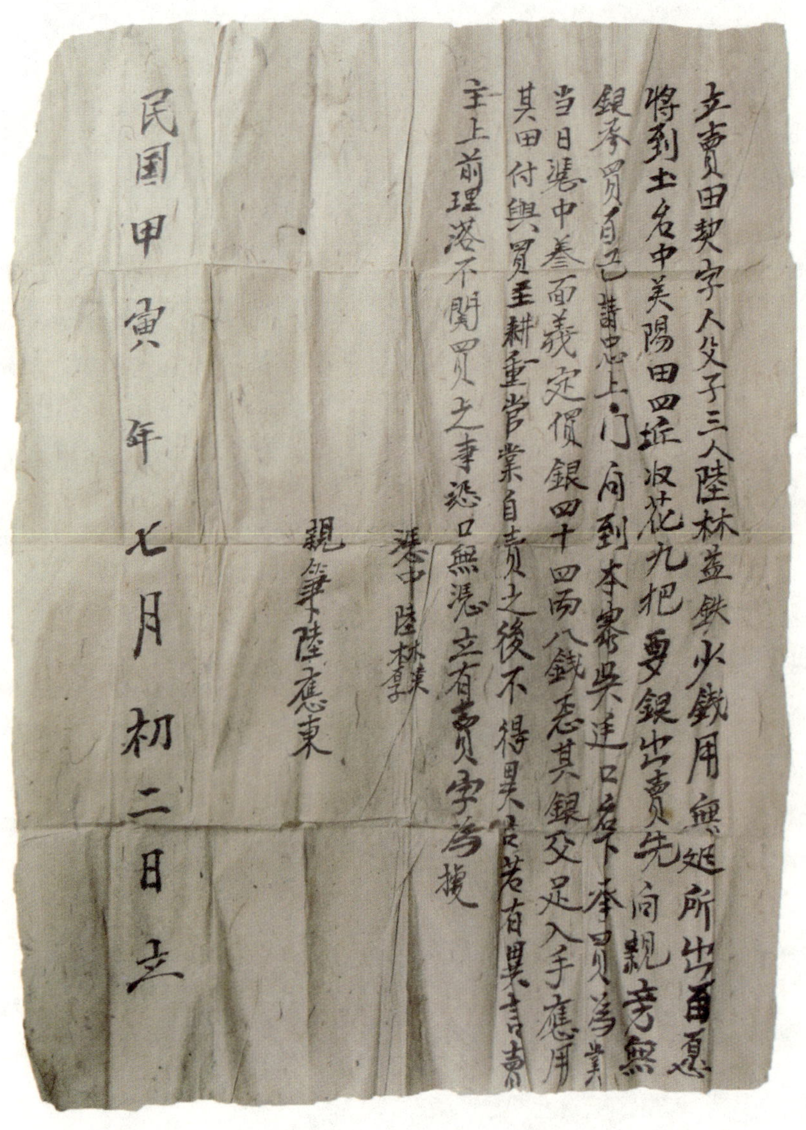
立賣田契字人父子三人陸林益缺少錢用無處所出自愿
將到土名中美陽田四坵收花九把要銀出賣先向親旁無
銀承買自己請忠上门問到本寨吳廷口名下承買為業
當日憑中叁面義定價銀四十四兩八錢整其銀交足入手應用
其田付與買主耕重官業自責之後不得異言若有異言賣
主上前理落不関買之事恐口無憑立有賣字為據
憑中陸林漢　陸林厚
親筆陸應東
民國甲寅年七月初二日立

立卖田契字人父子三人陆林益，缺少钱用，无处所出，自愿将到土名中美阳田四丘，收花九把，要银出卖。先问亲旁（房）无银承买，自己请忠（中）上门问到本寨吴廷口名下承买为业，当日凭中叁面义（议）定价银四十四两八钱整。其银交足入手应用，其田付与买主耕重（种）官（管）业。自责（卖）之后，不得异言。若有异言，卖主上前理落，不关买［主］之事。恐口无凭，立有卖字为据。

凭中：陆林汉、陆林厚

亲笔：陆应东

民国甲寅年七月初二日立

30.吴洪相卖地土杉木字（民国四年三月初一日）

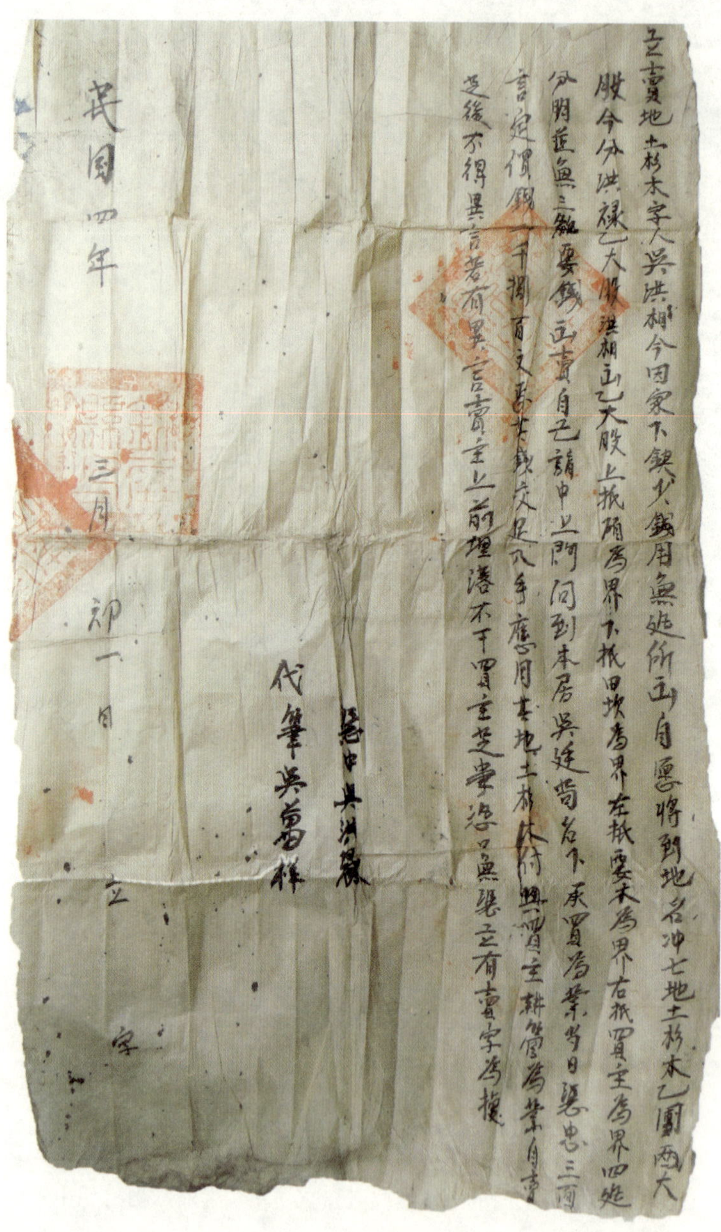

立卖地土杉木字人吴洪相，今因家下缺少钱用，无处所出，自愿将到地名冲七地土杉木一团两大股，今分洪禄一大股，洪相出一大股，上抵领（岭）为界，下抵田坎为界，左抵要木为界，右抵买主为界，四处分明，并无三（掺）杂，要钱出卖。自己请中上门问到本房吴廷苟名下承买为业，当日凭忠（中）三面言定价钱一千捌百文整。其钱交足入手应用，其地土杉木付与买主耕管为业。自卖芝（之）后，不得异言。若有异言，卖主上前理落，不干买主芝（之）事。恐口无凭，立有卖字为据。

凭中：吴洪禄

代笔：吴万祥

民国四年三月初一日立字

31. 陆安德、陆清德、陆恩祥等卖田契（民国四年五月初五日）

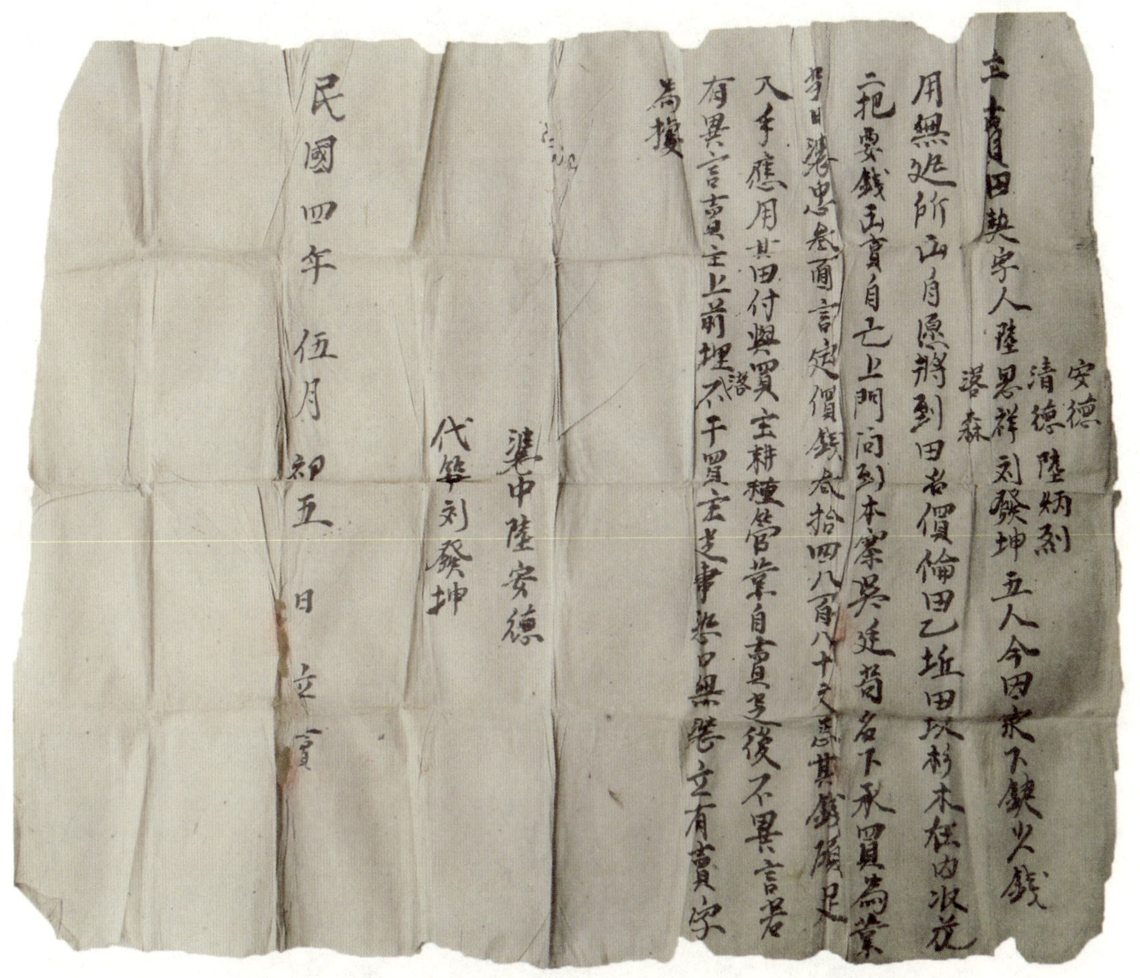

立卖田契字人陆安德、陆清德、陆恩祥、陆落森、陆炳烈、刘发坤五人，今因家下缺少钱用，无处所出，自愿将到田名价伦田一丘，田坎杉木在内，收花二把，要钱出卖。自己上门问到本寨吴廷苟名下承买为业，当日凭忠（中）叁面言定价钱叁拾四［千］八百八十文整。其钱领足入手应用，其田付与买主耕种管业。自卖芝（之）后，不［得］异言。若有异言，卖主上前理落，不干买主芝（之）事。恐口无凭，立有卖字为据。

凭中：陆安德

代笔：刘发坤

民国四年伍月初五日立卖

32. 刘发旺父子卖田契（民国五年三月二十二日）

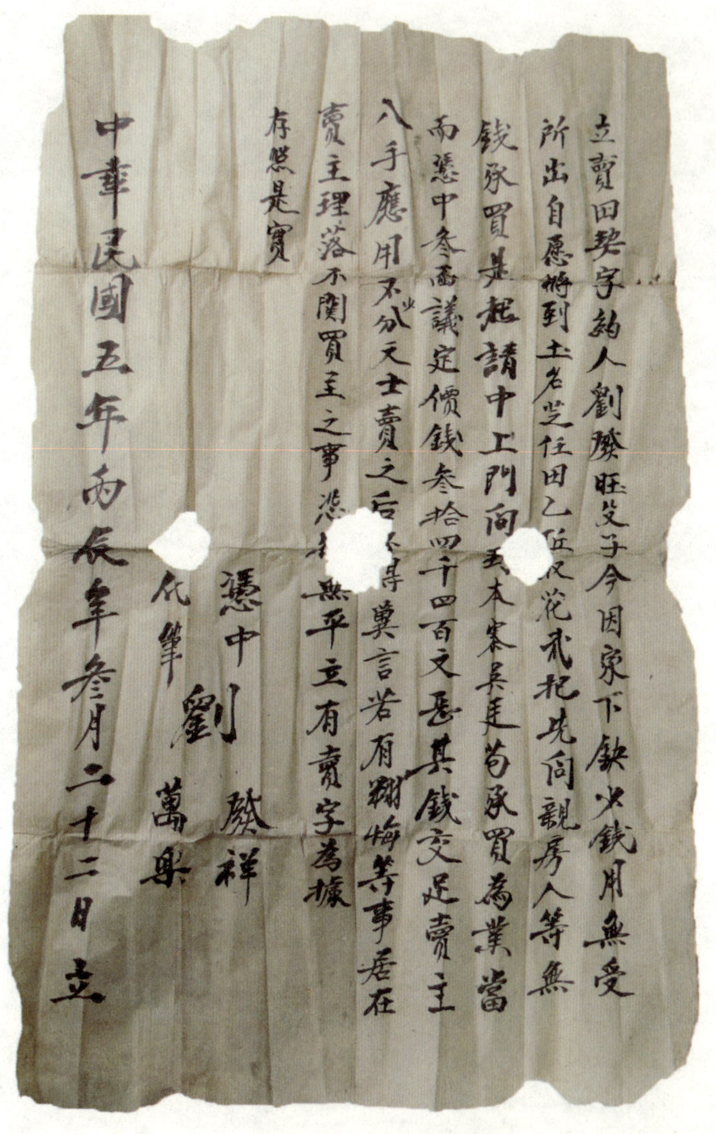

立卖田契字约人刘发旺父子，今因家下缺少钱用，无受（处）所出，自愿将到土名芝任田一丘，收花贰把，先问亲房人等无钱承买，是起（自己）请中上门问到本寨吴廷苟承买为业，当面凭中叁面议定价钱叁拾四千四百文整。其钱交足卖主入手应用，不少分文，士（自）卖之后，不得异言。若有翻悔等事，居（俱）在卖主理落，不关买主之事。恐［口］无平（凭），立有卖字为据存照是实。

凭中：刘发祥

代笔：刘万乐

中华民国五年丙辰年叁月二十二日立

33. 刘华清父子卖荒田字（民国六年五月二十二日）

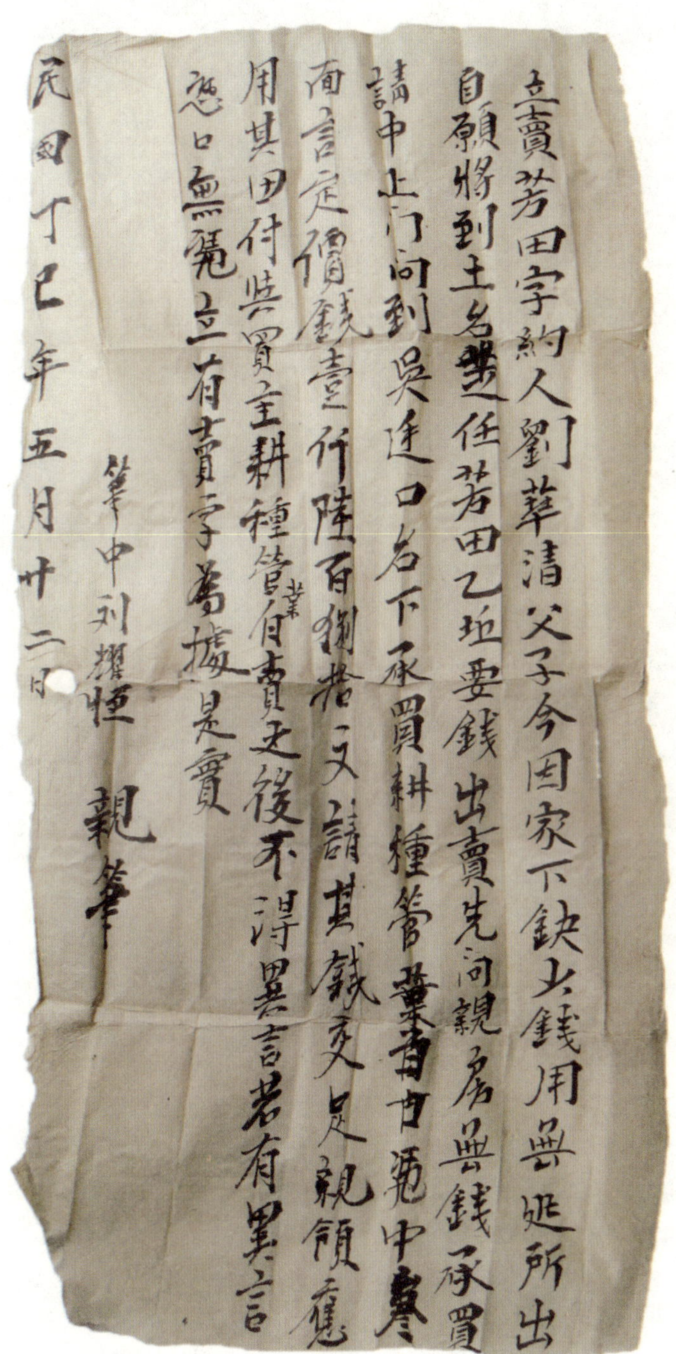

立卖芳（荒）田字约人刘华清父子，今因家下缺少钱用，无处所出，自愿将到土名芝任芳（荒）田一丘，要钱出卖。先问亲房无钱承买，请中上门问到吴廷口名下承买耕种管业，当日凭中叁面言定价钱壹仟陆百捌拾文请（整）。其钱交足亲领应用，其田付与买主耕种管业。自卖之后，不得异言。若有若言，恐口无凭，立有卖字为据是实。

笔中：刘耀恒　亲笔

民国丁巳年五月廿二日［立］

34. 刘耀恒父子卖山场地土字（民国六年五月二十二日）

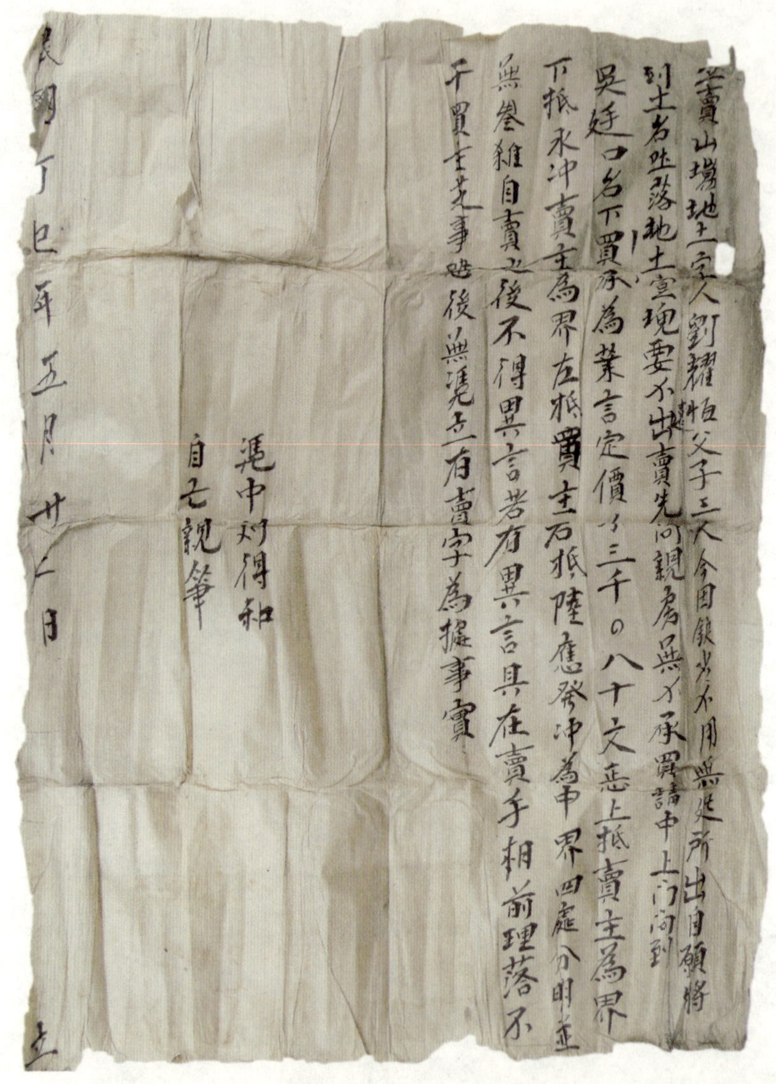

立卖山场地土字人刘耀恒父子三人，今因缺少钱用，无处所出，自愿将到土名坐落地土壹块，要钱出卖。先问亲房无钱承买，请中上门问到吴廷口名下承买为业，言定价钱三千〇八十文整。上抵卖主为界，下抵水冲卖主为界，左抵买主，右抵陆应发冲为中界，四处分明，并无叁（掺）杂。自卖之后，不得异言。若有异言，具（俱）在卖手相（上）前理落，不干买主芝（之）事。恐后无凭，立有卖字为据事（是）实。

凭中：刘得和

自己亲笔

民国丁巳年五月廿二日立

35. 陆显富卖油山字（民国六年八月二十一日）

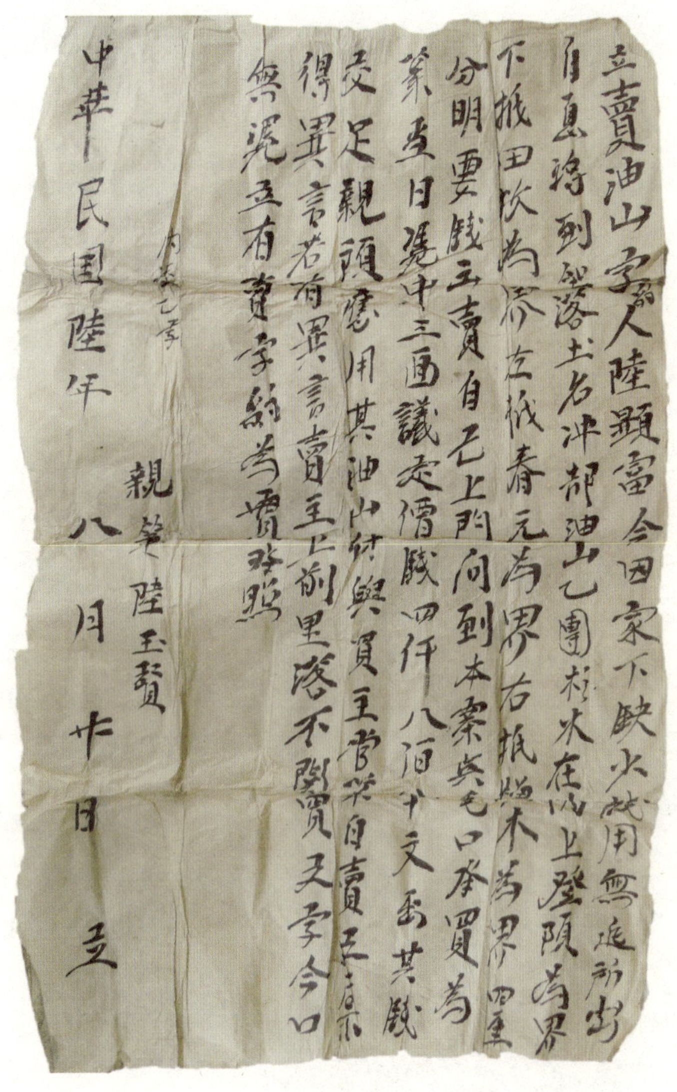

立卖油山字约人陆显富，今因家下缺少钱用，无处所出，自愿将到坐落土名冲部油山一团，杉木在内，上登（抵）领（岭）为界，下抵田坎为界，左抵春元为界，右抵口木为界，四至分明，要钱出卖。自己上门问到本寨吴廷口承买为业，当日凭中三面议定价钱四仟八佰八十文整。其钱交足亲领应用，其油山付与买主管业。自卖之后，不得异言。若有异言，卖主上前里（理）落，不关买［主］之字（事）。今口（恐）无凭，立有卖字约为实存照。

内添一字

亲笔：陆玉贤

中华民国陆年八月廿一日立

36.吴金森卖园坪地字（民国六年十二月初六日）

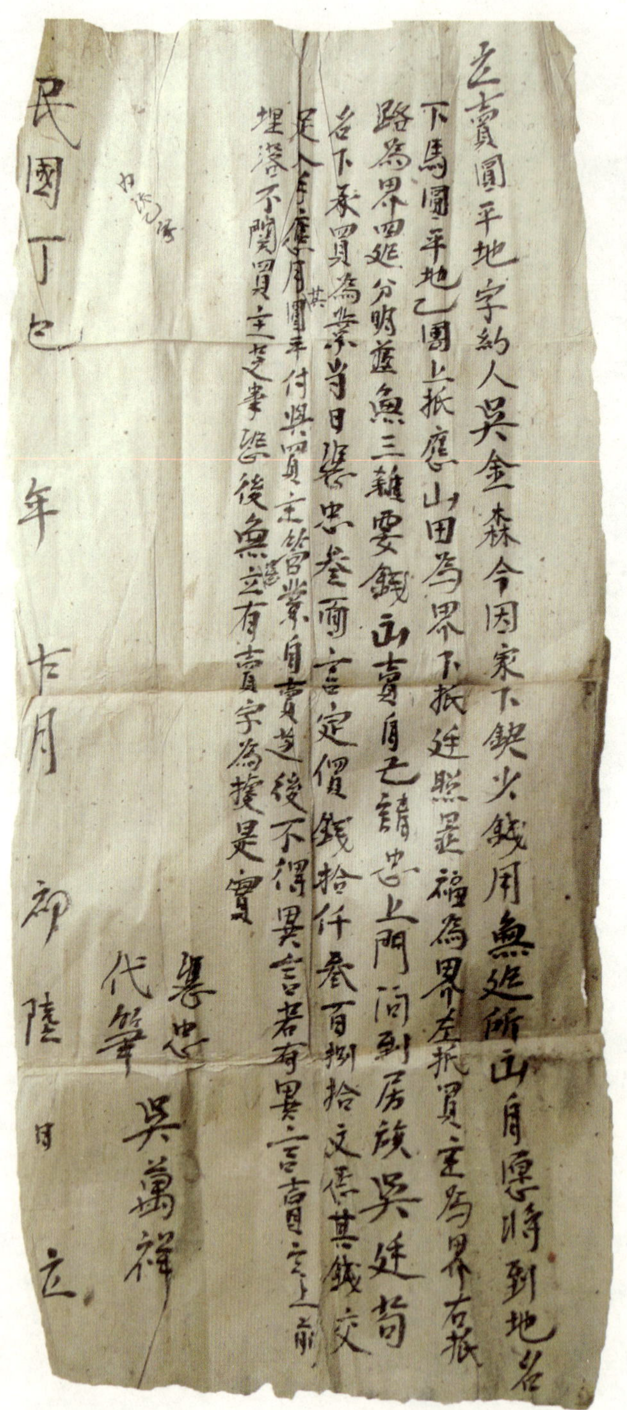

立卖园平（坪）地字约人吴金森，今因家下缺少钱用，无处所出，自愿将到地名下马园平（坪）地一团，上抵应山田为界，下抵廷照显福为界，左抵买主为界，右抵路为界，四处分明，并无三（掺）杂，要钱出卖。自己请忠（中）上门问到房族吴廷苟名下承买为业，当日凭忠（中）叁面言定价钱拾仟叁百捌拾文整。其钱交足入手应用，其园平（坪）付与买主管业。自卖芝（之）后，不得异言。若有异言，卖主上前理落，不关买主芝（之）事。恐后无凭，立有卖字为据是实。

内添一字

凭忠（中）、代笔：吴万祥

民国丁巳年十二月初陆日立

37. 陈谟德卖平秋厂股份字（民国九年六月初五日）

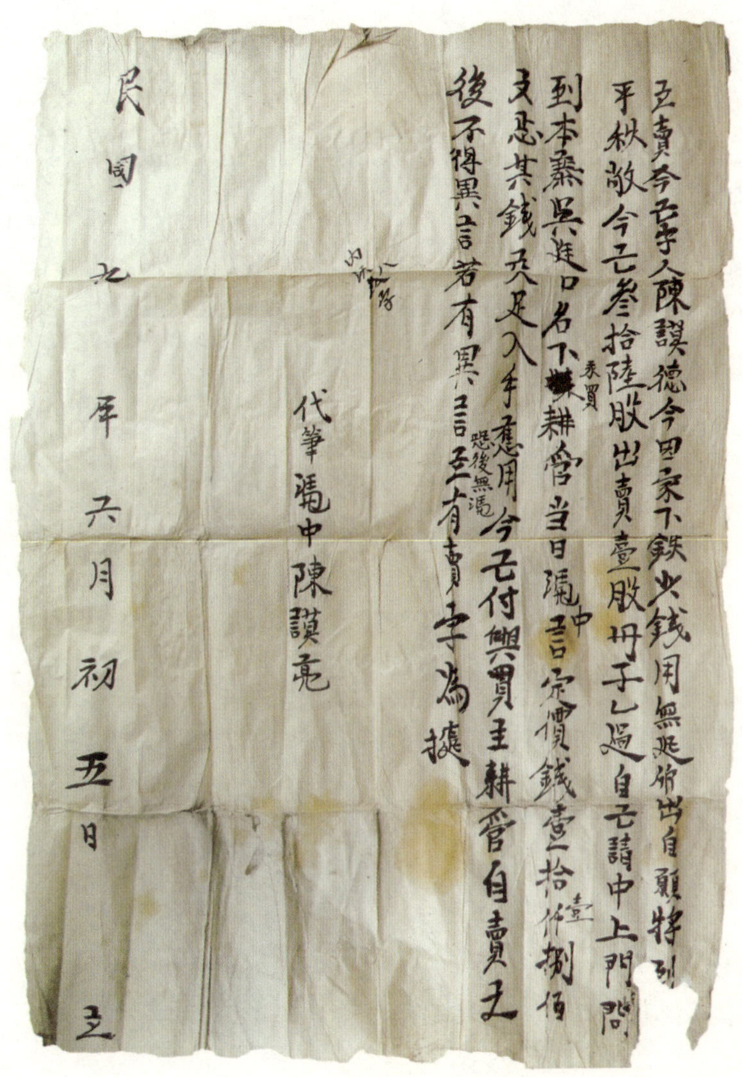

立卖今己字人陈谟德，今因家下缺少钱用，无处所出，自愿将到平秋敞（厂）[1]今己叁拾陆股出卖壹股，册子一过（共），自己请中上门问到本寨吴廷口名下承买耕管，当日凭中言定价钱壹拾壹仟捌佰文整。其钱交足入手应用，今己付与买主耕管。自卖之后，不得异言。若有异言，恐后无凭，立有卖字为据。

内沃（添）八字

代笔、凭中：陈谟亮

民国九年六月初五日立

---

① 平秋厂，指平秋集市。

38. 陆焕彩卖田契（民国七年八月十六日）

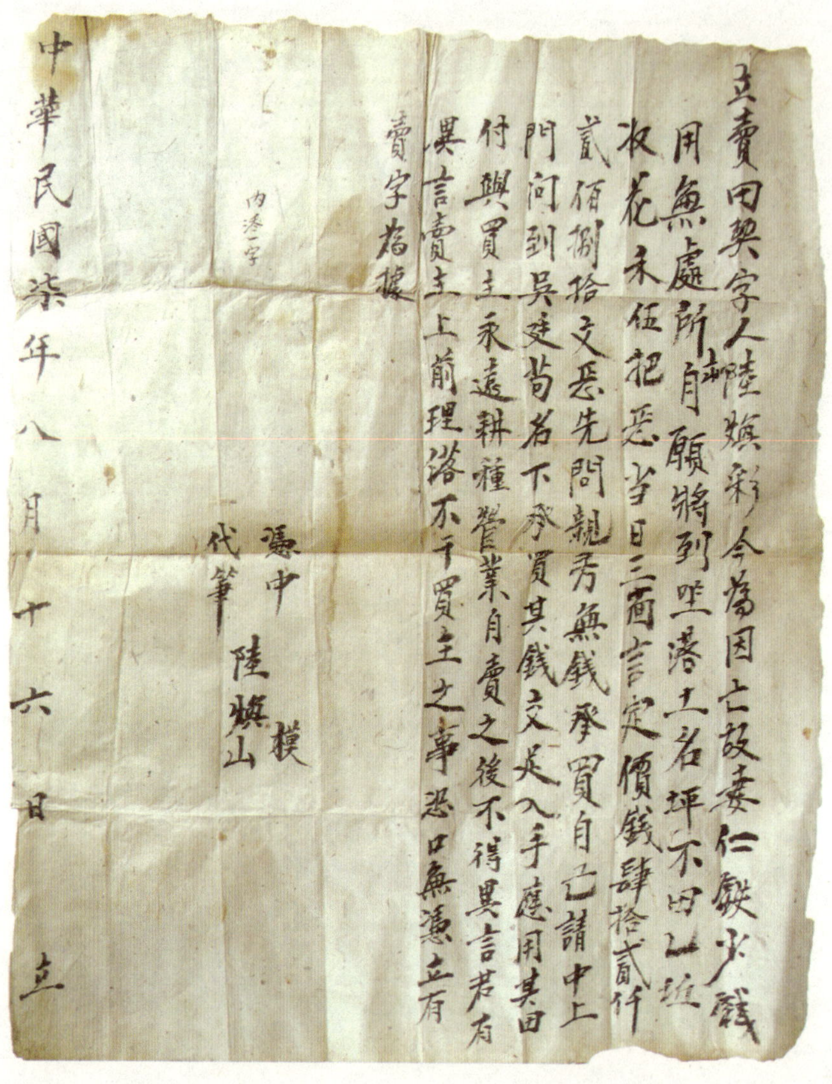

立卖田契字人陆焕彩，今为因亡故妻仁，缺少钱用，无处所出，自愿将到坐落土名坪不田一丘，收花禾伍把整。当日三面言定价钱肆拾贰仟贰佰捌拾文整。先问亲房无钱承买，自己请中上门问到吴廷苟名下承买，其钱交足入手应用，其田付与买主永远耕种管业。自卖之后，不得异言。若有异言，卖主上前理落，不干买主之事。恐口无凭，立有卖字为据。

内添一字

凭中：陆焕模

代笔：陆焕山

中华民国柒年八月十六日立

39. 陆祥玉卖田契（民国八年三月十五日）

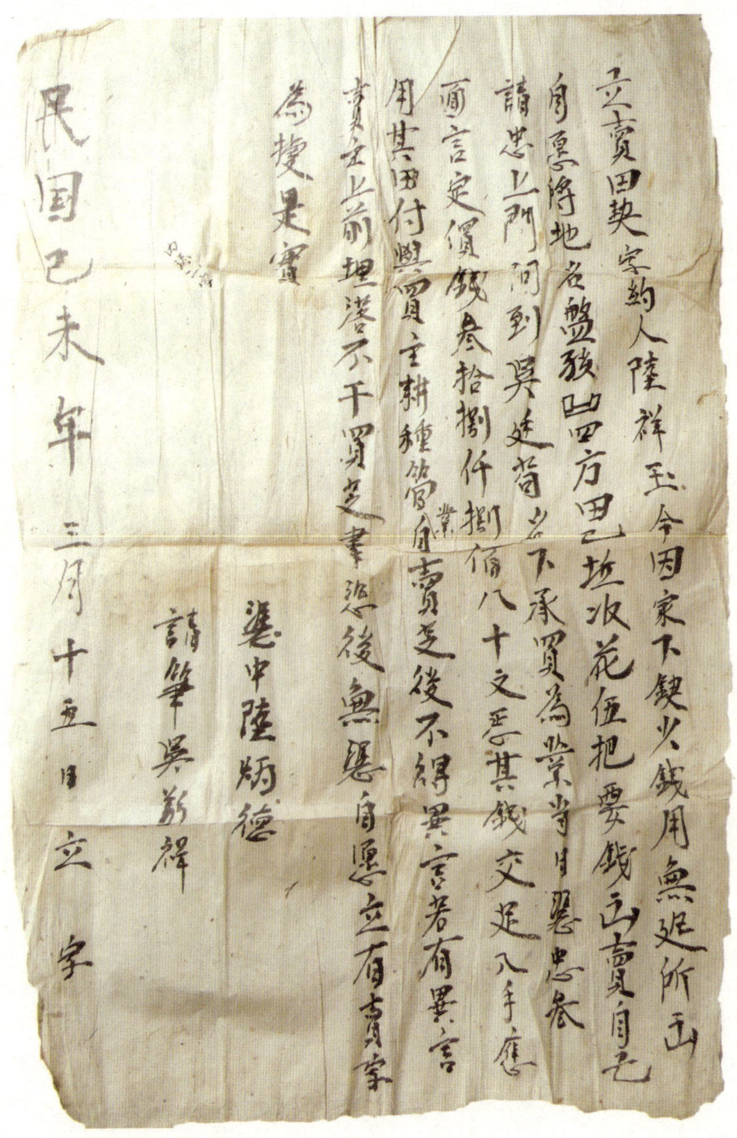

立卖田契字约人陆祥玉，今因家下缺少钱用，无处所出，自愿将［到］地名盘孩凹四方田一丘，收花伍把，要钱出卖。自己请忠（中）上门问到吴廷苟名下承买为业，当日凭忠（中）叁面言定价钱叁拾捌仟捌佰八十文整。其钱交足入手应用，其田付与买主耕种管业。自卖芝（之）后，不得异言。若有异言，卖主上前理落，不干买［主］芝（之）事。恐后无凭，自愿立有卖字为据是实。

凭中：陆炳德

请笔：吴□祥

民国己未年三月十五日立字

40. 陆氏妹女田英卖田契（民国八年□月二十日）

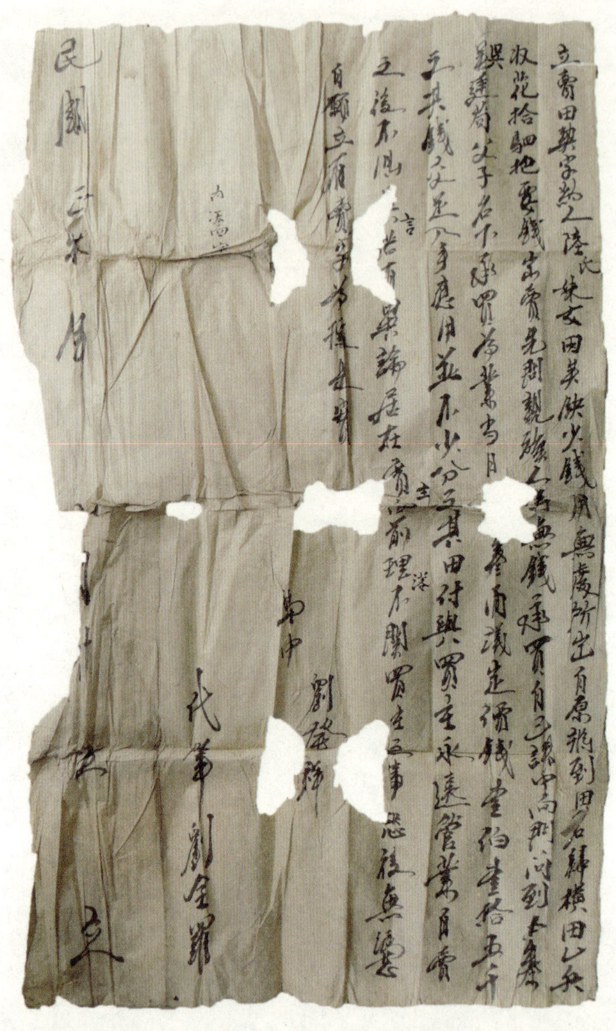

立卖田契字约人陆氏妹女田英，缺少钱用，无处所出，自原（愿）将到田名归横田一丘，收花拾驷（肆）把，要钱出卖。先问亲族人等无钱承买，自己请中向（上）门问到本寨吴廷苟父子名下承买为业，当日［凭中］叁面议定价钱壹伯（百）壹拾五千文。其钱交足入手应用，并不少分文，其田付与买主永远管业。自卖之后，不得异言。若有异论，居（俱）在卖主向前理落，不关买主之事。恐后无凭，自愿立有卖字为据是实。

内添四字

凭中：刘发祥

代笔：刘全罗

民国己未年□月廿［日］立

41. 徐祥庚、徐祥有、徐祥永兄弟卖杉木字（民国九年十二月初二日）

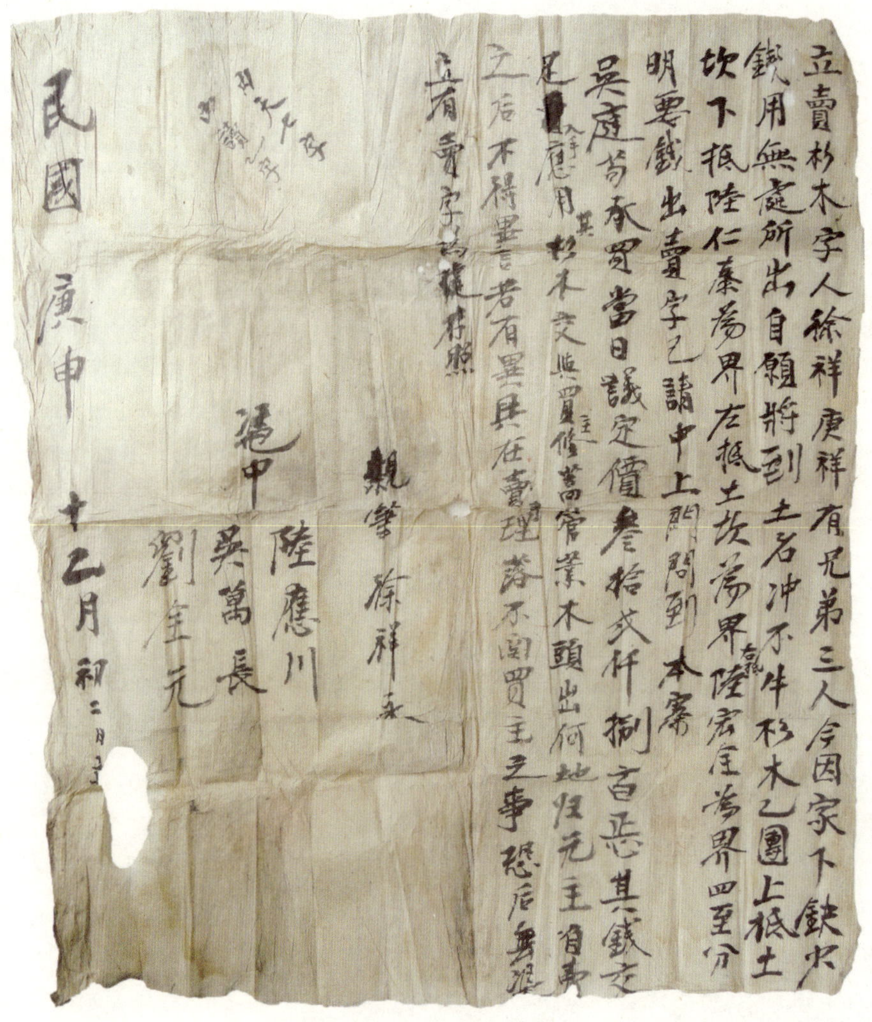

立卖杉木字人徐祥庚、祥有、［祥永］兄弟三人，今因家下缺少钱用，无处所出，自愿将到土名冲不牛杉木一团，上抵土坎，下抵陆仁泰为界，左抵土坎为界，右抵陆宏全为界，四至分明，要钱出卖。字（自）己请中上门问到本寨吴庭苟承买，当日议定价叁拾贰仟捌百整。其钱交足入手应用，其杉木交与买主修蓄管业。木头出何（河），地归元（原）主，自卖之后，不得异言。若有异［言］，具（俱）在卖主理落，不关买主之事。恐后无凭，立有卖字为据存照。

内天（添）七字，内读（涂）一字

亲笔：徐祥永

凭中：陆应川、吴万长、刘全元

民国庚申十二月初二日立

42. 吴洪禄卖杉木地土字（民国十年五月初九日）

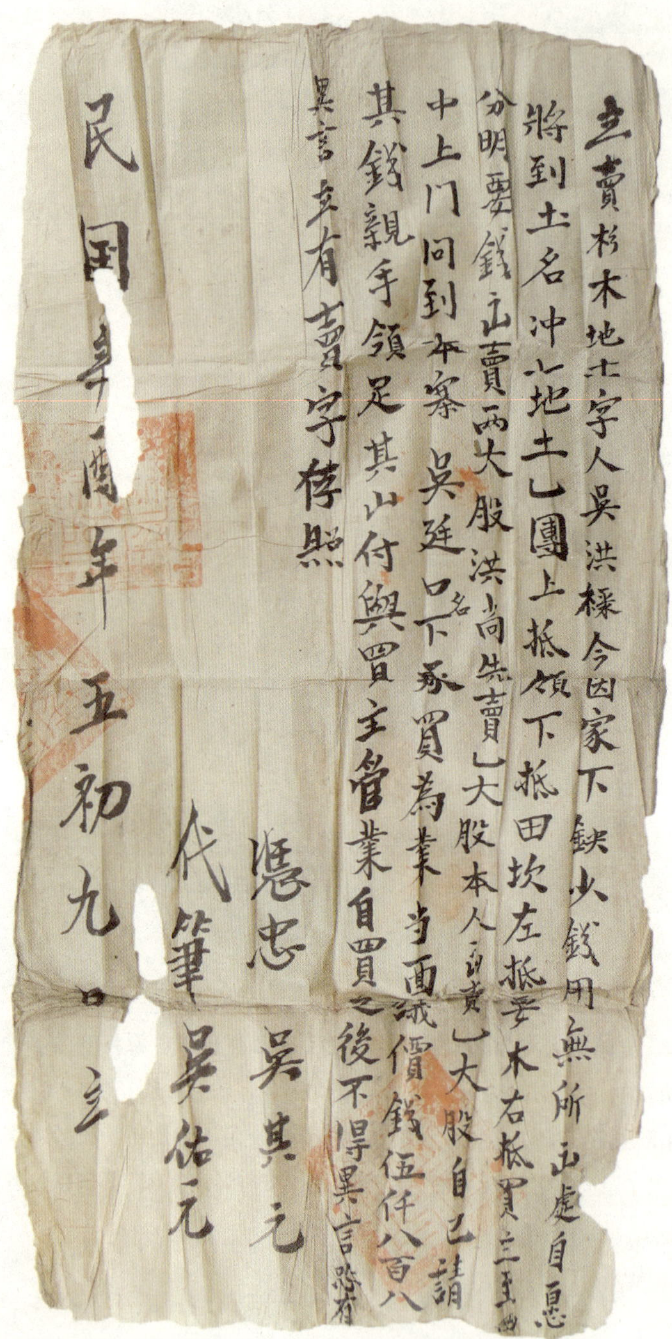

立卖杉木地土字人吴洪禄，今因家下缺少钱用，无所出处，自愿将到土名冲［七］地土一团，上抵领（岭），下抵田坎，左抵要木，右抵买主，至四（四至）分明，要钱出卖两大股。洪尚先卖一大股，本人自卖一大股，自己请中上门问到本寨吴廷口名下承买为业，当面议价钱伍仟八百八。其钱亲手领足，其山付与买主管业。自卖之后，不得异言。恐有异言，立有卖字存照。

凭忠（中）：吴其元

代笔：吴佑元

民国辛酉年五［月］初九日立

43. 吴万祥父子卖山场地土杉木字（民国十年八月二十七日）

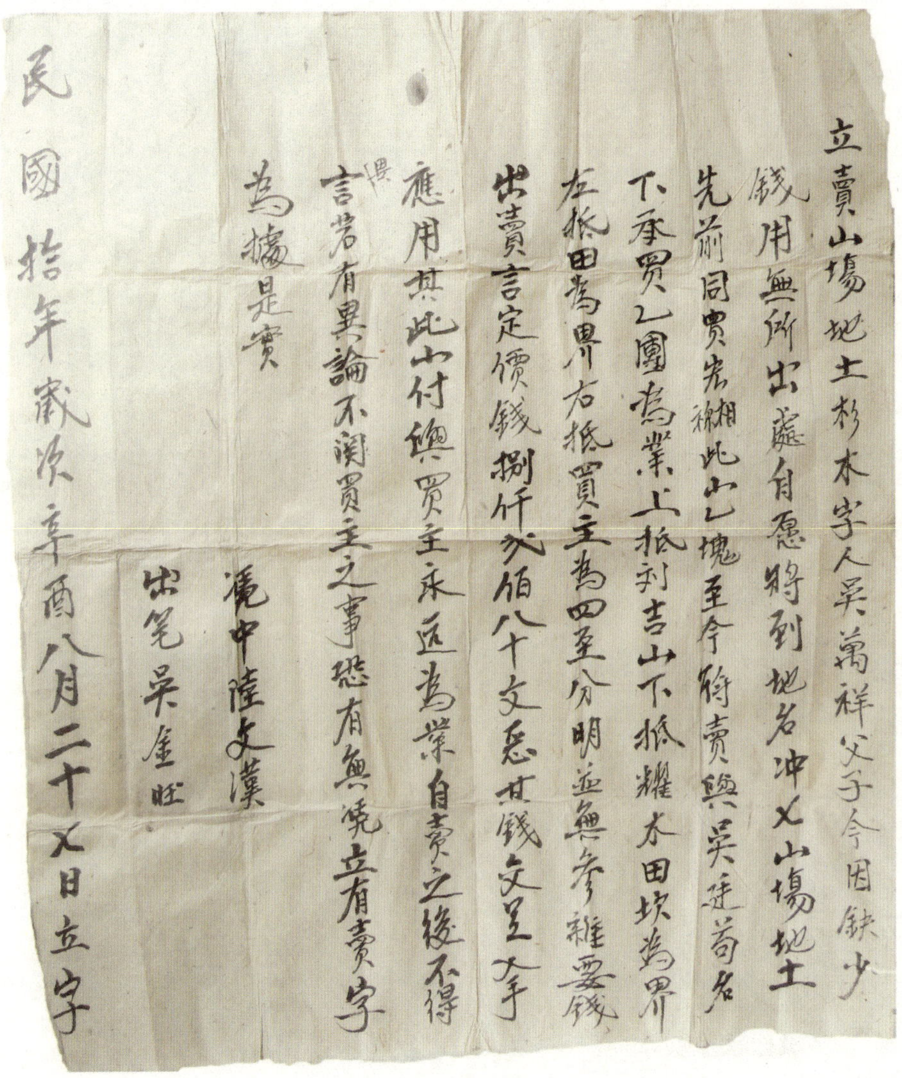

立卖山场地土杉木字人吴万祥父子，今因缺少钱用，无所出处，自愿将到地名冲七山场地土，先前同买宏相、宏禄此山一块，至今将卖与吴廷荀名下承买一团为业，上抵刘吉山，下抵耀木田坎为界，左抵田为界，右抵买主为［界］，四至分明，并无参（掺）杂，要钱出卖。言定价钱捌仟贰佰八十文整。其钱交足入手应用，其山付与买主永远为业。自卖之后，不得异言。若有异论，不关买主之事。恐有（后）无凭，立有卖字为据是实。

凭中：陆文汉

出笔：吴金旺

民国拾年岁次辛酉八月二十七日立字

44. 陆文汉卖田契（民国十年八月二十七日）

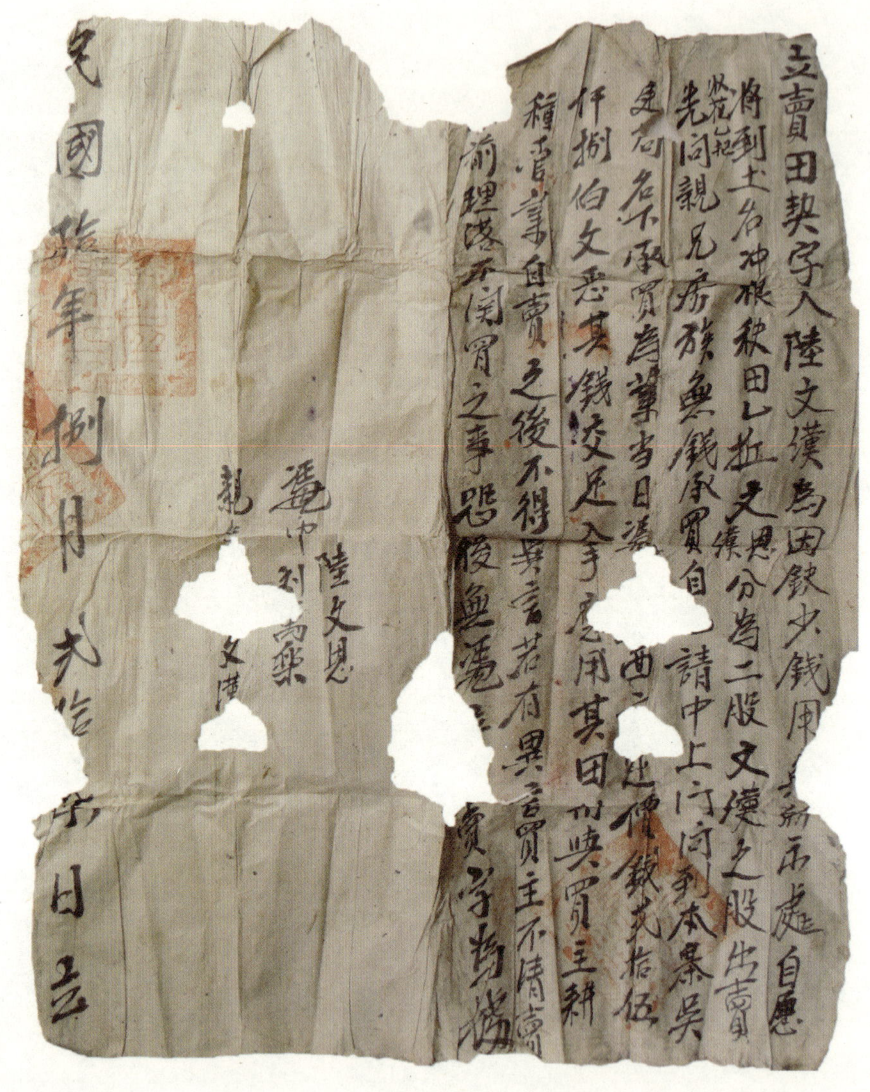

立卖田契字人陆文汉，为因缺少钱用，无所出处，自愿将到土名冲根秧田一丘，文恩、文汉分为二股，文汉之股出卖，收花一把，先问亲兄房族无钱承买，自［己］请中上门问到本寨吴廷苟名下承买为业，当日凭［中三］面［言定］价钱贰拾伍仟捌伯（百）文整。其钱交足入手应用，其田付与买主耕种管业。自卖之后，不得异言。若有异言，买主不清，卖［主上］前理落，不关买［主］之事。恐后无凭，［立有］卖字为据。

凭中：陆文恩、刘禹乐

亲笔：［陆］文汉

民国拾年捌月贰拾［柒］日立

45. 陆应学卖田契（民国十年十二月初七日）

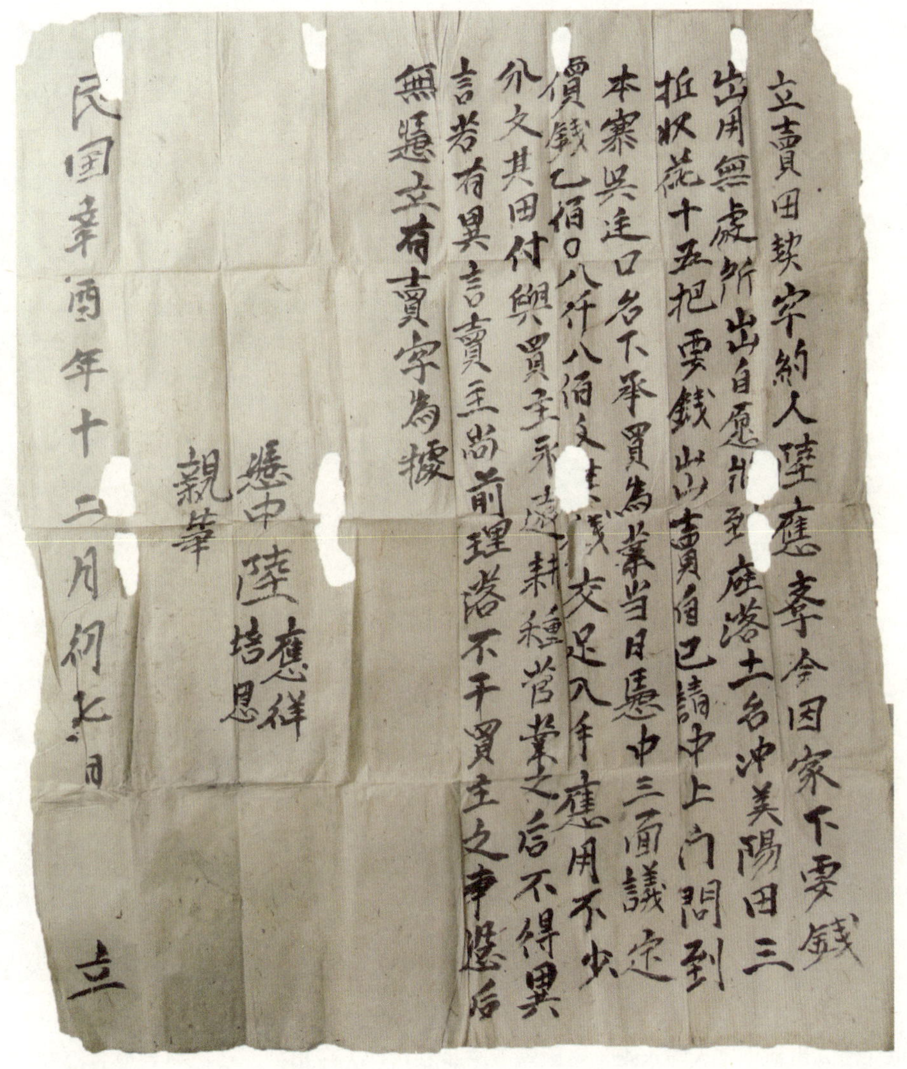

立卖田契字约人陆应学，今因家下要钱出用，无处所出，自愿将到座（坐）落土名冲美阳田三丘，收花十五把，要钱出卖。自己请中上门问到本寨吴廷口名下承买为业，当日凭中三面议定价钱一佰〇（零）八仟八佰文。其钱交足入手应用，不少分文，其田付与买主永远耕种管业。之后不得异言。若有异言，卖主尚（上）前理落，不干买主之事。恐后无凭，立有卖字为据。

凭中：陆应祥、陆培恩

亲笔

民国辛酉年十二月初七日立

46. 陆永森卖油山地土字（民国十一年五月二十二日）

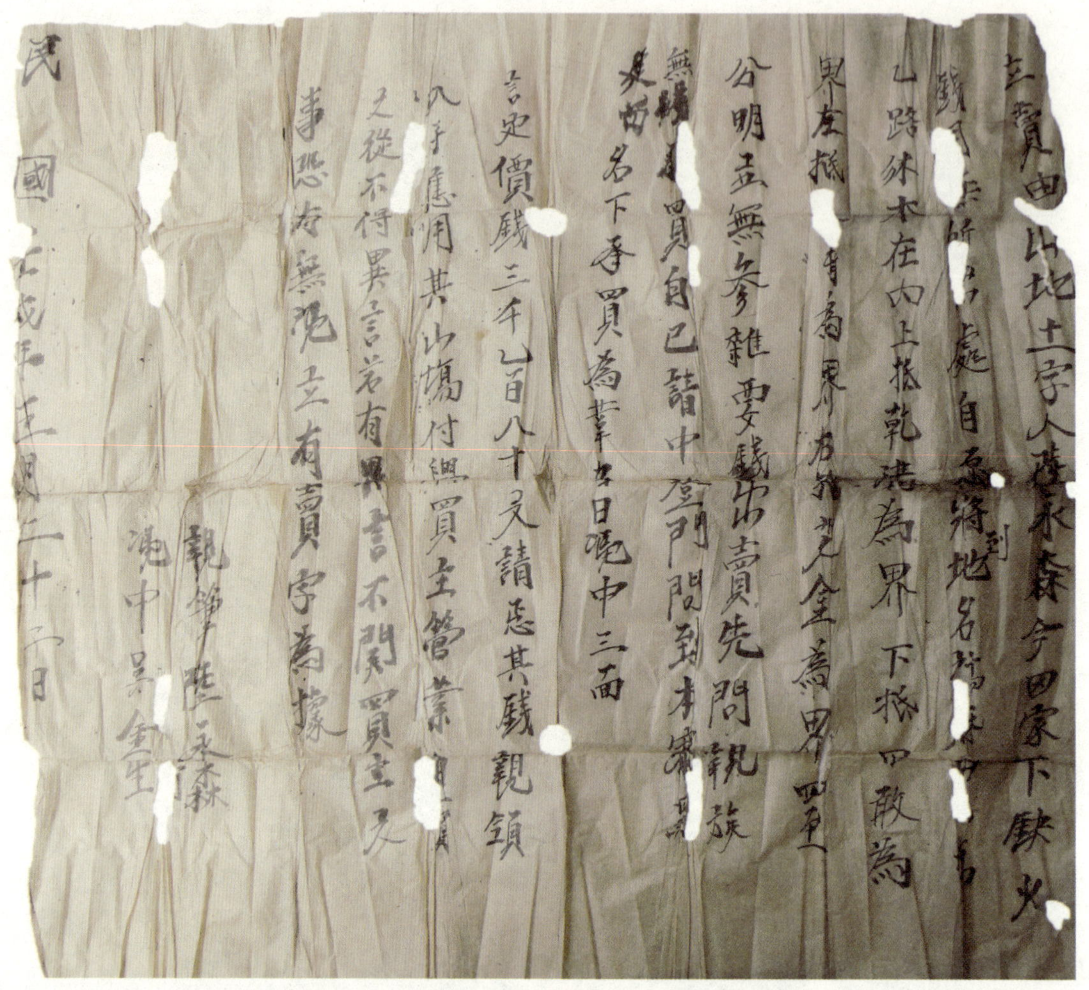

立卖由（油）山地土字人陆永森，今因家下缺少钱用，无所出处，自愿将到地名□麻田，［山场］一路杉木在内，上抵乾（干）沟为界，下抵田敢（坎）为界，左抵□□为界，右抵芝金为界，四至分明，并无参（掺）杂，要钱出卖。先问亲族无人承买。自己请中登门问到本寨吴廷苟名下承买为业，当日凭中三面言定价钱三千一百八十文请（钱）整。其钱亲领入手应用，其山场付与买主管业。自卖之后，不得异言。若有异言，不关买主之事。恐后无凭，立有卖字为据。

亲笔：陆永森

凭中：吴金生

民国壬戌年五月二十二日

47. 吴廷口新买契（民国十一年四月一日）

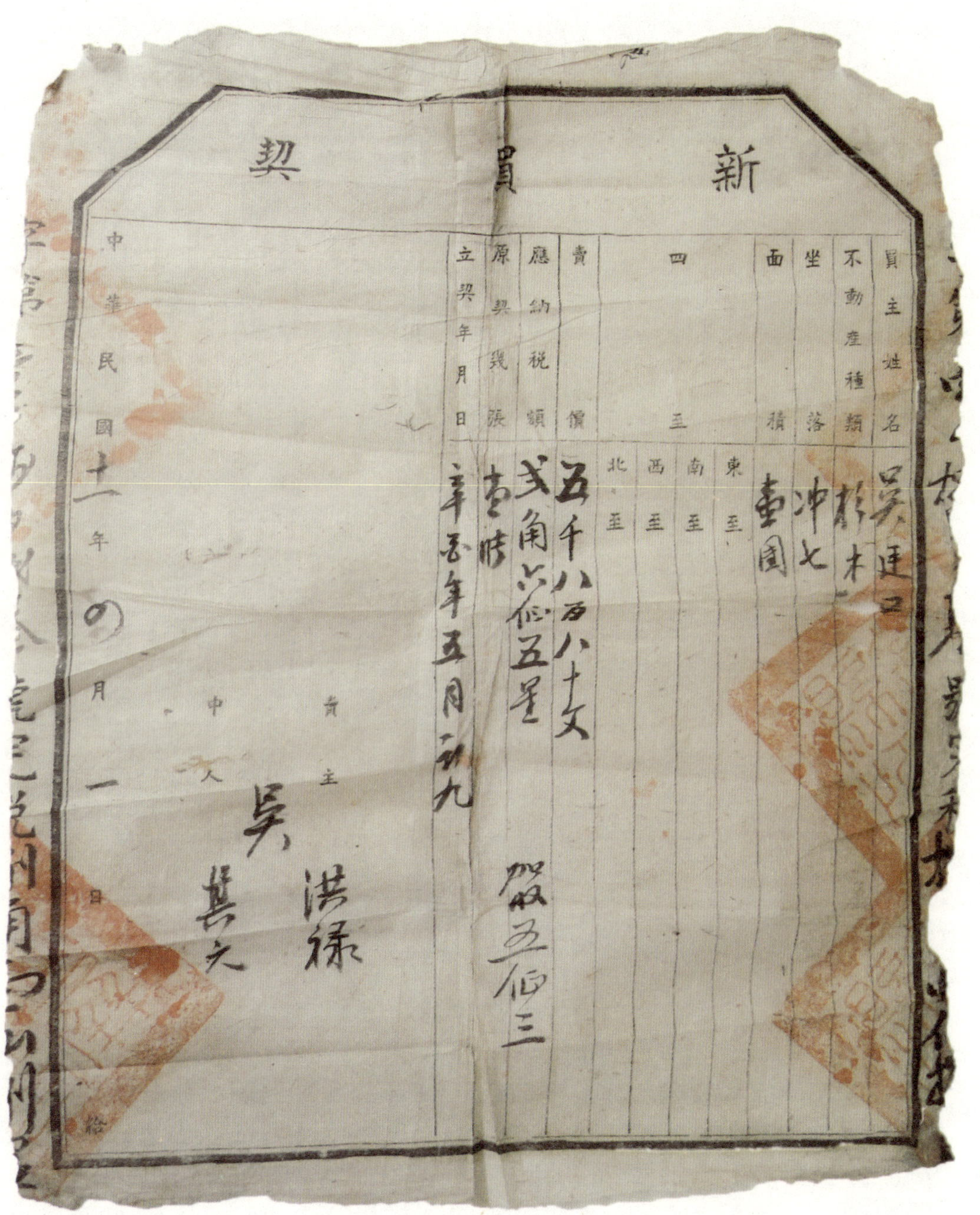

新買契

買主姓名	不動產種類	坐落	面積	四至	賣價	應納稅額	原契幾張	立契年月日
吳廷口	杉木	沖七	壹團	東至　南至　西至　北至	五千八百八十文	弍角六仙五星	壹張	辛酉年五月初九

加收五仙三

賣主　吳洪祿

中人　吳甚文

中華民國十一年四月一日

内容摘要：吴廷口购买冲七杉木一团，价格五千八百八十文，应纳税额贰角六仙五星，加收五仙三［星］，辛酉年五月初九日立契，卖主吴洪禄，中人吴其文，中华民国十一年四月一日。

48. 陆文汉卖田契（民国十一年十二月初一日）

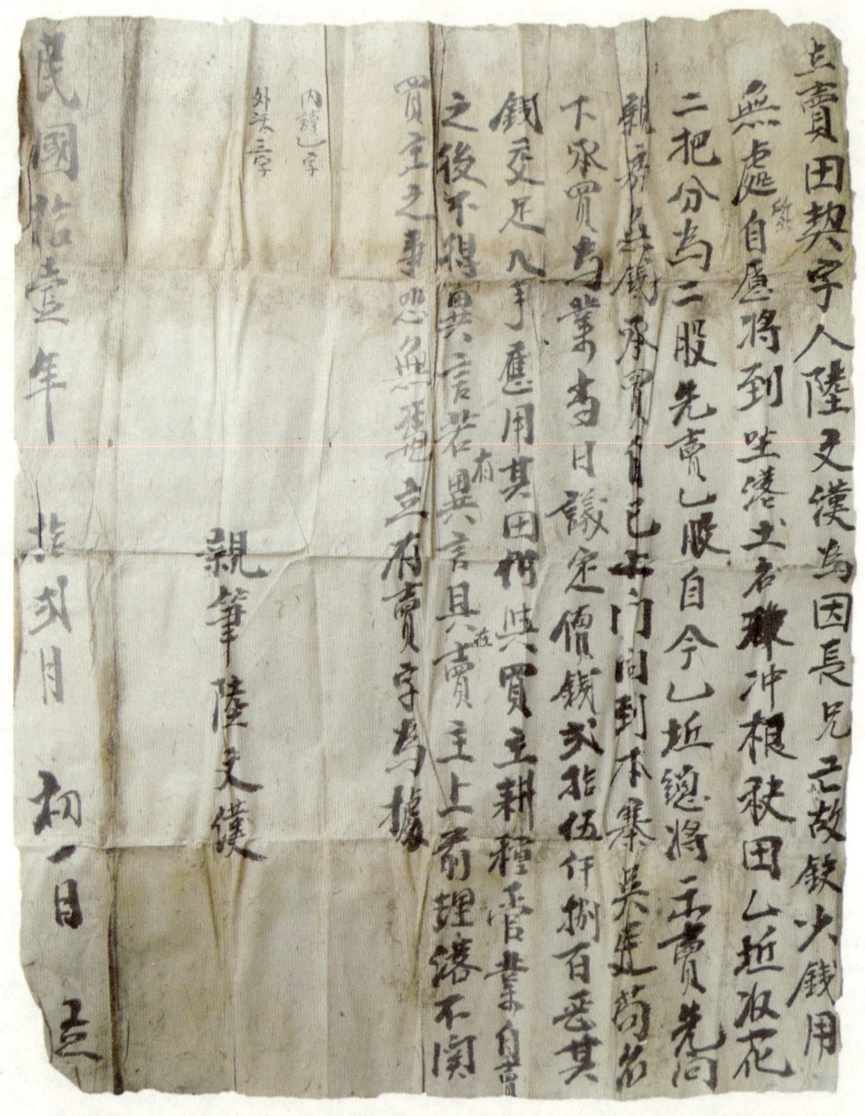

立卖田契字人陆文汉，为因长兄亡故，缺少钱用，无处所出，自愿将到坐落土名冲根秧田一丘，收花二把，分为二股，先卖一股，自今一丘总将出卖。先问亲房无钱承买，自己上门问到本寨吴廷荀名下承买为业，当日议定价钱贰拾伍仟捌百整。其钱交足入手应用，其田付与买主耕种管业。自卖之后，不得异言。若有异言，具（俱）在卖主上前理落，不关买主之事。恐［后］无凭，立有卖字为据。

内读（涂）一字，外添三字

亲笔：陆文汉

民国拾壹年拾贰月初一日立

49. 陆门刘氏□凤卖田契（民国十三年七月初三日）

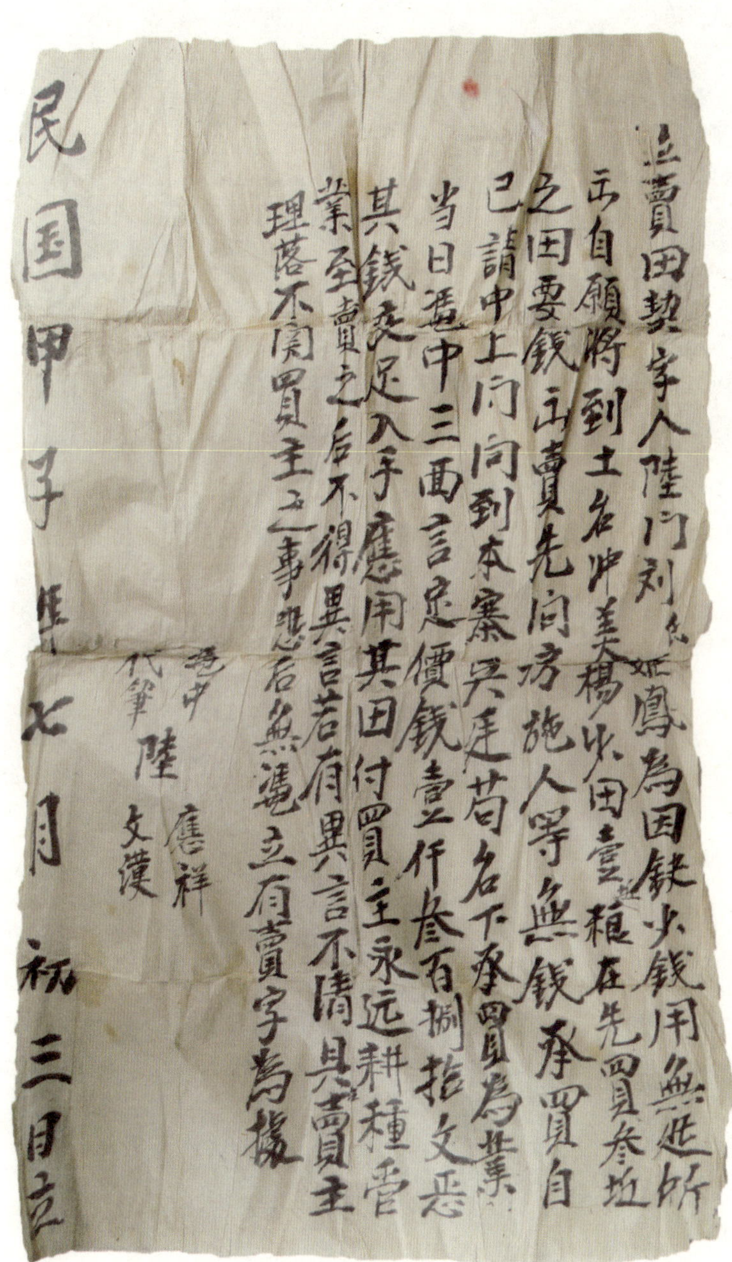

立卖田契字人陆门刘氏□凤，为因缺少钱用，无处所出，自愿将到土名冲美杨少田壹丘，粮在，先买叁丘之田，要钱出卖。先问房施（族）人等无钱承买。自己请中上门问到本寨吴廷苟名下承买为业，当日凭中三面言定价钱壹仟叁百捌拾文整。其钱交足入手应用，其田付买主永远耕种管业。至（自）卖之后，不得异言。若有异言，［买主］不清，具（俱）在卖主理落，不关买主之事。恐后无凭，立有卖字为据。

凭中：陆应祥

代笔：陆文汉

民国甲子年七月初三日立

50. □□父子卖杉木字（民国十四年五月□日）

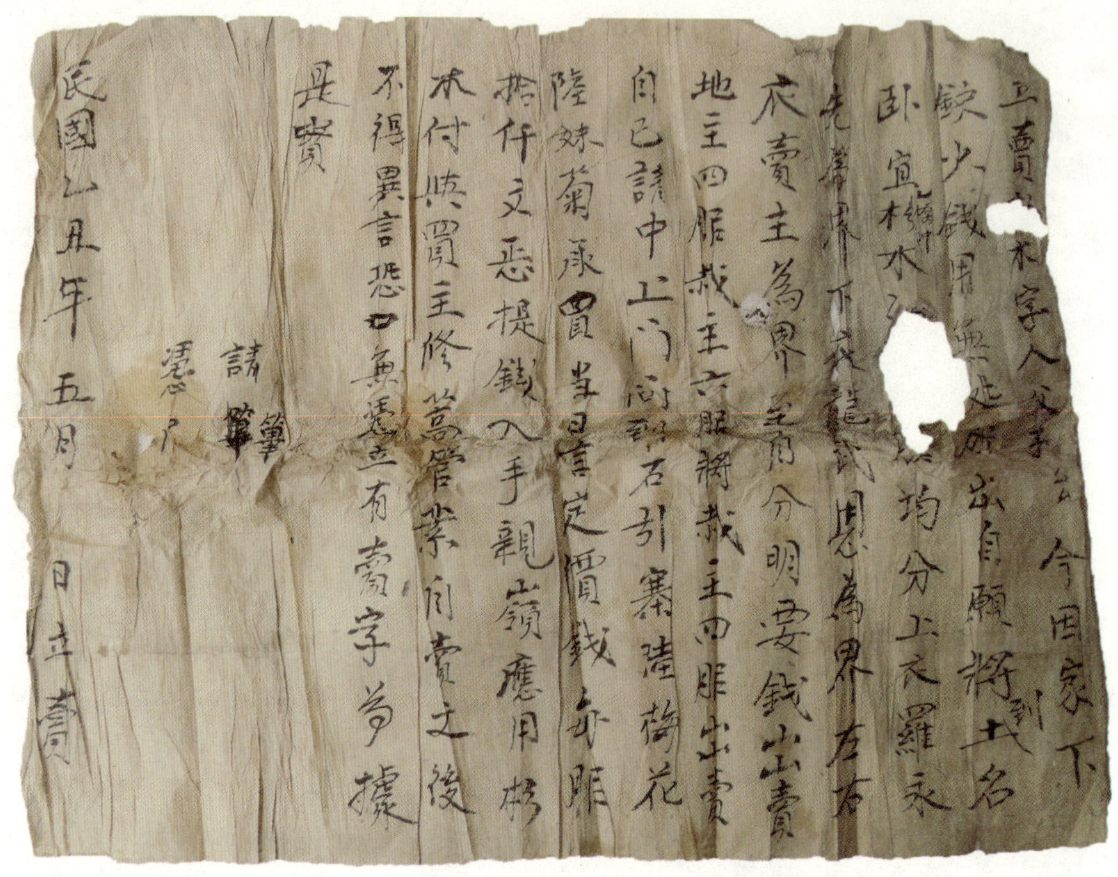

立卖［杉］木字人父子□□，今因家下缺少钱用，无处所出，自愿将到土名卧宜桥冲杉木一［团］，［二股］均分，上衣（依）罗永先为界，下衣（依）龙武恩为界，左右衣（依）卖主为界，至自（四至）分明，要钱出卖。地主四股，栽主六股，将栽主四股出卖，自己请中上门问到石引寨陆荷花、陆妹菊承买，当日言定价钱每股拾仟文整。提钱入手，亲岭（领）应用，杉木付与买主修篙（蓄）管业。自卖之后，不得异言。恐口无凭，立有卖字为据是实。

请笔

凭中

民国乙丑年五月□日立卖

51. 吴有元卖茶油山字（民国十四年七月初□日）

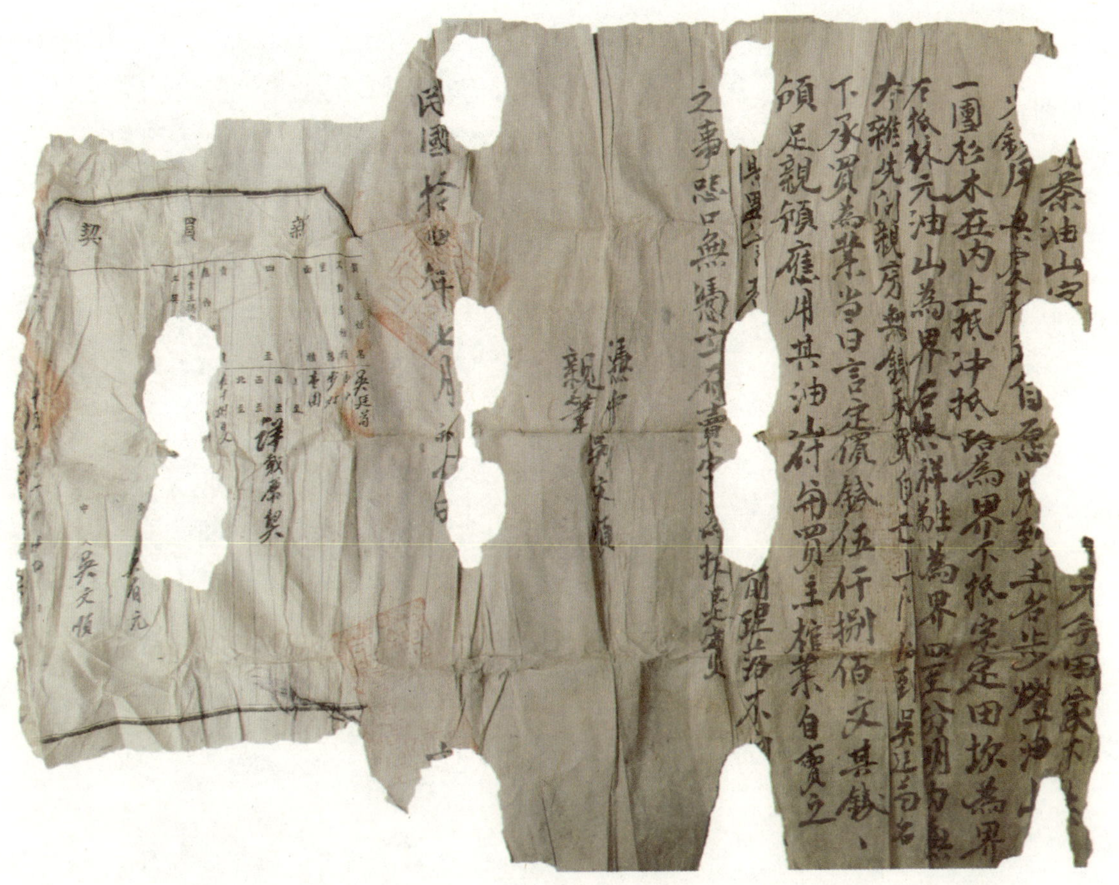

［立卖］茶油山字［人］……元[①]，今因家下［缺］少钱用，无处所出，自愿将到土名步灯油山一团，杉木在内，上抵冲抵路为界，下抵宗定田坎为界，左抵□元油山为界，右抵祥生、祥弟为界，四至分明，内无参（掺）杂，先问亲房无钱承买，自己上门问到吴廷苟名下承买为业，当日言定价钱伍仟捌佰文。其钱领足亲领应用，其油山付与买主棺（管）业。自卖之［后，不］得异言。若［有异言，卖主上］前理落，不关［买主］之事。恐口无凭，立有卖字为据是实。

凭中、亲笔：吴文顺

民国拾四年七月初□日

新买契

内容摘要：吴廷苟购买步灯油山壹团，四至详载原契，价格伍千捌百文，卖主吴有元，中人吴文顺，民国十五年十一月廿四日。

---

① 根据契尾粘连的新买契，这份契约的卖主即主契人为吴有元。

52. 刘本元卖茶油山字（民国十四年七月初七日）

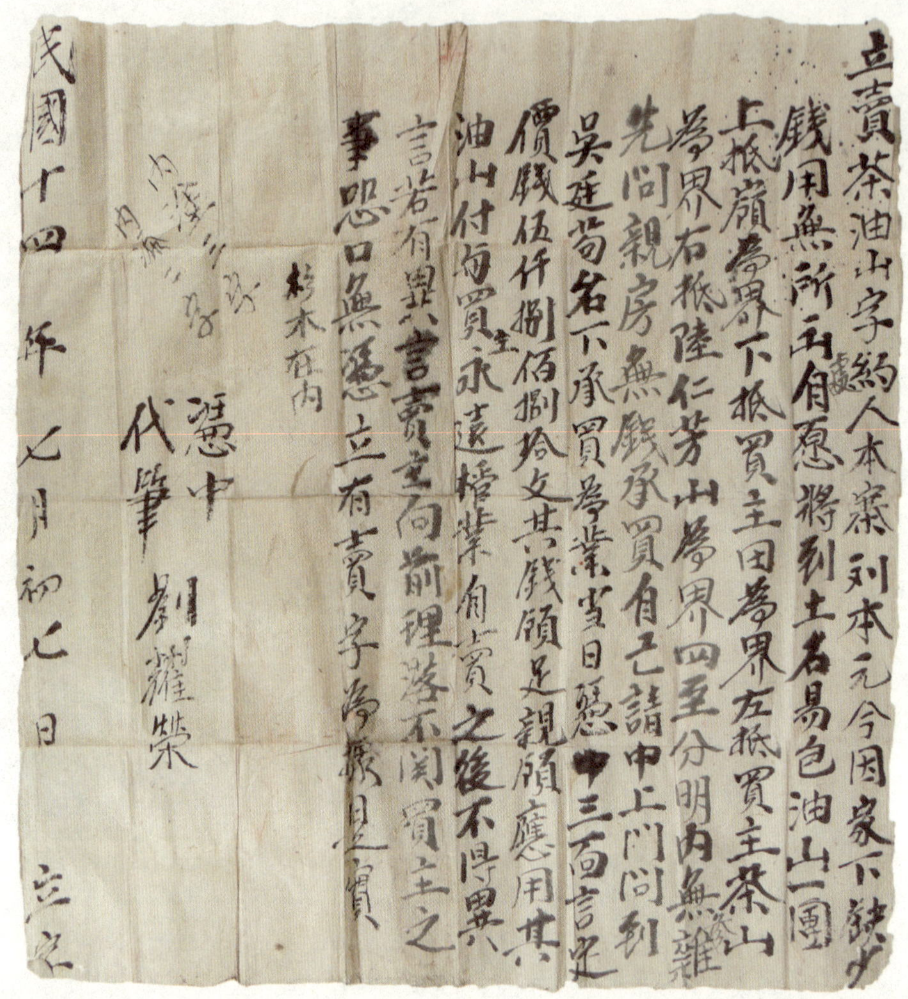

立卖茶油山字约人本寨刘本元，今因家下缺少钱用，无所出处，自愿将到土名易包油山一团，上抵岭为界，下抵买主田为界，左抵买主茶山为界，右抵陆仁芳山为界，四至分明，内无参（掺）杂，先问亲房无钱承买，自己请中上门问到吴廷苟名下承买为业，当日凭中三面言定价钱伍仟捌佰捌拾文。其钱领足亲领应用，其油山付与买主永远棺（管）业。自卖之后，不得异言。若有异言，卖主向前理落，不关买主之事。恐口无凭，立有卖字为据是实。

杉木在内

内涂三字，内添二字

凭中、代笔：刘耀荣

民国十四年七月初七日立字

53. 吴祖毛、吴祖玉、吴祖隆兄弟卖棉花坪字（民国十四年七月十一日）

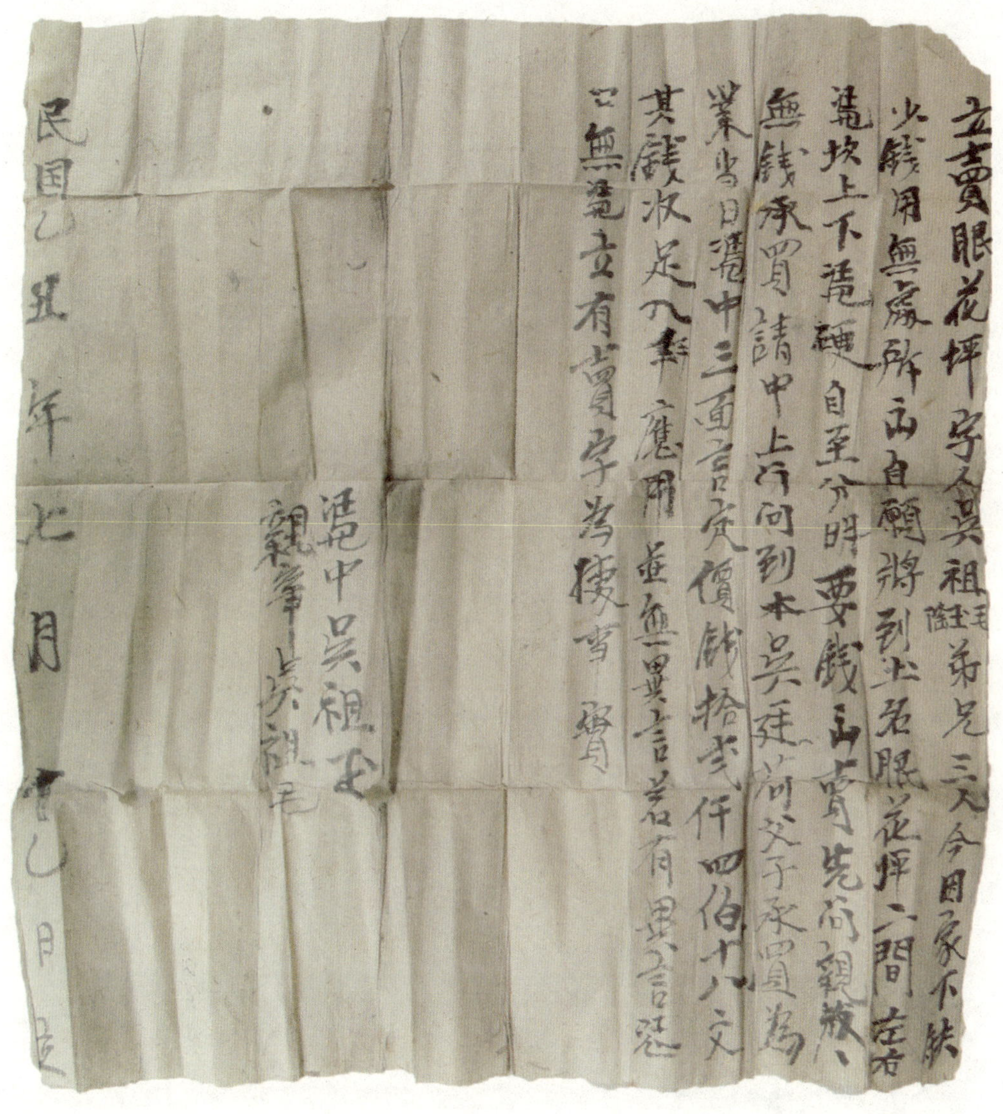

立卖眠（棉）花坪字人吴祖毛、吴祖玉、吴祖隆弟兄三人，今因家下缺少钱用，无处所出，自愿将到土名眠（棉）花坪二间，左右凭坎，上下凭硬，自（四）至分明，要钱出卖。先问亲族无钱承买，请中上门问到本［寨］吴廷苟父子承买为业，当日凭中三面言定价钱拾贰仟四伯（百）十八文。其钱收足入手应用，并无异言。若有异言，恐口无凭，立有卖字为据事（是）实。

凭中：吴祖玉

亲笔：吴祖毛

民国乙丑年七月十一日立

54. 吴廷寿卖田契（民国十四年七月二十三日）

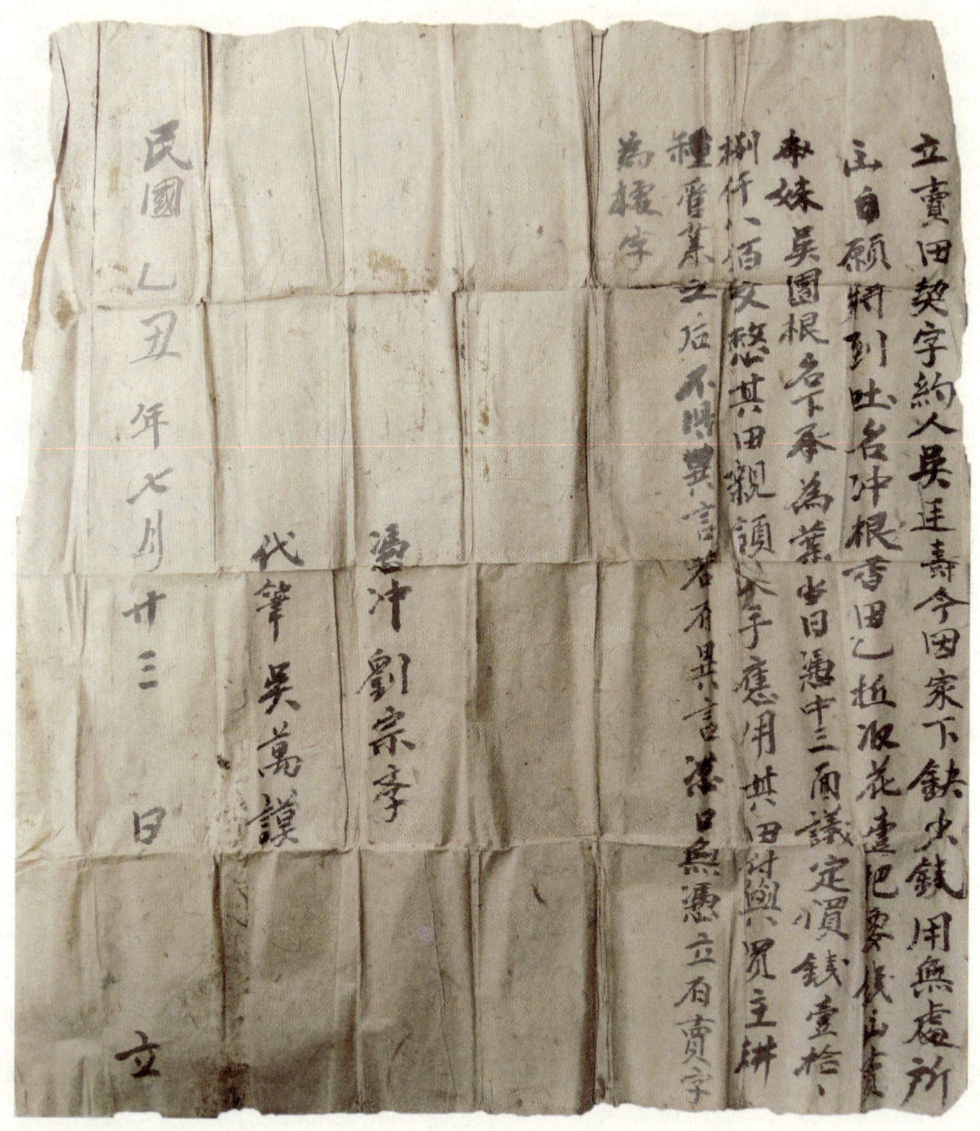

立卖田契字约人吴廷寿，今因家下缺少钱用，无处所出，自愿将到吐（土）名冲根香田一丘，收花壹把，要钱出卖。本［寨］妹吴团根名下承［买］为业，当日凭中三面议定价钱壹拾捌仟八佰文整。其田（钱）亲领入手应用，其田付与买主耕种管业。［自卖］之后，不得异言。若有异言，恐口无凭，立有卖字为□字。

凭冲（中）：刘宗学

代笔：吴万谟

民国乙丑年七月廿三日立

55. 刘蓄罗、刘贵罗、刘贵海等兄弟卖谷仓地基字（民国十四年七月三十日）

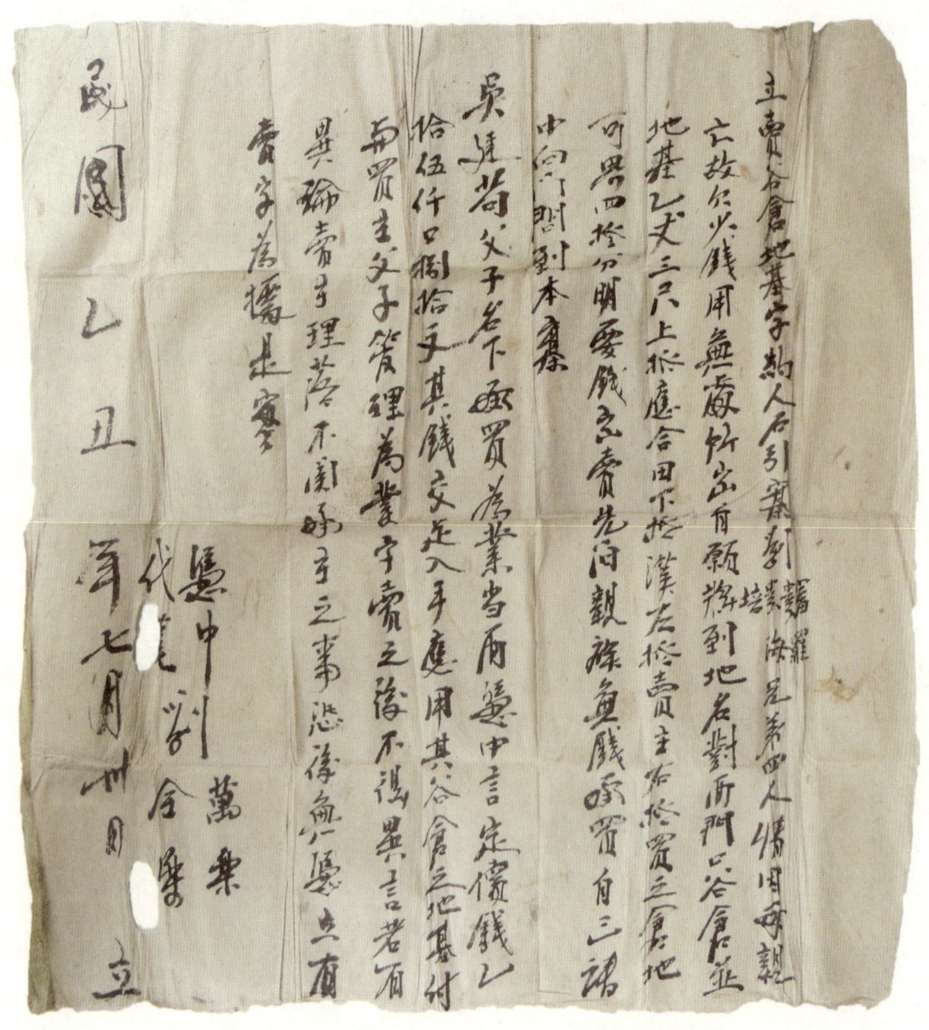

立卖谷仓地基字约人石引寨刘蓄罗、刘贵罗、刘贵海、刘培海兄弟四人，情因母亲亡故，欠（缺）少钱用，无处所出，自愿将到地名对面门口谷仓并地基一丈三尺，上抵应合田，下抵汉，左抵卖主，右抵买主之仓地可（为）界，四抵分明，要钱出卖。先问亲族无钱承买。自己请中向（上）门问到本寨吴廷荀父子名下承买为业，当面凭中言定价钱一拾伍仟〇（零）捌拾文。其钱交足入手应用，其谷仓之地基付与买主父子管理为业。字（自）卖之后，不得异言。若有异论，卖主理落，不关买主之事。恐后无凭，立有卖字为据是实。

凭中：刘万乐

代笔：刘令乐

民国乙丑年七月卅日立

56. 陆德文卖田契（民国十四年十二月初三日）

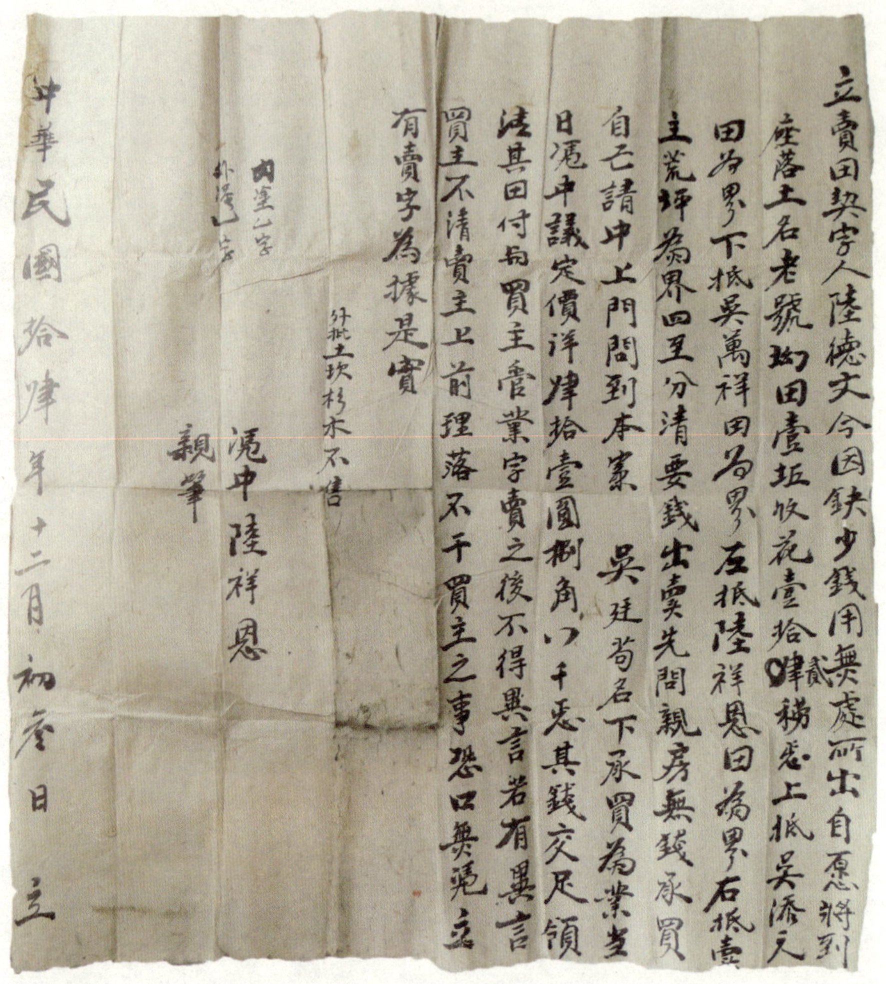

立卖田契字人陆德文，今因缺少钱用，无处所出，自愿将到座（坐）落土名老号坳田壹丘，收花壹拾贰秭整，上抵吴添元田为界，下抵吴万祥田为界，左抵陆祥恩田为界，右抵卖主荒坪为界，四至分清（明），要钱出卖。先问亲房无钱承买，自己请中上门问到本寨吴廷苟名下承买为业，当日凭中议定价洋肆拾壹圆捌角八千［文］整。其钱交足领清，其田付与买主管业。字（自）卖之后，不得异言。若有异言，买主不清，卖主上前理落，不干买主之事。恐口无凭，立有卖字为据是实。

外批：土坎杉木不售

内涂一字，外添一字

凭中：陆祥恩

亲笔

中华民国拾肆年十二月初叁日立

57. 刘吉山卖地土杉山字（民国十五年正月十一日）

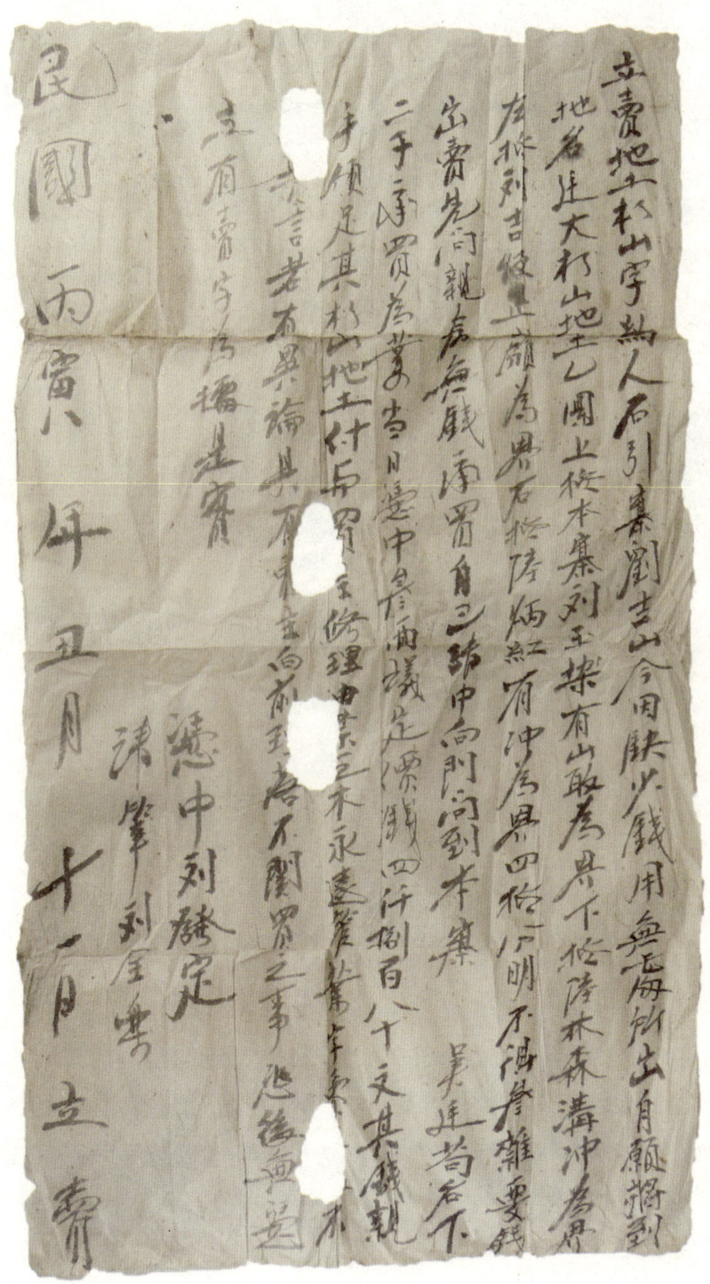

立卖地土杉山字约人石引寨刘吉山，今因缺少钱用，无处所出，自愿将到地名廷大杉山地土一团，上抵本寨刘玉□有山敢（坎）为界，下抵陆林森沟冲为界，左抵刘吉恒正岭为界，右抵陆炳红有冲为界，四抵分明，不得叁（掺）杂，要钱出卖。先问亲房无钱承买，自己请中向（上）门问到本寨吴廷苟名下二子承买为业，当日凭中叁面议定价钱四仟捌百八十文。其钱亲手领足，其杉山地土付与买主修理，由（蓄）禁之木永远管业。字（自）卖［之后］，不［得］异言。若有异论，具（俱）有卖主向前理落，不关买［主］之事。恐后无凭，立有卖字为据是实。

凭中：刘发定

请笔：刘全乐

民国丙寅年五月十一日立卖

58. 吴顺标卖田契（民国十五年十一月二十二日）

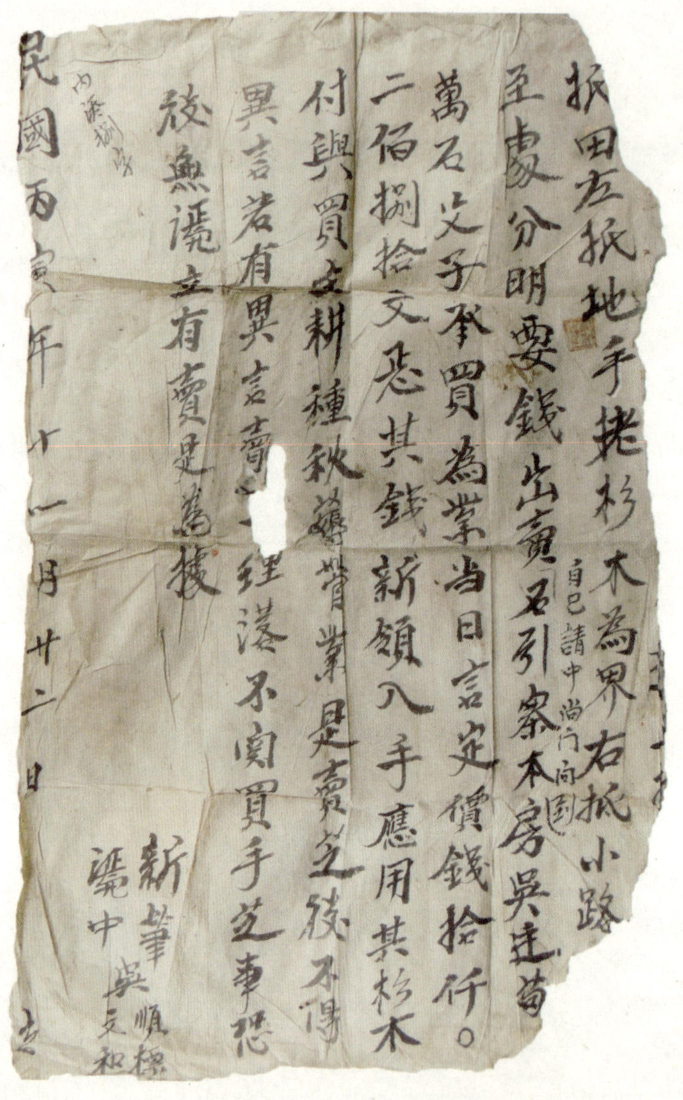

……抵田，左抵地手捞杉木为界，右抵小路，……至（四）处分明，要钱出卖。自己请中尚（上）门问到石引寨本房吴廷苟、万石父子承买为业，当日言定价钱拾仟〇二佰捌拾文整。其钱新领入手应用，其杉木付与买主耕种秋薅管业。是（自）卖芝（之）后，不得异言。若有异言，卖主理落，不关买手芝（之）事。恐后无凭，立有卖是（字）为据。

内添捌字

新（亲）笔：吴顺标

凭中：吴文和

民国丙寅年十一月廿二日立

59. 吴林元父子卖油山字（民国十六年七月初一日）

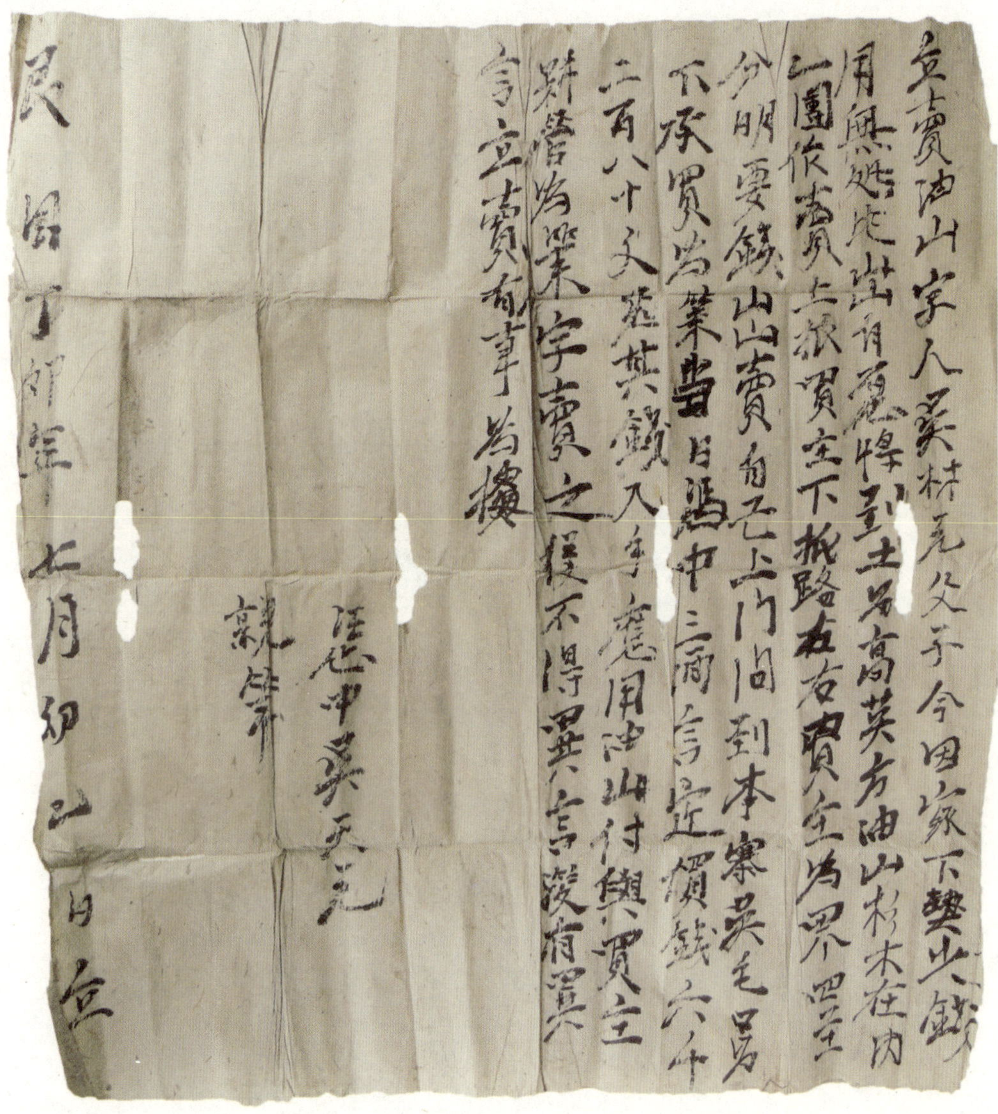

立卖油山字人吴林元父子，今因家下缺少钱用，无处所出，自愿将到土名高英方油山杉木在内一团作卖。上抵买主，下抵路，左右［抵］买主为界，四至分明，要钱出卖。自己上门问到本寨吴毛口名下承买为业，当日凭中三面言定价钱六千二百八十文整。其钱入手应用，油山会与买主耕管为业。字（自）卖之后，不得异言。若有异言，立有卖事（字）为据。

凭中：吴天元

亲笔

民国丁卯年七月初一日立

60. 陆应得、陆文先父子卖田契（民国十八年八月十五日）

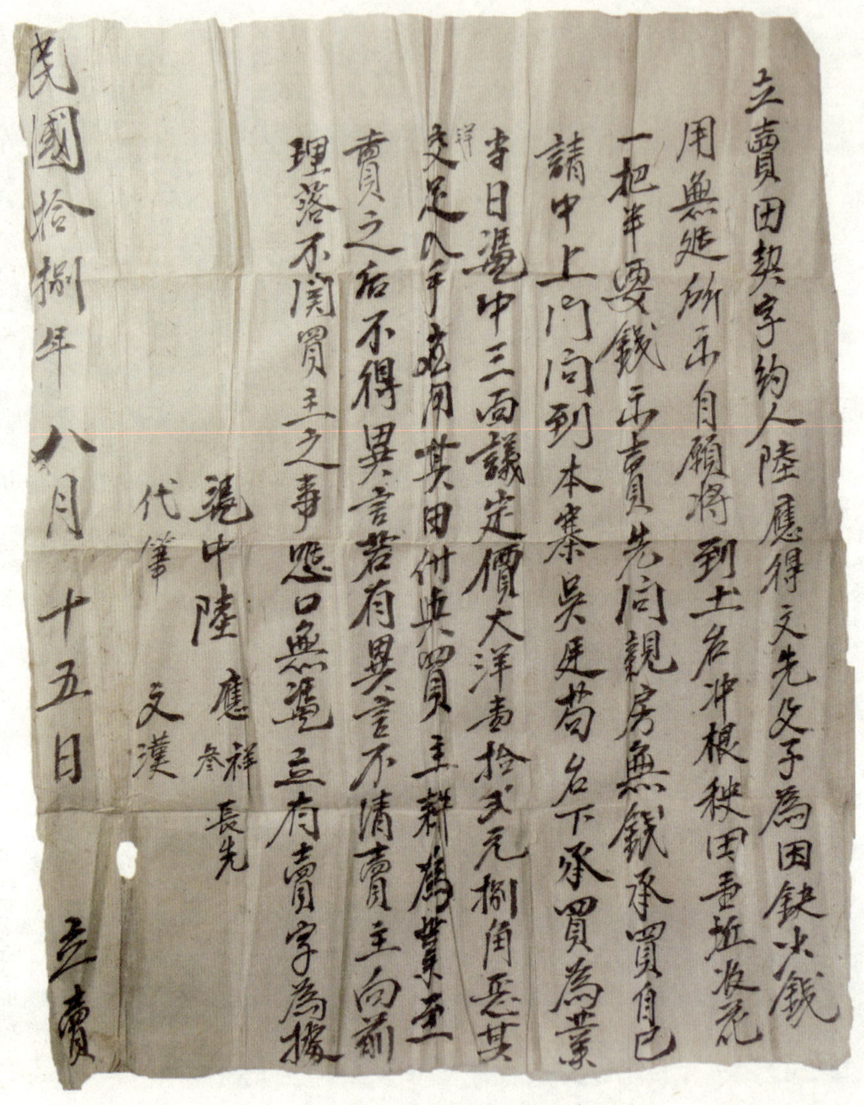

立卖田契字约人陆应得、文先父子，为因缺少钱用，无处所出，自愿将到土名冲根秧田壹丘，收花一把半，要钱出卖。先问亲房无钱承买，自己请中上门问到本寨吴廷苟名下承买为业，当日凭中三面议定价大洋壹拾贰元捌角整。其洋交足入手应用，其田付与买主耕［管］为业。至（自）卖之后，不得异言。若有异言，［买主］不清，卖主向前理落，不关买主之事。恐口无凭，立有卖字为据。

凭中：陆应祥、陆应叁、陆长先

代笔：陆文汉

民国拾捌年八月十五日立卖

61. 刘宽罗、刘寿罗、刘宁罗等卖田契（民国拾九年五月十八日）

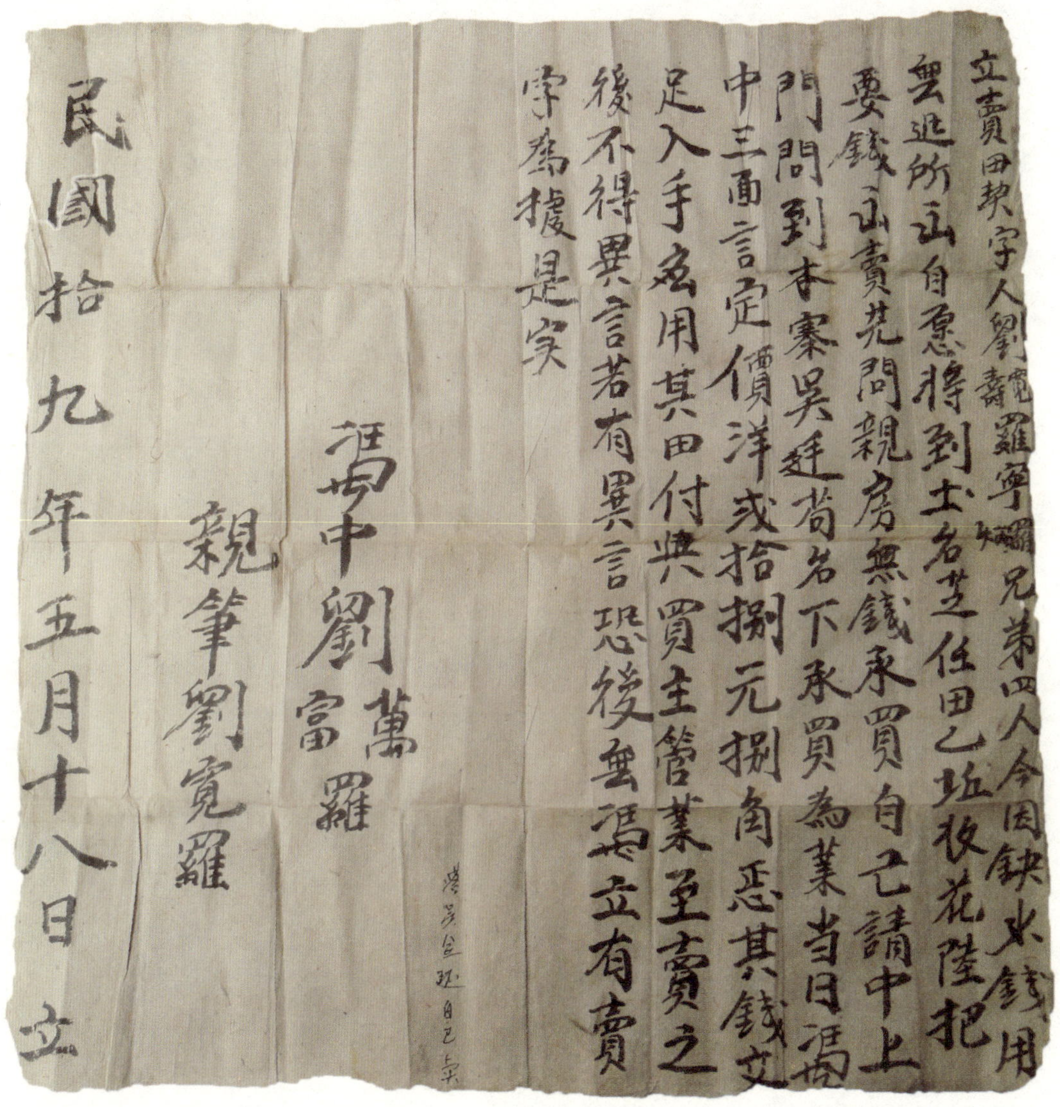

立賣田契字人劉寬羅壽羅寧羅寧炳兄弟四人今因缺少錢用
無處所出自愿將到土名芝任田乙坵收花陸把
要錢出賣先問親房無錢承買自己請中上
門問到本寨吳廷荀名下承買為業當日憑
中三面言定價洋貳拾捌元捌角整其錢交
足入手應用其田付與買主管業至賣之
後不得異言若有異言恐後無憑立有賣
字為據是實

憑中劉萬羅 富羅

親筆劉寬羅

民國拾九年五月十八日立

立卖田契字人刘宽罗、刘寿罗、宁罗、宁炳兄弟四人，今因缺少钱用，无处所出，自愿将到土名芝任田一丘，收花陆把，要钱出卖。先问亲房无钱承买，自己请中上门问到本寨吴廷荀名下承买为业，当日凭中三面言定价洋贰拾捌元捌角整。其钱交足入手应用，其田付与买主管业。至（自）卖之后，不得异言。若有异言，恐后无凭，立有卖字为据是实。

凭中：刘万罗、刘富罗

亲笔：刘宽罗

民国拾九年五月十八日立

62. 陆德坤、陆德远、陆德安兄弟卖油山场字（民国十九年六月二十日）

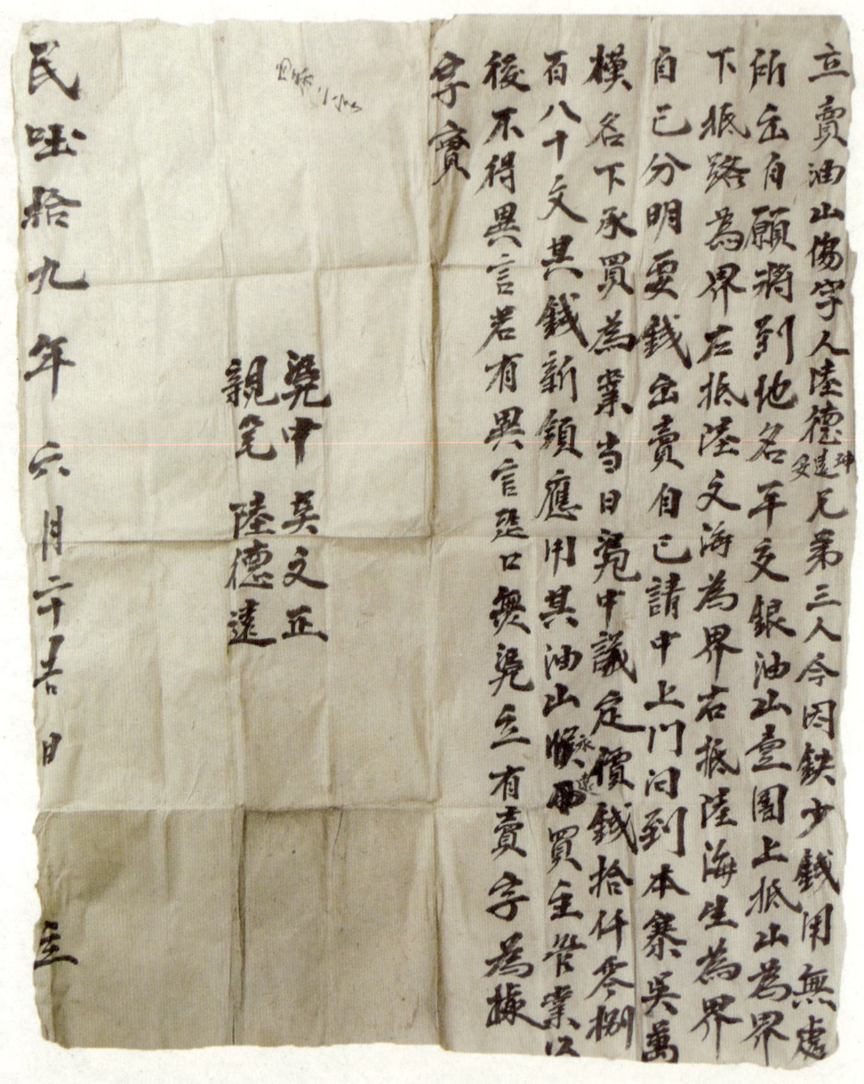
立賣油山傷字人陸德坤遠安兄弟三人今因缺少錢用無處
所出自願將到地名平交銀油山壹團上抵山為界
下抵路為界左抵陸文海為界右抵陸海生為界
自己分明要錢出賣自己請中上门问到本寨吴萬
模名下承買為業當日憑中議定價錢拾仟零捌
百八十文其錢新領應用其油山永遠買主管業以
後不得異言若有異言恐口無憑立有賣字為據
字實

憑中 吴文正
親筆 陸德遠

民國拾九年六月二十吉日 立

立卖油山伤（场）字人陆德坤、陆德远、陆德安兄弟三人，今因缺少钱用，无处所出，自愿将到地名平交银油山壹团，上抵山为界，下抵路为界，左抵陆文海为界，右抵陆海生为界，自己（四至）分明，要钱出卖。自己请中上门问到本寨吴万模名下承买为业，当日凭中议定价钱拾仟零捌百八十文。其钱新（亲）领应用，其油山永远买主管业，以后不得异言。若有异言，恐口无凭，立有卖字为据字（是）实。

内添二字

凭中：吴文正

亲笔：陆德远

民国拾九年六月二十吉日立

63. 杨通父卖山场杉木字（民国二十年六月初六日）

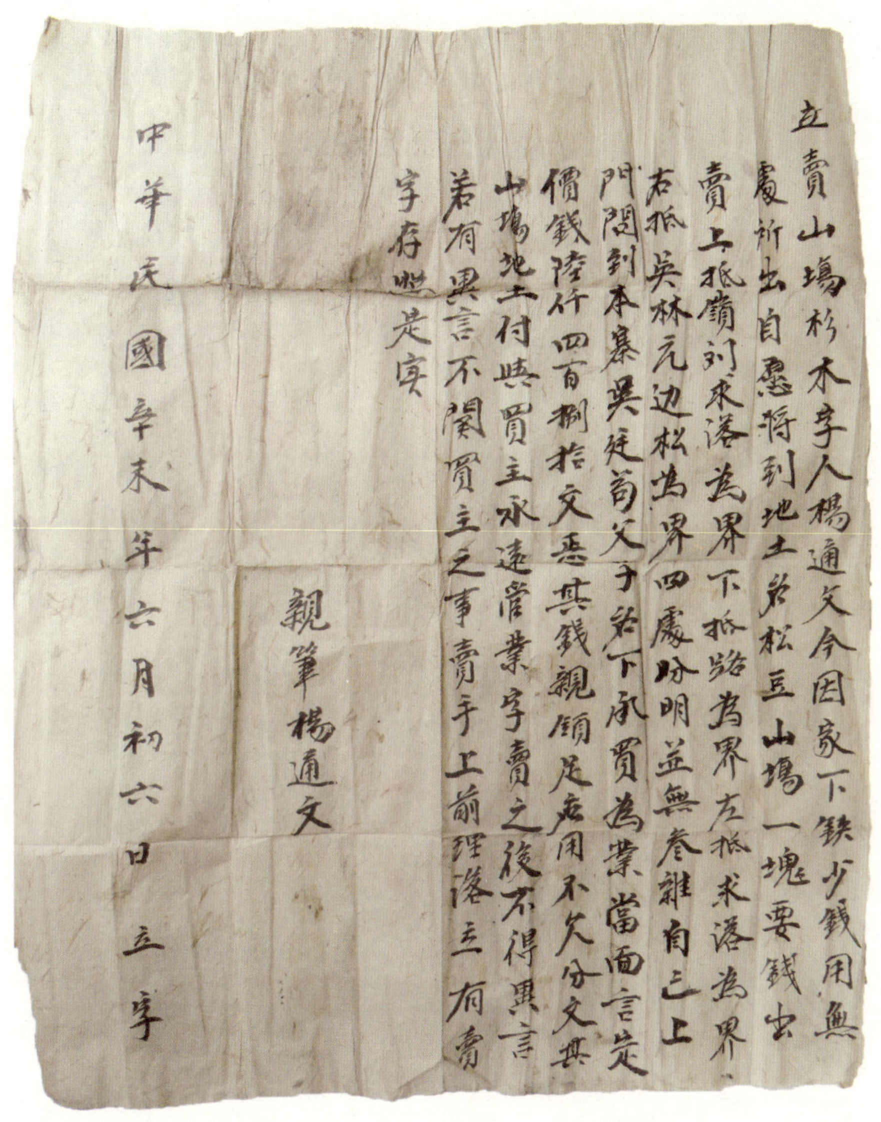

立卖山场杉木字人杨通父，今因家下缺少钱用，无处所出，自愿将到地土名松豆山场一块，要钱出卖。上抵岭刘求落为界，下抵路为界，左抵求落（乐）为界，右抵吴林元边松为界，四处分明，并无叁（掺）杂，自己上门问到本寨吴廷苟父子名下承买为业，当面言定价钱陆仟四百捌拾文整。其钱亲领足应用，不欠分文，其山场地土付与买主永远管业。字（自）卖之后，不得异言。若有异言，不关买主之事，卖手上前理落，立有卖字存照是实。

亲笔：杨通文

中华民国辛未年六月初六日立字

64. 陆志荣卖田契（民国二十年□□月八日）

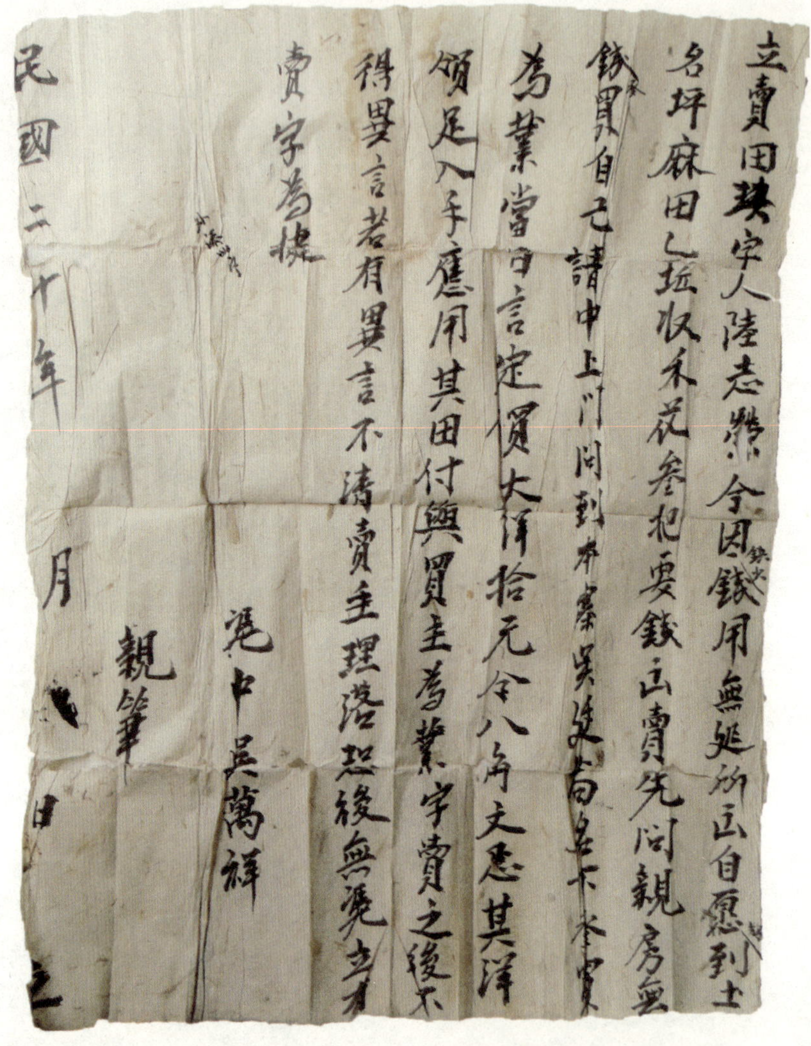

立卖田契字人陆志荣，今因缺少钱用，无处所出，自愿将到土名坪麻田一丘，收禾花叁把，要钱出卖。先问亲房无钱承买，自己请中上门问到本寨吴廷苟名下承买为业，当日言定价大洋拾元令（零）八角文整。其洋领足入手应用，其田付与买主为业。字（自）卖之后，不得异言。若有异言不清，卖主理落。恐后无凭，立有卖字为据。

外添四字

凭中：吴万祥

亲笔

民国二十年□□月八日立

65. 刘泽乐抵田地字（民国二十三年八月二十八日）

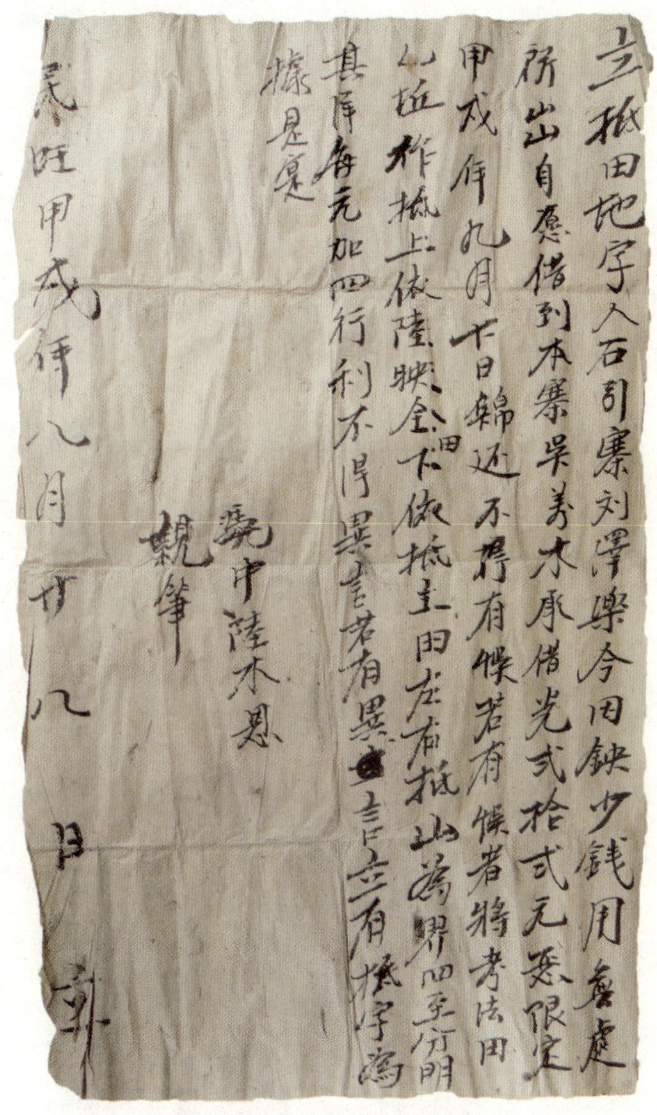

立抵田地字人石引寨刘泽乐，今因缺少钱用，无处所出，自愿借到本寨吴万木承借光［洋］贰拾贰元整，限定甲戌年九月十一日归还，不得有误。若有误者，将考法田一丘作抵。上依陆映全田，下依抵主田，左右抵山为界，四至分明。其洋每元加四行利，不得异言。若有异言，立有抵字为据是实。

凭中：陆木恩

亲笔

民国甲戌年八月廿八日立

66. 催交公款书信（民国二十三年腊月十二日）

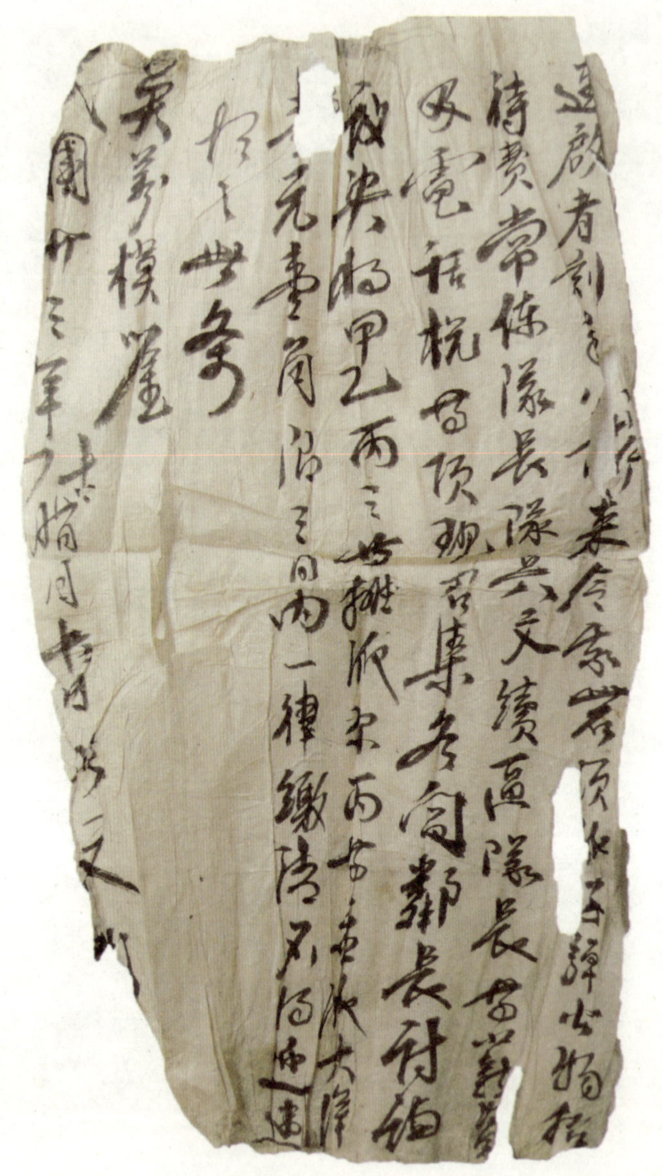

［径］启者，刻奉［公所］来令，□寨须派子弹火物招待费。常俫队长吴文续、区队长等薪资及电话税等项，现召集各闾邻长讨论议决，将甲乙丙三等摊派，尔丙等应派大洋壹元壹角，限三日内一律缴清，不得迟违。

切切此条

吴万模鉴

民国廿三年古［历］腊月十二日□□□

67. 吴万模卖田契（民国二十七年三月初二日）

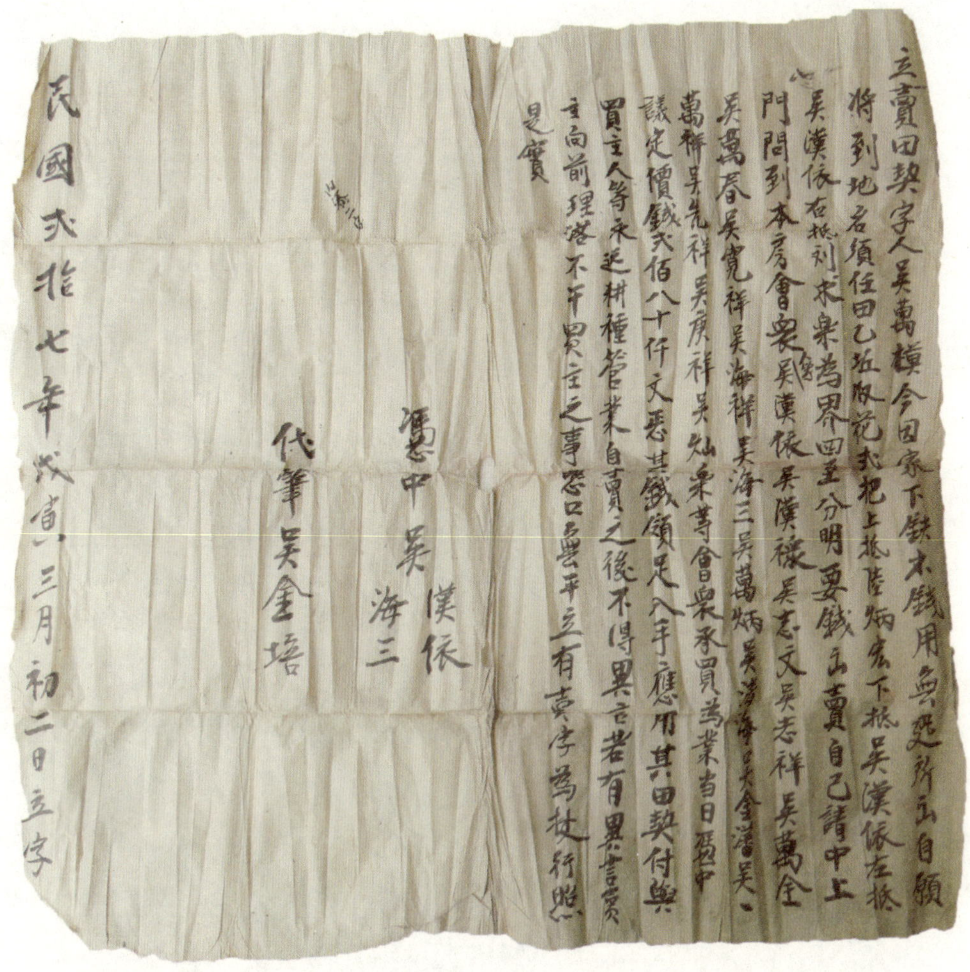

立卖田契字人吴万模，今因家下缺少钱用，无处所出，自愿将到地名须任田一丘，收花贰把，上抵陆炳宏，下抵吴汉依，左抵吴汉依，右抵刘求乐为界，四至分明，要钱出卖。自己请中上门问到本房会众人等吴汉依、吴汉禄、吴志文、吴志祥、吴万全、吴万春、吴宽祥、吴海祥、吴海三、吴万炳、吴清海、吴金藩、吴万祥、吴先祥、吴庚祥、吴灿乐等会众承买为业，当日凭中议定价钱贰佰八十仟文整。其钱领足入手应用，其田契付与买主人等永远耕种管业。自卖之后，不得异言。若有异言，卖主向前理落，不干买主之事。恐口无平（凭），立有卖字为据行（存）照是实。

内添二字

凭中：吴汉依、吴海三

代笔：吴金培

民国贰拾七年戊寅三月初二日立字

68. 吴团根卖田契（民国二十七年三月二十八日）

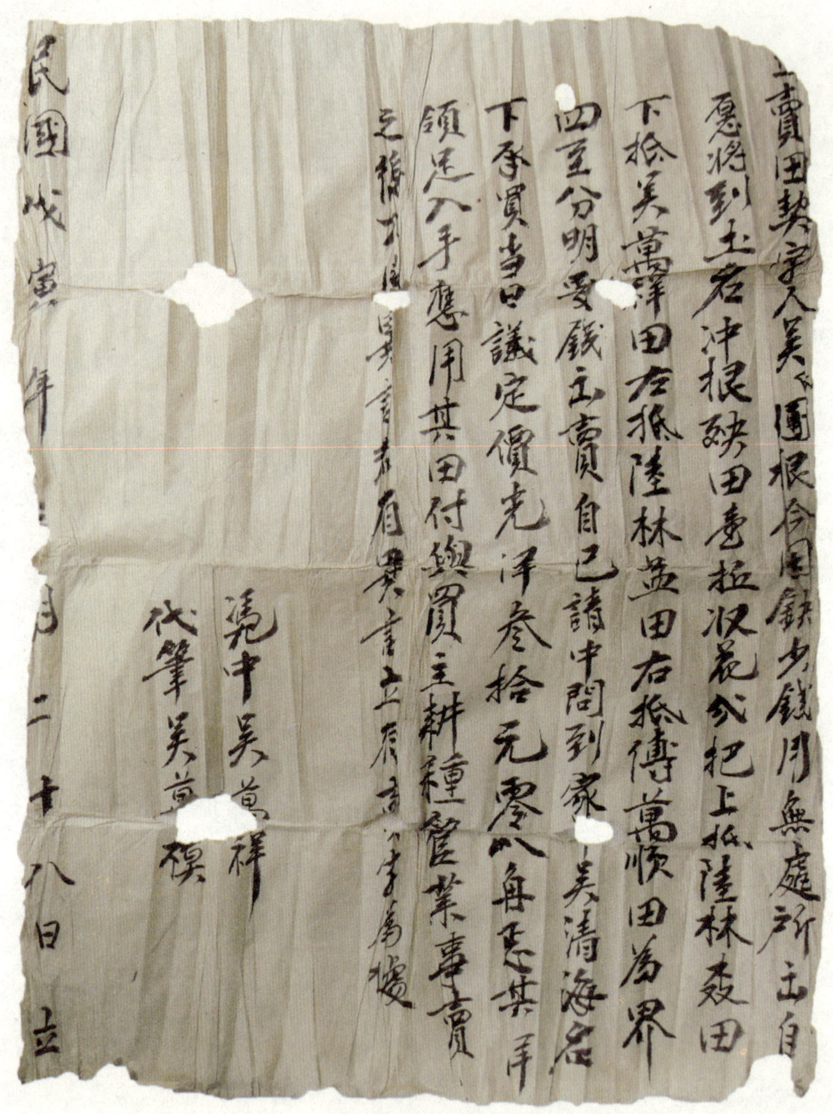

立卖田契字人吴氏团根，今因缺少钱用，无处所出，自愿将到土名冲根殃（秧）田壹丘，收花贰把，上抵陆林森田，下抵吴万祥田，左抵陆林益田，右抵傅万顺田为界，四至分明，要钱出卖。自己请中问到家□吴清海名下承买，当日议定价光洋叁拾元零八角整。其洋领足入手应用，其田付与买主耕种管业。事（自）卖之后，不得异言。若有异言，立有卖字为据。

凭中：吴万祥

代笔：吴万模

民国戊寅年［三］月二十八日立

69. 吴万模典田契（民国三十四年四月初四日）

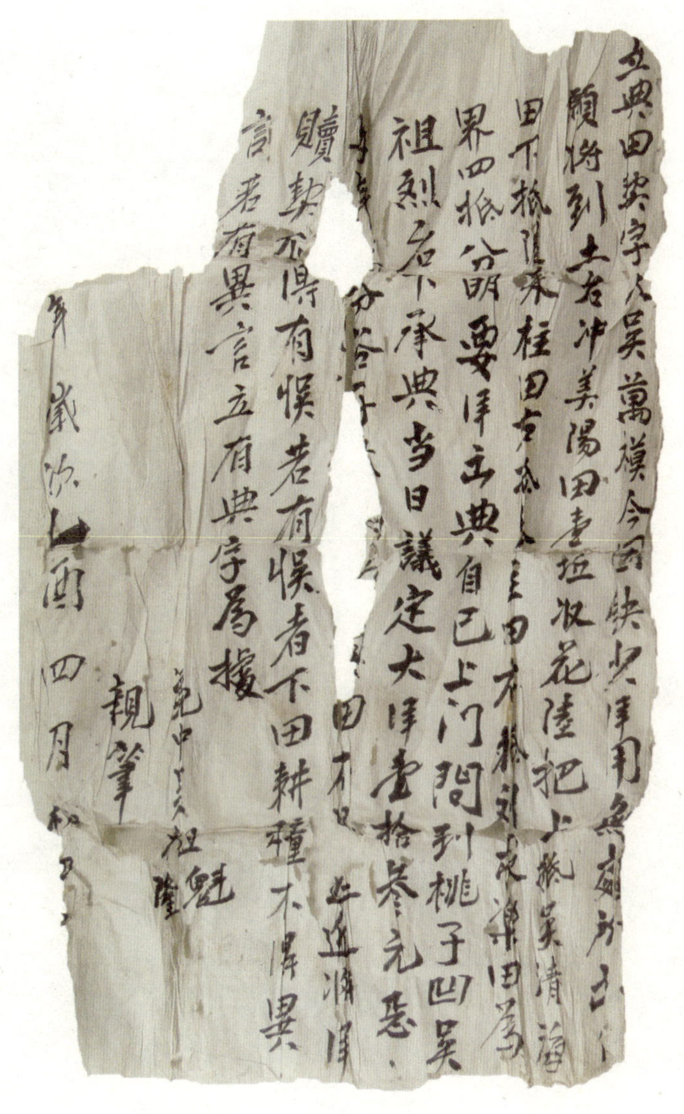

立典田契字人吴万模，今因缺少洋用，无处所出，自愿将到土名冲美阳田壹丘，收花陆把，上抵吴清海田，下抵陆承柱田，左抵□主田，右抵刘求乐田为界，四抵分明，要洋出典。自己上门问到桃子凹吴祖烈名下承典，当日议定大洋壹拾叁元整。每年□□分谷子……，其田不［限远］近将洋赎契，不得有误。若有误者，下田耕种，不得异言。若有异言，立有典字为据。

凭中：吴祖魁、吴祖隆

亲笔

□□□年岁次乙酉四月初四日［立］

70. 吴万模典田契（民国三十五年四月二十日）

立典田契字人吴万模，今因缺少洋用，无处所出，自愿将到土名盘亥田壹丘，收花四把，上抵油山，下抵山，左抵吴德江田，右抵陆求仙田为界，四抵分明，要洋出典。自己问到桃子凹吴德相名下承典，当日议典价大洋壹拾叁元整，又谷子贰佰斤。其洋各领足应用。自典之后，任从下田耕种收花为业。此田不限远近，价到赎回，不得异言。恐口无凭，立有典字为据。

凭中：刘富乐、吴祖魁

亲笔：吴万模

民国丙戌年四月廿日立典

71. 吴金藩、吴金海、吴金林兄弟卖田契（民国三十八年三月初八日）

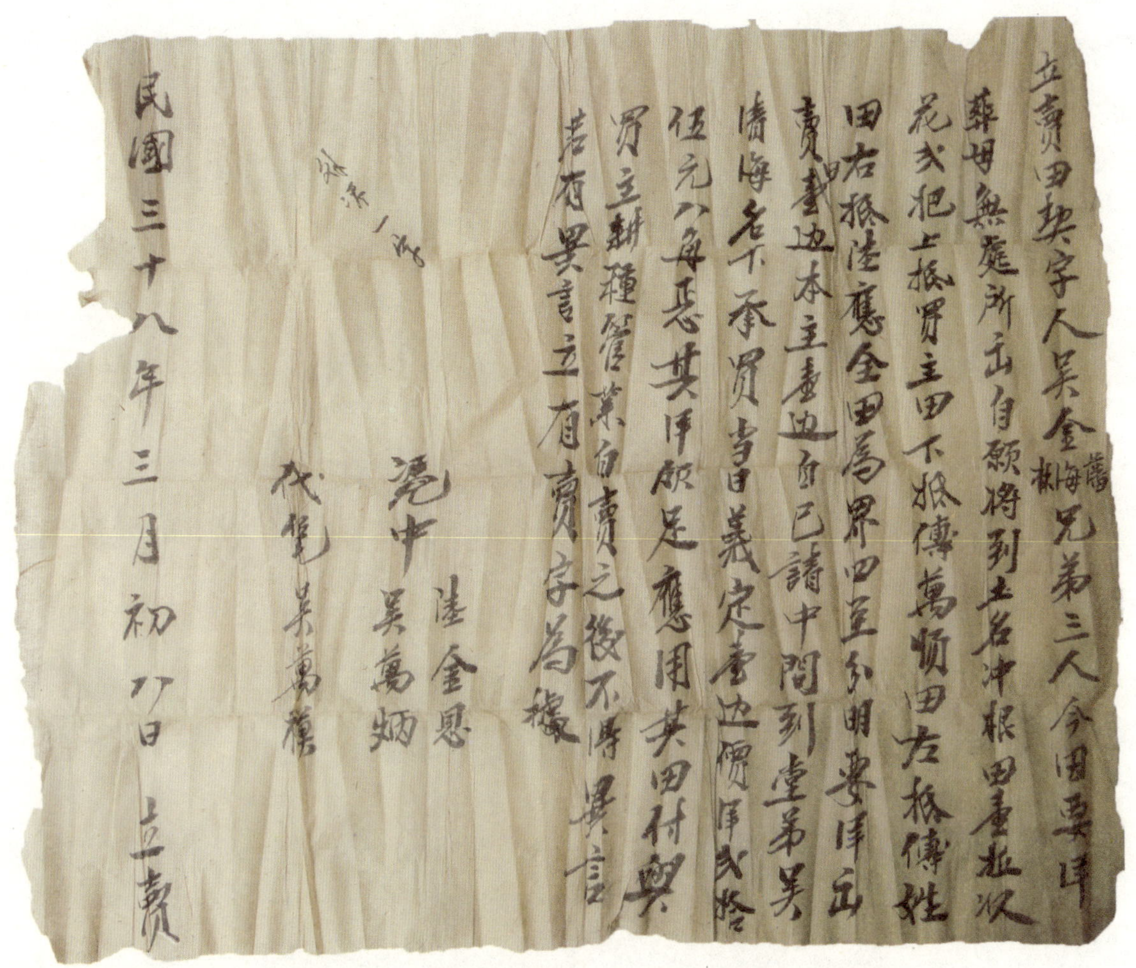

立卖田契字人吴金藩、吴金海、吴金林兄弟三人，今因要洋葬母，无处所出，自愿将到土名冲根田壹丘，收花贰把，上抵买主田，下抵傅万顺田，左抵傅姓田，右抵陆应全田为界，四至分明，要洋出卖。田壹边，本主壹边，自己请中问到堂弟吴清海名下承买，当日义（议）定壹边价洋贰拾伍元八角整。其洋领足应用，其田付与买主耕种管业。自卖之后，不得异言。若有异言，立有卖字为据。

外添一字

凭中：陆金恩、吴万炳

代笔：吴万模

民国三十八年三月初八日立卖

72. 吴金藩、吴金海、吴金林讨屋基字（民国三十八年七月初七日）

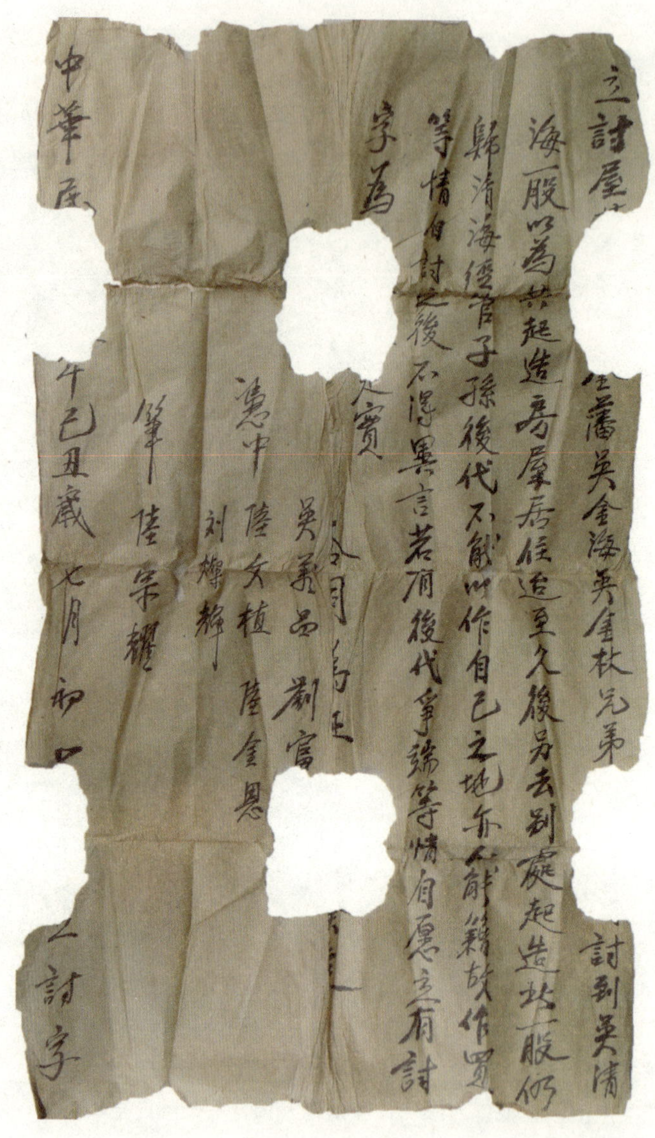

立讨屋基［字约人吴］金藩、吴金海、吴金林兄弟……讨到吴清海一股，以为共起造房屋居住。迫至久后另去别处起造，此一股仍归清海经管，子孙后代不能以作自己之地，亦不能籍（借）故作买（卖）等情。自讨之后，不得异言。若有后代争端等情，自愿立有讨字为［据存照］是实。

合同为证

凭中：吴万品、刘富□、陆文植、陆金恩、刘灿辉

［代］笔：陆宗耀

中华民国［三十八］年己丑岁七月初七［日］立讨字

73. 吴万模卖田契（民国三十八年十二月初六日）

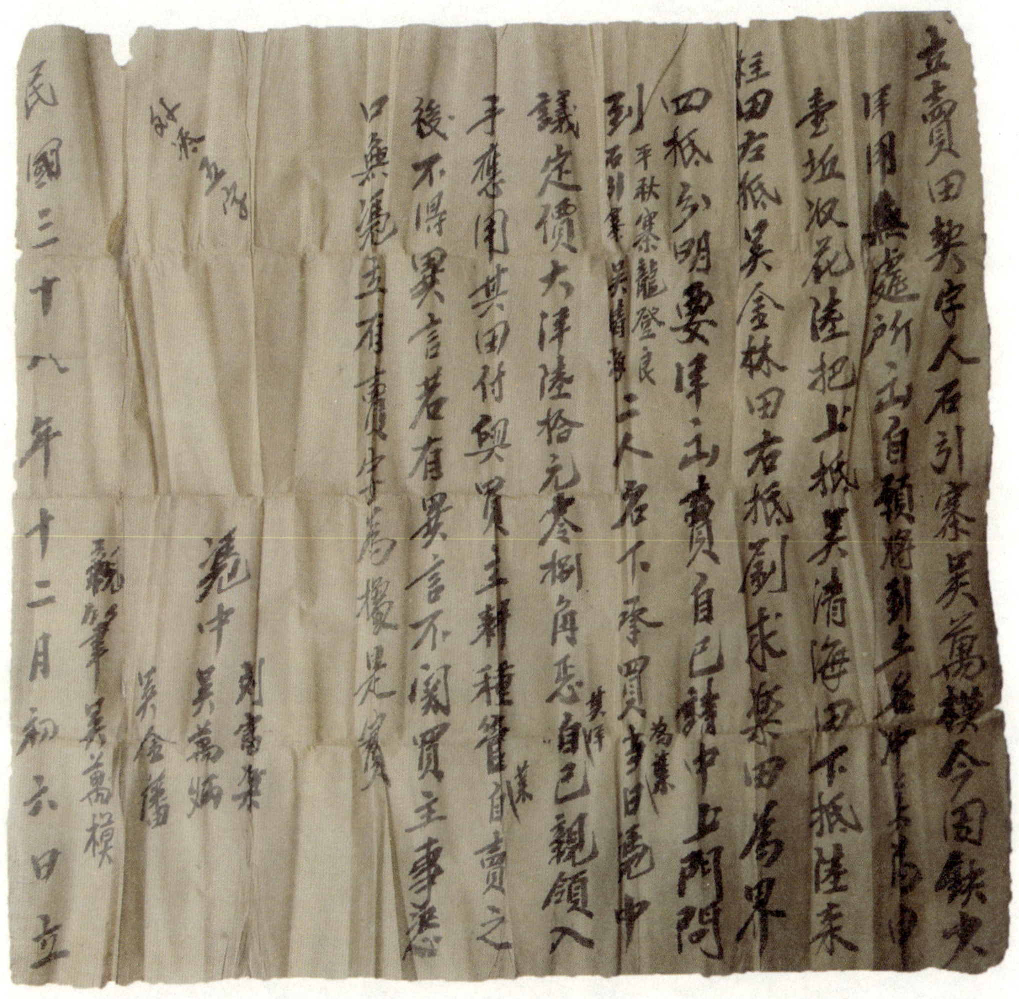

立卖田契字人石引寨吴万模，今因缺少洋用，无处所出，自愿将到土名冲美阳田壹丘，收花陆把，上抵吴清海田，下抵陆来柱田，左抵吴金林田，右抵刘求乐田为界，四抵分明，要洋出卖。自己请中上门问到平秋寨龙登良、石引寨吴清海二人名下承买为业，当日凭中议定价大洋陆拾元零捌角整。其洋自己亲领入手应用，其田付与买主耕种管业。自卖之后，不得异言。若有异言，不关买主［之］事。恐口无凭，立有卖字为据是实。

外添五字

凭中：刘富乐、吴万炳、吴金藩

亲笔：吴万模

民国三十八年十二月初六日立

74. 陆洪弟、陆少弟兄弟卖田契（时间不详）

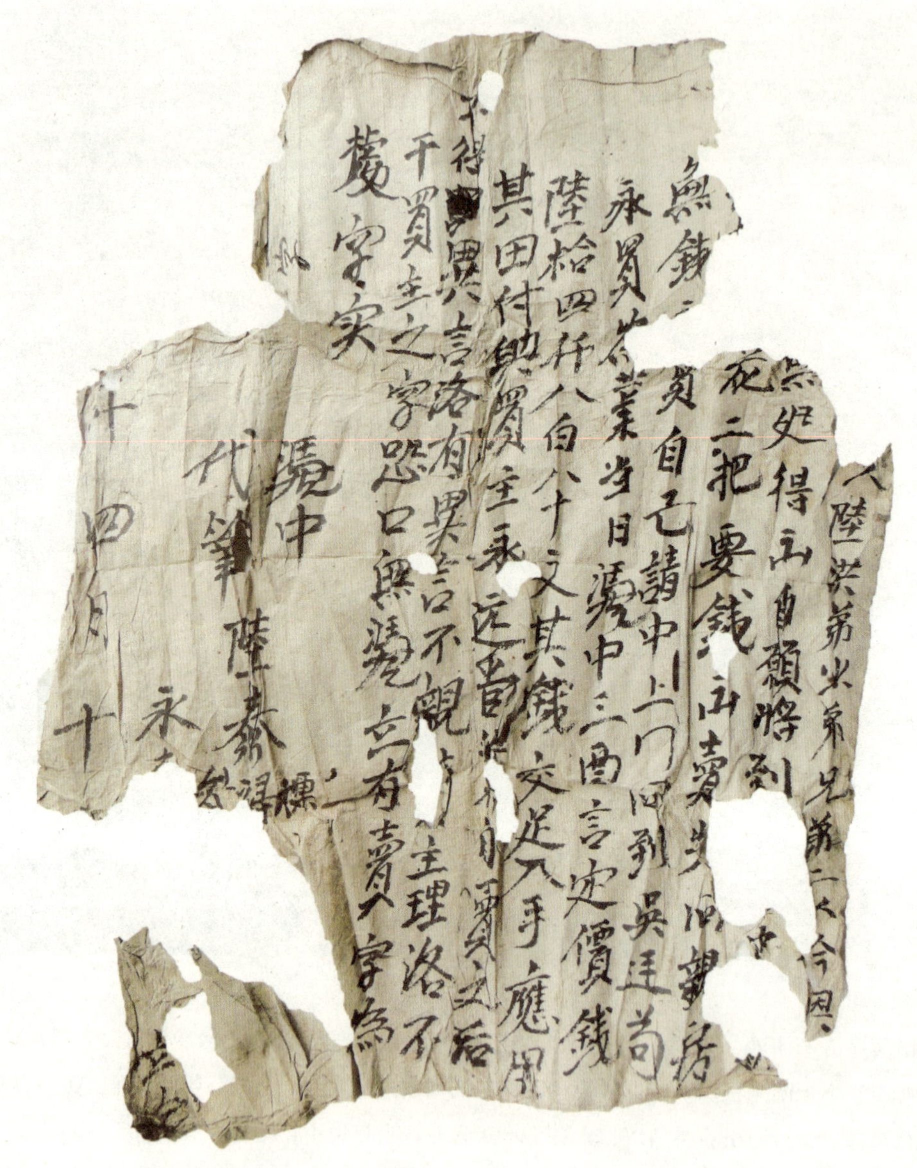

……人陆洪弟、少弟兄弟二人，今因［要钱使用］，无处得出，自愿将到……［收］花二把，要钱出卖。先问亲房无钱［承］买，自己请中上门问到吴廷苟承买为业，当日凭中三面言定价钱陆拾四仟八白（百）八十文。其钱交足入手应用，其田付与买主永远管业。自卖之后，不得异言。洛（若）有异言不亲（清），卖主理洛（落），不干买主之字（事）。恐口无凭，立有卖字为据字（是）实。

凭中、代笔：陆泰标、陆泰禄、陆泰叁、陆永□

……年四月十□［日］立字

75. 吴廷寿诉状（时间不详）

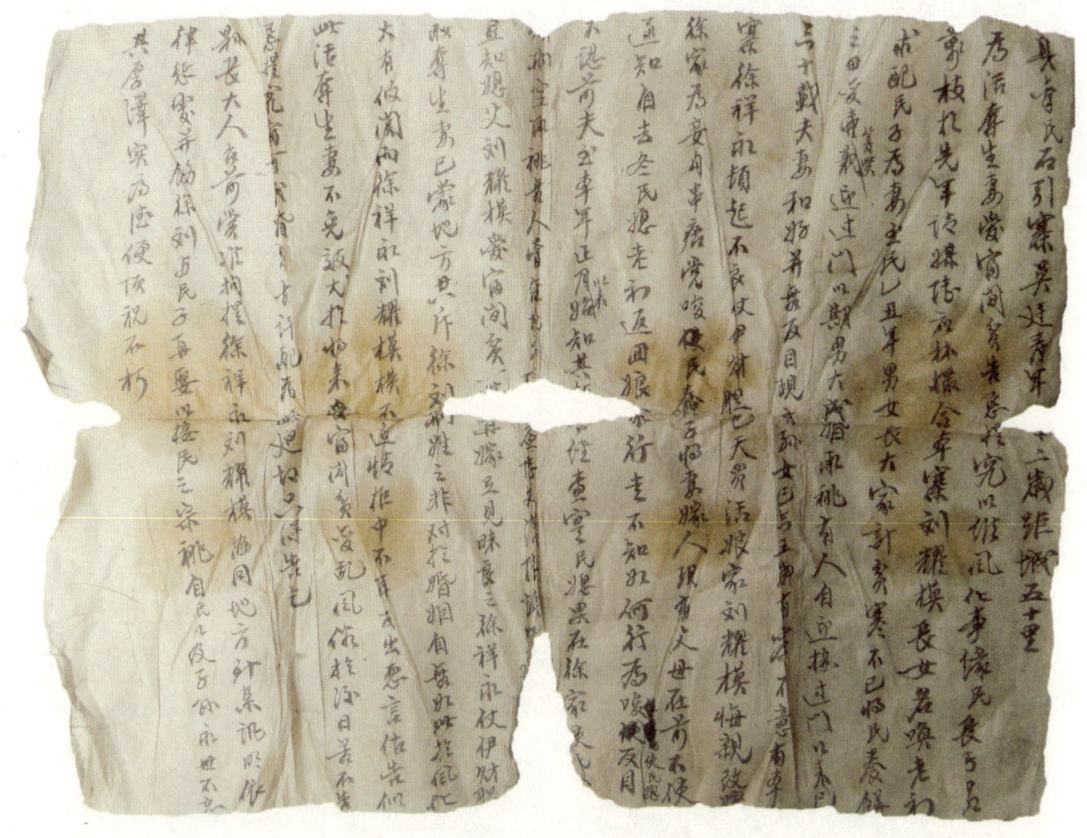

具禀民石引寨吴廷寿，年□十二岁，距城五十里。

为活夺生妻，爱富间（嫌）贫，告恳提究以维风化事。缘民长子吴万枝于先年请媒陆应林撮合本寨刘耀模长女名唤老初求配民子为妻。至民［国］乙丑年男女长大，家计贫寒，不［得］已将民养赡之田变卖筹资，亲迎过门。以期男大成婚，承祧有人。自迎接过门以来已三十载，夫妻和好并无反目。现［重］孙女已□五岁有零。不意有本寨徐祥永顿起不良，仗伊财胆包天，买活娘家刘耀模悔亲改嫁徐家为妾，勾串痞党唆民蠢子将妻嫁人。现有父母在前，不使通知。自去冬民媳老初返回娘家，行走不知如何行为，唆使民媳反目不认前夫。至本年正月以来始知其□□，经查实民媳果在徐家，使民人财两空，承祧无人。□经挽……陆文汉、陆……知媳父刘耀模爱富间（嫌）贫，一嫁再嫁，足见昧良之（知）。徐祥永仗伊财胆取夺生妻，已蒙地方共斥。徐刘两姓之非，对于婚姻自无如此，于风化大有攸关。而徐祥永、刘耀模横不近情，拒中（忠）不耳，反出恶言估告。似此活夺生妻，不免效尤于将来。爱富间（嫌）贫，变乱风俗于后日。若不告恳提究，富可成婚贫妻许配，为此迫切，只得告乞□长大人台前，赏准拘提徐祥永、刘耀模协同地方到案，讯明依律惩处。并饬徐刘与民子再娶，以接民之宗祧。自民以及子孙永世不忘其厚泽，实为德便，顶祝不朽。

（二）土地管业执照

1. 吴清海956号土地管业执照（民国三十一年）

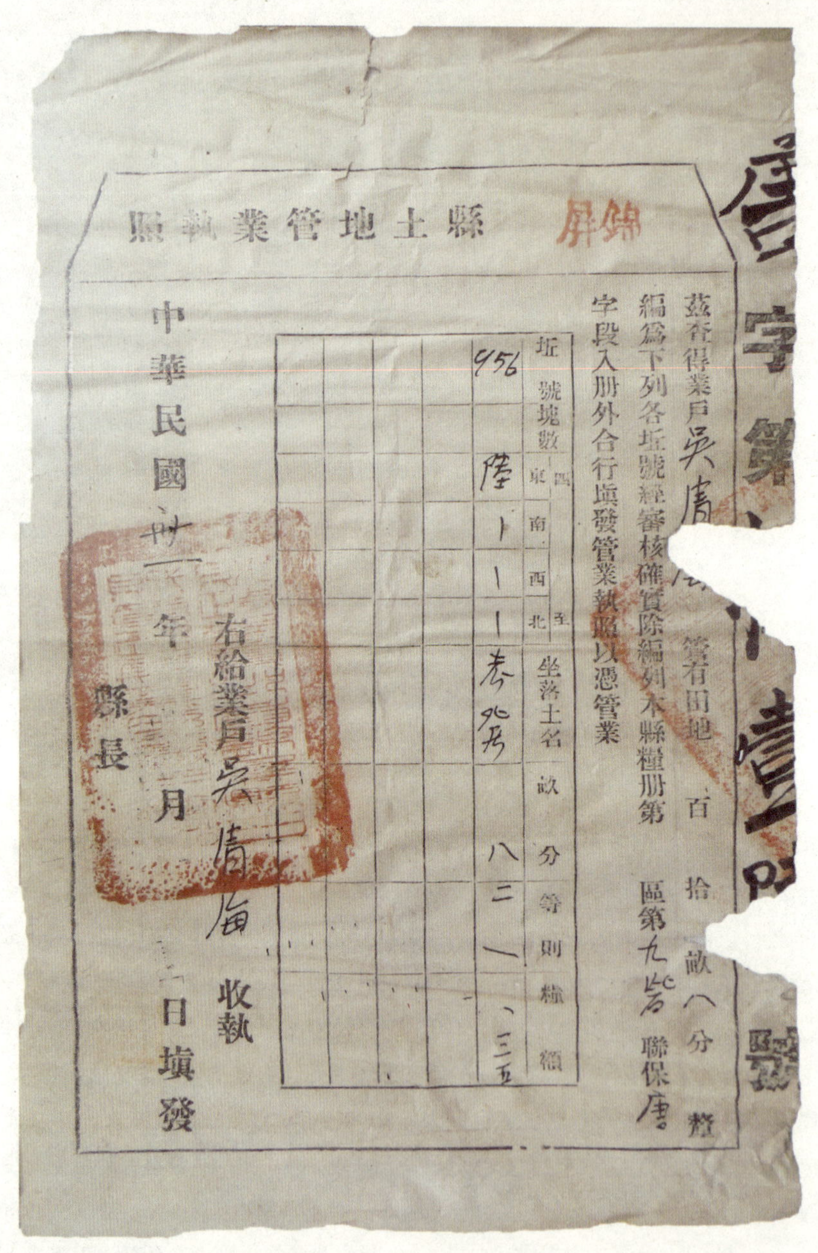

錦屏縣土地管業執照

茲查得業戶吳清海管有田地　百　拾　畝八分　釐
編爲下列各坵號經審核確實除編列本縣糧册第　區第九寨　聯保唐
字段入册外合行塡發管業執照以憑管業

坵號塊數	四至（東 南 西 北）	坐落土名	畝分等則	糧額
956	陸卜｜｜	考發	八二一	、三五

右給業戶吳清海收執

中華民國卅一年　月　日塡發

縣長

内容摘要：九寨联保唐字段业户吴清海管有地名考发田地八分，丘号956，二等一则，粮额三角五分，民国卅一年填发。

2. 吴清海土地管业执照（民国三十二年）

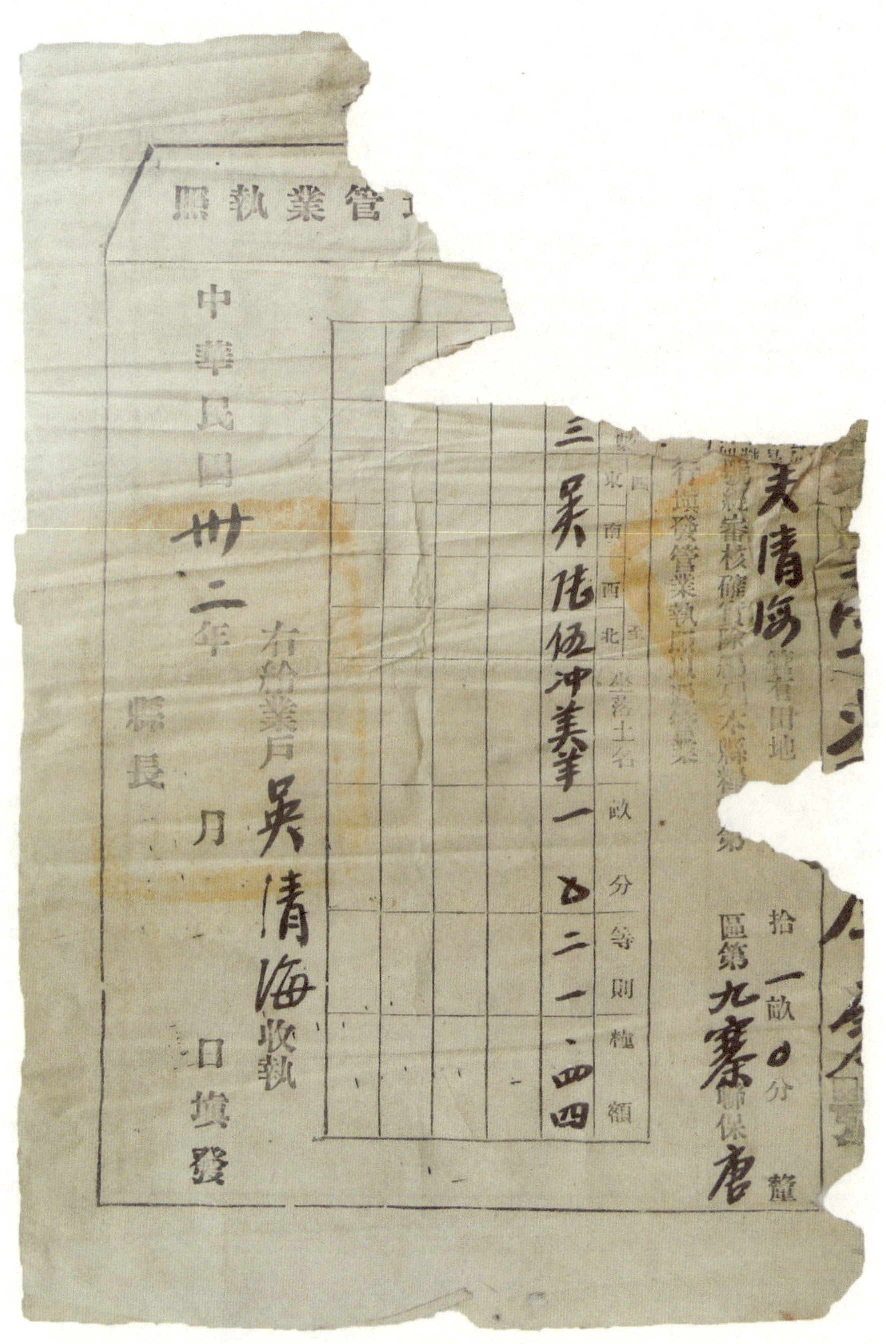

…管業執照

…吴清海管有田地拾一畝〇分　釐
…經審核確實除…各縣…第　區第九寨聯保唐
…行填發管業執照…管業

四至 東 南 西 北	坐落土名	畝	分	等	則	糧額
三 吴張伍	冲美羊	一	〇	二	一	、四四

右給業戶吴清海收執

中華民國卅二年　月　日填發

縣長

内容摘要：九寨联保唐字段业户吴清海管有地名冲美羊田地一亩，二等一则，粮额四角四分，民国卅二年填发。

3. 吴清海1851号土地管业执照（民国三十二年）

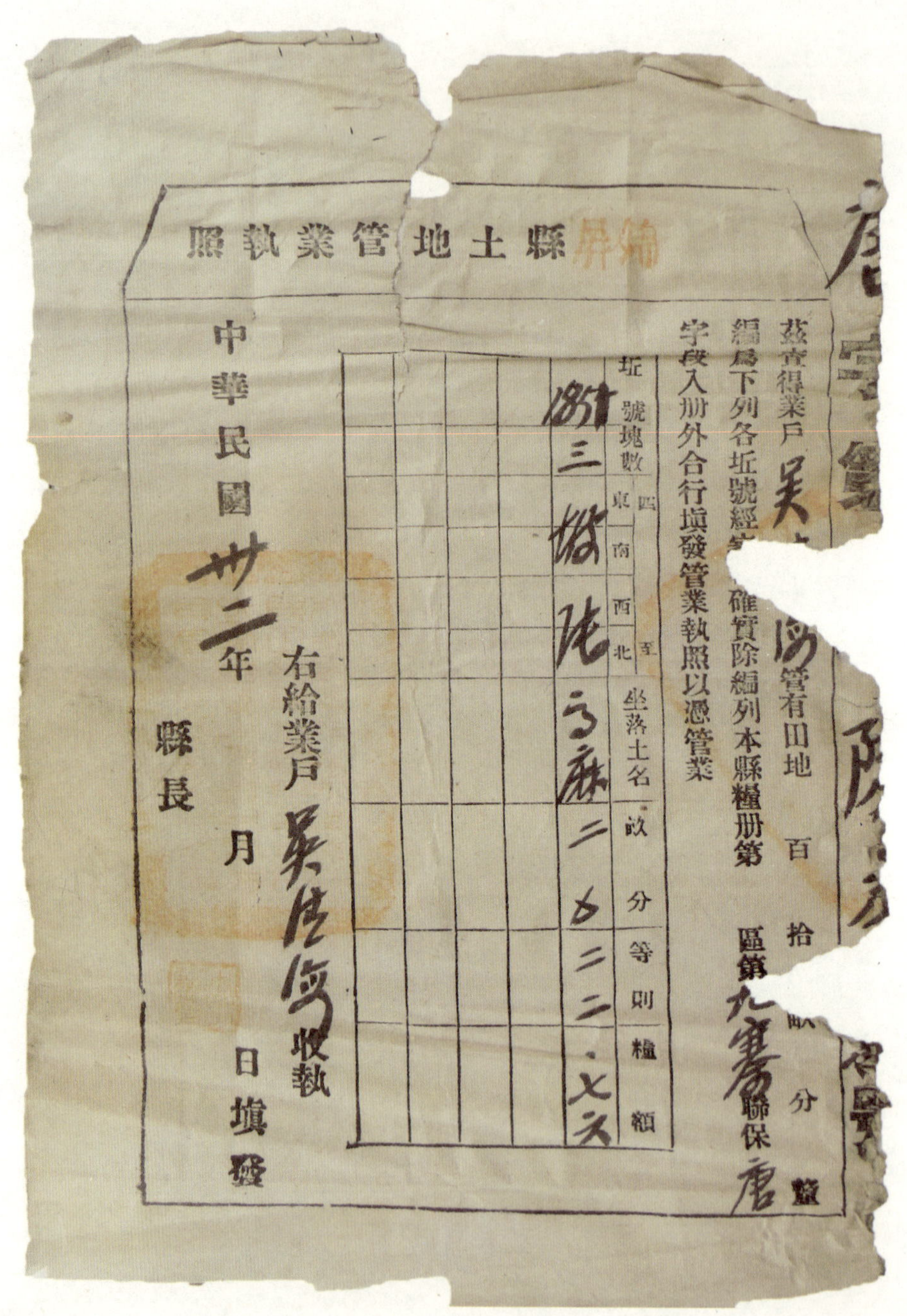

錦屏縣土地管業執照

茲查得業戶吳清海管有田地　百　拾　畝　分　釐

編爲下列各坵號經查確實除編列本縣糧册第　區第九寨聯保唐

字段入册外合行填發管業執照以憑管業

坵號	塊數	四至 東 南 西 北	坐落土名	畝	分	等則	糧額
1851	三		高麻	二		二二	.七六

右給業戶吳清海收執

中華民國卅二年　月　日填發

縣長

内容摘要：九寨联保唐字段业户吴清海管有地名高麻田地二亩，丘号1851，二等二则，粮额七角六分，民国卅二年填发。

4. **吴金德821号土地管业执照**（民国三十一年）

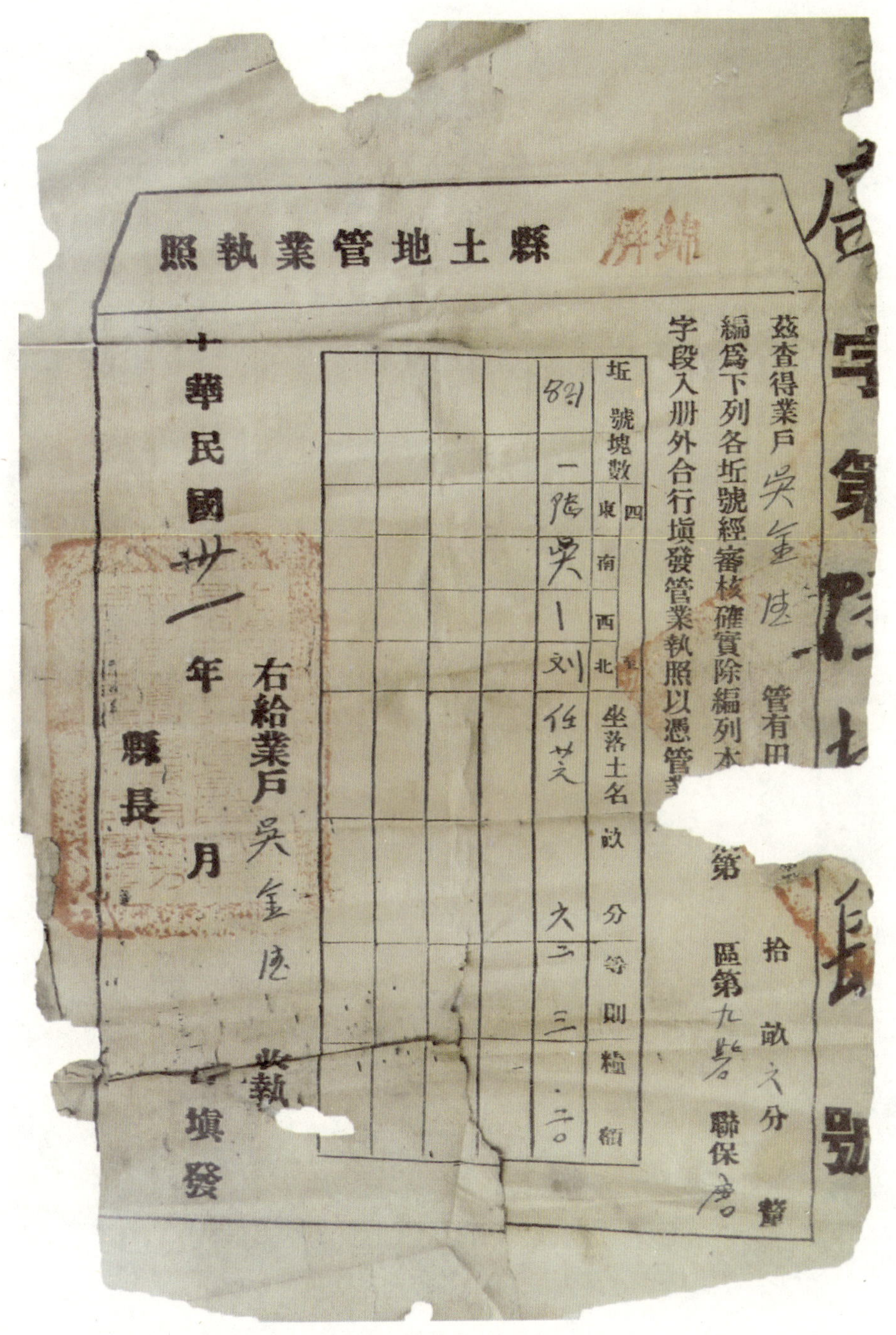
縣土地管業執照

錦屏

茲查得業戶吳金德 管有田……編爲下列各坵號經審核確實除編列本……字段入冊外合行塡發管業執照以憑管業……

坵號	塊數	四至 東	南	西	北	坐落土名	畝分	等則	糧額
821	一	陸	吳	|	刘	任芝	六	二 三	.二

……第 區第九砦 聯保唐 拾 畝六分 ……號

右給業戶吳金德 收執

中華民國卅一年 月 日塡發

縣長

内容摘要：九寨联保唐字段业户吴金德管有地名任芝田地六分，丘号821，二等三则，粮额二角，民国卅一年填发。

5. 吴万模第804号土地管业执照（民国三十一年）

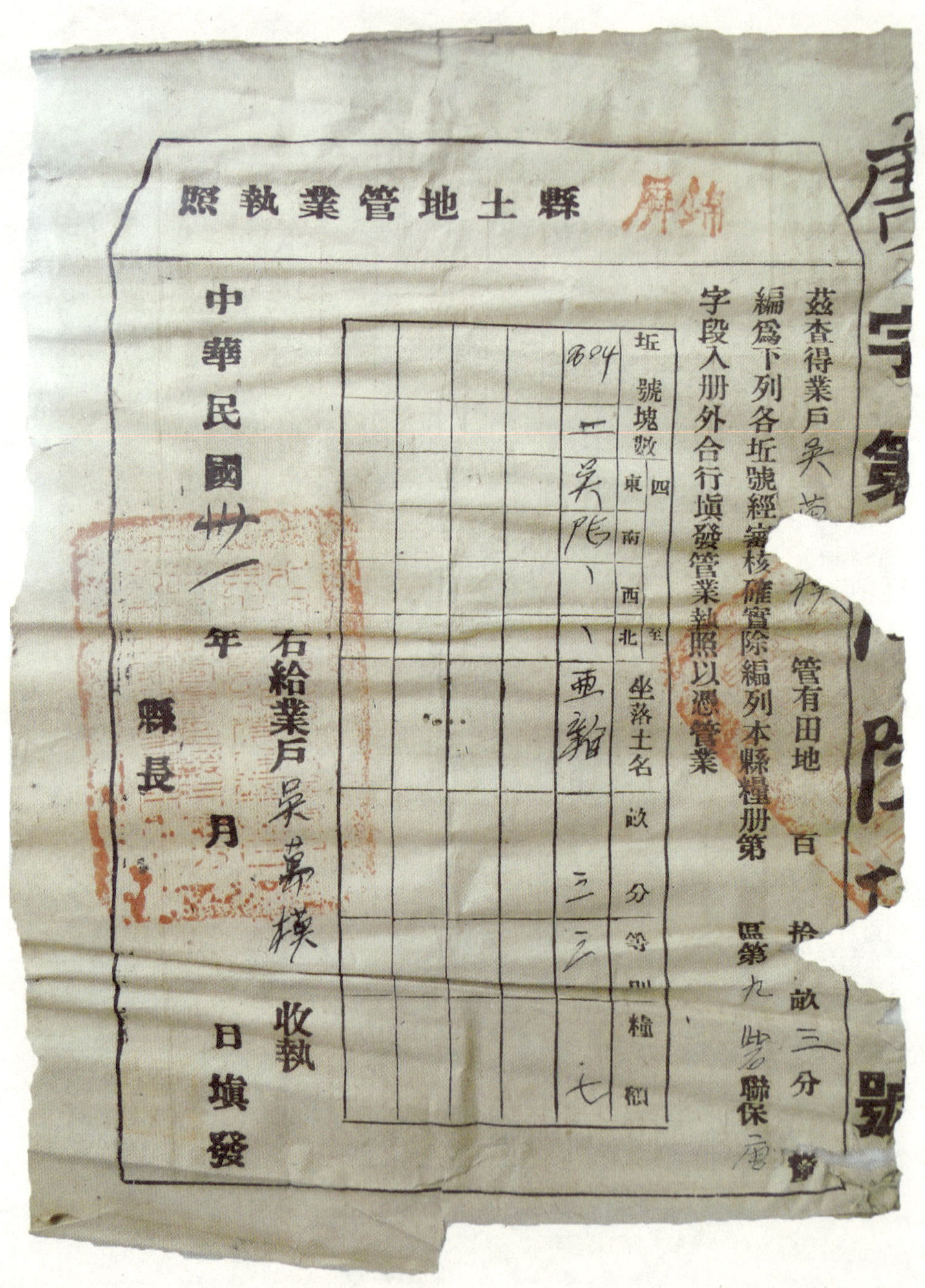

縣土地管業執照

錦屏

唐字第 號

茲查得業戶吳萬模管有田地 百 拾 畝三分
編爲下列各坵號經審核確實除編列本縣糧册第 區第九 聯保唐
字段入册外合行填發管業執照以憑管業

坵號	塊數	四至 東南西北	坐落土名	畝分	等則	糧額
804	一	吳限、、	亞雜	三	三	七

右給業戶吳萬模收執

中華民國卅一年 月 日填發

縣長

内容摘要：九寨联保唐字段业户吴万模管有地名亚杂田地三分，丘号804，等则三等，粮额七分，民国卅一年填发。

6. 吴万模1547号土地管业执照（民国三十二年）

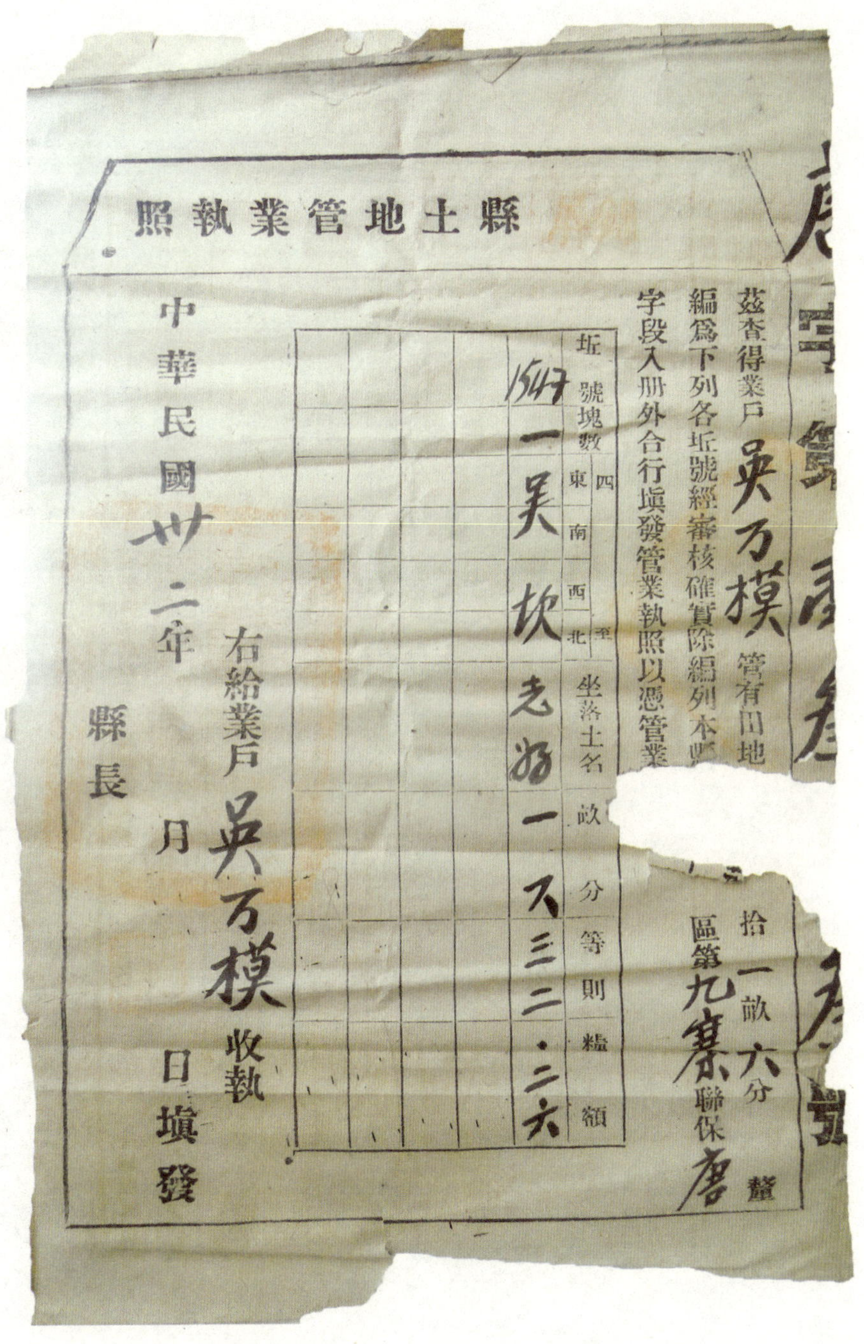

縣土地管業執照

茲查得業戶吴万模管有田地……
編爲下列各坵號經審核確實除編列本……
字段入册外合行填發管業執照以憑管業……
……區第九寨聯保唐……拾一畝六分釐

坵號	塊數	四至 東 南 西 北	坐落土名	畝分	等則	糧額
1547	一	吴坎	志好	一〆	三二	·二六

右給業戶吴万模收執

中華民國卅二年　月　日填發

縣長

内容摘要：九寨联保唐字段业户吴万模管有地名志好田地一亩六分，丘号1547，三等二则，粮额二角六分，民国卅二年填发。

7. 吴万模824号土地管业执照（民国三十一年）

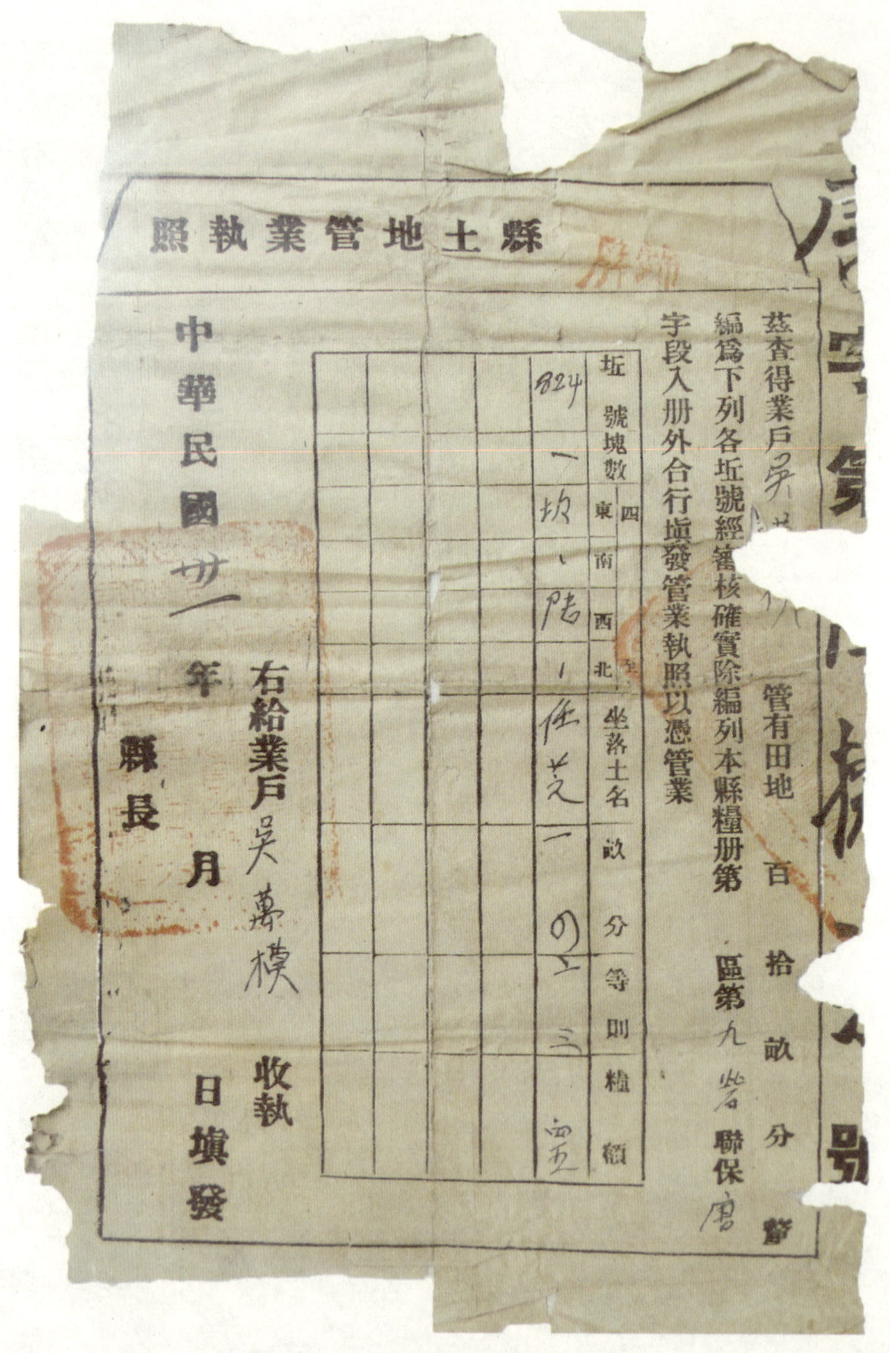

縣土地管業執照

茲查得業戶吴萬模管有田地　百　拾　畝　分　釐
編爲下列各坵號經簽核確實除編列本縣糧册第　區第九寨聯保唐
字段入册外合行塡發管業執照以憑管業

坵號	塊數	四至 東南西北	坐落土名	畝	分	等則	糧額
824	一坵	陆	任芝	一	四	二 三	四角五

右給業戶吴萬模收執

中華民國卅一年　月　日塡發

縣長

内容摘要：九寨联保唐字段业户吴万模管有地名任芝田地一亩四分，丘号824，二等三则，粮额四角五分，民国卅一年填发。

8. 吴万模1906号土地管业执照（民国三十二年）

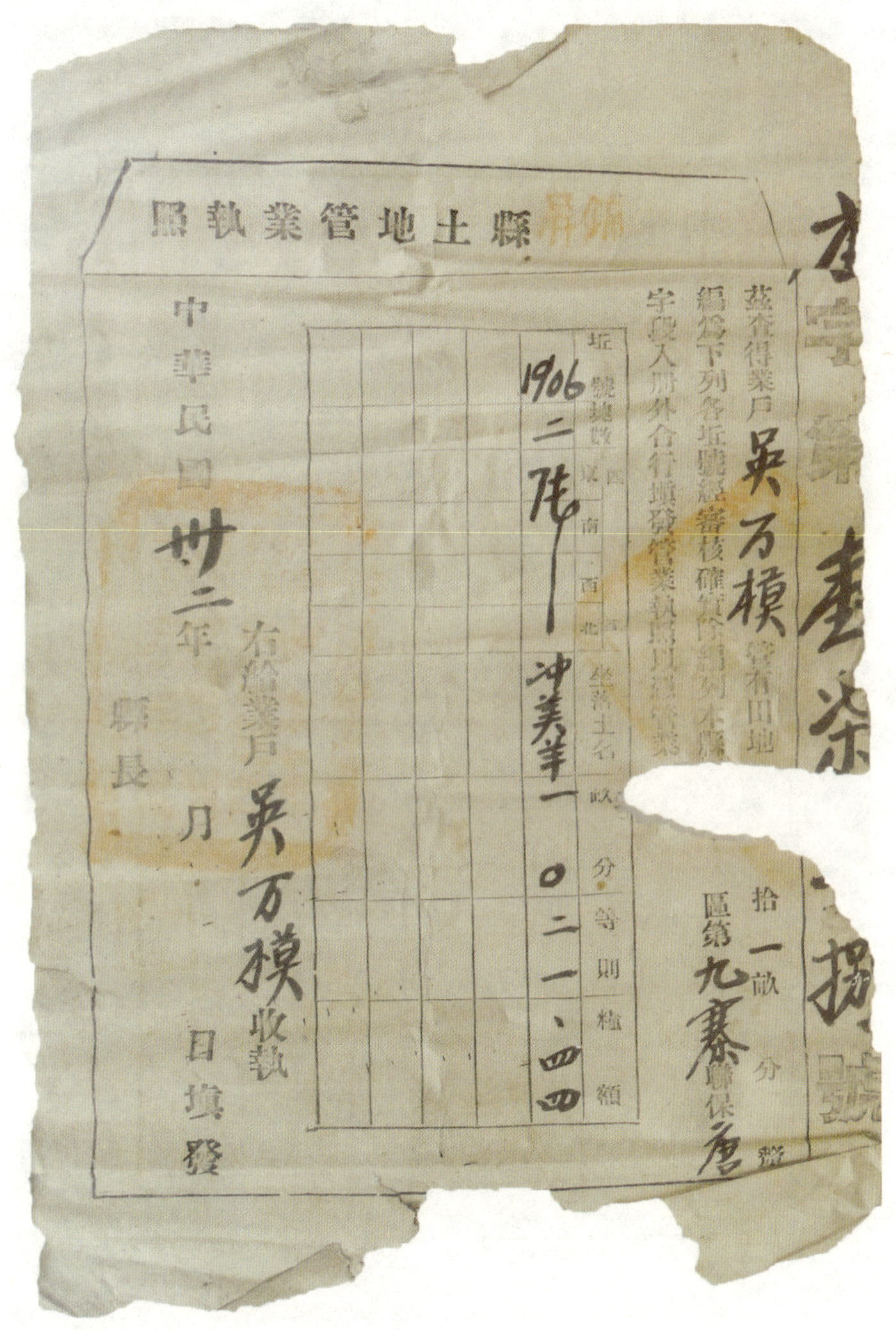

縣土地管業執照

唐字第 號

茲查得業戶吳万模管有田地 拾 一畝 分

編為下列各坵號經審核確實除編列本縣 區第九寨聯保唐

字段入冊外合行填發管業執照以資管業

坵號 坵數 四至（東南西北） 坐落土名 畝分 等則 糧額

1906 二 冲美羊 一 〇 二一 、四四

中華民國卅二年 月 日填發

縣長

右給業戶吳万模收執

内容摘要：九寨联保唐字段业户吴万模管有地名冲美羊田地一亩，丘号1906，二等一则，粮额四角四分，民国卅二年填发。

9. 吴万模826号土地管业执照（民国三十一年）

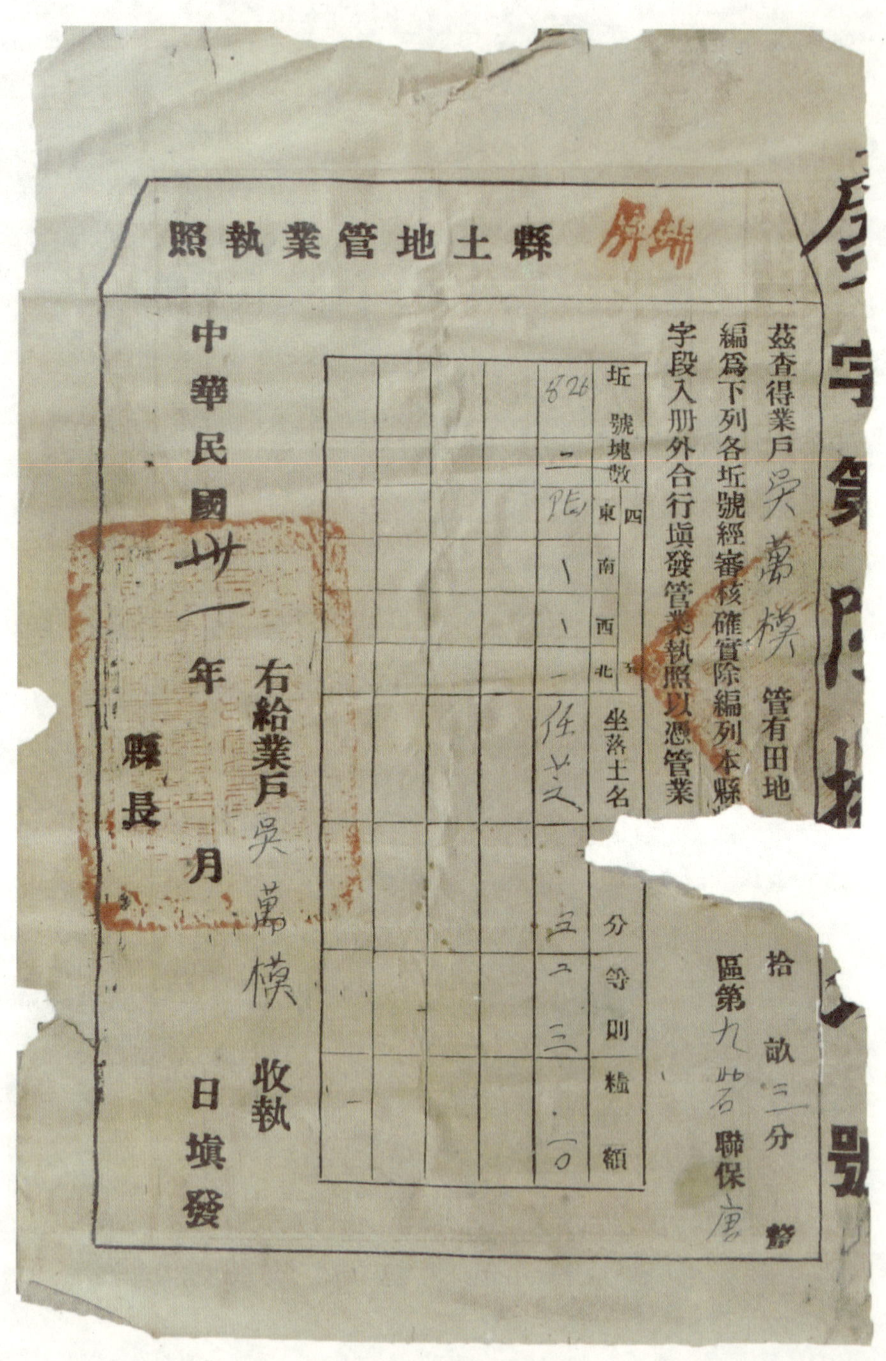

縣土地管業執照

兹查得業戶吴萬模管有田地拾畝二一分整
編爲下列各坵號經審核確實除編列本縣區第九寨聯保唐
字段入册外合行填發管業執照以憑管業

坵號	塊數	四至 東	南	西	北	坐落土名	分	等	則	粮額
826	一	陆	\	\	一	任芝	三	二	三	.一

右給業戶吴萬模收執

縣長

中華民國卅一年　月　日填發

内容摘要：九寨联保唐字段业户吴万模管有地名任芝田地三分，二等三则，粮额一角，民国卅一年填发。

10. 吴万模1890号土地管业执照（民国三十二年）

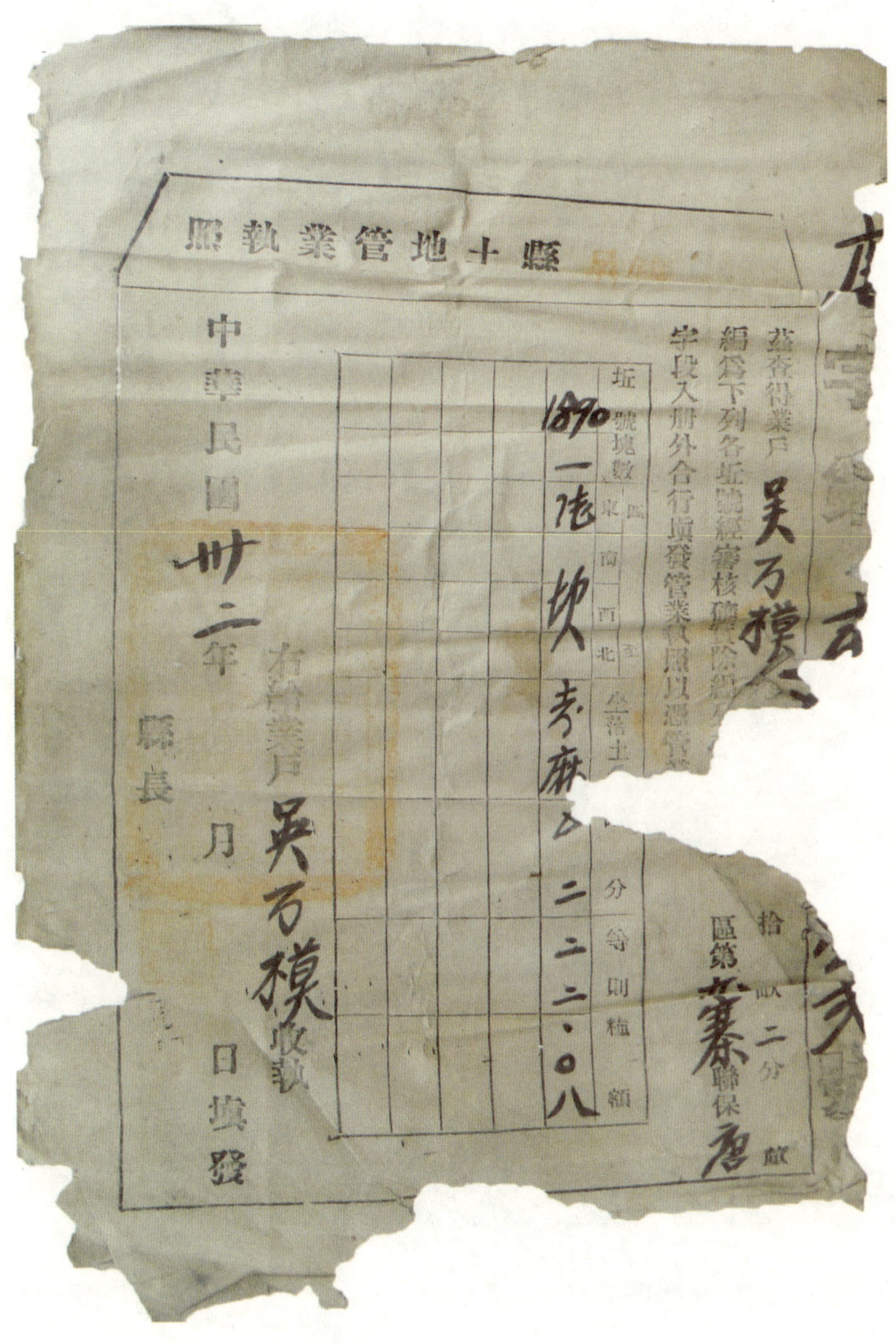

内容摘要：九寨联保唐字段业户吴万模管有地名考麻田地二分，丘号1890，二等二则，粮额八分，民国卅二年填发。

11. 吴万模818号土地管业执照（民国三十一年）

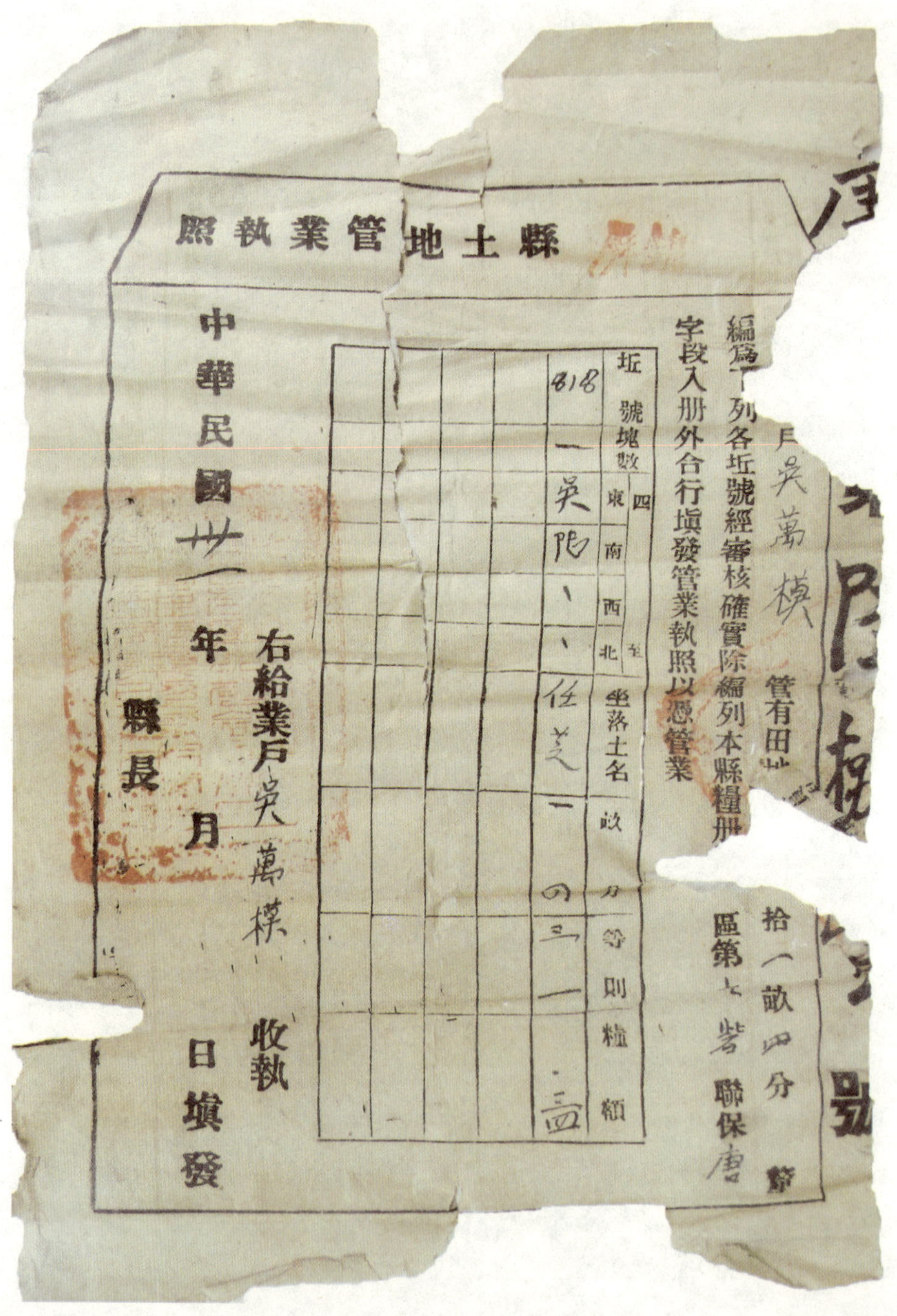

縣土地管業執照

區第七聯保唐字段入册外合行塡發管業執照以憑管業
民吳萬模管有田地拾一畝四分編爲下列各坵號經審核確實除編列本縣糧冊

坵號	塊數	四至 東 南 西 北	坐落土名	畝分	等則	糧額
818	一	吳 限 、 、	任芝	一	三一	.三四

右給業戶吳萬模收執

縣長

中華民國卅一年　月　日塡發

内容摘要：九寨联保唐字段业户吴万模管有地名任芝田地一亩四分，丘号818，三等一则，粮额三角四分，民国卅一年填发。

12. 吴万模806号土地管业执照（民国三十一年）

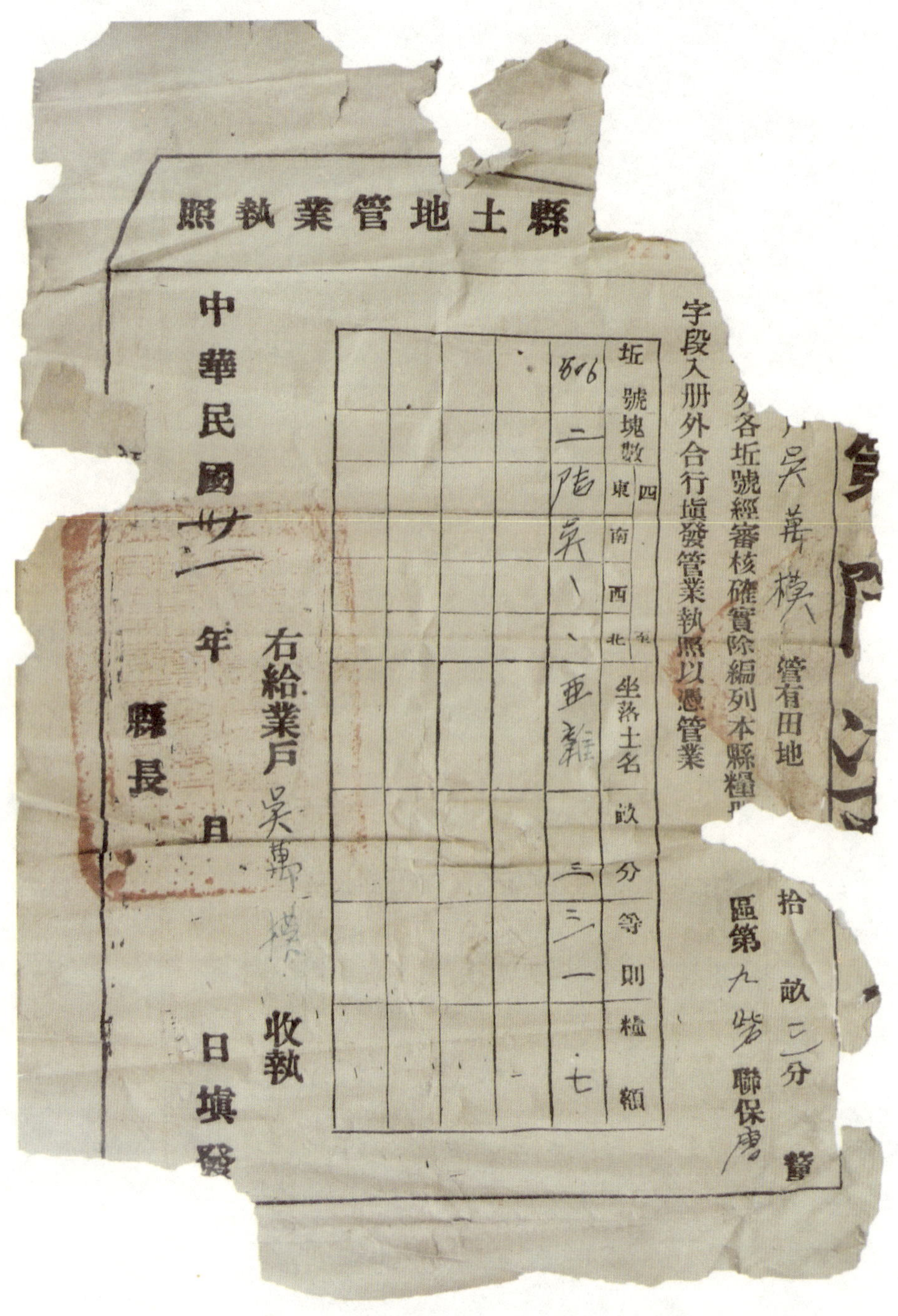

縣土地管業執照

業戶吳萬模管有田地拾畝二分釐

各坵號經審核確實除編列本縣糧冊區第九聯保唐

字段入册外合行塡發管業執照以憑管業

坵號	塊數	四至 東 南 西 北	坐落土名	畝分	等則	糧額
806	二	[illegible]	亞雜	三	三一	七

右給業戶吳萬模收執

中華民國卅一年　月　日塡發

縣長

内容摘要：九寨联保唐字段业户吴万模管有地名亚杂田地三分，丘号806，三等一则，粮额七分，民国卅一年填发。

卷五　刘光辉户藏文书

1. 陆天岩、陆天德、陆五德断卖山墙字（乾隆五十八年八月二十日）

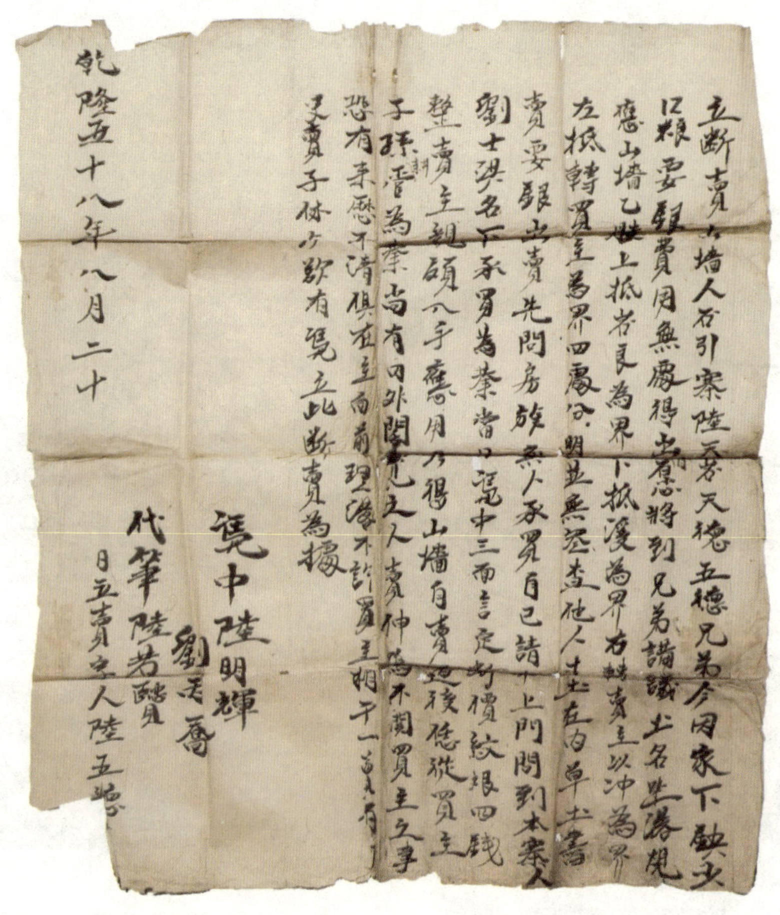

立断卖山墙人石引寨陆天岩、天德、五德兄弟，今因家下缺少口粮，要银费用，无处得出，自愿将到兄弟讲（商）议土名坐落规应（观音）山墙一股，上抵岩良（梁）为界，下抵溪为界，右转卖主以冲为界，左抵转买主为界，四处分明，并无叁（掺）查（杂）他人寸土在内，单土书（出）卖，要银出卖。先问房族无人承买，自己请中上门问到本寨人刘士洪名下承买为业，当日凭中三面言定断价纹银四钱整。卖主亲领入手应用，[买主]乃得山墙，自卖之后，任从买主子孙耕管为业。尚（倘）有内外□□之人，卖[主]伸鸣[1]，不关买主之事。恐有来历不清，俱在[卖]主向前理落，不许（与）买主相干。一卖百了，父卖子休，今欲有凭，立此断卖为据。

凭中：陆明辉、刘丙乔

代笔：陆若贤

乾隆五十八年八月二十日立卖字人陆五德

---

① “伸”通“申”，申诉；鸣，清水江文书中常见“鸣神”“鸣官”，即请神或官判决是非。

2. 陆伍德断卖山墙地字（嘉庆二年十二月初四日）

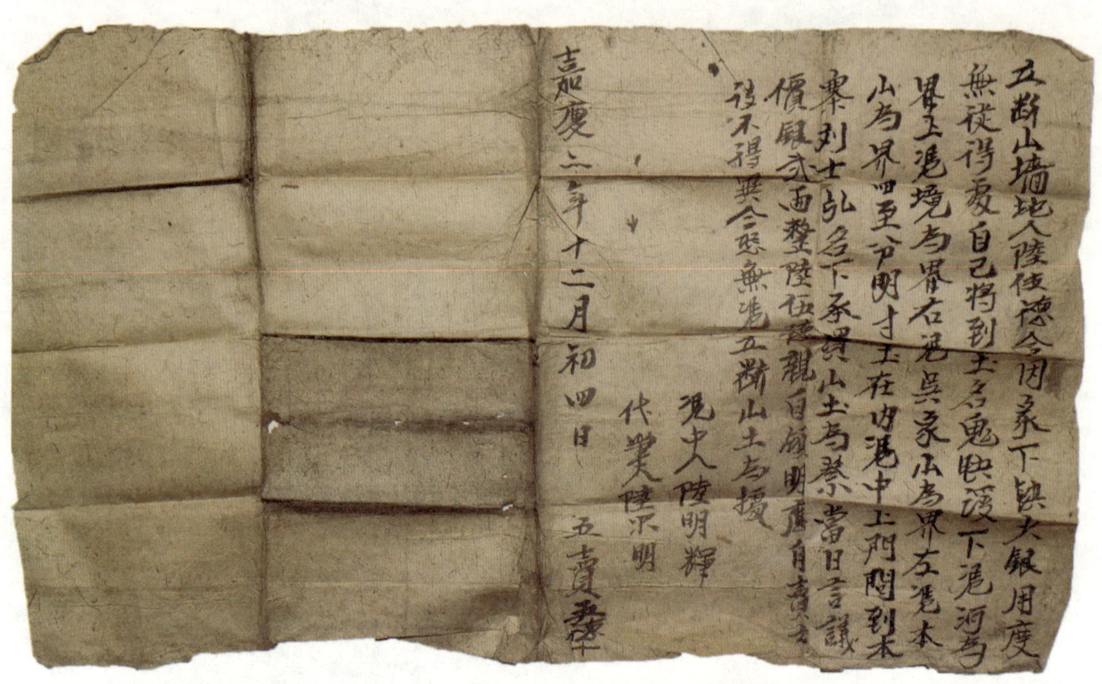

立断山墙地人陆伍德，今因家下缺少银用度，无从得处，自己将到土名鬼映溪，下凭河为界，上凭境为界，右凭吴家山为界，左凭本山为界，四至分明，寸土在内，凭中上门问到本寨刘士弘名下承买山土为业，当日言［定］议价银贰两整。陆伍德亲自领明应［用］，自卖之后，不得异［言］。今恐无凭，立断山土为据。

凭中人：陆明辉

代笔人：陆永明

嘉庆二年十二月初四日立卖五德

3. 刘关乔、刘八寿、刘三寿卖田契（嘉庆十六年十一月二十日）

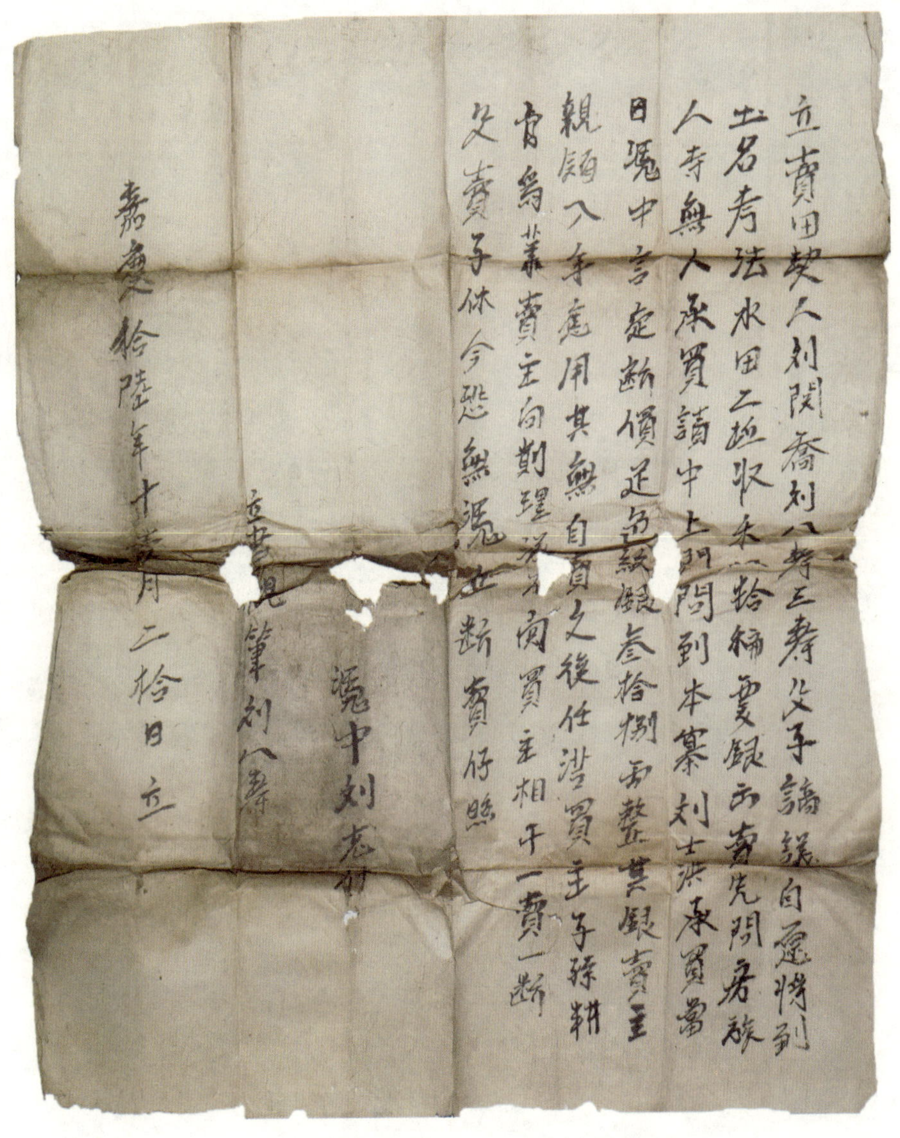

立卖田契人刘关乔、刘八寿、刘三寿父子商议，自愿将到土名考法水田二丘，收禾一拾稨，要银出卖。先问房族人等无人承买，请中上门问到本寨刘士洪承买，当日凭中言定断价足色纹银叁拾捌两整。其银卖主亲领入手应用，其无（田）自卖之后，任从买主子孙耕管为业。卖主向前理落，不关（与）买主相干。一买一断，父卖子休，今恐无凭，立断卖仔（存）照。

凭中：刘克什

立书亲笔：刘八寿

嘉庆拾陆年十壹月二拾日立

4. 陆宏升卖田契（嘉庆十八年二月十八日）

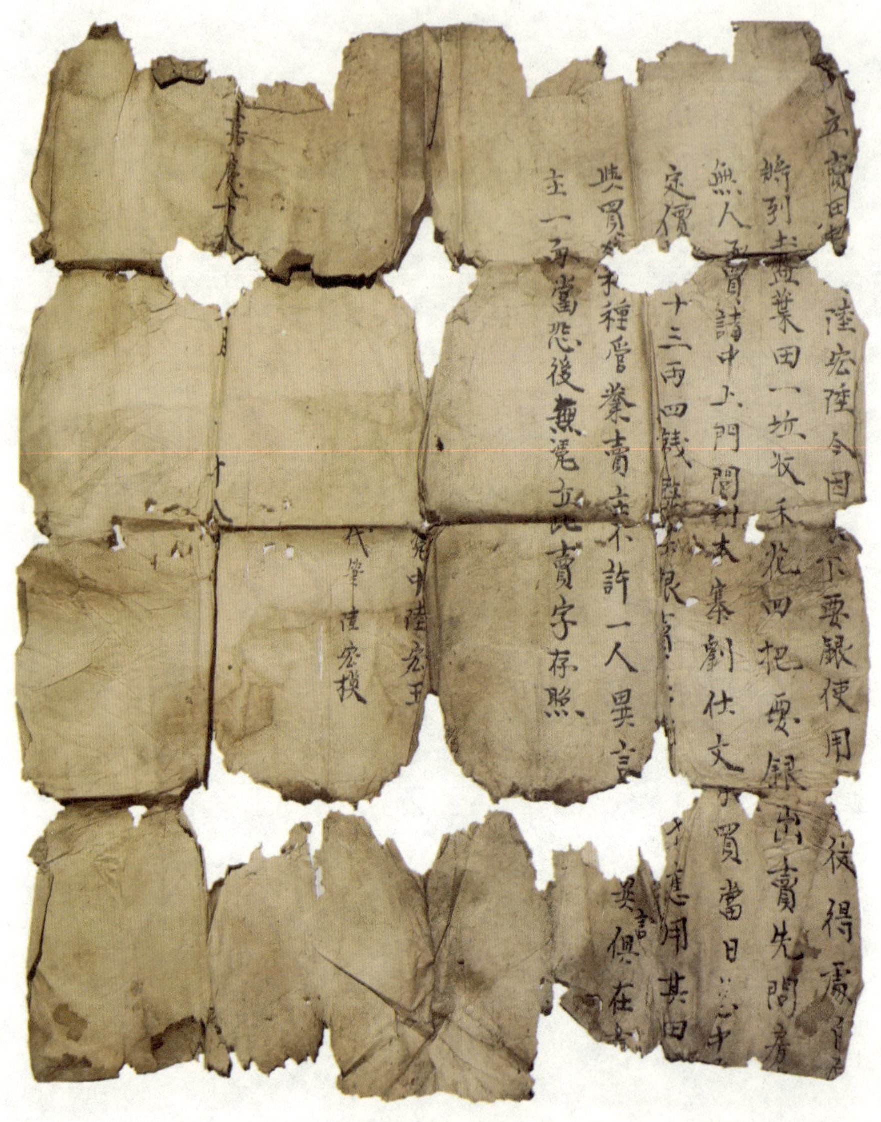

立卖田契［人］陆宏升，今因［家］下要银使用，［无］从得处，自愿将到土盘叶田一丘，收禾花四把，要银出卖。先问房［族］无人承买，请中上门问到本寨刘仕文承买，当日凭中［议］定价［银］十三两四钱整。其银卖主［领足］应用，其田［付］与买主耕种管业，卖主不许一人异言。［若有］异言，俱在卖主一面［承］当。恐后无凭，立此卖字存照。

凭中：陆宏玉

代笔：陆宏模

嘉庆十八年［二］月十八日立

5. □□□租地合同（嘉庆二十二年三月初八日）

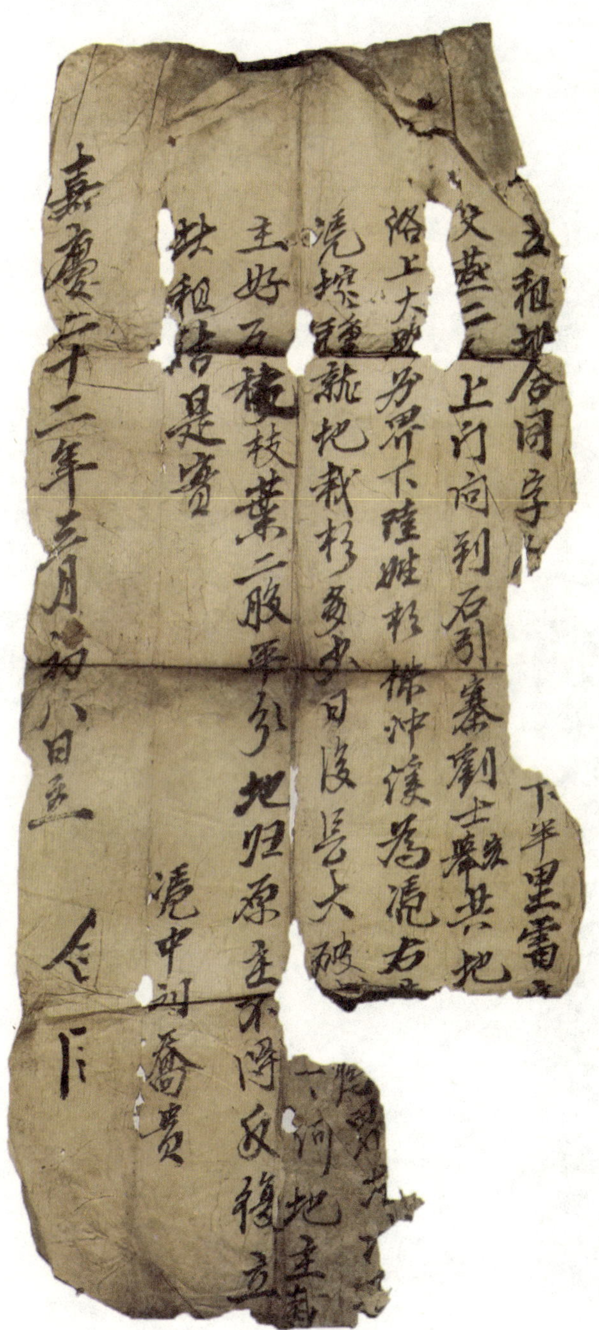

立租地合同字人……下半里雷……父燕二人上门问到石引寨刘士宏、刘士举共地……洛，上大路为界，下陆姓杉株冲溪为凭，右……为界，左……凭挖种就地栽杉多少。日后长大破（砍）［伐］下河，地主栽主好□枝叶二股平分，地归原主，不得反复。立此租借是实。

凭中：刘乔贵

嘉庆二十二年三月初八日立合同

6. 刘士宏、刘士举招客种土栽杉字（嘉庆二十二年三月初八日）

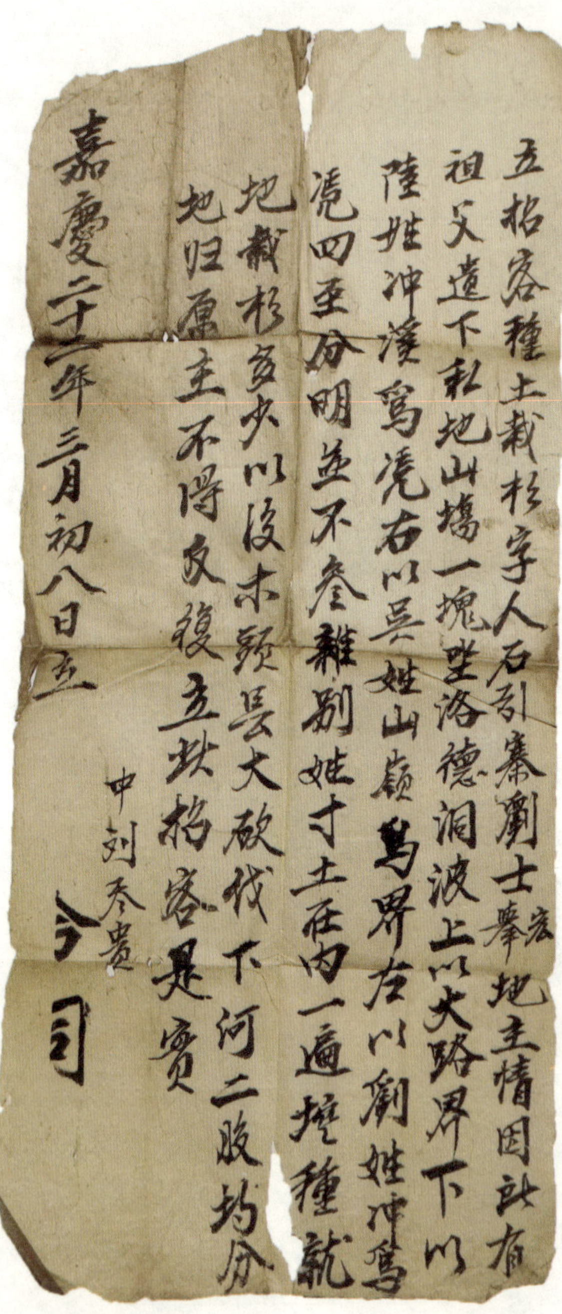

立招客种土栽杉字人石引寨刘士宏、刘士举地主，情因所有祖父遗下私地山场一块，坐洛（落）德洞波，上以大路［为］界，下以陆姓冲溪为凭，右以吴姓山岭为界，左以刘姓冲为凭，四至分明，并不叁（掺）杂别姓寸土在内，一遍挖种，就地栽杉多少。以后木头长大，砍伐下河，二股均分，地归原主，不得反复。立此招客是实。

［凭］中：刘乔贵

嘉庆二十二年三月初八日立合同

7. 范修极、范光华、范光秀等父子断卖田契（嘉庆二十三年四月初四日）

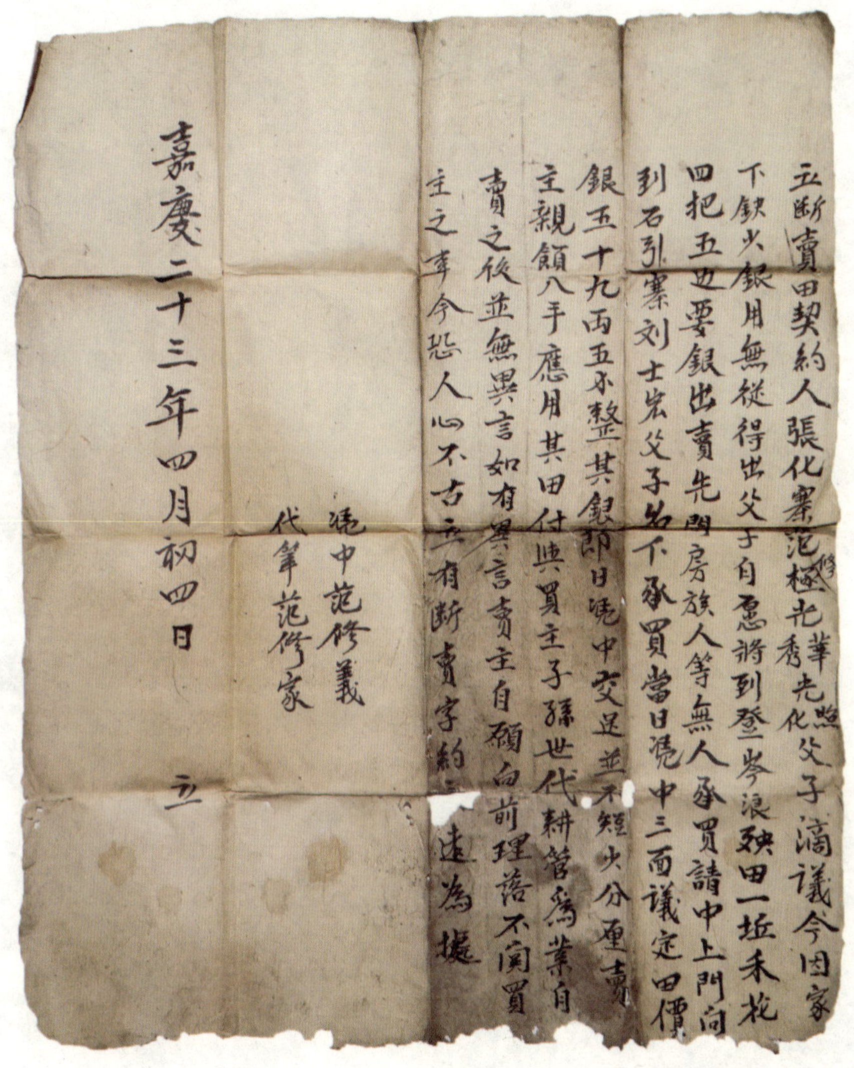

立断卖田契约人张化寨范修极、光华、光秀、光照、光化父子滴（商）议，今因家下缺少银用，无从得出，父子自愿将到登岑浪殃（秧）田一丘，禾花四把五边，要银出卖。先问房族人等无人承买，请中上门问到石引寨刘士宏父子名下承买，当日凭中三面议定田价银五十九两五钱整。其银即日凭中交足，并无短少分厘，卖主亲领入手应用，其田付与买主子孙世代耕管为业。自卖之后，并无异言。如有异言，卖主自愿向前理落，不关买主之事。今恐人心不古，立有断卖字约永远为据。

凭中：范修义

代笔：范修家

嘉庆二十三年四月初四日立

8. 王昌泰、刘昌能清白和息字（道光六年十一月□□日）

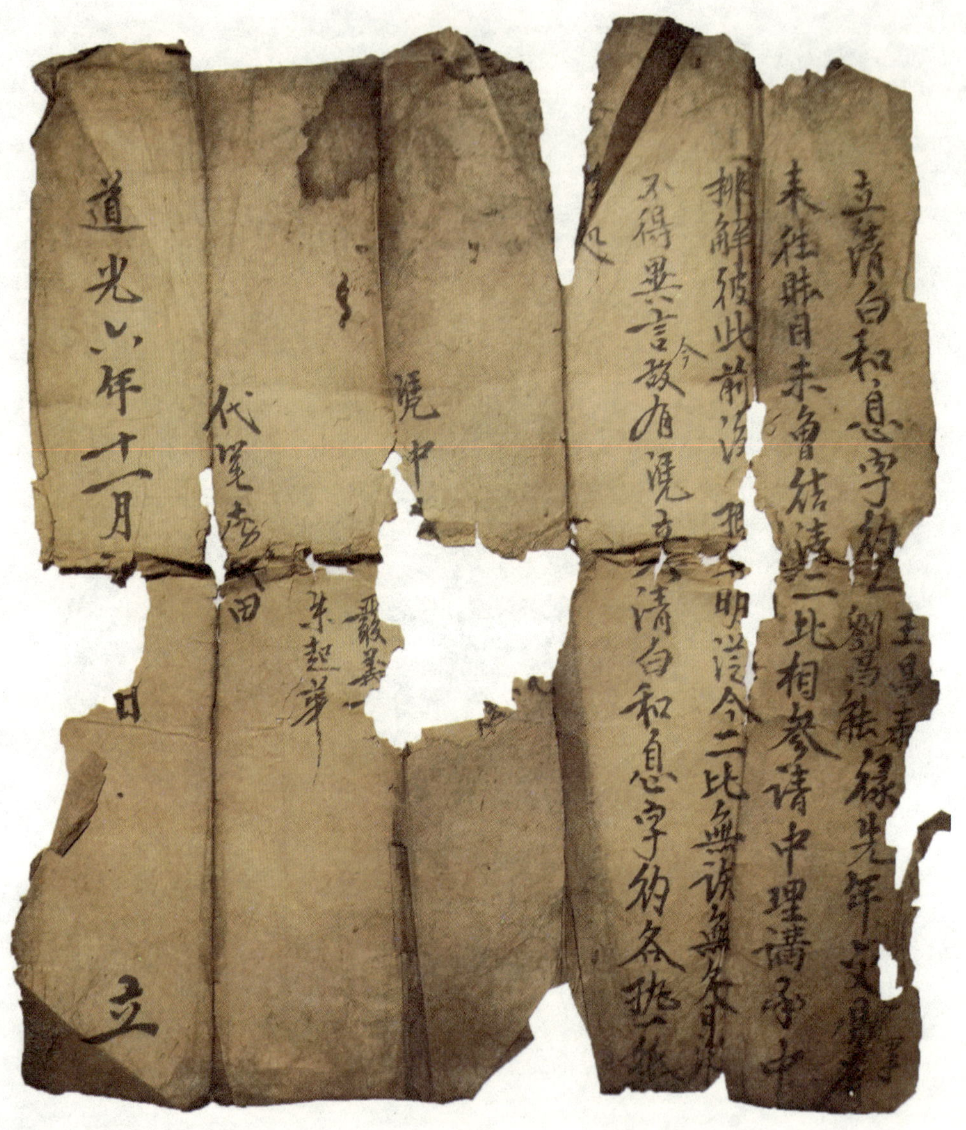

立清白和息字约人王昌泰、刘昌能，缘先年交易事，有来往账目未曾结清，二比相参（商），请中理讲，承中排解，彼此前后□□明，从今二比无□无□，日后不得异言。今欲有凭，立此清白和息字约，各执一纸存据。

凭中：……严义□、朱起华

代笔：李□田

道光六年十一月□□日立

9. 刘昌智卖田契（道光十二年四月初一日）

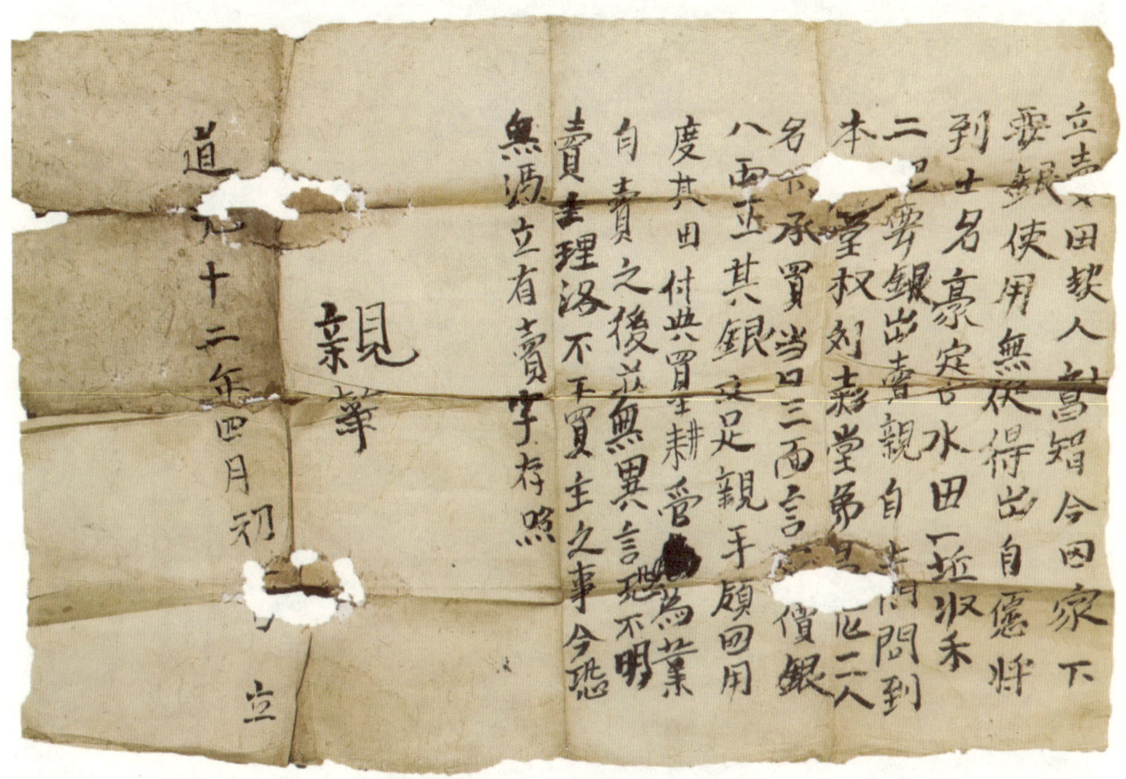

立卖田契人刘昌智，今因家下要银使用，无从得出，自愿将到土名豪定□水田一丘，收禾二把，要银出卖。亲自上门问到本□堂权（叔）刘士杉、堂弟昌□二人名下承买，当日三面言定价银八两正。其银交足亲手领回用度，其田付与买主耕管为业。自卖之后，并无异言。恐［有］不明，卖主理洛（落），不干买主之事。今恐无凭，立有卖字存照。

亲笔

道光十二年四月初一日立

10. 吴文安弟兄三人断卖山场地约（道光十二年七月初□日）

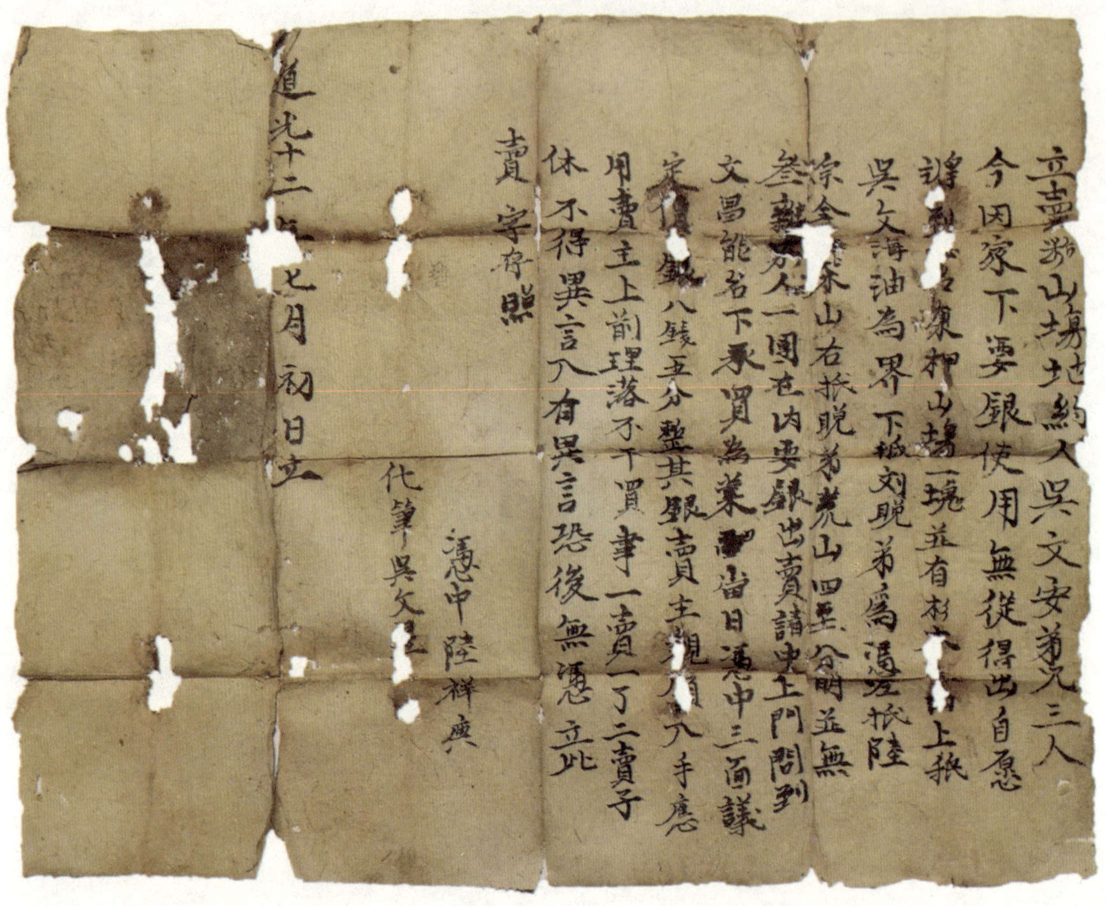

立卖断山场约人吴文安弟兄三人，今因家下要银使用，无从得出，自愿将到土名康押山场一块，并有杉木在内，上抵吴文海油［山］为界，下抵刘晚弟为凭，左抵陆宗全柴山，右抵晚弟荒山，四至分明，并无叁（掺）杂别人一团在内，要银出卖。请中上门问到文昌能名下承买为业，当日凭中三面议定价银八钱五分整。其银卖主亲领入手应用，卖主上前理落，不干买［主之］事。一卖一了，二卖子休，不得异言。入（如）有异言，恐后无凭，立此卖字存照。

凭中：陆祥广

代笔：吴文显

道光十二年七月初□日立

11. □永忠卖田契（道光十三年五月二十日）

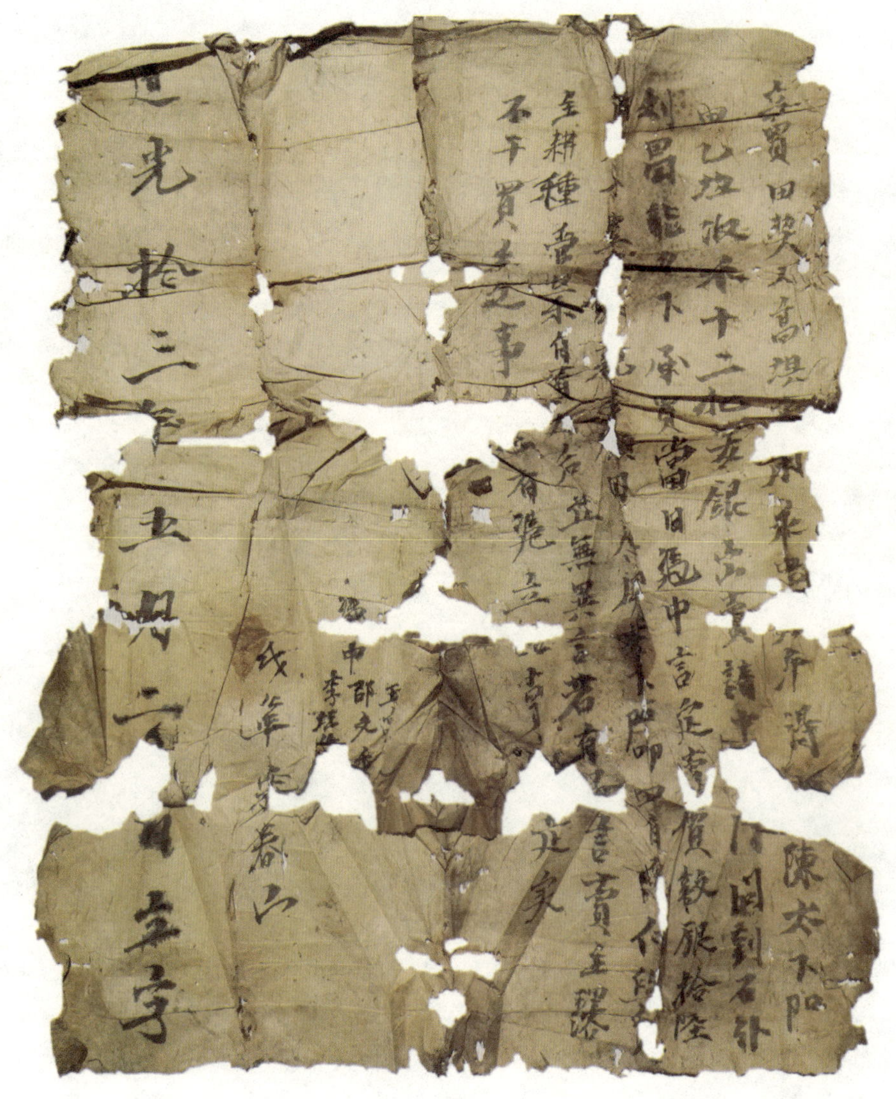

立卖田契人高坝□永忠，[先]年得[买]陈太下□田一丘，收禾十二把，要银出卖。请中上门问到石引[寨]刘昌能名下承买，当日凭中言定卖价纹银拾陆两□□整。[其银]亲手领回应用，其下叩田自愿付与买主耕种管业。自卖之后，并无异言。若有异言，卖主理洛（落），不干买主之事。[今恐]有（无）凭，立[此]卖字是实。

凭中：王□□、邵文秀、李□□

代笔：宋春山

道光十三年五月二□□日立字

12. □坛贵抵借限字（道光十四年十一月十一日）

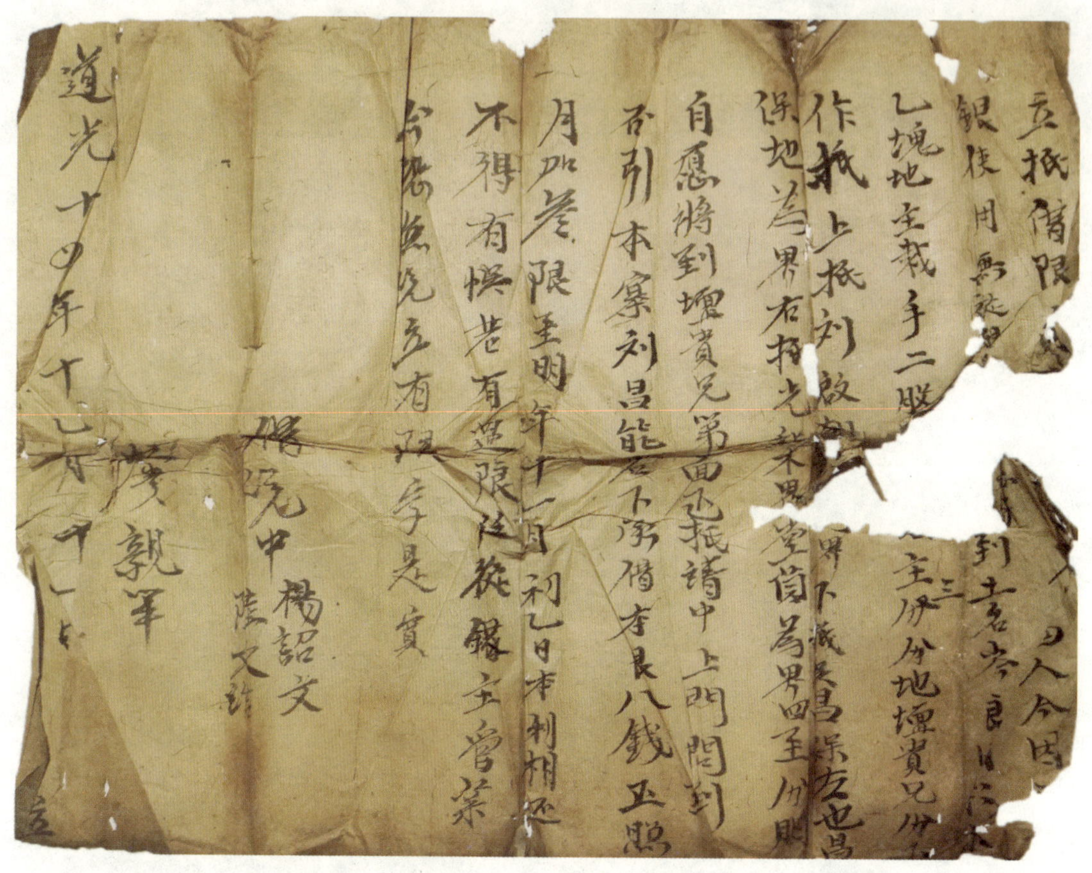

立抵借限……人，今因［家下］要银使用，无从得［出］，［自愿将］到土名岑良山杉木一块，地主栽手二股［均分］，□主[①]三分分地，坛贵兄分（份）下作抵，上抵刘启□为界，下抵吴昌保，左也昌保地为界，右抵光□木界堂园为界，四至分明，自愿将到坛贵兄弟面正抵。请中上门问到石引本寨刘昌能名下承借，本银八钱正，照月加叁，限至明年十一月初一日本利相还，不得有误。若有过限，任从银主管业。今恐无凭，立有限字是实。

借凭中：杨诏文、陆文浩

坛贵亲笔

道光十四年十一月十一日立

---

① 此份借契未交待借款人坛贵是地主还是栽主（栽手），所以“主”前脱字宜以“□”代替。

13. 刘世塘卖园地字（道光十五年十二月十八日）

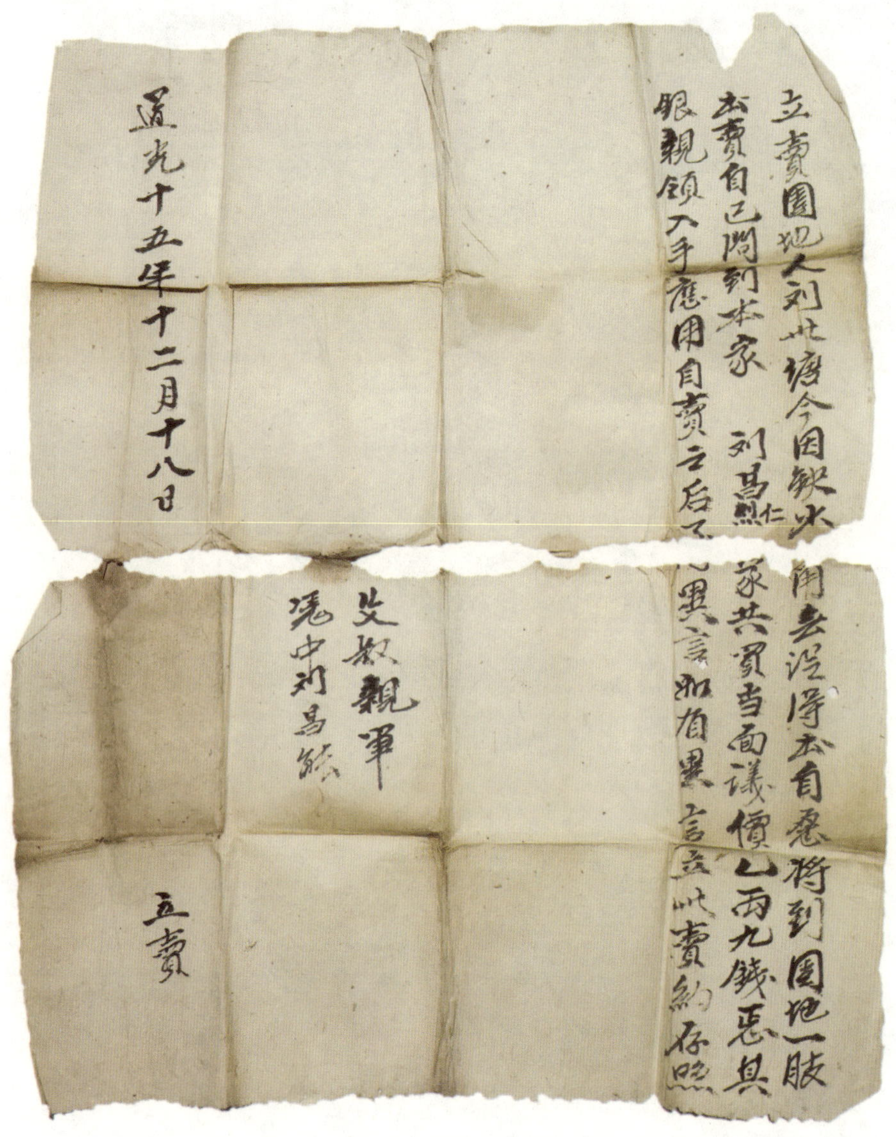

立卖园地人刘世塘，今因缺少［银］用，无从得出，自愿将到园地一肢（股）出卖。自己问到本家刘昌仁、刘昌烈家共买，当面议价一两九钱整。其银亲领入手应用。自卖之后，不［得］异言。如有异言，立此卖约存照。

父叔亲笔

凭中：刘昌能

道光十五年十二月十八日立卖

14. 刘关元、刘瑞益叔侄卖杉木字（道光十六年十月初一日）

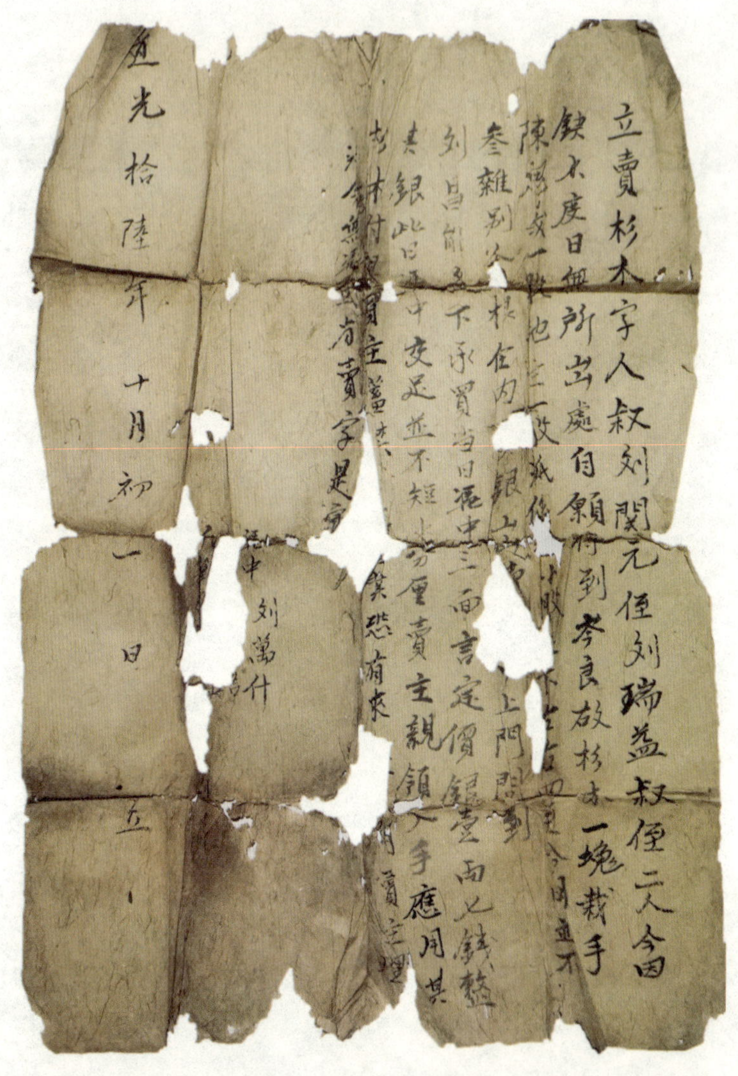

立卖杉木字人叔刘关元、侄刘瑞益叔侄二人，今因缺钱度日，无所出处，自愿将到岑良故杉木一块，栽手陈思纹一股，地主一股派作□小股，上下左右，四至分明，并不叁（掺）杂，别人□根在内，要银出卖。自己请中上门问到刘昌能名下承买，当日凭中三面言定价银壹两七钱整。其银此日凭中交足，并不短少分厘，卖主亲领入手应用，其杉木付与买主蓄禁……。其恐有来［历不明］，卖主理［落］。恐后无凭，立有卖字是实。

凭中：刘万什

代笔：□□□

道光拾陆年十月初一日立

15. 刘士进、刘世唐父子卖柴山字（道光十六年□月二十七日）

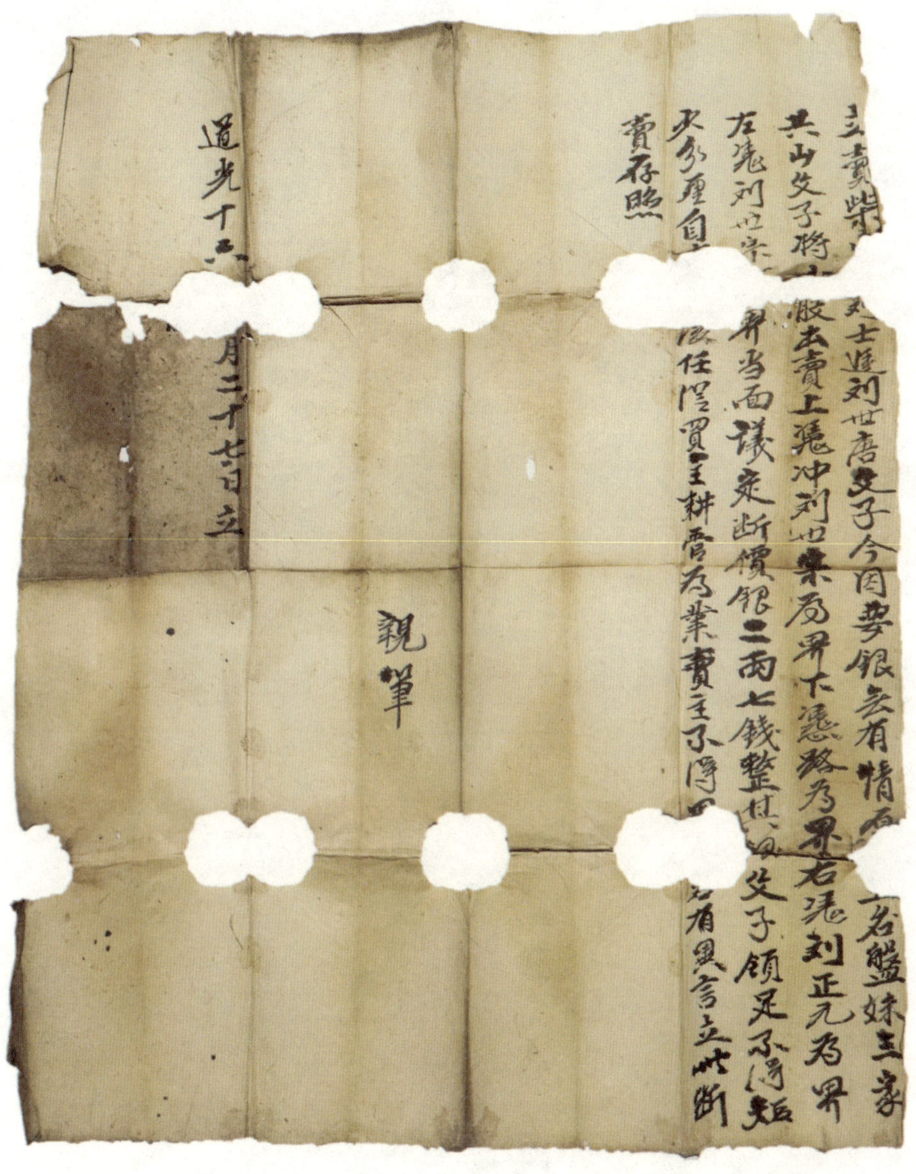

立卖柴山［字人］刘士进、刘世唐父子，今因要银无有，情愿［将到］土名盘妹三家共山，父子将□股出卖。上凭冲刘世乐为界，下凭路为界，右凭刘正元为界，左凭刘世宗［为］界。当面议定断价银二两七钱整。其银父子领足，不得短少分厘。自［卖之后］，任从买主耕管为业，卖主不得异言。若有异言，立此断卖存照。

亲笔

道光十六年□月二十七日立

16. 吴贞贵卖土字（道光十六年□□月初九日）

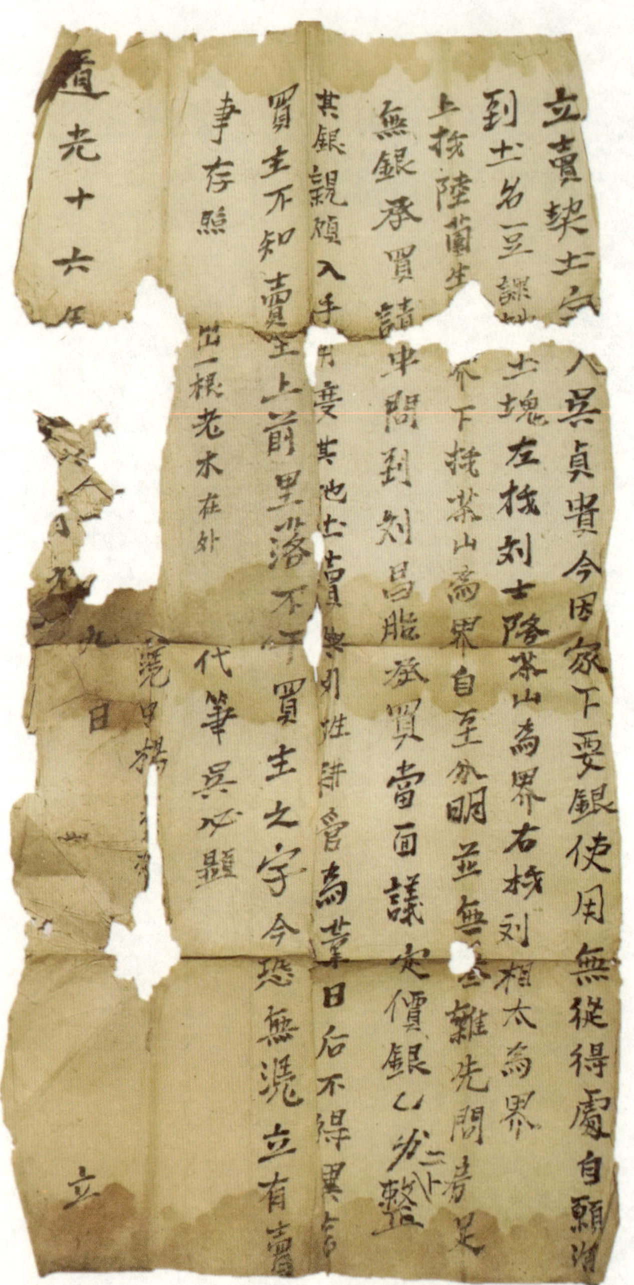

立卖契土字人吴贞贵，今因家下要银使用，无从得处，自愿将到土名豆课地土［一］块，左抵刘士隆茶山为界，右抵刘相太为界，上抵陆兰生为界，下抵茶山为界，自（四）至分明，并无叁（掺）杂，先问房足（族）无银承买，请中问到刘昌能承买，当面议定价银一钱二分整。其银亲领入手用度，其地土卖与刘姓耕管为业，日后不得异言。买主不知，卖主上前里（理）落，不干买主之字（事）。今恐无凭，立有卖事（字）存照。

出（除）一根老木在外

代笔：吴必显

凭中：杨□□

道光十六年□□月初九日立

17. 陆祥保、陆士捌兄弟断卖杉木字（道光十八年四月十七日）

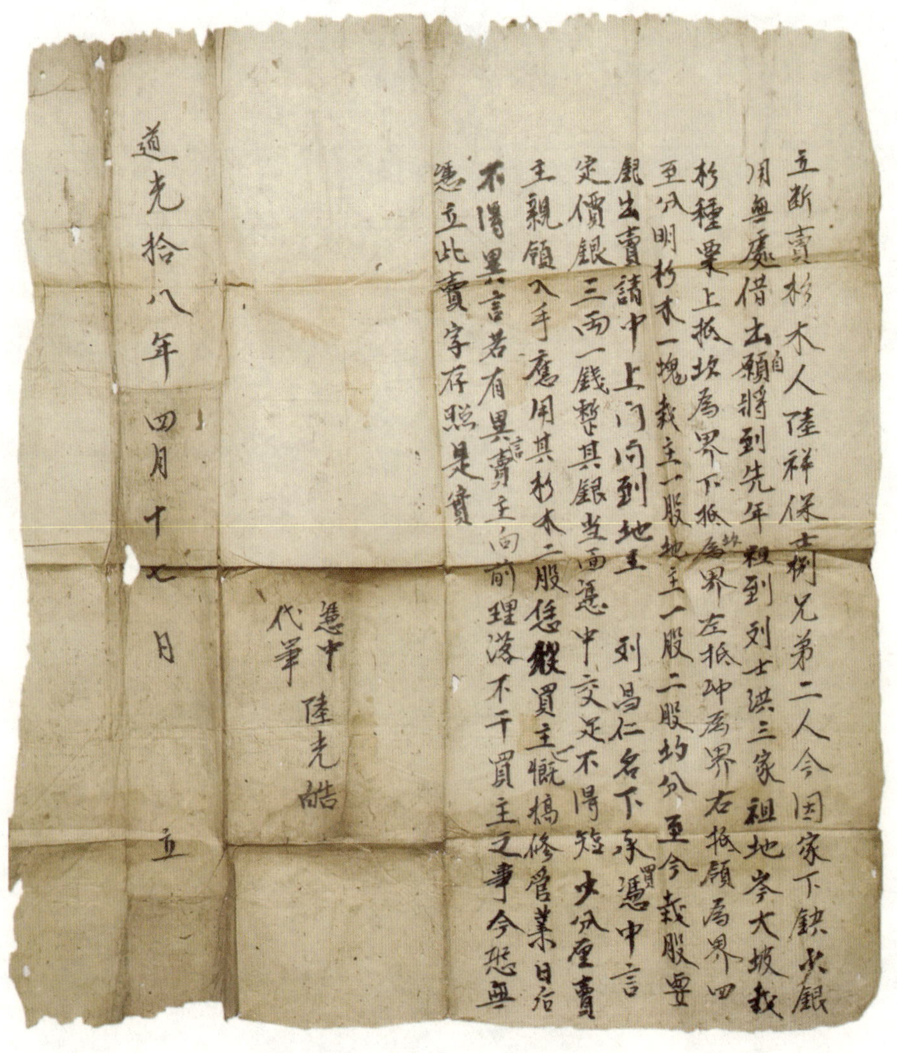

立断卖杉木人陆祥保、士捌兄弟二人，今因家下缺少银用，无处借出，自愿将到先年租到刘士洪三家祖地岑大坡栽杉种栗，上抵坎为界，下抵坎为界，左抵冲为界，右抵领为界，四至分明，杉木一块，栽主一股，地主一股，二股均分，至今栽股要银出卖。请中上门问到地主刘昌仁名下承买，凭中言定价银三两一钱整。其银当面凭中交足，不得短少分厘，卖主亲领入手应用，其杉木二股任从买主一概搞（薅）修管业，日后不得异言。若有异言，卖主向前理落，不干买主之事。今恐无凭，立此卖字存照是实。

凭中、代笔：陆光皓

道光拾八年四月十七日立

18. 陆光秀、陆光皓兄弟断卖杉木字（道光十八年闰四月十三日）

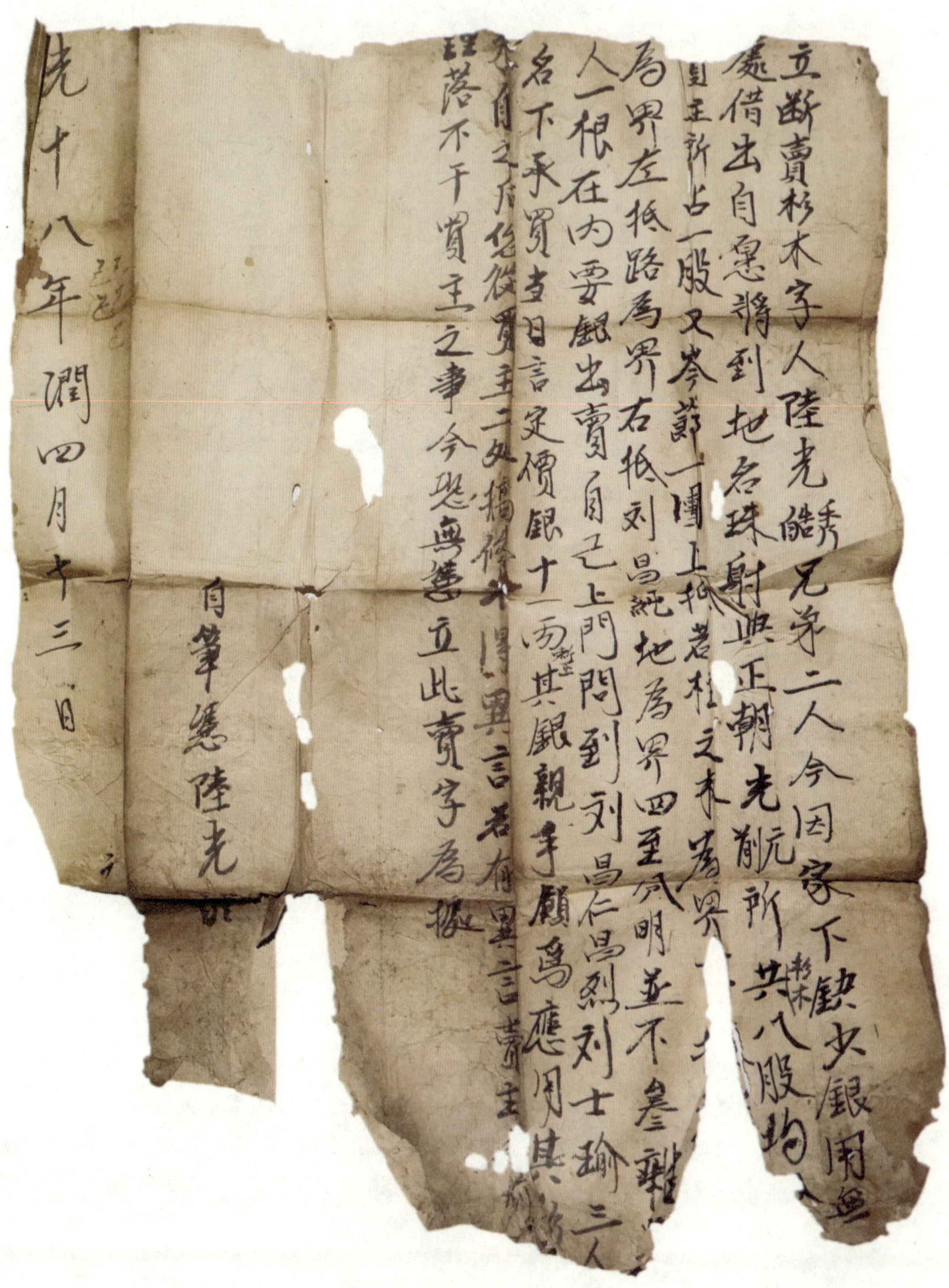

立断賣杉木字人陸光皓秀兄弟二人今因家下缺少銀用無
處借出自愿將到地名珠射與正朝光顯所共杉木八股均
分到王所占一股又参節一團上抵岩桂之木為界[illegible]
為界左抵路為界右抵刘昌純地為界四至分明並不叁雜
人一根在内要銀出賣自己上門問到刘昌仁昌烈刘士瑜三人
名下承買當日言定價銀十一兩整其銀親手領爲應用其[illegible]
[illegible]自賣之后任從買主二比耕管[illegible]異言若有異言賣主[illegible]
理落不干買主之事今恐無憑立此賣字為據
自筆憑陸光皓
道光十八年閏四月十三日

立断卖杉木字人陆光秀、陆光皓兄弟二人，今因家下缺少银用，无处借出，自愿将到地名珠射与正朝、光元、光前所共杉木八股均分，卖主新占一股，又岑蓢一团，上抵若柱之木为界，下抵□□□为界，左抵路为界，右抵刘昌纯地为界，四至分明，并不叁（掺）杂［他］人一根在内，要银出卖。自己上门问到刘昌仁、昌烈、刘士瑜三人名下承买，当日言定价银十一两整。其银亲手领为（回）应用，其杉木自［卖］之后，任从买主二处搞（薅）修，不得异言。若有异言，卖主［向］前理落，不干买主之事。今恐无凭，立此卖字为据。

自笔凭：陆光皓

道光十八年润四月十三日立

19. 刘士优、刘士瑜、刘士模等付约（道光十八年十月二十七日）

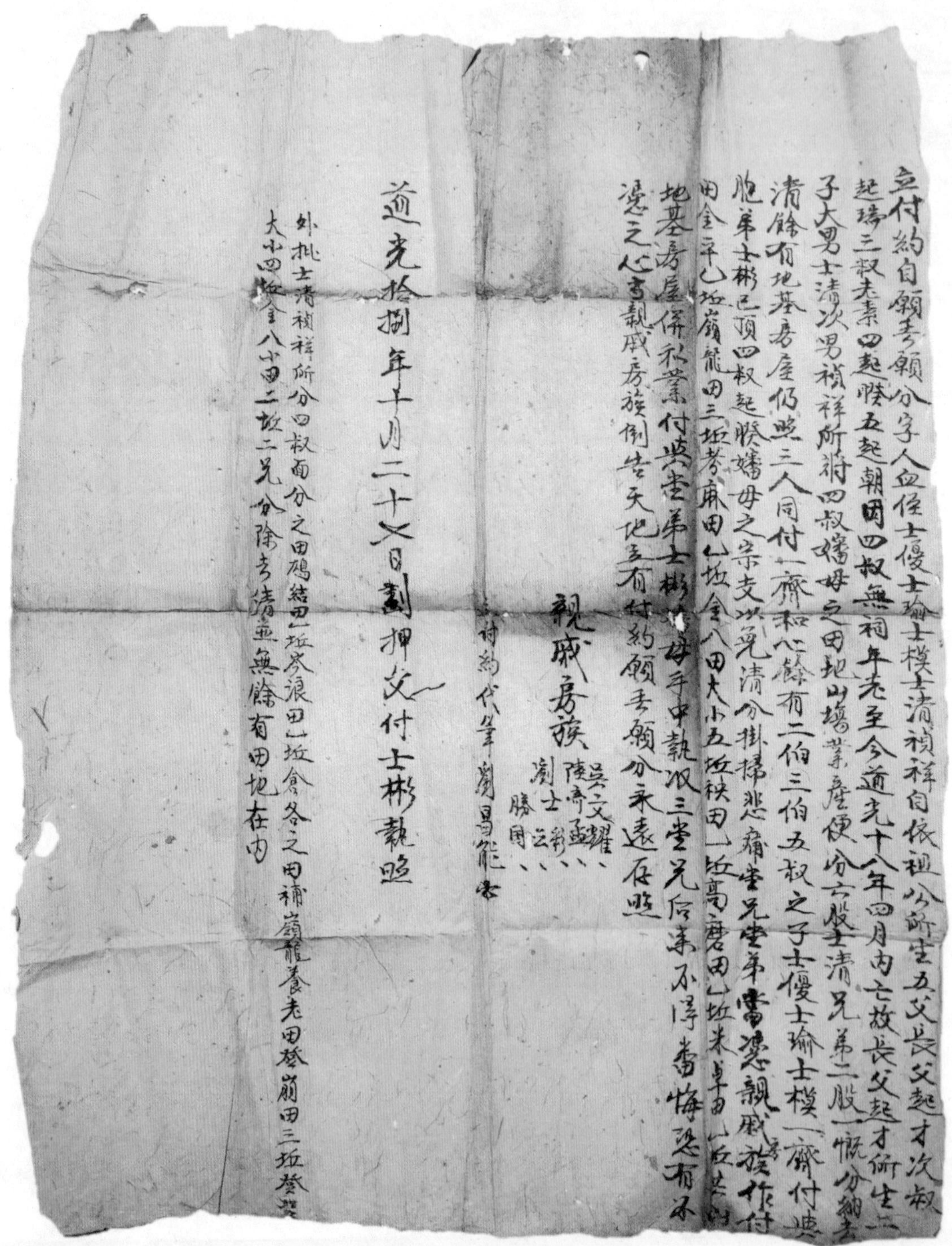

立付約自願弟兄分字人血侄士優、士瑜、士模、士清、禎祥，自依祖公所生五父：長父起才，次叔起璘，三叔光素，四起暌，五起朝。因四叔無嗣，年老至今道光十八年四月内亡故。長父起才所生二子，大男士清，次男禎祥。所將四叔孀母之田地山塘業屋便分六股，士清兄弟二股，一概分納士清，餘有地基房屋仍照三人同付，一齊和心。餘有二伯、三伯、五叔之子士優、士瑜、士模一齊付與胞弟士彬足項四叔起暌孀母之宗支，以免清分掛掃悲痛。堂兄堂弟當憑親戚房族作付田全平山坵、嶺龍田三坵、孝麻田山坵、全八田大小五坵、秧田一坵、高磨田山坵、米阜田山坵，共計地基房屋係私業，付與堂弟士彬過母手中執収。三堂兄后来不得番悔，恐有不憑之心者，親戚房族倒告天地。立有付約願弟兄分永遠存照。

親戚房族　吴文耀、陳亭函、劉士彩、勝、周、

付約代筆　劉昌能

道光拾捌年十月二十七日劃押交付士彬執照

外批：士清、禎祥所分四叔面分之田鴉結田一坵、岑浪田山坵、倉各之田、補嶺龍養老田、登崩田三坵、登□大小四坵、全八小田二坵，二兄分除，士清並無餘有田地在内。

立付约自愿丢愿分字人血侄士优、士瑜、士模、士清、祯祥，自依祖分所生五父，长父起才，次叔起瑞，三叔老素，四［叔］起睽，五［叔］起朝。因四叔无祠（嗣）年老，至今道光十八年四月内亡故。长父起才所生二子，大男士清，次男祯祥，所将四叔婶母之田地山场业产便分六股，士清兄弟二股，一概分纳去清。余有地基房屋仍照三人同付，一齐和心。余有二伯、三伯、五叔之子士优、士瑜、士模一齐付与胞弟士彬，已顶四叔起睽婶母之宗支，以免清分挂扫悲痛。堂兄堂弟当凭亲戚房族作付田金平（坪）一丘，岭龙田三丘，考麻田一丘，金八田大小五丘，秧田一丘，高磨田一丘，米卓田一丘，共山地基房屋并私业付与堂弟士彬婶母手中执收，三堂兄后来不得番（翻）悔。恐有不凭之心，当亲戚房族倒（祷）告天地，立有付约愿丢愿分，永远存照。

亲戚房族：吴文耀、陆寿孟、刘士彩、刘士云、刘胜国

立付约代笔：刘昌能□

道光拾捌年十月二十七日划（画）押交付士彬执照

外批：士清、祯祥所分四叔面分之田鸠结田一丘，岑浪田一丘，仓各之田、补岭龙养老田、登崩田三丘，登发大小四丘，金八小田二丘，二兄分除去清，并无余有田地在内。

20. 刘士优、刘士瑜、刘士模自愿丢田地山场地基房屋仓字（道光十八年十月二十七日）

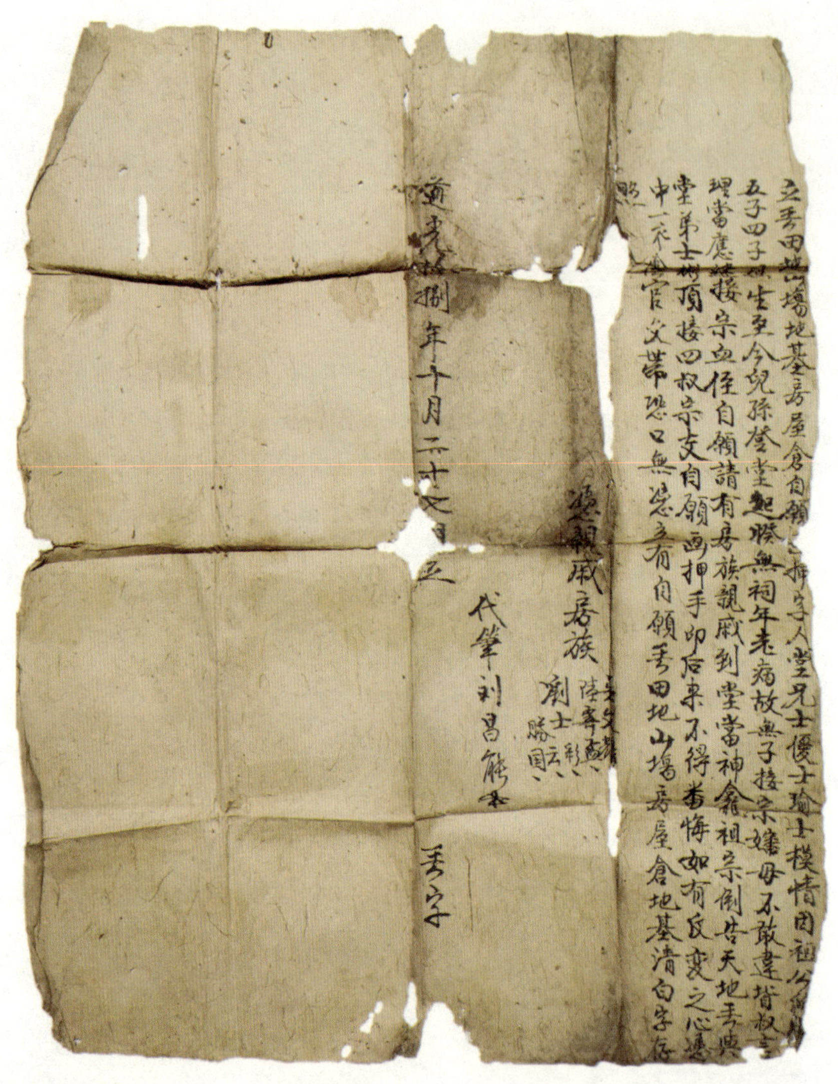

立丢田地山场地基房屋仓自愿画押字人堂兄士优、士瑜、士模，情因祖公所生五子，四子俱生，至今儿孙登堂。起睽无祠（嗣），年老病故，无子接宗。婶母不敢违背叔言，理当应缘接宗。血侄自愿请有房族亲戚到堂，当神龛祖宗倒（祷）告天地，丢与堂弟士彬顶接四叔宗支，自愿画押手印，后来不得番（翻）悔。如有反变之心，凭中一□□官交带（待）。恐口无凭，立有自愿丢田地山场房屋仓地基清白字存照。

凭：亲戚房族吴文耀、陆齐孟、刘士彩、刘士云、刘胜国

代笔：刘昌能□

道光拾捌年十月二十七日立丢字

21. 陆光停佃栽合同字（道光十九年九月初□日）

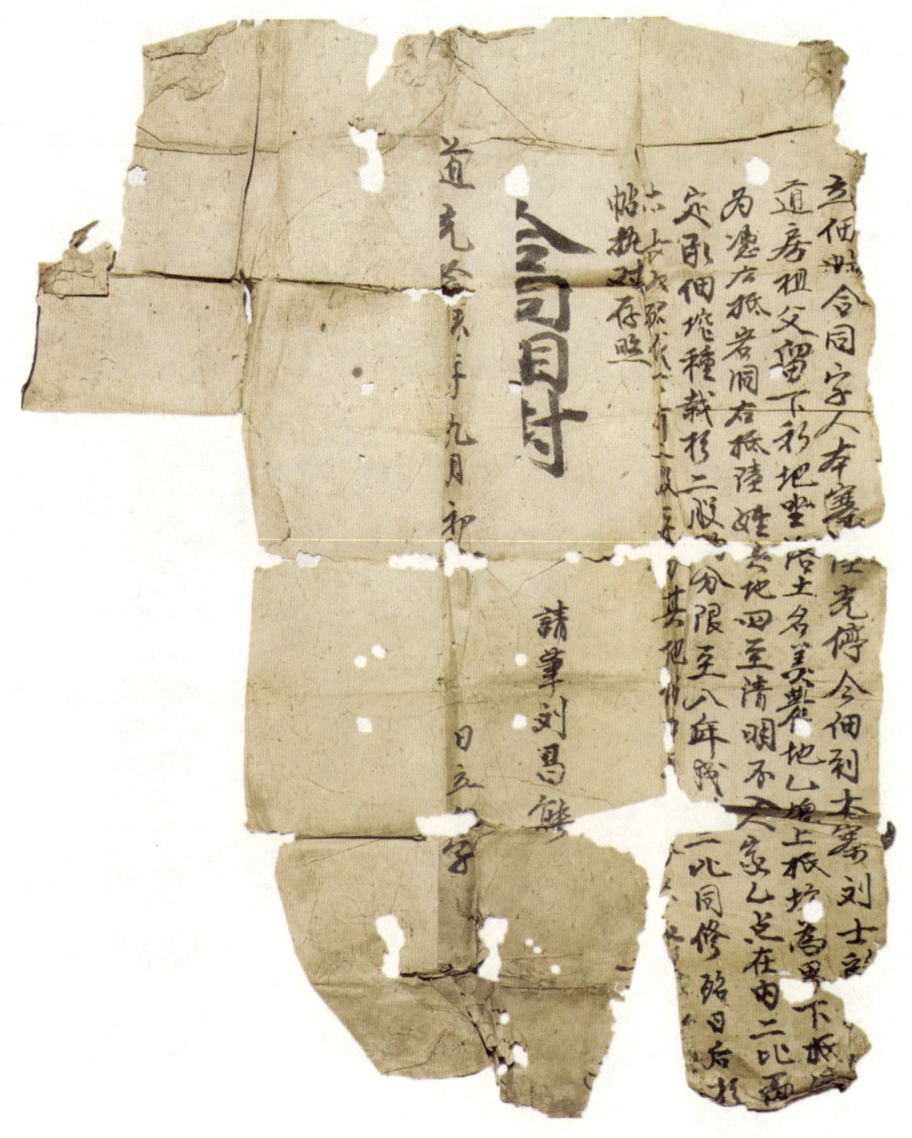

立佃帖合同字人本寨陆光停，今佃到本寨刘士彩……道房祖父留下杉地，坐落土名美农地一块，上抵坎为界，下抵□为凭，左抵岩洞，右抵陆姓共地，四至清明，不入人家一点在内。二比面定承佃挖种栽杉，二股均分。限至八年成［林］，二比同修。殆日后杉木长成，砍伐下河，二股平分。其地仍归［地主］。［恐后无凭，立］帖执对存照。

【合同目封】

请笔：刘昌能

道光拾玖年九月初□日立字

22. 吴益隆、吴关乔、刘兆仁等租地种土栽栗木字（道光二十一年□月二十六日）

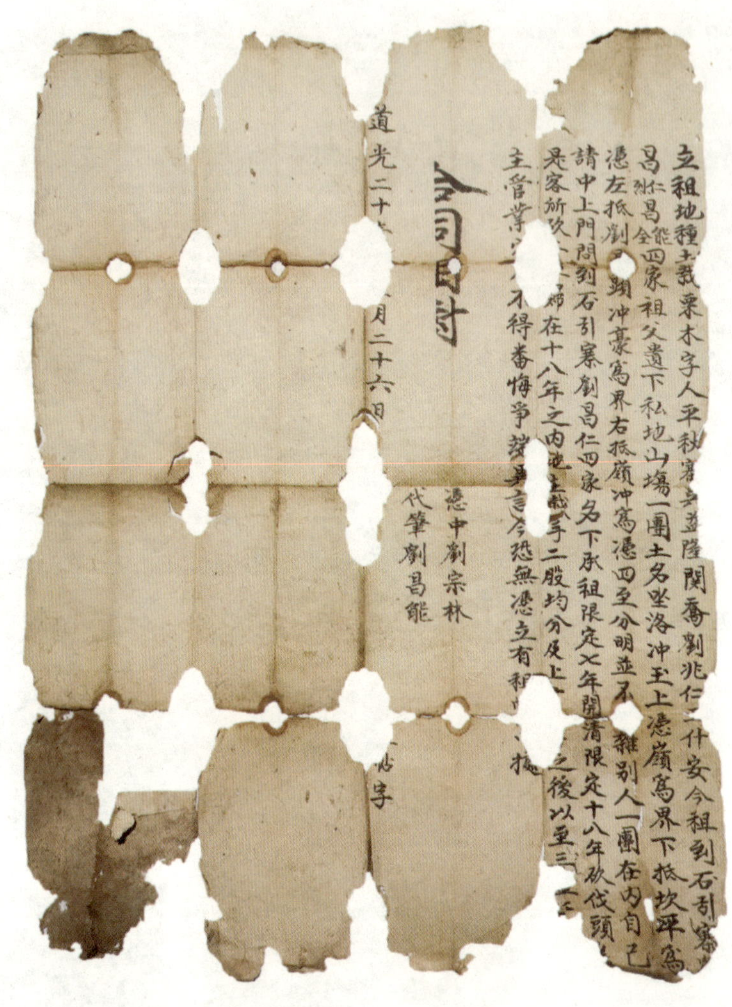

立租地种土栽栗木字人平秋寨吴益隆、关乔、刘兆仁、王什安，今租到石引寨［刘］昌仁、昌烈、昌能、昌全四家祖父遗下私地山场一团，土名坐洛（落）冲玉，上凭岭为界，下抵坎平（坪）为凭，左抵刘□显冲豪（壕）为界，右抵岭冲为凭，四至分明，并不［掺］杂别人一团在内。自己请中上门问到石引寨刘昌仁四家名下承租，限定七年开清，限定十八年砍伐。头□是客所砍□□归在十八年之内，地主栽手二股均分。及上□□之后，以至三……主管业，□□不得番（翻）悔争端异言。今恐无凭，立有租［帖为］据。

【合同目封】

凭中：刘宗林

代笔：刘昌能

道光二十壹年□□月二十六日［立］帖字

23. 吴一隆、吴关乔、刘兆仁限佃种栽栗木字（道光二十一年三月十七日）

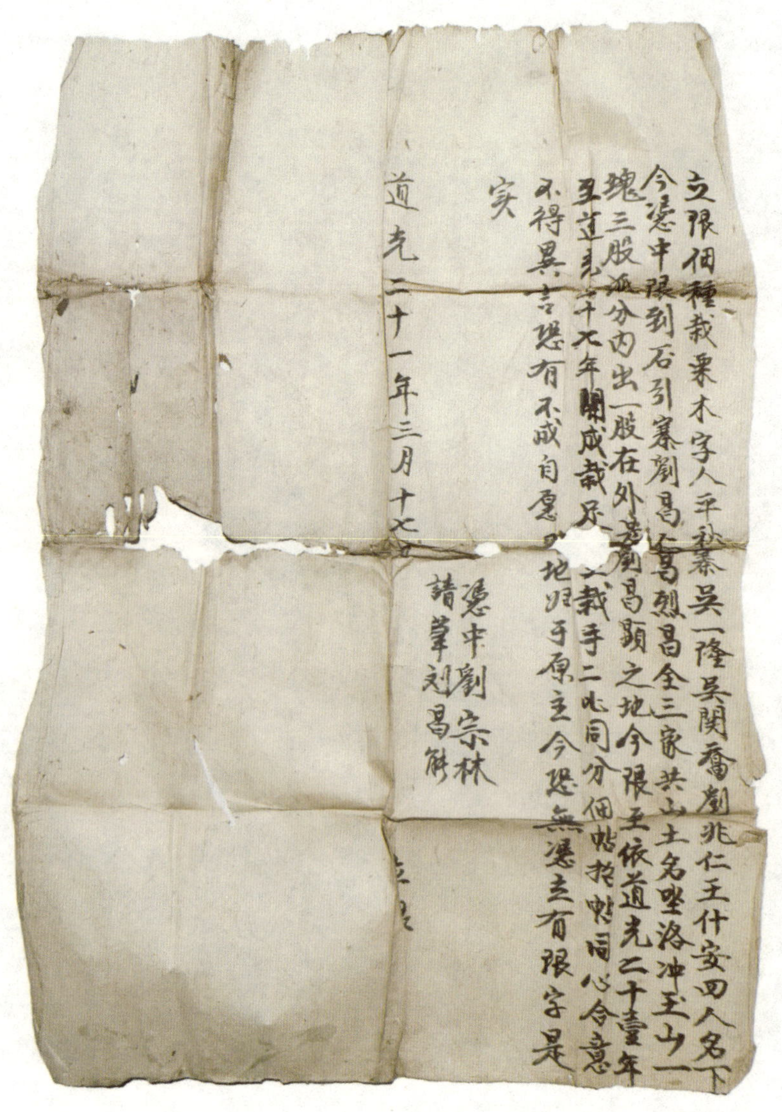

立限佃种栽栗木字人平秋寨吴一隆、吴关乔、刘兆仁、王什安四人名下，今凭中限到石引寨刘昌仁、昌烈、昌全三家共山，土名坐洛（落）冲玉山一块，三股派分，内出一股在外，是刘昌显之地。今限至依道光二十壹年至道光二十七年开成栽足，［地主］栽手二比同分，佃帖招帖同心合意，不得异言。恐有不成，自愿□地归于原主。今恐无凭，立有限字是实。

凭中：刘宗林

亲笔：刘昌能

道光二十一年三月十七日立□

24. 刘士彩、刘昌能、刘映坤等分公山合同（道光二十五年五月二十四日）

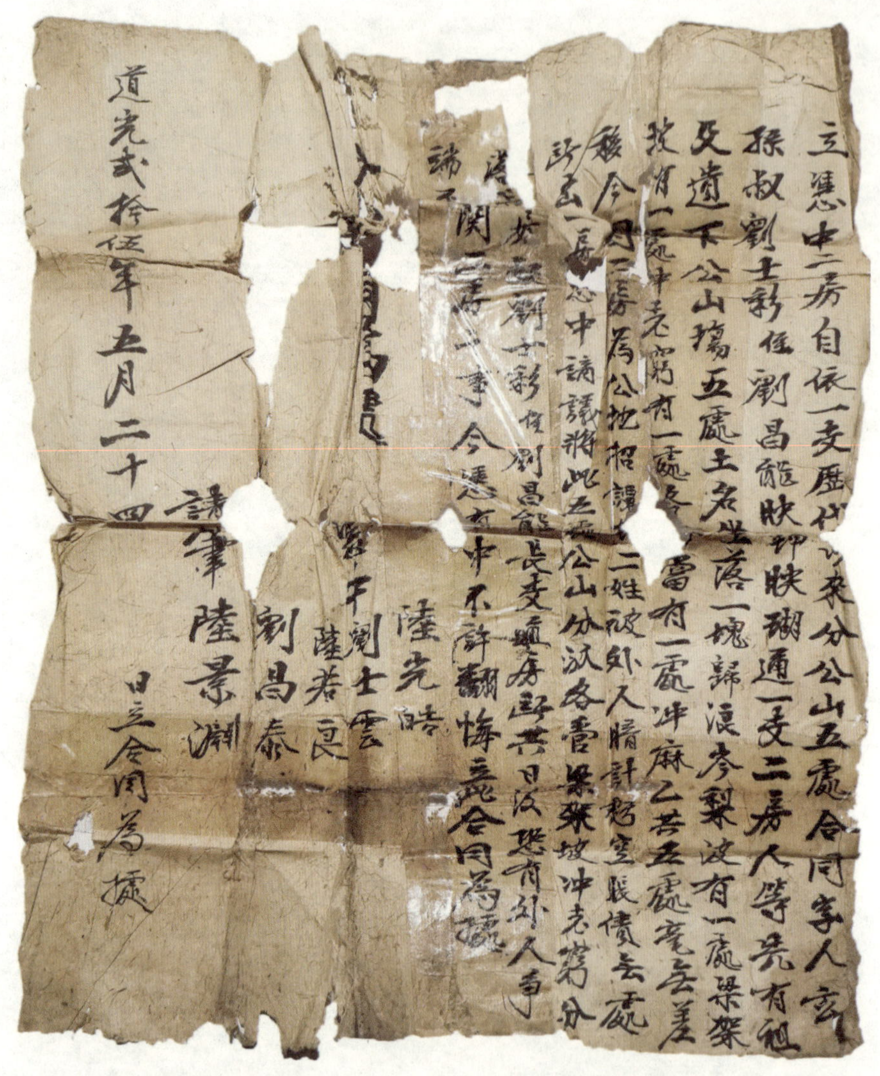

立凭中二房，自依一支，历代以来分公山五处，合同字人玄孙叔刘士彩，侄刘昌能、映坤、映瑚通一支二房人等，先有祖父遗下公山场五处，土名坐落一块归浪岑梨波（坡）有一处，梁架坡有一处，冲老穷有一处，各□当有一处，冲麻一共五处，毫无差移。今因二房为公地，招谭□二姓，被外人暗计亏空，账债无处所出，一房凭中商议，将此五处公山分派各管。梁架坡、冲老穷分落□□刘士彩、侄刘昌能长支通房所共。日后恐有外人争端，不关二房之事。今凭有中，不许翻悔，立此合同为据。

凭中：陆光皓、刘士云、陆若良、刘昌泰

请笔：陆景渊

道光贰拾伍年五月二十四日立合同为据

25. 杨再益借会钱字（道光二十六年三月初十日）

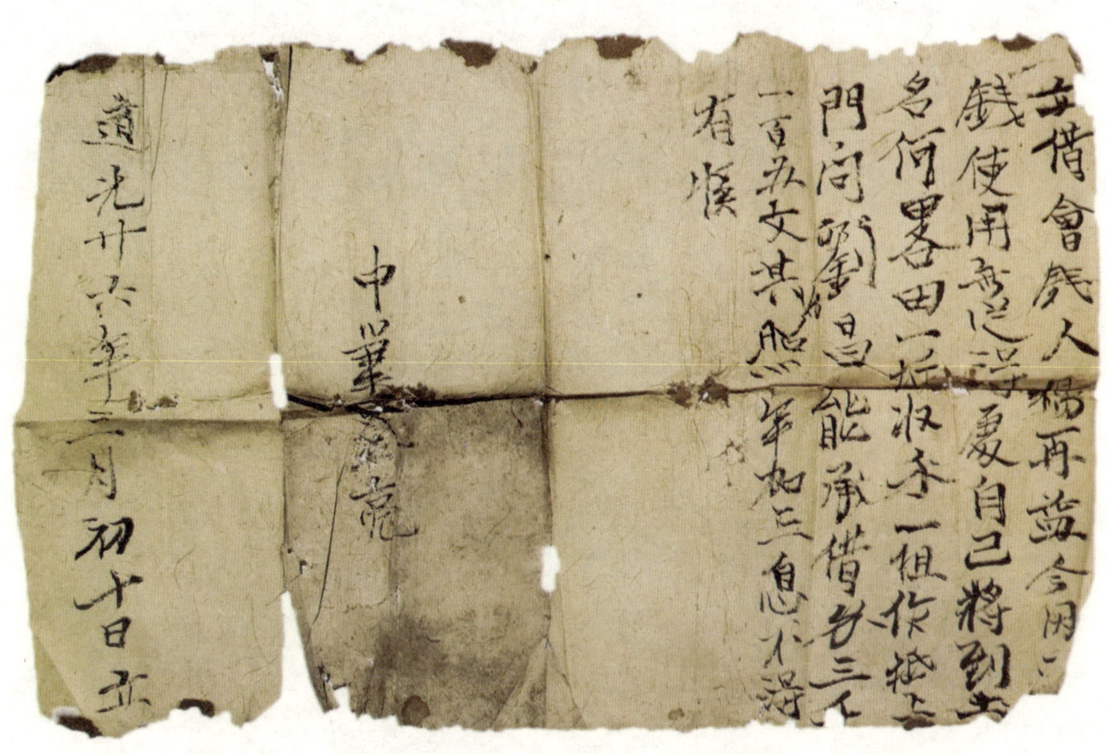

立借会钱人杨再益，今因要钱使用，无从得处，自己将到土名何略田一丘，收禾一担作抵，上门问到刘昌能承借钱三千一百五文。其钱照年加三息，不得有误。

[凭]中、[代]笔：□亮

道光廿六年三月初十日立

26. 陆若涤、陆成元、陆成莫等父子断卖山场地约（道光二十八年三月十九日）

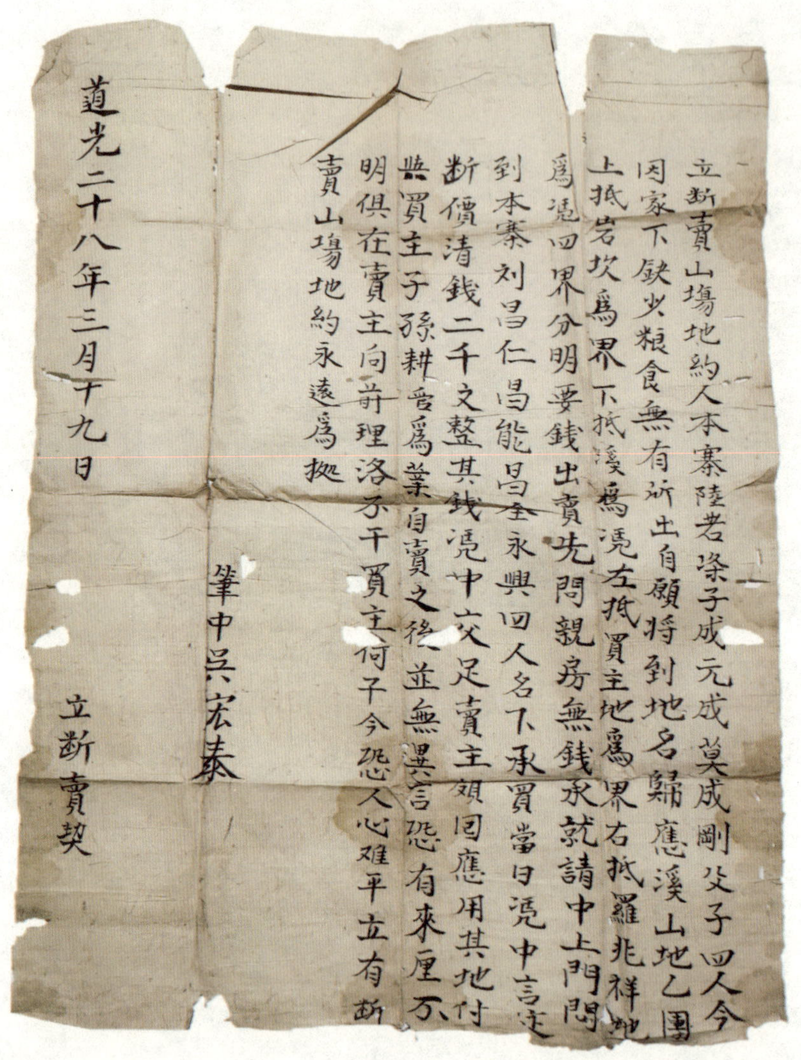
立斷賣山場地約人本寨陸若涤子成元成莫成剛父子四人今
因家下缺少粮食無有所出自願將到地名歸應溪山地乙團
上抵岩坎爲界下抵溪爲凭左抵買主地爲界右抵羅兆祥地
爲凭四界分明要錢出賣先問親房無錢承就請中上門問
到本寨刘昌仁昌能昌全永興四人名下承買當日凭中言定
斷價清錢二千文整其錢凭中交足賣主領回應用其地付
與買主子孫耕管爲業自賣之後並無異言恐有來厘不
明俱在賣主向前理洛不干買主何子今恐人心难平立有断
賣山場地約永遠爲據

筆中吴宏泰

道光二十八年三月十九日

立斷賣契

立断卖山场地约人本寨陆若涤、子成元、成莫、成刚父子四人，今因家下缺少粮食，无有所出，自愿将到地名归应溪山地一团，上抵岩坎为界，下抵溪为凭，左抵买主地为界，右抵罗兆祥地为凭，四界分明，要钱出卖。先问亲房无钱承就（买），请中上门问到本寨刘昌仁、昌能、昌全、永兴四人名下承买，当日凭中言定断价清钱二千文整。其钱凭中交足，卖主领回应用，其地付与买主子孙耕管为业。自卖之后，并无异言。恐有来厘（历）不明，俱在卖主向前理洛（落），不干买主何子（事）。今恐人心难平，立有断卖山场地约永远为据。

笔、中：吴宏泰

道光二十八年三月十九日立断卖契

27. 刘祖法断卖田契（道光二十九年十二月二十一日）

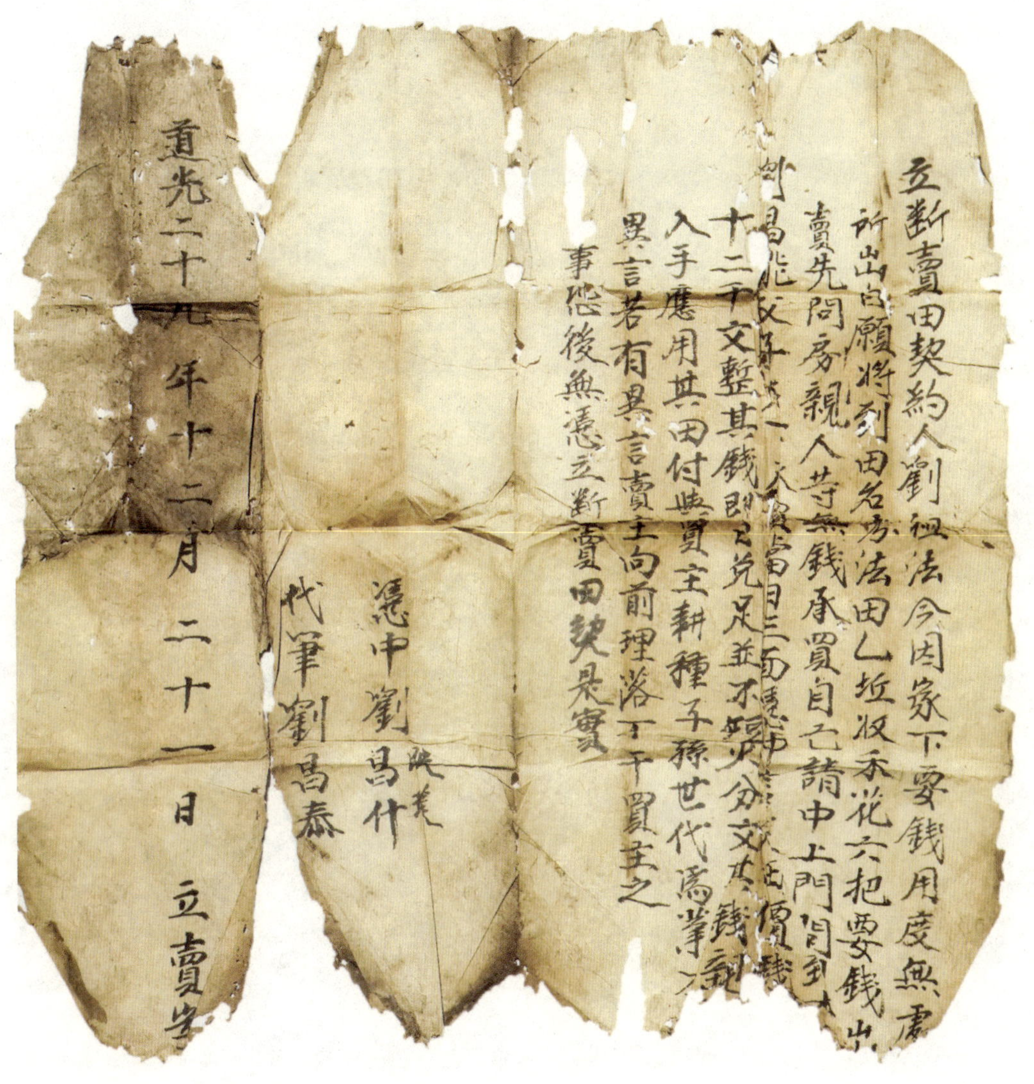

立断卖田契约人刘祖法，今因家下要钱用度，无处所出，自愿将到田名考法田一丘，收禾花六把，要钱出卖。先问亲房人等无钱承买。自己请中上门问到［本寨］刘昌能父子［名下承买］，当日三面凭中言定田价钱□十二千文整。其钱即日兑足，并不缺少分文，其钱亲［领］入手应用，其田付与买主耕种，子孙世代为业，［不得］异言。若有异言，卖主向前理落，不干买主之事。恐后无凭，立断卖田契是实。

凭中：刘映美、刘昌什

代笔：刘昌泰

道光二十九年十二月二十一日立卖字

28. 张凤明收银字（咸丰二年二月二十四日）

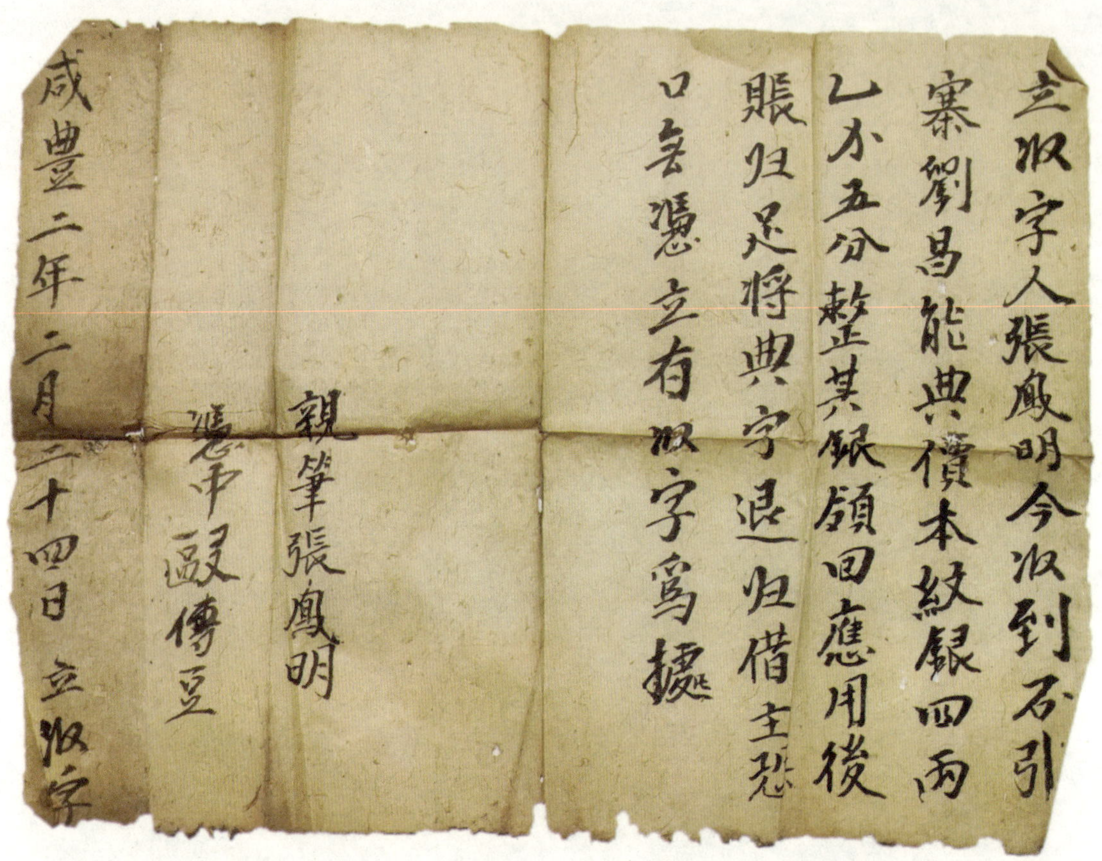

立收字人张凤明，今收到石引寨刘昌能典价本纹银四两一钱五分整。其银领回应用。后账归足，将典字退归借主。恐口无凭，立有收字为据。

亲笔：张凤明

凭中：欧传豆

咸丰二年二月二十四日立收字

29. 陆开德兄弟讨字（咸丰五年七月十五日）

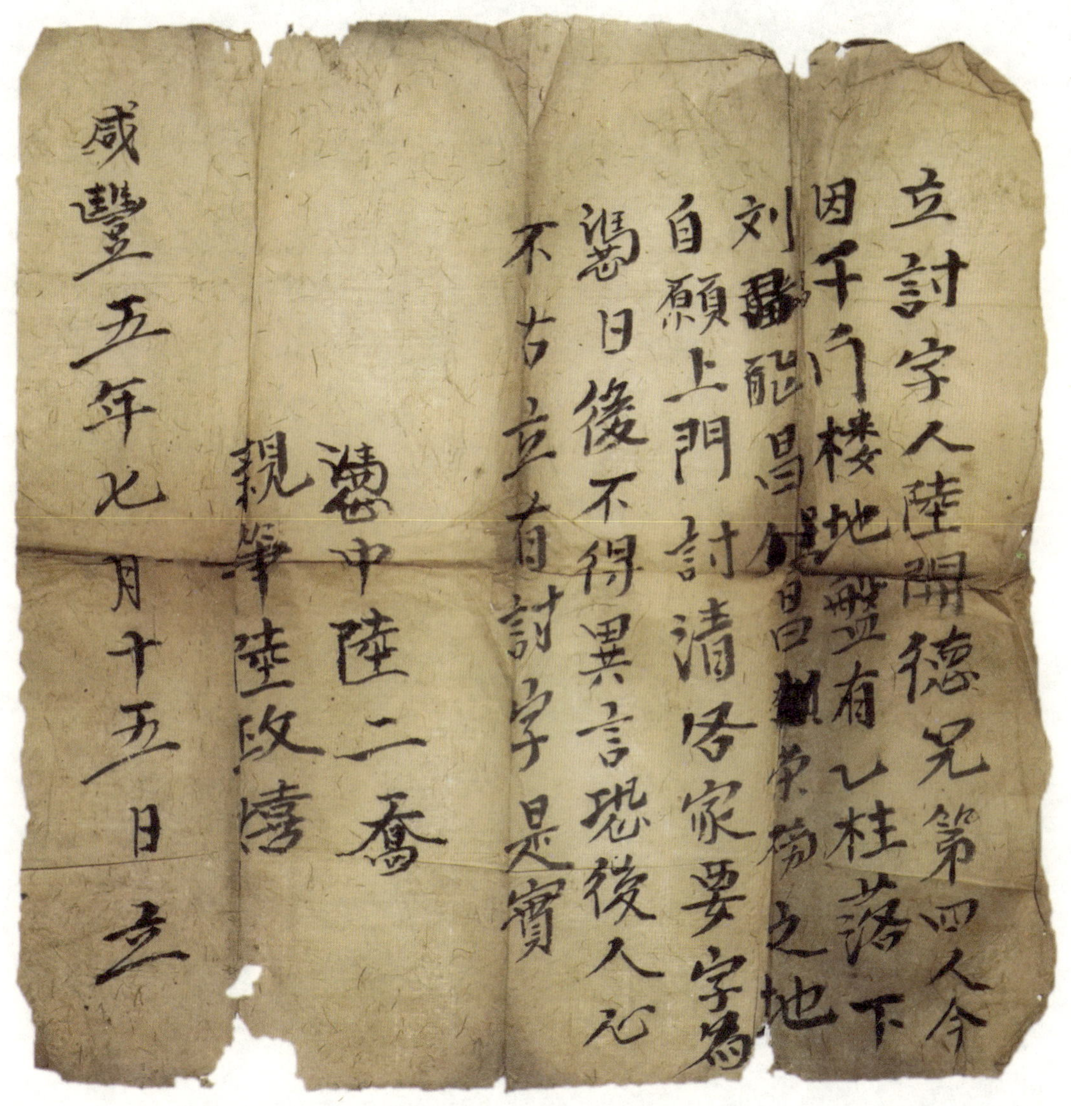

立讨字人陆开德兄第（弟）四人，今因千门楼地盘有一柱落下刘昌能、昌显、昌荣傍之地，自愿上门讨清（请）各家要字为凭，日后不得异言。恐后人心不古，立有讨字是实。

凭中：陆二乔

亲笔：陆政熺

咸丰五年七月十五日立

30. 刘昌能、刘荣魁、刘荣经父子分关合同（咸丰九年五月□□六日）

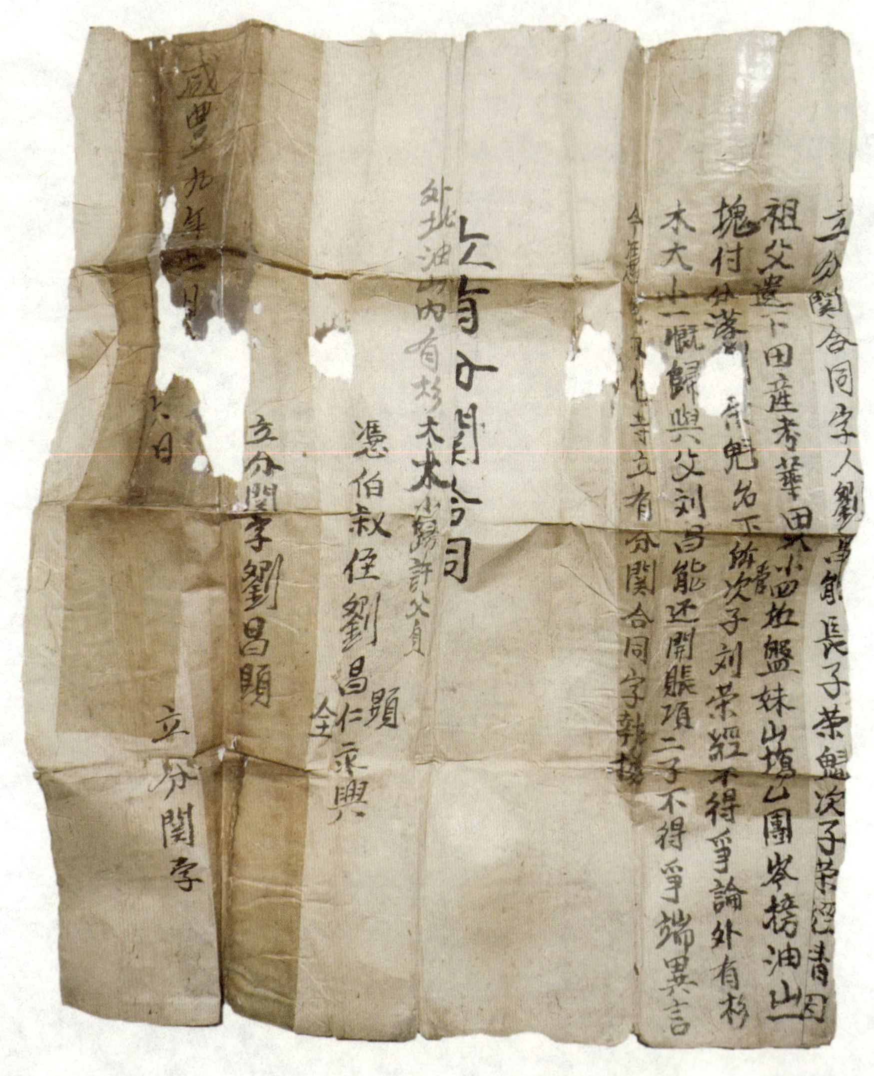

立分关合同字人刘昌能、长子荣魁、次子荣经，情因祖父遗下田产考华田大小四丘，盘妹山场一团，岑榜油山一块，付分落［刘］荣魁名下所管，次子刘荣经不得争论。外有杉木大小一概归与父刘昌能还开账项，二子不得争端异言。今凭伯叔侄等立有分关合同字执据。

【立有分关合同】

外批：油山内有杉木大小归许父□

凭［中］：伯叔侄刘昌显、刘昌仁、刘昌全、刘永兴

立分关字：刘昌显

咸丰九年五月□□六日立分关字

31. 陆炳福、陆炳乾断卖油山地土字（咸丰元年正月三十日）

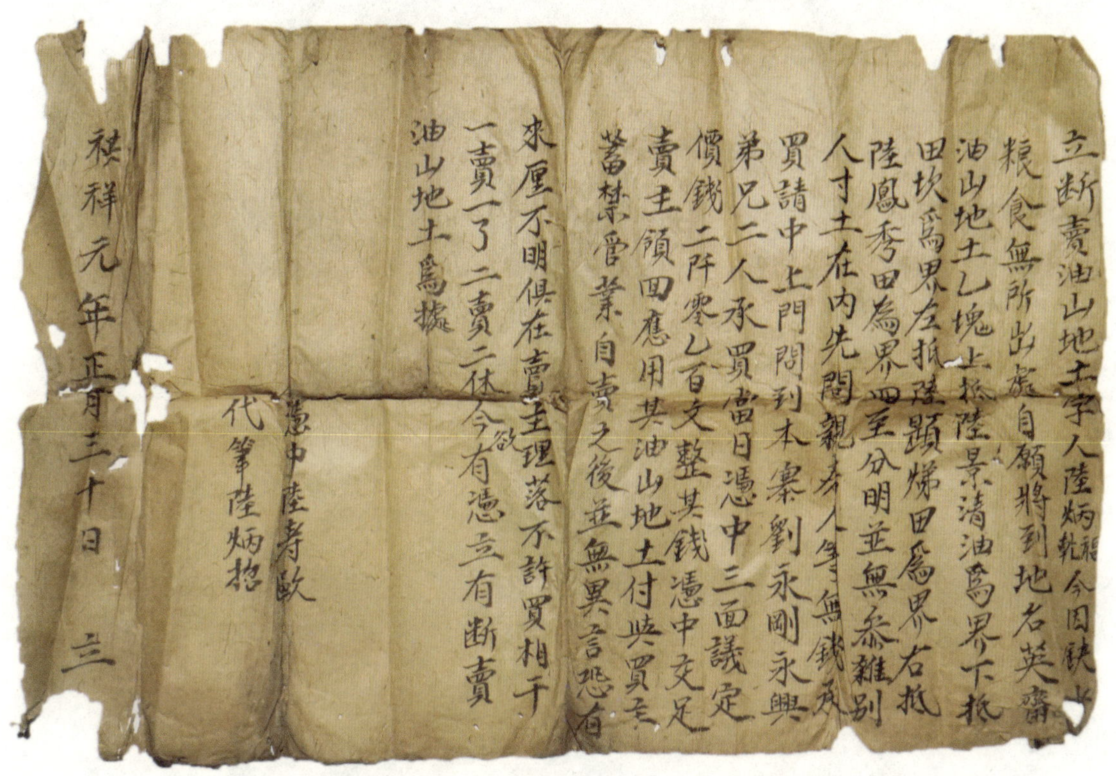

立断卖油山地土字人陆炳福、陆炳乾，今因缺少粮食，无所出处，自愿将到地名英斋油山地土一块，上抵陆景清油［山］为界，下抵田坎为界，左抵陆显煳田为界，右抵陆凤秀田为界，四至分明，并无参（掺）杂别人寸土在内，先问亲房人等无钱承买，请中上门问到本寨刘永刚、永兴弟兄二人承买，当日凭中三面议定价钱二阡（仟）零一百文整。其钱凭中交足，卖主领回应用，其油山地土付与买主蓄禁管业。自卖之后，并无异言。恐有来厘（历）不明，俱在卖主理落，不许（与）买［主］相干。一卖一了，二卖二休，今欲有凭，立有断卖油山地土为据。

凭中：陆寿欧

代笔：陆炳招

祺祥元年正月三十日立

32. 刘荣位卖田契（同治九年十一月二十九日）

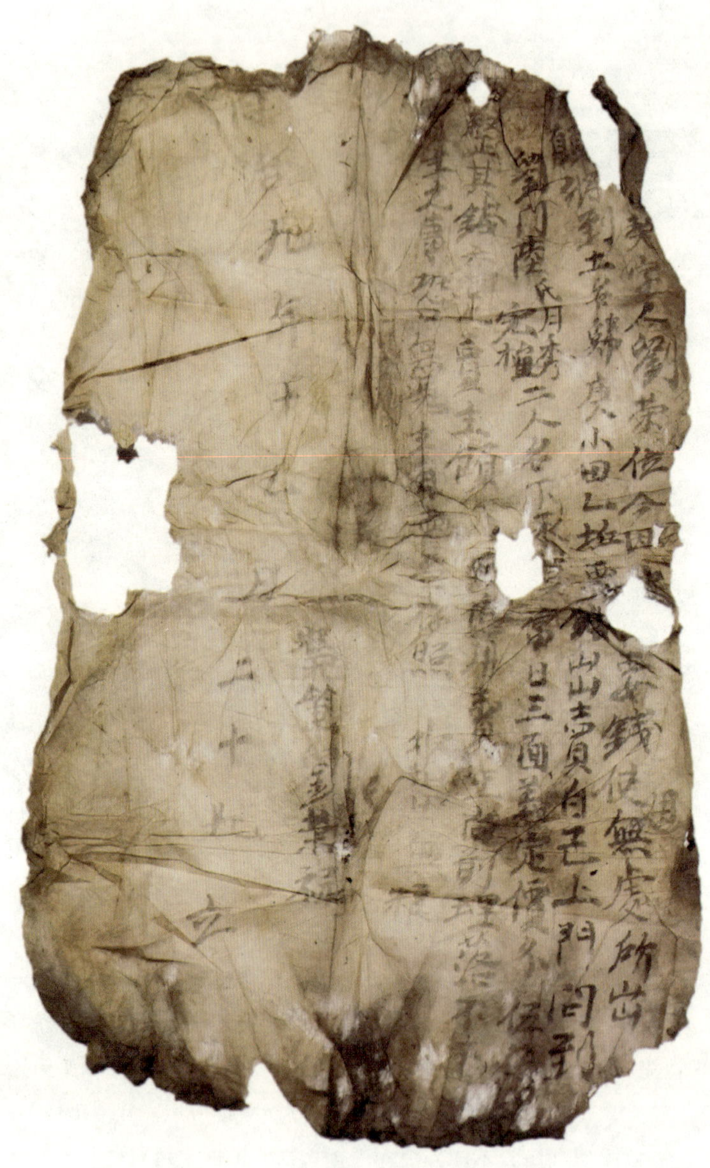

［立卖］田契字人刘荣位，今因家［下］要钱使用，无处所出，自愿将到土名归庚小田一丘，要钱出卖。自己上门问到刘门陆氏月秀、宏梅二人名下承买，当日三面义（议）定价钱伍佰□整。其钱交足卖主领回应用。卖主尚（上）前理落，不干买主之事。恐口无凭，立有卖字存照。

批：此田无粮

凭笔：刘荣禄

同治九年十一月二十九［日］立

33. 刘永辉叔侄卖田契（光绪元年三月初□日）

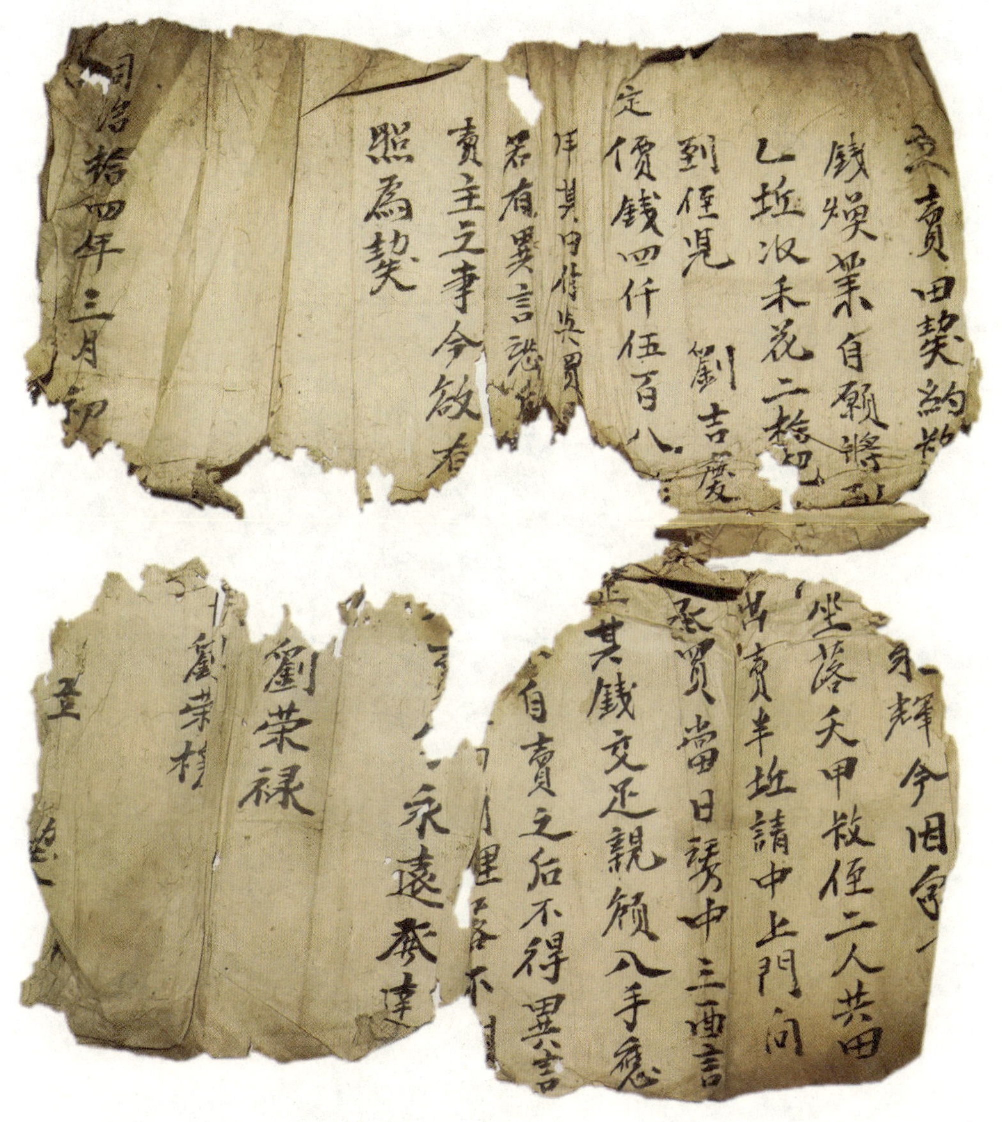

立卖田契约人［叔侄刘］永辉，今因家［下要］钱焕（换）业，自愿将到坐落夭甲叔侄二人共田一丘，收禾花二拾把，出卖半丘。请中上门问到侄儿刘吉庆承买，当日凭中三面言定价钱四仟伍百八拾［文］整。其钱交足亲领入手应用，其田付与买主［耕种管业］。自卖之后，不得异言。若有异言，恐后［无凭］。［卖主上前］理落，不［关］卖（买）主之事。今欲有［凭］，［立有卖字］永远发达存照为契。

［凭中］：刘荣禄

［代笔］：刘荣榜

同治拾四年三月初□日立契

34. 陆再生卖田契（光绪二年四月初一日）

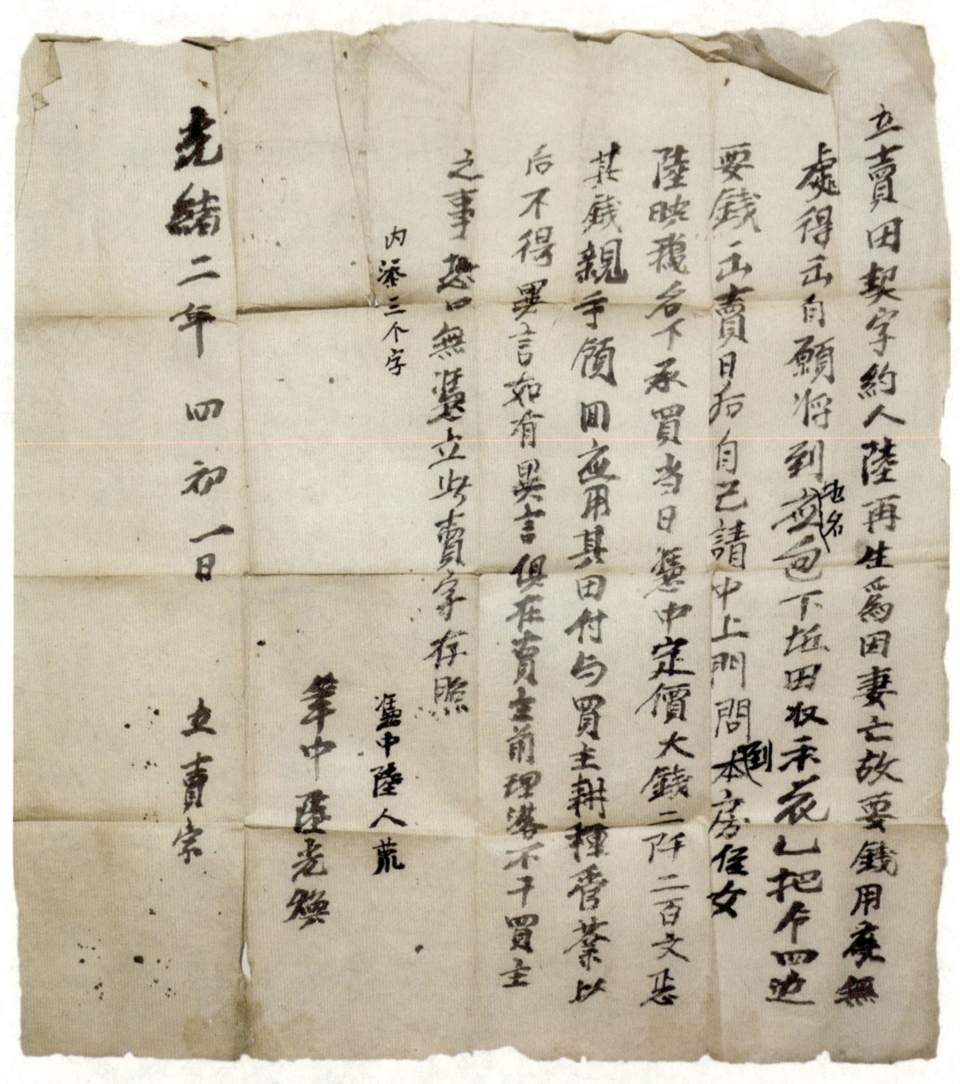

立卖田契字约人陆再生，为因妻亡故，要钱用度，无处得出，自愿将到地名应包下丘田，收禾花一把令（零）四边，要钱出卖。日后自己请中上门问到本房侄女陆映鹅名下承买，当日凭中定价大钱二阡（仟）二百文整。其钱亲手领回应用，其田付与买主耕种管业，以后不得异言。如有异言，俱在卖主［上］前理落，不干买主之事。恐口无凭，立此卖字存照。

内添三个字

凭中：陆人□

笔中：陆光焕

光绪二年四月初一日立卖字

35. 刘乔安重典田契（光绪七年十一月十六日）

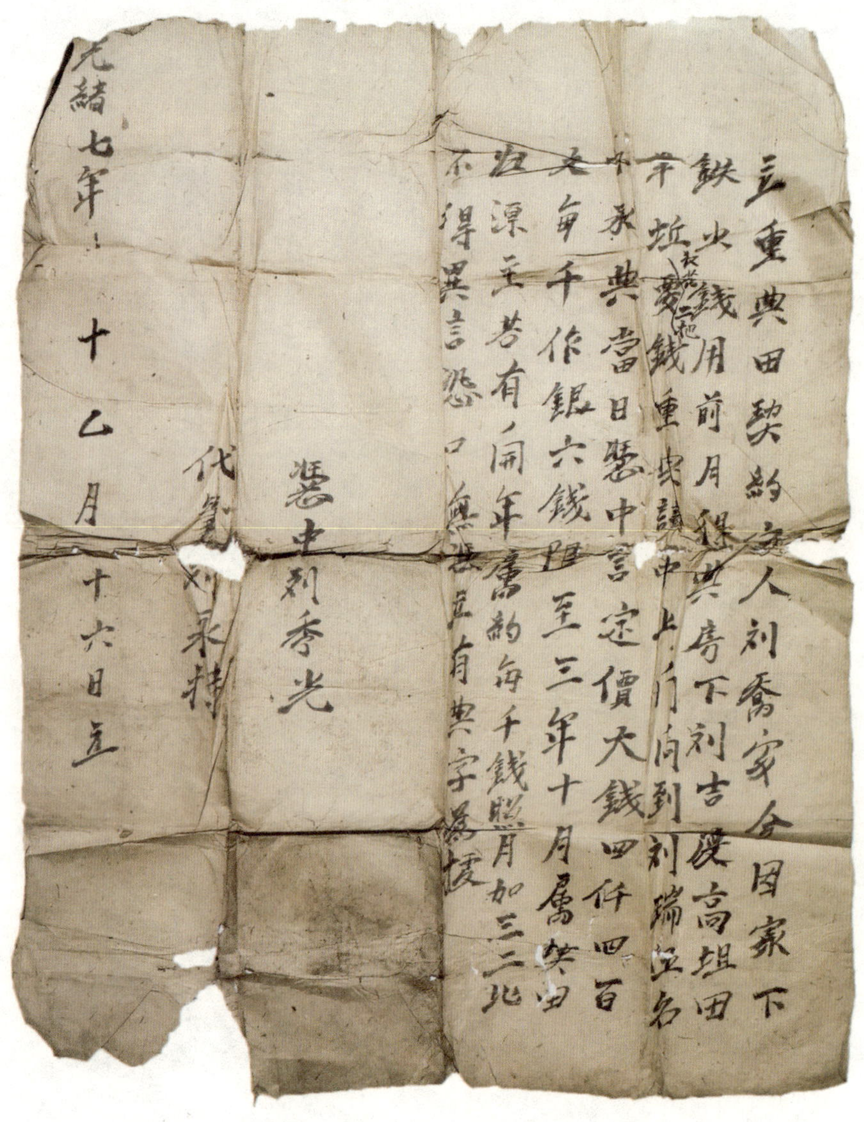

立重典田契约字人刘乔安，今因家下缺少钱用，前月得典房下刘吉庆高坦（坝）田半丘，收花二把，要钱重典。请中上门问到刘瑞伍名下承典，当日凭中言定价大钱四仟四百文。每千作银六钱。限至三年十月属（续）契田归源（原）主。若有开年属（续）约，每千钱照月加三，二比不得异言。恐口无凭，立有典字为据。

凭中：刘秀光

代笔：刘永持

光绪七年十一月十六日立

36. 刘荣发卖田契（光绪十四年四月初十日）

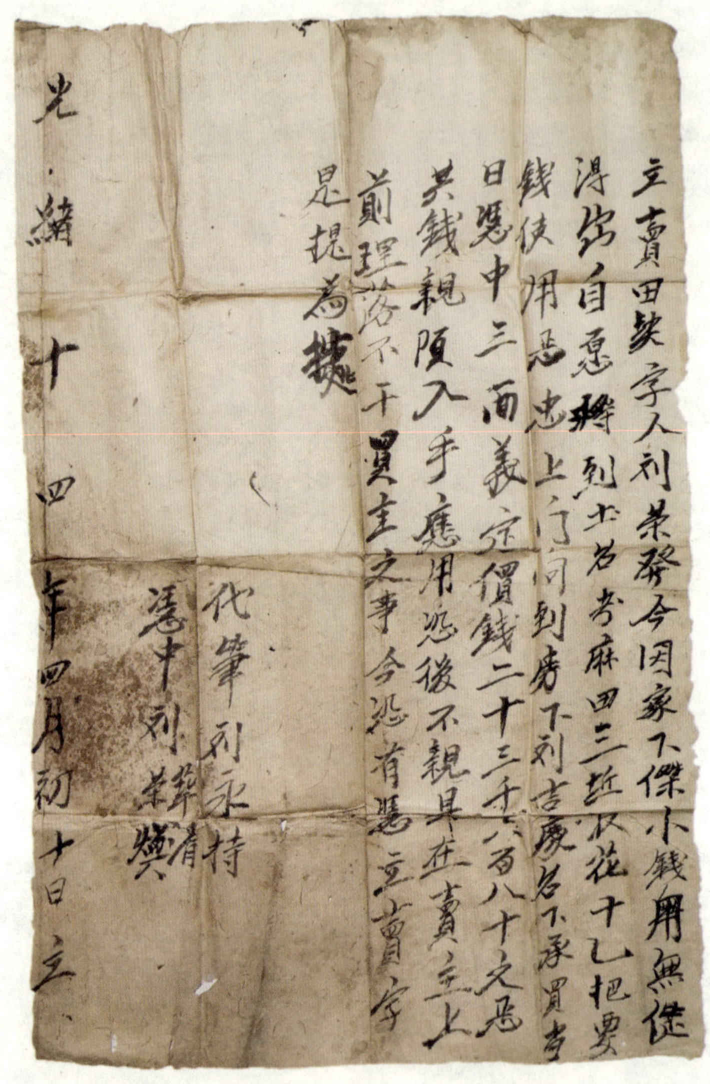

立卖田契字人刘荣发，今因家下傑（缺）小（少）钱用，无从得出，自愿将到土名考麻田三丘，收花十一把，要钱使用。凭忠（中）上门问到房下刘吉庆名下承买，当日凭中三面义（议）定价钱二十三千六百八十文整。其钱亲领入手应用，恐后不亲（清），具（俱）在卖主上前理落，不干买主之事。今恐有凭，立卖字是提（实）为据。

代笔：刘永持

凭中：刘华清、刘荣焕

光绪十四年四月初十日立

37. 刘永辉卖换地字（光绪十四年八月初一日）

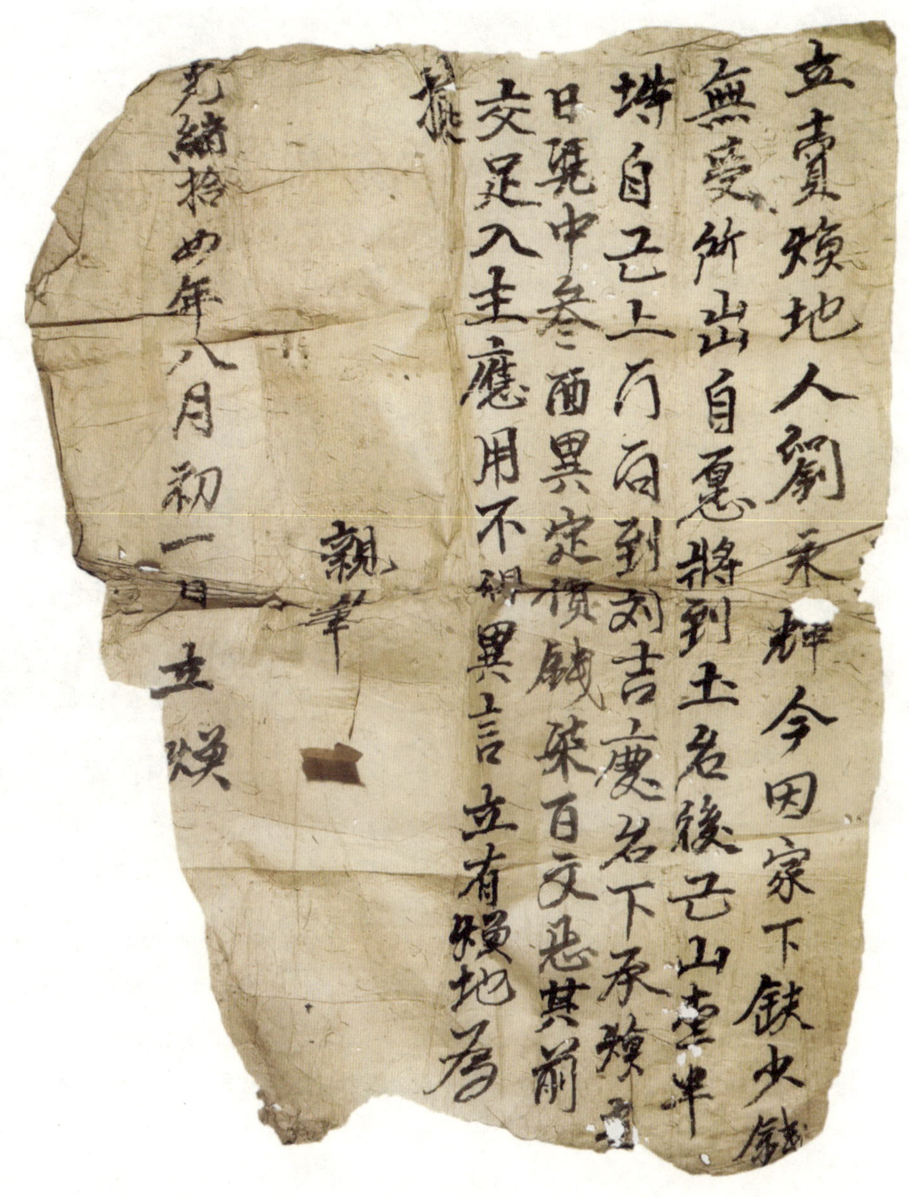

立卖焕（换）地人刘永辉，今因家下缺少钱［用］，无受（处）所出，自愿将到土名后己山壹半块，自己上门问到刘吉庆名下承焕（换），当日凭中叁面异（议）定价钱柒百文整。其前（钱）交足入主（手）应用，不得异言，立有焕（换）地为据。

亲笔

光绪拾四年八月初一日立焕（换）

38. 陆荣沛卖油山字（光绪十五年七月十九日）

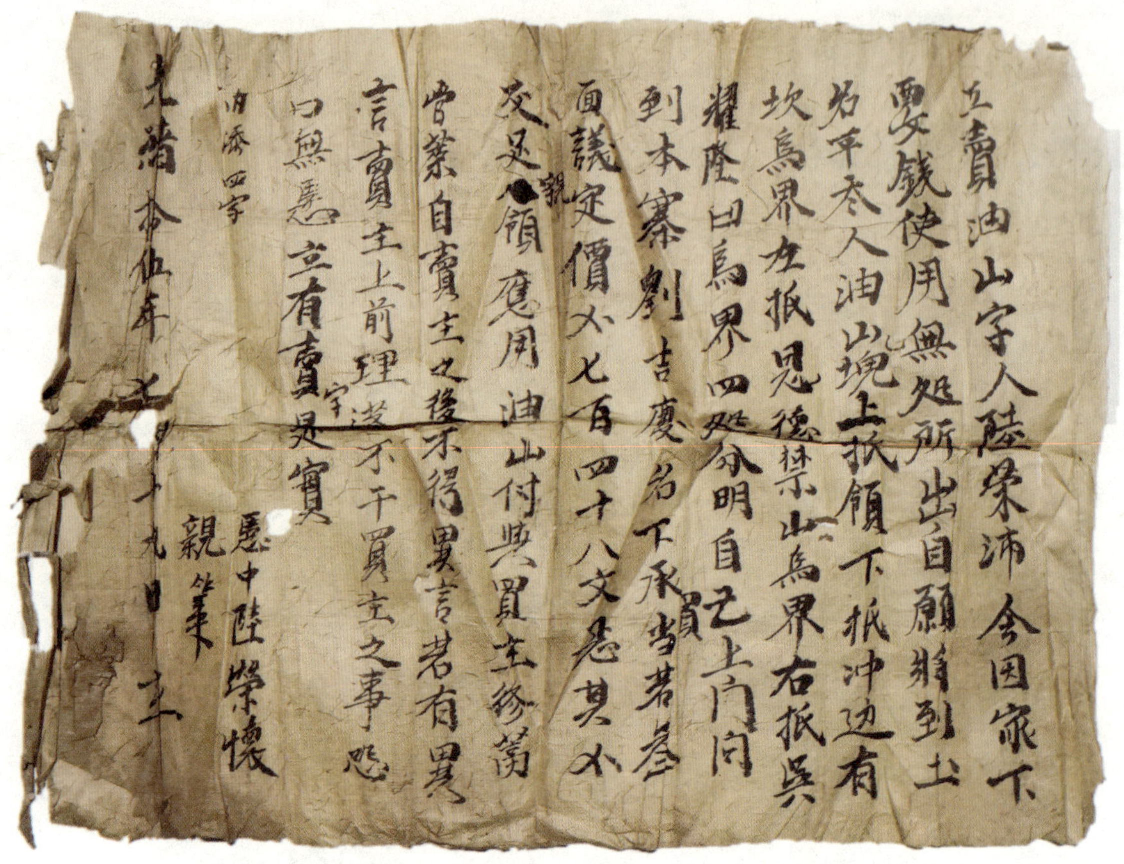

立卖油山字人陆荣沛，今因家下要钱使用，无处所出，自愿将到土名平乔人油山一块，上抵领（岭），下抵冲边有坎为界，左抵恩德禁山为界，右抵吴耀隆凹为界，四处分明，自己上门问到本寨刘吉庆名下承买，当若（日）叁面议定价钱七百四十八文整。其钱交足亲领应用，油山付与买主修蔫管业。自卖之后，不得异言。若有异言，卖主上前理落，不干买主之事。恐口无凭，立有卖字是实。

内添四字

凭中：陆荣怀

亲笔

光绪拾伍年七月十九日立

39. 陆林漠父祖卖田字（光绪二十二年□月十六日）

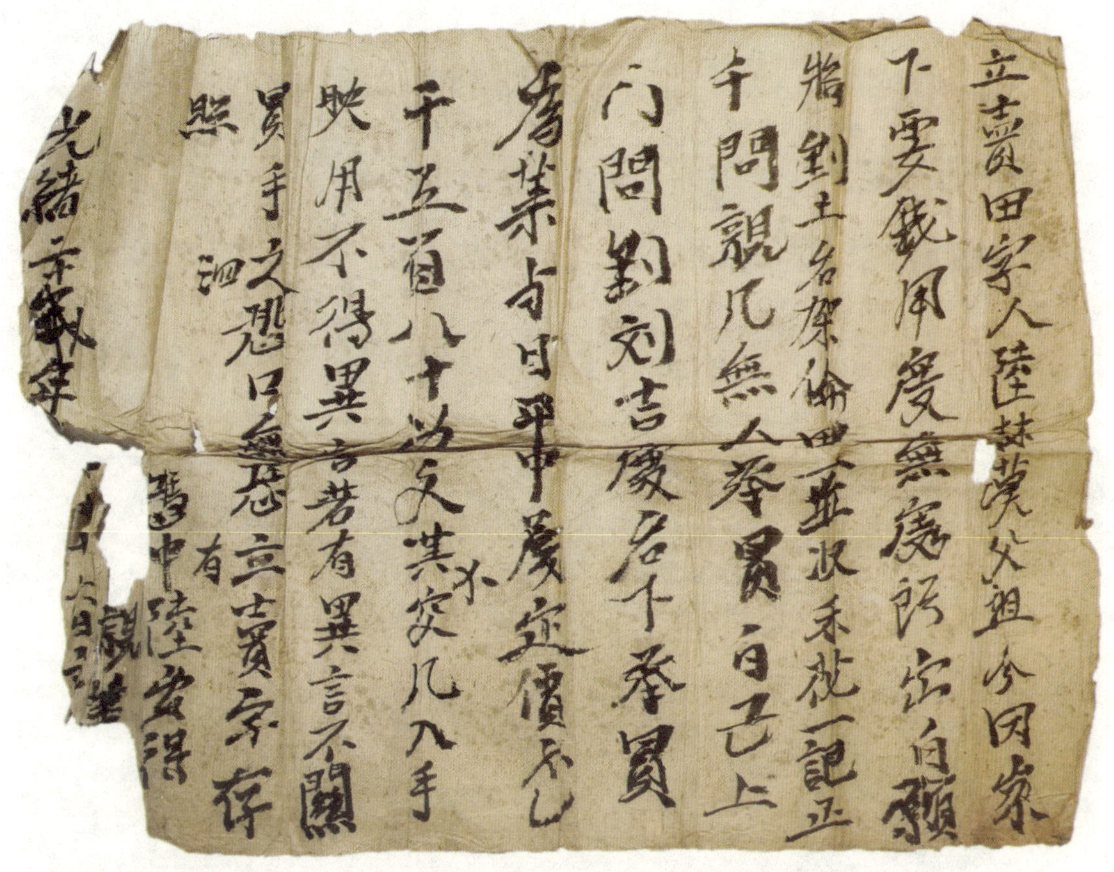

立卖田字人陆林漠父祖，今因家下要钱用度，无处所出，自愿将到土名架伦田一丘，收禾花一把正，千（先）问亲几（族）无人承买，自己上门问到刘吉庆名下承买为业，当日平（凭）中议定价钱一千五百八十□文。其钱交几（足）入手映（应）用，不得异言。若有异言，不关买手之泗（事）。恐口无凭，立有卖字存照。

凭中：陆宏得

亲笔

光绪二十贰年□月十六日立

40. 账单（光绪十八年）

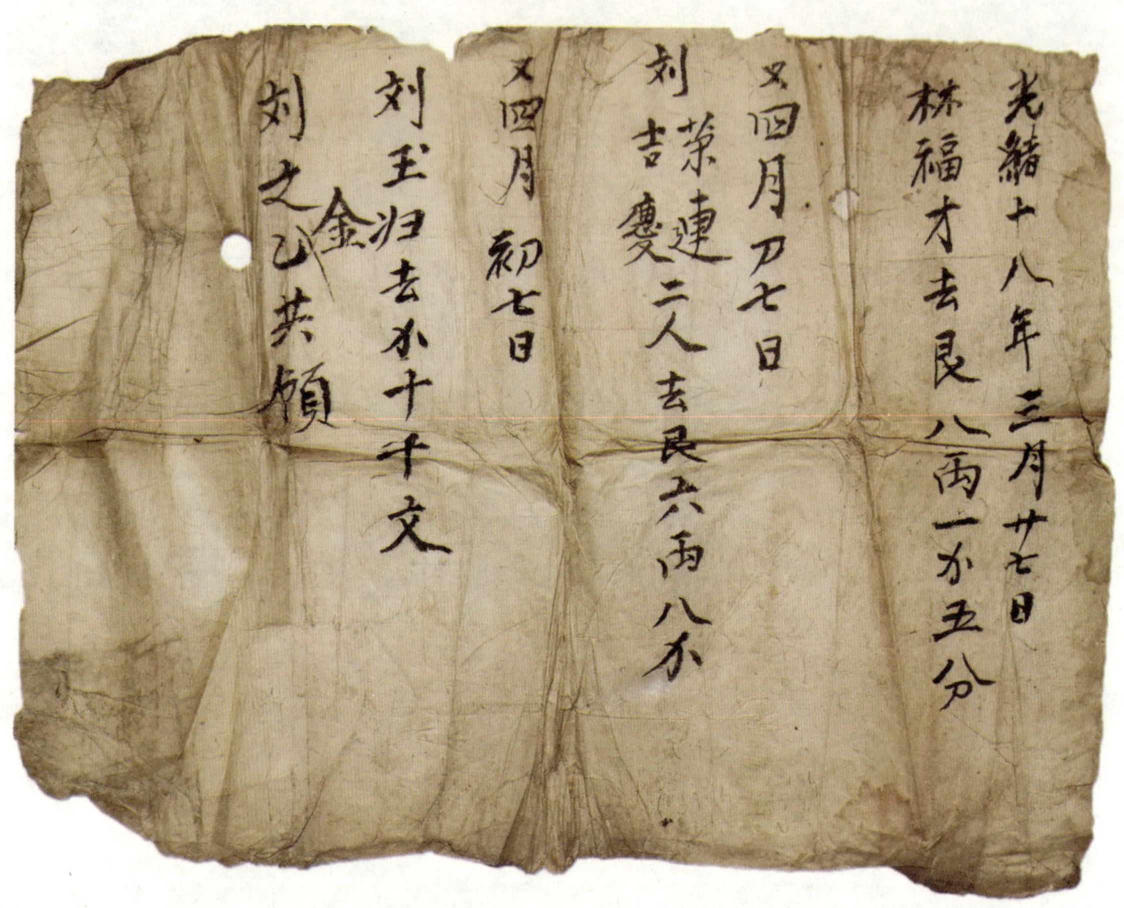

光绪十八年三月廿七日

林福才去银八两一钱五分

又四月初七日

刘荣连、刘吉庆二人去银六两八钱

又四月初七日

刘玉归去钱十千文

刘之金一共领

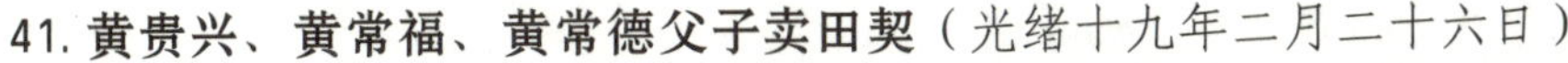

41. 黄贵兴、黄常福、黄常德父子卖田契（光绪十九年二月二十六日）

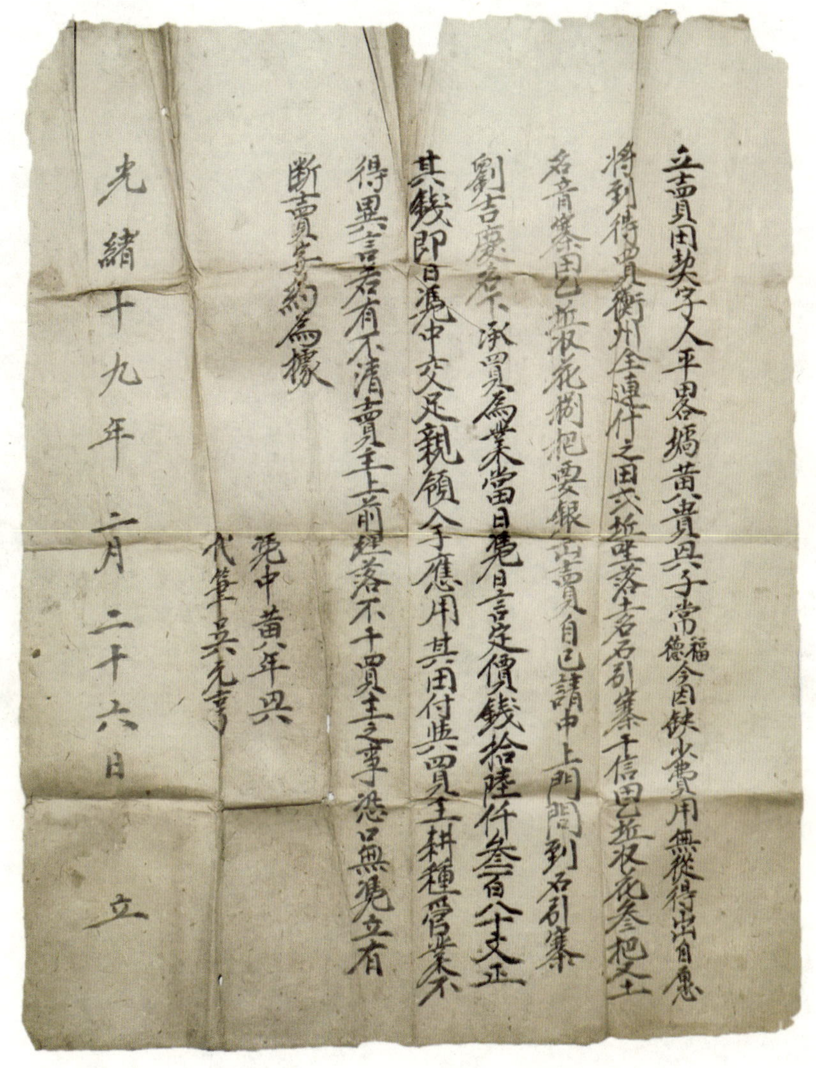

立卖田契字人平略厂（场）黄贵兴、子常福、常德，今因缺少费用，无从得出，自愿将到得买衡州全连什之田贰丘，坐落土名石引寨干信田一丘，收花叁把，又土名音寨田一丘，收花捌把，要银出卖。自己请中上门问到石引寨刘吉庆名下承买为业，当日凭日（中）言定价钱拾陆仟叁百八十文正。其钱即日凭中交足，亲领入手应用，其田付与买主耕种管业，不得异言。若有不清，卖主上前理落，不干买主之事。恐口无凭，立有断卖字约为据。

凭中：黄年兴

代笔：吴元亨

光绪十九年二月二十六日立

42. 全述来兄弟卖契山字（光绪二十年七月十五日）

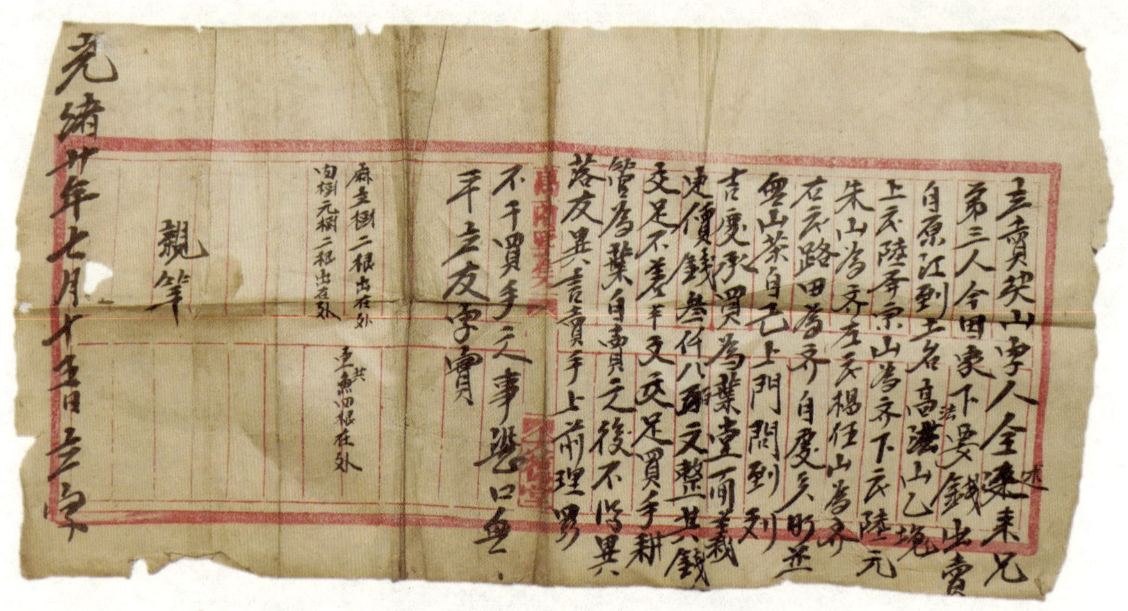

立卖契山字人全述来兄弟三人，今因家下要钱出卖，自原（愿）江（将）到土名高法山一块，上衣（依）陆开宗山为齐，下衣（依）陆元朱山为齐，左衣（依）杨伍山为齐，右衣（依）路田为齐，自度（四至）分明，并无山（掺）茶（杂），自己上门问到刘吉庆承买为业，堂（当）面义（议）定价钱叁仟八百文整。其钱交足，不差半文，交足，［其山］买手耕管为业。自卖之后，不得异［言］。落（若）友（有）异言，卖手上前理落，不干买手之事。恐口无平（凭），立友（有）［卖］字［是］实。

麻立（栗）树二根出在外

内树元树二根出在外，一共鱼（余）四根在外

亲笔

光绪廿年七月十五日立字

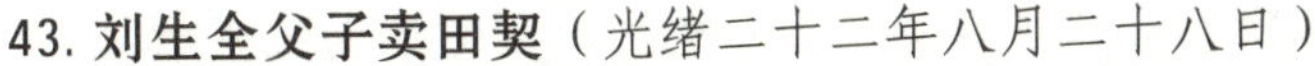

43. 刘生全父子卖田契（光绪二十二年八月二十八日）

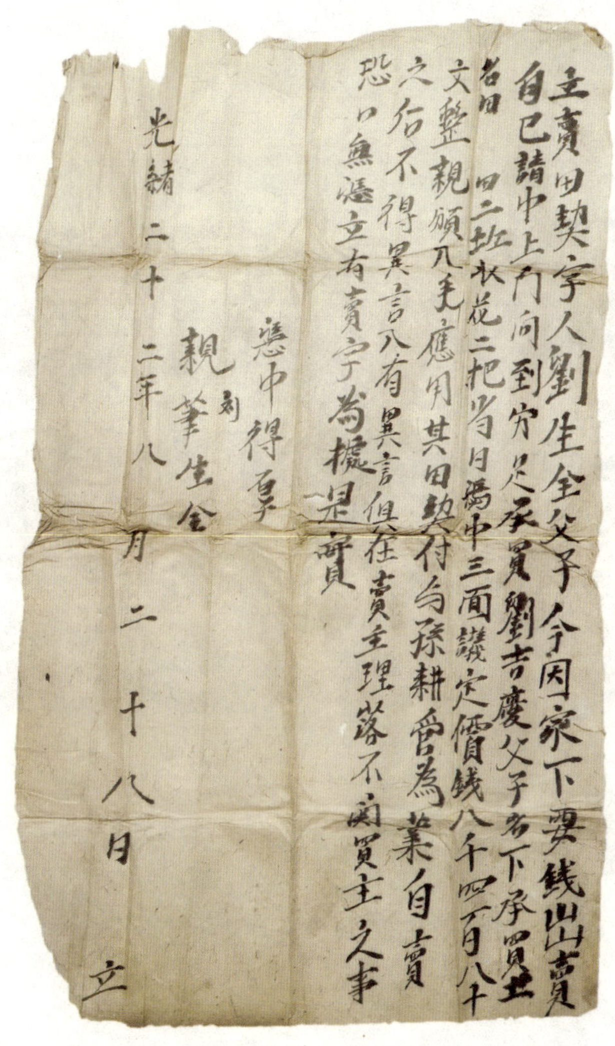

立賣田契字人劉生全父子今因家下要钱出賣
自己請中上門向到宊足承買劉吉慶父子名下承買土
名田　田二坵收花二把当日憑中三面議定價錢八千四百八十
文整親領入手應用其田契付与孫耕管為業自賣
之后不得異言入有異言俱在賣主理落不關買主之事
恐口無憑立有賣字為據是實
憑中得厚
親筆刘生全
光緒二十二年八月二十八日立

立卖田契字人刘生全父子，今因家下要钱出卖。自己请中上门问到家[①]足（族）承买，刘吉庆父子名下承买土名田田二丘，收花二把，当日凭中三面议定价钱八千四百八十文整。［其钱］亲领入手应用，其田契付与［子］孙耕管为业。自卖之后，不得异言。入（若）有异言，俱在卖主理落，不关买主之事。恐口无凭，立有卖字为据是实。

凭中：刘得厚

亲笔：刘生全

光绪二十二年八月二十八日立

---

① 原文“宊”为“家”的异体字。

44. 刘玉全卖地土契（光绪二十四年十月十一日）

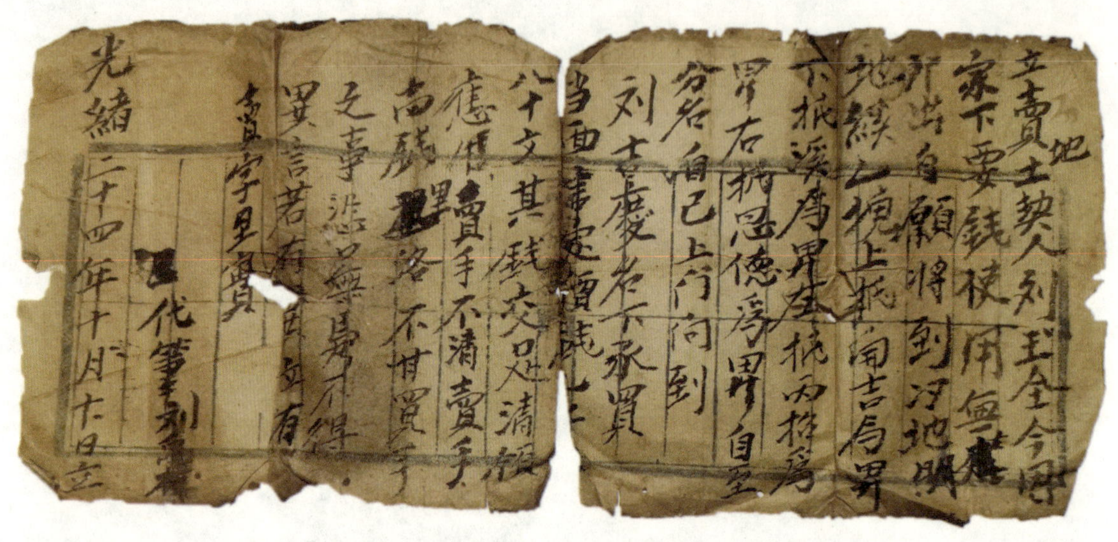

立卖地土契人刘玉全，今因家下要钱使用，无处所出，自愿将到□地明（名）地续一块，上抵开吉为界，下抵溪为界，左抵丙招为界，右抵恩德为界，自（四）至分名（明），自己上门问到刘吉庆名下承买，当面言定价钱一仟［零］八十文。其钱交足清（亲）领应用，买手不清，卖手尚（上）钱（前）里（理）洛（落），不甘（干）买手之事。恐口无凭，不得异言。若有异言，立有卖字是实。

代笔：刘□模

光绪二十四年十月十一日立

45. 刘乔安父子卖山地一股字（光绪二十□年□月二十六日）

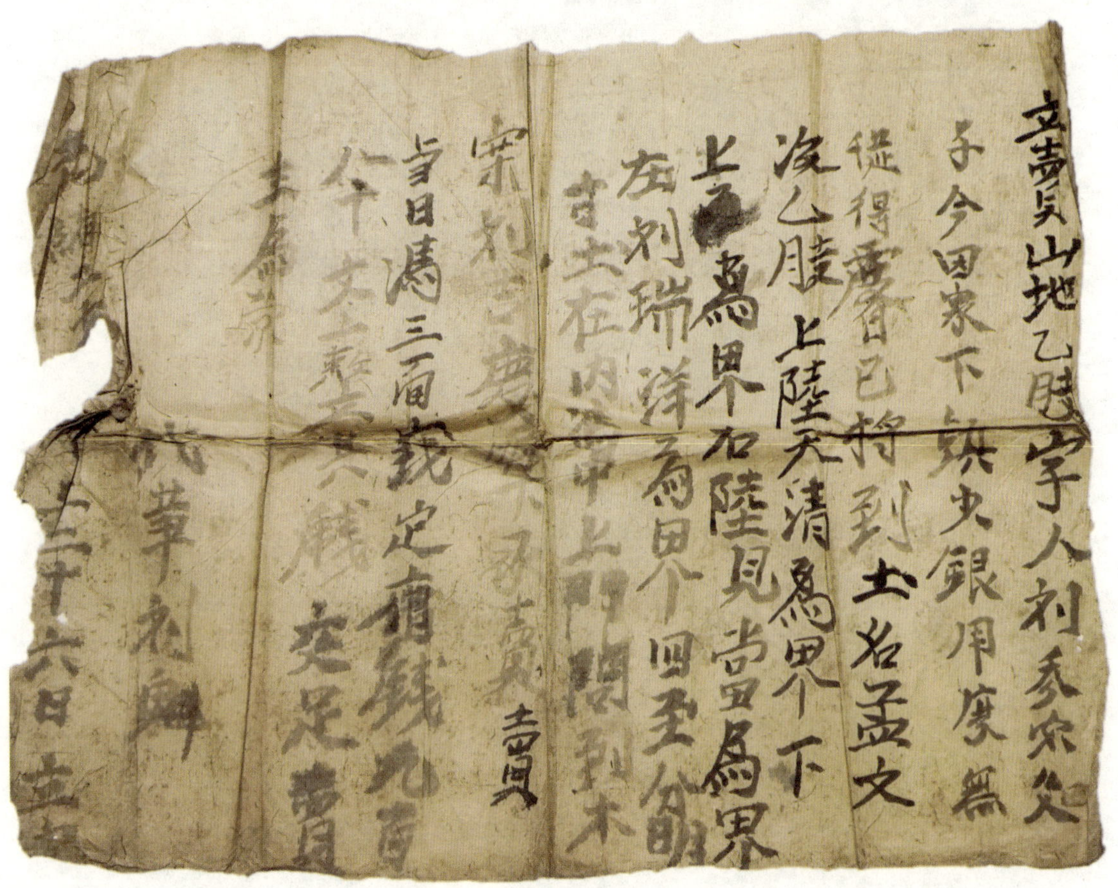

立卖山地一股字人刘乔安父子，今因家下缺少银用度，无从得处，自己将到土名孟文□一股，上［抵］陆天清为界，下上为界，右陆见当为界，左刘瑞洋为界，四至分明，［无他人］寸土在内，凭中上门问到本寨刘吉庆名下承买，当日凭［中］三面议定价钱九百八十文整。其钱交足卖主为□。

代笔：刘魁

光绪二十□年□月二十六日立

46. 王品元、王永灼、王再田等禀稿（宣统二年九月□□□日）

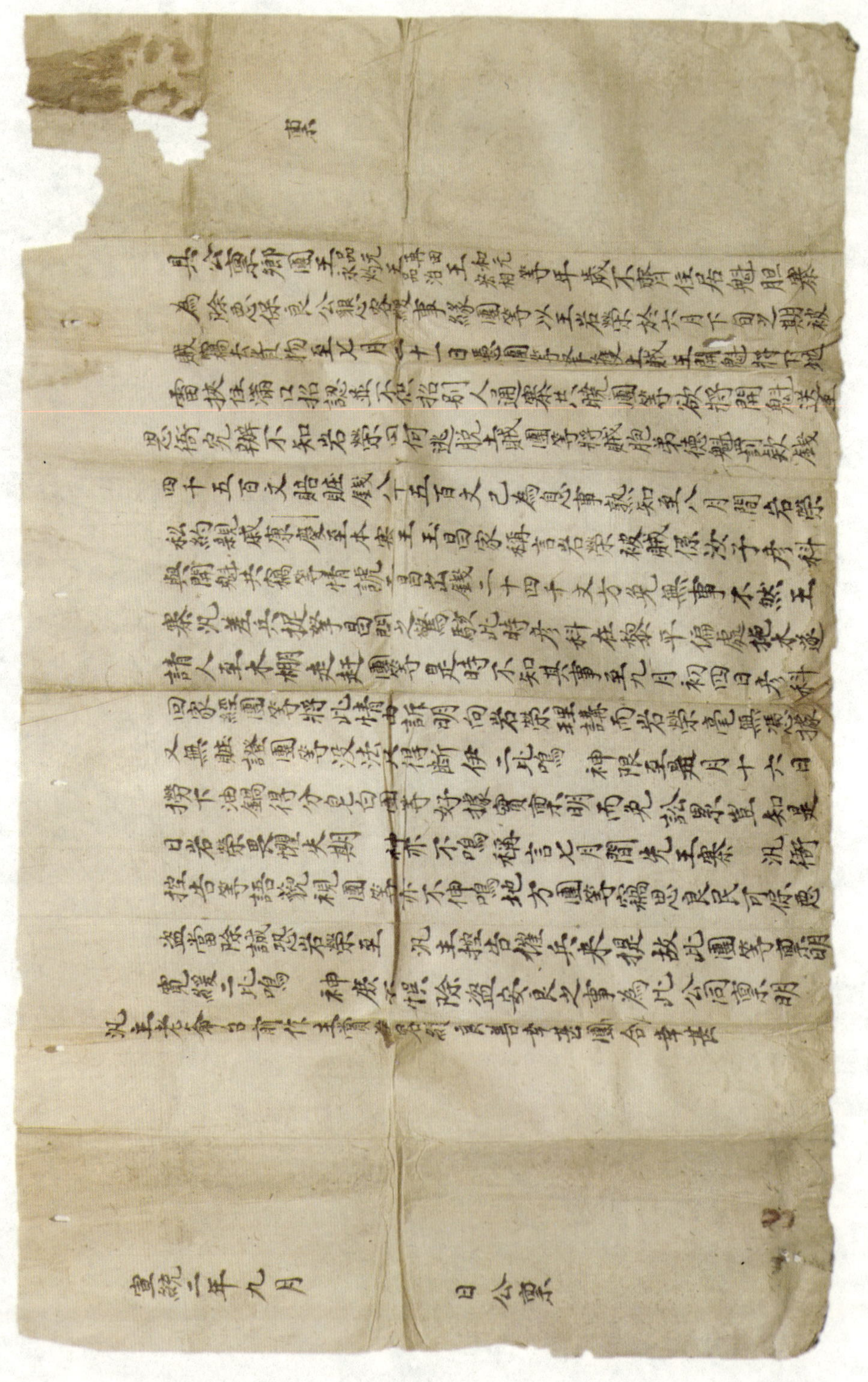

禀

具公禀鄉團王品元、永灼、再田、王和元、岩相等年歲不齊住居[illegible]胆寨
為除惡保良公狠心[illegible]事緣團等以王岩榮於六月下旬之期被
賊搶去牛物至七月二十一日憑團[illegible]主王[illegible]將下地
窩扶住滿以船認非不依船別人退寨[illegible]團等[illegible]將[illegible]
思僑究辦不知岩榮以何詭說主賊團等將賊[illegible]錢
四十五百文賠贓錢八千五百文已為息事孰知至八月間岩榮
私約親戚廖慶至本寨王王昌家編言岩榮被賊係沒于秀科
與開魁共窩等情詐王昌出錢二十四千文方免無事不然王
寨汛差出捉拏昌[illegible]此時秀科在[illegible]平[illegible]
請人至本棚走赴團等見是時不知其事至九月初四日秀科
回家經團等將此情由訴明向岩榮理講而岩榮毫無憑據
又無贓證團等沒法只得斷伊二比鳴神限至是月十六日
撈下油鍋得分皂白因[illegible]好據實審明而免訟累豈知是
日岩榮畏懼失期神亦不鳴稱言七月間[illegible]王寨汛衙
控告等語[illegible]團等亦不伸鳴地方團等竊思良民可保惡
盜當除誠恐岩榮至汛主控告推出來捉拔此團等[illegible]明
[illegible]二比鳴神庶可保除盜安良之事為此公同禀明
汛主老爺台前作主賞[illegible]

宣統二年九月　　日公禀

禀

具公禀乡团王品元、王永灼、王再田、王品治、王和元、王宏相等年岁不齐，住居魁胆寨，为除恶保良公恳容缓事缘。团等以王岩荣于六月下旬之期被贼窃去货物，至七月二十一日凭团等拏获土贼王开魁，将下地雷挟住，满口招认，并不供招别人，通寨共晓。团等欲将开魁送至恩衙究办，不知岩荣因何逃脱土贼，团等将贼胞弟德魁罚款钱四千五百文，赔赃钱八千五百文，已（以）为息事。熟（孰）知至八月间岩荣私约亲戚康庆至本寨王玉昌家，称言岩荣被贼，系汝子彦科与开魁共窃等情，号［玉］昌出钱二十四千文，方免无事，不然王寨汛差兵捉拏。昌开之惊骇。此时彦科在黎平偏处拖木，遂请人至本棚走赶。团等是时不知其事。至九月初四日彦科回家，经团等将此情由诉明，向岩荣理讲。而岩荣毫无凭据，又无赃证。团等没法，只得断伊二比鸣神，限至是月十六日捞下油锅，得分皂白。团等［只］好据实禀明，而免讼累。岂知是日岩荣畏惧失期，神亦不鸣，称言七月间先王寨汛衙控告等语，藐视团等，亦不伸鸣地方。团等窃思，良民可保，恶盗当除。诚恐岩荣至汛主控告，催兵来提。故此，团等禀明宽缓，二比鸣神，庶不误除盗安良之事。为此，公同禀明汛主老爷台前作主，赏准容缓，良善幸甚，团合幸甚。

宣统二年九月□□□日公禀

47. 刘德林、刘德厚父子卖山场地土字（民国二年四月二十七日）

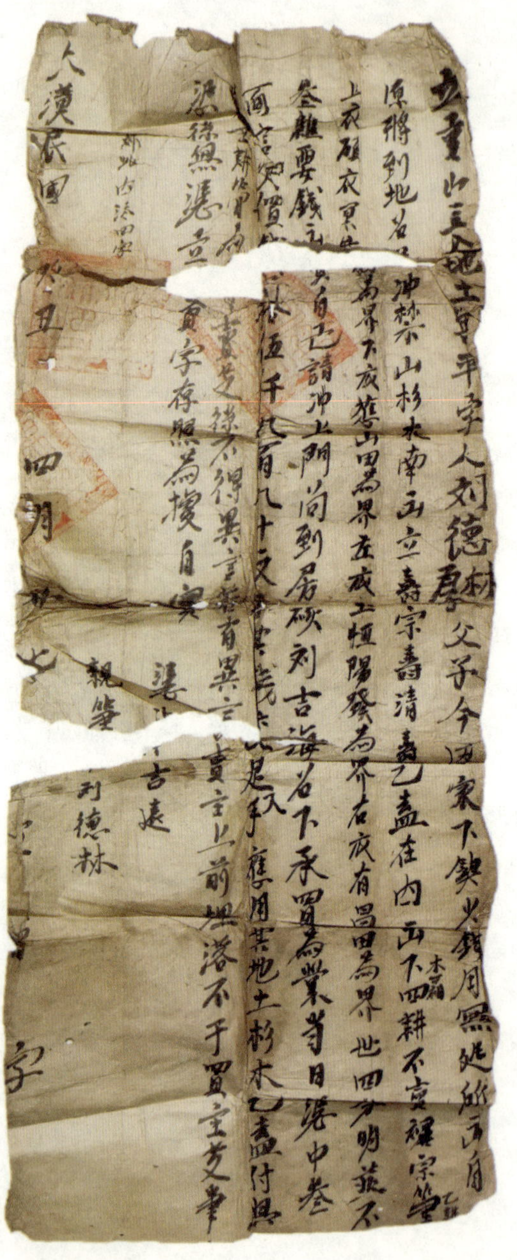

立卖山长（场）地土字□平（坪）字人刘德林、刘德厚父子，今因家下缺少钱用，无处所出，自愿将到地名□冲禁山杉木南出（除）立寿、宗寿、清寿一盖（概）在内，出（除）下木□四耕（根）不卖，禄宗管一耕（根），上衣（依）领（岭）衣□□为界，下衣（依）旧山田为界，左衣（依）工恒阳发为界，右衣（依）有昌田为界，世四（四至）分明，并不叁（掺）杂，要钱出卖。自己请中上门问到房族刘吉海名下承买为业，当日凭中三面言定价钱拾伍仟八百八十文整。其钱交足入手应用，其地土杉木一盖（概）付与买主耕管为业。自卖之后，不得异言。若有异言，卖主上前理落，不干买主芝（之）事。恐后无凭，立有卖字存照为据自（是）实。

外批：内添四字

凭中：［刘］吉远

亲笔：刘德林

大汉民国癸丑四月廿七日立字

48. 王显明售妻字（民国四年十月十八日）

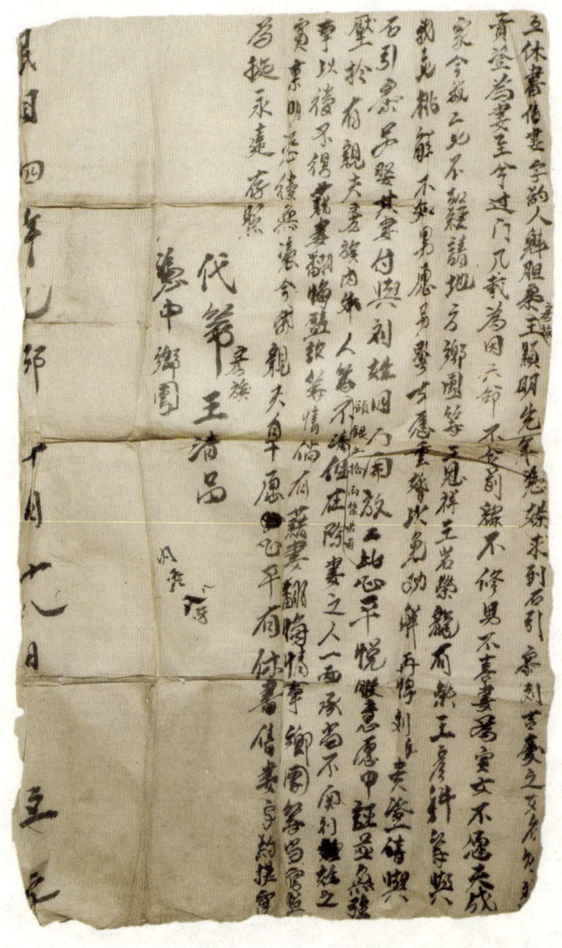

立休书售妻字约人魁胆寨房族王显明，先年凭媒求到石引寨刘吉庆之女名［刘氏］贵登为妻，至今过门几载。为因六命不合，前缘不修，男不喜妻为室，女不愿夫成家，今我二比不如经请地方乡团等王恩祥、王岩荣、龙有荣、王彦科等与我二比排解，不如男愿另娶，女愿重婚，以免劝解，再将刘氏贵登售与石引寨，［男］另娶，其妻付与刘姓四门开放。二比心平悦服意愿，中证并无强压。于有亲夫房族内外人等领银贰拾两整。若有不清，俱在除妻之人一面承当，不关刘姓之事。以后不得借妻翻悔搕诈等情。倘有借妻翻悔情事，乡团等当官照实禀明。恐后无凭，今我亲夫自干（甘）愿心平，有休书售妻字约提实为据，永远存照。

内添八字

代笔：房族王清昌

凭中：乡团

民国四年乙卯十月十八日立字

49. 王坤求售妻字（民国四年十月二十日）

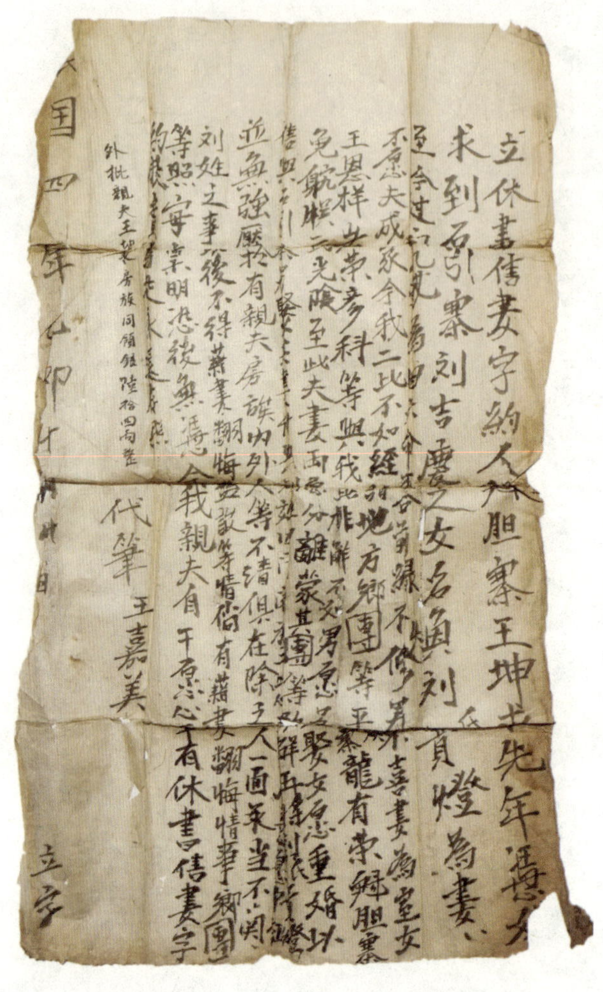

立休书售妻字约人魁胆寨王坤求，先年凭［媒］求到石引寨刘吉庆之女名焕刘氏贵灯为妻，至今过门几载，为因六命不合，前缘不修，男不喜妻为室，女不愿夫成家。今我二比不如经请地方乡团等平秋寨龙有荣、魁胆寨王恩祥、岩荣、彦科等与我［二］比排解。不如男愿另娶，女愿重婚，以免耽误二比光阴。至此夫妻两愿分离。蒙其团等劝解，再将刘氏贵灯售与石引寨另娶……四门开放，二比心甘意愿。中证并无强压。于有亲夫房族内外人等不清，俱在除［妻］之人一面承当，不关刘姓之事。以后不得借妻翻悔搕诈等情。倘有借妻翻悔情事，乡团等照实禀明。恐后无凭，今我亲夫自干（甘）愿心干（甘）有休书售妻字约提实为据永远存照。

外批：亲夫王坤永房族同领银陆拾四两整

代笔：王嘉美

民国四年乙卯十月廿日立字

50. 刘长贵分关字（民国四年十月二十五日）

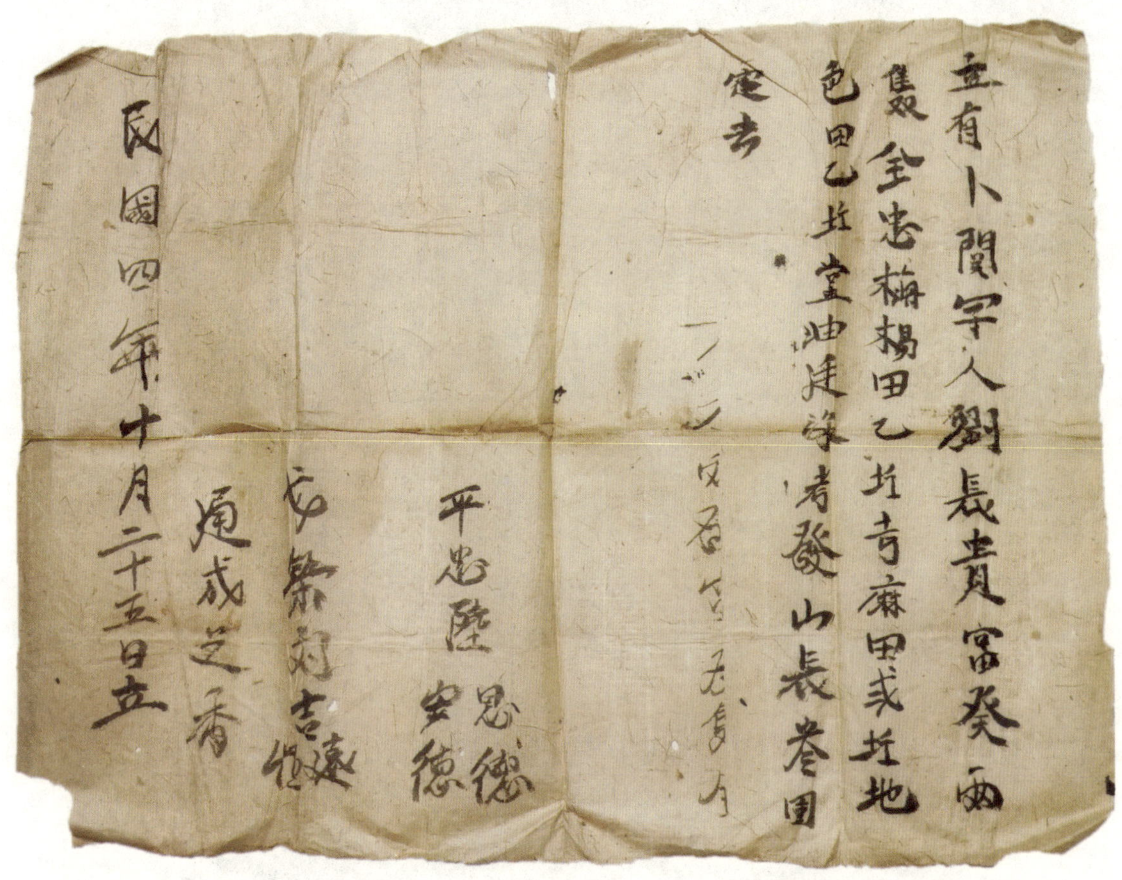

立有分关字人刘长贵、富癸、两双、全忠梅杨田一丘，考麻田贰丘，地色田一丘，堂油廷泳考发山长（场）叁团为去（据）。

……

平忠（凭中）：陆恩德、陆宏德、龙荣、刘吉远、刘吉口、通成之香

民国四年十月二十五日立

51. 刘生全卖园地契（民国十一年闰五月□日）

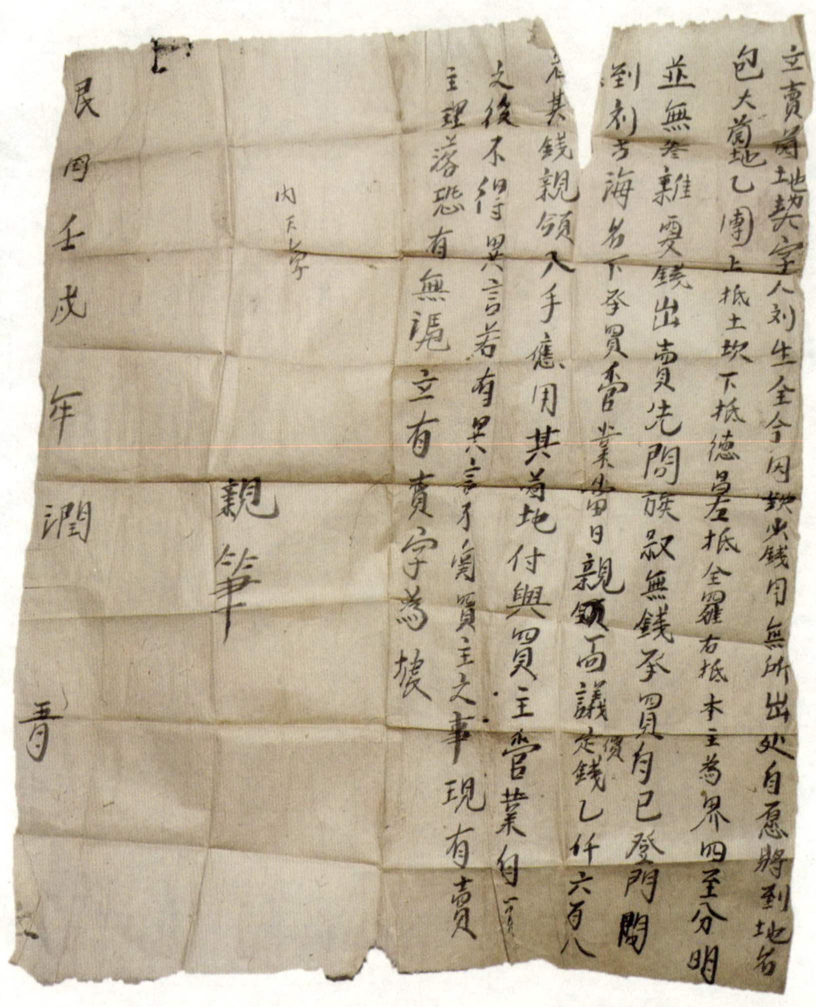

立卖园地契字人刘生全，今因缺少钱用，无所出处，自愿将到地名包大园地一团，上抵土坎，下抵德昌，左抵全罗，右抵本主为界，四至分明，并无参（掺）杂，要钱出卖。先问族叔无钱承买，自己登门问到刘吉海名下承买管业，当日亲面议定价钱一仟六百八［十文整］。其钱亲领入手应用，其园地付与买主管业。自卖之后，不得异言。若有异言，不关买主之事，现有卖主理落。恐有（后）无凭，立有卖字为据。

内天（添）一字

亲笔

民国壬戌年闰五月□日立

52. 刘吉海新买契（民国十二年十二月六日）

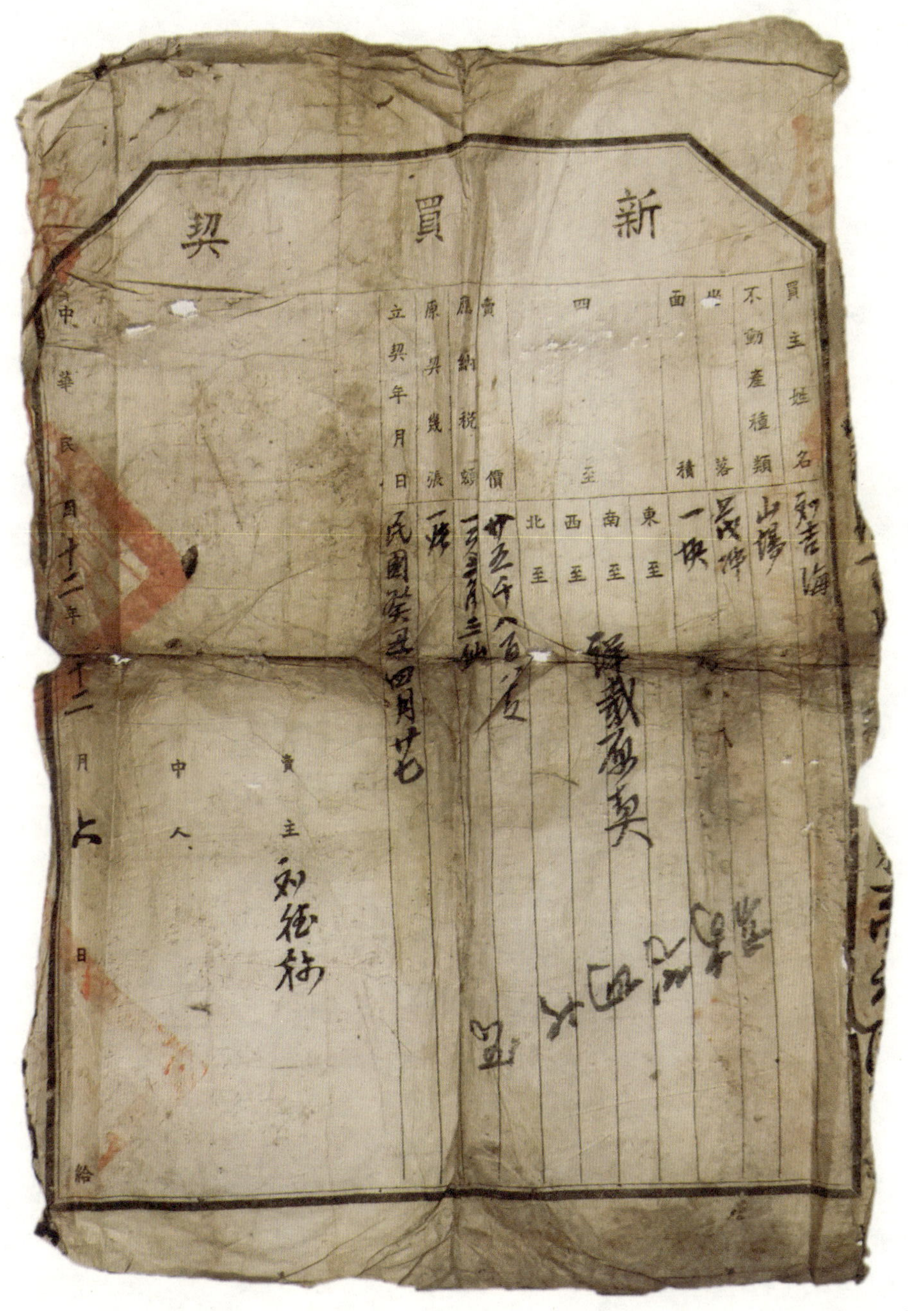

新買契

買主姓名　刘吉海
不動產種類　山場
坐落　茂冲
面積　一块
四至　東至　南至　西至　北至
賣價　廿五千八百
應納稅額　一元三角三仙
原典幾派
立契年月日　民國癸丑四月廿七
賣主　刘德标
中人
中華民國十二年十二月六日給

内容摘要：刘吉海购买茂冲山场一块，价格廿五千八百□□，应纳税额一元三角三仙，民国癸丑四月廿七［日］立契，卖主刘德标，中国民国十二年十二月六日。

53. 刘培全卖田契（民国十九年三月初六日）

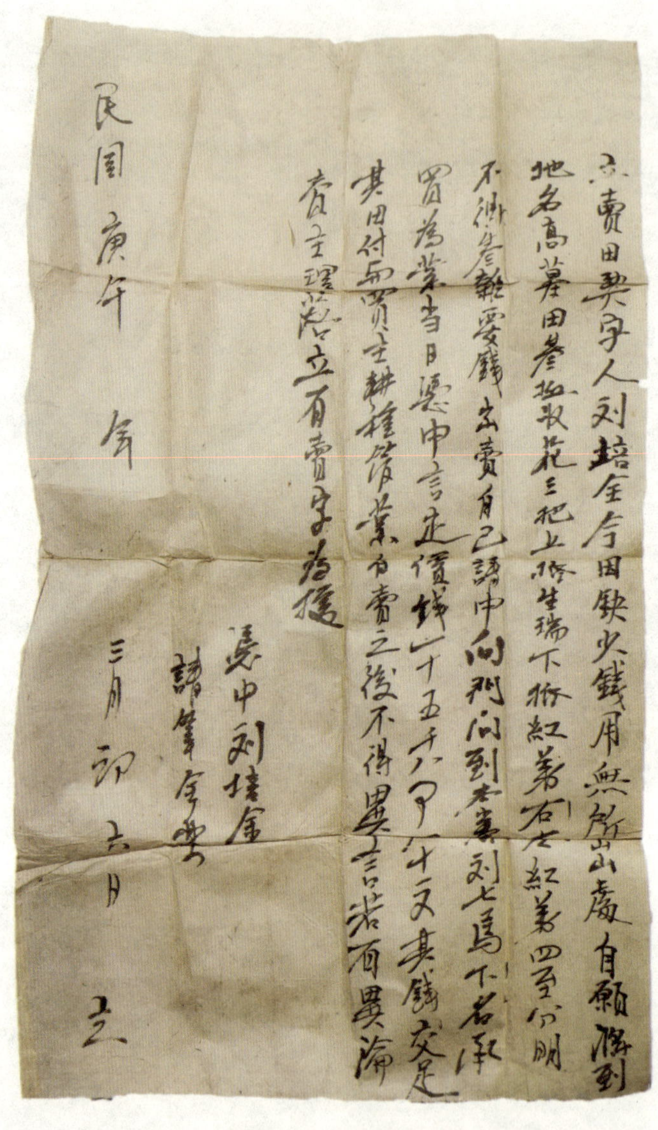

立卖田契字人刘培全，今因缺少钱用，无所出处，自愿将到地名高墓田叁丘，收花三把，上抵生瑞，下抵红弟，左右红弟，四至分明，不得参（掺）杂，要钱出卖。自己请中向（上）门问到本寨刘七马名下承买为业，当日凭中言定价钱一十五千八百八十文。其钱交足，其田付与买主耕种管业。自卖之后，不得异言。若有异论，卖主［上前］理落，立有卖字为据。

凭中：刘培金

请笔：金某

民国庚午年三月初六日立

54. 刘全乐兄弟卖田契（民国十九年三月初六日）

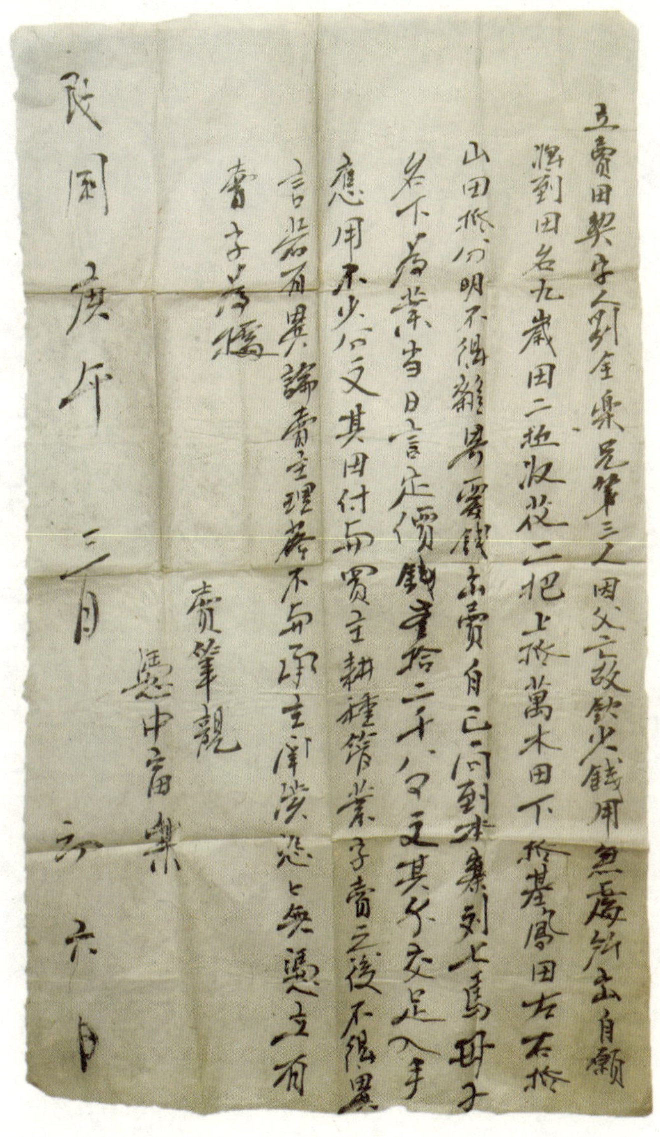

立卖田契字人刘全乐兄弟三人，因父亡故，缺少钱用，无处所出，自愿将到田名九岁田二丘，收花二把，上抵万木田，下抵基凤田，左右抵山，田（四）抵分明，不得杂界，要钱出卖。自己问到本寨刘七马母子名下为业，当日言定价钱壹拾二千八百文。其钱交足入手应用，不少分文，其田付与买主耕种管业。字（自）卖之后，不得异言。若有异论，卖主理落，不与承（买）主关涉。恐口无凭，立有卖字为据。

卖笔亲

凭中：富乐

民国庚午年三月初六日

55. 刘祥弟卖田契（民国二十年十一月二十八日）

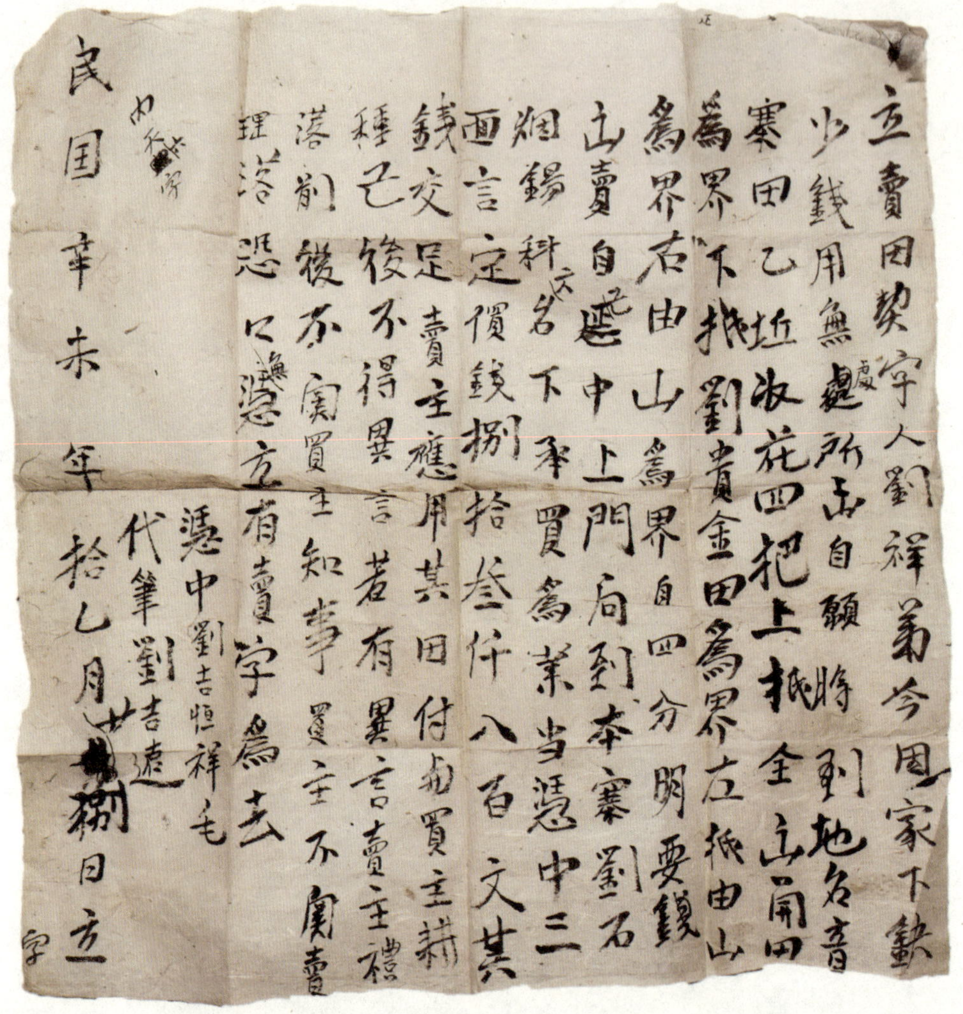

立卖田契字人刘祥弟，今因家下缺少钱用，无处所出，自愿将到地名音寨田一丘，收花四把，上抵全出开田为界，下抵刘贵金田为界，左抵由（油）山为界，右［抵］由（油）山为界，自四（四至）分明，要钱出卖。自己凭中上门问到本寨刘石烟、锡科二人名下承买为业，当［日］凭中三面言定价钱捌拾叁仟八百文。其钱交足卖主应用，其田付与买主耕种，已（以）后不得异言。若有异言，卖主礼（理）落，前后不关买主知（之）事。买主不关，卖［主］理落。恐口无凭，立有卖字为去（据）。

内天（添）六字

凭中：刘吉恒、刘祥毛

代笔：刘吉远

民国辛未年十一月廿捌日立字

56. 陆太三卖山坪字（民国二十三年十月初三日）

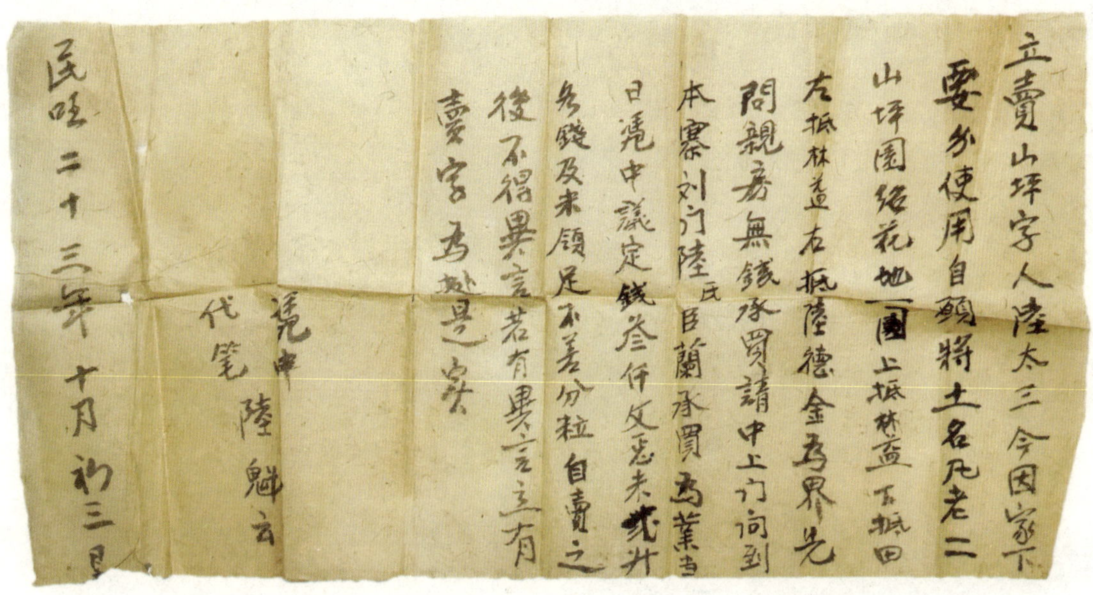

立卖山坪字人陆太三，今因家下要钱使用，自愿将［到］土名凡老二山坪园绍花地一团，上抵林益，下抵田，左抵林益，右抵陆德金为界，先问亲房无钱承买，请中上门问到本寨刘门陆氏臣兰承买为业，当日凭中议定钱叁仟文整，米二升。各钱及米领足，不差分粒（厘），自卖之后，不得异言。若有异言，立有卖字为据是实。

凭中、代笔：陆魁云

民国二十三年十月初三日立

57. 刘培金典田契（民国二十六年正月初七日）

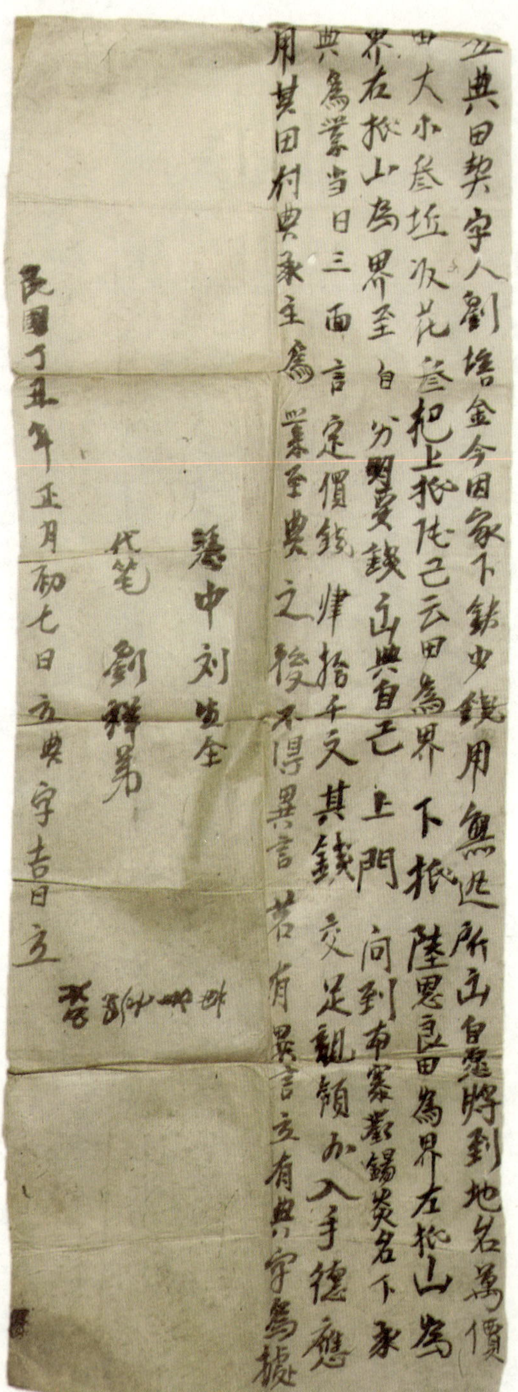

立典田契字人刘培金，今因家下缺少钱用，无处所出，自愿将到地名万价田大小叁丘，收花叁把，上抵陆己云田为界，下抵陆恩良田为界，左抵山为界，右抵山为界，至自（四至）分明，要钱出典。自己上门问到本寨刘锡炎名下承典为业，当日三面言定价钱肆拾千文。其钱交足，亲领钱入手德（得）应用，其田付典承主为业。至（自）典之后，不得异言。若有异言，立有典字为据。

凭中：刘生全

代笔：刘祥弟

民国丁丑年正月初七日立典字吉日立

58. 刘祥瑞卖田契（民国二十六年正月十六日）

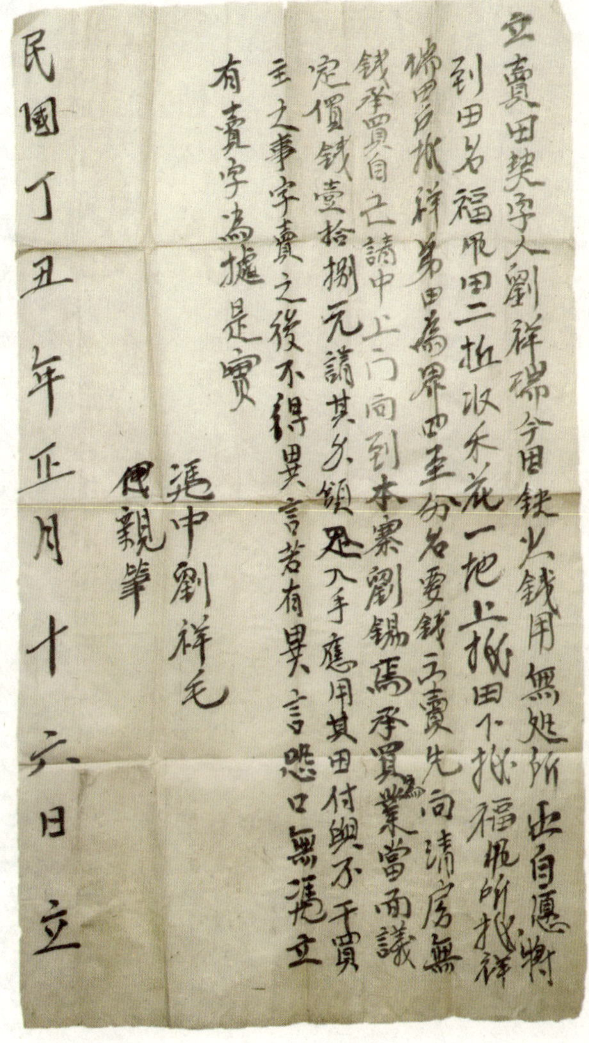
立賣田契字人劉祥瑞今因缺少錢用無處所出自愿將
到田名福風田二丘收禾花一把上抵田下抵福風所抵祥
瑞田右抵祥弟田為界四至分名要錢出賣先向清房無
錢承買自己請中上门向到本寨劉錫焉承買為業當面議
定價錢壹拾捌元請其錢領足入手應用其田付與不干買
主之事字賣之後不得異言若有異言恐口無憑立
有賣字為據是實
憑中劉祥毛
親筆
民國丁丑年正月十六日立

立卖田契字人刘祥瑞，今因缺少钱用，无处所出，自愿将到田名福风田二丘，收禾花一把。上抵田，下抵福风，所（左）抵祥瑞田，右抵祥弟田为界，四至分名（明），要钱出卖。先向清（亲）房无钱承买，自己请中上门问到本寨刘锡焉承买为业，当面议定价钱壹拾捌元请（整）。其钱领足入手应用，其田付与［买主管业］，不干买主之事。字（自）卖之后，不得异言。若有异言，恐口无凭，立有卖字为据是实。

凭中：刘祥毛

亲笔

民国丁丑年正月十六日立

59. 刘生全、刘耀远、刘祥弟等卖杉木字（民国三十六年九月二十六日）

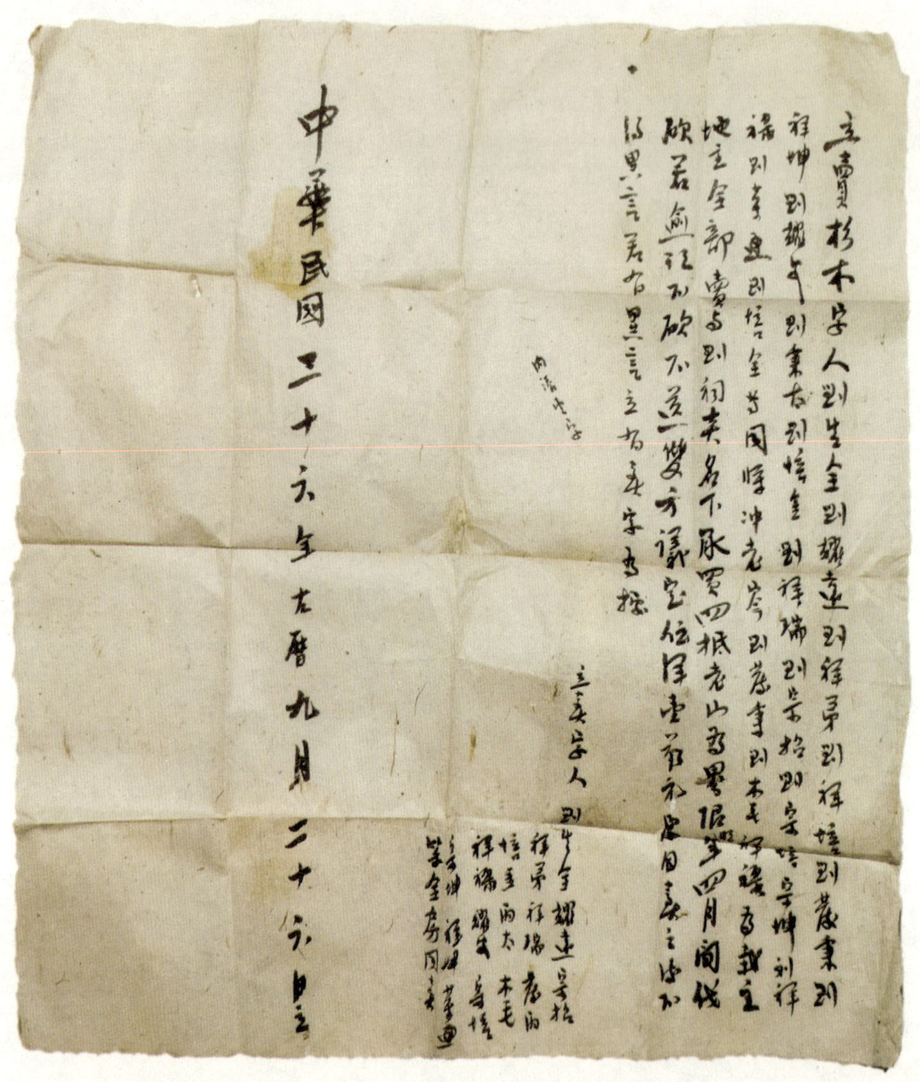

立卖杉木字人刘生全、刘耀远、刘祥弟、刘祥培、刘发秉、刘祥坤、刘耀文、刘秉太、刘培金、刘祥瑞、刘宗招、刘宗培、宗坤、刘祥禄、刘□□、刘培全等同将冲老岑，刘茂秉、刘木毛、祥禄为栽主，地主全部卖与刘祠炎名下承买，四抵老山为界，限明年四月间伐砍，若逾期不砍不送，双方议定价洋壹万元整。自卖之后，不得异言。若有异言，立有卖字为据。

内添一字

立卖字人：刘生全、耀远、宗招、祥弟、祥瑞、发丙、培金、丙太、木毛、祥禄、瑞安、宗培、宗坤、祥坤、□□等全房同卖

中华民国三十六年古历九月二十六日立

60. 陆根落卖田契（民国二十六年十月初一日）

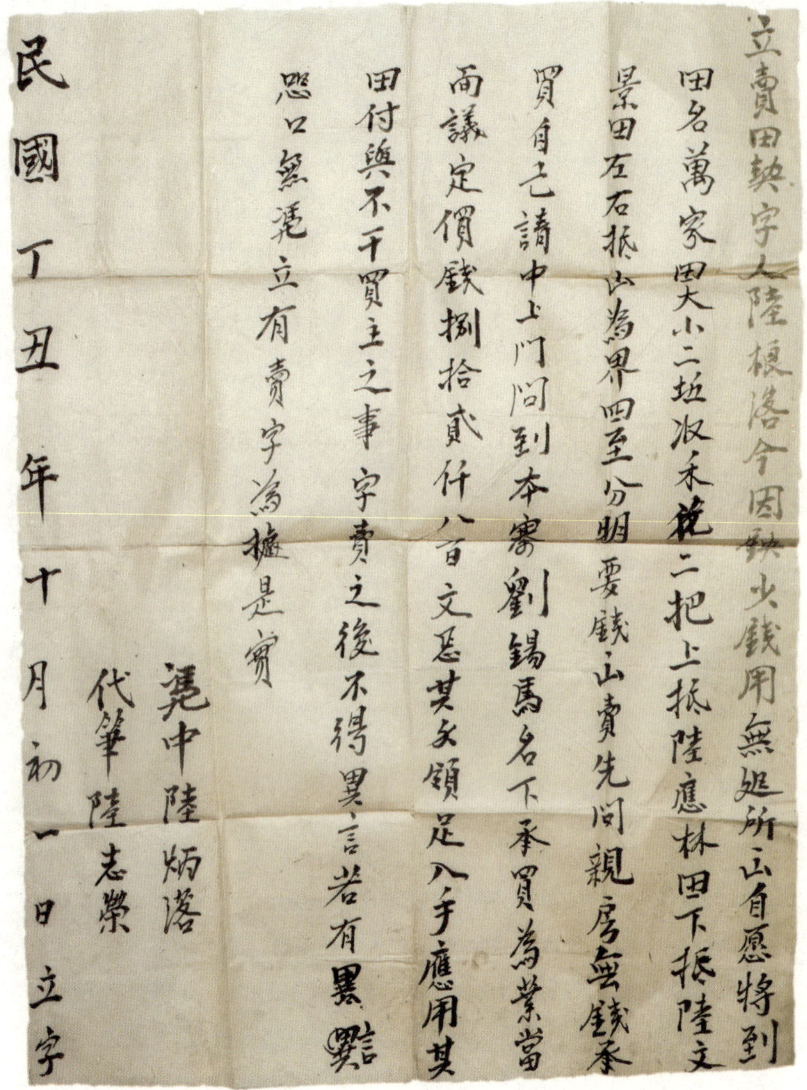

立賣田契字人陸根落今因缺少錢用無処所出自愿將到
田名萬家田大小二坵收禾花二把上抵陸應林田下抵陸文
景田左右抵山為界四至分明要錢出賣先問親房無錢承
買自己請中上门問到本寨劉錫焉名下承買為業當
面議定價錢捌拾貳仟八百文整其錢領足入手應用其
田付與不干買主之事字賣之後不得異言若有異言
恐口無憑立有賣字為據是實
憑中陸炳落
代筆陸志榮
民國丁丑年十月初一日立字

立卖田契字人陆根落，今因缺少钱用，无处所出，自愿将到田名万家田大小二丘，收禾花二把，上抵陆应林田，下抵陆文景田，左右抵山为界，四至分明，要钱出卖。先问亲房无钱承买，自己请中上门问到本寨刘锡焉名下承买为业，当面议定价钱捌拾贰仟八百文整。其钱领足入手应用，其田付与［买主耕种管业］，不干买主之事。字（自）卖之后，不得异言。若有异言，恐口无凭，立有卖字为据是实。

凭中：陆炳落

代笔：陆志荣

民国丁丑年十月初一日立字

61. 陆根落卖田契（民国二十六年十月初一日）

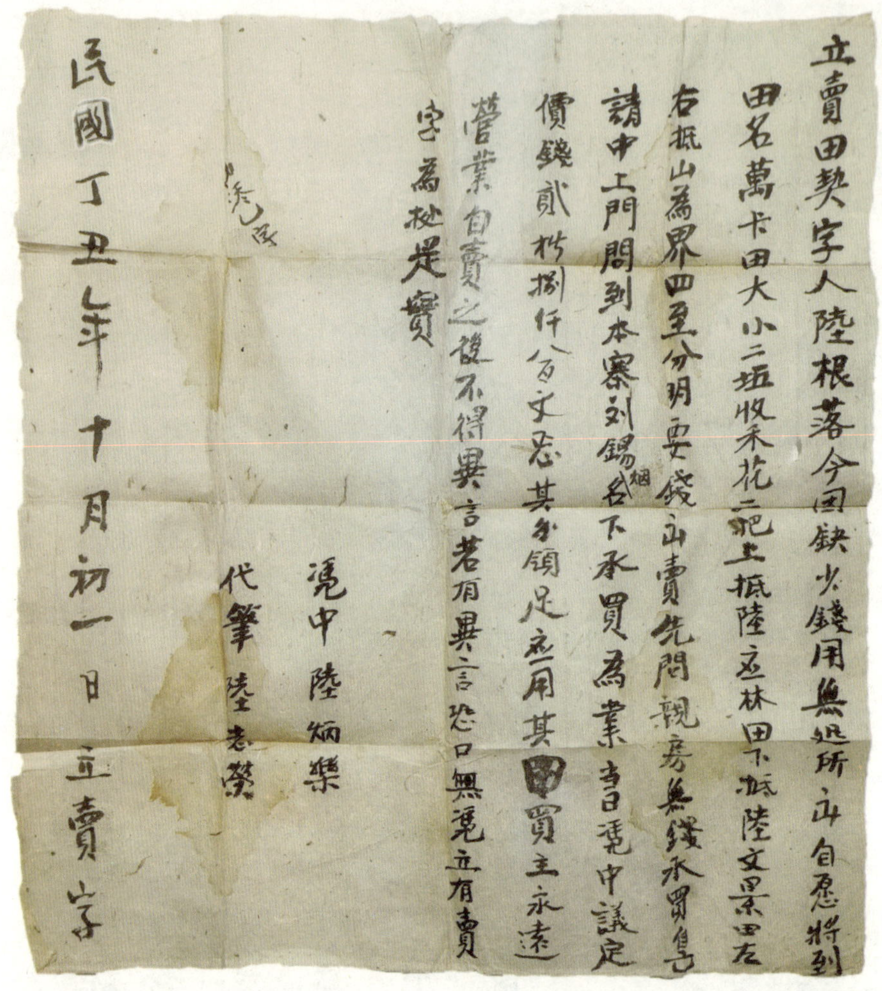

立卖田契字人陆根落，今因缺少钱用，无处所出，自愿将到田名万卡田大小二丘，收禾花二把，上抵陆应林田，下抵陆文景田，左右抵山为界，四至分明，要钱出卖。先问亲房无钱承买，自己请中上门问到本寨刘锡烟名下承买为业，当日凭中议定价钱贰拾捌仟八百文整。其钱领足应用，其田买主永远管业。自卖之后，不得异言。若有异言，恐口无凭，立有卖字为据是实。

内添一字

凭中：陆炳乐

代笔：陆志荣

民国丁丑年十月初一日立卖字

62. 陆庚乐典田契（民国二十七年九月十九日）

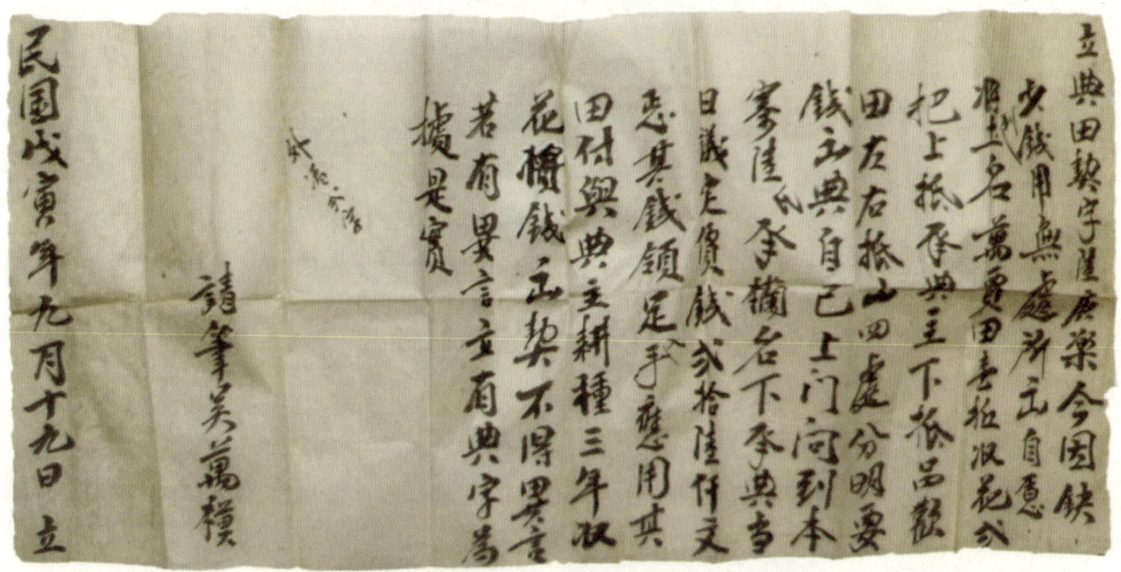

立典田契字陆庚乐，今因缺少钱用，无处所出，自愿将到土名万贾田一丘，收花二把，上抵承典主，下抵昌欢田，左右抵山，四处分明，要钱出典。自己上门问到本寨陆氏承栏名下承典，当日议定价钱贰拾陆仟文整。其钱领足入手应用，其田付与典主耕种三年收花。将钱出契，不得异言。若有异言，立有典字为据是实。

外添二字

请笔：吴万模

民国戊寅年九月十九日立

63. 刘荣标送兵收据（民国二十九年六月二十一日）

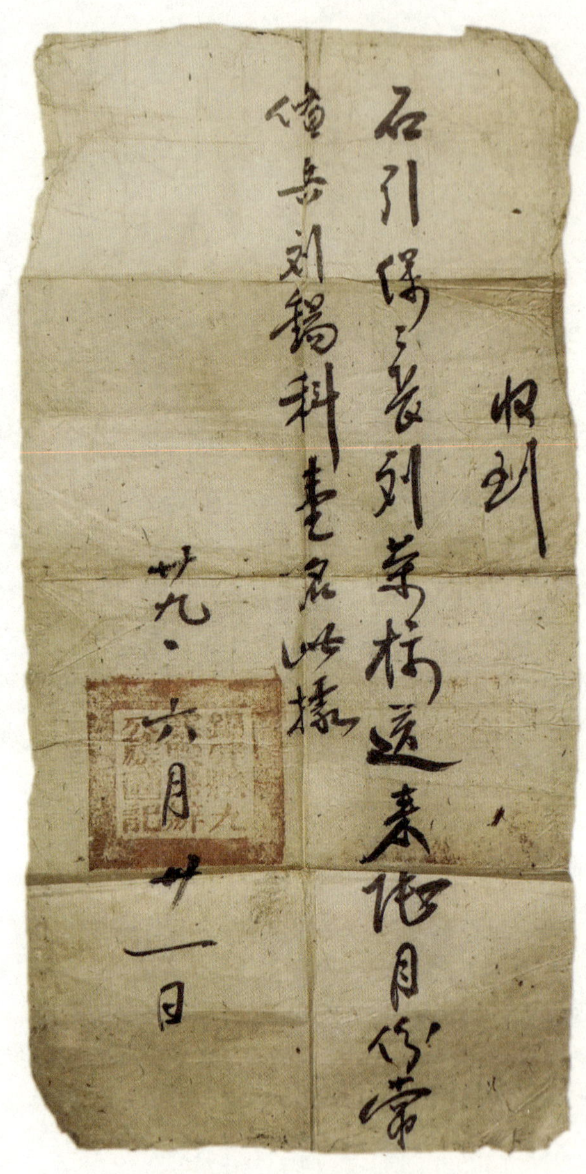

收到
石引保長劉荣标送来陆月份常
備兵刘锡科壹名此据
廿九、六月廿一日

收到

石引保长刘荣标送来陆月份常备兵刘锡科一名。此据。

廿九年六月廿一日

64. 陆文锡卖田契（民国二十九年十二月十五日）

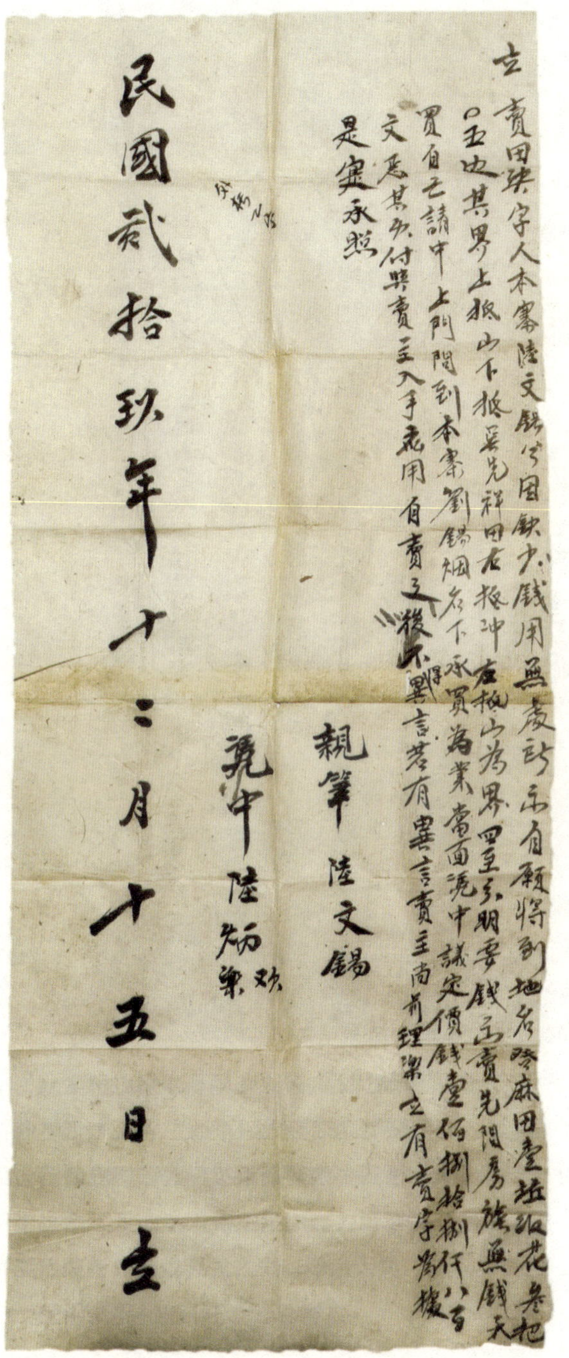

立卖田契字人本寨陆文锡，今因缺少钱用，无处所出，自愿将到地名登麻田壹丘，收花叁把〇（零）五边，其界上抵山，下抵吴先祥田，右抵冲，左抵山为界，四至分明，要钱出卖。先问房族无钱承买，自己请中上门问到本寨刘锡烟名下承买为业，当面凭中议定价钱壹佰捌拾捌仟八百文整。其钱付与卖主入手应用，自卖之后，不得异言。若有异言，卖主尚（上）前理乐（落）。立有卖字为据是实承（存）照。

外添一字

亲笔：陆文锡

凭中：陆炳欢、陆炳乐

民国二十九年十二月十五日立

65. 陆文锡卖田契（民国二十九年十二月十五日）

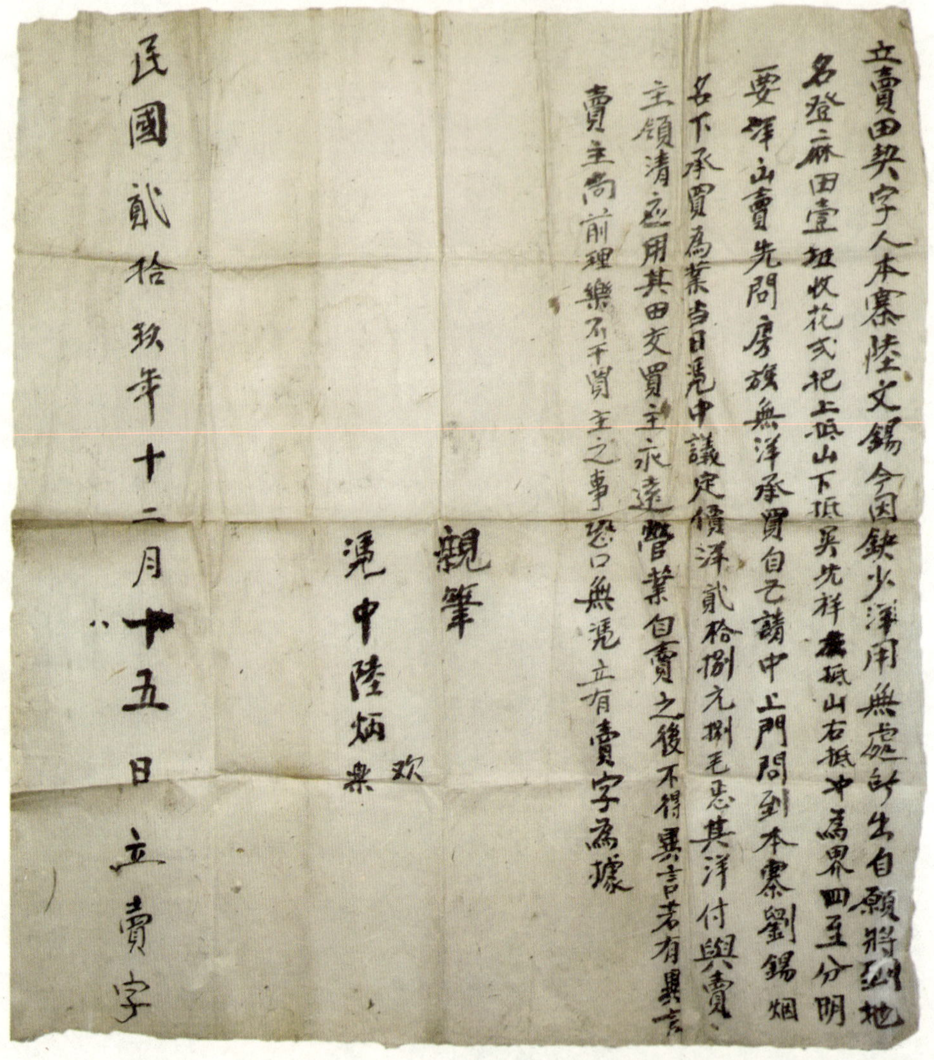
立賣田契字人本寨陸文錫今因缺少洋用無處所出自願將到地
名登麻田壹坵收花貳把上抵山下抵吳先祥左抵山右抵冲為界四至分明
要洋出賣先問房族無洋承買自己請中上門問到本寨劉錫烟
名下承買為業當日憑中議定價洋貳拾捌元捌毛整其洋付與賣
主領清應用其田交買主永遠管業自賣之後不得異言若有異言
賣主尚前理樂不干買主之事恐口無憑立有賣字為據
親筆
憑中陸炳欢 樂
民國貳拾玖年十二月十五日立賣字

立卖田契字人本寨陆文锡，今因缺少洋用，无处所出，自愿将到地名登麻田壹丘，收花贰把，上抵山，下抵吴先祥，左抵山，右抵冲为界，四至分明，要洋出卖。先问房族无洋承买，自己请中上门问到本寨刘锡烟名下承买为业，当日凭中议定价洋贰拾捌元捌毛整。其洋付与卖主领清应用，其田交买主永远管业。自卖之后，不得异言。若有异言，卖主尚（上）前理乐（落），不干买主之事。恐口无凭，立有卖字为据。

亲笔

凭中：陆炳欢、陆炳乐

民国二十九年十二月十五日立卖字

66. 陆森克卖田契（民国二十九年十二月十六日）

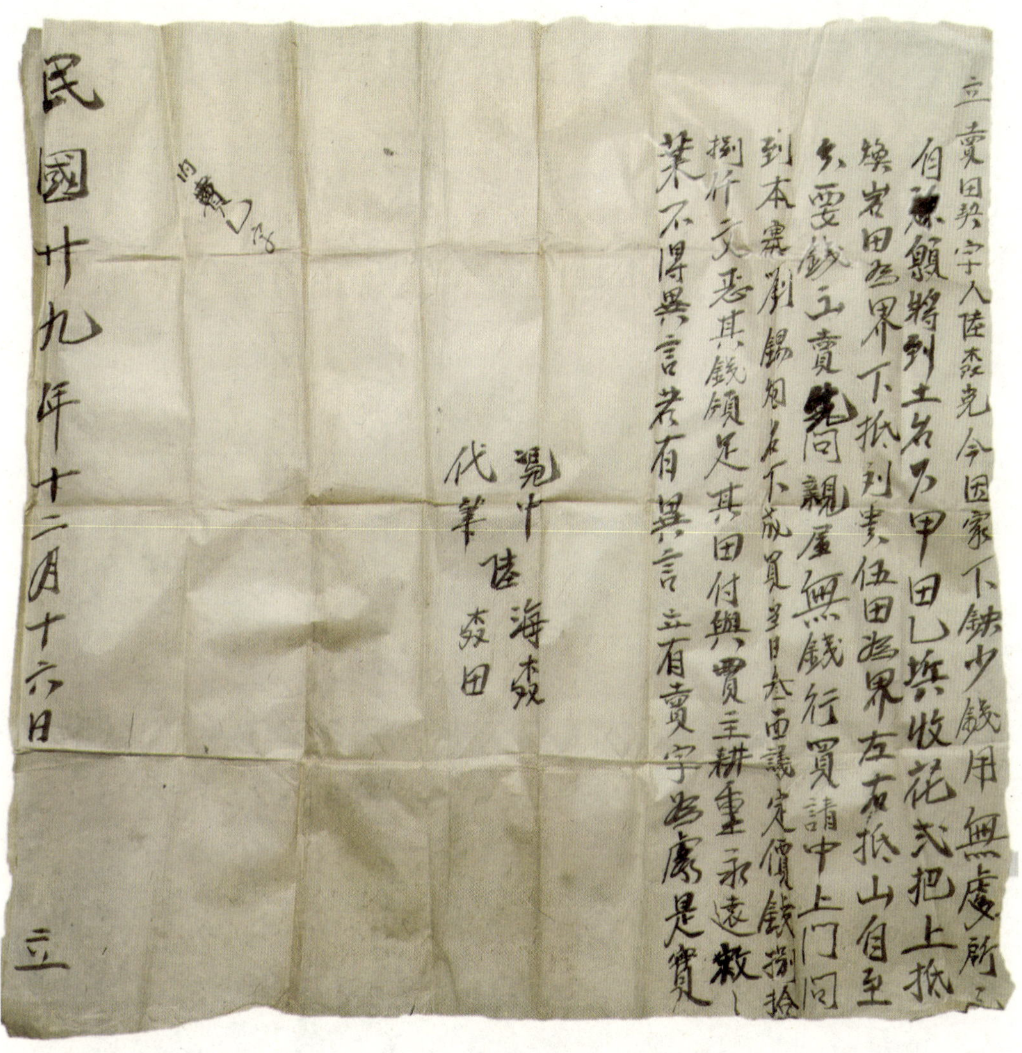

立卖田契字人陆森克，今因缺少钱用，无处所出，自愿将到土名万甲田一丘，收花贰把，上抵焕岩田为界，下抵刘贵伍田为界，左右抵山，自（四）至分［明］，要钱出卖。先问亲屋无钱行买，请中上门问到本寨刘锡烟名下成（承）买，当日叁面议定价钱捌拾捌仟文整。其钱领足，其田付与买主耕重（种）永远款（管）业。不得异言。若有异言，立有卖字为据是实。

内读（涂）一字

凭中：陆海森

代笔：陆森田

民国廿九年十二月十六日立

67. 陆生党卖田契（民国二十九年十二月十六日）

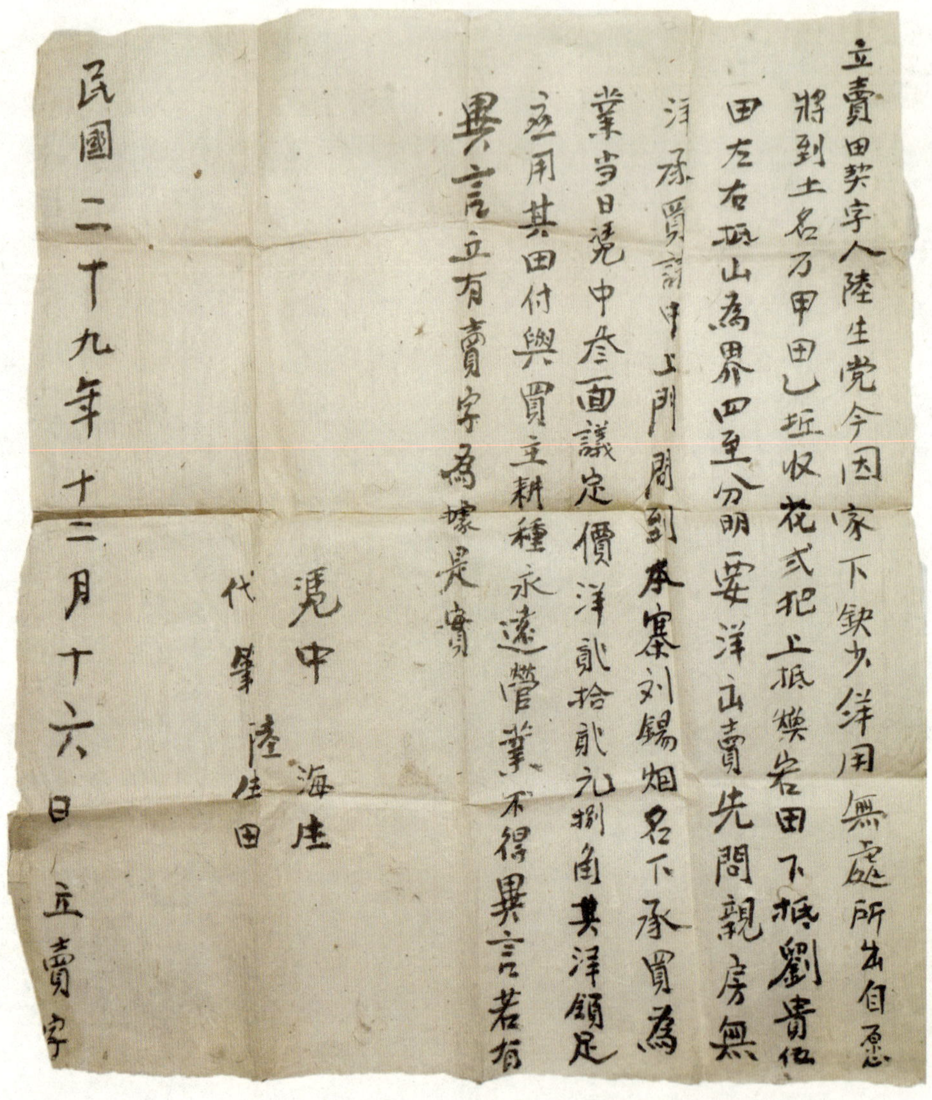
立賣田契字人陸生党今因家下缺少洋用無處所出自愿
將到土名万甲田乚坵收花式把上抵燥岩田下抵劉貴伍
田左右抵山為界四至分明要洋出賣先問親房無
洋承買請中上門問到本寨刘錫烟名下承買為
業当日凭中叁面議定價洋貳拾貳元捌角其洋領足
应用其田付與買主耕種永遠管業不得異言若有
異言立有賣字為據是實
凭中 陸海生
代筆 陸生田
民國二十九年十二月十六日立賣字

立卖田契字人陆生党，今因家下缺少洋用，无处所出，自愿将到土名万甲田一丘，收花贰把，上抵焕岩田，下抵刘贵伍田，左右抵山为界，四至分明，要洋出卖。先问亲房无洋承买，请中上门问到本寨刘锡烟名下承买为业，当日凭中叁面议定价洋贰拾贰元捌角。其洋领足应用，其田付与买主耕种永远管业。不得异言。若有异言，立有卖字为据是实。

凭中：陆海生

代笔：陆生田

民国二十九年十二月十六日立卖字

68. 陆来根典田契（民国三十一年三月十四日）

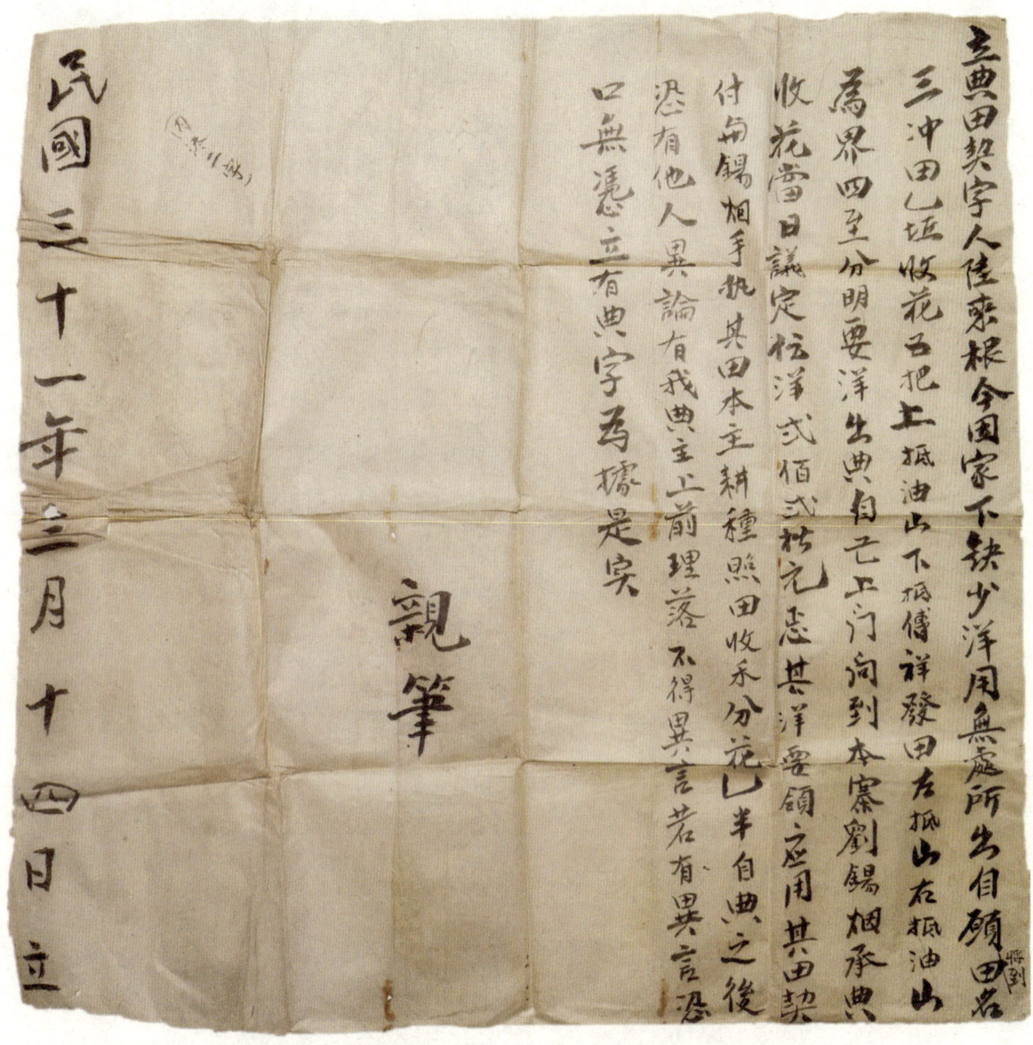

立典田契字人陆来根，今因家下缺少洋用，无处所出，自愿将到田名三冲田一丘，收花五把，上抵油山，下抵傅祥发田，左抵山，右抵油山为界，四至分明，要洋出典。自己上门问到本寨刘锡烟承典收花，当日议定价洋贰佰贰拾元整。其洋要领应用，其田契付与锡烟手执，其田本主耕种，照田收禾分花一半。自典之后，恐有他人异论，有（由）我典主上前理落。不得异言。若有异言，恐口无凭，立有典字为据是实。

内添二字

亲笔

民国三十一年三月十四日立

69. 刘宽乐卖田契（民国三十三年二月二十六日）

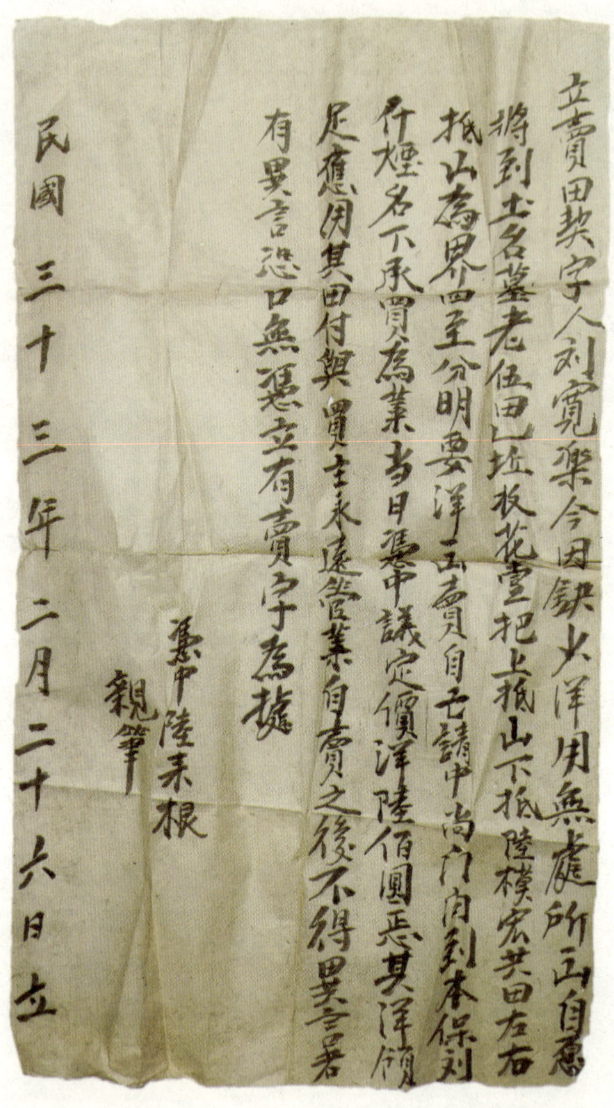

立卖田契字人刘宽乐，今因缺少洋用，无处所出，自愿将到土名墓老伍田壹丘，收花壹把，上抵山，下抵陆模宏共田，左右抵山为界，四至分明，要洋出卖。自己请中尚（上）门问到本保刘什烟名下承买为业，当日凭中议定价洋陆佰圆整。其洋领足应用，其田付与买主永远管业。自卖之后，不得异言。若有异言，恐口无凭，立有卖字为据。

凭中：陆来根

亲笔

民国三十三年二月二十六日立

70. 刘木毛、刘木官、刘祥禄卖田契（民国三十三年十二月初五日）

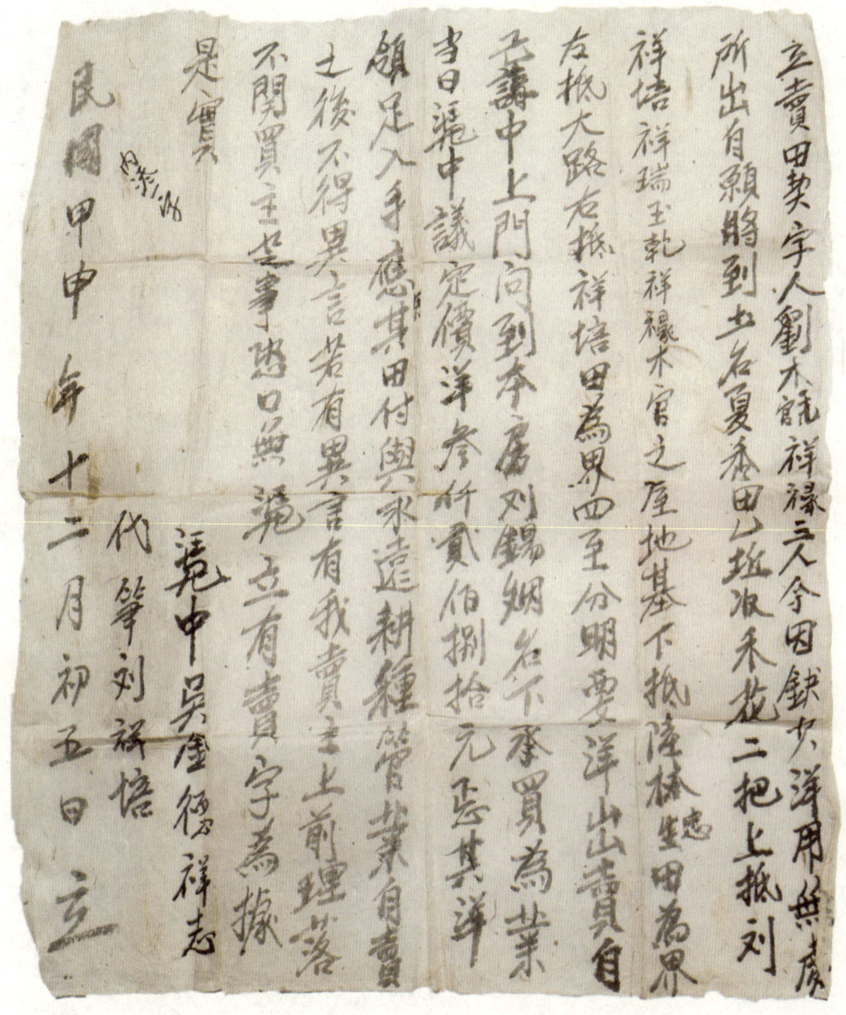

立卖田契字人刘木毛、刘木官、祥禄三人，今因缺少洋用，无处所出，自愿将到土名夏秀田一丘，收禾花二把，上抵刘祥培、祥瑞、玉乾、祥禄、木官之屋地基，下抵陆林忠、陆林生田为界，左抵大路，右抵祥培田为界，四至分明，要洋出卖。自己请中上门问到本房刘锡烟名下承买为业，当日凭中议定价洋叁仟贰佰捌拾元整。其洋领足入手应用，其田付与［买主］永远耕种管业。自卖之后，不得异言。若有异言，有（由）我卖主上前理落，不关买主芝（之）事。恐口无凭，立有卖字为据是实。

内添一字

凭中：吴金德、［吴］祥志

代笔：刘祥培

民国甲申年十二月初五日立

71. 刘祥弟卖田地字（民国三十三年十二月初五日）

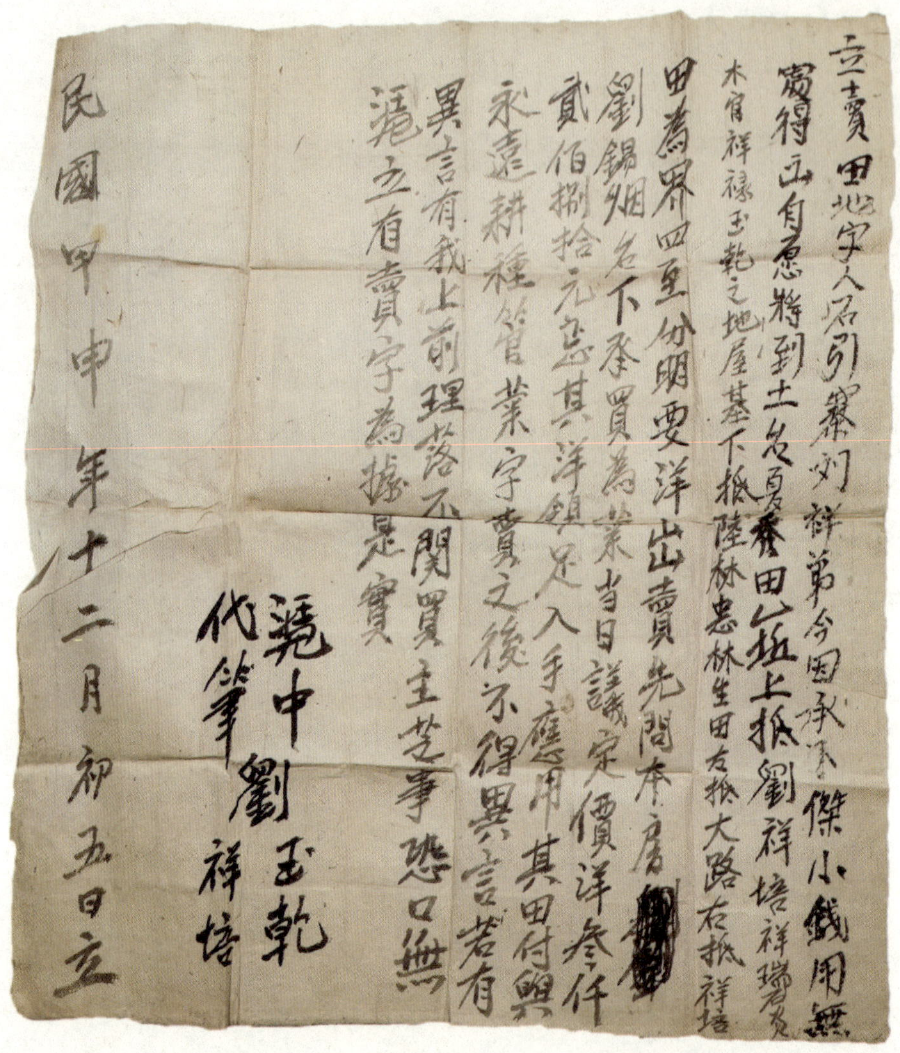

立卖田地字人石引寨刘祥弟，今因承（家）下杰（缺）小（少）钱用，无处得出，自愿将到土名夏秀田一丘，上抵刘祥培、祥瑞、石炎、木官、祥禄、玉乾之地屋基，下抵陆林忠、林生田，左抵大路，右抵祥培田为界，四至分明，要洋出卖。先问本房刘锡烟名下承买为业，当日议定价洋叁仟贰佰捌拾元整。其洋领足入手应用，其田付与［买主］永远耕种管业。字（自）卖之后，不得异言。若有异言，有（由）我上前理落，不关买主芝（之）事。恐口无凭，立有卖字为据是实。

凭中：刘玉乾

代笔：刘祥培

民国甲申年十二月初五日立

72. 刘祥弟卖山字（民国三十三年十二月初五日）

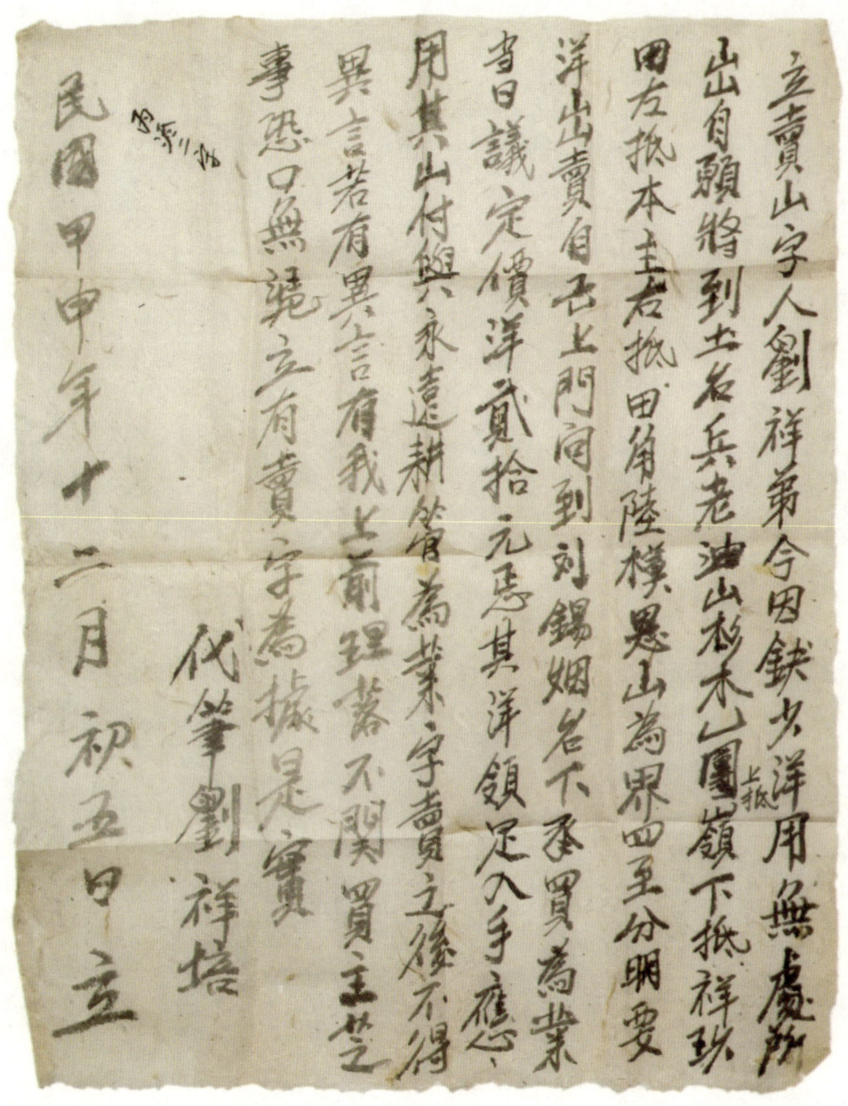

立卖山字人刘祥弟，今因缺少洋用，无处所出，自愿将到土名兵老油山杉木一团，上抵岭，下抵祥玖田，左抵本主，右抵田角陆模恩山为界，四至分明，要洋出卖。自己上门问到刘锡姻名下承买为业，当日议定价洋贰拾元整。其洋领足入手应用，其山付与［买主］永远耕管为业。字（自）卖之后，不得异言。若有异言，有（由）我上前理落，不关买主芝（之）事。恐口无凭，立有卖字为据是实。

内添二字

代笔：刘祥培

民国甲申年十二月初五日立

73. 刘木毛、刘木根、刘木叁卖田契（民国三十三年十二月初五日）

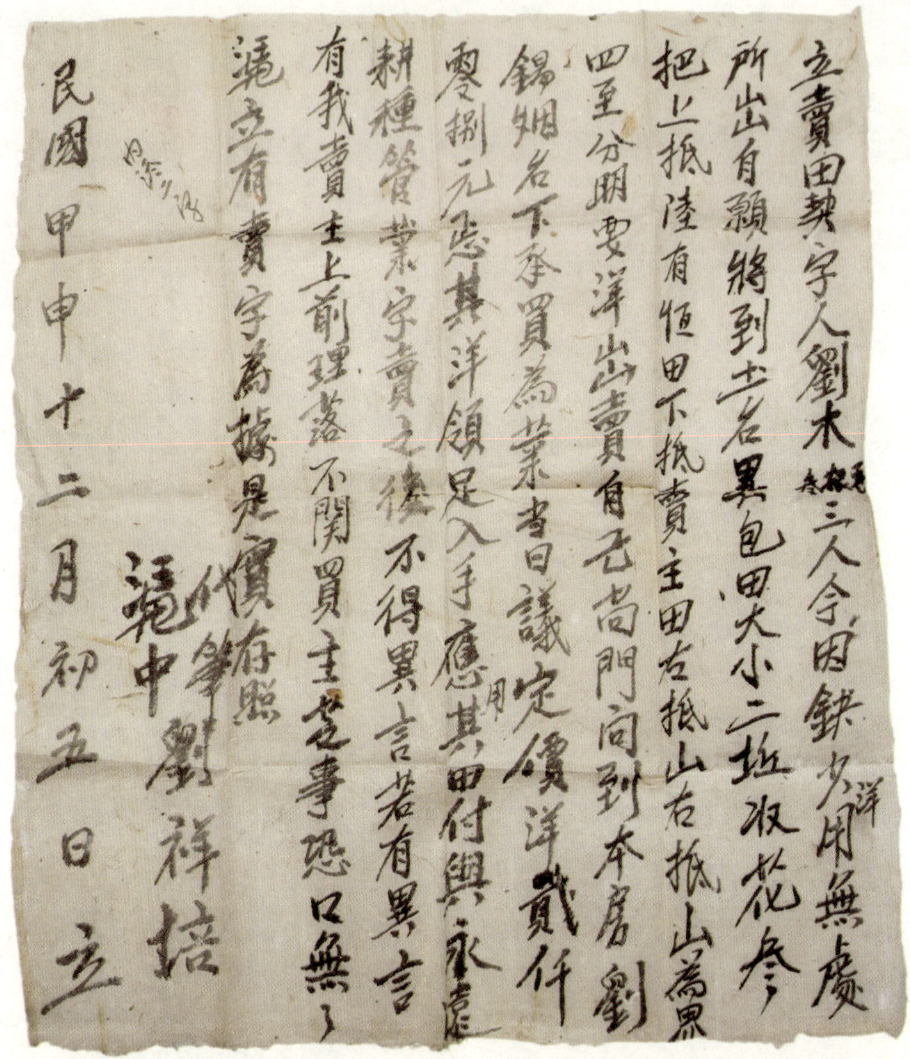

立卖田契字人刘木毛、刘木根、刘木叁三人，今因缺少洋用，无处所出，自愿将到土名异包田大小二丘，收花叁把，上抵陆有恒田，下抵卖主田，左抵山，右抵山为界，四至分明，要洋出卖。自己尚（上）门问到本房刘锡烟名下承买为业，当日议定价洋贰仟零捌元整。其洋领足入手应用，其田付与［买主］永远耕种管业。字（自）卖之后，不得异言。若有异言，有（由）我上前理落，不关买主芝（之）事。恐口无凭，立有卖字为据是实存照。

内添二字

代笔、凭中：刘祥培

民国甲申十二月初五日立

74. 全先林卖田契（民国三十五年三月十五日）

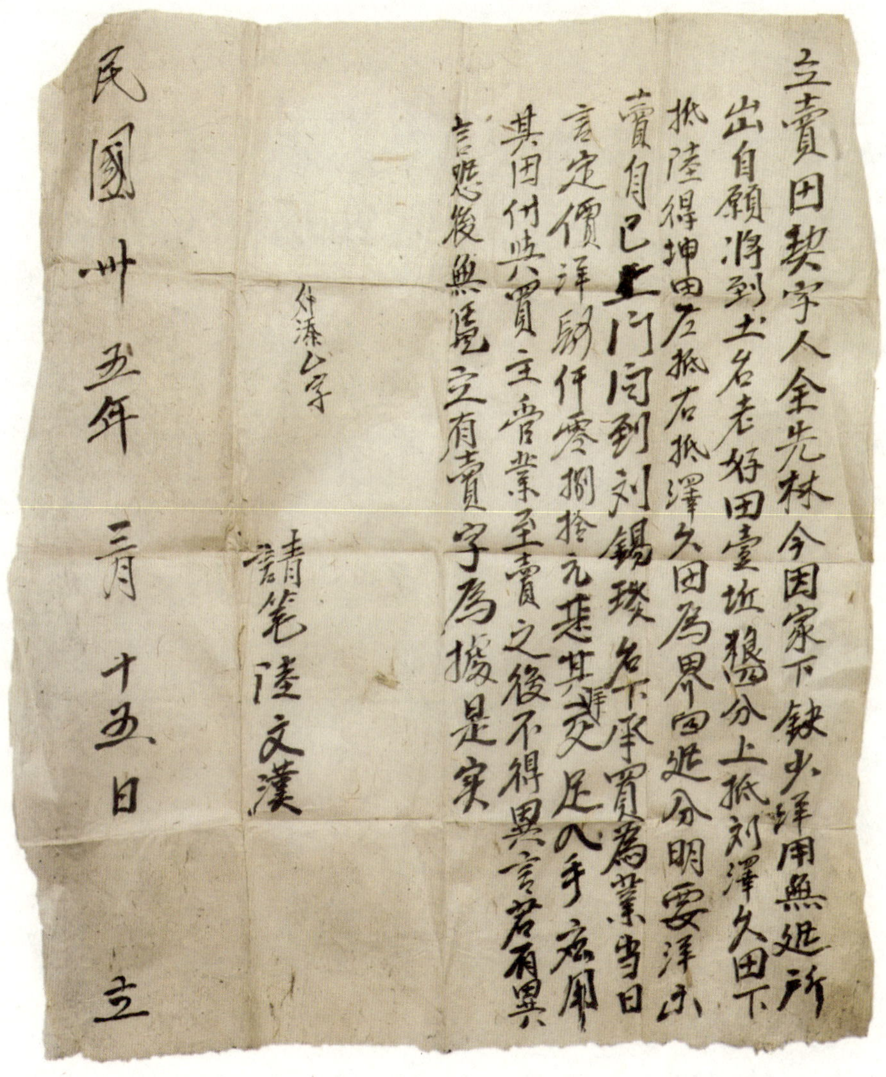
立賣田契字人全先林今因家下缺少洋用無處所
出自願將到土名老好田壹坵粮四分上抵刘澤久田下
抵陸得坤田左抵右抵澤久田為界四處分明要洋出
賣自己上門問到刘錫琰名下承買為業当日
言定價洋肆仟零捌拾元整其洋交足入手應用
其田付與買主管業至賣之後不得異言若有異
言恐後無憑立有賣字為據是實
外添一字
請筆 陸文漢
民國卅五年三月十五日立

立卖田契字人全先林，今因家下缺少洋用，无处所出，自愿将到土名老好田壹丘，粮四分，上抵刘泽久田，下抵陆得坤田，左抵右抵泽久田为界，四处分明，要洋出卖。自己上门问到刘锡琰名下承买为业，当日言定价洋肆仟零捌拾元整。其洋交足入手应用，其田付与买主管业。至（自）卖之后，不得异言。若有异言，恐后无凭，立有卖字为据是实。

外添一字

请笔：陆文汉

民国卅五年三月十五日立

75. 陆门刘氏多弟卖山场地土字（民国三十五年三月十五日）

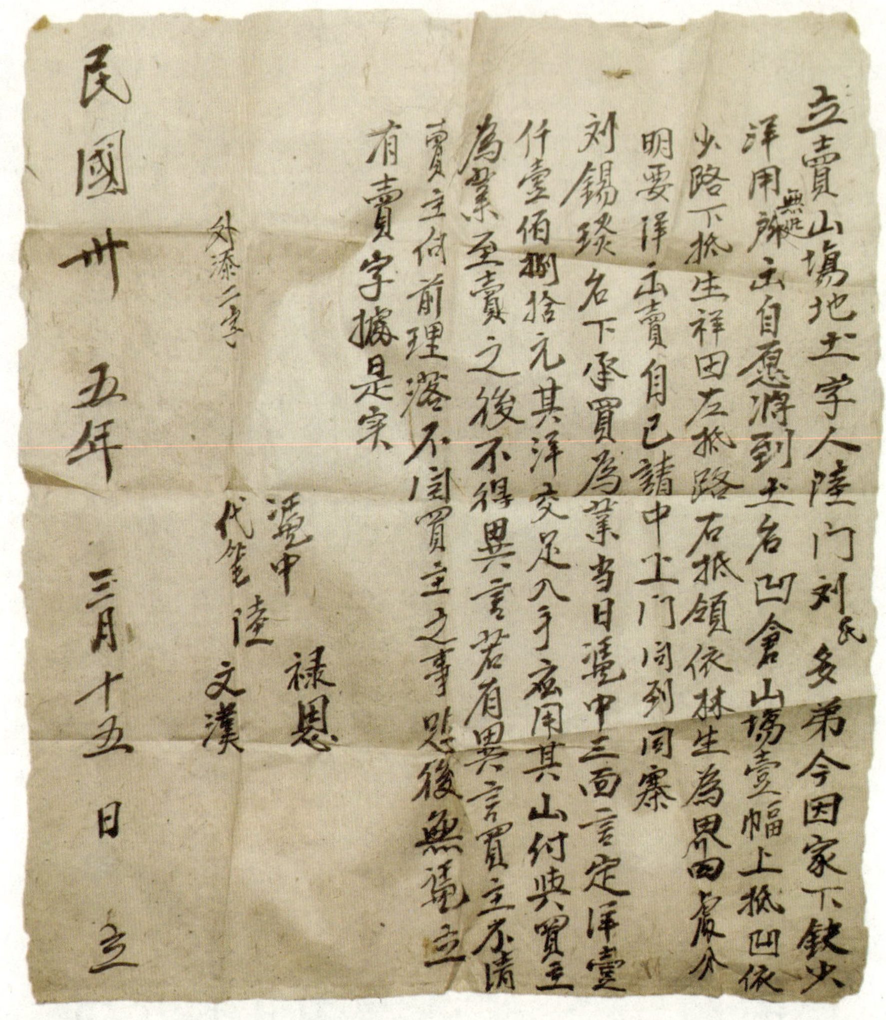

立卖山场地土字人陆门刘氏多弟，今因家下缺少洋用，无处所出，自愿将到土名凹仓山场壹幅，上抵凹依少（小）路，下抵生祥田，左抵路，右抵领（岭）依林生为界，四处分明，要洋出卖。自己请中上门问到同寨刘锡琰名下承买为业，当日凭中三面言定洋壹仟壹佰捌拾元。其洋交足入手应用，其山付与买主为业。至（自）卖之后，不得异言。若有异言，买主不清，卖主向前理落，不关买主之事。恐后无凭，立有卖字［为］据是实。

外添二字

凭中：陆禄恩

代笔：陆文汉

民国卅五年三月十五日立

76. 刘氏凤茂母女卖田契（民国三十五年四月初八日）

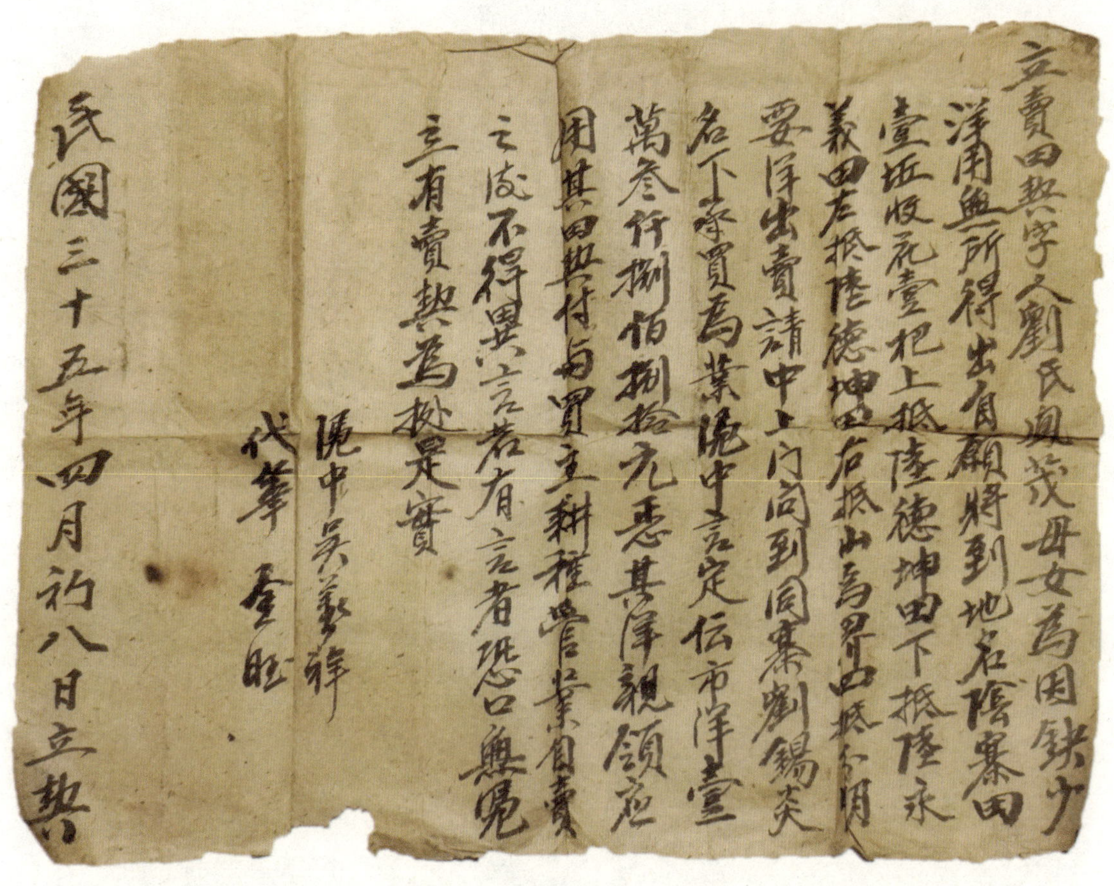

立卖田契字人刘氏凤茂母女，为因缺少洋用，无所得出，自愿将到地名阴寨田壹丘，收花壹把，上抵陆德坤田，下抵陆永义田，左抵陆德坤田，右抵山为界，四抵分明，要洋出卖。请中上门问到同寨刘锡炎名下承买为业，凭中言定价市洋壹万叁仟捌百捌拾元整。其洋亲领应用，其田典付与买主耕种管业。自卖之后，不得异言。若有言者，恐口无凭，立有卖契为据是实。

凭中：吴义祥

代笔：金旺

民国三十五年四月初八日立契

77. 傅松弟、傅权英父子卖田契（民国三十六年正月十一日）

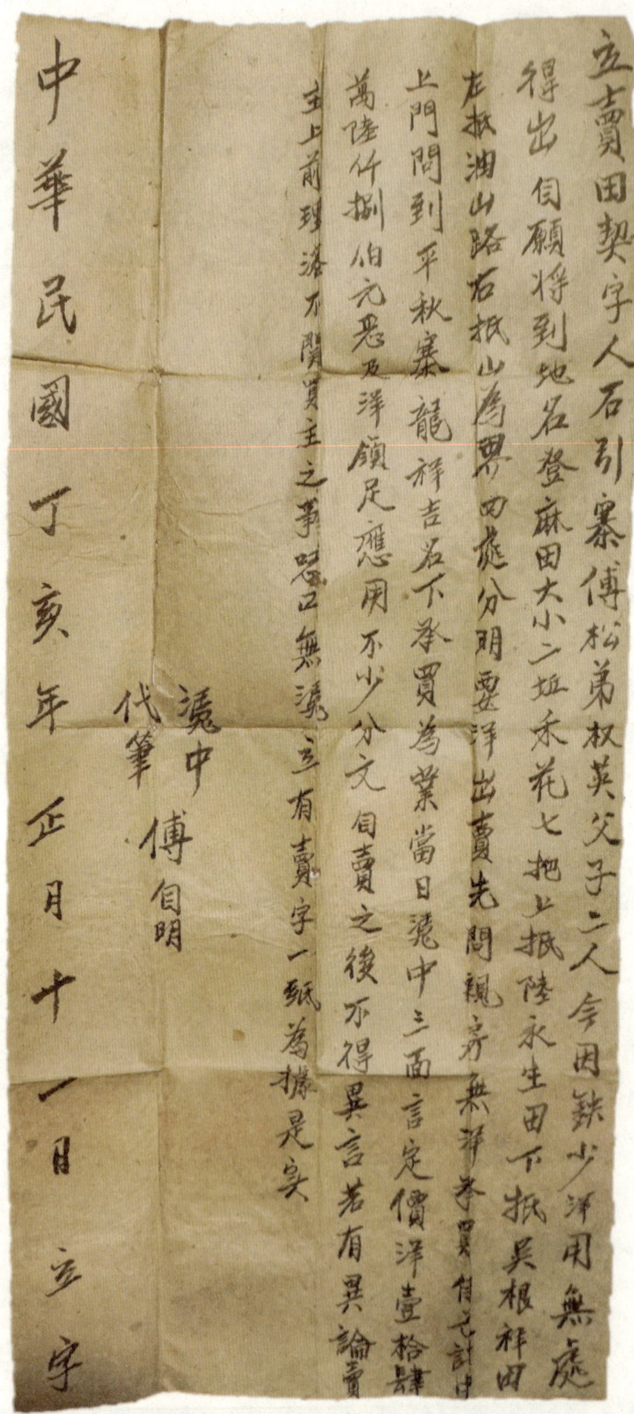

立賣田契字人石引寨傅松弟权英父子二人今因缺少洋用無處得出自願将到地名登麻田大小二坵禾花七把上抵陸永生田下抵吴根祥田左抵油山路右抵山為界四處分明要洋出賣先問親房無洋承買自己請中上門問到平秋寨龍祥吉名下承買為業當日憑中三面言定價洋壹拾肆萬陸仟捌伯元悉及洋領足應用不少分文自賣之後不得異言若有異論賣主上前理洛不関買主之事恐口無憑立有賣字一紙為據是实

憑中 代筆 傅自明

中華民國丁亥年正月十一日立字

立卖田契字人石引寨傅松弟、权英父子二人，今因缺少洋用，无处得出，自愿将到地名登麻田大小二丘，禾花七把，上抵陆永生田，下抵吴根祥田，左抵油山路，右抵山为界，四处分明，要洋出卖。先问亲房无洋承买，自己请中上门问到平秋寨龙祥吉名下承买为业，当日凭中三面言定价洋壹拾肆万陆仟捌伯（佰）元整。及（其）洋领足应用，不少分文，自卖之后，不得异言。若有异论，卖主上前理洛（落），不关买主之事。恐口无凭，立有卖字一纸为据是实。

凭中、代笔：傅自明

中国民国丁亥年正月十一日立字

78. **吴和顺卖田契**（民国三十六年十月十一日）

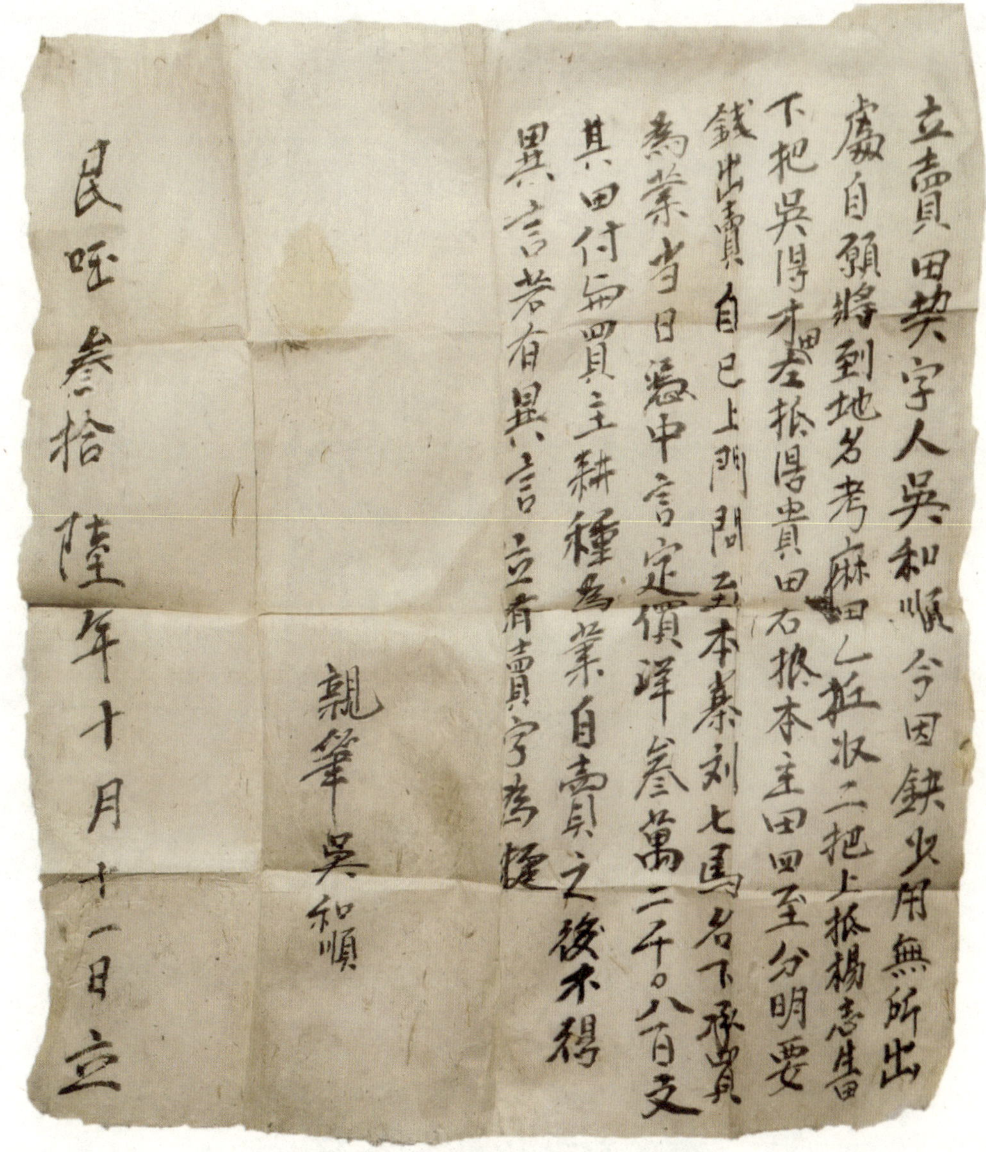

立卖田契字人吴和顺，今因缺少［钱］用，无所出处，自愿将到地名考麻田一丘，收［花］二把，上抵杨志生田，下把（抵）吴得才田，左抵得贵田，右抵本主田，四至分明，要钱出卖。自己上门问到本寨刘七马名下承买为业，当日凭中言定价洋叁万二千〇（零）八百文。其田付与买主耕种为业，自卖之后，不得异言。若有异言，立有卖字为据。

亲笔：吴和顺

民国叁拾陆年十月十一日立

79. 刘锡炎田赋收据（一九五〇年四月十二日）

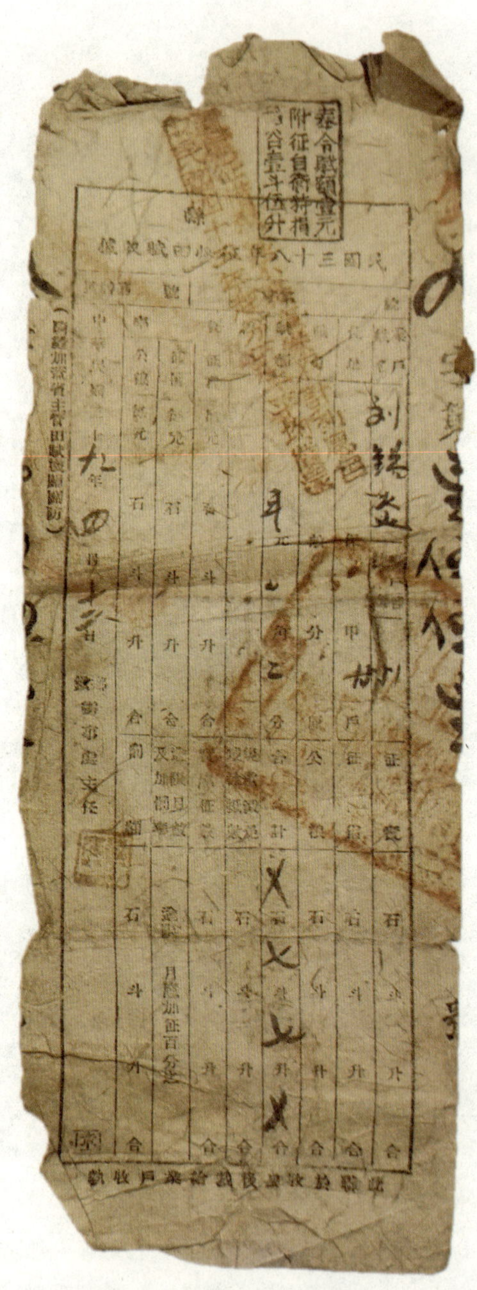

奉令赋额壹元
附征自卫特捐
稻谷壹斗伍升

民国三十八年征收田赋收据

刘锡炎

内容摘要：民国三十八年征收田赋收据，业户刘锡炎，赋额壹元，征实、征借、公粮合计七斗七升。民国三十九年四月十二日。

黑色印章文字为“奉令赋额壹元附征自卫特捐稻谷壹斗伍升”。红色印章文字为“田赋征借□□□□□不计利息自民国四十五年起分五年平均偿还”。

80. 龙祥吉卖田地字（一九五〇年九月初三日）

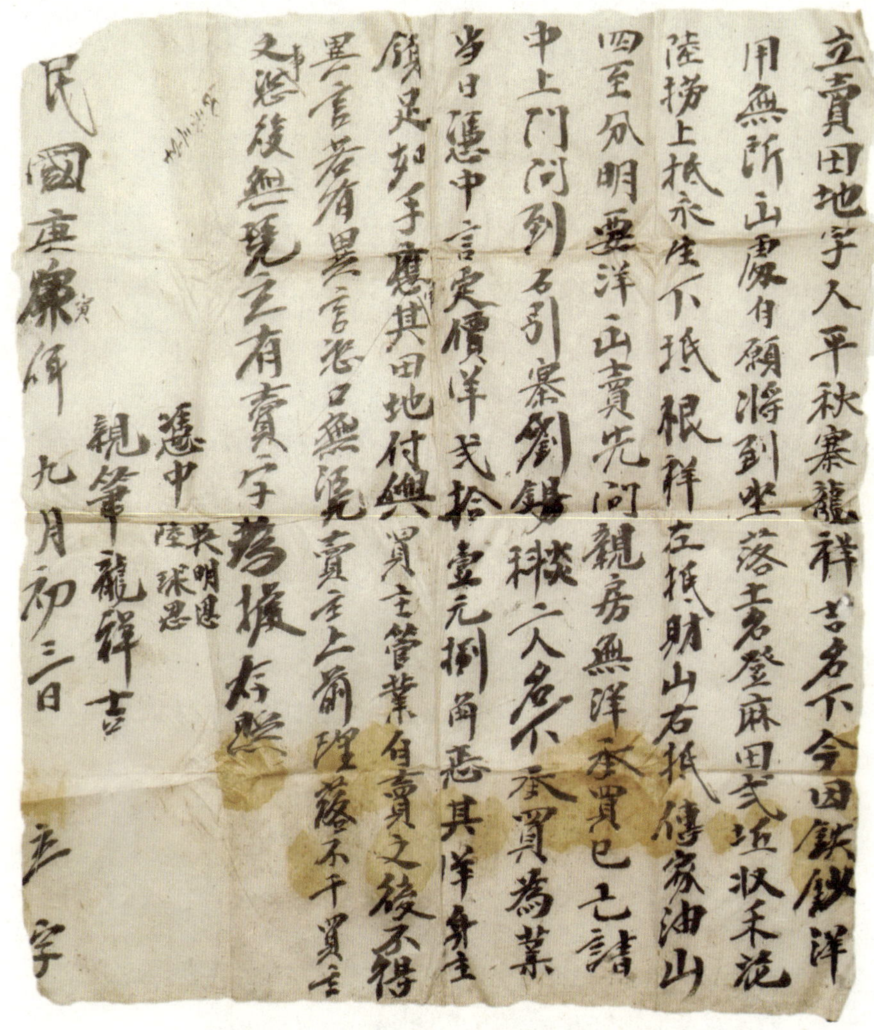

立卖田地字人平秋寨龙祥吉名下，今因缺少洋用，无所出处，自愿将到坐落土名登麻田贰丘，收禾花陆捞，上抵永生，下抵根祥，左抵财山，右抵傅家油山，四至分明，要洋出卖。先问亲房无洋承买，巳（自）己请中上门问到石引寨刘锡炎、刘锡科二人名下承买为业，当日凭中言定价洋贰拾壹元捌角整。其洋卖主领足如（入）手应用，其田地付与买主管业。自卖之后，不得异言。若有异言，恐口无凭，卖主上前理落，不干买主之事。恐后无凭，立有卖字为据存照。

外添三字

凭中：吴明恩、陆球恩

亲笔：龙祥吉

民国庚寅年九月初三日立字

81. 刘锡炎农业税收据（一九五一年五月二十三日）

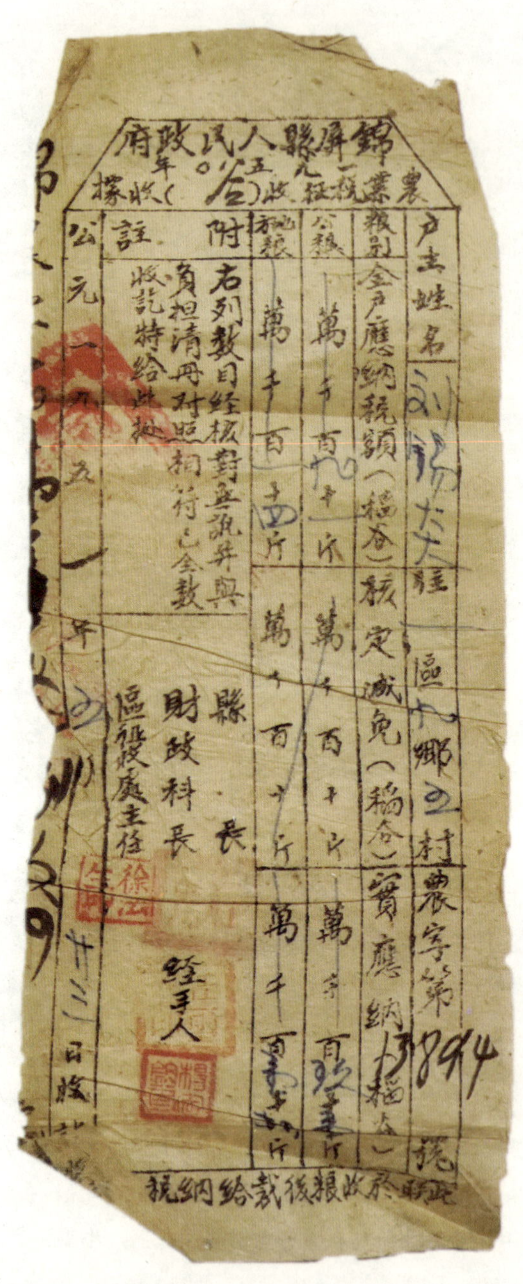

錦屏縣人民政府

一九五〇年農業稅征收（谷）收據

戶主姓名 刘锡炎 住 區 鄉 村 農字第 號

糧別	全户應納稅額（稻谷）	核定减免（稻谷）	實應納（稻谷）
公粮	萬 千 百 九十 一 斤	萬 千 百 十 斤	萬 千 百 十 斤
地方粮	萬 千 百 十 四 斤	萬 千 百 十 斤	萬 千 百 十 斤

附註：右列數目经核對無誤并與負担清册对照相符已全數收訖特給此據

縣長

財政科長

區征收處主任

經手人

公元一九五一年五月廿三日收訖

此聯於收粮後裁給納稅人

内容摘要：锦屏县人民政府一九五〇年农业税征收（谷）收据。户主刘锡炎，全户应纳税额（稻谷）公粮九十一斤，地方粮十四斤。

右（上）列数目经核对无误并与负担清册对照相符，已全数收讫，特给此据。公元一九五一年五月廿三日收讫。

82. 吴德财掉换田契（一九五三年四月二十九日）

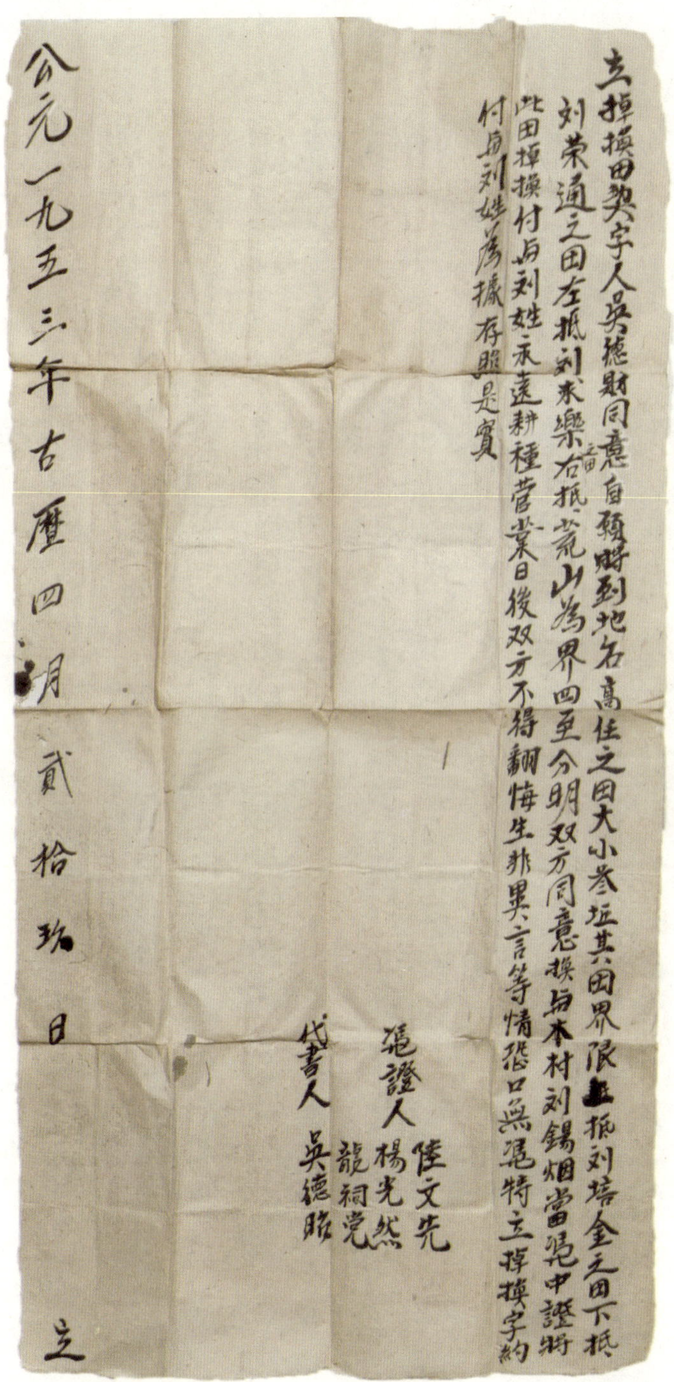
立掉換田契字人吳德財同意自願將到地名高任之田大小叁坵其田界限上抵刘培金之田下抵
刘荣通之田左抵刘求樂右抵荒山為界四至分明双方同意換与本村刘錫烟當憑中證將
此田掉換付与刘姓永遠耕種管業日後双方不得翻悔生非異言等情恐口無憑特立掉換字約
付与刘姓為據存照是實

憑證人　陸文先　楊光然　龍祠党

代書人　吳德昭

公元一九五三年古歷四月貳拾玖日　立

立掉换田契字人吴德财同意自愿将到地名高任之田大小叁丘，其田界限上抵刘培金之田，下抵刘荣通之田，左抵刘求乐之田，右抵荒山为界，四至分明，双方同意换与本村刘锡烟。当凭中证将此田掉换付与刘姓永远耕种管业。日后双方不得翻悔生非异言等情。恐口无凭，特立掉换字约付与刘姓为据存照是实。

凭证人：陆文先、杨光然、龙祠党

代笔人：吴德昭

公元一九五三年古历四月二十九日立

83. 刘祥瑞、刘祥培、刘祥泗等分关字（一九五四年十月初八日）

立分關字人劉祥瑞劉祥培劉祥泗劉祥弟劉祥祿劉祥壽劉祥根劉模毛劉模珊劉
模寬劉模炫劉模顯侄劉錫炎劉錫科劉玉甶劉玉堂劉玉求劉玉杰劉玉標孫
劉光和劉光輝堂兄弟叔侄孫三班人等貳拾壹名將高祖祖父遺下老屋地基
留遺至今未曾分居已于百年來突逢新民主毛主席人勝地開各分居住將老
屋地基分為兩大股劉榮榜劉榮連劉榮魁劉榮金堂兄弟等四人站第二大股遺留
劉吉慶劉吉海劉吉遠劉吉恒堂兄弟四人遺留田兒孫劉祥瑞劉祥培劉祥泗劉祥弟
劉錫炎劉錫科劉玉甶劉玉堂堂兄弟叔侄八人等由劉模寬背後橫頭一小幅補
發第二大股與劉錫炎劉錫科兄弟二人管業[illegible]岩為界將後不得異言
若有異言恐口無憑立有分關為據是實

存照

人民代表陸[illegible]泰
民兵隊長吳志昌
調解委員吳金德
討筆劉壽榮

公元一九五四年十月初八日立

立分关字人刘祥瑞、刘祥培、刘祥泗、刘祥弟、刘祥禄、刘祥寿、刘祥根、刘模毛、刘模珊、刘模宽、刘模炶、刘模显、姪刘锡炎、刘锡科、刘玉钿、刘玉堂、刘玉求、刘玉杰、刘玉标、孙刘光和、刘光辉、堂兄弟叔姪孙三班人等贰拾壹名将高祖、祖父遗下老屋地基留遗至今，未曾分居，已千百年，突逢新民主毛主席人胜地开，各分居住，将老屋地基分为两大股，刘荣榜、刘荣连、刘荣魁、刘荣金堂兄弟等四人站（占）第二大股遗留。刘吉庆、刘吉海、刘吉远、刘吉恒堂兄弟四人遗留，儿孙刘祥瑞、刘祥培、刘祥泗、刘祥弟、刘锡炎、刘锡科、刘玉钿、刘玉堂堂兄弟叔姪八人等由刘模宽背后横段一小幅补登弟二大股，与刘锡炎、刘锡科兄弟二人管业，由栽岩为界，将后不得异言。若有异言，恐口无凭，立有分关为据是实存照。

人民代表：陆生泰

民兵队长：吴志昌

调解委员：吴金德

讨　　笔：刘寿乐

公元一九五四年十月初八日立

84. 刘锡科土地证及征收证照费分户底册（一九五五年八月一日）

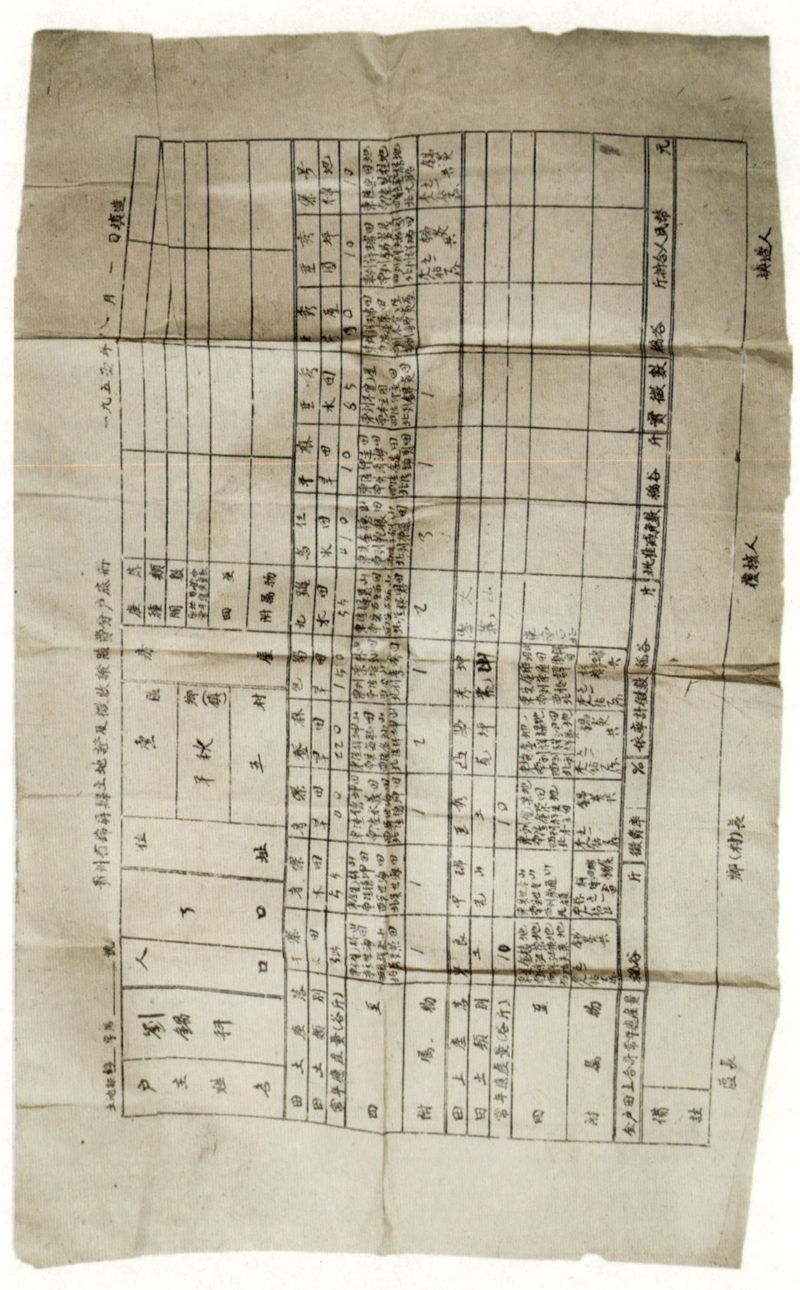

内容摘要：贵州省锦屏县土地证及征收证照费分户底册，一九五五年八月一日填造户主刘锡科，家庭人口3人，其名下登记田9处（水田5处，旱田4处），常年应产量（谷斤）1370，茅屋1处，常年应产量（谷斤）30，另外与刘锡炎平均占有园坪、棉地、土4处，常年应产量（谷斤）40，另有荒山荒坪4处，其中3处与刘锡炎平均占有，1处独有，均未评产量。

85. 刘桂江催钱书信（时间不详）

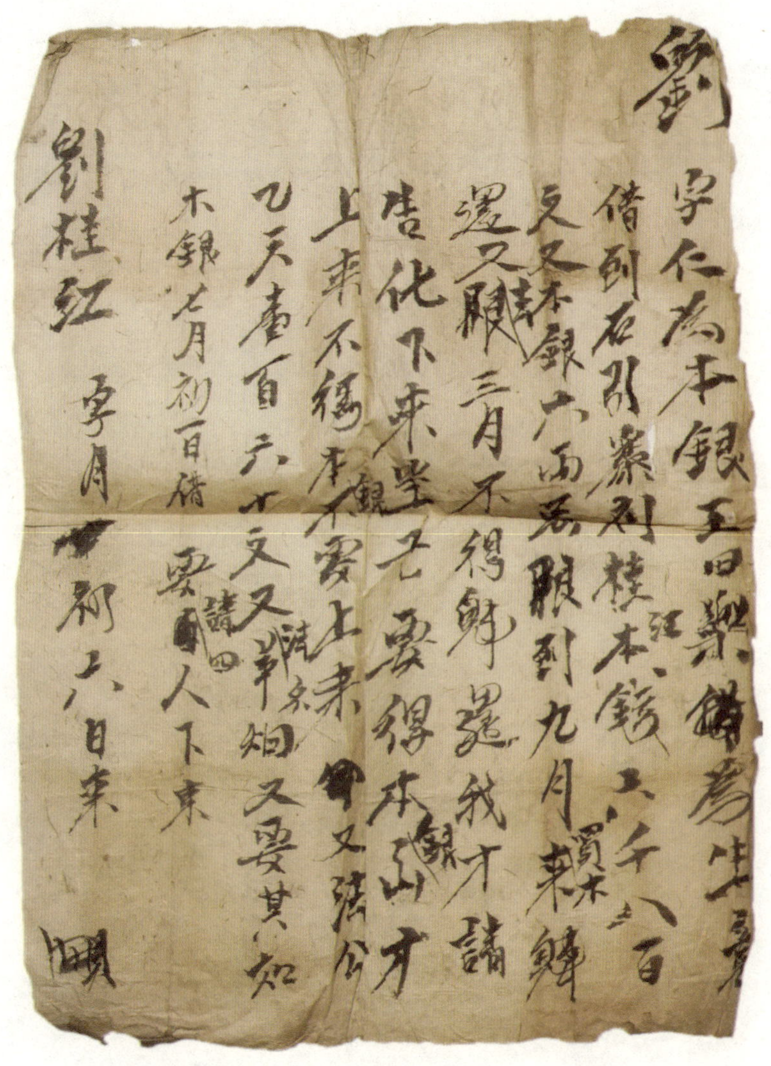

刘字仁为本银王田乐，为生意借到石引寨刘桂江本钱六千八百文，又本银六两整，限到九月买木来赎还。又去限三月，不得迁延。我才请告化下来坐己，要得本银出才上来[①]，不得本银不要上来，又法公一天壹百六十文，又法钱草烟又要。其知木银七月初一日借，要请四人下来。

刘桂江字月初六日来

---

① 石引属锦屏县九寨高坡，而做木材生意一般在江边，所以从石引去讨债叫下来，讨债回来叫上来。“坐己”即在债务人家坐着讨债。

86. 刘关乔、刘八寿卖田契（□□年二月十一日）

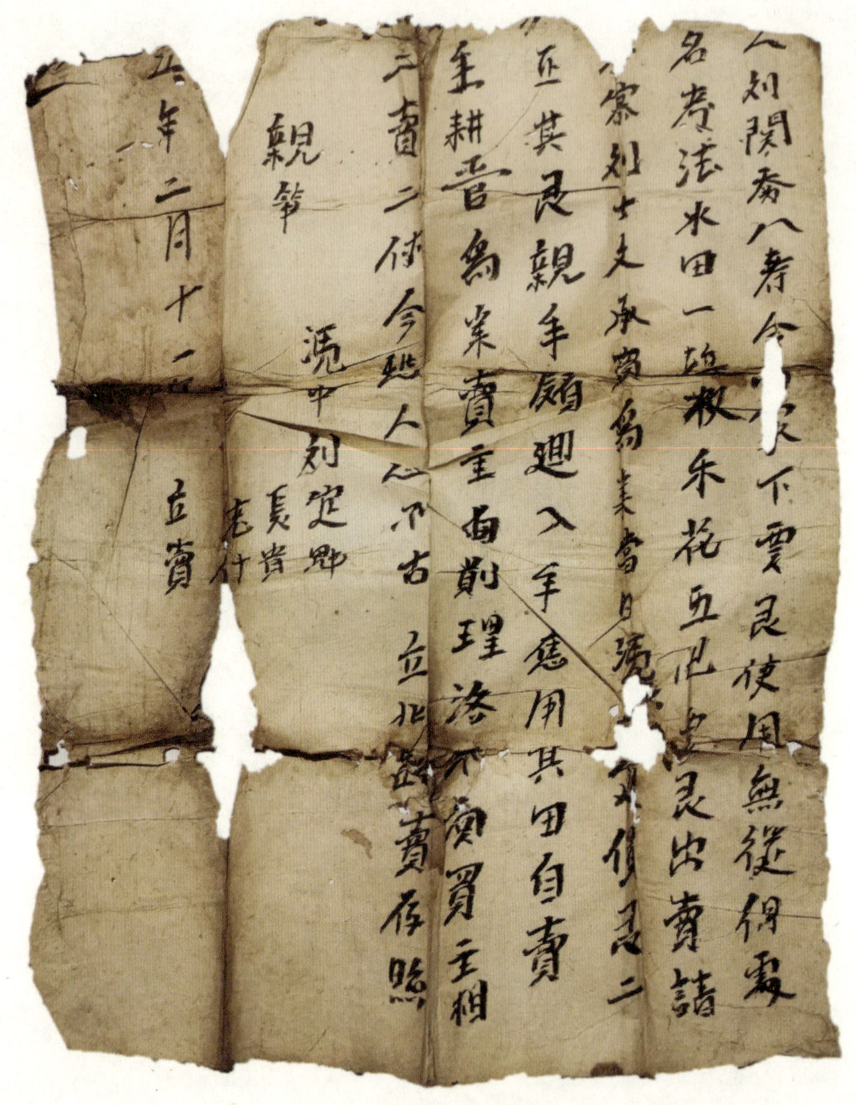

……人刘关乔、八寿，今因家下要银使用，无从得处，［自愿将到土］名考法水田一丘，收禾花五把，要银出卖。请中［上门问到］本寨刘士文承买为业，当日凭［中言定］价银二……正。其银亲手领回入手应用，其田自卖……主耕管为业。卖主尚（上）前理洛（落），不干（与）买主相［干］。［一卖一了］，二卖二休。今恐人心不古，立此断卖存照。

亲笔

凭中：刘定魁、刘长贵、刘老什

□□年二月十一日立卖

卷六　傅道坤户藏文书

（一）土地契约

1. 杨世英拨换田字（同治十二年十二月初四日）

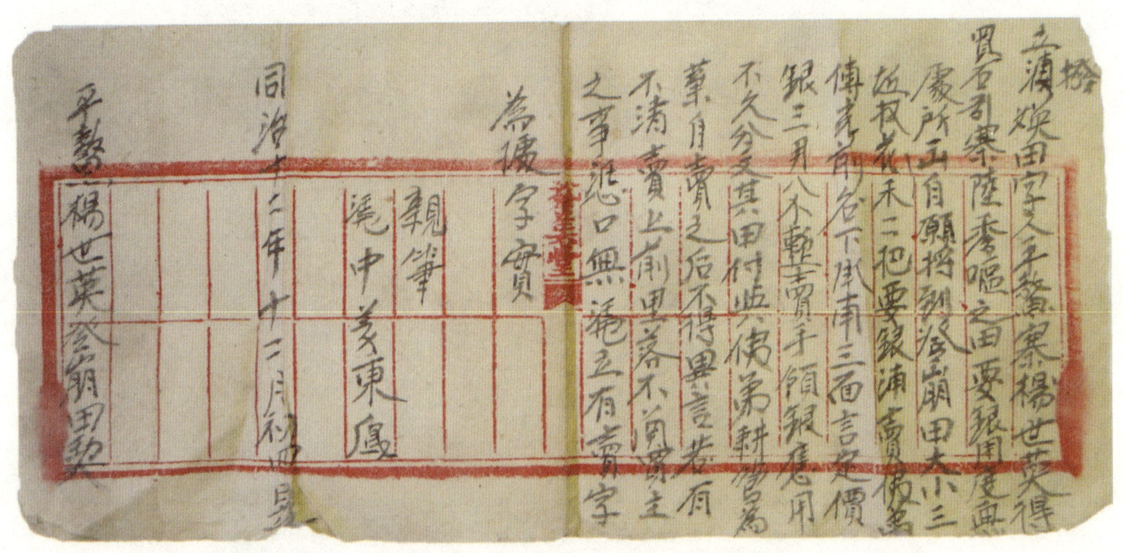

立拨换田字人平鳌寨杨世英得买石引寨陆秀呕之田，要银用度，无处所出，自愿将到登崩田大小三丘，收禾花二把，要银浦（补）卖。俵弟傅光前名下承甫（补），三面言定价银三两八钱整。卖手领银应用，不欠分文，其田付与俵弟耕管为业。自卖之后，不得异言。若有不清，卖［主］上前里（理）落，不关买主之事。恐口无凭，立有卖字为据字（是）实。

亲笔

凭中：姜东凤

同治十二年十二月初四日立

平鳌杨世英登崩田契

2. 刘玉宗、刘玉魁兄弟卖田契（光绪四年十月十五日）

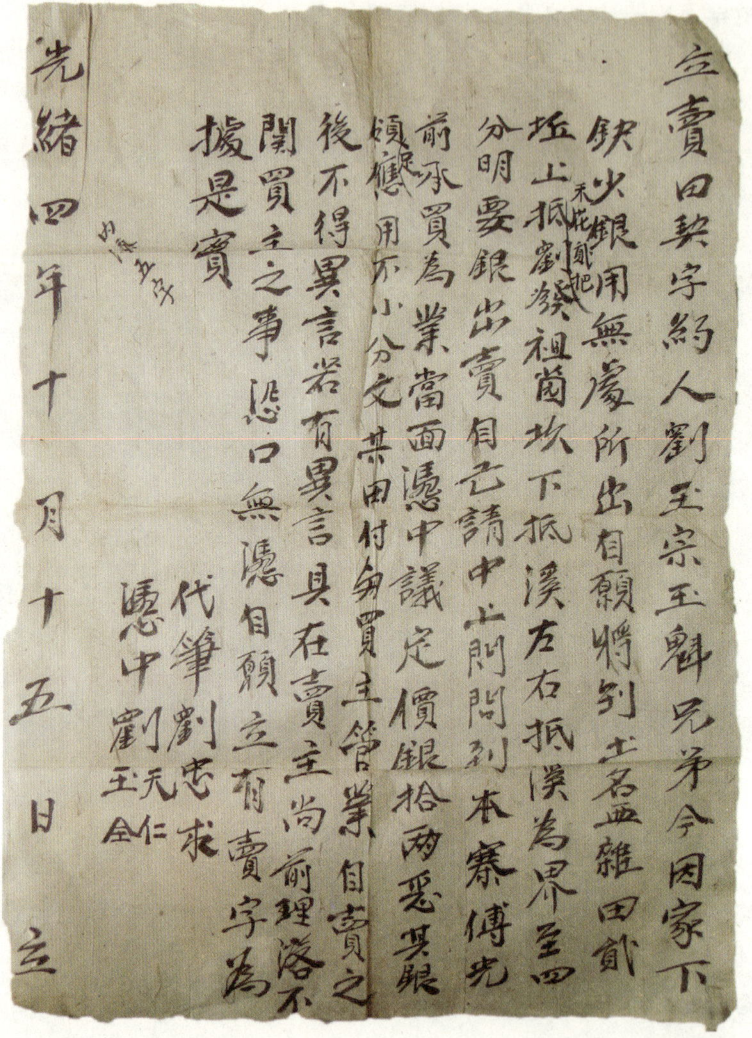

立卖田契字约人刘玉宗、玉魁兄弟，今因家下缺少银用，无处所出，自愿将到土名西杂田贰丘，禾花贰把，上抵刘发祖园坎，下抵溪，左右抵溪为界，至四（四至）分明，要银出卖。自己请中上门问到本寨傅光前承买为业，当面凭中议定价银拾两整。其银领足应用，不小（少）分文，其田付与买主管业。自卖之后，不得异言。若有异言，具（俱）在卖主尚（上）前理落，不关买主之事。恐口无凭，自愿立有卖字为据是实。

内添五字

代笔：刘忠求

凭中：刘天仁、刘玉全

光绪四年十月十五日立

3. 刘照太卖柴山油山地土字（光绪十年七月初四日）

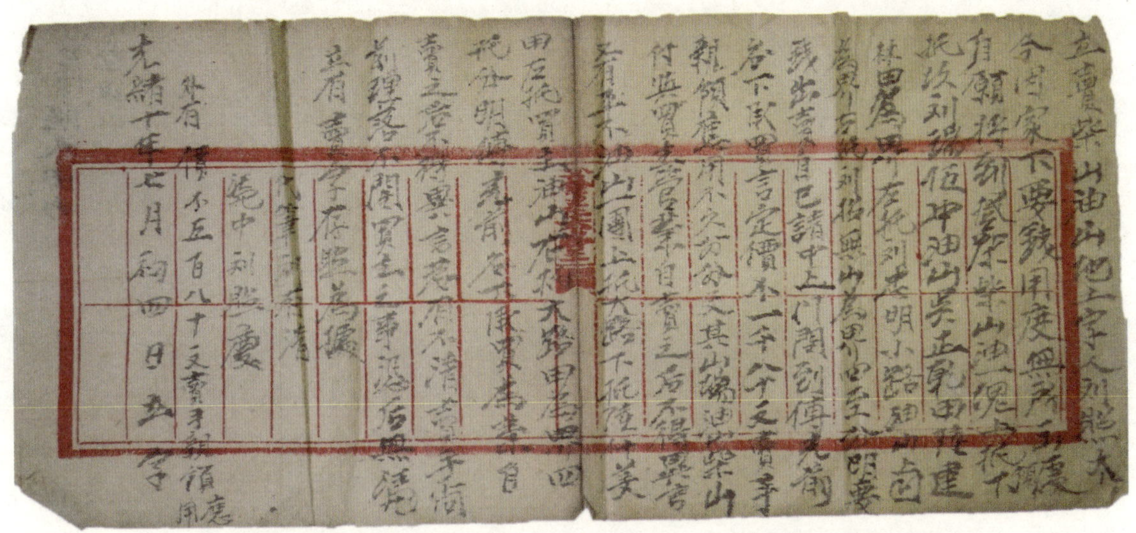

立卖柴山油山地土字人刘照太，今因家下要钱用度，无所出处，自愿将到登架柴山油一块，上抵领（岭），下抵坎刘瑞伍冲油山、吴正乾田、陆建林田为界，左抵刘忠明小路油山上凹为界，右抵刘招无山为界，四至分明，要钱出卖。自己请中上门问到傅光前名下承买，言定价钱一千八十文。卖手亲领应用，不欠分文，其山场油山柴山付与买主管业。自卖之后，不得异言。又有平不油山一团，上抵大路，下抵陆什美田，左抵买主油山，右抵大路田为界，四抵分明，傅光前名下承买为业。自卖之后，若有不清，卖手尚（上）前理落，不关买主之事。恐后无凭，立有卖字存照为据。

代笔：刘有清

凭中：刘照庆

外有价钱五百八十文卖手亲领应用

光绪十年七月初四日立字

4. 陆金佩卖地土字（光绪十七年十月十二日）

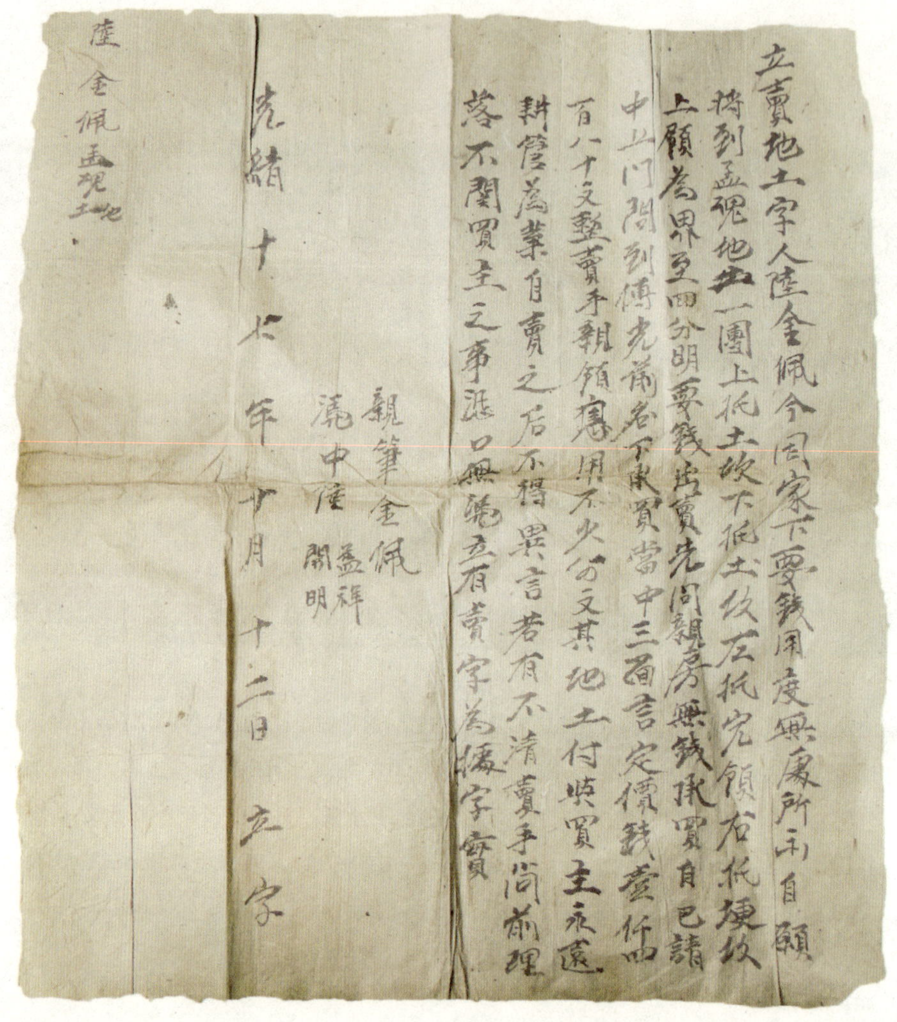
立賣地土字人陸金佩今因家下要錢用度無處所出自願
將到孟䰟地土一團上抵土坎下抵土坎左抵宏領右抵埂坎
上領為界至四分明要錢出賣先問親房無錢承買自己請
中上门問到傅光前名下承買當中三面言定價錢壹仟四
百八十文整賣手親領應用不少分文其地土付與買主永遠
耕管為業自賣之后不得異言若有不清賣手尚前理
落不関買主之事恐口無憑立有賣字為據字實

親筆金佩
憑中陸益祥
開明

光緒十七年十月十二日立字

陸金佩孟䰟土地

立卖地土字人陆金佩，今因家下要钱用度，无处所出，自愿将到孟魂地土一团，上抵土坎，下抵土坎，左抵宏领（岭），右抵埂坎上领（岭）为界，至四（四至）分明，要钱出卖。先问亲房无钱承买，自己请中上门问到傅光前名下承买，当中三面言定价钱壹仟四百八十文整。卖手亲领应用，不少分文，其地土付与买主永远耕管为业。自卖之后，不得异言。若有不清，卖手尚（上）前理落，不关买主之事。恐口无凭，立有卖字为据字（是）实。

亲笔：金佩

凭中：陆益祥、陆开明

光绪十七年十月十二日立字

陆金佩孟块土地

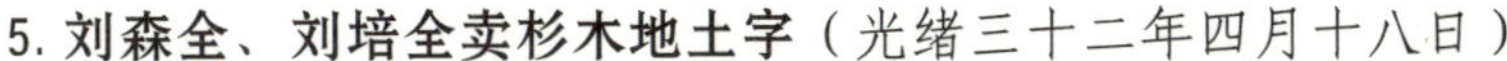

5. 刘森全、刘培全卖杉木地土字（光绪三十二年四月十八日）

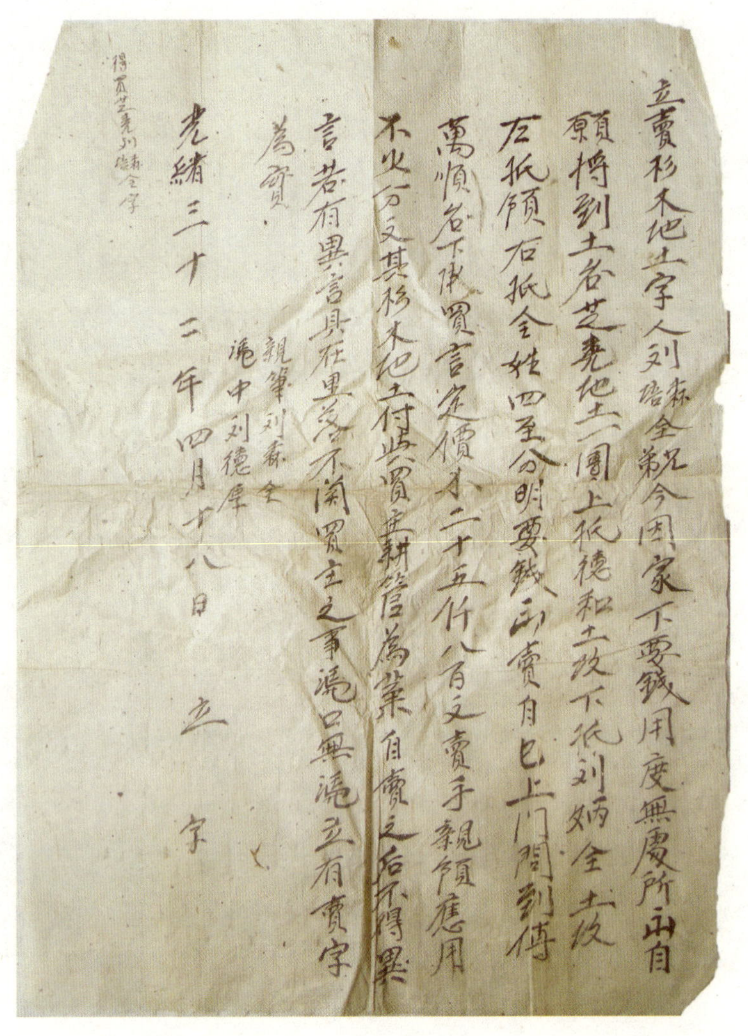

立卖杉木地土字人刘森全、刘培全兄弟，今因家下要钱用度，无处所出，自愿将到土名芝尧地土一团，上抵德和土坎，下抵刘炳全土坎，左抵领（岭），右抵全姓，四至分明，要钱出卖。自己上门问到傅万顺名下承买，言定价钱二十五仟八百文。卖手亲领应用，不少分文，其杉木地土付与买主耕管为业。自卖之后，不得异言。若有异言，具（俱）在［卖主］里（理）落，不关买主之事。凭（恐）口无凭，立有卖字为实。

亲笔：刘森全

凭中：刘德厚

光绪三十二年四月十八日立字

得买芝尧刘森全、培全字

6. **刘德林父子卖杉木地土字**（光绪三十三年九月初五日）

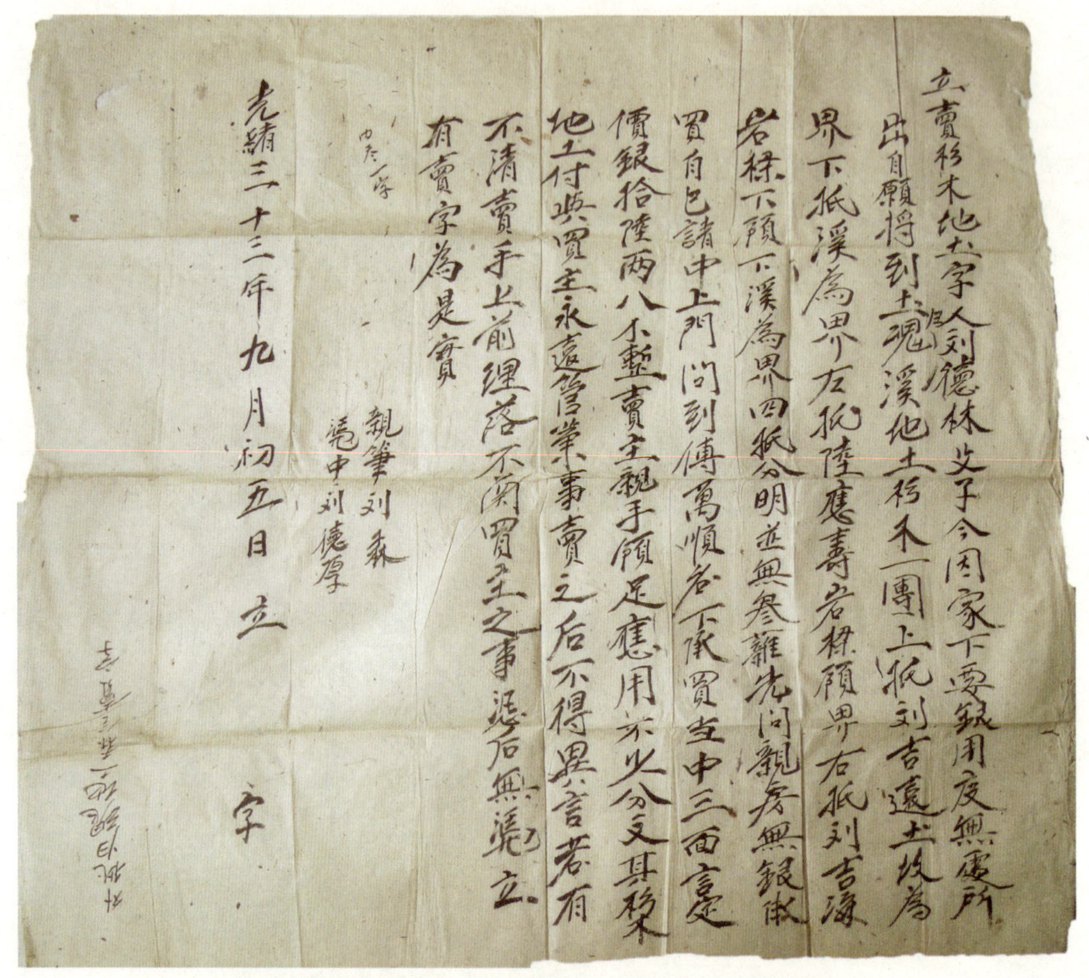

立卖杉木地土字人刘德林父子，今因家下要银用度，无处所出，自愿将到土归魂溪地土杉木一团，上抵刘吉远土坎为界，下抵溪为界，左抵陆应寿岩梁领（岭）界，右抵刘吉海岩梁下领（岭）下溪为界，四抵分明，并无叁（掺）杂，先问亲房无银承买，自己请中上门问到傅万顺名下承买，当中三面言定价银拾陆两八钱整。卖主亲手领足应用，不少分文，其杉木地土付与买主永远管业。事（自）卖之后，不得异言。若有不清，卖手上前理落，不关买主之事。恐后无凭，立有卖字为［据］是实。

内添一字

亲笔：刘森

凭中：刘德厚

光绪三十三年九月初五日立

外批：归魂地土森全卖字

7. 陆引元、继男陆启生父子卖杉木地土字（宣统二年十月初九日）

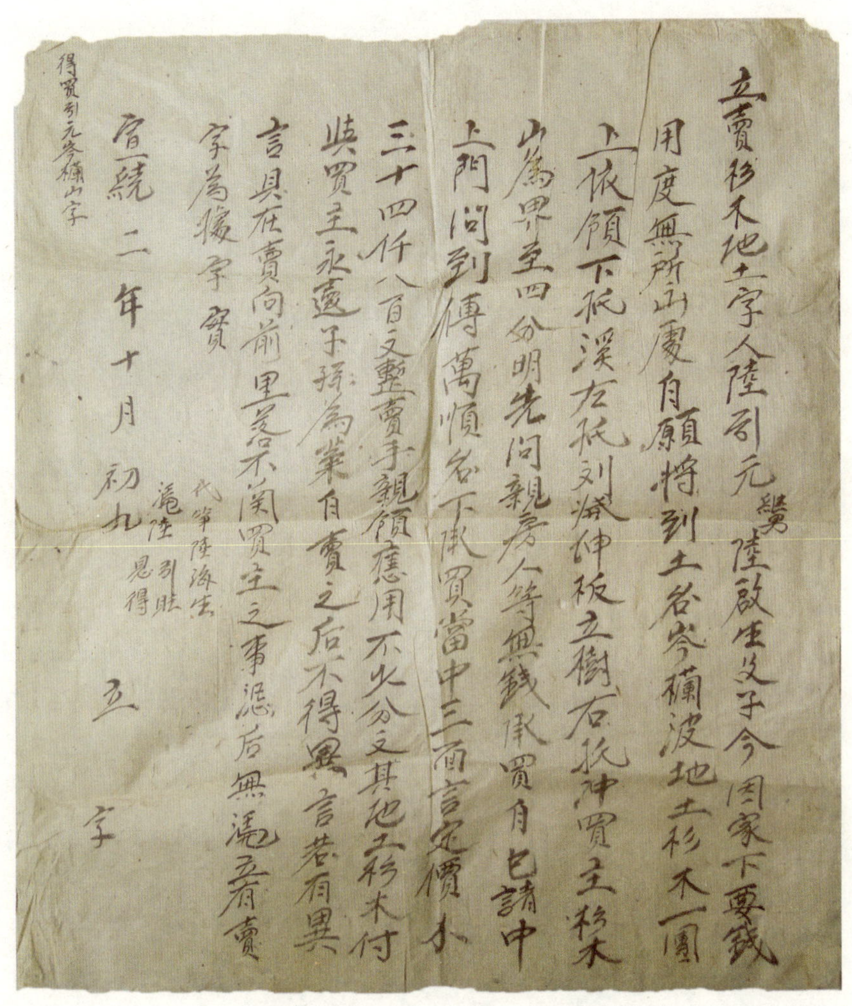

立卖杉木地土字人陆引元、继男陆启生父子，今因家下要钱用度，无所出处，自愿将到土名岑栏波（坡）地土杉木一团，上依（抵）领（岭），下抵溪，左抵刘发坤板立（栗）树，右抵冲买主杉木山为界，至四（四至）分明，先问亲房人等无钱承买，自己请中上门问到傅万顺名下承买，当中三面言定价钱三十四仟八百文整。卖手亲领应用，不欠分文，其地土杉木付与买主永远子孙为业。自卖之后，不得异言。若有异言，具（俱）在卖［主］向前里（理）落，不关买主之事。恐后无凭，立有卖字为据字（是）实。

代笔：陆海生

凭［中］：陆引旺、陆恩得

宣统二年十月初九［日］立字

得买引元岑栏山字

8. 陆恩昌卖地土杉木字（宣统三年七月初五日）

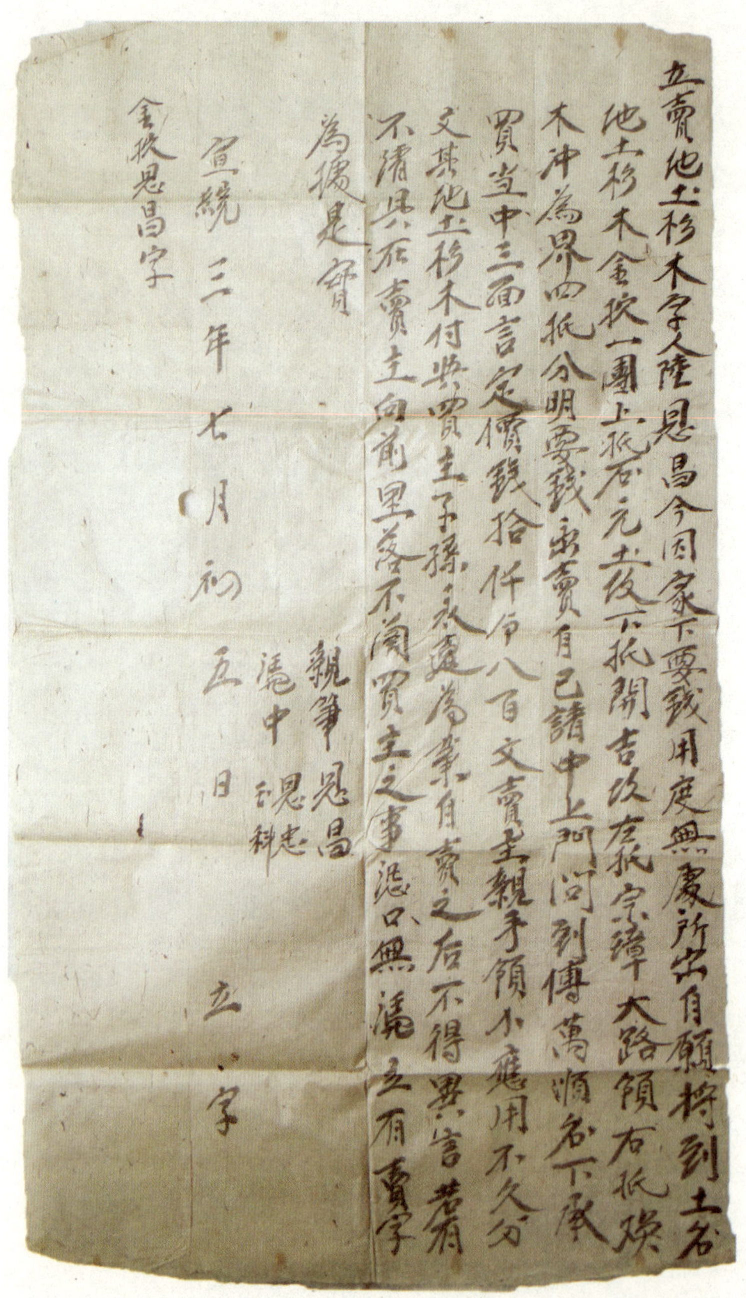

立賣地土杉木字人陸恩昌今因家下要錢用度無處所出自願將到土名
地土杉木金抗一團上抵石元土坎下抵開吉坎左抵宗璋大路領右抵焕
木冲為界四抵分明要錢出賣自己請中上門問到傅萬順名下承
買當中三面言定價錢拾仟令八百文賣主親手領錢應用不欠分
文其地土杉木付與買主子孫永遠為業自賣之后不得異言若有
不清具在賣主向前里落不関買主之事恐口無憑立有賣字
為據是實
親筆 恩昌
憑中 恩忠 玉科
宣統 三年 七月 初五 日 立 字
金抗恩昌字

立卖地土杉木字人陆恩昌，今因家下要钱用度，无处所出，自愿将到土名地土杉木金抗一团，上抵石元土坎，下抵开吉坎，左抵宗璋大路领（岭），右抵焕木冲为界，四抵分明，要钱出卖。自己请中上门问到傅万顺名下承买，当中三面言定价钱拾仟令（零）八百文。卖主亲手领钱应用，不欠分文，其地土杉木付与买主子孙永远为业。自卖之后，不得异言。若有不清，具（俱）在卖主向［前］里（理）落，不关买主之事。恐口无凭，立有卖字为据是实。

亲笔：恩昌

凭中：恩忠、玉科

宣统三年七月初五日立字

金抗恩昌字

9. **吴佑元卖田契**（民国元年五月初七日）

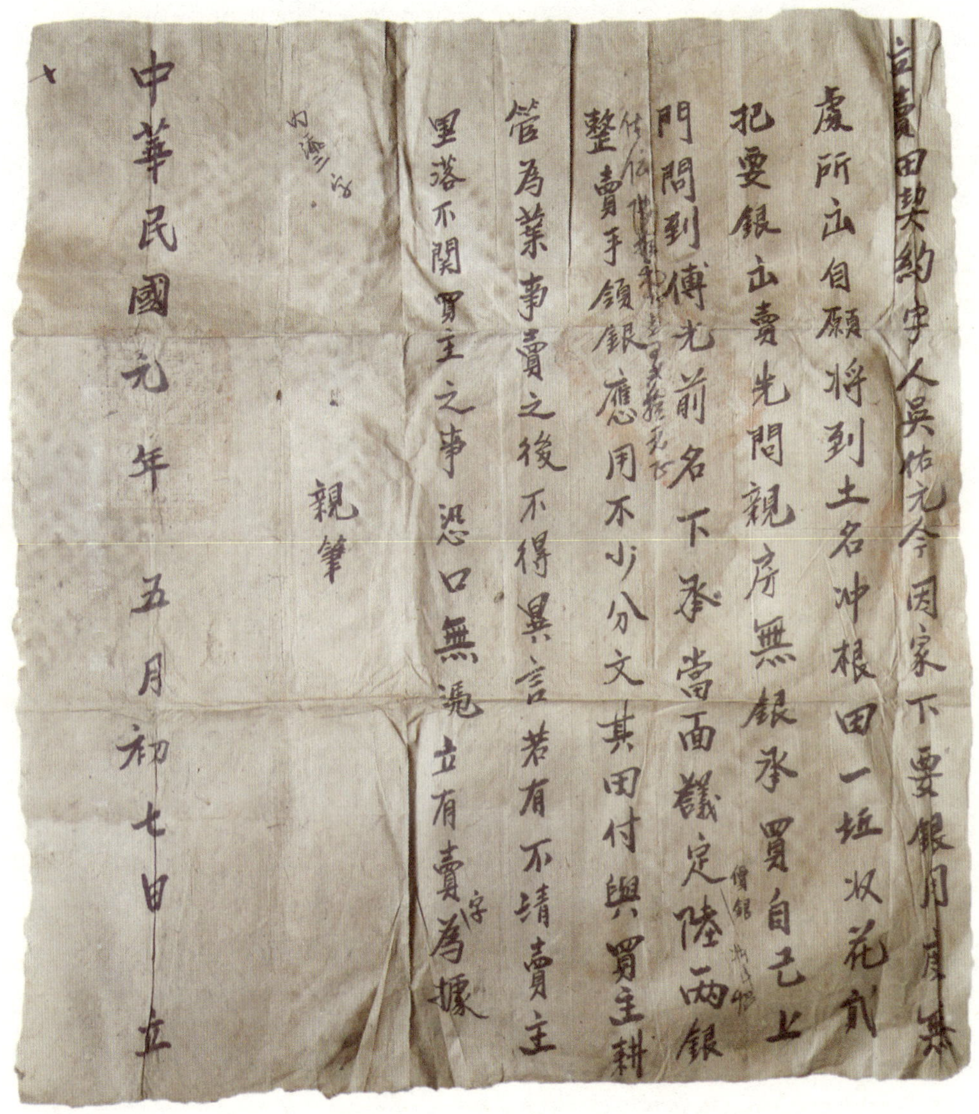

立卖田契约字人吴佑元，今因家下要银用度，无处所出，自愿将到土名冲根田一丘，收花贰把，要银出卖。先问亲房无银承买，自己上门问到傅光前名下承［买］，当面议定价银陆两银整，估伝（价）□拾□壹百贰拾元正。卖手领银应用，不少分文，其田付与买主耕管为业。事（自）卖之后，不得异言。若有不清，卖主里（理）落，不关买主之事。恐口无凭，立有卖字为据。

内添三字

亲笔

中华民国元年五月初七日立

10. 刘有清、刘海清卖地土山场字（民国元年六月初二日）

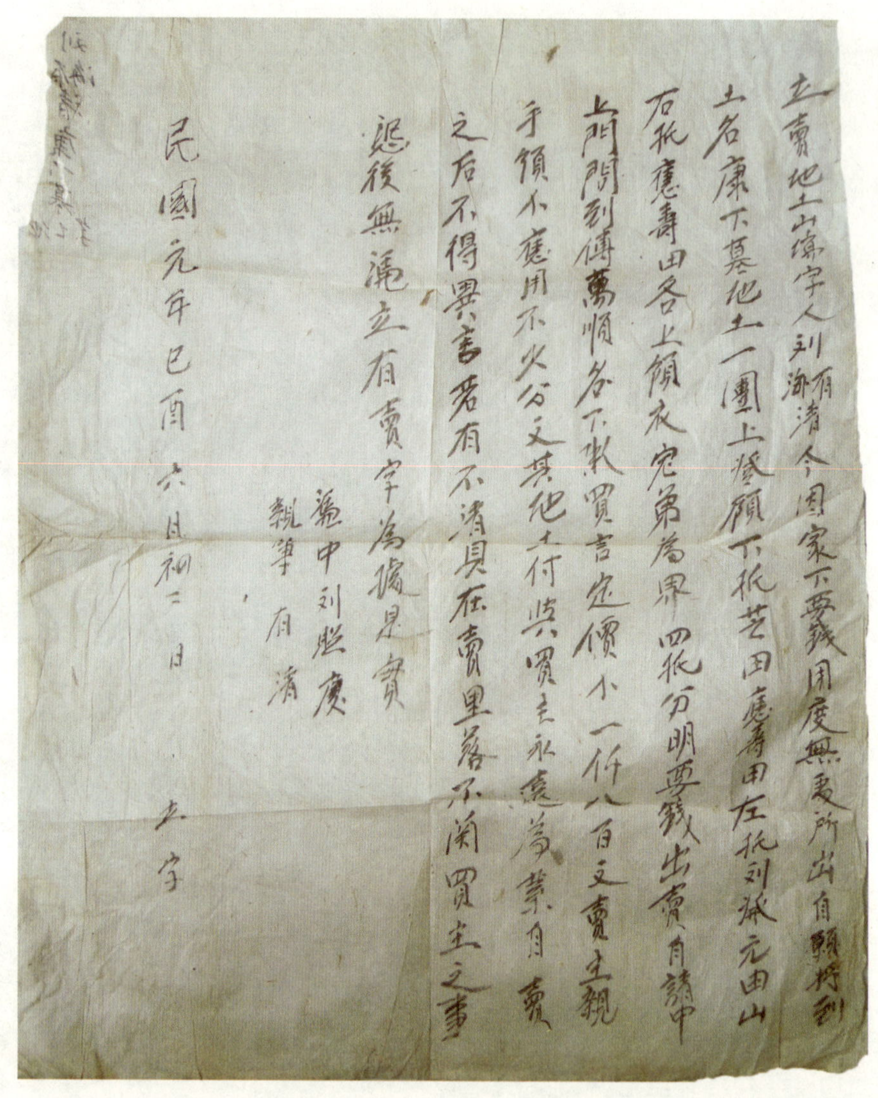

立卖地土山场字人刘有清、刘海清，今因家下要钱用度，无处所出，自愿将到土名康下墓地土一团，上登领（岭），下抵芝田应寿田，左抵刘发元由（油）山，右抵应寿田各（角）上领（岭）衣（依）宏弟为界，四抵分明，要钱出卖。自［己］请中上门问到傅万顺名下承买，言定价钱一仟八百文。卖主亲手领钱应用，不少分文，其地土付与买主永远为业。自卖之后，不得异言。若有不清，具（俱）在卖［主］里（理）落，不关买主之事。恐后无凭，立有卖字为据是实。

凭中：刘照庆

亲笔：有清

民国元年己酉六月初二日立字

11. 陆炳和卖田契字（民国四年十月十四日）

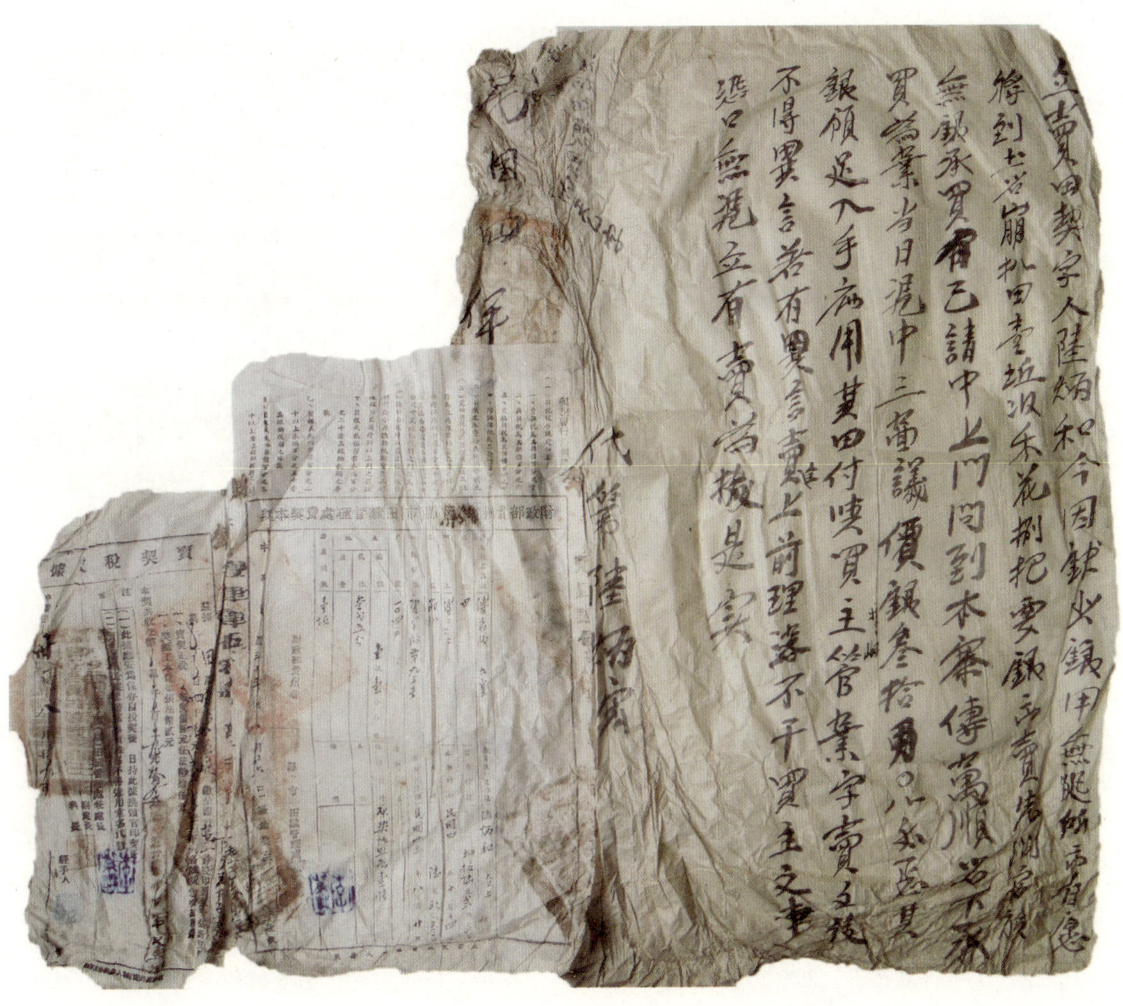

立卖田契字人陆炳和，今因缺少银用，无处所出，自愿将到土名崩扒田壹丘，收禾花捌把，要银出卖。先问房族无银承买，自己请中上门问到本寨傅万顺名下承买为业，当日凭中三面议价银叁拾两〇八钱整。其银领足入手应用，其田付与买主管业。字（自）卖之后，不得异言。若有异言，卖主上前理落，不干买主之事。恐口无凭，立有卖［字］为据是实。

内天（添）一字

代笔：陆炳宏

民国四年［十月十四日］

12. 刘有吉、刘有得兄弟卖田契（民国四年十月十四日）

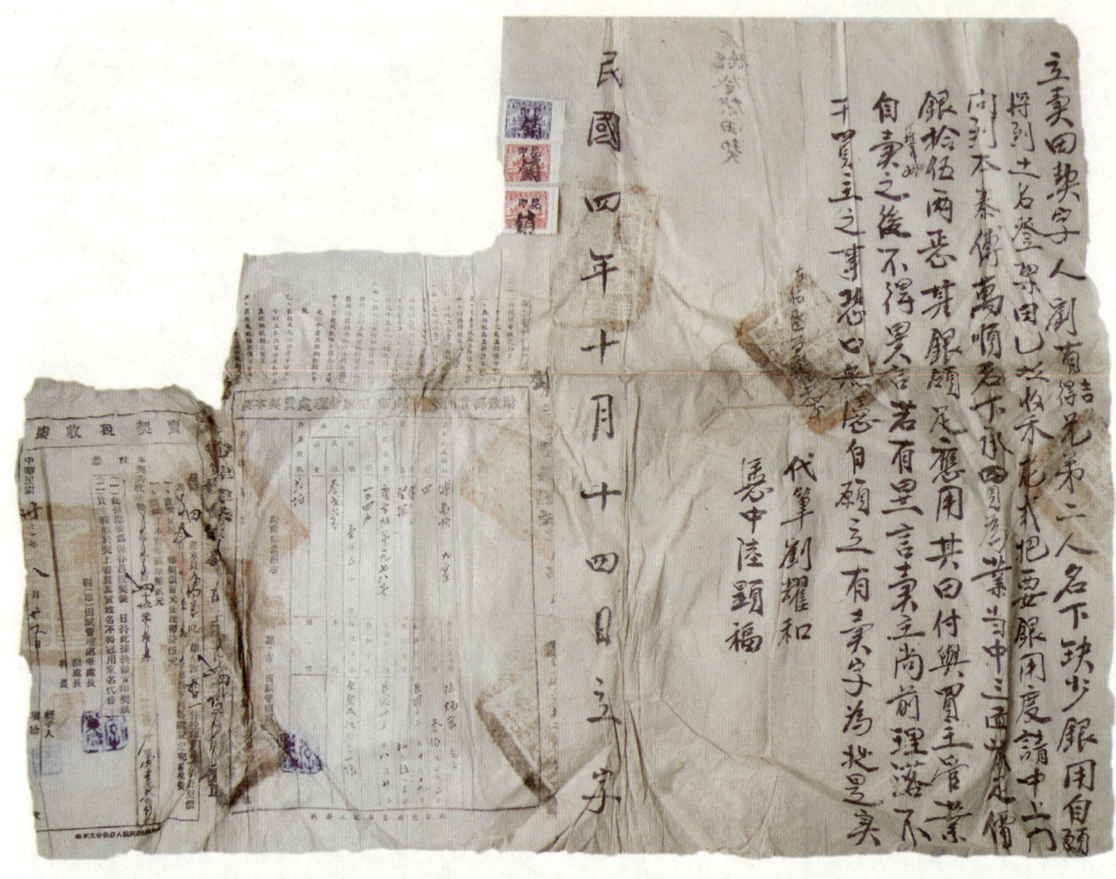

立卖田契字人刘有吉、刘有得兄弟二人名下，缺少银用，自愿将到土名登架田一丘，收禾花贰把，要银用度。请中上门问到本寨傅万顺名下承买为业，当中三面议定价银拾伍两整。其银领足应用，其田付与买主管业。自卖之后，不得异言。若有异言，卖主尚（上）前理落，不干买主之事。恐口无凭，自愿立有卖字为据是实。

代笔：刘耀和

凭中：陆显福

民国四年十月十四日立字

13. 陆文汉卖田契（民国五年十月十九日）

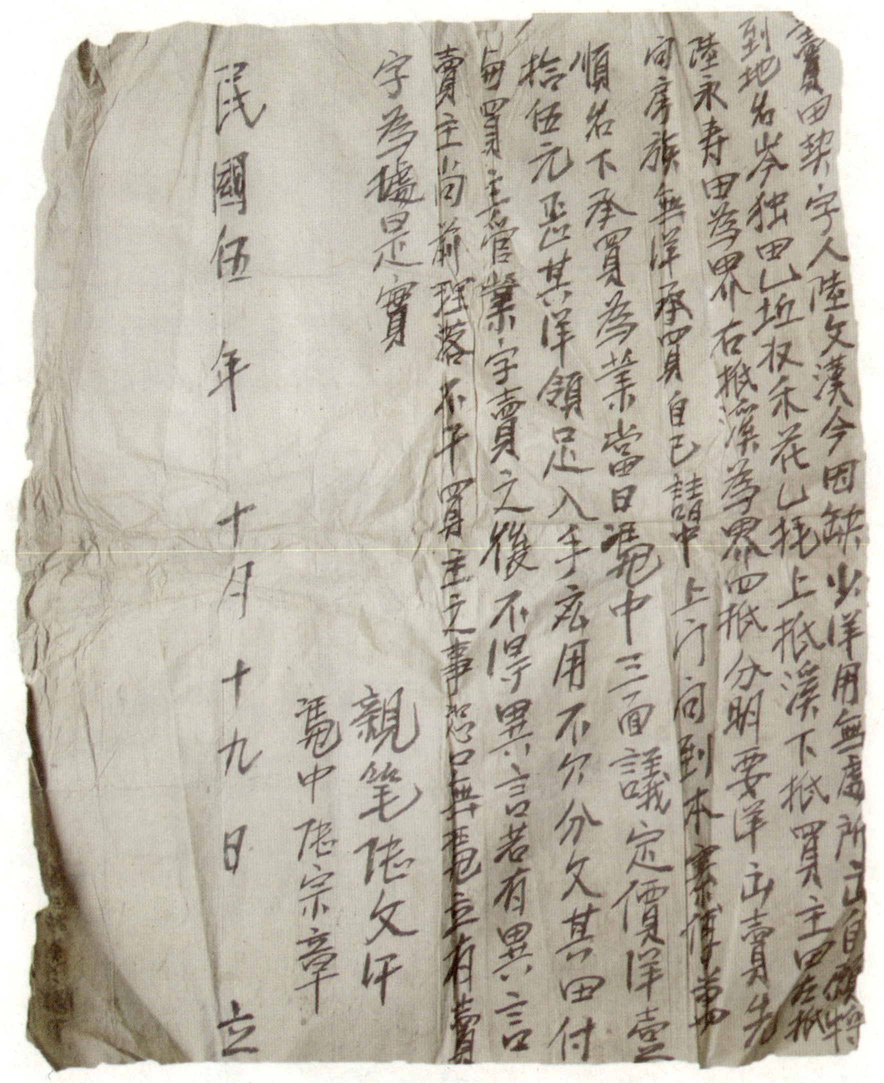

立卖田契字人陆文汉，今因缺少洋用，无处所出，自愿将到地名岑独田一丘，收禾花一把，上抵溪，下抵买主田，左抵陆永寿田为界，右抵溪为界，四抵分明，要洋出卖。先问房族无洋承买，自己请中上门问到本寨傅万顺名下承买为业，当日凭中三面议定价洋壹拾伍元整。其洋领足入手应用，不欠分文，其田付与买主管业。字（自）卖之后，不得异言。若有异言，卖主尚（上）前理落，不干买主之事。恐口无凭，立有卖字为据是实。

亲笔：陆文汗

凭中：陆宗章

民国伍年十月十九日立

14. 陆宏全、陆焕元卖杉木地土字（民国七年十一月初一日）

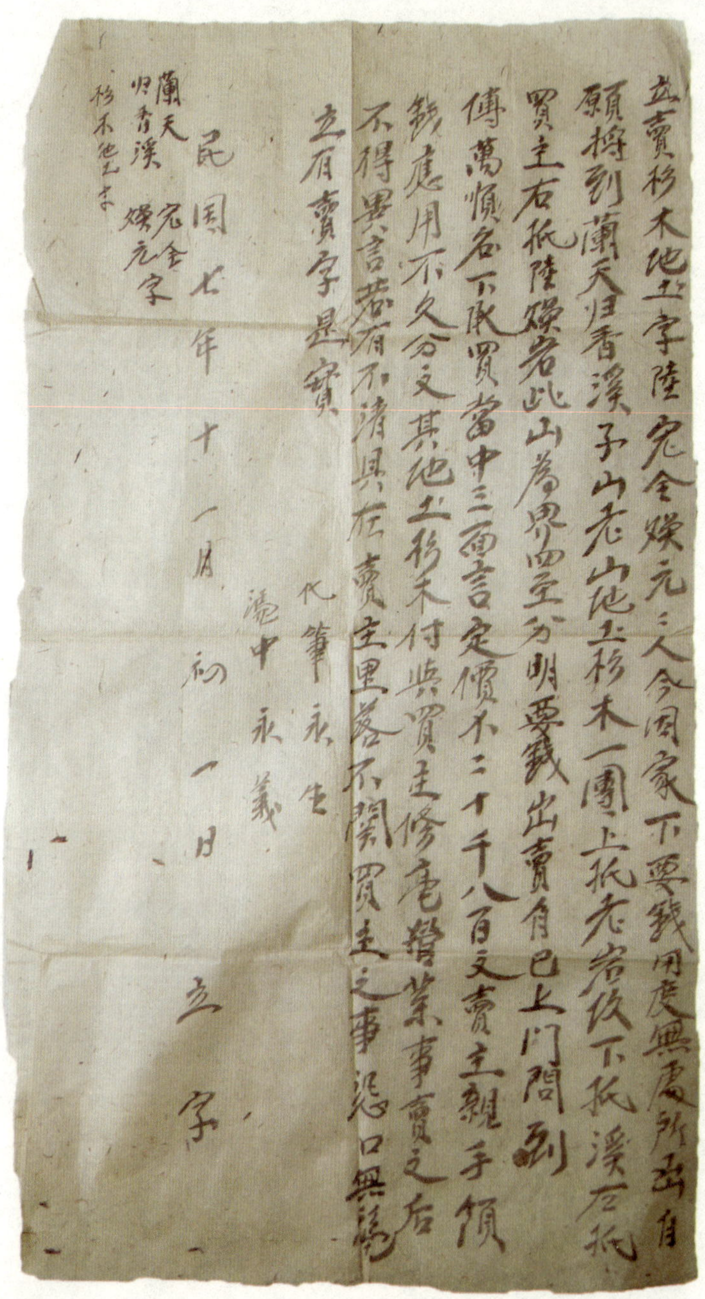
立賣杉木地土字陸宏全煥元二人今因家下要錢用度無處所出自
願將到蘭天归香溪子山老山地土杉木一團上抵老岩坎下抵溪左抵
買主右抵陸煥岩此山為界四至分明要錢出賣自己上门問到
傅萬順名下承買當中三面言定價錢二十千八百文賣主親手領
錢應用不欠分文其地土杉木付與買主修毫管業事賣之后
不得異言若有不清具在賣主里落不關買主之事恐口無憑
立有賣字是實
代筆永生
憑中永義
民国七年十一月初一日立字
蘭天归香溪杉木地土字
宏全煥元字

立卖杉木地土字陆宏全、焕元二人，今因家下要钱用度，无处所出，自愿将到兰天归香溪子山老山地土杉木一团，上抵老岩坎，下抵溪，左抵买主，右抵陆焕岩此山为界，四至分明，要钱出卖。自己上门问到傅万顺名下承买，当中三面言定价钱二十千八百文。卖主亲手领钱应用，不欠分文，其地土杉木付与买主修毫（理）管业。事（自）卖之后，不得异言。若有不清，具（俱）在卖主里（理）落，不关买主之事。恐口无凭，立有卖字是实。

代笔：永生

凭中：永义

民国七年十一月初一日立字

兰天归香溪杉木地土字，宏全、焕元字。

15. 刘德和卖地土杉木字（民国九年六月十六日）

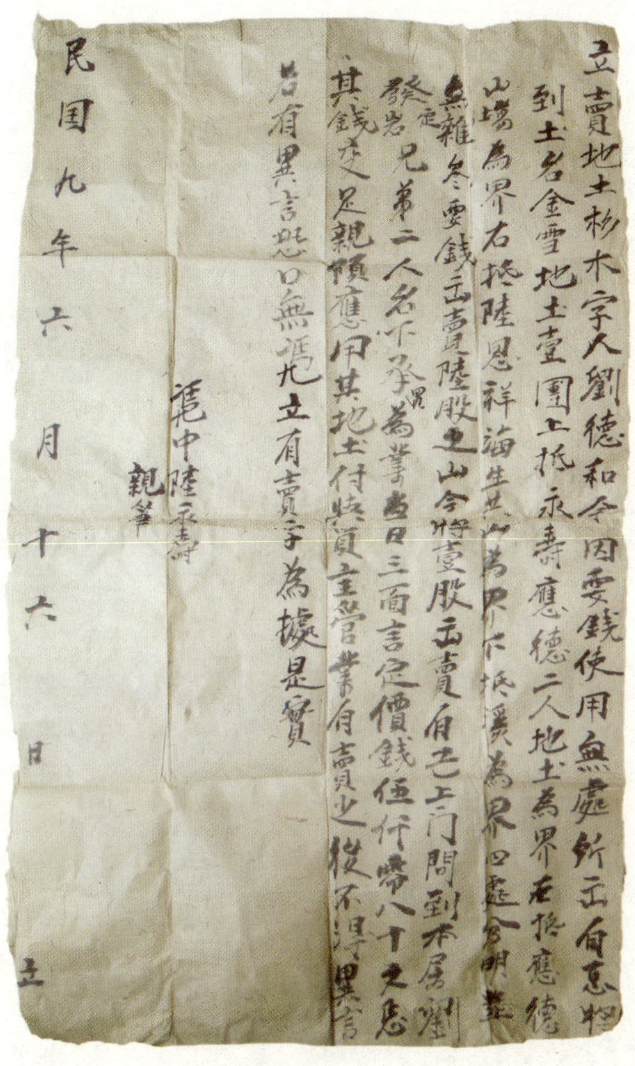
立賣地土杉木字人劉德和今因要錢使用無處所出自愿將
到土名金雪地土壹團上抵永壽應德二人地土為界左抵應德
山場為界右抵陸恩祥海生共山為界下抵溪為界四處分明並
無雜參要錢出賣陸股之山今將壹股出賣自己上門問到本房劉
發定發岩兄弟二人名下承買為業當日三面言定價錢伍仟零八十文整
其錢交足親領應用其地土付與買主管業自賣之後不得異言
若有異言恐口無憑立有賣字為據是實
憑中陸永壽
親筆
民国九年六月十六日立

立卖地土杉木字人刘德和，今因要钱使用，无处所出，自愿将到土名金雪地土壹团，上抵永寿、应德二人地土为界，左抵应德山场为界，右抵陆恩祥、海生共山为界，下抵溪为界，四处分明，并无杂叁（掺杂），要钱出卖，陆股之山今将壹股出卖。自己上门问到本房刘发定、发岩兄弟二人名下承买为业，当日三面言定价钱伍仟零八十文整。其钱交足亲领应用，其地土付与买主管业。自卖之后，不得异言。若有异言，恐口无凭，立有卖字为据是实。

凭中：陆永寿

亲笔

民国九年六月十六日立

16. 刘吉厚、刘吉山兄弟卖地土杉木字（民国九年六月十六日）

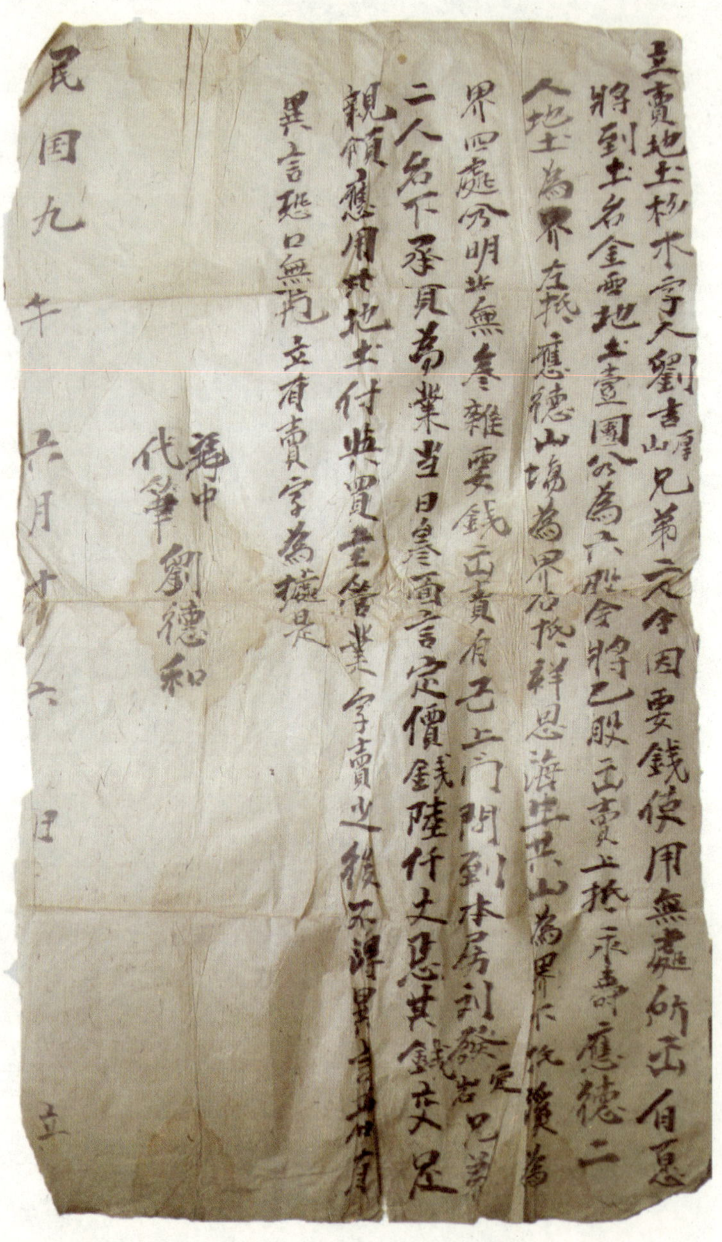

立卖地土杉木字人刘吉厚、刘吉山兄弟二人，今因要钱使用，无处所出，自愿将到土名金雪地土壹团，分为六股，今将一股出卖。上抵永寿、应德二人地土为界，左抵应德山场为界，右抵祥恩、海生共山为界，下抵溪为界，四处分明，并无叁（掺）杂，要钱出卖。自己上门问到本房刘发定、发岩兄弟二人名下承买为业，当日叁面言定价钱陆仟文整。其钱交足亲领应用，其地土付与买主管业。字（自）卖之后，不得异言。若有异言，恐口无凭，立有卖字为据是［实］。

凭中、代笔：刘德和

民国九年六月十六日立

17. 陆政堂卖山场地土杉木字（民国九年七月初三日）

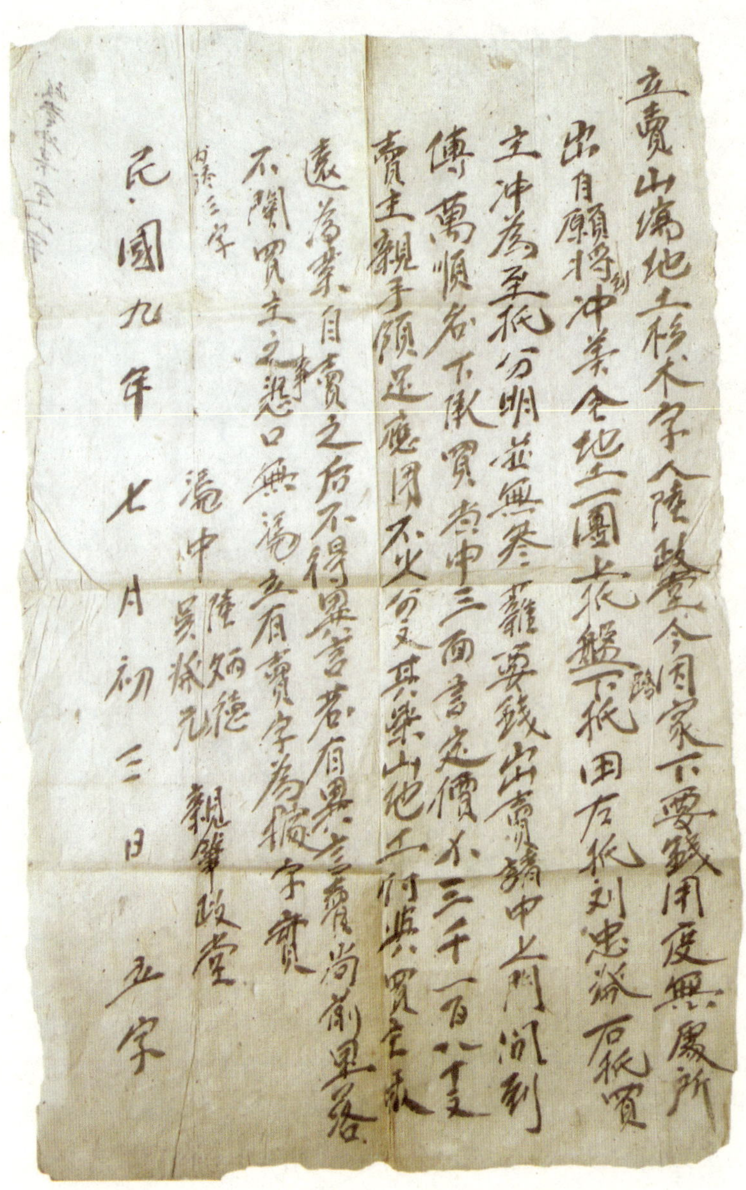

立卖山场地土杉木字人陆政堂，今因家下要钱用度，无处所出，自愿将到冲美全地土一团，上抵盘路，下抵田，左抵刘忠发，右抵买主冲为［界］，至（四）抵分明，并无叁（掺）杂，要钱出卖。请中上门问到傅万顺名下承买，当中三面言定价钱三千一百八十文。卖主亲手领足应用，不少分文，其柴山地土付与买主永远为业。自卖之后，不得异言。若有异言，卖［主］尚（上）前里（理）落，不关买主之事。恐口无凭，立有卖字为据字（是）实。

内添三字

凭中：陆炳德、吴发元

亲笔：政堂

民国九年七月初三日立字

18. 陆祯康卖地土杉木字（民国十年三月二十日）

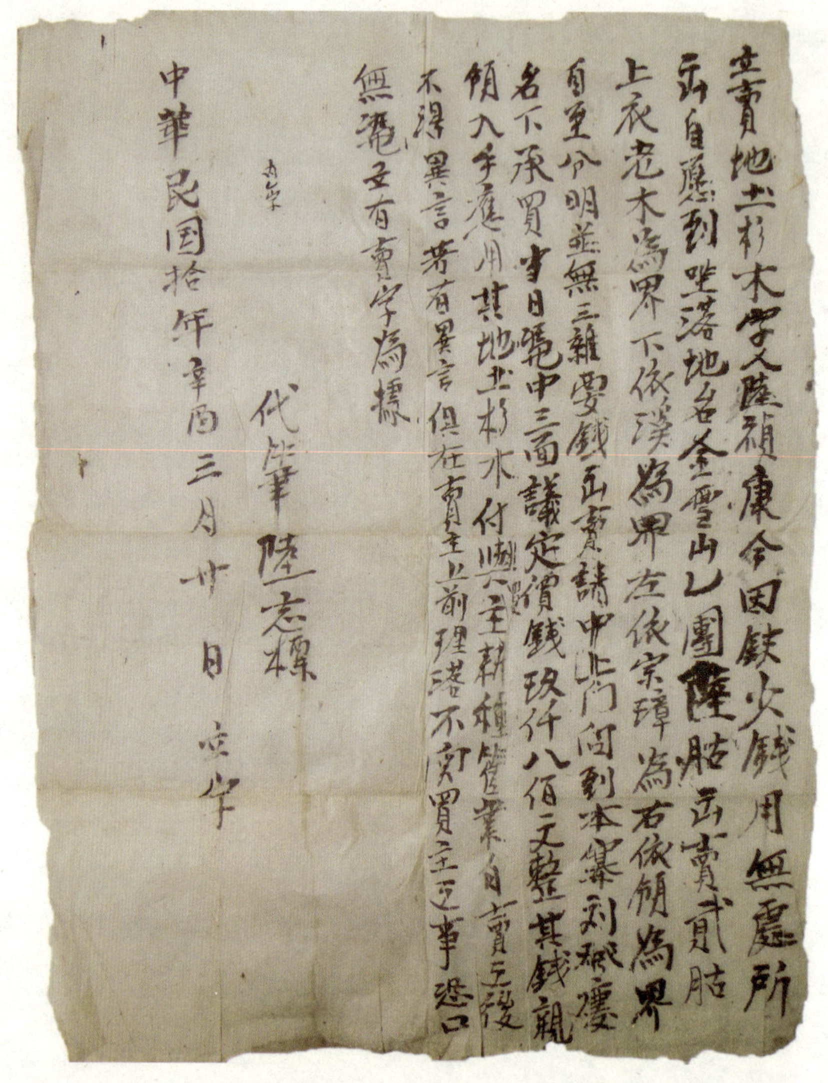

立卖地土杉木字人陆祯康，今因缺少钱用，无处所出，自愿［将］到坐落地名金雪山一团，陆股出卖贰股，上衣（依）老木为界，下依溪为界，左依宗璋为［界］，右依领（岭）为界，自（四）至分明，并无三（掺）杂，要钱出卖。请中上门问到本寨刘发庆名下承买，当日凭中三面议定价钱玖仟八佰文整。其钱亲领入手应用，其地土杉木付与买主耕种管业。自卖之后，不得异言。若有异言，俱在卖主上前理落，不关买主之事。恐口无凭，立有卖字为据。

内［添］一字

代笔：陆志标

中华民国拾年辛酉三月廿日立字

19. 刘元生、王氏引凤母子卖山场柴山字（民国十年六月初十日）

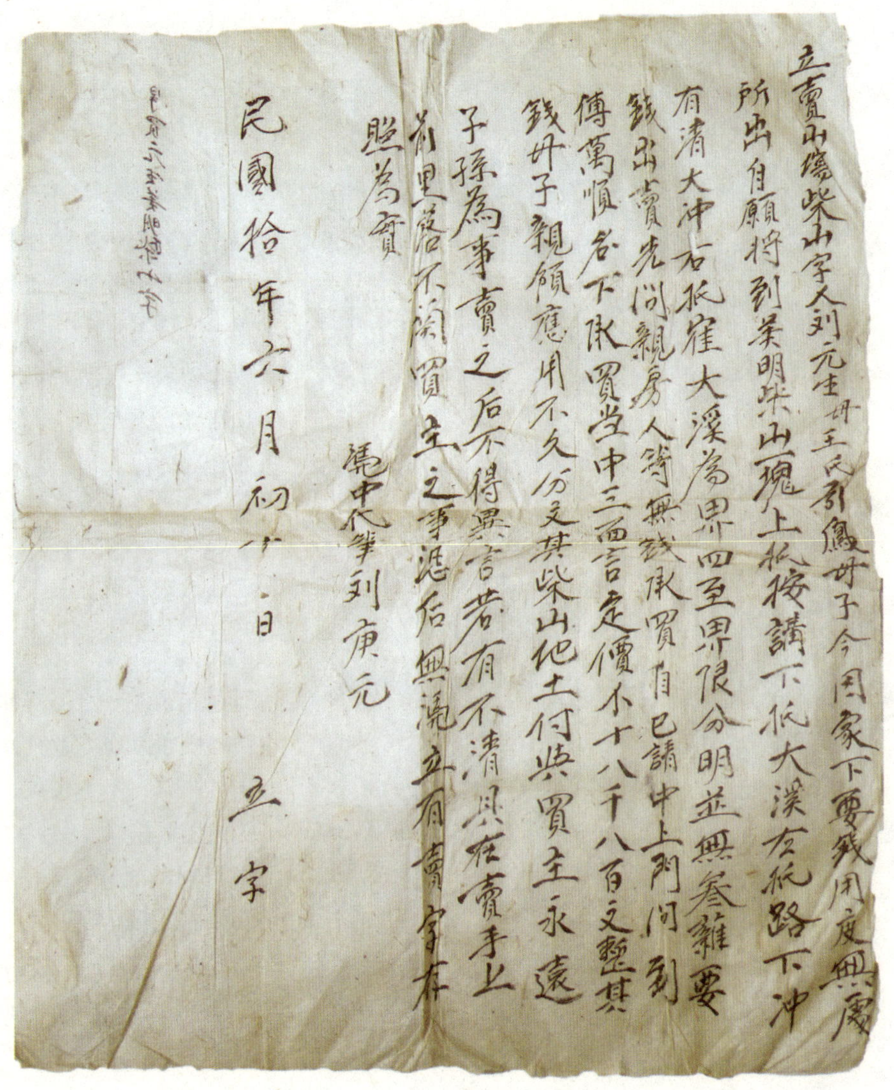

立卖山场柴山字人刘元生、母王氏引凤母子，今因家下要钱用度，无处所出，自愿将到美明柴山一块，上抵按（暗）讲（沟），下抵大溪，左抵路下冲有清大冲，右抵崔大溪为界，四至界限分明，并无叁（掺）杂，要钱出卖。先问亲房人等无钱承买，自己请中上门问到傅万顺名下承买，当中三面言定价钱十八千八百文整。其钱母子亲领应用，不欠分文，其柴山地土付与买主永远子孙为［业］。事（自）卖之后，不得异言。若有不清，具（俱）在卖手上前里（理）落，不关买主之事。恐后无凭，立有卖字存照为实。

凭中、代笔：刘庚元

民国拾年六月初十日立字

20. 陆恩培、陆恩禄、陆恩寿等兄弟卖地土杉木字（民国十年七月十四日）

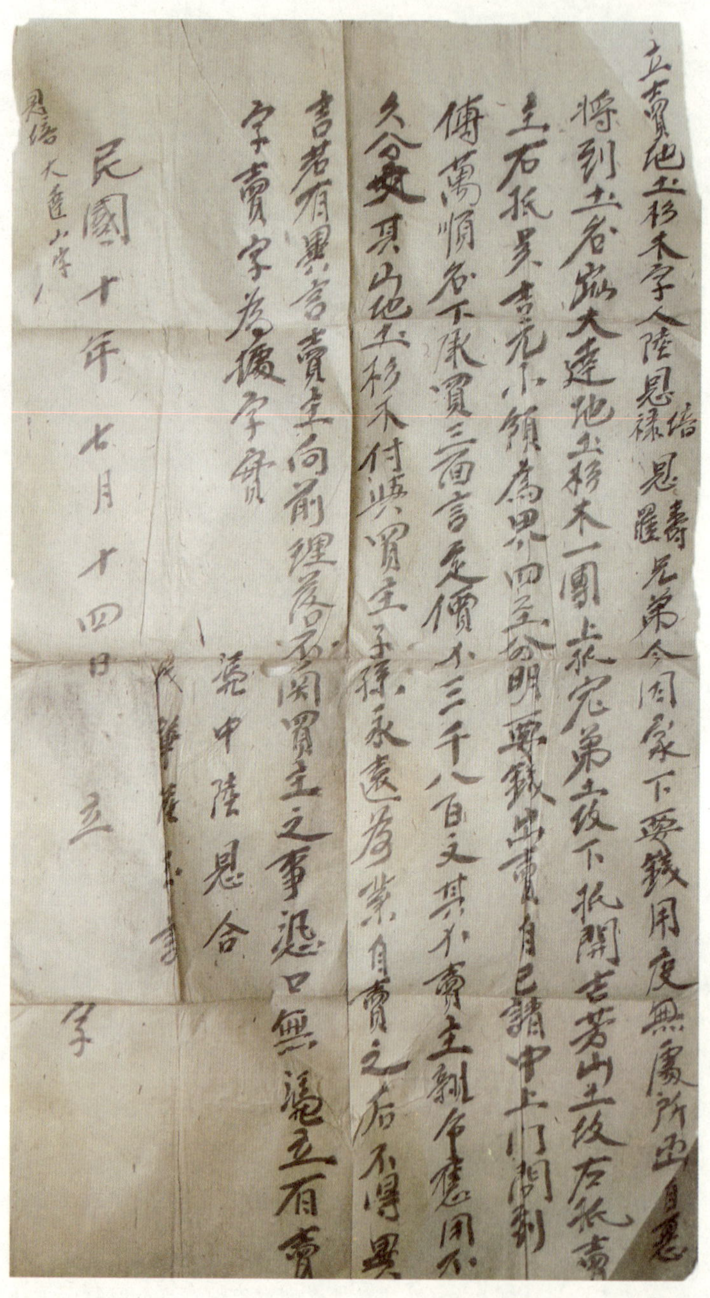

立卖地土杉木字人陆恩培、恩禄、陆恩寿、陆恩罗兄弟，今因家下要钱用度，无处所出，自愿将到土名岴大达地土杉木一团，上抵宏弟土坎，下抵开吉芳（荒）山土坎，左抵卖主，右抵吴吉元小领（岭）为界，四至分明，要钱出卖。自己请中上门问到傅万顺名下承买，三面言定价钱三千八百文。其钱卖主亲令（领）应用，不欠分文，其山地土杉木付与买主子孙永远为业。自卖之后，不得异言。若有异言，卖主向前理落，不关买主之事。恐口无凭，立有卖字为据字（是）实。

凭中：陆恩合

代笔：陆玉言

民国十年七月十四日立字

恩培大达山字

21. 陆玉贤卖杉木地土字（民国十年七月十四日）

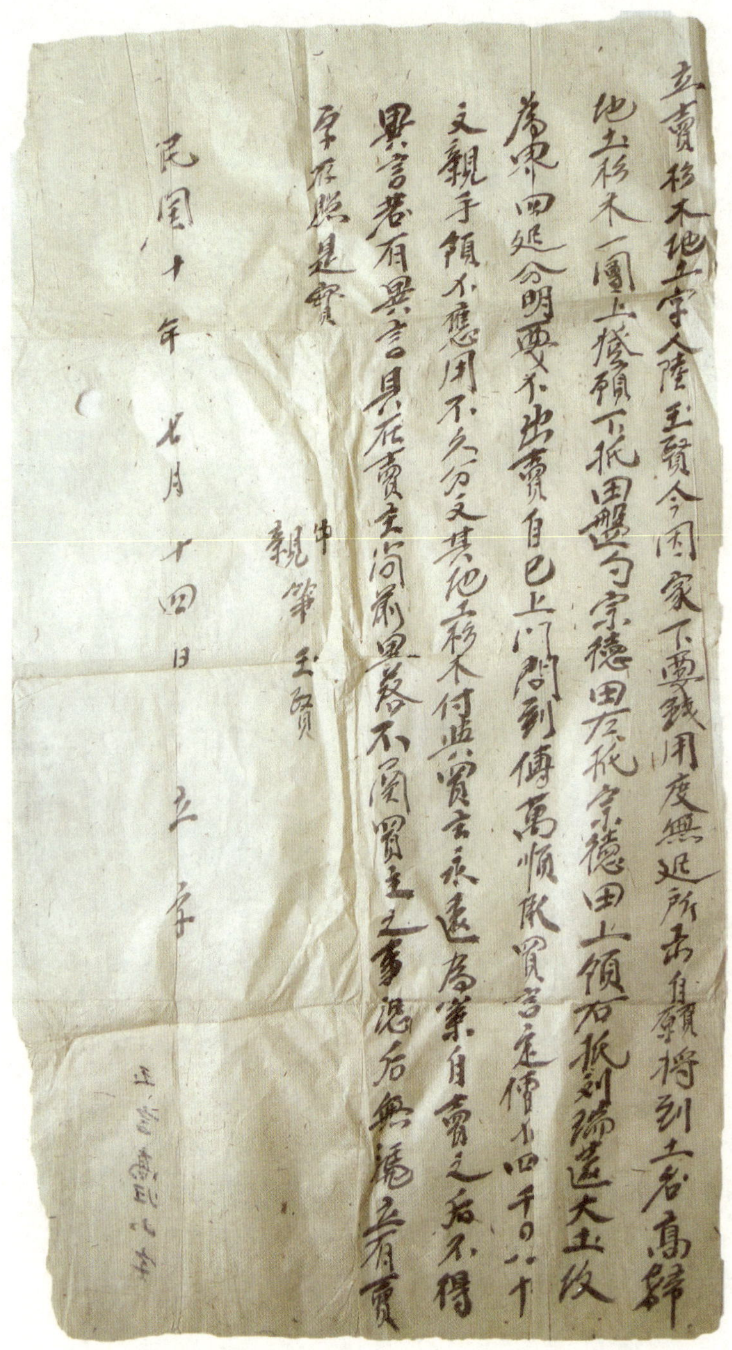

立卖杉木地土字人陆玉贤，今因家下要钱用度，无处所出，自愿将到土名高归地土杉木一团，上登领（岭），下抵田盘勺（沟）宗德田，左抵宗德田上领（岭），右抵刘瑞远大土坎为界，四处分明，要钱出卖。自己上门问到傅万顺承买，言定价钱四千〇八十文。亲手领钱应用，不欠分文，其地土杉木付与买主永远为业。自卖之后，不得异言。若有异言，具（俱）在卖主尚（上）前里（理）落，不关买主之事。恐后无凭，立有卖字存照是实。

［凭］中、亲笔：玉贤

民国十年七月十四日立字

22. 刘炳全卖杉木地土字（民国十年十月十三日）

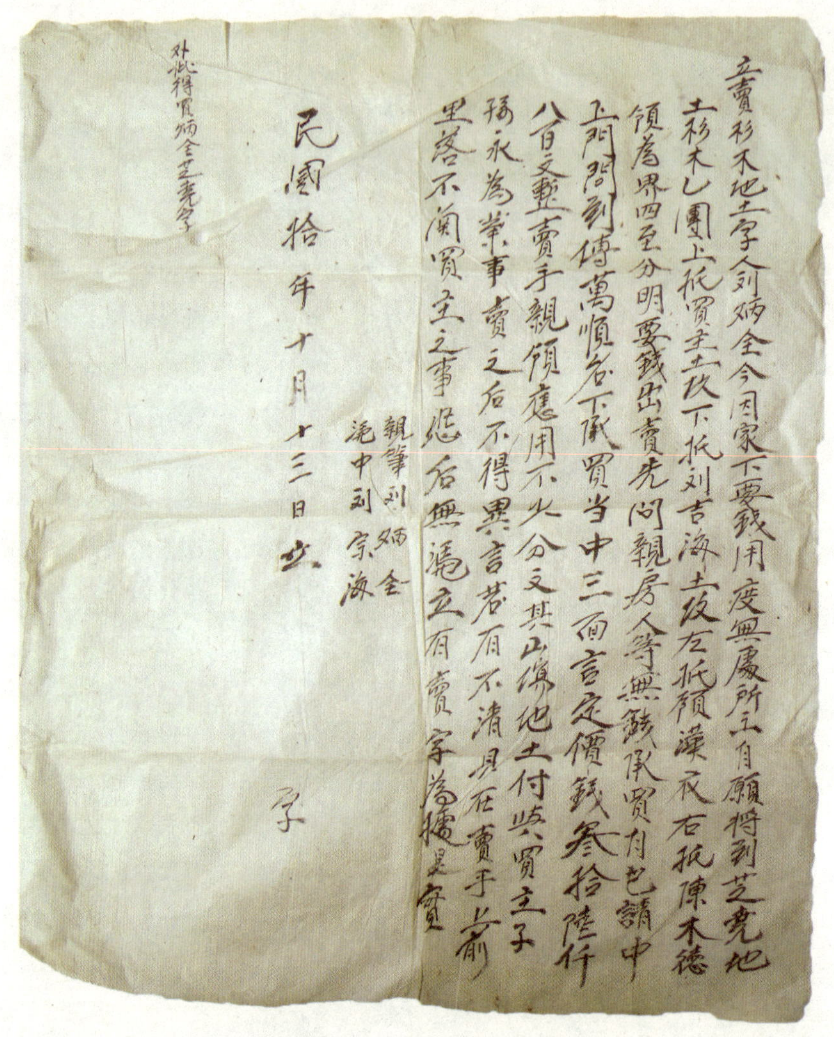

立賣杉木地土字人劉炳全今因家下要錢用度無處所出自願將到芝堯地
土杉木乙團上抵買主土坎下抵劉吉海土坎左抵領漢衣右抵陳木德
領為界四至分明要錢出賣先問親房人等無錢承買自己請中
上門問到傅萬順名下承買當中三面言定價錢叁拾陸仟
八百文整賣手親領應用不少分文其山場地土付與買主子
孫永為業事賣之后不得異言若有不清具在賣手上前
里落不關買主之事恐后無憑立有賣字為據是實

親筆劉炳全
憑中劉宗海

民國拾年十月十三日立字

外批得買炳全芝堯字

立卖杉木地土字人刘炳全，今因家下要钱用度，无处所出，自愿将到芝尧地土杉木一团，上抵买主土坎，下抵刘吉海土坎，左抵领（岭）汉衣，右抵陈木德领（岭）为界，四至分明，要钱出卖。先问亲房人等无钱承买，自己请中上门问到傅万顺名下承买，当中三面言定价钱叁拾陆仟八百文整。卖手亲领应用，不少分文，其山场地土付与买主子孙永［远］为业。事（自）卖之后，不得异言。若有不清，具（俱）在卖手上前里（理）落，不关买主之事。恐后无凭，立有卖字为据是实。

亲笔：刘炳全

凭中：刘宗海

民国拾年十月十三日立字

外批：得买炳全芝尧字

23. 刘元生、王氏引凤母子卖杉木地土字（民国十一年七月初八日）

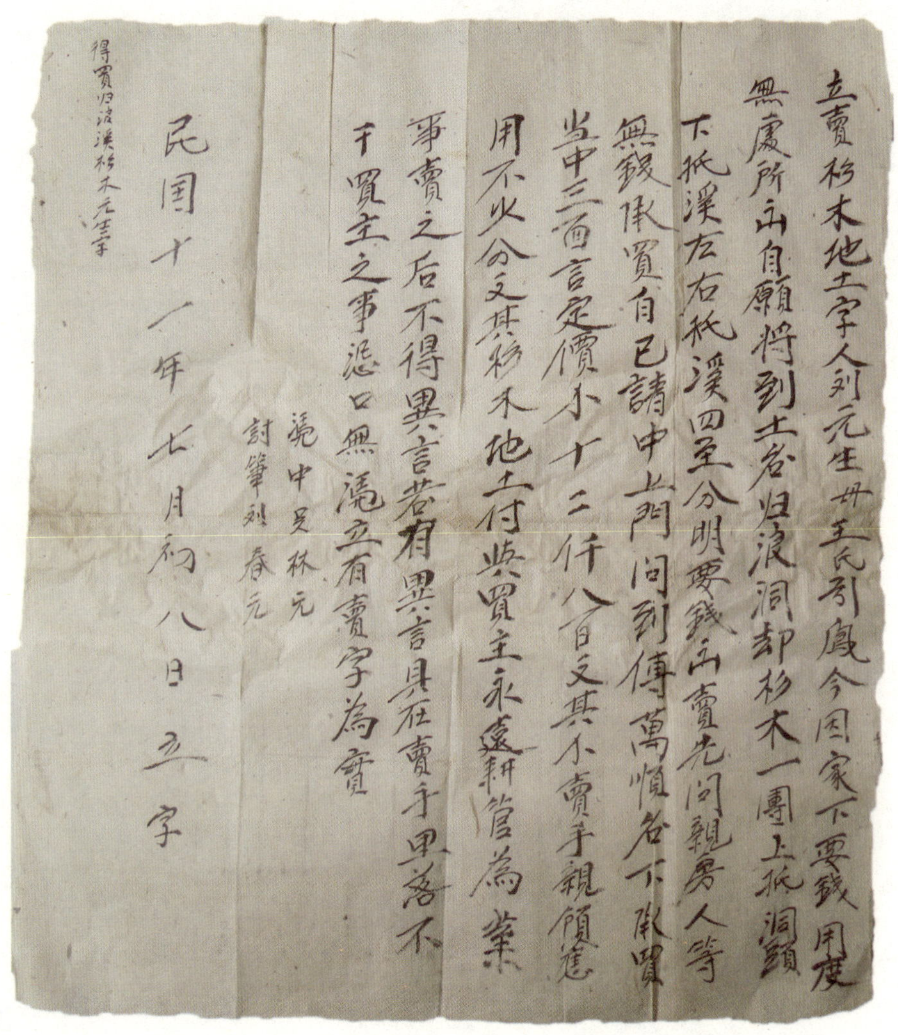

立卖杉木地土字人刘元生、母王氏引凤，今因家下要钱用度，无处所出，自愿将到土名归浪洞却（脚）杉木一团，上抵洞头，下抵溪，左右抵溪，四至分明，要钱出卖。先问亲房人等无钱承买，自己请中上门问到傅万顺名下承买，当中三面言定价钱十二仟八百文。其钱卖手亲领应用，不少分文，其杉木地土付与买主永远耕管为业。事（自）卖之后，不得异言。若有异言，具（俱）在卖手里（理）落，不干买主之事。恐口无凭，立有卖字为实。

凭中：吴林元

讨笔：刘春元

民国十一年七月初八日立字

得买归浪溪（洞）杉木元生字

24.刘元生、王氏引凤母子卖柴山地土字（民国十一年八月初十日）

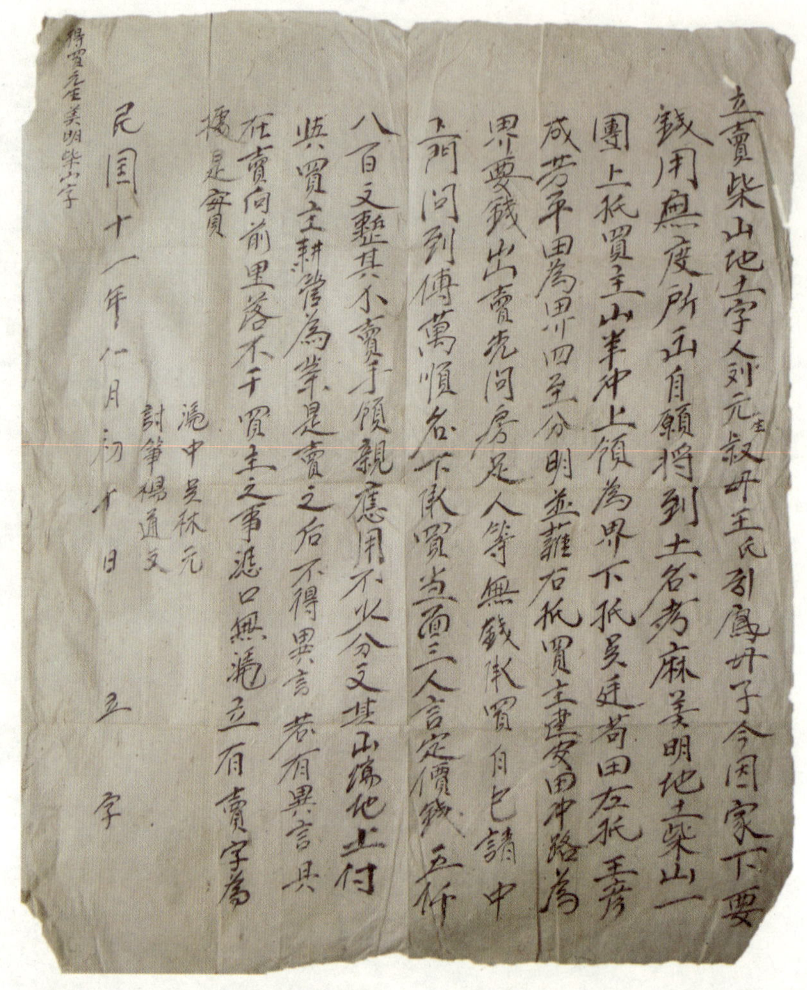

立卖柴山地土字人刘元生、叔母王氏引凤母子，今因家下要钱用度，［无处］所出，自愿将到土名考麻美明地土柴山一团，上抵买主山半冲上领（岭）为界，下抵吴廷苟田，左抵王彦成芳（荒）平（坪）田为界，四至分明，并［无］［掺］杂，右抵买主建安田冲路为界，要钱出卖。先问房足（族）人等无钱承买，自己请中上门问到傅万顺名下承买，当面三人言定价钱五仟八百文整。其钱卖手领亲（清）应用，不少分文，其山场地土付与买主耕管为业。是（自）卖之后，不得异言。若有异言，具（俱）在卖［主］向前里（理）落，不干买主之事。恐口无凭，立有卖字为据是实。

凭中：吴林元

讨笔：杨通文

民国十一年八月初十日立字

得买元生美明柴山字

25. 刘有吉、刘有得兄弟卖田契（民国十二年四月初三日）

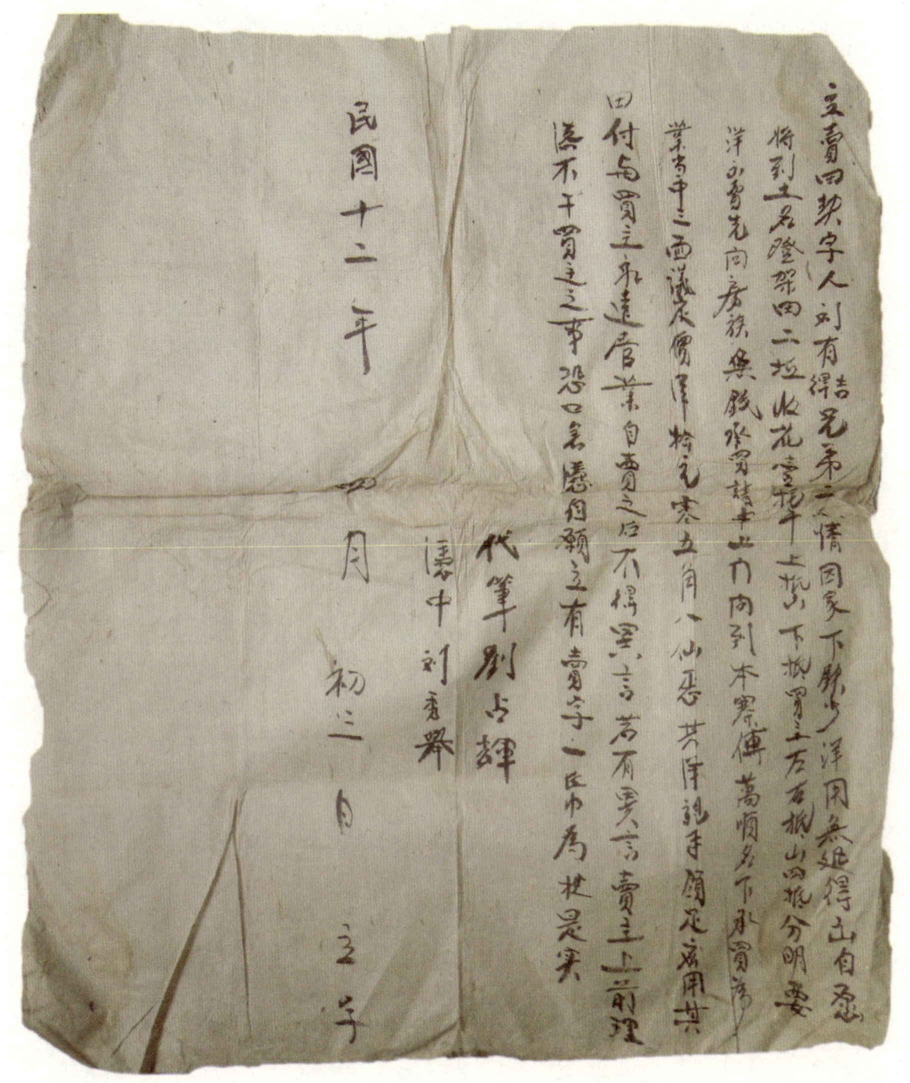

立卖田契字人刘有吉、刘有得兄弟二人，情因家下缺少洋用，无处得出，自愿将到土名登架田二丘，收花壹把半，上抵山，下抵买主，左右抵山，四抵分明，要洋出卖。先问房族无钱承买，请中上门问到本寨傅万顺名下承买为业，当中三面议定价洋拾元零五角八仙整。其洋亲手领足应用，其田付与买主永远管业。自卖之后，不得异言。若有异言，卖主上前理落，不干买主之事。恐口无凭，自愿立有卖字一纸为据是实。

代笔：刘占辉

凭中：刘秀举

民国十二年四月初三日立字

26. 全述弟卖地土字（民国十二年五月十一日）

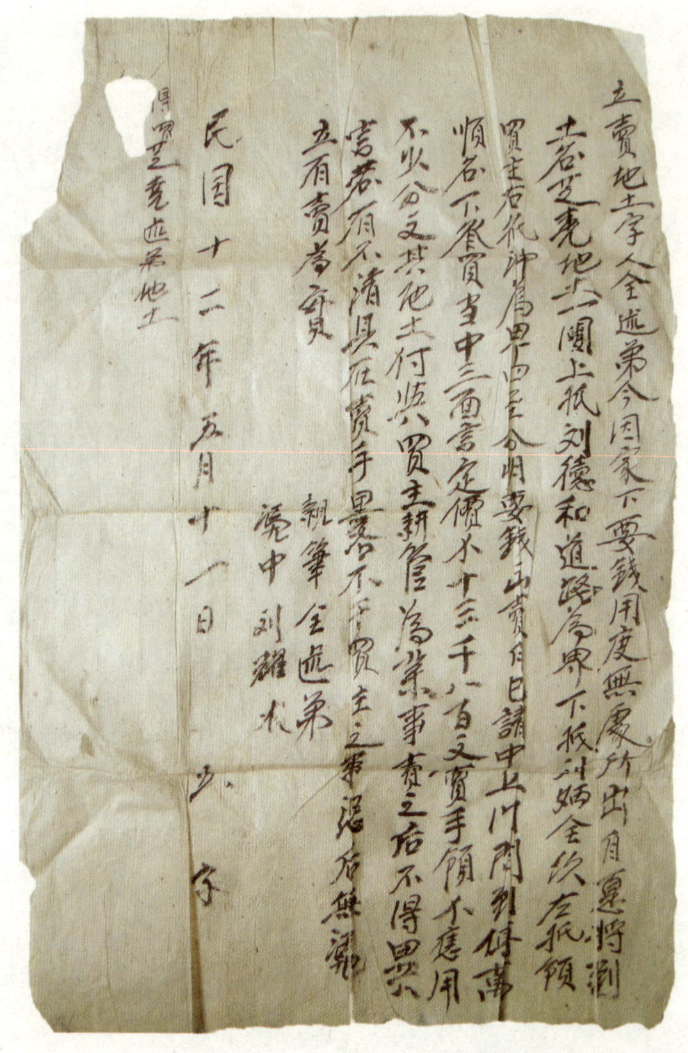

立卖地土字人全述弟，今因家下要钱用度，无处所出，自愿将到土名芝尧地土一团，上抵刘德和道路为界，下抵刘炳全坎，左抵领（岭）买主，右抵冲为界，四至分明，要钱出卖。自己请中上门问到傅万顺名下承买，当中三面言定价钱十三千八百文。卖手领钱应用，不少分文，其地土付与买主耕管为业。事（自）卖之后，不得异言。若有不清，具（俱）在卖手里（理）落，不干买主之事。恐后无凭，立有卖［字］为实。

亲笔：全述弟

凭中：刘耀木

民国十二年五月十一日立字

得买芝尧述弟地土

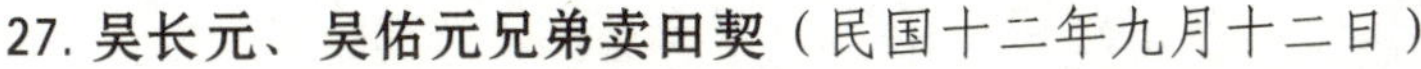

27. 吴长元、吴佑元兄弟卖田契（民国十二年九月十二日）

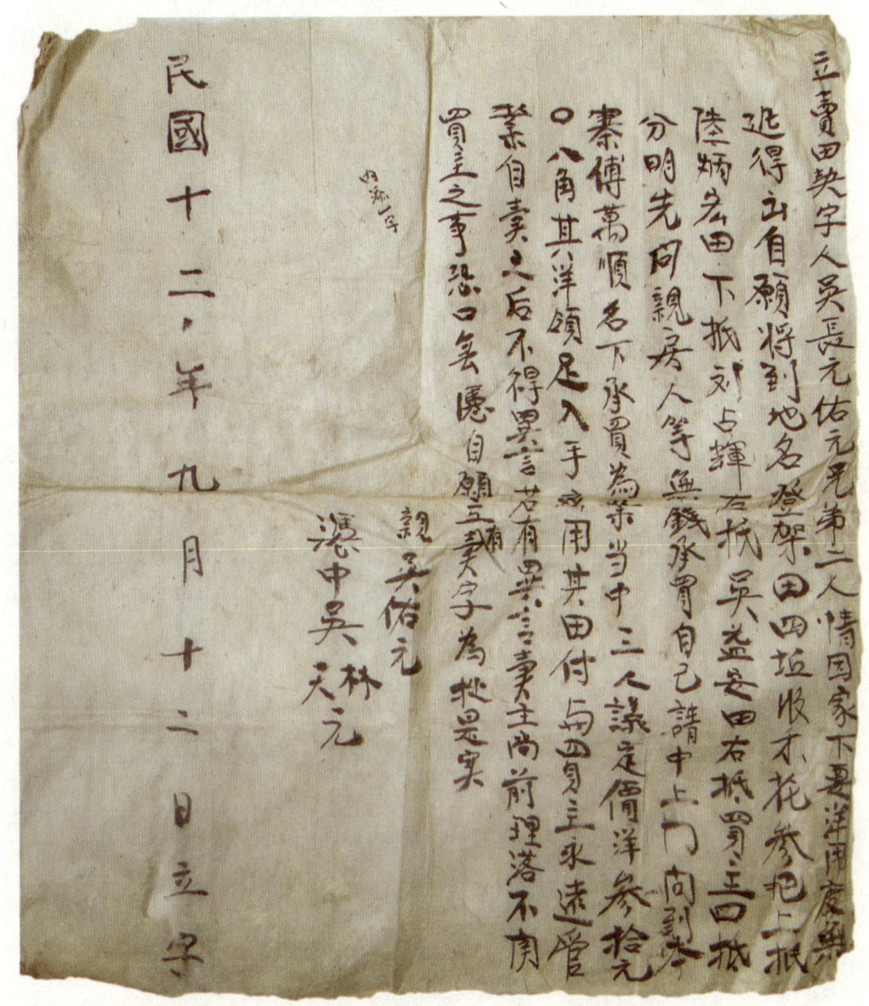

立卖田契字人吴长元、佑元兄弟二人，情因家下要洋用度，无处得出，自愿将到地名登架田四丘，收禾花叁把，上抵陆炳宏田，下抵刘占辉，左抵吴益安田，右抵买主，四抵分明，先问亲房人等无钱承买，自己请中上门问到本寨傅万顺名下承买为业，当中三人议定价洋叁拾元〇八角。其洋领足入手应用，其田付与买主永远管业。自卖之后，不得异言。若有异言，卖主尚（上）前理落，不关买主之事。恐口无凭，自愿立有卖字为据是实。

内添一字

亲［笔］：吴佑元

凭中：吴林元、吴天元

民国十二年九月十二日立字

28. 陆祥玉、陆启生卖地土字（民国十二年十月初五日）

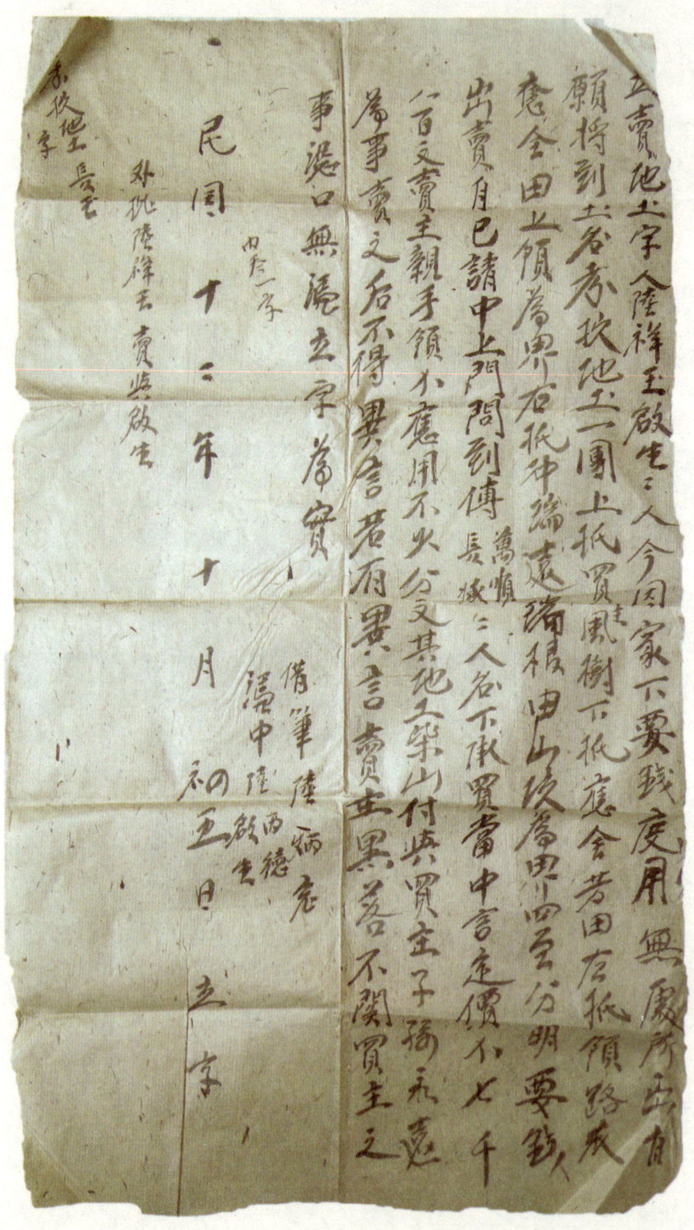

立卖地土字人陆祥玉、启生二人，今因家下要钱用度，无处所出，自愿将到土名考扻地土一团，上抵买主风（枫）树，下抵应舍芳（荒）田，左抵领（岭）路衣（依）应全田上领（岭）为界，右抵冲瑞远、瑞根由（油）山坎为界，四至分明，要钱出卖。自己请中上门问到傅万顺、长发二人名下承买，当中言定价钱七千八百文。卖主亲手领钱应用，不少分文，其地土柴山付与买主子孙永远为［业］。事（自）卖之后，不得异言。若有异言，卖主里（理）落，不关买主之事。恐口无凭，立字为实。

内添一字

借笔：陆炳宏

凭中：陆丙德、陆启生

民国十二年十月初五日立字

外批：陆祥玉卖与启生

考扻地土长玉字

29. 陆炳宏卖田契（民国十二年十月十九日）

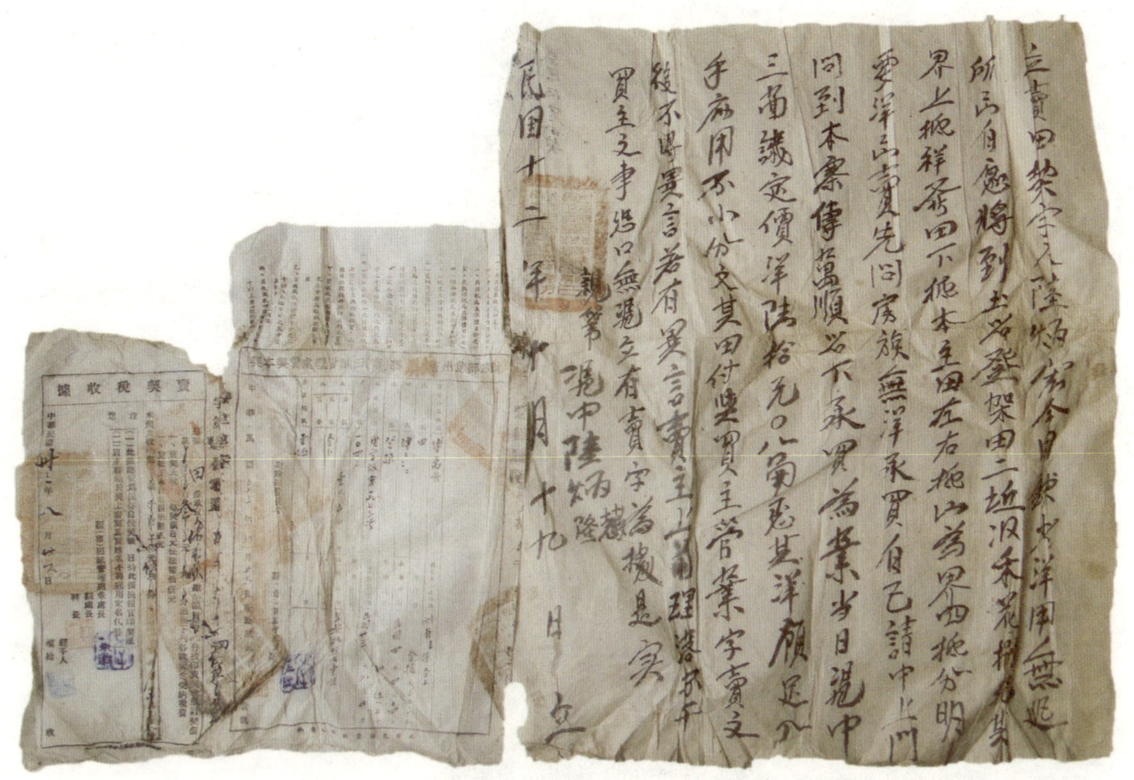

立卖田契字人陆炳宏，今因缺少洋用，无处所出，自愿将到土名登架田二丘，收禾花捌把，其界上抵祥发田，下抵本主田，左右抵山为界，四抵分明，要洋出卖。先问房族无洋承买，自己请中上门问到本寨傅万顺名下承买为业，当日凭中三面议定价洋陆拾元〇八角整。其洋领足入手应用，不小（少）分文，其田付与买主管业。字（自）卖之后，不得异言。若有异言，卖主上前理落，不干买主之事。恐口无凭，立有卖字为据是实。

亲笔

凭中：陆炳欢、陆炳隆

民国十二年十月十九日立

30. 陆永生卖地土杉木字（民国十四年八月初九日）

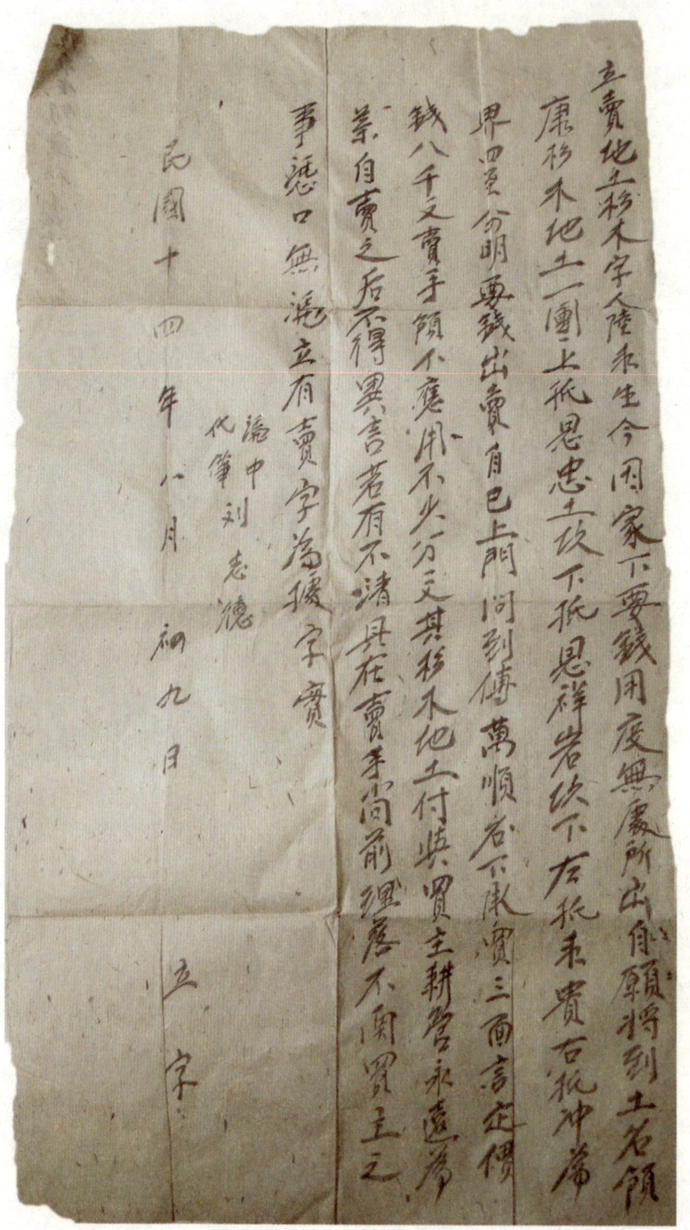

立賣地土杉木字人陸永生今因家下要錢用度無處所出自願將到土名領
康杉木地土一團上抵恩忠土坎下抵恩祥岩坎下左抵永貴右抵冲爲
界四至分明要錢出賣自己上門問到傅萬順名下承買三面言定價
錢八千文賣手領錢應用不少分文其杉木地土付與買主耕管永遠爲
業自賣之后不得異言若有不清具在賣手尚前理落不關買主之
事恐口無憑立有賣字爲據字實
憑中 代筆 劉志德
民國十四年八月初九日 立字

立卖地土杉木字人陆永生，今因家下要钱用度，无处所出，自愿将到土名领（岭）康杉木地土一团，上抵恩忠土坎，下抵恩祥岩坎下，左抵永贵，右抵冲为界，四至分明，要钱出卖。自己上门问到傅万顺名下承买，三面言定价钱八千文。卖手领钱应用，不少分文，其杉木地土付与买主耕管永远为业。自卖之后，不得异言。若有不清，具（俱）在卖手尚（上）前理落，不关买主之事。恐口无凭，立有卖字为据字（是）实。

凭中、代笔：刘志德

民国十四年八月初九日立字

31. 陆文江卖田契（民国十四年十月十二日）

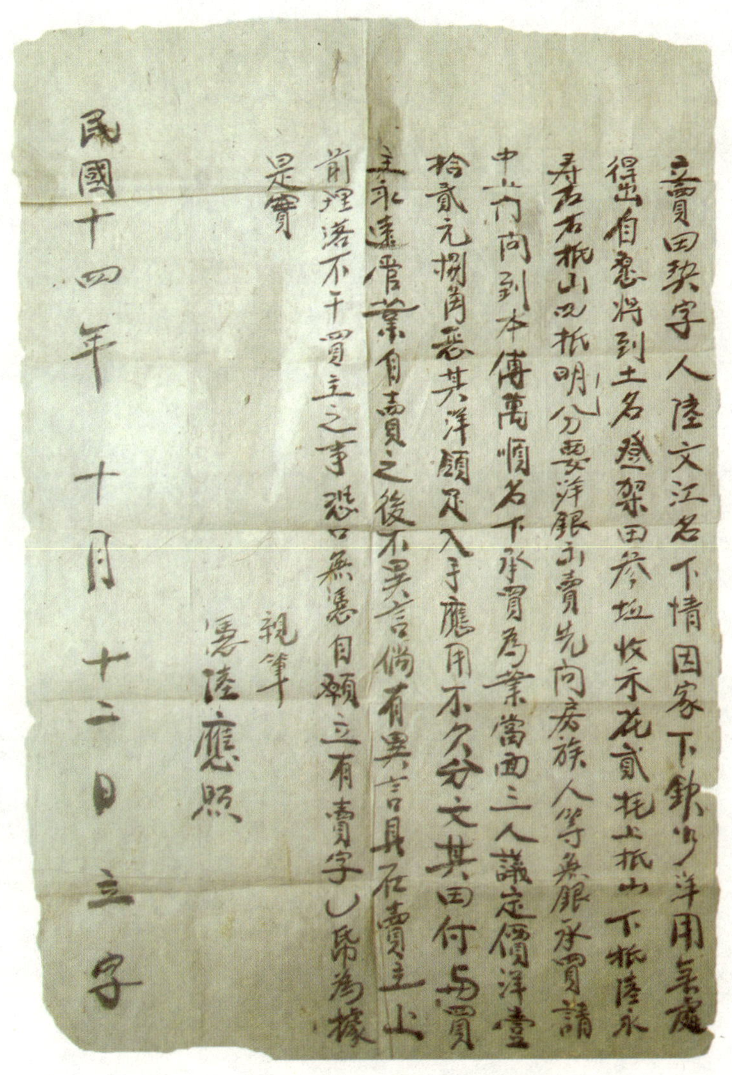

立卖田契字人陆文江名下，情因家下缺少洋用，无处得出，自愿将到土名登架田叁丘，收禾花贰把，上抵山，下抵陆永寿，左右抵山，四抵分明，要洋银出卖。先问房族人等无银承买，请中上门问到本［寨］傅万顺名下承买为业，当面三人议定价洋壹拾贰元捌角整。其洋领足入手应用，不欠分文，其田付与买主永远管业。自卖之后，不［得］异言。倘有异言，具（俱）在卖主上前理落，不干买主之事。恐口无凭，自愿立有卖字一纸为据是实。

亲笔

凭［中］：陆应照

民国十四年十月十二日立字

32. 范芝义卖山场杉木地土字（民国十四年十月五日）

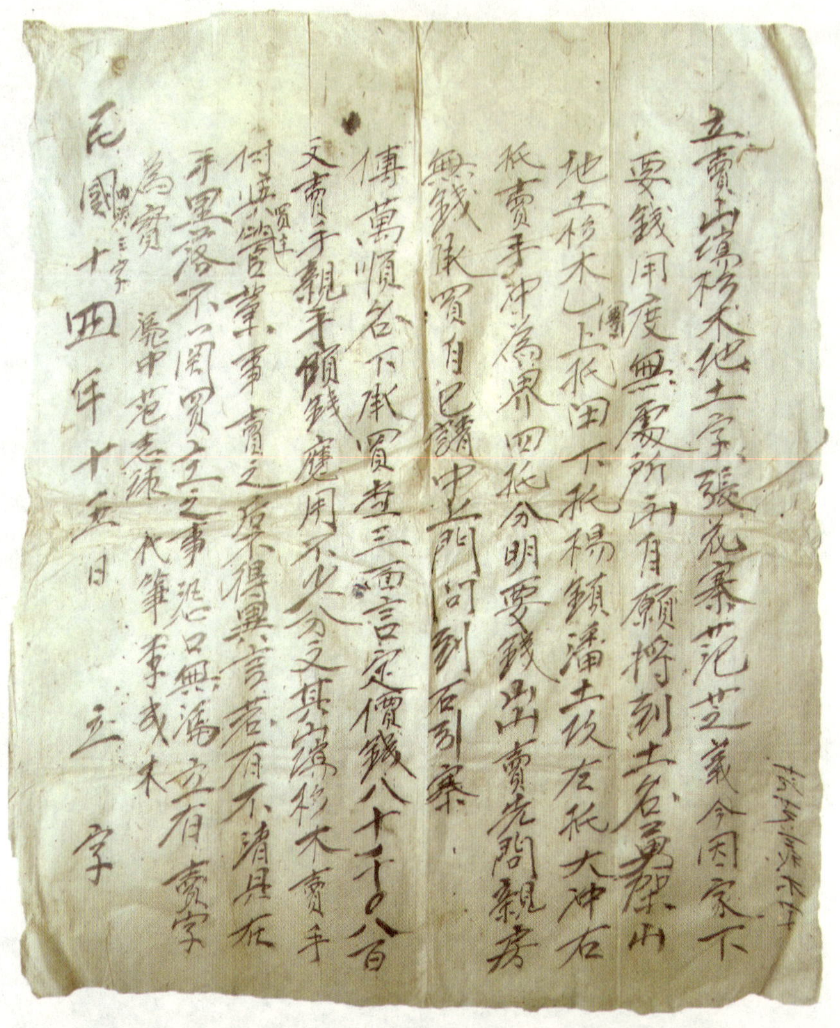

立卖山场杉木地土字张花寨范芝义，今因家下要钱用度，无处所出，自愿将到土名勇架山地土杉木一团，上抵田，下抵杨镇潘土坎，左抵大冲，右抵卖手冲为界，四抵分明，要钱出卖。先问亲房无钱承买，自己请中上门问到石引寨傅万顺名下承买，当［日］三面言定价钱八十千〇八百文。卖手亲手领钱应用，不少分文，其山场杉木卖手付与买主管业。事（自）卖之后，不得异言。若有不清，具（俱）在［卖］手（主）里（理）落，不关买主之事。恐口无凭，立有卖字为实。

内添三字

凭中：范志球

代笔：李成木

民国十四年十五日立字

33. 范志求父子卖山场地土杉木字（民国十五年三月十一日）

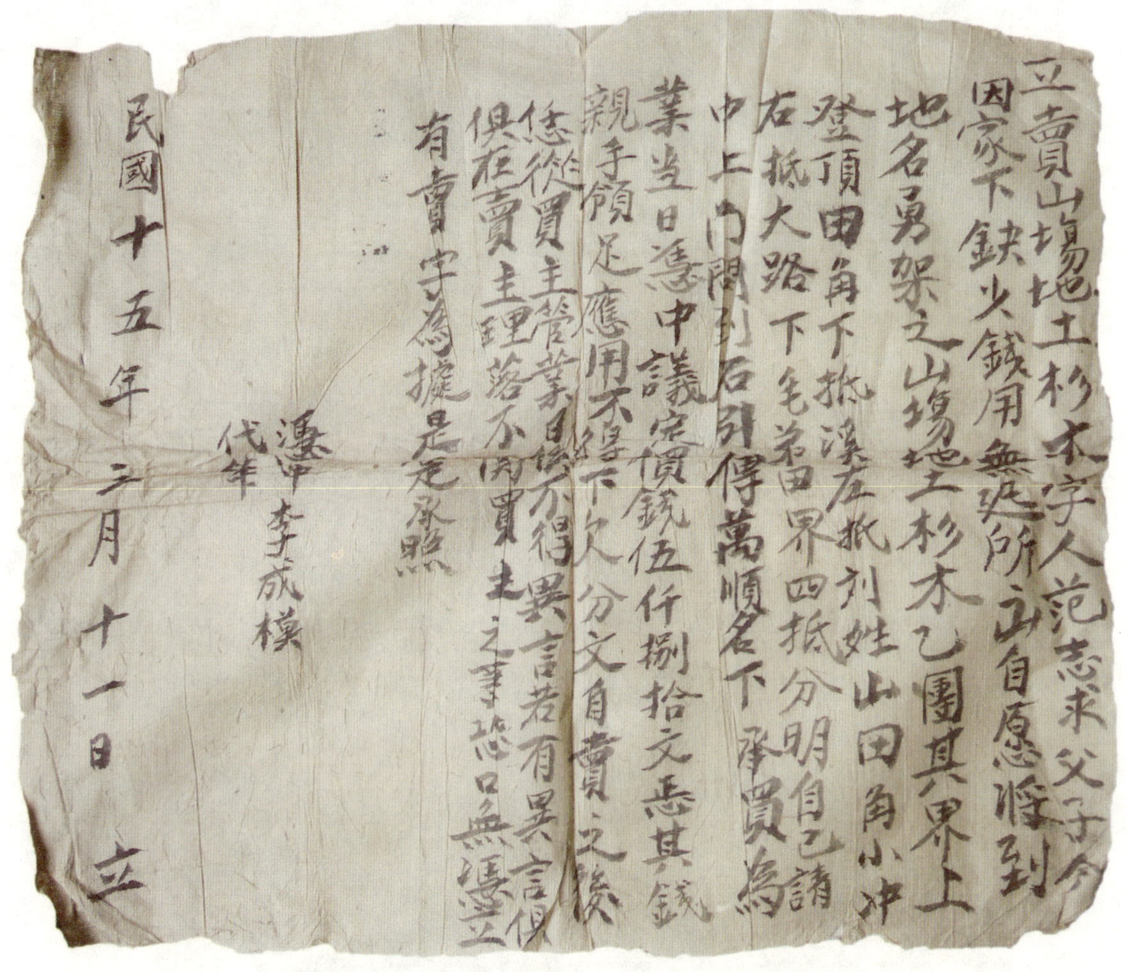

立卖山场地土杉木字人范志求父子，今因家下缺少钱用，无处所出，自愿将到地名勇架之山场地土杉木一团，其界上登顶田角，下抵溪，左抵刘姓山田角小冲，右抵大路下毛弟田界，四抵分明，自己请中上门问到石引［寨］傅万顺名下承买为业，当日凭中议定价钱伍仟捌拾文整。其钱亲手领足应用，不得下欠分文。自卖之后，恁从买主管业，日后不得异言。若有异言，俱在卖主理落，不关买主之事。恐口无凭，立有卖字为据是实承（存）照。

凭中、代笔：李成模

民国十五年三月十一日立

34. 范志求父子卖地土字（民国十五年三月十一日）

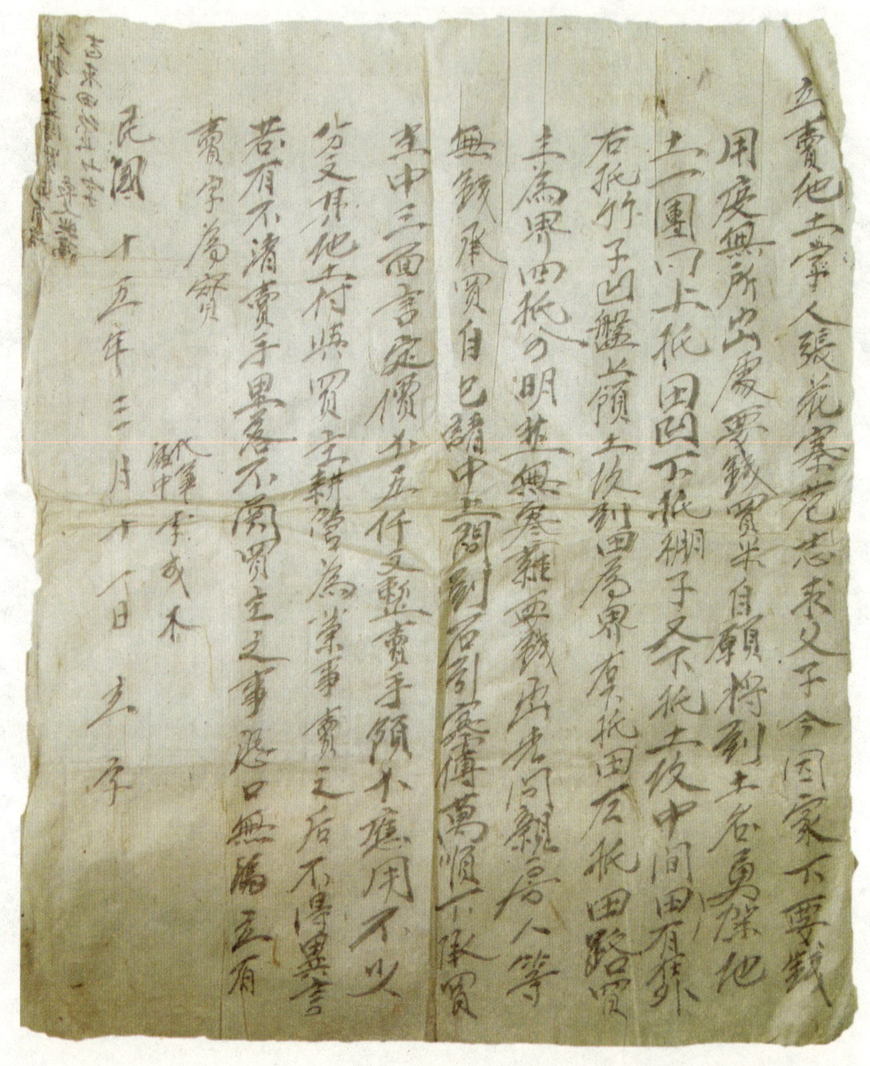

立卖地土字人张花寨范志求父子，今因家下要钱用度，无所出处，要钱买米，自愿将到土名勇架地土一团，上抵田凹，下抵棚子，又下抵土坎中间有田在外，右抵竹子凹盘上领（岭）土坎到田为界，右下抵田，左抵田路买主为界，四抵分明，并无叁（掺）杂，要钱出［卖］。先问亲房人等无钱承买，自己请中上门问到石引寨傅万顺［名］下承买，当中三面言定价钱五仟文整。卖手领钱应用，不少分文，其地土付与买主耕管为业。事（自）卖之后，不得异言。若有不清，卖手里（理）落，不关买主之事。恐口无凭，立有卖字为实。

代笔、凭中：李成木

民国十五年三月十一日立字

35. 范志求父子卖地土杉木字（民国十五年三月十一日）

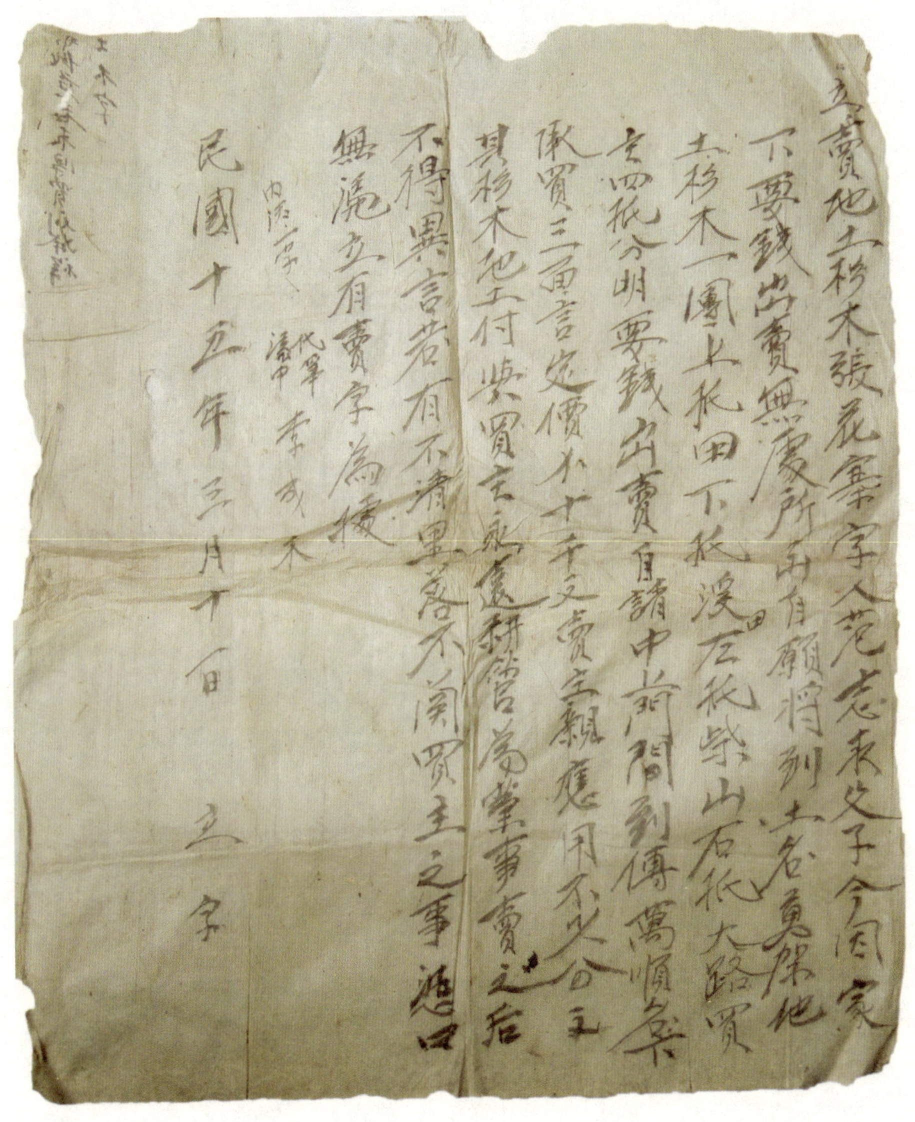

立卖地土杉木张花寨字人范志求父子，今因家下要钱出卖，无处所出，自愿将到土名勇架地土杉木一团，上抵田，下抵溪田，左抵柴山，右抵大路买主，四抵分明，要钱出卖。自请中上门问到傅万顺名下承买，三面言定价钱十千文。卖主亲［领］应用，不少分文。其杉木地土付与买主永远耕管为业。事（自）卖之后，不得异言。若有不清，［卖主］里（理）落，不关买主之事。恐口无凭，立有卖字为据。

内添一字

代笔、凭中：李成木

民国十五年三月十一日立字

36. 范芝义卖山场杉木地土字（民国十五年五月十一日）

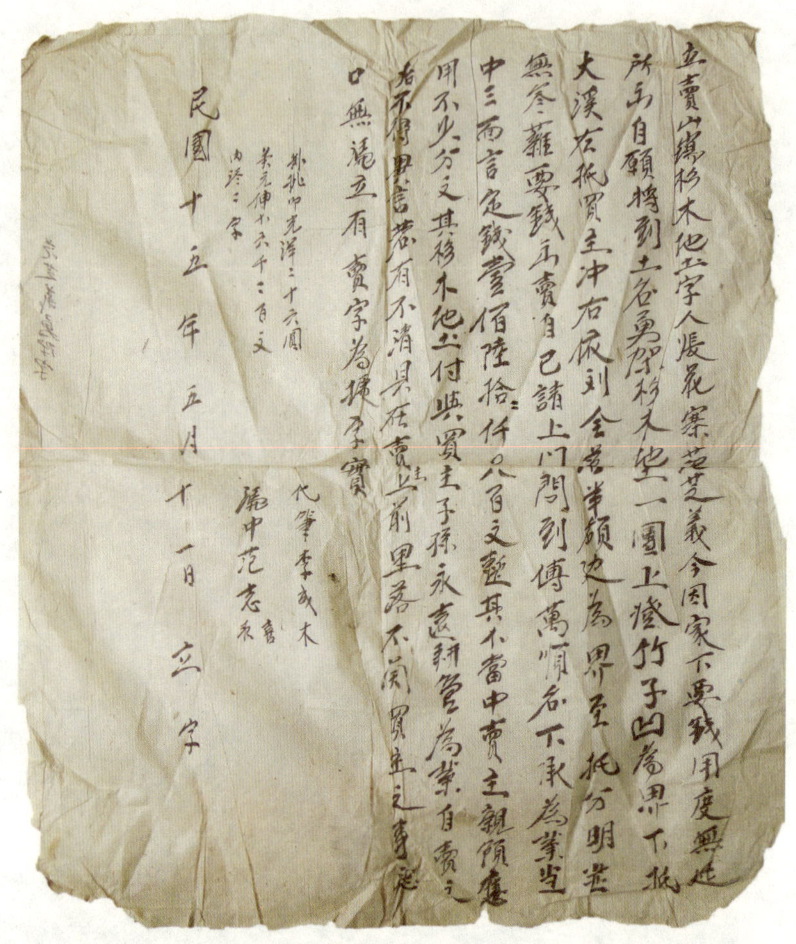

立卖山场杉木地土字人张花寨范芝义，今因家下要钱用度，无处所出，自愿将到土名勇架杉木地土一团，上登竹子凹为界，下抵大溪，左抵买主冲，右依刘全落半领（岭）边为界，至（四）抵分明，并无叁（掺）杂，要钱出卖。自己请［中］上门问到傅万顺名下承［买］为业，当中三面言定钱壹佰陆拾二仟〇八百文整。其钱当中卖主亲领应用，不少分文，其杉木地土付与买主子孙永远耕管为业。自卖之后，不得异言。若有不清，具（俱）在卖主上前里（理）落，不关买主之事。恐口无凭，立有卖字为据字（是）实。

外批：叩（扣）光洋二十六圆（元），美（每）元伸钱六千二百文。

内添二字

代笔：李成木

凭中：范志喜、范志求

民国十五年五月十一日立字

37. 范志喜、范志培卖杉木地土字（民国十五年六月初四日）

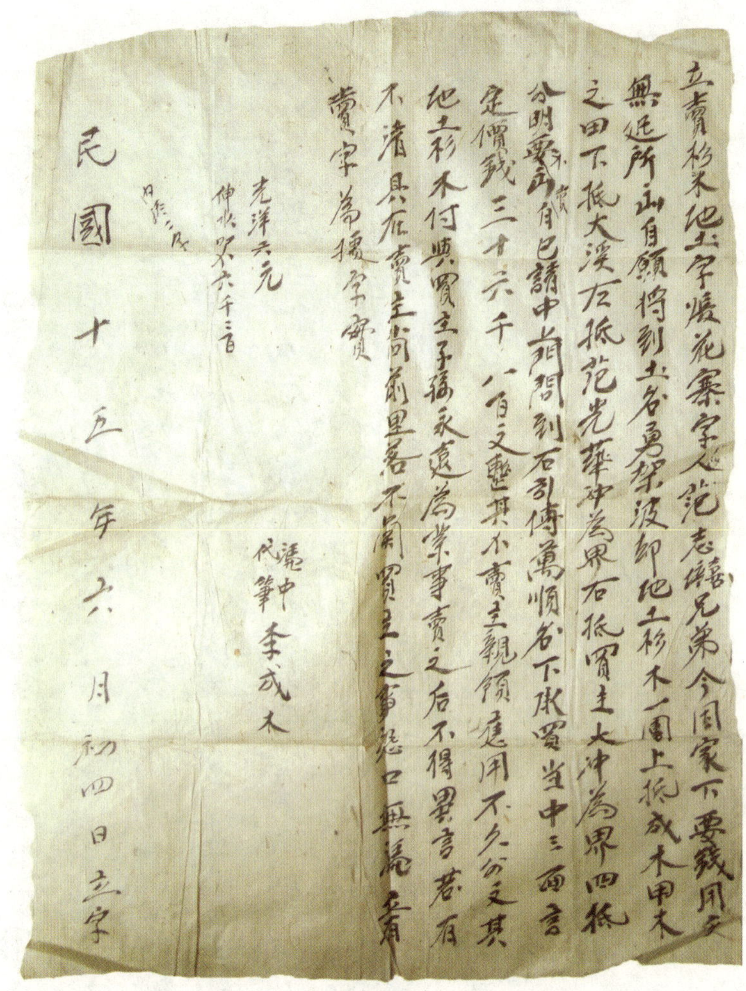

立卖杉木地土字张花寨字人范志喜、范志培兄弟，今因家下要钱用度，无处所出，自愿将到土名勇架波（坡）却（脚）地土杉木一团，上抵成木甲木之田，下抵大溪，左抵范光华冲为界，右抵买主大冲为界，四抵分明，要钱出卖。自己请中上门问到石引［寨］傅万顺名下承买，当中三面言定价钱三十六千八百文整。其钱卖主亲领应用，不欠分文，其地土杉木付与买主子孙永远为业。事（自）卖之后，不得异言。若有不清，具（俱）在卖主尚（上）前里（理）落，不关买主之事。恐口无凭，立有卖字为据字（是）实。

光洋六元，伸水叩（扣）钱六千二百。

内添二字

凭中、代笔：李成木

民国十五年六月初四日立字

38. 杨镇燔父子卖杉木地土字（民国十五年六月初四日）

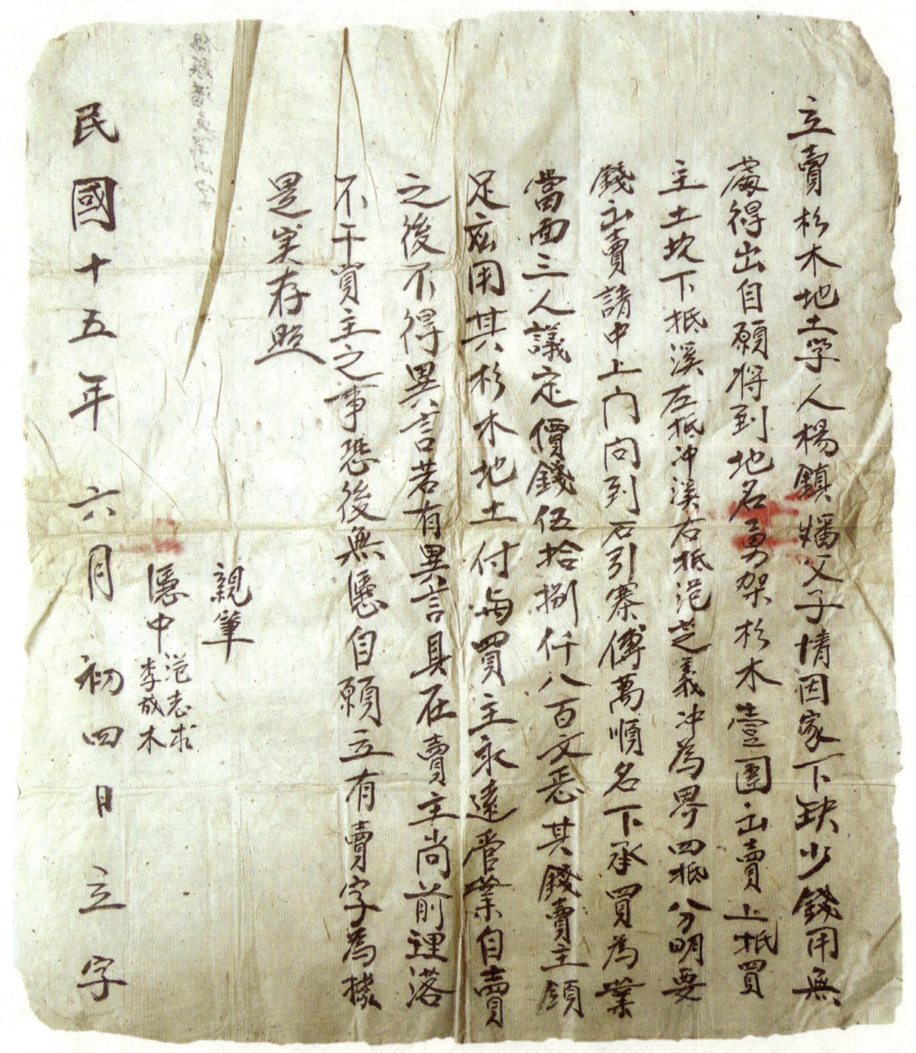

立卖杉木地土字人杨镇燔父子，情因家下缺少钱用，无处得出，自愿将到地名勇架杉木壹团出卖，上抵买主土坎，下抵溪，左抵冲溪，右抵范芝义冲为界，四抵分明，要钱出卖。请中上门问到石引寨傅万顺名下承买为业，当面三人议定价钱伍拾捌仟八百文整。其钱卖主领足应用，其杉木地土付与买主永远管业。自卖之后，不得异言。若有异言，具（俱）在卖主尚（上）前理落，不干买主之事。恐后无凭，自愿立有卖字为据是实存照。

亲笔

凭中：范志求、李成木

民国十五年六月初四日立字

39. 刘发坤父子卖地土字（民国十五年七月十四日）

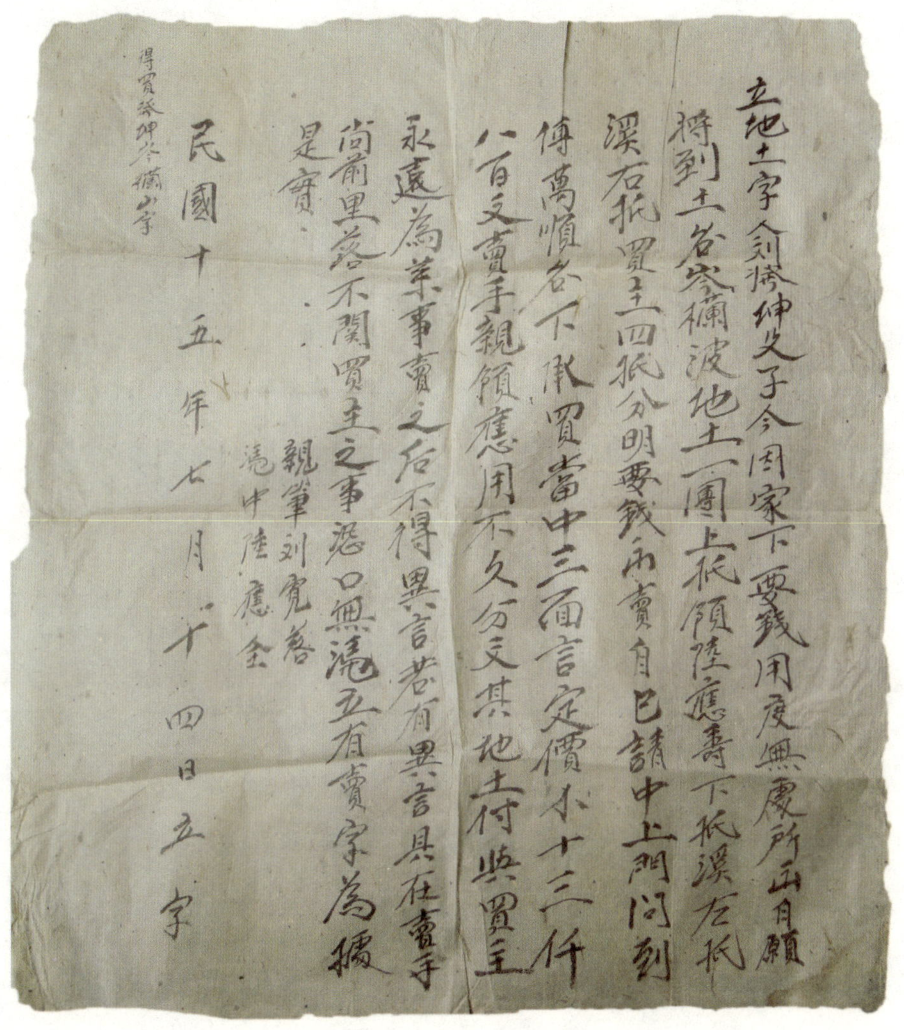

立地土字人刘發坤父子今因家下要錢用度無處所出自願
將到土名岑欄波地土一團上抵領陸應壽下抵溪左抵
溪右抵買主四抵分明要錢出賣自己請中上門問到
傅萬順名下承買當中三面言定價錢十三仟
八百文賣手親領應用不欠分文其地土付與買主
永遠為業事賣之后不得異言若有異言具在賣手
尚前里落不関買主之事恐口無憑立有賣字為據
是實
親筆刘寬落
憑中陸應全
民國十五年七月十四日立字
得買發坤岑欄山字

立卖地土字人刘发坤父子，今因家下要钱用度，无处所出，自愿将到土名岑栏波（坡）地土一团，上抵领（岭）陆应寿，下抵溪，左抵溪，右抵买主，四抵分明，要钱出卖。自己请中上门问到傅万顺名下承买，当中三面言定价钱十三仟八百文。卖手亲领应用，不欠分文，其地土付与买主永远为业。事（自）卖之后，不得异言。若有异言，具（俱）在卖手尚（上）前里（理）落，不关买主之事。恐口无凭，立有卖字为据是实。

亲笔：刘宽落

凭中：陆应全

民国十五年七月十四日立字

得买发坤岑栏山字

40. 刘祥模、陆氏爱多卖地土字（民国十五年九月十三日）

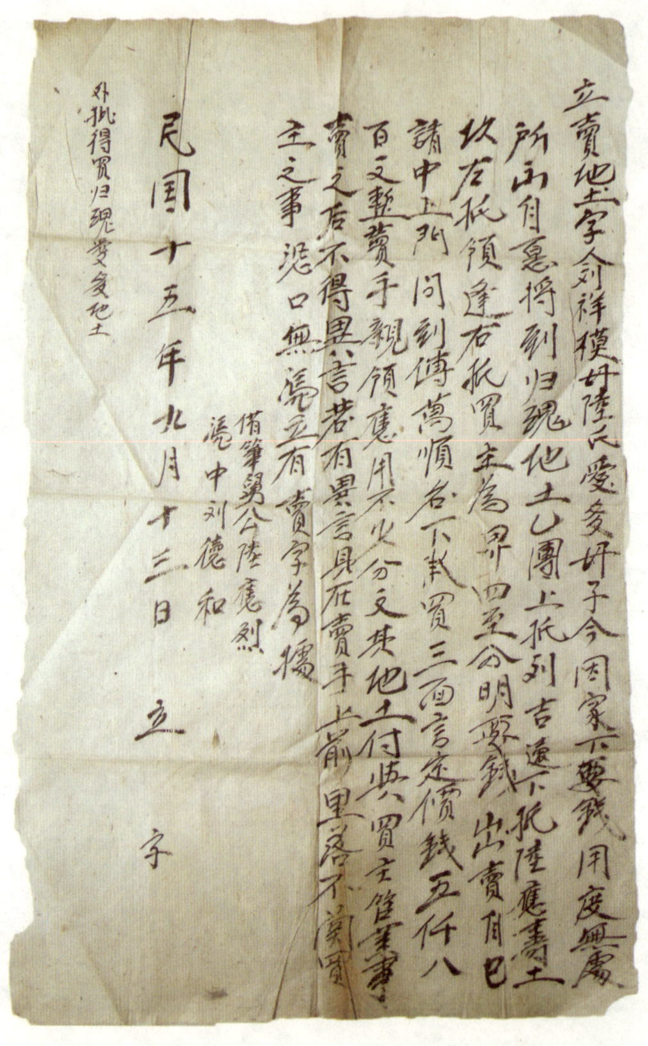

立卖地土字人刘祥模、母陆氏爱多母子，今因家下要钱用度，无处所出，自愿将到归魂地土一团，上抵刘吉远，下抵陆应寿土坎，左抵领（岭）逢，右抵买主为界，四至分明，要钱出卖。自己请中上门问到傅万顺名下承买，三面言定价钱五仟八百文整。卖手亲领应用，不少分文，其地土付与买主管业。事（自）卖之后，不得异言。若有异言，具（俱）在卖手上前里（理）落，不关买主之事。恐口无凭，立有卖字为据。

借笔：舅公陆应烈

凭中：刘德和

民国十五年九月十三日立字

外批：得买归魂爱多地土

41. 刘占辉卖田契（民国二十年十月十二日）

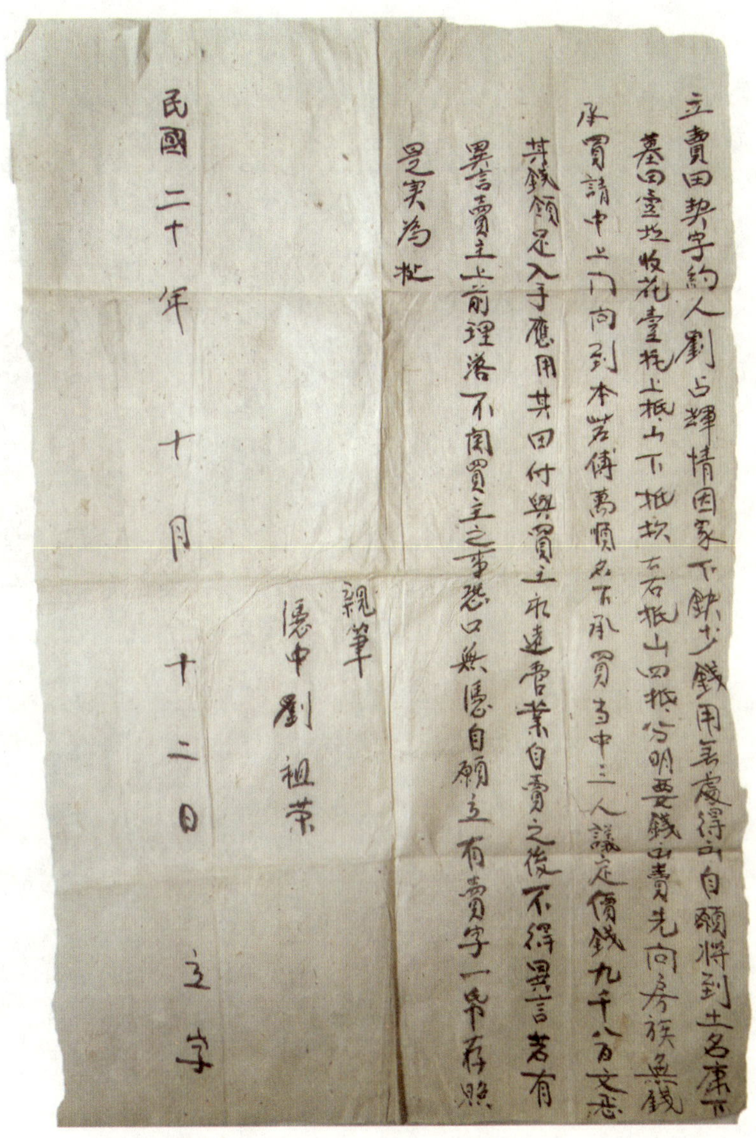

立卖田契字约人刘占辉，情因家下缺少钱用，无处得出，自愿将到土名康下墓田壹丘，收花壹把，上抵山，下抵坎，左右抵山，四抵分明，要钱出卖。先问房族无钱承买，请中上门问到本寨傅万顺名下承买，当中三人议定价钱九千八百文整。其钱领足入手应用，其田付与买主永远管业。自卖之后，不得异言。若有异言，卖主上前理落，不关买主之事。恐口无凭，自愿立有卖字一纸存照是实为据。

亲笔

凭中：刘祖荣

民国二十年十月十二日立字

42. 全述开卖田契（民国二十一年十月十二日）

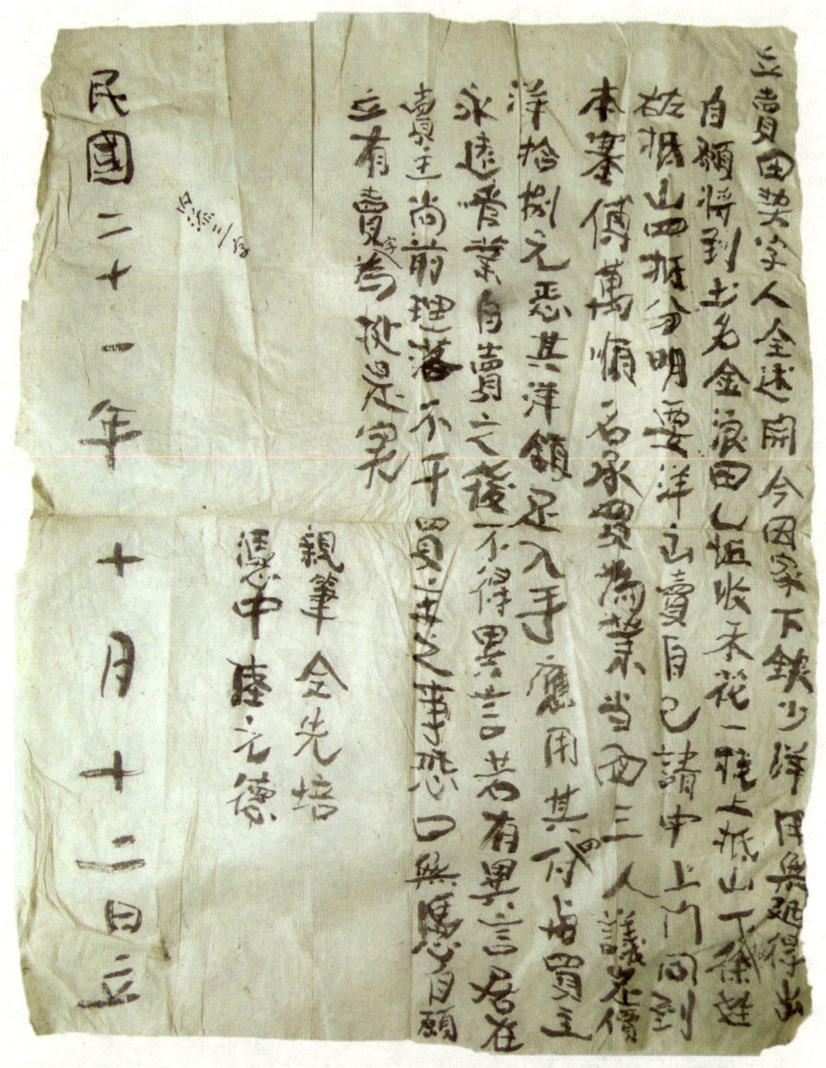

立卖田契字人全述开，今因家下缺少洋用，无处得出，自愿将到土名金浪田一丘，收禾花一把，上抵山，下抵徐姓，左右抵山，四抵分明，要洋出卖。自己请中上门问到本寨傅万顺名［下］承买为业，当面三人议定价洋拾捌元整。其洋领足入手应用，其田付与买主永远管业。自卖之后，不得异言。若有异言，居（俱）在卖主尚（上）前理落，不干买主之事。恐口无凭，自愿立有卖字为据是实。

内添三字

亲笔：全先培

凭中：陆元德

民国二十一年十月十二日立

43. 陆焕成父子卖田契（民国二十二年五月十九日）

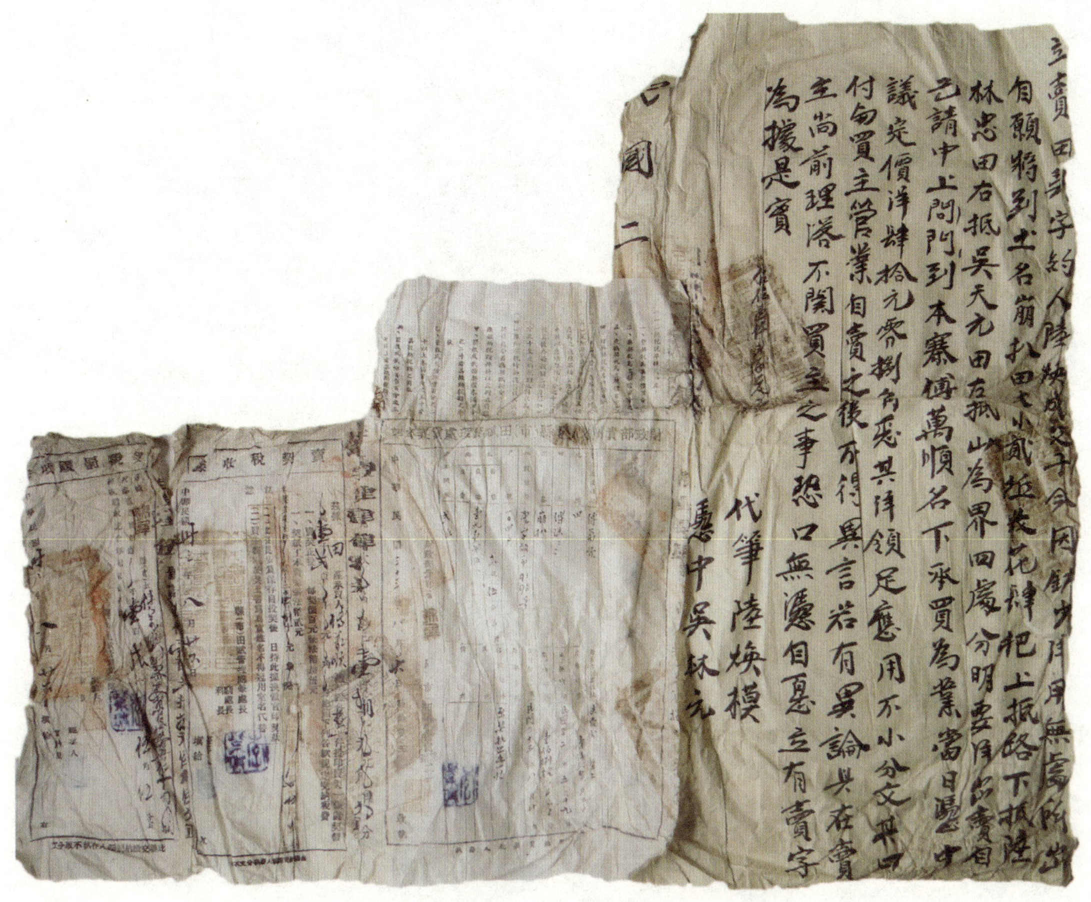

立卖田契字约人陆焕成父子，今因缺少洋用，无处所出，自愿将到土名崩扒田大小贰丘，收花肆把，上抵路，下抵陆林忠田，右抵吴天元田，左抵山为界，四处分明，要洋出卖。自己请中上门问到本寨傅万顺名下承买为业，当日凭中议定价洋肆拾元零捌角整。其洋领足应用，不小（少）分文，其田付与买主管业。自卖之后，不得异言。若有异论，具（俱）在卖主尚（上）前理落，不关买主之事。恐口无凭，自愿立有卖字为据是实。

估伝（价）壹仟贰百元整

代笔：陆焕模

凭中：吴林元

民国二十［二年五月十九日立］

44. 吴林元卖地土字（民国二十三年六月初七日）

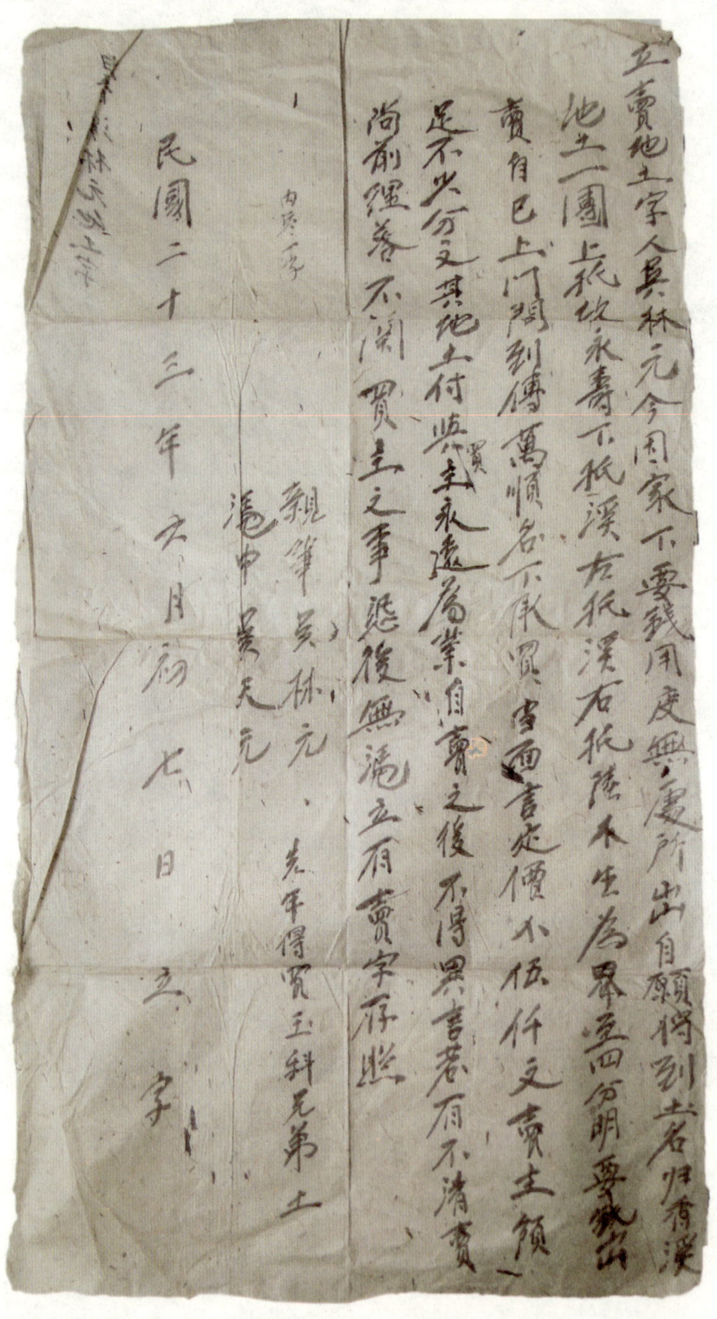

立卖地土字人吴林元，今因家下要钱用度，无处所出，自愿将到土名归香溪地土一团，上抵坎永寿，下抵溪，左抵溪，右抵陆木生为界，至四（四至）分明，要钱出卖。自己上门问到傅万顺名下承买，当面言定价钱伍仟文。卖主领足，不少分文，其地土付与买主永远为业。自卖之后，不得异言。若有不清，卖［主］尚（上）前理落，不关买主之事。恐后无凭，立有卖字存照。

内添一字

亲笔：吴林元

凭中：吴天元

先年得买玉科兄弟土

民国二十三年六月初七日立字

45. 刘发祥父子卖田契（民国二十四年十二月初三日）

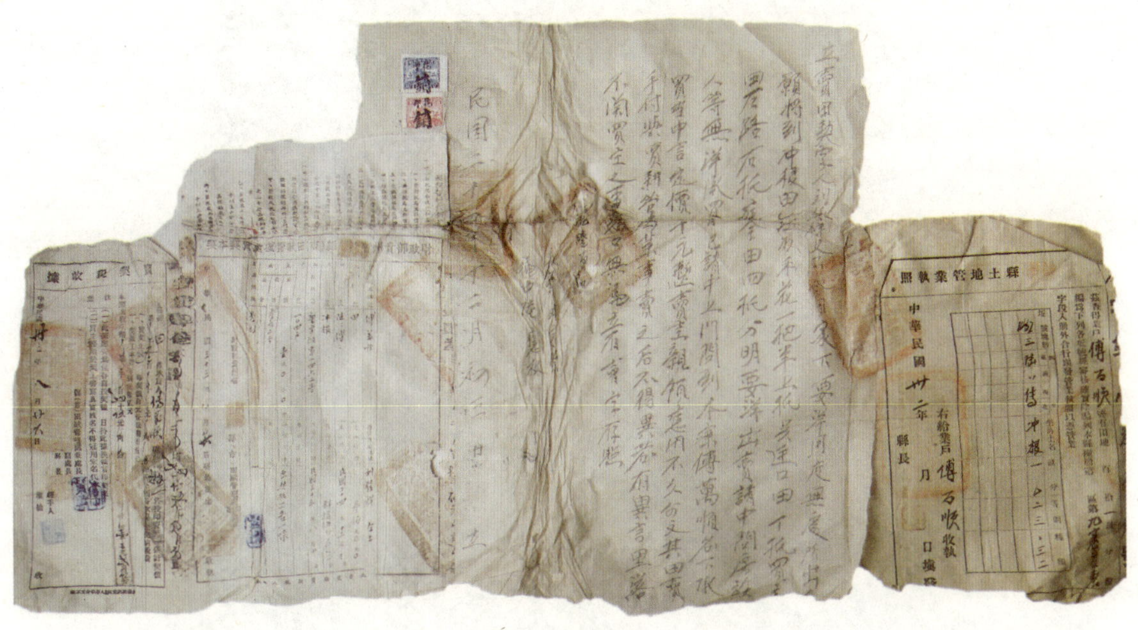

立卖田契字人刘发祥父子，今因家下要洋用，无处所出，自愿将到冲根田一丘，收禾花一把半，上抵吴廷口田，下抵买主田，左［抵］路，右抵庭全田，四抵分明，要洋出卖。请中问房族人等无洋承买，自己请中上门问到本寨傅万顺名下承买，当中言定价十元整。卖主亲领应用，不欠分文，其田卖手付与买［主］耕管为业。事（自）卖之后，不得异［言］。若有异言，［卖主］里（理）落，不关买主之事。恐口无凭，立有卖字存照。

估伝（价）叁百

代笔：刘□□

凭中：陆应林

民国二十四年十二月初三日立

46. 刘汉文卖田契（民国二十六年十月初十日）

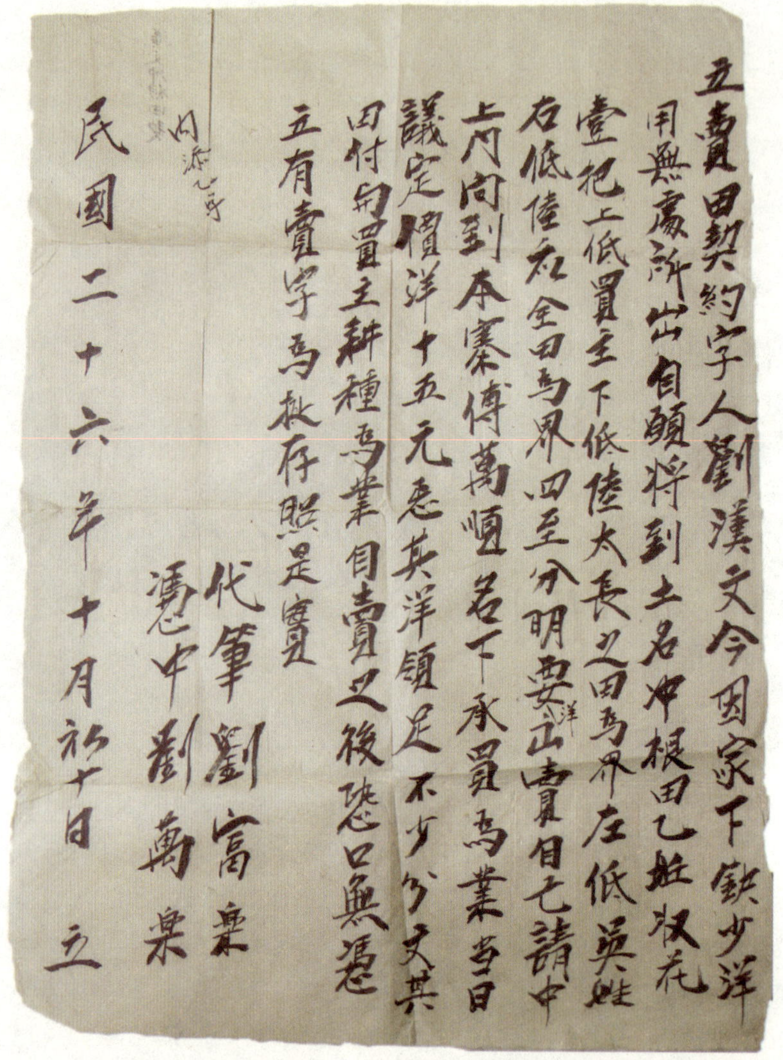

立賣田契約字人劉漢文今因家下缺少洋
用無處所出自願將到土名冲根田乙丘收花
壹把上低買主下低陸太長之田為界左低吳姓
右低陸应全田為界四至分明要洋出賣自己請中
上門問到本寨傅萬順名下承買為業當日
議定價洋十五元整其洋領足不少分文其
田付與買主耕種為業自賣之後恐口無憑
立有賣字為据存照是實
代筆劉富樂
憑中劉萬樂
內添一字
民國二十六年十月初十日立

立卖田契约字人刘汉文，今因家下缺少洋用，无处所出，自愿将到土名冲根田一丘，收花壹把，上低（抵）买主，下低（抵）陆太长之田为界，左低（抵）吴姓，右低（抵）陆应全田为界，四至分明，要洋出卖。自己请中上门问到本寨傅万顺名下承买为业，当日议定价洋十五元整。其洋领足，不少分文，其田付与买主耕种为业。自卖之后，恐口无凭，立有卖字为据存照是实。

内添一字

代笔：刘富乐

凭中：刘万乐

民国二十六年十月初十日立

47. 傅松禄、傅松毫兄弟合同字（民国二十六年十一月□日）

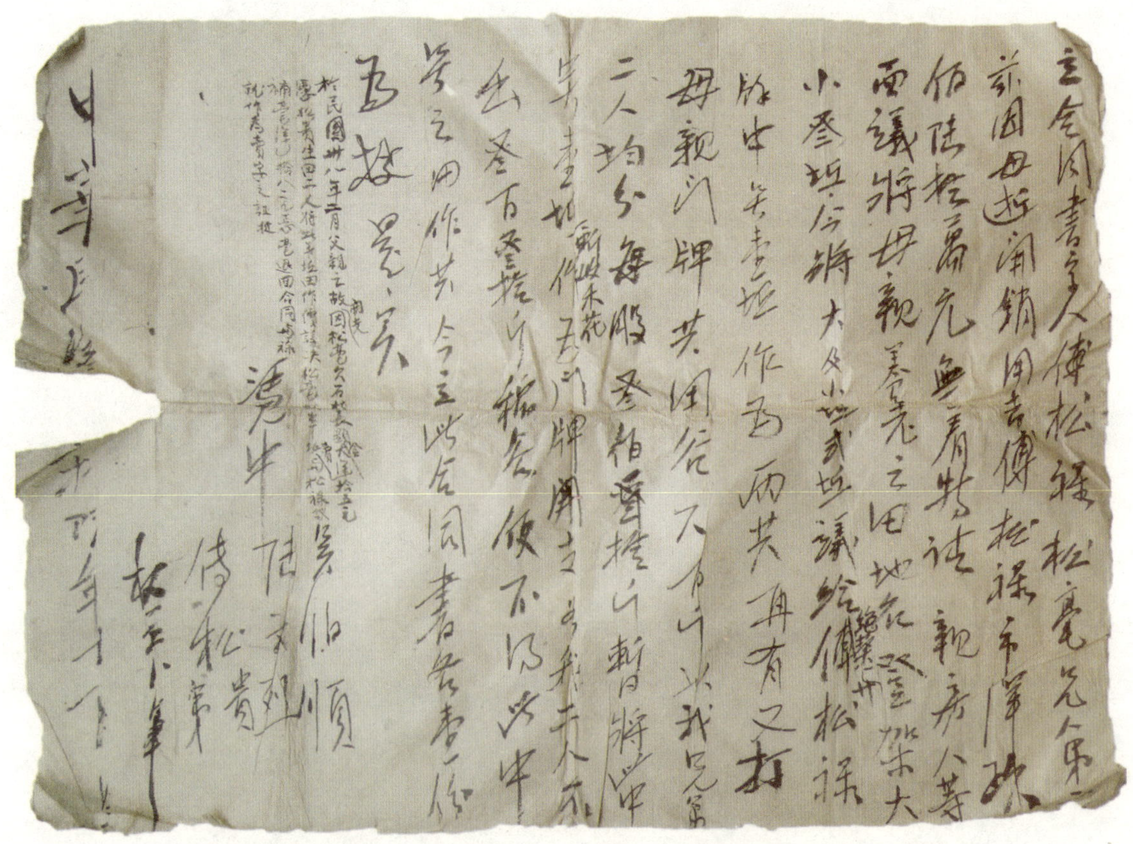

立合同书字人傅松禄、松毫兄弟，兹因母逝开销，用去傅松禄市洋玖佰陆拾万元无着，特请亲房人等面议，将母亲养老之田地名登架大小叁丘，今将大及小丘贰丘议给绝契与傅松禄。余中号壹丘作为两共。再有又打母亲门牌，共用谷六百斤，以我兄弟二人均分，每股叁百叁拾斤，暂将此中号壹丘所收禾花作为门牌开支。如我二人不出叁百叁拾斤稻谷，便不得此中号之田作共。今立此合同书各壹份为据是实。

凭中：吴伯顺、陆文烈、傅松贵、傅松弟

权英笔

【中华民国二十六年十一月□日立】

于民国卅八年二月父亲亡故开支，因松毫欠石校长显金大洋拾五元。凭松贵、生田二人将此半丘田作价，议决松毫以半丘卖与松禄，议补毫洋一拾八元整，毫退回合同与禄就作为卖字之证据。

48. 吴祖烈、吴德举、吴德尚父子卖栽手杉木字（民国二十八年七月十一日）

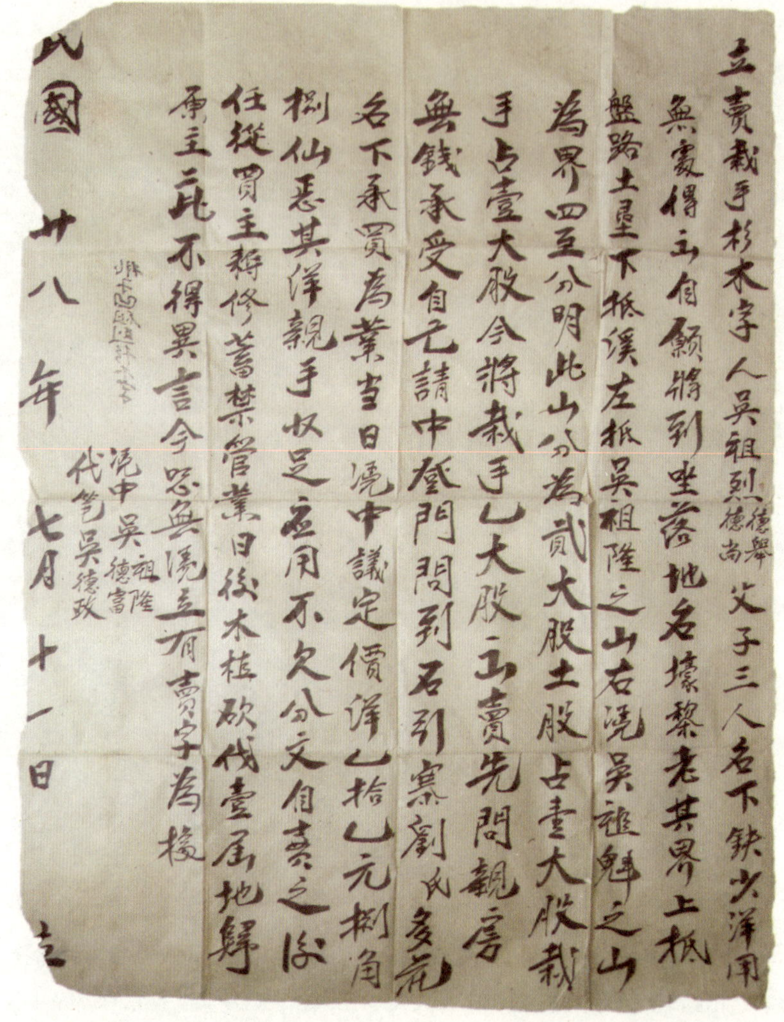

立卖字栽手杉木字人吴祖烈、德举、德尚父子三人名下，缺少洋用，无处得出，自愿将到坐落地名壕黎老，其界上抵盘路土垦（坎），下抵溪，左抵吴祖隆之山，右凭吴祖魁之山为界，四至分明，此山为贰大股，土股占壹大股，栽手占壹大股，今将栽手一大股出卖。先问亲房无钱承受，自己请中登门问到名引寨刘氏多花名下承买为业，当日凭中议定价洋一拾一元捌角捌仙整。其洋亲手收足应用，不欠分文。自卖之后，任从买主耨修蓄禁管业。日后木桂砍伐壹届，地归原主，二比不得异言。今恐无凭，立有卖字为据。

凭中：吴祖隆、吴德富

代笔：吴德政

民国廿八年七月十一日立

49. 刘发岩、刘发魁父子卖地土杉木字（民国二十九年十二月二十九日）

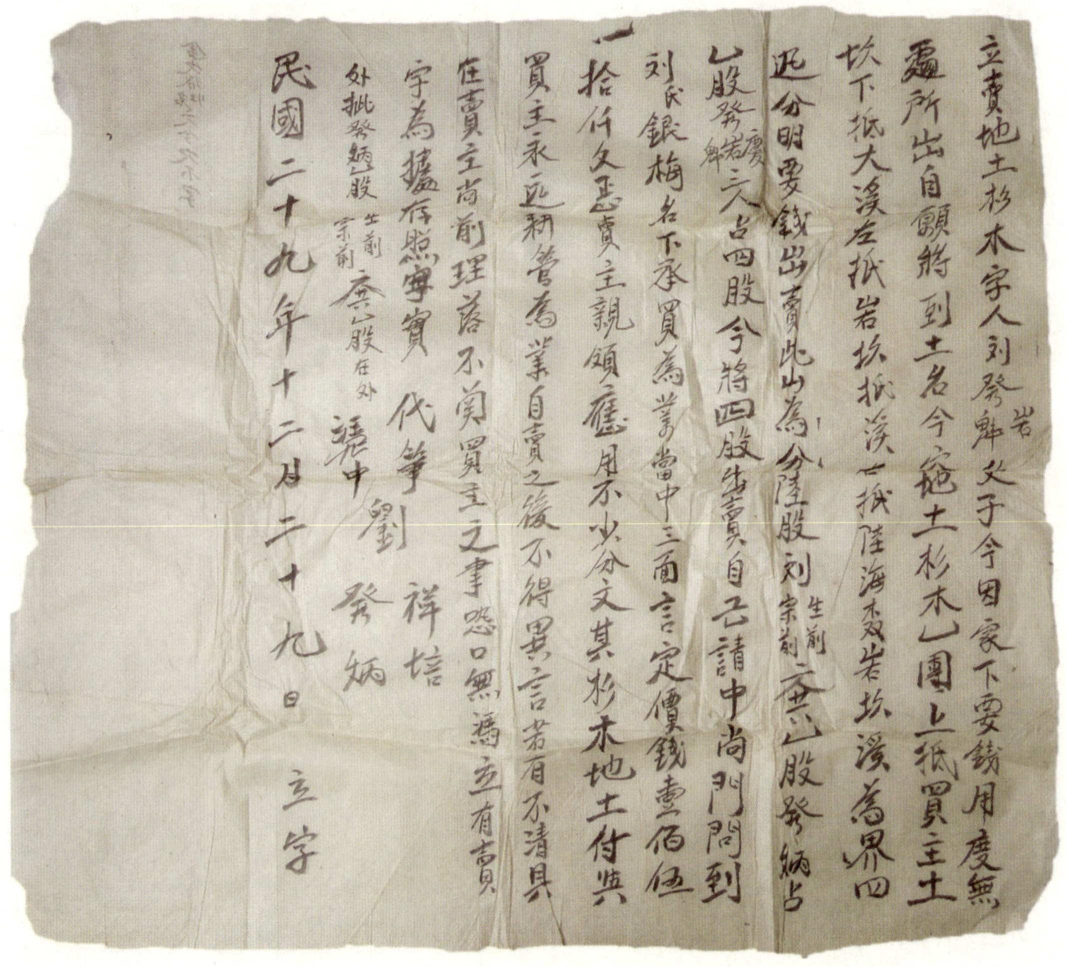

立卖地土杉木字人刘发岩、刘发魁父子，今因家下要钱用度，无处所出，自愿将到土名穴地土杉木一团，上抵买主土坎，下抵大溪，左抵岩坎抵溪，右抵陆海森岩坎溪为界，四处分明，要钱出卖。此山分为陆股，刘生前、宗前二人共一股，发炳占一股，发庆、发岩、发魁三人占四股，今将四股出卖。自己请中尚（上）门问到刘氏银梅名下承买为业，当中三面言定价钱壹佰伍拾仟文整。卖主亲领应用，不少分文，其杉木地土付与买主永远耕管为业。自卖之后，不得异言。若有不清，具（俱）在卖主尚（上）前理落，不关买主之事。恐口无凭，立有卖字为据存照是实。

外批：发炳乙股，生前、宗前二人共乙股在外。

代笔：刘祥培

凭中：刘发炳

民国二十九年十二月二十九日立字

50. 刘发炳、刘发岩、刘发庆等卖山场地土杉木字（民国二十九年十二月二十九日）

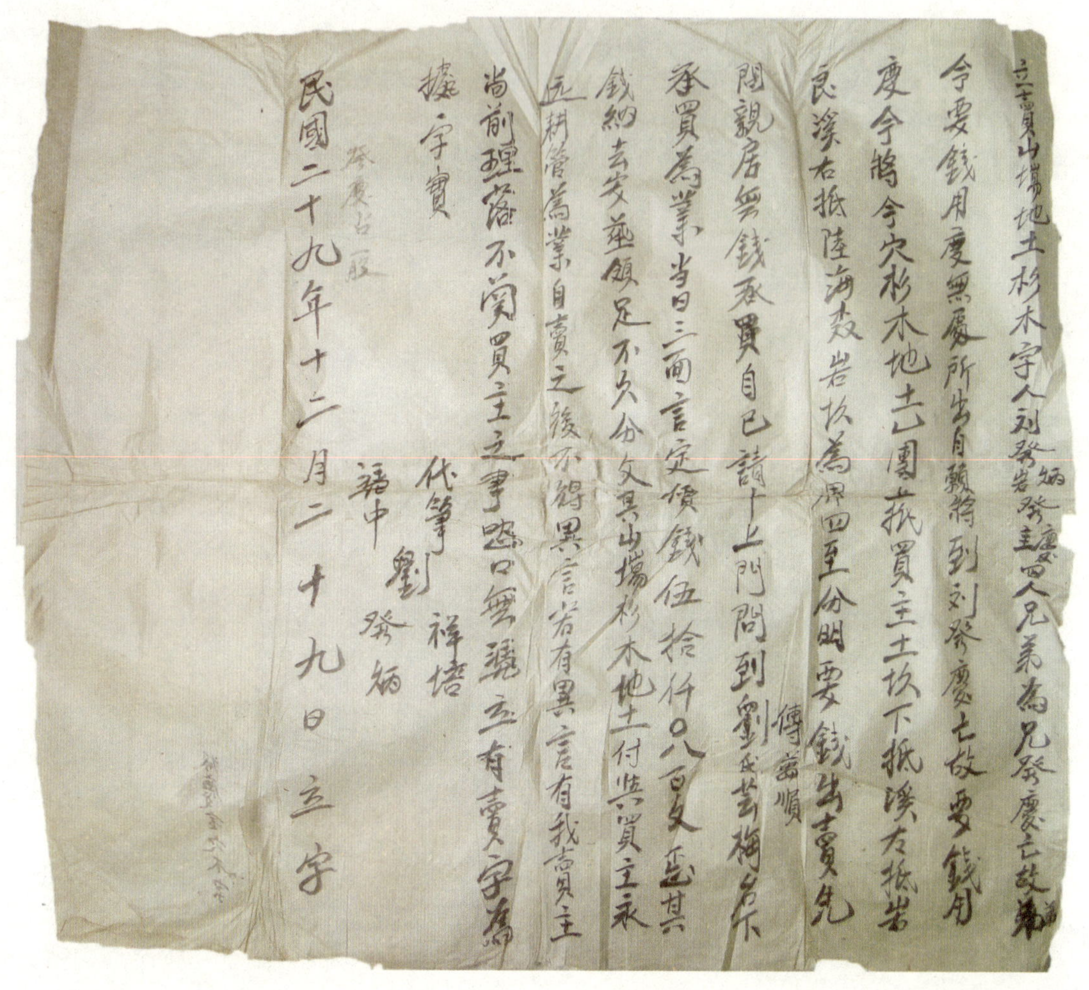

立卖山场地土杉木字人刘发炳、刘发岩、刘发庆、刘发圭四人兄弟，为兄发庆亡故，弟今要钱用度，无处所出，自愿将到刘发庆亡故，要钱用度，今将今穴杉木地土一团，上抵买主土坎，下抵溪，左抵岩良溪，右抵陆海森岩坎为界，四至分明，要钱出卖。先问亲房无钱承买，自己请中上门问到傅万顺、刘氏芸梅名下承买为业，当日三面言定价钱伍拾仟〇八百文整。其钱纳（拿）去安葬领足，不欠分文，其山场杉木地土付与买主永远耕管为业。自卖之后，不得异言。若有异言，有（由）我卖主尚（上）前理落，不关买主之事。恐口无凭，立有卖字为据字（是）实。

发庆占一股

代笔：刘祥培

凭中：刘发炳

民国二十九年十二月二十九日立字

51. 吴廷寿、吴万棱、吴万炳卖栽手字（民国三十年十二月二十八日）

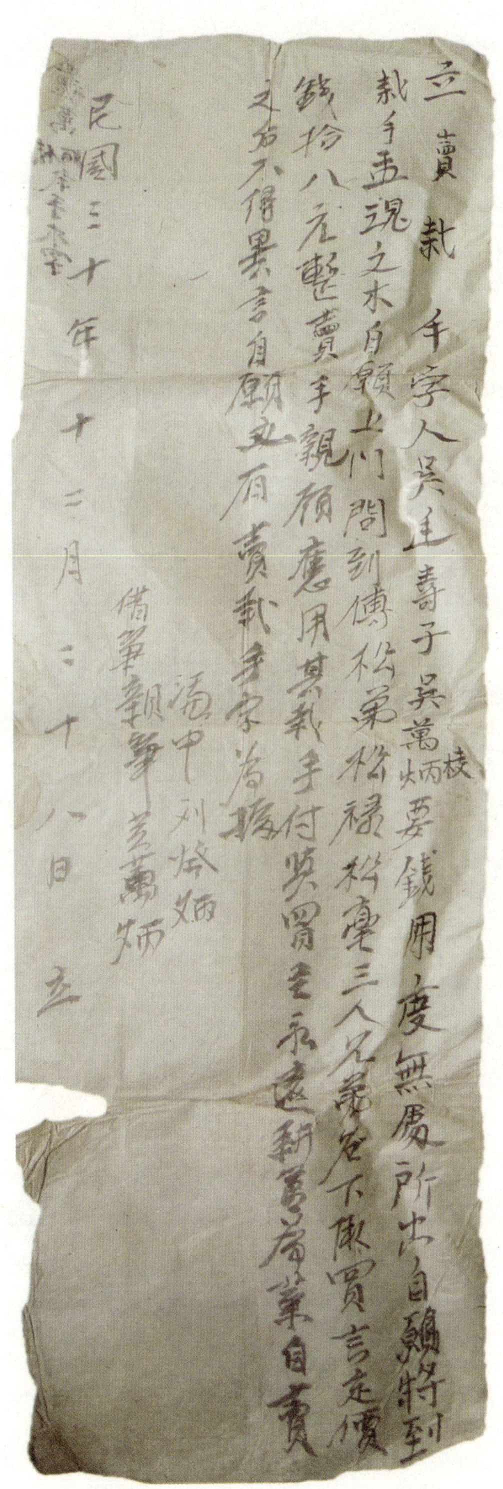

立卖栽手字人吴廷寿、子吴万棱、吴万炳要钱用度，无处所出，自愿将到栽手□□之木，自愿上门问到傅松弟、松禄、松毫三人兄弟名下承买，言定价钱拾八元整。卖手亲领[回]应用，其栽手付与买主永远耕管为业。自卖之后，不得异言。自愿立有卖栽手字为据。

凭中：刘发炳

借笔、亲笔：吴万炳

民国三十年十二月二十八日立

52. 罗再祥、罗再富、罗再厚兄弟卖杉木字（民国三十一年六月二十六日）

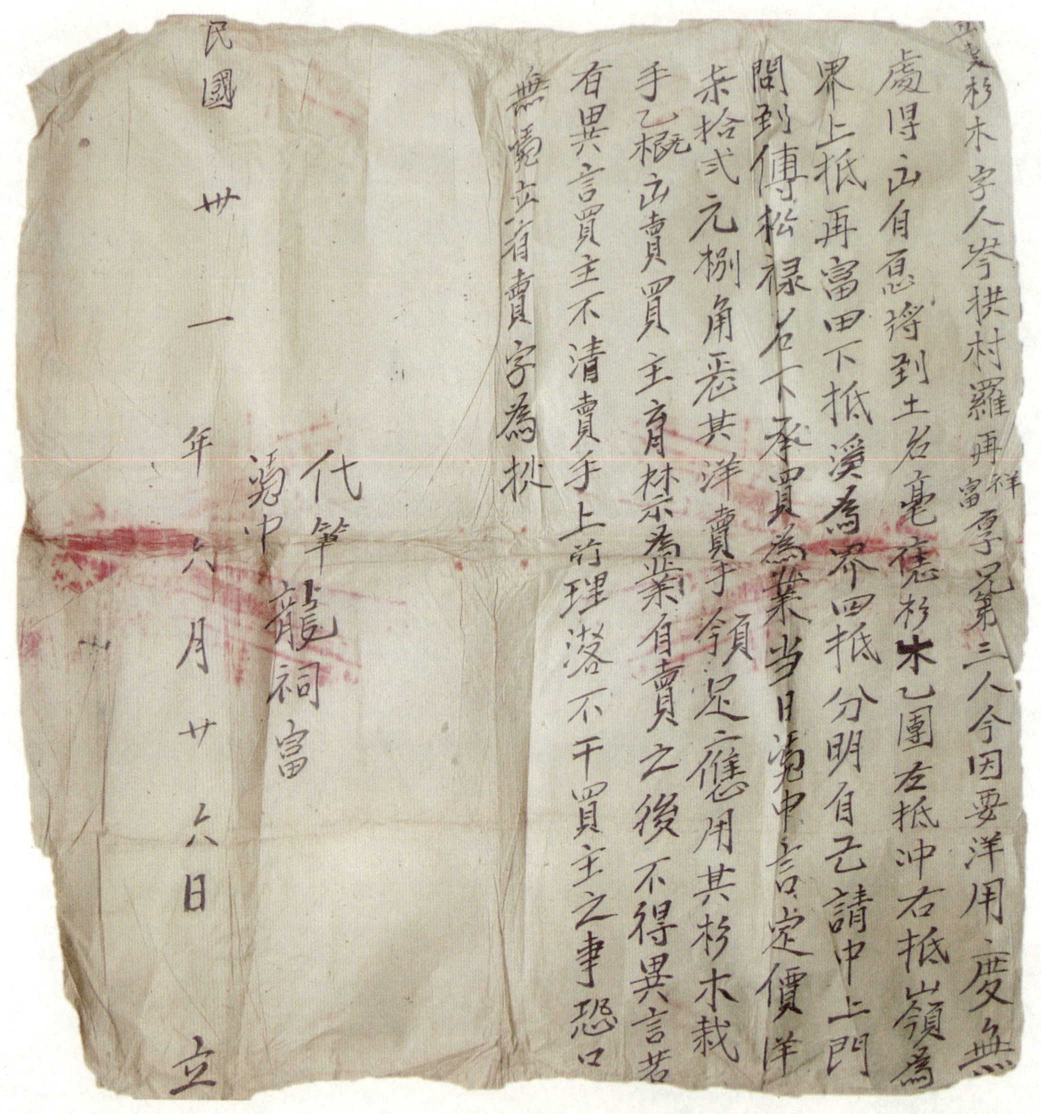

立卖杉木字人岑拱村罗再祥、罗再富、罗再厚兄弟三人，今因要洋用度，无处得出，自愿将到土名毫应杉木一团，左抵冲，右抵岭为界，上抵再富田，下抵溪为界，四抵分明，自己请中上门问到傅松禄名下承买为业，当日凭中言定价洋柒拾贰元捌角整。其洋卖手领足应用，其杉木栽手一概出卖，买主育禁为业。自卖之后，不得异言。若有异言，买主不清，卖手上前理落，不干买主之事。恐口无凭，立有卖字为据。

代笔、凭中：龙祠富

民国卅一年六月廿六日立

53. 刘发炳卖杉木地土约（民国三十一年十二月二十七日）

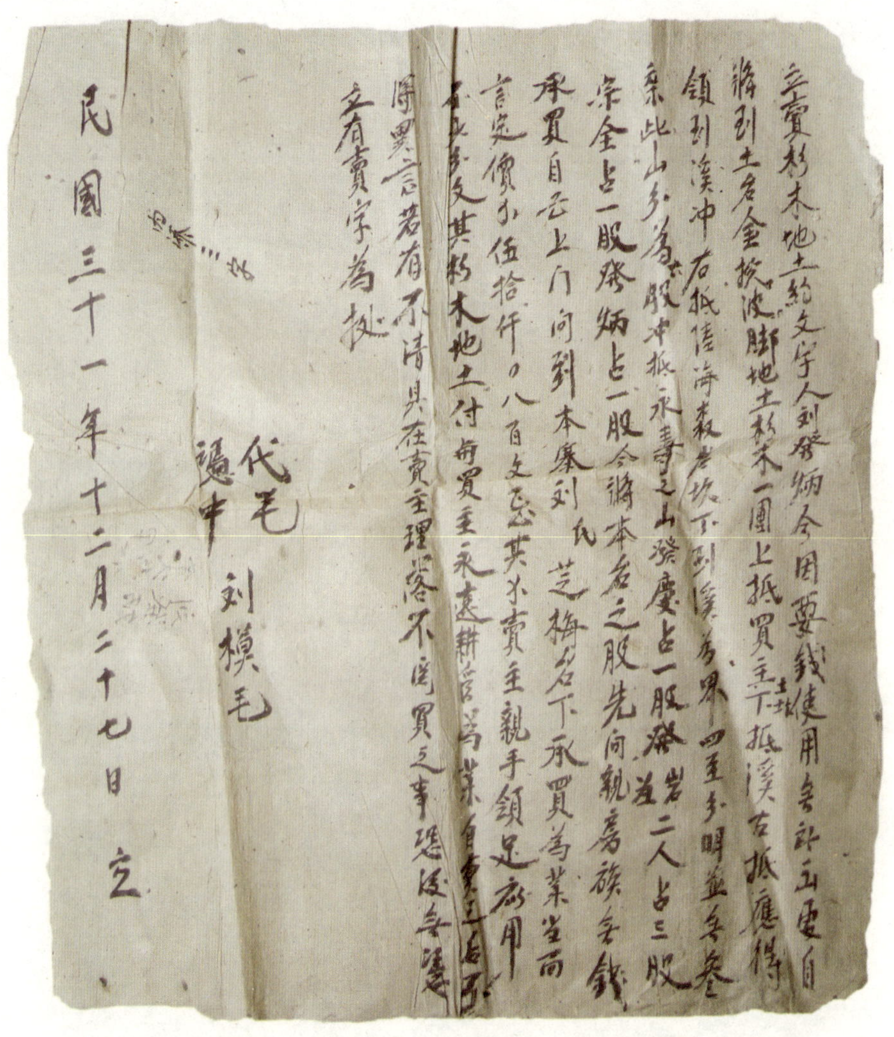

立卖杉木地土约文字人刘发炳，今因要钱使用，无所出处，自愿将到土名金扻波（坡）脚地土杉木一团，上抵买主土坎，下抵溪，左抵应得领（岭）到溪冲，右抵陆海森岩坎下到溪为界，四至分明，并无叁（掺）杂，此山为分六股，冲抵永寿之山，发庆占一股，发岩、发归二人占三股，宗全占一股，发炳占一股，今将本名之股先问亲房族无钱承买，自己上门问到本寨刘氏芝梅名下承买为业，当面言定价钱伍拾仟〇八百文整。其钱卖主亲手领足应用，不少分文，其杉木地土付与买主永远耕管为业。自卖之后，不得异言。若有不清，具（俱）在卖主理落，不关买主之事。恐后无凭，立有卖字为据。

内添三字

代笔、凭中：刘模毛

民国三十一年十二月二十七日立

54. 刘发岩、刘发炳卖栽手字（民国三十三年十一月二十日）

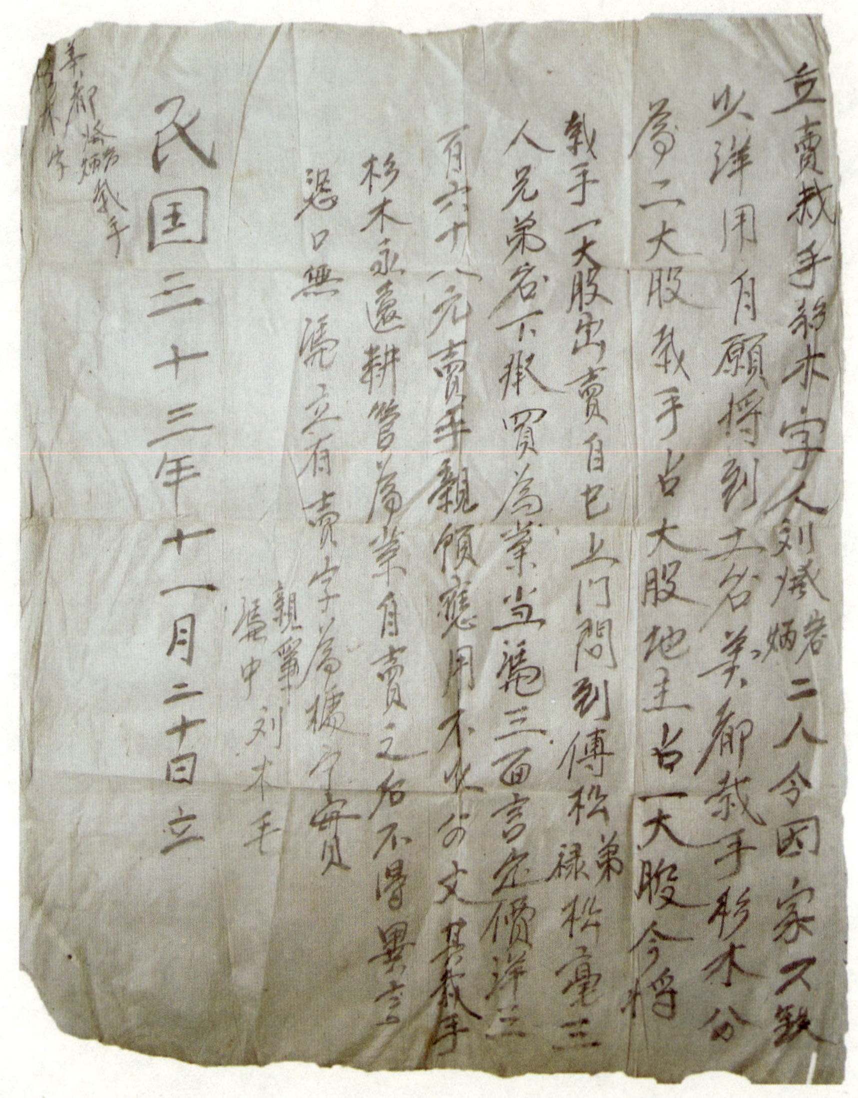

立卖栽手杉木字人刘发岩、刘发炳二人，今因家下缺少洋用，自愿将到土名美都栽手杉木分为二大股，栽手占［一］大股，地土占一大股，今将栽手一大股出卖。自己上门问到傅松弟、松禄、松毫三人兄弟名下承买为业，当［日］凭三面言定价洋三百六十八元。卖手亲领应用，不欠分文，其栽手杉木［付与买主］永远耕管为业。自卖之后，不得异言。恐口无凭，立有卖字为据是实。

亲笔、凭中：刘木毛

民国三十三年十一月二十二日立

美都发岩、发炳栽手杉木字

55. 刘木毛、刘木官、祥禄卖田契（民国三十三年十二月初五日）

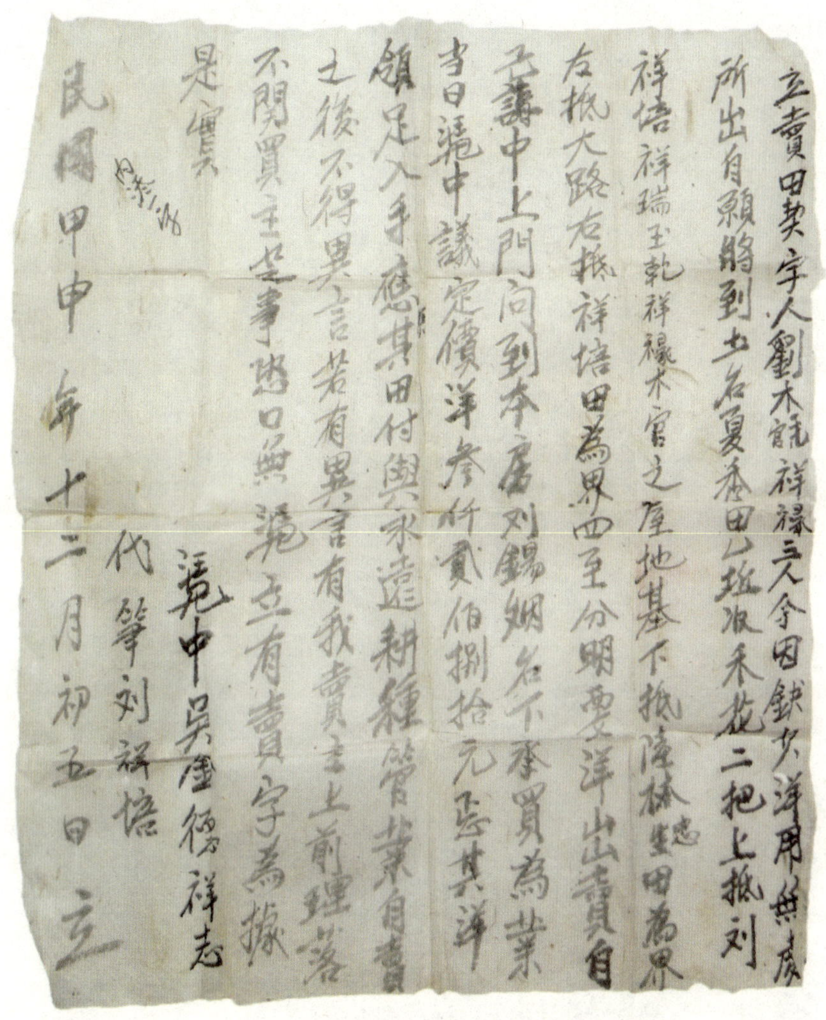

立卖田契字人刘木毛、刘木官、祥禄三人，今因缺少洋用，无处所出，自愿将到土名夏秀田一丘，收禾花二把，上抵刘祥培、祥瑞、玉乾、祥禄、木官之屋地基，下抵陆林忠、林生田为界，左抵大路，右抵祥培田为界，四至分明，要洋出卖。自己请中上门问到本房刘锡烟名下承买为业，当日凭中议定价洋叁仟贰佰捌拾元整。其洋领足入手应用，其田付与［买主］永远耕种管业。自卖之后，不得异言。若有异言，有（由）我卖主上前理落，不关买主之事。恐口无凭，立有卖字为据是实。

内添一字

凭中：吴金德、吴祥志

代笔：刘祥培

民国甲申年十二月初五日立

56. 刘金毛卖棉花地字（民国三十三年十二月二十日）

立卖棉花地土字人刘金毛，今因缺少洋用，无处所出，自愿将到土名孟坟棉花地壹团，上抵吴汗禄山，下抵溪坎，左抵陆模恩土坎，右抵吴汗禄土坎为界，四至分明，并无参（掺）杂，要洋出卖。自己上门问到昧（妹）刘氏多花名下承买为业，当日议定价洋壹仟叁佰捌拾元整。其洋亲手领足应用，棉花地土付与买主耕管为业。事（自）卖之后，不得异言。恐口无凭，立有卖字为执。

代笔、凭中：刘祖荣

民国叁拾叁年十二月廿日立字

57. 吴成顺卖田契（民国三十六年九月初九日）

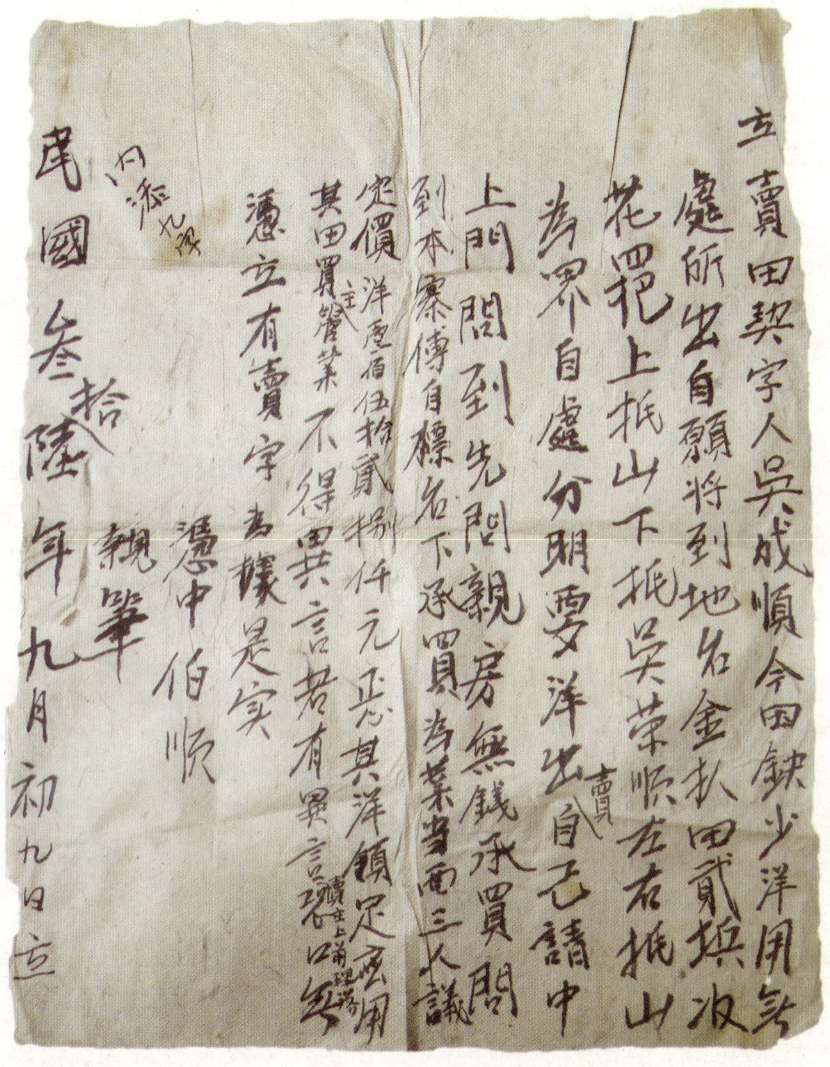

立卖田契字人吴成顺，今因缺少洋用，无处所出，自愿将到地名金扒田贰丘，收花四把，上抵山，下抵吴荣顺，左右抵山为界，自（四）处分明，要洋出卖。自己请中上门问到，先问亲房无钱承买，问到本寨傅自标名下承买为业，当面三人议定价洋壹佰伍拾贰［万］捌仟元整。其洋领足应用，其田买主管业，不得异言。若有异言，卖主上前理落。恐口无凭，立有卖字为据是实。

内添九字

凭中：伯顺

亲笔

民国叁拾陆年九月初九日立

58. **傅松禄分关字**（民国三十六年十二月口日）

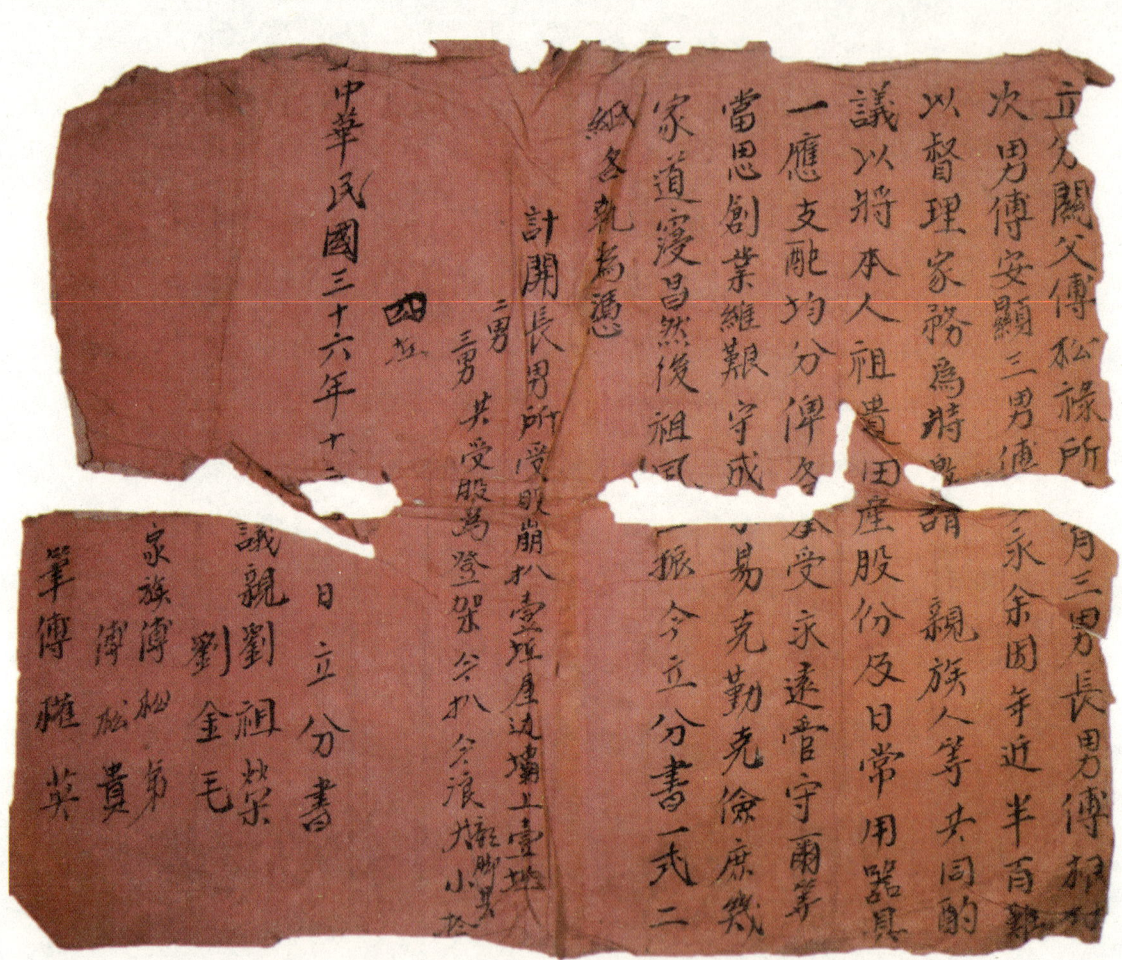

立分關父傅松祿所[illegible]有三男長男傅[illegible]
次男傅安顯三男傅[illegible]永余因年近半百難
以督理家務為特邀請親族人等共同酌
議以將本人祖遺田產股份及日常用器具
一應支配均分俾各各受永遠管守爾等
當思創業維艱守成不易克勤克儉庶幾
家道寖昌然後祖[illegible]振今立分書一式二
紙各執為憑
計開長男所受股崩扒壹坵屋边墻上壹块
二男 三男 共受股為登上架谷扒谷粮大龍脚[illegible]小[illegible]
中華民國三十六年十二月 日立分書
議親劉祖榮 劉金毛
家族傅松弟 傅松貴
筆傅[illegible]英

立分关父傅松禄所育三男，长男傅根林，次男傅安显，三男傅□永。余因年近半百，难以督理家务，为特邀请亲族人等共同酌议，以将本人祖遗田产股份及日常用器具一应支配均分。俾各承受，永远管守。尔等当思创业维艰，守成不易，克勤克俭，庶几家道浸昌，然后祖风［丕］振。今立分书一式二纸，各执为凭。

计开：长男所受股崩扒壹丘，屋边坝上壹丘。二男、三男共受为登架、今扒、今浪□脚共大小拾四丘。

四丘

中华民国三十六年十二月□日立分书

议亲：刘祖荣、刘金毛

家族：傅松弟、傅松贵

□笔：傅权英

59. 傅万顺土栽合同（民国三十七年六月十四日）

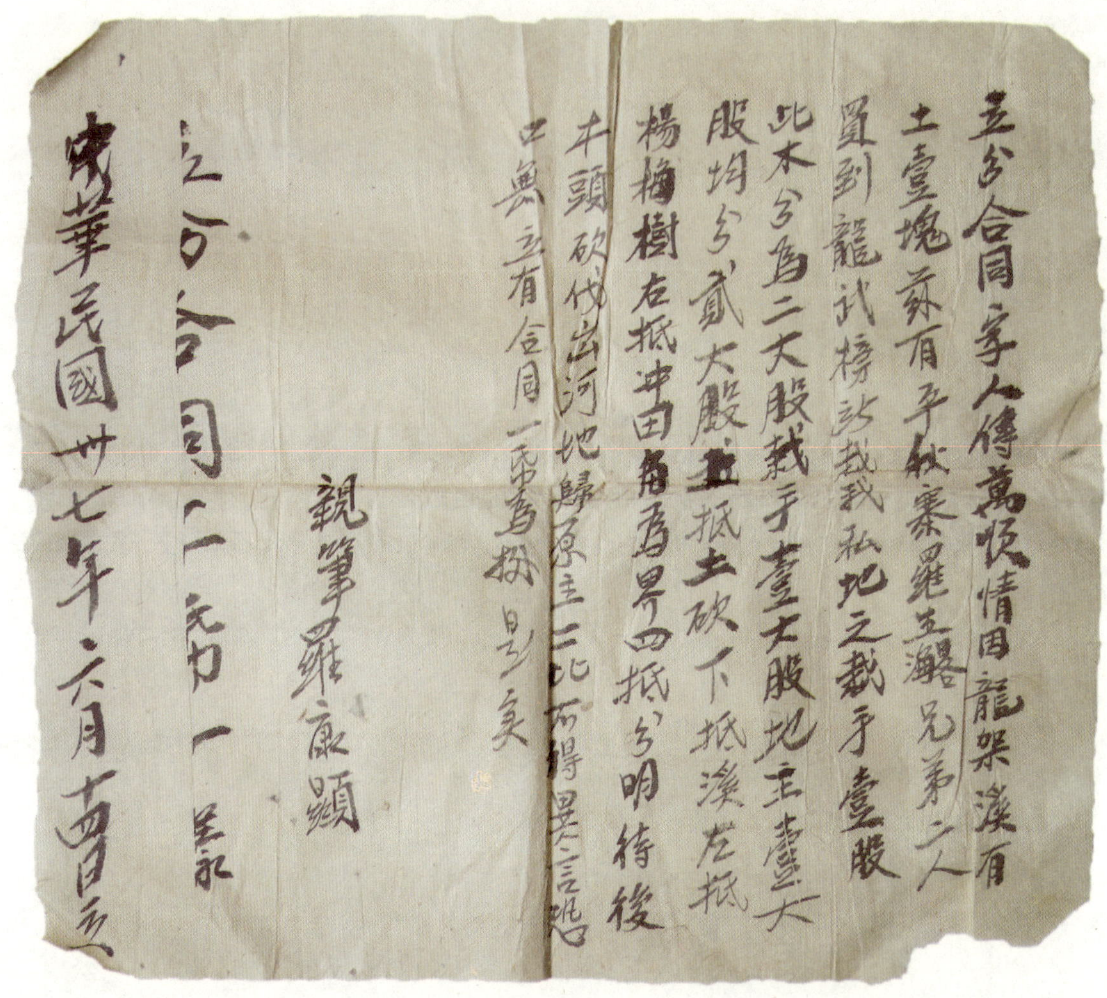

立分合同字人傅万顺，情因龙架溪有土壹块，兹有平秋寨罗生略、罗生海兄弟二人，买到龙武榜所栽我私地之栽手壹股。此木分为二大股，栽手壹大股，地主壹大股，均分贰大股。上抵土坎，下抵溪，左抵杨梅树，右抵冲田角为界，四抵分明。待后木头砍伐出河，地归原主，二比不得异言。恐口无凭，立有合同一纸为据是实。

亲笔：罗康显

【立分合同二纸一样】

中华民国卅七年六月十四日立

60. 刘祥弟卖山场地土字（民国三十七年七月初四日）

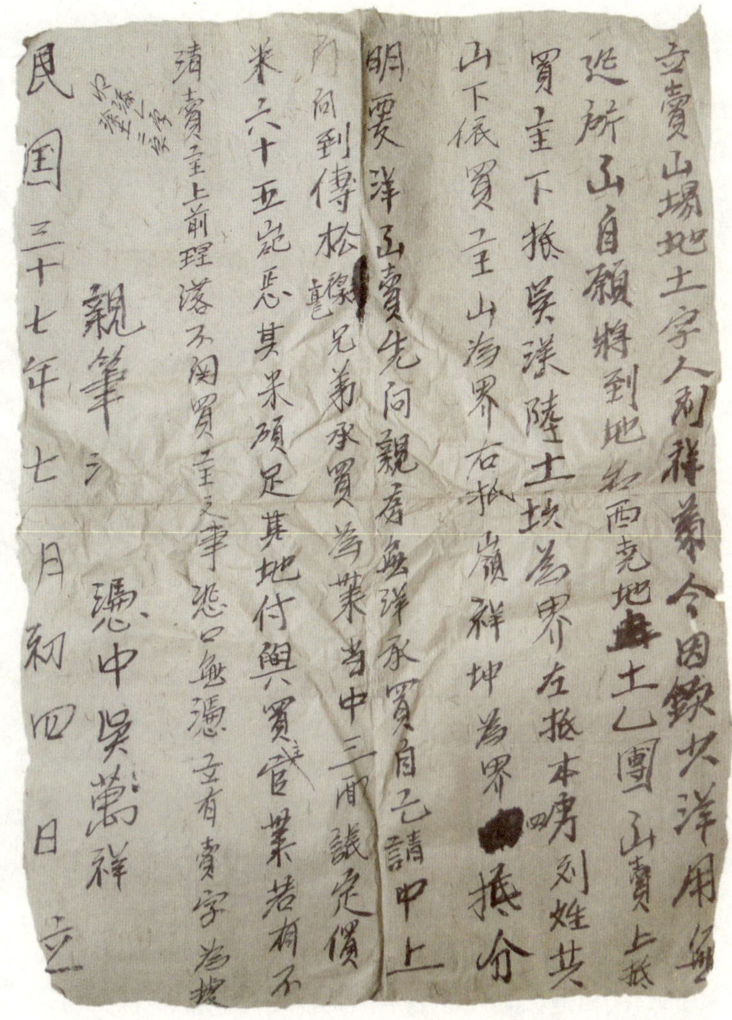

立卖山场地土字人刘祥弟，今因缺少洋用，无处所出，自愿将到地名西尧地土一团出卖，上抵买主，下抵吴汉陆土坎为界，左抵本房刘姓共山，下依买主山为界，右抵岭祥坤为界，四抵分明，要洋出卖。先问亲房无洋承买，自己请中上门问到傅松禄、松毫兄弟承买为业，当中（日）三面议定价米六十五碗整。其米领足，其地付与买主管业。若有不清，卖主上前理落，不关买主之事。恐口无凭，立有卖字为据。

内添一字，涂二字

亲笔

凭中：吴万祥

民国三十七年七月初四日立

61. 罗森良、罗森干、罗森和等土栽合同（一九五〇年二月初七日）

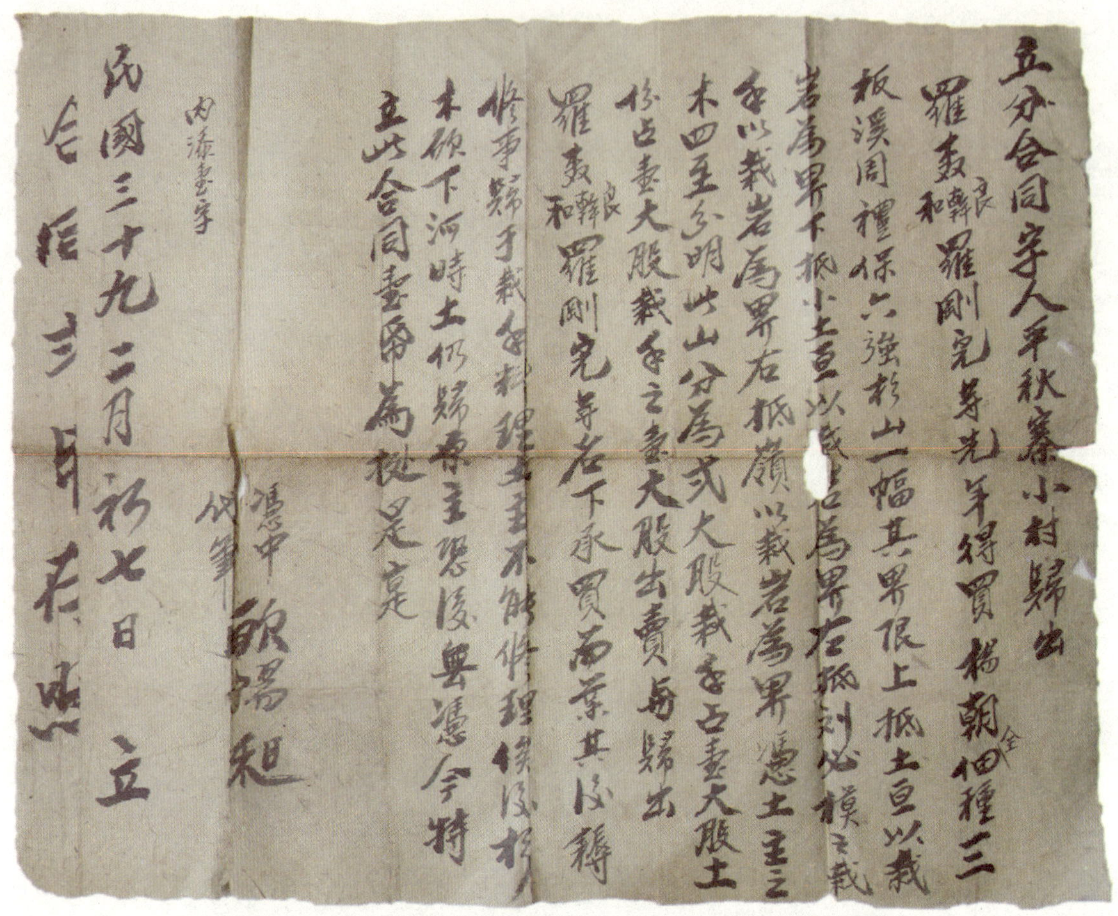

立分合同字人平秋寨小村归出罗森良、罗森干、罗森和、罗刚完等，先年得买杨朝全佃种三板溪周礼保六强杉山一幅，其界限上抵土亘以栽岩为界，下抵小土亘以栽岩为界，左抵刘必模之栽手以栽岩为界，右抵岭以栽岩为界，凭土主之木，四至分明。此山分为贰大股，栽手占壹大股，土份占壹大股。栽手之壹大股出卖与归出罗森良、罗森干、罗森和、罗刚完等名下承买为业。其后耨修事归于栽手料理，土主不能修理。俟后杉木砍下河时，土仍归原主。恐后无凭，今特立此合同壹纸为据是实。

凭中、代笔：欧杨昶

内添壹字

民国三十九［年］二月初七日立

【合同二纸存照】

62. 九寨乡公所积谷保管训令（一九五〇年四月二十日）

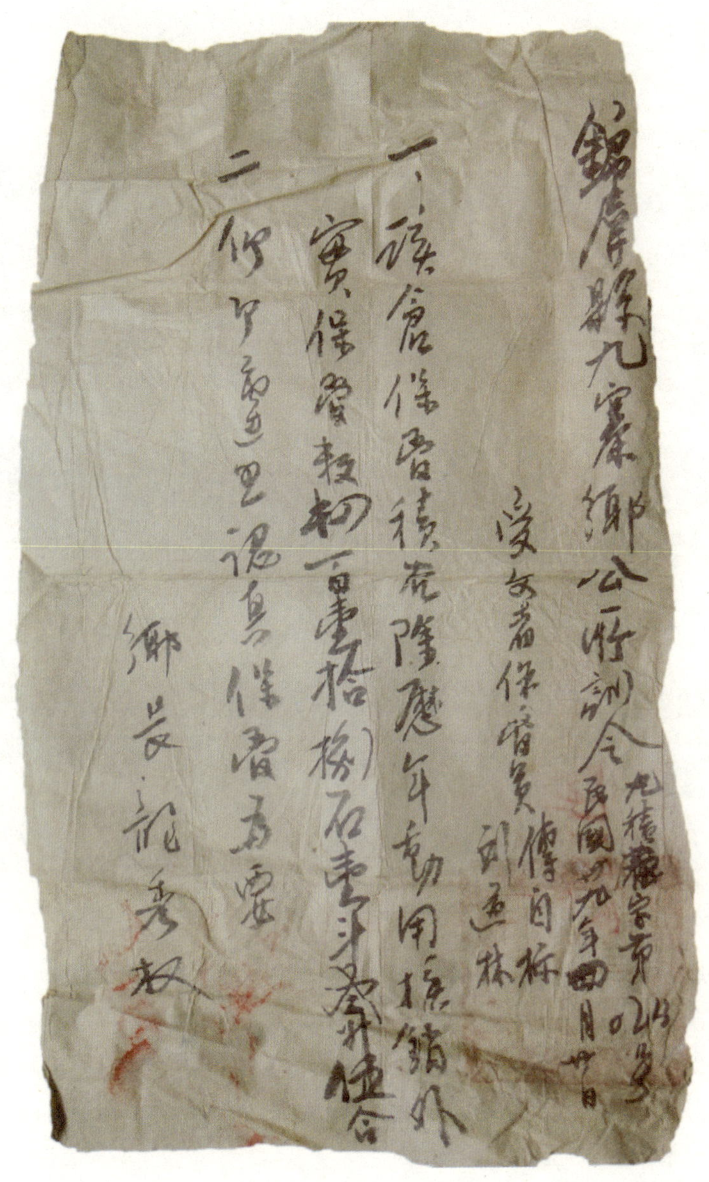

锦屏县九寨乡公所训令，九积粮字第 0223 号，民国卅九年四月廿日

受文者保管员：傅自标、刘通林

一、族仓保管积谷除历年动用核销外，实保管数肆百壹拾捌石壹斗叁升伍合。

二、仰□遵照认真保管为要。

乡长：龙秀权

63. 刘生全卖山场杉木地土字（一九五〇年五月初四日）

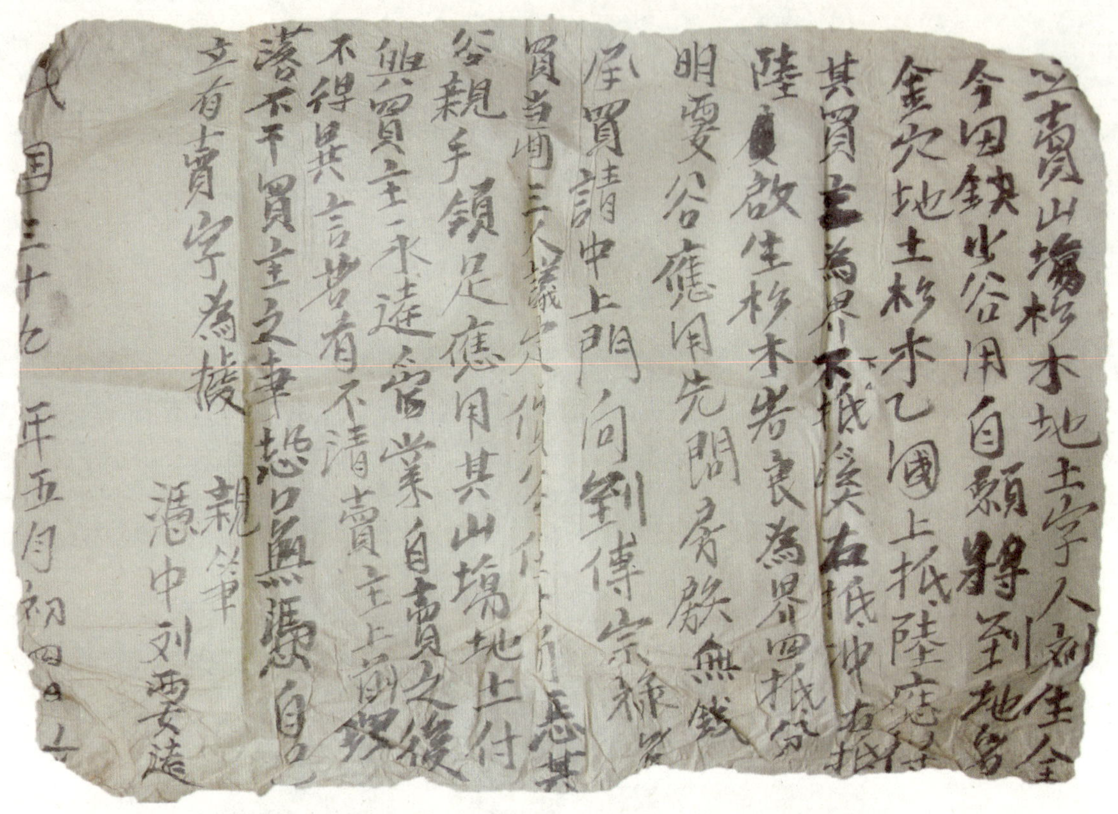

立卖山场杉木地土字人刘生全，今因缺少谷用，自愿将到地名金穴地土杉木一团，上抵陆应得，其买主为界，下抵溪，左抵冲，右抵陆启生杉木岩良（梁）为界，四抵分明，要谷应用。先问房族无钱承买，请中上门问到傅宗禄承买，当面三人议定价谷伍十斤整。其谷亲手领足应用，其山场地土付与买主永远管业。自卖之后，不得异言。若有不清，卖主上前理落，不干买主之事。恐口无凭，自己立有卖字为据。

亲笔

凭中：刘要远

民国三十九年五月初四日立

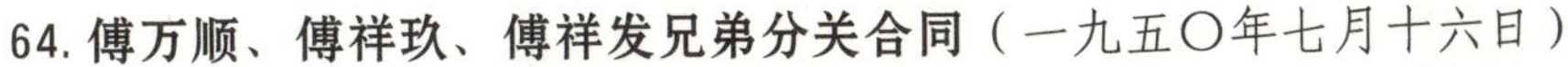

64. 傅万顺、傅祥玖、傅祥发兄弟分关合同（一九五〇年七月十六日）

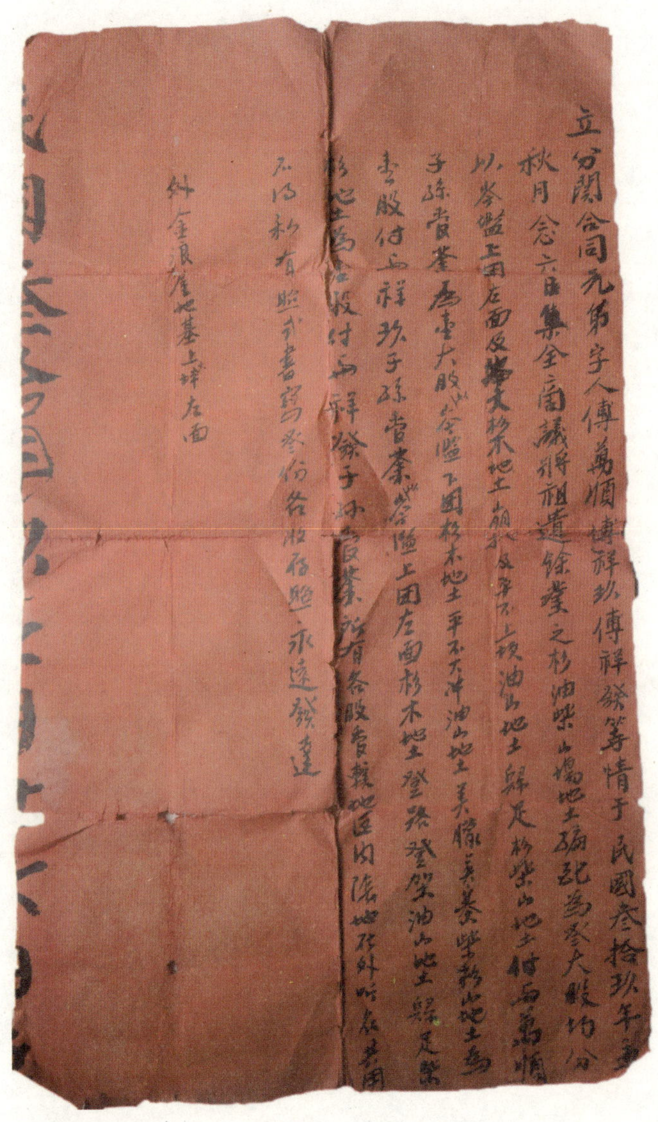

立分关合同兄弟字人傅万顺、傅祥玖、傅祥发等，情于民国叁拾玖年孟秋月念六日集全商议，将祖遗余业之杉油柴山场地土编记为叁大股均分。以岑滥上田右面及岑大杉木地土崩扒及平不上坎油山地土归足杉柴山地土付与万顺子孙管业为壹大股。以岑滥下团杉木地土平不大冲、油山地土美朦美寨柴杉山地土为壹股，付与祥玖子孙管业。以岑滥上团左面杉木地土登路登架油山地土归足柴杉地土为壹股，付与祥发子孙管业。所有各股管辖地区内阴地在外，听名共用，不得私有。照式书写叁份，各收存照，永远发达。

外金浪金地基上大坪左面

【民国三十九年七月廿六日立】

65. 吴志海讨字（一九五三年四月十一日）

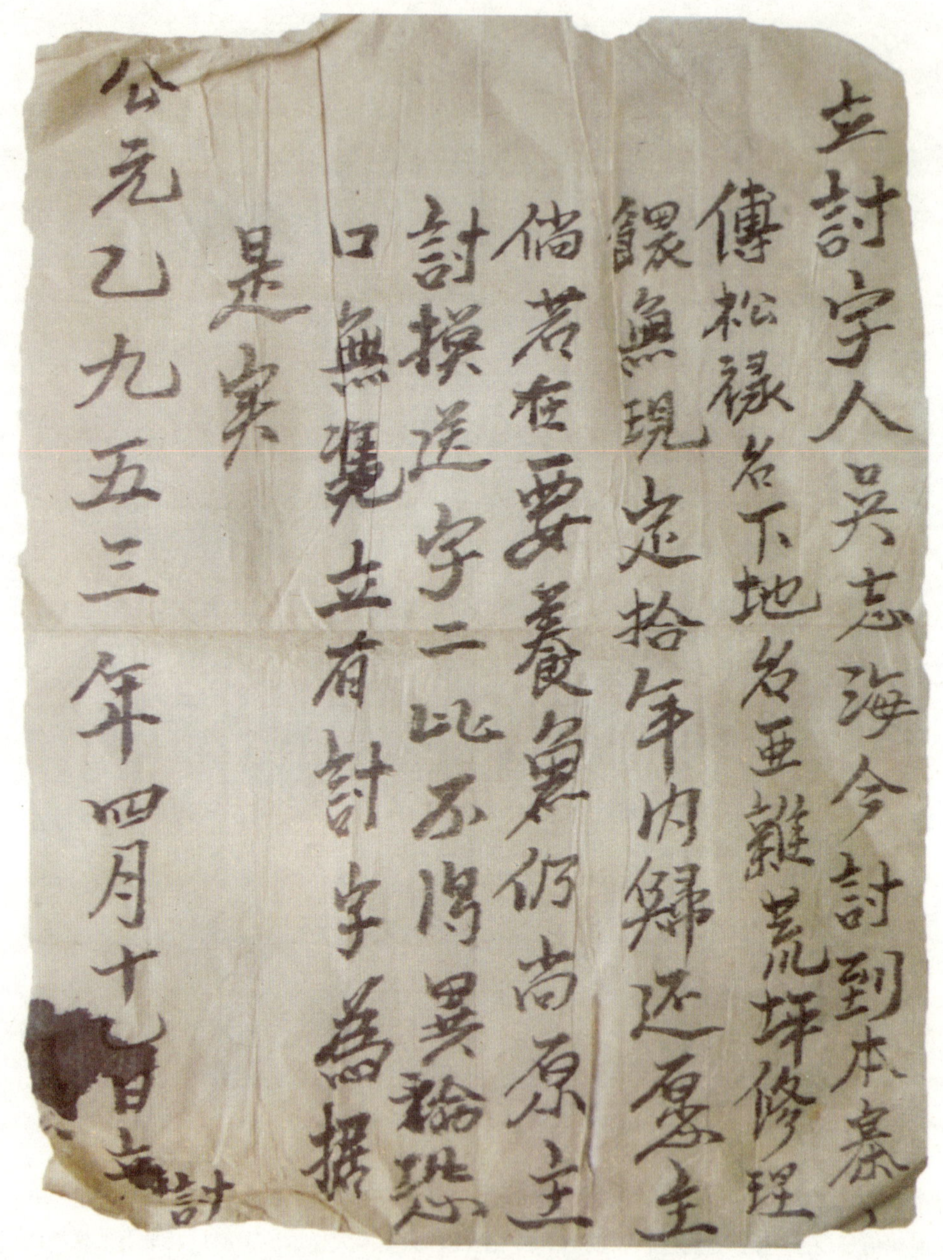
立討字人吳志海今討到本寨
傅松禄名下地名亞雜荒坪修理
餵魚現定拾年内歸還原主
倘若在要養魚仍尚原主
討換送字二比不得異論恐
口無凴立有討字為据
是實
公元乙九五三年四月十一日立討

立讨字人吴志海，今讨到本寨傅松禄名下地名亚杂荒坪修理喂鱼，现（限）定拾年内归还。原主倘若在（再）要养鱼，仍尚（向）原主讨换送字，二比不得异论。恐口无凭，立有讨字为据是实。

公元一九五三年四月十一日立讨

66. 传唤傅宗禄、刘道林清理交代国民党积谷的通知（一九五五年十二月九日）

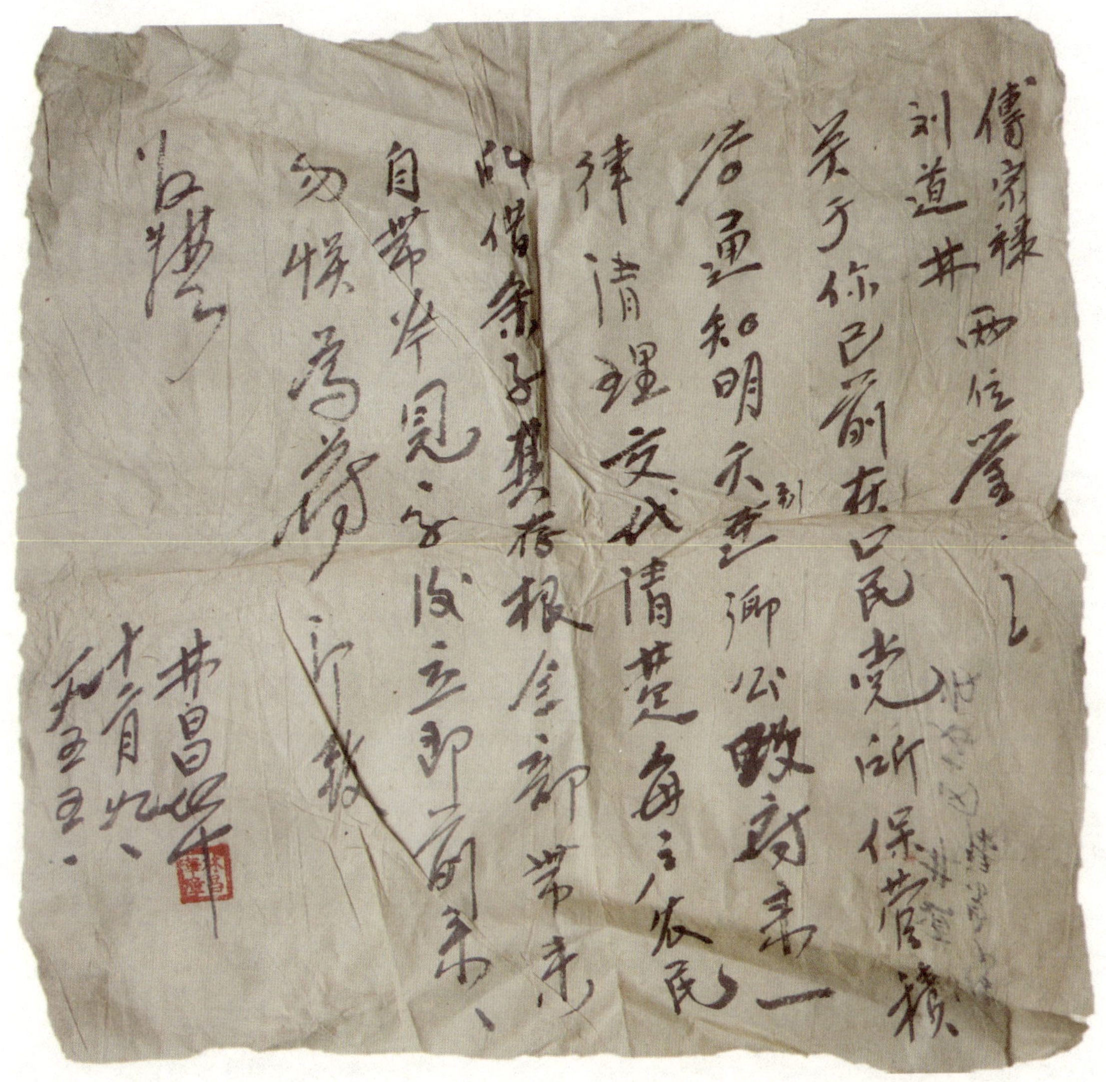

傅宗禄、刘道林两位鉴：

关于你已（以）前在口（国）民党所保管积谷，通知明天到达乡公政府来，一律清理交代清楚。每户农民所借条子，其存根全部带来，自带火（伙）食，见字后立即前来。勿误为荷。此致，为据。

林昌华

一九五五年十二月九日

67. 付根林全年收支分户通知单（一九五六年）

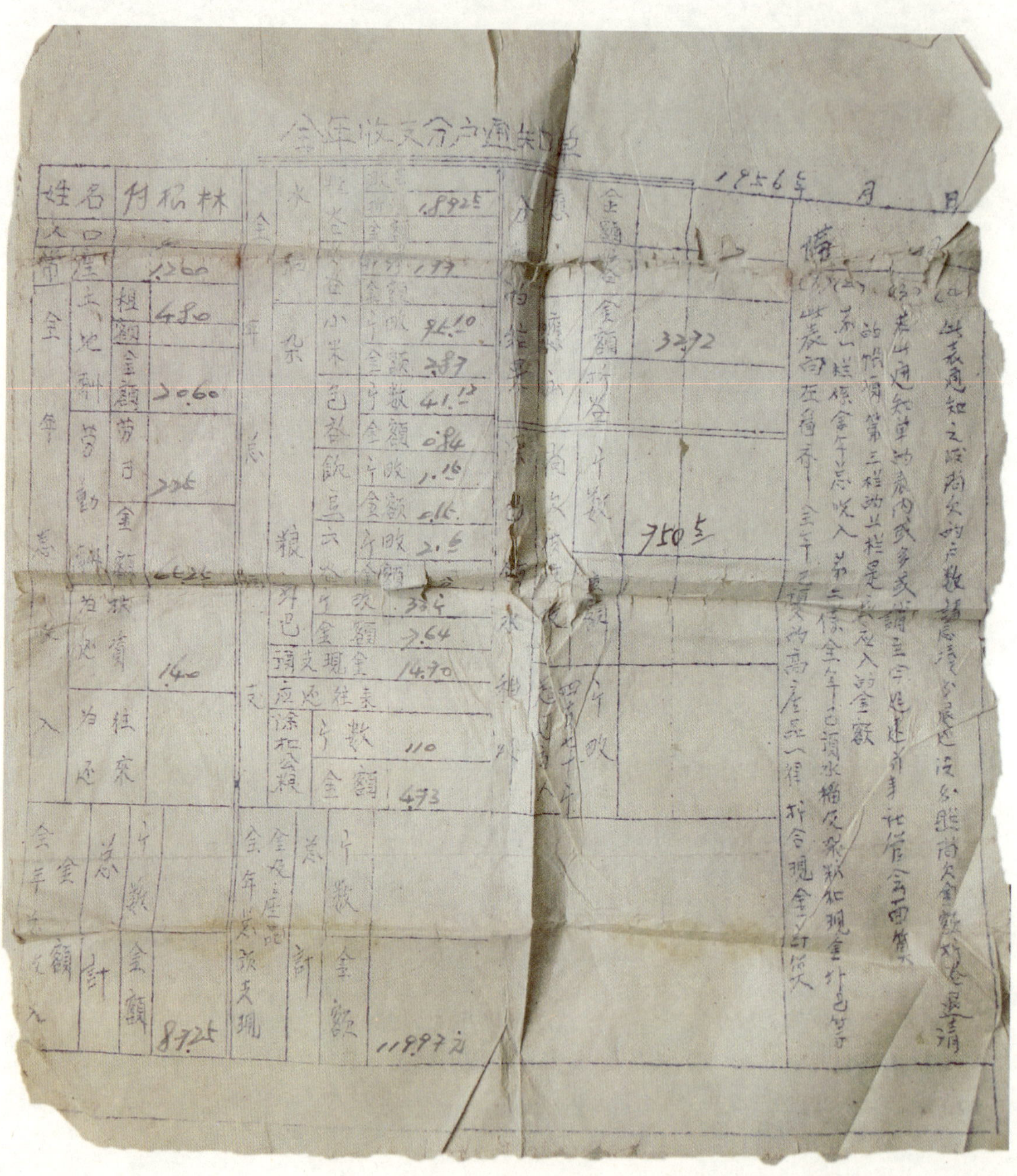

全年收支分户通知单

1956年 月 日

姓名 付根林

人口

常产 1260

全年总收入：
土地报酬 租额 480；金额 20.60
劳动报酬 劳日 226；金额 66.25
为还往来 140

全年总支：
水稻 斤数 1892.5
杂粮 小米 斤数 96.10；金额 3.87
包谷 斤数 41.12；金额 0.84
饭豆 斤数 1.16；金额 0.16
六谷 斤数 2.5
洋芋 斤数 33.4；金额 7.64
预支现金 14.70
应还往来
除扣公粮 斤数 110；金额 4.73

分配结果：金额 32.72；斤数 750.5

全年总金额 87.25

全年总预支现金 119.97元

备注：[illegible]

内容摘录

全年收支分户通知单，1956年

姓名：付根林　人口：4　常产：1200

全年总收入：

土地酬：租额480[斤]，金额20.60元

劳动酬：劳日225[天]，金额65.25元

归还投资1.40元

全年总预支：

水稻：粘谷1892.5[斤]

糯谷177[斤]

杂粮：小米95.10斤，金额2.87元

包谷41.12斤，金额0.84元

饭豆1.15斤，金额0.15元

六谷2.6斤，金额□分

盐巴：33斤，金额7.64元

除扣公粮：110斤，金额4.73元

全年总收入金额87.25元，全年总预支现金及产品总计119.97元，应出（补合作社）金额32.72元，除已领水稻外，尚欠借□数750.5斤

备注：

（1）此表向左看齐，全年已预支的高产品一律折合现金计算。

（2）第一栏系全年总收入，第二[栏]系全年已预[支]水稻及杂粮和现金盐巴等的账项，第三栏的上栏是□应入的金额。

（3）若此通知单的表内或多或少，请至今迅速前来社管会面算。

（4）此表通知之后尚欠的户数，请急凑钱退还，没钱照尚欠金额折谷退清。

（二）契约抄本

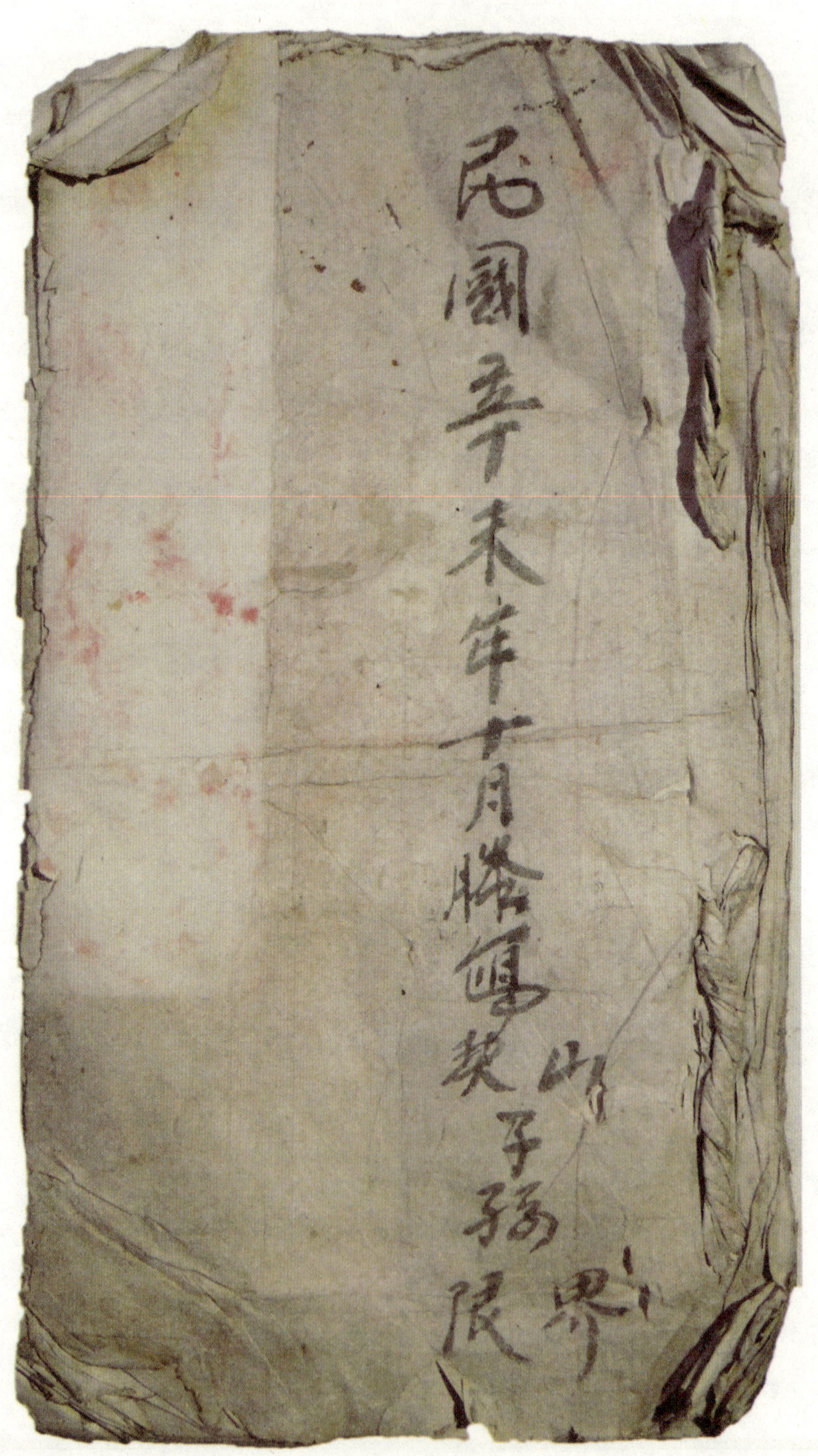
民國辛未年十月謄寫山契子孫界限

民国辛未年十月誊写山契，子孙界限。

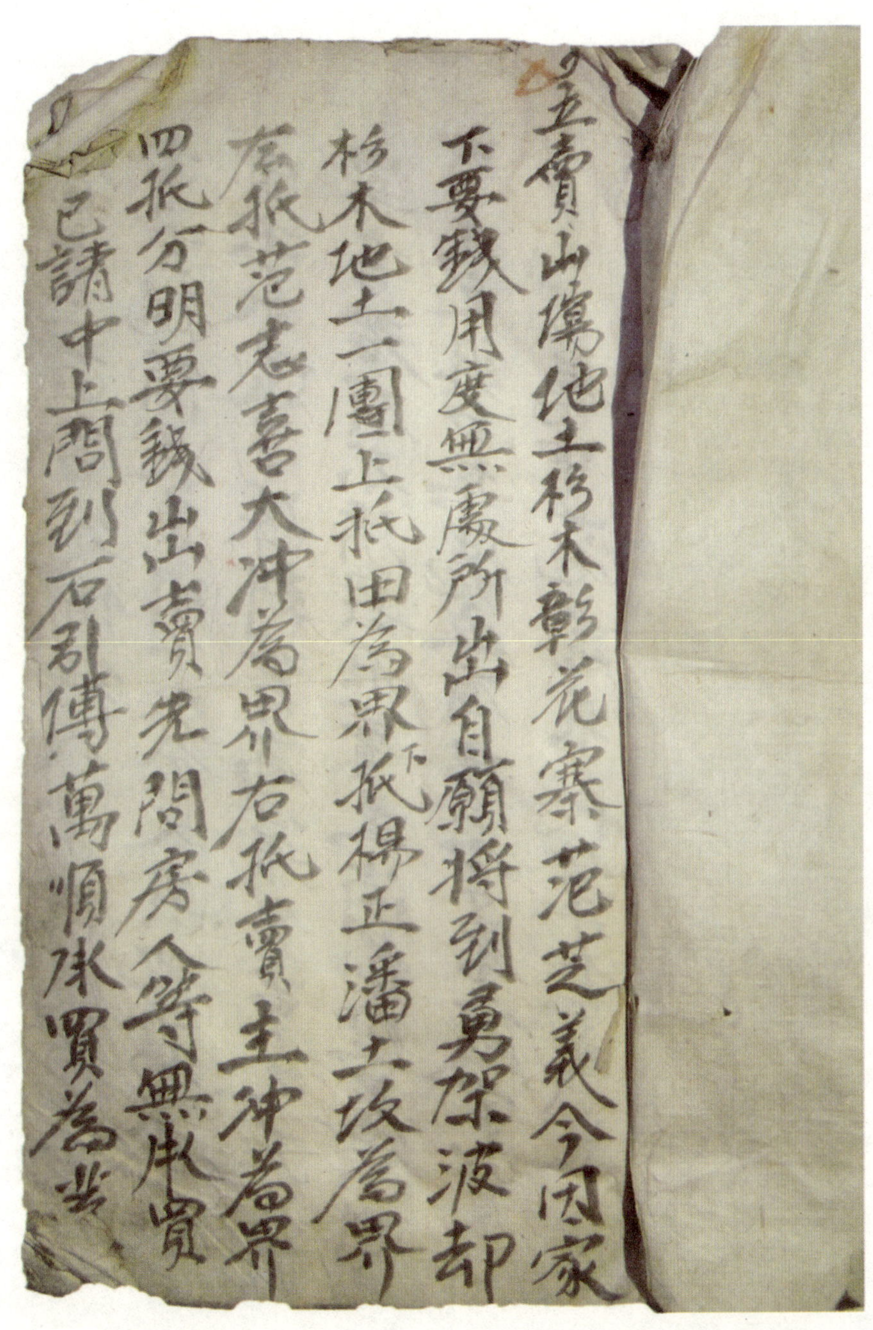

立卖山场地土杉木彰花寨范芝义，今因家下要钱用度，无处所出，自愿将到勇架波（坡）却（脚）杉木地土一团，上抵田为界，下抵杨正潘土坎为界，左抵范志喜大冲为界，右抵卖主冲为界，四抵分明，要钱出卖。先问房［族］人等无［钱］承买，［自］己请中上［门］问到石引［寨］傅万顺承买为业，

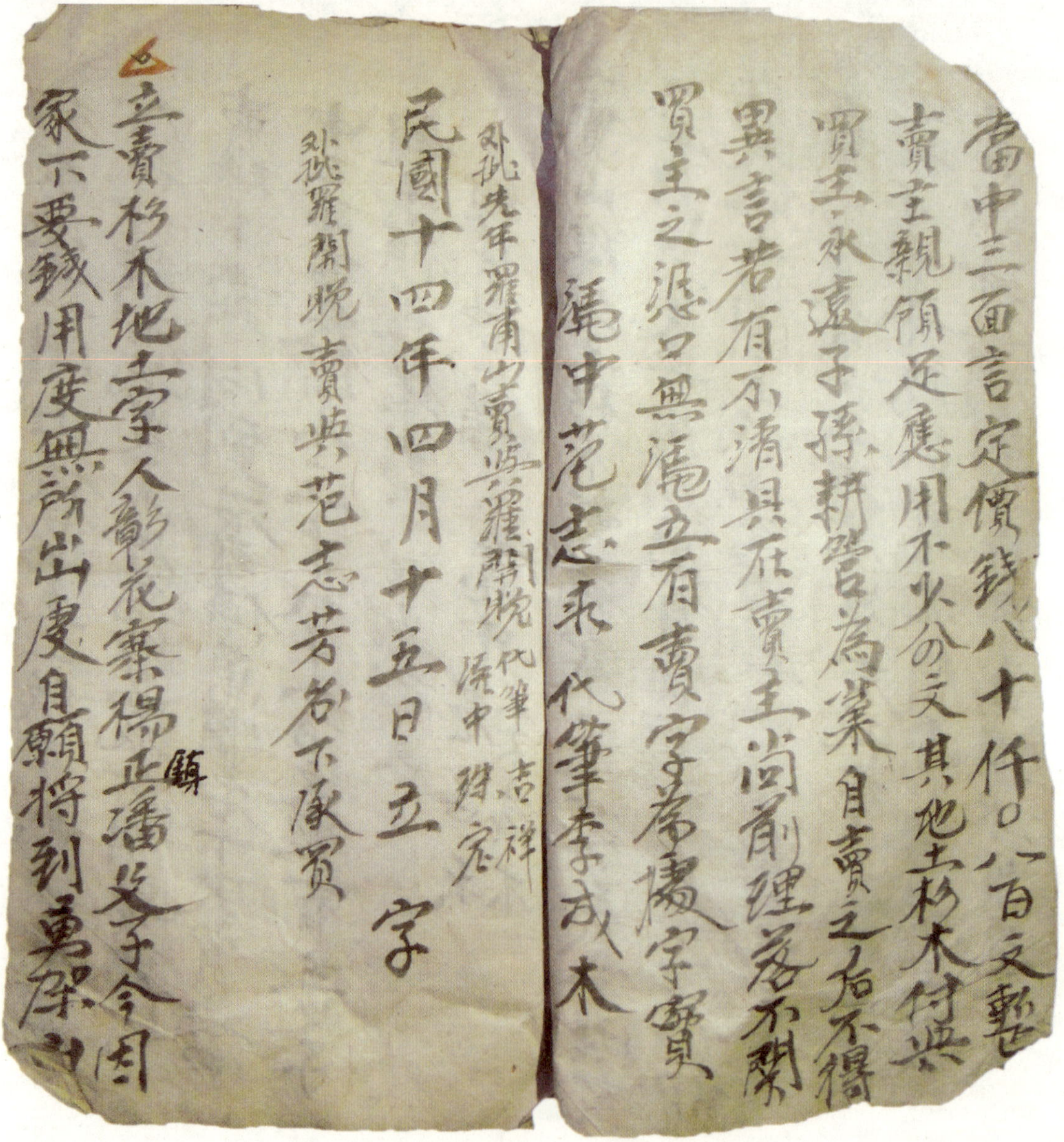

當中三面言定價錢八十仟〇八百文整
賣主親領足應用不少分文其地土杉木付與
買主永遠子孫耕管為業自賣之后不得
異言若有不清具在賣主尚前理落不関
買主之退口無憑立有賣字爲據字實
憑中范志乘 代筆李成木

外批先年羅甫山賣與羅開暁 代筆 吉祥 憑中 耀宸
民國十四年四月十五日 立 字
外批羅開暁賣與范志芳名下承買
立賣杉木地土字人彰花寨楊正潘 鎮 父子今因
家下要錢用度無所出處自願將到萬[illegible][illegible]

当中三面言定价钱八十仟〇八百文整。卖主亲领足应用，不少分文，其地土杉木付与买主永远子孙（子孙永远）耕管为业。自卖之后，不得异言。若有不清，具（俱）在卖主尚（上）前理落，不关买主之[事]。恐口无凭，立有卖字为据字（是）实。

凭中：范志求

代笔：李成木

外批：先年罗甫山卖与罗开晚

代笔：吉祥

凭中：珠宏

民国十四年四月十五日立字

外批：罗开晚卖与范志芳名下承买

立卖杉木地土字人彰花寨杨正镇潘父子，今因家下要钱用度，无处所出，自愿将到勇架山

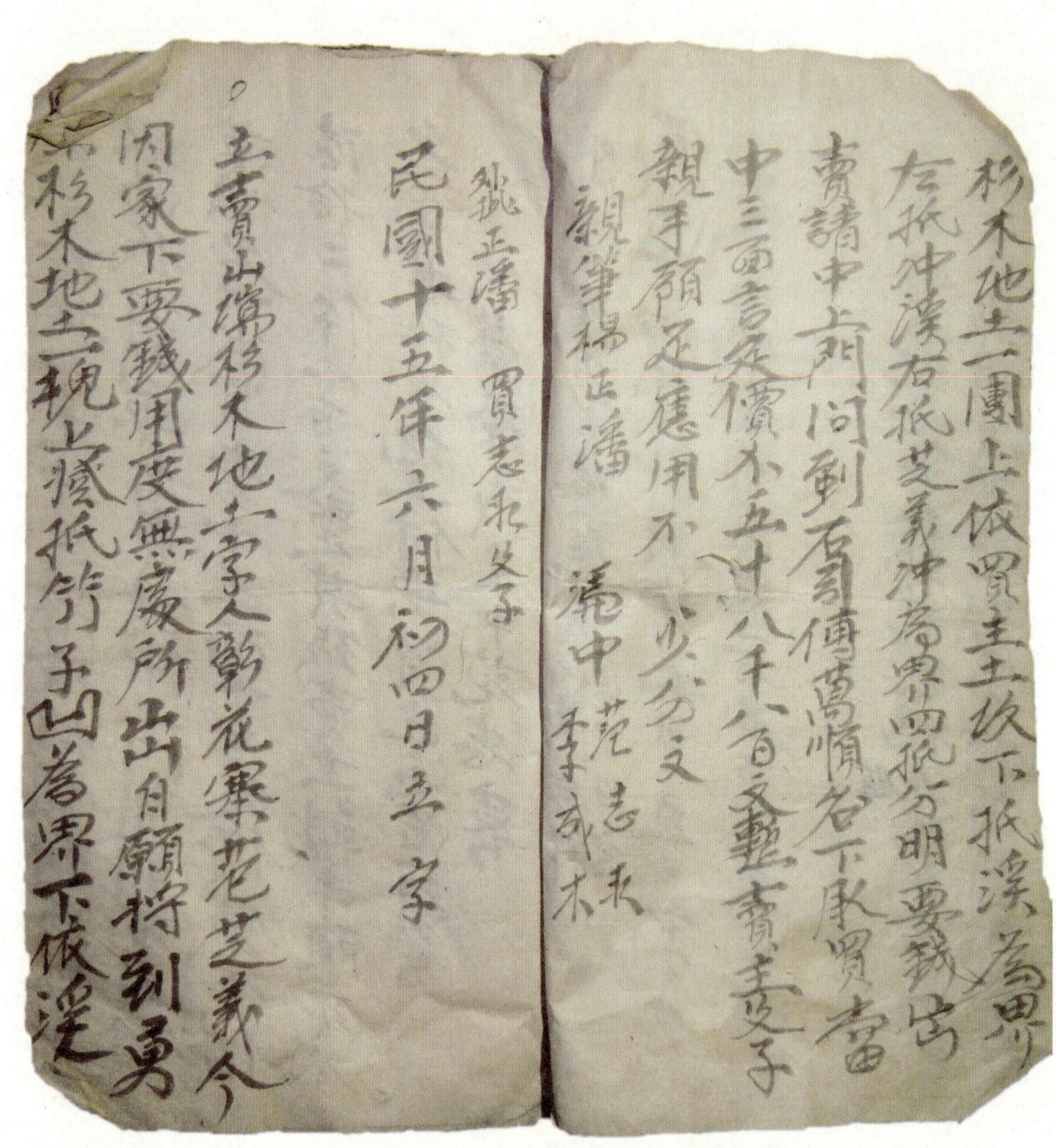

立賣山塲杉木地土字人彰花寨范芝義今
因家下要錢用度無處所出自願將到勇
杉木地土一塊土名抵竹子山為界下依溪
杉木地土一團上依買主土坎下抵溪為界
左抵冲溪右抵芝義冲為界四抵分明要錢出
賣請中上門問到房弟傅萬順名下承買當
中三面言定價大錢五十八千八百文整賣主芝子
親手領足應用不少分文
親筆楊正潘
憑中　范志和
　　　李成木
民國十五年六月初四日立字
外批正潘　買志和芝子

杉木地土一团，上抵买主土坎，下抵溪为界，左抵冲溪，右抵芝义冲为界，四抵分明，要钱出卖。请中上门问到石引［寨］傅万顺名下承买，当中三面言定价钱五十八千八百文整。卖主父子亲手领足应用，不少分文。

亲笔：杨正潘

凭中：范志求、李成木

外批：正潘、买志永父子

民国十五年六月初四日立字

立卖山场杉木地土字人彰花寨范芝义，今因家下要钱用度，无处所出，自愿将到勇架山杉木地土一块，上登抵竹子凹为界，下依溪

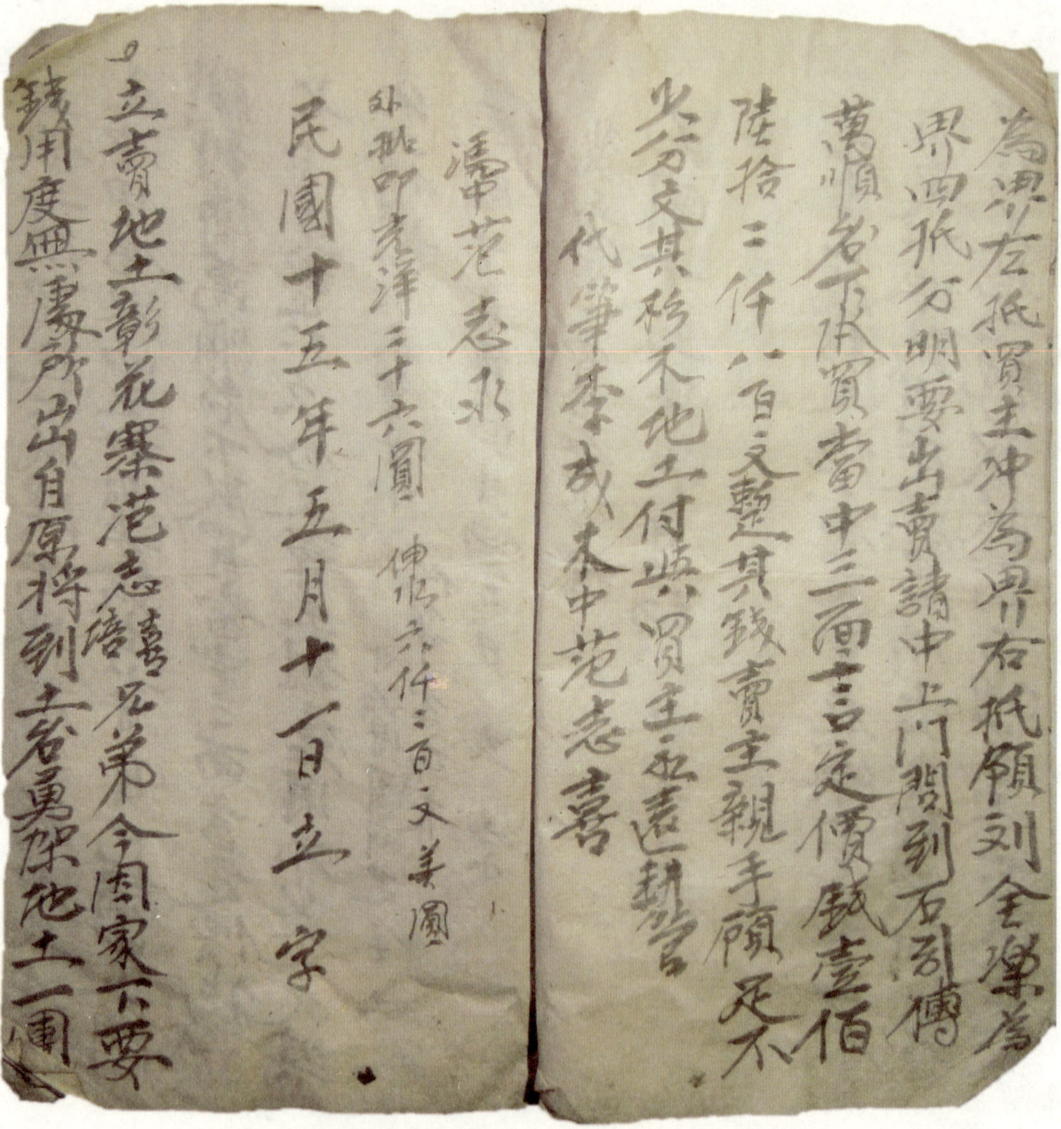

為界左抵買主冲為界右抵領刘金樂為

界四抵分明要出賣請中上門問到石引傅

萬順名下承買當中三面言定價錢壹佰

陆拾二仟八百文整其錢賣主親手領足不

少分文其杉木地土付與買主永远耕管

代筆李成才　中范志喜

憑中范志永

外批叩老洋二十六圓　伸作六仟二百文美圓

民國十五年五月十一日立字

立賣地土彰花寨范志语喜兄弟今因家下要

錢用度無處所出自愿將到土名𡶶架地土一團

为界，左抵买主冲为界，右抵领（岭）刘全乐为界，四抵分明，要［钱］出卖。请中上门问到石引［寨］傅万顺名下承买，当中三面言定价钱壹佰陆拾二仟八百文整。其钱卖主亲手领足，不少分文，其杉木地土付与买主永远耕管。

代笔：李成木

［凭］中：范志喜

凭中：范志求

外批：扣光洋二十六圆（元），伸水六仟三百文美（每）圆（元）

民国十五年五月十一日立字

立卖地土彰花寨范志喜、志培兄弟，今因家下要钱用度，无处所出，自愿将到土名勇架地土一团，

上抵土坎買主下抵溪為界左抵路右抵冲買
主冲田為界四至分明要錢出賣自己請中上門
問到傅萬順名下承買當中三面言定價錢
七千文整不欠分文賣主親應用不少分文其
地土付與買主管業
外批得買劉芝金土
代筆李成木
民國十五年四月初三日立字

右。立賣地土杉木人范志禾今因要錢用度無處
買 所出自願將到土名麥架地土一團上抵田埝領田為
一 下抵溪左抵坐山右抵大路買主為界四抵分明
團 要錢出門問到傅萬順承買當中三面言定價
十仟文整賣主領足不少分文
得買劉老牌土
憑中
代筆李成木
民國十五年三月十一日立字

上抵土坎买主，下抵溪为界，左抵路，右抵冲买主冲田为界，四至分明，要钱出卖。自己请中上门问到傅万顺名下承买，当中三面言定价钱七千文整，不欠分文。卖主亲［领］应用，不少分文，其地土付与买主管业。

外批：得买刘芝金土

代笔：李成木

民国十五年四月初三日立字

立卖地土杉木人范志求，今因要钱用度，无处所出，自愿将到土名勇架地土一团，上抵田登领（岭）田各（角），下抵溪，左抵柴山，右抵大路买主为界，四抵分明，要钱出［卖］。上门问到傅万顺承买，当中三面言定价十仟文整。卖主领足，不少分文。

凭中、代笔：李成木

得买刘发祥土

民国十五年三月十一日立字

立賣地土字人范志和父子今因家下要用度無處所出憑將到地土勇保地土一團上抵撈上田下抵買主志培土坎到田角棚子边為界右抵杉子山盤坎上領田下抵田坎左抵田路為界四限分明要錢出賣傳萬順承買當中三面定價八五仟文整賣主親領應用不欠分文

憑中　代筆李成木

民国十十五年三月十一日立字 内有田在外

外批祖父得買刘有清 昔又刘照高 土

立賣山場地土杉木字人范寨范志培喜兄弟今因家下要錢出賣自愿將到者外田塍勇保杉木地土一團上抵范甲木李春木田角界下抵溪左抵冲范林燊溪上登田角界右抵大冲水沟

立卖地土字人范志求父子，今因家下要［钱］用度，无处所出，［自］原（愿）将到地土勇架地土一团，上抵□上田，下抵买主志培土坎到田为棚子边为界，右抵竹子凹盘坎上领（岭）田，下抵田坎，左抵田路为界，［界］限分明，要钱出卖。傅万顺承买，当中三面定价钱五仟文整。卖主亲领应用，不欠分文。

代笔、凭中：李成木

民国十五年三月十一日立字

内有田在外

外批：祖父得买刘有清伯父刘照高土

立卖山场地土杉木彰花寨范志喜、范志培兄弟，今因家下要钱出卖。自愿将到土名外田□勇架杉木地土一团，上抵范甲木、李成木田为界，下抵溪，左抵冲范林发溪上登田各（角）为界，右抵大冲水□

立賣山場地土戥花寨范甲林甲明甲成甲第兄弟
今因家下要錢用度所出自願將土名归有歸
口團上抵周礼保田下抵大路為界左抵周礼
會杉木大冲為界右抵周礼表冲中間為界
四抵界限分明並無蘿鏊要錢出賣兄弟請中
門問到石引傅萬順名下承買為業當日

買主山場杉木為界四抵分明要錢出賣自
已請中上門問到傅萬順承買當中三面言
定價錢三十六千文整賣主親手領錢應用不
不欠分文其杉木地土付與買主永遠子孫管業
光洋六元　請中
伸小六千　代筆李成木　　内有大路在一根在内
民国十五年六月初四日立字

买主山场杉木为界，四抵分明，要钱出卖。自己请中上门问到傅万顺承买，当中三面言定价钱三十六千文整。卖主亲手领钱应用，不欠分文，其杉木地土付与［买］主永远子孙（子孙永远）管业。

光洋六元，伸钱六千

凭中、代笔：李成木

内有大路，在一概在内

民国十五年六月初四日立字

立卖山场地土彰花寨范甲林、范甲木、范甲明、范甲成、范甲弟兄弟，今因家下要钱用度，［无处］所出，自愿将土名归欠溪口地土一团，上抵周礼保田，下抵大路为界，左右抵周礼会杉木大冲为界，右左抵周礼求冲中间为界，四抵界限分明，并无叁（掺）杂，要钱出卖。兄弟请中上门问到石引［寨］傅万顺名下承买为业，当中

三面言定價不八十千文整其錢兄弟領足應
用不少分文其山地土付與買主子孫永遠耕
管為業自賣之后不得異言若有內外人等異
在賣主尚前理落不關買主事賣之后不得異人
恐口無憑立有賣字為據字實
親筆范甲明
憑中范有相 林燚 范金保

又 買 燚 坤

民国十三年甲子先賣木 后賣土
不六千
民國十五年四月初三日 立 字 丙寅年
立賣地土字人劉燚坤父子今因家下要錢用度
無處所出自願將到地名岑攔波地土一團上
抵領陸應壽下抵溪左抵溪右抵買主為立
樹為界四至分明並無參雜要錢出賣自己請中

三面言定价钱八十千文整。其钱兄弟领足应用，不少分文，其山地土付与买主子孙永远耕管为业。自卖之后，不得异言。若有内外人等，具（俱）在卖主尚（上）前理落，不关买主［之］事。［自］卖之后，不得异［言］。恐口无凭，立有卖字为据字（是）实。

亲笔：范甲明

凭中：范林发、范有相、范金保

民国十三年甲子先卖木，后卖土，钱六十千。

民国十五年四月初三日立字，丙寅年。

立卖地土字人刘发坤父子，今因家下要钱用度，无处所出，自愿将到土名岑拦波（坡）地土一团，上抵领（岭）陆应寿，下抵溪，左抵溪，右抵买主板立（栗）树为界，四至分明，并无叁（掺）杂，要钱出卖。自己请中

上門问到傅萬順名下承買當中三面言定價錢
十三仟八百文賣主親領應用不欠分文其地土
付與買主子孫永遠耕管事賣之后不得異言
若有不清具在賣主上前理落不関買主之
事恐口無憑立有賣字為據
民國十五年七月十四日立字
親筆刘寬落
憑中陸應全

立賣杉木地土字人陸司光仝男斌七今因家下要錢用
度無處所出自願將到土名岑擁波地土杉木
一團上依嶺下抵溪左抵刘岩坤枝立樹右抵冲边買
主杉山為四抵分明要錢出賣先问房族人等無人
承買自己請中上門问到傅萬順名下承買當
中三面言定價錢三十四千八百文整上親手領錢應

上门问到傅万顺名下承买，当中三面言定价钱十三仟八百文。卖主亲领应用，不欠分文，其地土付与买主子孙永远耕管。事（自）卖之后，不得异言。若有不清，具（俱）在卖主上前里（理）落，不关买主之事。凭（恐）口无凭，立有卖字为实。

亲笔：刘宽落

凭中：陆应全

民国十五年七月十四日立字

立卖杉木地土字人陆引元、侄男启生，今因家下要钱用度，无处所出，自愿将到土名岑拦波（坡）地土杉木一团，上依领（岭），下抵溪，左抵刘发坤板立（栗）树，右抵冲边买主杉山为[界]，四抵分明，要钱出卖。先问房族人等无钱承买，自己请中上门问到傅万顺名下承买，当中三面言定价钱三十四千八百文整。亲手领钱应

用不欠分文其地土杉木付與買主永遠耕管爲
業自賣之后不得異言若有内外人等不清具
在賣主向前理落不關買主之事恐後無憑立
有賣字爲據是實

代筆陸海生
憑中陸司旺
宣統二年十月初九日立字
庚戌年

賣 森 金

立賣杉木地土到潚金今因家下要錢用度無處所出
自願將到土名地土一團上抵到德合土坎下抵到丙全土坎
左抵領 右抵全姓四至分明要出賣先問親房無錢承買
自己請中上門問到傳萬順名下承買當中三面言定價錢
二十五千八百文整賣主親手領錢應用不欠分文其山地土
杉木付與買主永遠耕管爲業自賣之后不得異言若
有内外人等不清具在賣主向前理落不關買主之事
恐後無憑立有賣字日是實

用，不欠分文，其地土杉木付与买主永远耕管为业。自卖之后，不得异言。若有内外人等不清，具（俱）在卖主尚（上）前里（理）落，不关买主之事。恐口无凭，立有卖字为据是实。

代笔：陆海生

凭中：陆引旺

宣统二年十月初九日立字，庚戌年

立卖杉木地土刘森全、刘培全，今因家下要钱用度，无处所出，自愿将到土名芝尧地土一团，上抵刘德合土坎，下抵刘丙全土坎，左抵领（岭），右抵全姓，四至分明，要［钱］出卖。先问亲房无钱承买，自己请中上门问到傅万顺名下承买，当中三面言定价钱二十五千八百文整。卖主亲手领钱应用，不欠分文，其山地土付与买主永远耕管为业。自卖之后，不得异言。若有内外人等不清，具（俱）在卖主尚（上）前里（理）落，不关买主之事。恐后无凭，立有卖字是实。

親筆刘森全　滝中刘德厚字

光緒三十二年四月十一日立字　丙午年

立賣地土字人全通弟今因家下要錢用度無處所出自願將到名岩芝堯地土一團上抵刘德合下抵西全土段左抵領買主右抵冲為界四至分明要不朗賣自己請中上門問到傳萬順名下承買當中三面言定價錢十三千八百文整亲賣主親手領足應用不欠分文

滝中刘擁木

民国十二年五月十一日立字　全通弟筆

立賣杉木地土字人刘炳全今因家下要錢用度無處所出自願將到土名芝堯地土杉木一團上抵買主土段下抵刘吉海土段左抵顧漢依右抵陳本德到冲中間為界四至分[illegible]明要錢出賣先問親房無錢承買自己請中上門問到傳萬順名下承買當中三面言定價錢叁拾六仟八百文賣主親手領足應用不欠分文其地土杉木付與買為業

親筆刘炳全　辛酉

民国十年十月十三日立字　滝中刘宗海

亲笔：刘森全

凭中：刘德厚

光绪三十二年四月十八日立字，丙午年

立卖地土字人全述弟，今因家下要钱用度，无处所出，自愿将到土名芝尧地土一团，上抵刘德合，下抵丙全土坎，左抵领（岭）买主，右抵冲为界，四至分明，要钱出卖。自己请中上门问到傅万顺名下承买，当中三面言定价钱十三千八百文整。卖主亲手领足应用，不欠分文。

凭中：刘耀木

全述弟笔

民国十二年五月十一日立字

立卖杉木地土字人刘炳全，今因家下要钱用度，无处所出，自愿将到土名芝尧地土杉木一团，上抵买主土坎，下抵刘吉海土坎，左抵领（岭）汉依，右抵陈木德、得昌界岩到冲中间为界，四至分明，要钱出卖。先问亲房无钱承买，自己请中上门问到傅万顺名下承买，当中三面言定价钱叁拾六仟八百文。卖主亲手领足应用，不欠分文，其地土杉木付与［买主］耕管为业。

亲笔：刘炳全

凭中：刘宗海

民国十年十月十三日立字，辛酉［年］

立賣杉木地土字人刘德林父子今因家下要錢用度無處所出自願將土名归䰟溪地土杉木一團上抵刘吉遠土坎下抵溪水左抵陸德壽岩標領右抵刘吉海岩標下領溪為界四至分明要錢出賣先問親房無人承買自請中上門問到傅萬順名下承買當中三面言定價銀捌陸兩八分整賣主領銀應用不欠分文其杉木地土付與買主管業

親筆刘森全　憑中刘德厚

光緒三十三年九月初五日立字

立賣地土字人刘祥模母陸愛交母子今因家下缺用度無處所出自願將刘归䰟溪地土一團上抵吉遠土坎下抵陸德壽土坎左抵道右抵買主為界四至分明要錢出賣自己請中上門問到傅萬順名下承買當中三面言定價錢伍千六百文賣主母子親領應用不欠分文其地土付與買主耕管為業

借錫公筆陸慶烈

憑中刘德令　母子借去朱凡朱分[illegible]

民国十五年九月十三日立字

立卖杉木地土字人刘德林父子，今因家下要钱用度，无处所出，自愿将［到］土名归魂溪地土杉木一团，上抵刘吉远土坎，下抵溪水，左抵陆应寿岩梁领（岭），右抵刘吉海岩梁领（岭）下溪为界，四至分明，要钱出卖。先问亲房无钱承买，自请中上门问到傅万顺名下承买，当中三面言定价银拾陆两八钱整。卖主领银应用，不欠分文，其杉木地土付与买主管业。

亲笔：刘森全

凭中：刘德厚

光绪三十三年九月初五日立字

立卖地土字人刘祥模、母陆爱多母子，今因家下［要］钱用度，无处所出，自愿将到归魂溪地土一团，上抵吉远土坎，下抵陆应寿土坎，左抵逢，右抵买主为界，四至分明，要钱出卖。自己请中上门问到傅万顺名下承买，当中三面言定价钱伍千八百文。卖主母子亲领应用，不欠分文，其地土付与买主耕管为业。

借舅公笔：陆应烈

凭中：刘德合

母子借去米凡（还）米钱

民国十五年九月十三日立字

立賣杉木地土字人刘玉標家訓父子今因家下要錢用度無處
所出自願將到土名归硯溪頭杉木地土一團上抵領下抵
溪左抵塊右抵領路嵩四至分明要錢出賣自己上門問到傳
萬順名下承買當中三面言定價不十仟文賣主親領應
用不少分文其地土付與買主管業

代筆 刘炳全
憑中

民国癸丑年十月初一日 立字

立賣杉木地土字人刘全發兄弟三人今因家下要錢用度無
處所出自願將到土名孟硯地土杉木壹團上抵買主土坎下
抵塊左抵溪右抵進買主四至分明要錢出賣自己請中上門
問到傳萬順名下承買言定價不十四千二百八十文整其
小賣主親領應用不欠分文其地土杉木付與買主永遠管
業自賣之后不得異言

憑中 陸正煌 刘勝祥

民国十四年十月十二日 立字 親筆刘全榮

立卖杉木地土字人刘玉梁、刘宗海、刘宗然父子，今因家下要钱用度，无处所出，自愿将到土名归魂溪头杉木地土一团，上抵领（岭），下抵溪，左抵坎，右抵领（岭）路为［界］，四至分明，要钱出卖。自己上门问到傅万顺名下承买，当中三面言定价钱十仟文。卖主亲领应用，不欠分文，其地土付与买主管业。

代笔、凭中：刘炳全

民国癸丑年十月初一日立字

立卖杉木地土字人刘全落兄弟三人，今因家下要钱用度，无处所出，自愿将到土名孟魂地土杉木一团，上抵买主土坎，下抵坎，左抵溪，右抵达买主，四至分明，要钱出卖。自己请中上门问到傅万顺名下承买，言定价钱十四千二百八十文整。其钱卖主亲领应用，不欠分文，其地土杉木付与买［主］永远承买管业。自卖之后，不得异言。

凭中：陆正堂、刘发祥

亲笔：刘全乐

民国十四年十月十二日立字

立賣地土杉木人陸應川今因家下要錢用度無處所出自願
將到土名美都坡地土杉木一團上抵耀光土下抵作勻左
抵謹姓右抵吉元領白楷樹為四至分明要錢出賣自己請
中前問到傳萬順名下承買當日中三面言定價錢十八千二百
文賣主親手領應用不欠分文其山杉木地土付與買主管
業事賣之后不得異言

民國十年七月初八日立字

先年得買奇德土載手归雲兄弟

憑中陸归西亨

親筆陸宗章

立賣杉木地字人陸引元昆兄弟今因家下要錢用度無處
所出自願將到美濃归香溪地土杉木一團上抵達路边下抵
溪左抵恩德小領右抵買主四至分明要錢出賣先問親
房無人承買請中上門問到傳萬順名下承買當中三面言
定價不廿千八百文賣主領錢應用不欠分文其地土杉木
付與買主永遠耕管為業

民國十年八月初八日立字

代筆陸海生

憑中陸恩德

清德

立卖地土杉木人陆应川，今因家下要钱用度，无处所出，自愿将到土名美都波（坡）地土杉木一团，上抵耀光土坎，下抵水勺（沟），左抵谭姓，右抵吉元领（岭）白蜡树为［界］，四至分明，要钱出卖。自己请中上门问到傅万顺名下承买，当中三面言定价钱十八千二百文。卖主亲手领［回］应用，不欠分文，其山杉木地土付与买主管业。事（自）卖之后，不得异言。

凭中：陆归云

亲笔：陆宗章

民国十年七月初八日立字

先年得买奇德土栽手归云兄弟

立卖杉木地字人陆引旺、陆引元兄弟，今因家下要钱用度，无处所出，自愿将到美浓归香溪地土杉木一团，上抵逢路边，下抵溪，左抵恩德小领（岭），右抵买主，四至分明，要钱出卖。先问到亲房无钱承买，请中上门问到傅万顺名下承买，当中三面言定价钱廿千八百文。卖主领钱应用，不欠分文，其地土杉木付与买主永远耕管为业。

代笔：陆海生

凭中：陆恩德、陆清德

民国十年八月初八日立字

立賣杉木地土陸仁芳今因家下要錢用度無處所出自
願將到土名归香溪地土杉木一團上依土坎老相下依溪
左抵陸引賍右抵陸開清四至分明要錢出賣請中上門
問到傳萬正名下承買當中言定價錢二十八千八百文
賣主親手領錢應用不欠分文其地土杉木付與子孫永
遠管業

代筆陸昆昌

憑中 昆德 陸引元

光緒三十四年十月二十七日立字 吴崧元

立賣杉木地土陸開珍昆昌父子今因家下要錢用度
無處所出自願將到土名归香溪地土杉木一團上抵宗相
岩後下抵溪左抵買主右抵陸宏全四至分明要錢出賣
請中上門問到傳萬順名下承買當中三面言定價錢
二十四千八百文賣主親手領錢應用不欠分文其杉木
地土付與買主管業

親筆陸昆昌

宣統二年二月初一日立字 憑中 陸宏全 吴林元

立卖杉木地土陆仁芳，今因家下要钱用度，无处所出，自愿将到土名归香溪地土杉木一团，上依土坎老相，下依溪，左抵陆引旺，右抵陆开清，四至分明，要钱出卖。请中上门问到傅万正名下承买，当中言定价钱二十八千八百文。卖主亲手领钱应用，不欠分文，其地土杉木付与［买主］子孙永远管业。

代笔：陆恩昌

凭中：陆引元、恩德、吴发元

光绪三十四年十月二十七日立字

立卖杉木地土陆开珍、恩昌父子，今因家下要钱用度，无处所出，自愿将到土名归香溪地土杉木一团，上抵宗相岩坎，下抵溪，左抵买主，右抵陆宏全，四至分明，要钱出卖。请中上门问到傅万顺名下承买，当中三面言定价钱二十四千八百。卖主亲手领钱应用，不欠分文，其杉木地土付与买主管业。

亲笔：陆恩昌

凭中：陆宏全、吴林元

宣统二年三月初一日立字

立賣杉木地土陸宗金煥元今因家下要錢用度無處
所出自願將到蘭天归香溪子山老山地土杉木一團
上抵老岩坎下抵溪右抵買主右抵陸煥宗此山爲界
四至分明要錢出自己上门問到傳恩順名下承買當
中三面言定價不二十千八百文賣主親手領不應用
不欠分文其杉木地土賣主管修理業事賣之後不得
異言

民国七年十一月初一日立字

代筆 永生

憑中 永義

立賣杉木地土陸引元今因家下要錢用度無處所出自
願將到归香溪地杉木一團上抵陸恩祥下抵坎岩老相左
抵恩德領右抵冲溪爲四至分明要錢出賣自己請中上
門问到傳萬順名下承買當中三面言定價不十五仟
八百文其不賣主親手領錢應用不欠分文其杉木地土
付與買主永遠耕管爲事賣之后不得異言口

民国十一年九月初七日立字

代筆 陸海生

憑中 陸引航 恩德

立卖杉木地土陆宏全、焕元，今因家下要钱用度，无处所出，自愿将到兰天归香溪子山老山地土杉木一团，上抵老岩坎，下抵溪，左抵买主，右抵陆焕岩此山为界，四至分明，要钱出［卖］。自己上门问到傅万顺名下承买，当中三面言定价钱二十千八百文。卖主亲手领钱应用，不欠分文，其杉木地土买主毫修管业。事（自）卖之后，不得异言。

代笔：永生

凭中：永义

民国七年十一月初一日立字

立卖杉木地土陆引元，今因家下要钱用度，无处所出，自愿将到归香溪地土杉木一团，上抵陆恩祥，下抵坎岩老相，左抵恩德领（岭），右抵冲溪为［界］，四至分明，要钱出卖。自己请中上门问到傅万顺名下承买，当中三面言定价钱十五仟八百文。其钱卖主亲手领钱应用，不欠分文，其杉木地土付与买［主］永远耕管为［业］。事（自）卖之后，不得异言。

代笔：陆海生

凭中：陆引旺、陆恩德

民国十一年九月初七日立字

立賣杉木地土字人陸永生今因家下要錢用度無處所
出自願將到土名領康杉木地土一團上抵恩遠發下抵恩
祥岩役左抵永貴領右抵沖為界四至分明要錢出賣
自己上门問到傅萬順名下承買三面議定价八千文
賣主親手領不應用不久分文其杉木地土付與買主
管業自賣之后不得異言
民国十四年八月初九日立字
憑中 代筆 刘志德

立賣杉木地土陸海生今因家下要錢用度無從所出
自願將到領康杉木地土一團上抵買主下抵買主右抵恩
德右抵沖為界四至分明要錢出賣自己上门問到
傅萬順名下承買當面言定價錢四十八千八百文賣
主親手領不應用不久分文其杉木地土付與買主管業
自賣之后不得異言
民国二十三年十月初十日立字
憑中 永貴
親筆 海生
甲戌年

立卖杉木地土陆海生，今因家下要钱用度，无处所出，自愿将到领（岭）康杉木地土一团，上抵买主，下抵买主，左抵恩德，右抵冲为界，四至分明，要钱出卖。自己上门问到傅万顺名下承买，当面言定价钱四十八千八百文。卖主亲手领钱应用，不欠分文，其杉木地土付与买主管业。自卖之后，不得异言。

凭中：永贵

亲笔：海生

民国二十三年十月初十日立字，甲戌年

立卖杉木地土字人陆求生，今因家下要钱用度，无处所出，自愿将到土名领（岭）康杉木地土一团，上抵恩忠土坎，下抵恩祥岩坎，左抵永贵领（岭），右抵冲为界，四至分明，要钱出卖。自己上门问到傅万顺名下承买，三面仪（议）定钱八千文。卖主亲手领钱应用，不欠分文，其杉木地土付与买主管业。自卖之后，不得异言。

凭中、代笔：刘志德

民国十四年八月初九日立字

立賣地土字人吴林元父子今因家下要錢用度無處所出自願將到土名归香澤地土一團上抵坎永壽下抵溪左抵瓖右抵模生蒿界四至分明要錢出賣自己上門問到傳萬順名下承買當面言定價錢五仟文賣主領足應用不欠分文其地土付與買主耕管為業自賣之后不得異言

親筆林元　中天元

先年得買王利芳弟土

民国二十三年六月初七日立

立賣杉木地土字刘氏姪鳳今因要銀用度無所出自願將到土名归什杉木地土一團上抵大路下抵溪右抵領有恒左抵冲買主四至分明要錢出賣上門問到傳萬順名下承買憑中三面言定價錢十七千八百文整其錢賣清領應用不欠分文其山場付與買主永遠管業

憑中陸應祥

代筆陸文漢

民国廿三年十月十二日立字

立卖地土字人吴林元父子，今因家下要钱用度，无处所出，自愿将到土名归香溪地土一团，上抵坎永寿，下抵溪，左抵溪，右抵模生为界，四至分明，要钱出卖。自己上门问到傅万顺名下承买，当面言定价钱五仟文。卖主领钱应用，不欠分文，其地土付与买主耕管为业。自卖之后，不得异言。

亲笔：林元

[凭] 中：天元

先年得买玉科兄弟土

民国二十三年六月初七日立

立卖杉木地土字刘氏姬凤，今因要银用度，无 [处] 所出，自愿将到土名归什杉木地土一团，上抵大路，下抵溪，右抵领（岭）有恒，左抵冲买主，四至分明，要钱出卖。上门问到傅万顺名下承买，当冲（中）三面言定价钱十七千八百文整。其钱卖 [主] 清（亲）领应用，不欠分文，其山场付与买主永远管业。

凭中：陆应祥

代笔：陆文汉

民国十三年十月十二日立字

立賣杉木地土字人陸林金今因要錢用度無處所出自願
將土名冲什杉木地土一團上抵大路下抵溪左抵岩禄中右抵應智
冲為界四抵分明要錢請中上門問到傳萬順名下承買當
中三面言定價錢十四千文整其錢不賣主領足應用不欠分
文其地土杉木永遠子孫管業
親筆陸林金 憑中林富
民國九年七月初三日立

立賣地土母劉氏娘傳今因要錢用度無處所出自願將到
土名孟魂地土一團上抵領上抵下抵路右抵林忠仍下冲有
祥冲中間右抵隨大路四至分明 又一處西衆地土杉木一團抵
冲頭下抵息全左抵顧面文右抵領上文漢紫山為界四至
分明要錢出賣請中上門問到傳萬順名下承買當中三面
言定價錢十五千八百文其二處之山付與買主永遠管業
代筆文漢 憑中麗祥
民十四年七月初八日立字

立卖杉木地土字人陆林全，今因要钱用度，无处所出，自愿将土名归什杉木地土一团，上抵大路，下抵溪，左抵岩梁下冲，右抵应寿冲为界，四抵分明，要钱［出卖］。请中上门问到傅万顺名下承买。当中三面言定价钱十四千文整。其钱卖主领足应用，不欠分文，其地土杉木［付与买主］永远子孙（子孙永远）管业。

亲笔：陆有祥

凭中：林富

民国九年七月初三日立字

立卖地土母刘氏姬凤，今因要钱用度，无处所出，自愿将到土名盂魂地土一团，上抵领（岭）土坎，下抵土坎路，左抵林忠坝下冲右祥冲中间，右抵逢大路，四至分明，又一处凸表地土杉木一团，［上］抵冲头，下抵恩全，左抵领（岭）通文，右抵领（岭）上文汉柴山为界，四至分明，要钱出卖。请中上门问到傅万顺名下承［买］为业，当中三面言定价钱十五千八百文。其二处之山付与买主永远管业。

代笔：文汉

凭［中］：应祥

民国十四年七月初八日立字

立賣地土杉木字人刘倍蕟父子今因要钱用度無處所出
自愿將到土名老斜归什華坡地土杉木山壹團上抵頭下抵足
潢禄後房由什至四（左右抵領）分明要钱出賣傅萬順名下承買
言中三面言定價禾二十千文賣主親領應用不少分文
其杉木山場付與買主永遠管業
憑中 刘屡炳什 刘耀木 親筆 倍蕟
右秋有祥
右秋大鎮
民國十四年十月十二日立字

立賣柴山地土字人刘元生母王氏引侄母子要钱用度無處
所出自愿將到土名美明柴山一幅上抵樑講下抵溪左抵
路下冲有清冲右抵崔大溪為界四至分明要行出賣與門
阁刘傅萬順名下承買言中言定價禾十八千八百文其禾
母子親領應用不少分文其山場杉木付與買主永遠管業
憑中代筆 刘庚元
民國十年六月初十日立字

立卖地土杉木字人刘培茂父子，今因要钱用度，无处所出，自愿将到土名尧科归什半波（坡）地土杉木一团，上抵领（岭），下抵吴汉禄坎为界，左右抵领（岭），四至分明，要钱出卖。傅万顺名下承买，当中三面言定价钱二十千文。卖主亲领应用，不少分文，其杉木山场付与买主永远管业。

凭中：陆炳什、刘耀木

亲笔：培茂

民国十四年十月十二日立字

立卖柴山地土字人刘元生、母王氏引凤母子，要钱用度，无处所出，自愿将到土名美明柴山一块，上抵按（暗）讲（沟），下抵溪，左抵路下冲有清冲，右抵崔大溪界限，四至分明，要钱出卖。上门问到傅万顺名下承买，当中言定价钱十八千八百文。其钱母子亲领应用，不欠分文，其山场才（柴）山付与买主永远管业。

凭中、代笔：刘庚元

民国十年六月初十日立字

立賣杉木地土字人刘元生妹王氏引鳳今因家下要錢用
度無處所出自願將到土名歸渡洞卯溪杉木地土一團上
抵洞頭下抵溪左右抵溪四至分明要出賣自己上門
問到傅萬順名下承買當中三面定價錢十二千八百文
其山場杉木地土付與買主永遠耕管為業
凭中 討筆刘春元
民國十一年七月初八日 立字

立賣山場紫山地土字刘元生叔妹王氏引鳳母子今因
家下要錢用度無處所出自願將到土名孝麻美明
地土一團上抵買主山半冲上嶺為界下抵吴廷芳田
建安田為界左抵王彦成芳田緣右抵買主冲為
界四至分明並無參雜要錢出賣先问房族人
等無錢承買自己請中上门問到傅萬順名下
承買當中言定價五千八百文其錢賣主領足應
用不欠分文其山場地土付與買主子孫永遠為業

立卖杉木地土字人刘元生、母王氏引凤，今因家下要钱用度，无处所出，自愿将到土名归浪洞却（脚）溪杉木地土一团，上抵洞头，下抵溪，左右抵溪，四至分明，要钱出卖。自己上门问到傅万顺名下承买，当中三面［言］定价钱十二千八百文。其山场杉木地土付与买主永远耕管为业。

元生讨笔：刘春元

民国十一年七月初八日立字

立卖山场柴山地土字刘元生与母王氏引凤母子，今因家下要钱用度，无处所出，自愿将到土名考麻美明地土一团，上抵买主山羊冲上领（岭）为界，下抵吴廷苟田建安田为界，左抵王彦成芳（荒）田坪，右抵买主冲为界，四至分明，并无叁（掺）杂，要钱出卖。先问到房族人等无钱承买，自己请中上门问到傅万顺名下承买，当中言定价五千八百文。其钱卖主领足应用，不欠分文，其山场地土付与买主子孙永远为业。

自賣之后不得異言若有異言具在賣主
向前理落不関買主之事恐口無憑立有賣字
為據是實
憑中吳秫元
討筆楊通文
民国十一年八月初十日立字

立賣地土字人刘指禄父子今因家下
要錢用度無處所出自愿將到坐地土一
團上抵路闗賀坎下抵大田角右抵大路陸奇德
山下到水冲井右抵傾油山為陸宗璋界四至
分明要錢出先问親房人等無人承買自己
請中上門問到刘傳萬頃名下承買為業
當中三面言定價不十二千八百文整賣主領
足應用不欠分文其他土付與買主永遠耕管為
業自賣之後不得異言
光緒三十三年六月初七日立字
憑中 刘興慶
親筆 刘有清

自卖之后，不得异言。若有异言，具（俱）在卖主向前理落，不关买主之事。恐口无凭，立有卖字为据是实。

凭中：吴林元

讨笔：杨通文

民国十一年八月初十日立字

立卖地土杉木才（柴）山字人刘招福父子，今因家下要钱用度，无处所出，自愿将到归魂地土一团，上抵路开贤坎，下抵大田勾（沟），左抵大路陆奇德山下到水冲井，右抵领（岭）油山为陆宗璋界，四至分明，要钱出［卖］。先问亲房人等无钱承买，自己请中上门问到傅万顺名下承买为业，当中三面言定价钱十二千八百文整。卖主领足应用，不欠分文，其地土付与买主永远耕管为业。自卖之后，不得异言。

凭中：刘照庆、刘有清

亲笔

光绪三十三年六月初七日立字

[illegible]

立賣地土柴山杉木字人陸長玉今因家下要錢用度
無處所出自願到土名归塊地土杉木一團上登頭下
抵冲路開堂山边為界左抵買主領右抵買主
為界四至分明要錢出山賣先問房中無錢承買
請中上门问到傅萬順名下承買為業當中三面言
定價不十六千八百文整其不賣領足應不欠分文其山
憑付與買主子孫永遠為業
民國十四年十月十二日立字

憑中 陸炳德 吳氏三妹

代筆 陸咲雲

立賣地土杉木字人刘海清 侄 長伍父子今因家下
要錢用度無處所出自願將到土名冲豆地土杉木
一團上抵登頭下抵冲绞閙堂為左抵領有界岩為
吳禄元有抵領長玉為界四至分明要錢出賣
自己上门問到傅萬順名下承買為業三面言
定價不五仟八百文整賣主領不應用不欠分文其地
土付與買主永遠為業
民國十年七月初八日立

憑中 陸炳德 吳氏三妹

討筆 吳亮

立卖地土柴山杉木字人陆长玉，今因家下要钱用度，无处所出，自愿到土名归魂地土杉木一团，上登领（岭），下抵冲路开堂山边为界，左抵买主领（岭），右抵买主为界，四至分明，要钱出卖。先问房［族］中无钱承买，请中上门问到傅万顺名下承买为业，当中三面言定价钱十六千八百文整。其钱卖［主］领足应［用］，不欠分文，其山场付与买主子孙永远为业。

凭中：吴氏三妹、陆炳德

代笔：陆焕云

民国十四年十月十二日立字

立卖地土杉木字人刘海清、侄长伍父子，今因家下要钱用度，无处所出，自愿将到土名冲豆地土杉木一团，上抵登领（岭），下抵冲边开堂为［界］，左抵领（岭）有界岩为吴林元，有（右）抵领（岭）长玉为界，四至分明，要钱出卖。自己上门问到傅万顺名下承买为业，三面言定价钱五仟八百文整。卖主领钱应用，不欠分文，其地土付与买主永远为业。

凭中：吴氏三妹、陆焕德

讨笔：显学

民国十年七月初八日立

林元 賣 字

立賣杉木地土字人吳林元今因家下要錢用度無
處所出自愿將土名冲宮地一團上抵下抵冲中
边閙堂右抵石抵買主為界四至分明要錢出
賣上门問到傅萬順承買為業言定價不
：：仟八百文其不賣主領應用不久分文其地土
付與買主永遠為業

憑中 天元
親筆 林元

民國十六年七月十九日立

立賣由山地土字人劉長太 佰 母子今因
家下要用度無度所出自將到土名归魂油山一團
上抵買主下抵田勺右抵買主右抵井勺冲為界
四至分明要錢出賣自己门問到傅萬順名下
承買為業言定價不：：仟文賣主親領應用
不久分文其油山付與買主耕永遠管業

憑中 吳氏：：錄 陸煥德
討筆 陸炳亮

民國十四年十月十二日立

祖現在外

立卖杉木地土字人吴林元，今因家下要钱用度，无处所出，自愿将土名冲豆地一团，上抵、下抵冲中边开堂，左［抵］岭，右抵买主为［界］，四至分明，要钱出卖。上门问到傅万顺承买为业，言定价钱二仟八百文。其钱卖主领［回］应用，不欠分文，其地土付与买主永远为业。

凭中：天元

亲笔：林元

民国十六年七月十九日立

立卖由（油）山地土字人刘长伍、长太［及］母，母子今因家下要［钱］用度，无度（处）所出，自［愿］将到土名归魂油山一团，上抵买主，下抵田勺（沟），左抵买主，右抵井勺（沟）冲为界，四至分明，要钱出卖。自己［上］门问到傅万顺名下承买为业，言定价钱三仟文。卖主亲领应用，不欠分文，其油山付与买主子孙永远管业。

凭中：吴氏三妹、陆炳德

讨笔：陆炳宏

民国十四年十月十二日立

祖魂（坟）在外

立賣地土并山字人吳興福今因家下要錢用度爲因
興隆亡故要錢安塟無所出度自意將到土名冲
馬洋地土一團上憑嶺下抵刘炳金油山又下抵述
開山爲界右抵到元炳山嶺下冲爍木爲界左抵陸炳烈
油山冲中間爲界四至分明又一團冲價地土一團上
凳下抵田右抵買主右抵嶺中凳興山爲界四至分
明要錢出自己上門問到傅萬順名下承買
爲業二處之山合共言定價錢八千文整
其外賣主領不安塟應用不欠分文其二處
之山付與買主子孫永遠管業自賣之后不
得異言

代筆　陸仁太
中

立賣山場地土字人陸宏富今因家下要錢用
度所出自意到將土名冲價地土一團上抵嶺
潘到路爲界下抵田右抵陽凳冲以右抵興隆

立卖地土才（柴）山字人吴兴福，今因家下要钱用度，为因兴隆亡故，要钱安葬，无所出度（处），自愿将到土名冲马洋地土一团，上登领（岭），下抵刘炳全油山，又下抵□开山为界，右抵引元油山领（岭）下冲焕木为 [界]，左抵陆炳烈油山冲中间为界，四至分明，又一团冲价地土一团，上登，下抵田，左抵买主，右抵领（岭）中发共山为界，四至分明，要钱出 [卖]。自己上门问到傅万顺名下承买为业，二处之山合共言定价钱八千文整。其钱卖主领钱安葬应用，不欠分文，其二处之山付与买主子孙永远管业。自卖之后，不得异言。

代笔、[凭] 中：陆仁太

立卖山场地土字人陆宏富，今因家下要钱用度，[无处] 所出，自愿将到土名冲价地土一团，上抵领（岭）潘到路为界，下抵田，左抵阳发冲坎，右抵兴隆陰蓄界四至分明要錢出賣自己上门问到傅萬順名下依買言定價小伍仟八百文整出賣主親領應用不欠分文其他土付與買主子孫永遠管業自賣之后不得異言

討筆 陸宏弟

請中 吳昇隆

光緒三十四年十月二十六日立

立賣地土字人陸玉仁今因家下要錢用度無從所出自愿將到土名冲價地土一團上抵大路下抵田左抵宏弟依小領右抵陸宗隆蓄界四至分明要錢出賣自己請中上门問到傅萬順名下承買言定價小二仟八百文整出賣主親領應用不欠分文其他土付與買主管業自賣之后不得異言

請中 宏富

代筆 玉賢

民国九年八月初五日立

冲为界，四至分明，要钱出卖。自己上门问到傅万顺名下承买，言定价钱五仟八百文整。卖主亲领应用，不欠分文，其地土付与买主子孙永远为业。自卖之后，不得异言。

讨笔：陆宏弟

凭中：吴兴隆

光绪三十四年十月二十七日立

立卖地土字人陆玉仁，今因家下要钱用度，无处所出，自愿将到土名冲价地土一团，上抵大路，下抵田，左抵宏弟依小领（岭），右抵陆宗隆为界，四至分明，要钱出卖。自己请中上门问到傅万顺名下承买，言定价钱二仟八百文整。卖主亲领应用，不欠分文，其地土付与买主为业。自卖之后，不得异言。

凭中：宏富

代笔：玉贤

民国九年八月初五日立

立賣山塲地土字人陸宗隆陸清康二人今因家下要
錢用度無所出處自愿將到土名冲價地土一團上抵頭
登路下抵溪左抵買主右抵陸宏第大杉木兩丈下十
字岩為界四至分明要行出賣自己請中上門問到傅
萬順名下承買言定價錢十四仟八百文整其錢賣主領
足應用不少分文其山塲付與買主子孫永遠管業

民國十四年六月初九日立 親筆 清康
憑中 宗定

立賣山塲才山地土字人陸文富文培二人兄弟今因家
下要錢用度無延所出自願將到土名归足地土一
團上登領抵買清康大領下抵田左抵大路全姓
右抵買主為界油山為界四抵分明要行出賣自己
請中上門問到傅萬順名下承買三面言定價錢十
四千八百文整其錢賣主如手親領應用不欠分文其
山塲地付與買主永遠管業

民國十四年十月十二日立
憑中 是交
代筆 炳宏

立卖山场地土字人陆宗隆、陆清康二人，今因家下要钱用度，无所出处，自愿将到土名冲价地土一团，上抵领（岭）登路，下抵溪，左抵买主，右抵陆宏弟大杉木两人下十字岩为界，四至分明，要银出卖。自己请中上门问到傅万顺名［下］承买，言定价钱十四仟八百文整。其钱卖主领足应用，不少分文，其山场付与买主子孙永远为业。

凭中：宗定

亲笔：清康

民国十四年六月初九日立

立卖山场才（柴）山地土字人陆文培、陆文全二人兄弟，今因家下要钱用度，无处所出，自愿将到土名归足地土一团，上登领（岭），衣（依）买清康大领（岭），下抵田，左抵大路全姓，右抵买主为界，油山为界，四抵分明，要钱出卖。自己请中上门问到傅万顺名下承买，三面言定价钱十四千八百文整。其钱卖主母子亲领应用，不欠分文，其山场地付与买主永远为业。

凭中：显学

代笔：炳宏

民国十四年十月十二日立

立賣山塲地土字人陸文全培坤子今因家下要不用度無延所出自己意將到土名金浪地土一團上抵陸應全田下抵買主田右抵任長生領右抵路冲边為界四抵分明要行出賣自己上門問傳萬順承買言定價錢六千四百文賣主領不親手應用不少分文其地土付與買主子孫永遠管業

憑中 陸顯學

代筆 炳宏

民国十四年十月十六日立

立賣地土杉木字陸玉賢今因家下要不用度無延所出自意將到土名高归地土杉木一團上鵞領下抵龍宗德田右田為界左归雷山領田各山領右抵刘锦遠有土段為界四至分明要行出賣自己上门问到傳萬順名下承買言定價錢二千八百文其錢賣主親手領足應用不少分文其地土付與買主永遠管業

親筆 陸玉賢

民国十年辛酉七月十四日立

立卖山场地土字人陆文培、陆文全母子，今因家下要钱用度，无处所出，自愿将到土名金波（坡）地土一团，上抵陆应全田，下抵买主田，左抵任长生领（岭），右抵路冲边为界，四抵分明，要钱出卖。自己上门问［到］傅万顺承买，言定价钱六千四百文。卖主领钱亲手应用，不少分文，其地土付与买主子孙永远为业。

凭中：显学

代笔：炳宏

民国十四年十月十二日立

立卖地土杉木字陆玉贤，今因家下要钱用度，无处所出，自愿将到土名高归地土杉木一团，上登领（岭），下抵龙宗德田勺（沟）田为界，左［抵］归云山领（岭）田各（角）上领（岭），右抵刘瑞远有土坎为界，四至分明，要钱出卖。自己上门问到傅万顺名下承买，言定价钱三千八百文。其钱卖主亲手领足应用，不少分文，其地土付与买主永远为业。

亲笔：陆玉贤

民国十年辛酉七月十四日立

立賣絶土山場字人刘海清，今因家下要用度無延，所出自願將到土名廉下墓地土一團，上登嶺，下抵茜田，底壽田，左抵刘海元油山，右抵瘦壽田，各上嶺，衣宏弟為界，四抵分明，要錢出賣，自己上門問到傳萬順名下承買，言定價錢一仟八百文，賣主親領應用，不少分文，其絶土付與買主永遠為業。

中 照慶

親筆 有清

宣統元年己酉六月初二日 立

立賣絶土杉木字人陸恩昌，今因家下要錢用度無延，所出自願將到土名今秋杉木絶土一團，上抵石元土坡，下抵閑書，左抵大路宗璋，右抵坤煥木為界，四至分明，要錢出賣，自己請中上門問到傳萬順名下承買，當中三面言定價錢拾仟叁八百文，賣主親手領應用，不少分文，其絶土杉木付與買主子孫永遠為業，自賣之后不得異言，若有不清，具在賣向前異落不前立卖地土山场字人刘有清、刘海清，今因家下要［钱］用度，无处所出，自愿将到土名康下墓地土一团，上登领（岭），下抵芒田应寿田，左抵刘发元油山，右抵应寿田各（角）上领（岭）衣（依）宏弟为界，四抵分明，要钱出卖。自己上门问到傅万顺名下承买，言定价钱一仟八百文。卖主亲领应用，不少分文，其地土付与买主永远为业。

［凭］中：照庆

亲笔：有清

宣统元年己酉六月初二日立

立卖地土杉木字人陆恩昌，今因家下要钱用度，无处所出，自愿将到土名今扴杉木地土一团，上抵石元土坎，下抵开吉土坎，左抵大路宗璋，右抵冲焕木为界，四至分明，要钱出卖。自己请中上门问到傅万顺名下承买，当中三面言定价钱拾仟令（零）八百文。卖主亲手领［足］应用，不少分文，其地土杉木付与买主子孙永远为业。自卖之后，不得异言。若有不清，具（俱）在卖［主］向前里（理）落，不关

買主之事退口無憑立有賣字前後字實

親筆 恩昌 憑中 玉科 恩忠

宣統三年七月初五日 立字

立賣絕土杉木字人刘照太 照興 照明 照廣 照四 兄弟今因要錢用度

今將归陵覓有洞绝土一團上憑開吉洞頭上登大路中衝

下抵溪 右抵開吉 左抵陽法神爲界 四至分明 要錢出

賣照興照太二股凡光前煖分爲七股 有清筆 照度中 三群

萬順買有照吉照林二股 萬順又買 富生 榮康 忠承股三 忠承筆 照貴

光前得買照興照太二股 凡有 有吉二二 有德人股人 富生三 榮廣 忠承股三

萬順各下得五股 不記買号 留與子孫爲據

長久 夫婦二人 恩德 有吉 穆和謝

永太 孫元 文漢 玉鮮 四人段爲

立賣絕土杉木字人刘玉標父子今因家下要錢用度

無進所出自願將到土名辦倫絕土杉木一團上抵田

賣主之後下抵大路田左抵田賣主之後右抵溪田爲界

买主之事。恐口无凭，立有卖字为据字［是］实。

亲笔：恩昌

凭中：玉科、恩忠

宣统三年七月初五日立字

立卖地土杉木字人刘招无、刘照太、照庆、照明四人所共，今因要钱用度，今将归阴观音洞地土一团，上凭开吉洞头，上登大路冲中间，下抵溪，右抵开吉，左抵阳法冲为界，四至分明，要钱出卖。招无、照太二股，凡光前□分为七股。万顺买有吉、有林二股，万顺又买富生、荣康、忠发三股，照庆、光前得买招无、照太二股，凡有有吉、有德二人二股，三人富生、荣康、忠发三股，万顺名下得五股，不记国号，留与子孙为据。长久夫妇二人□恩德、有吉，榜□□。

有清笔

照庆中

壬魁、忠发、照庆笔

永太、文汉、林元、玉魁四人改为

立卖地土杉木字人刘玉禄父子，今因家下要钱用度，无处所出，自愿将到土名辨伦地土杉木一团，上抵田卖主土坎，下抵大路田，左抵田卖主坎，右抵田为界，

至四分明要出賣自己上门問到傅萬順名下承
買為業当中三面言定價錢十四千八百文整出賣主
親手領不應用不欠分文其他土楂不付與買主
子孫為業自賣之后不得異言
代筆 刘炳金
憑中
民国十二年癸亥 十月初一日 立

立賣地土山場字人陸政堂今因家下要錢用度無
處所出自願將到土名冲英全地土一團上抵盤路下抵
田左抵刘忠發右抵買冲為四至分明要錢出賣
請中前問到傅萬順名下承買当中三面言定
價錢三千一百八十文賣手親領應用不欠分文其他
土付與買主永遠為業 親筆 政堂
民国九年七月初三日 立字 憑中 陸炳德 吳發元

至四（四至）分明，要钱出卖。自己上门问到傅万顺名下承买为［业］，当中三面言定价钱十四千八百文整。卖主亲手领钱应用，不欠分文，其地土杉木付与买主子孙为业。自卖之后，不得异言。

代笔、凭中：刘炳全

民国十二年癸亥十月初一日立

立卖地土山场字人陆政堂，今因家下要钱用度，无处所出，自愿将到土名冲美全地土一团，上抵盘路，下抵田，左抵刘忠发，右抵买［主］冲为［界］，四至分明，要钱出卖。请中上门问到傅万顺名下承买，当中三面言定价钱三千一百八十文。卖手亲领应用，不少分文。其地土付与买主永远为业。

亲笔：政堂

凭中：陆炳德、吴发元

民国九年七月初三日立字

立賣山塲地土杉木字人黄清炳今因家下爲妻亡故
要銭用度無處所出自願將到归榜半波地土
杉木一團上抵嶺宕坎下抵溪水左抵王清文右抵
田冲爲界四抵分明要銭出賣先問親房人等無銭承
買自己上門問到石引傅萬順名下承買當面言定
價不四十二千文整其不賣手親領應用不欠分文
其山塲地土付與買主永遠子孫爲業不得異言
請筆楊通文
憑中王明錦
民国十五年十月初六日立字

立賣地土字人曾清宕父子今因家下要銭用度無所出
處自願將到归榜半波科美堯地土一團上抵嶺下
抵坎吴祖隆王左抵傾光長右抵沖侯光祥爲界四抵
分明要銭出賣傅萬順名下承買言定價十
千文其不賣親領應用不欠分文其地土付與買
主永遠爲業不自賣文后不得異言
請筆楊通文
憑中侯吉昌
民国十五年七月初二日立字

立卖山场地土杉木字人黄清炳，今因家下为妻亡故，要钱用度，无处所出，自愿将到归榜半波（坡）地土杉木一团，上抵岭岩坎，下抵溪水，左抵王清文，右抵田冲为界，四抵分明，要钱出卖。先问亲房人等无钱承买，自己上门问到石引傅万顺名下承买，当面言定价钱四十二千文整。其钱卖手亲领应用，不少分文，其山场地土付与买主永远子孙（子孙永远）为业，不得异言。

请笔：杨通文

凭中：王明瑞

民国十五年十月初六日立字

立卖地土字人曾清岩父子，今因家下要钱用度，无所出处，自愿将到归榜半波（坡）科美尧地土一团，上登领（岭），下抵坎吴祖玉、祖隆，左抵领（岭）光口，右抵冲侯光祥为界，四抵分明，要钱出卖。傅万顺名下承买，言定价十千文。其钱卖[主]亲领应用，不欠分文，其地土付与买主永远为业。自卖之后，不得异言。

请笔：杨通文

凭中：侯吉昌

民国十五年七月初二日立字

立賣地土杉木字人王清文今因家下要錢用度討妻無處所出自願將到土核羊波地土杉木一塊上抵盤路下抵溪左抵沖右抵黃清炳四抵分明要錢出賣先問房族人等無不承買自己上門問到石引傅萬順名下承買三面言定價不貳十五千八百文其不賣手領不應用不久分文其杉木地土付與買主管業自賣之后不得異言若有不清具在賣向前理落不關買主之事

民國十四年七月初八日立字

代筆王吉泰

憑中侯光祥

立賣地土杉木字人曾清岩父子今因家下要不買柴無處所出自愿將土名归榜屋边羊波地土杉木一團上抵盤路下抵荡羊坡脚右抵王金炳右抵王王海金領為界四抵分明要錢出賣自己上門問到傅萬順名下承買言定價不十八千文其不賣手領不應用不久分文其地土杉不付與買主耕管為業自賣之后

民國十五年七月初二日立字

請筆楊通文

憑中王明瑞

立卖地土杉木字人王清文，今因家下要钱用度讨妻，无处所出，自愿将到土榜半波（坡）地土杉木一块，上抵盘路，下抵溪，左抵冲，右抵黄清炳，四抵分明，要钱出卖。先问房族人等无钱承买，自己上门问到石引［寨］傅万顺名下承买，三面言定价钱贰十五千八百文。其钱卖手领钱应用，不欠分文，其杉木地土付与买主管业。自卖之后，不得异言。若有不清，具（俱）在卖［主］向前里（理）落，不关买主之事。

代笔：王吉泰

凭中：侯光祥

民国十四年七月初八日立字

立卖地土杉木字人曾清岩父子，今因家下要钱买米，无处所出，自愿将到土名归榜屋边半波（坡）地土杉木一团，上抵盘路，下抵芳（荒）平（坪）坎脚，左抵王金炳，右抵王海金领（岭）为界，四抵分明，要钱出卖。自己上门问到傅万顺名下承买，言定价钱十八千文。其钱卖手领钱应用，不欠分文，其地土杉木付与买主耕管为业。自卖之后，［不得异言］。

请笔：杨通文

凭中：王明瑞

民国十五年七月初二日立字

立賣地土杉木黃闊王金炳今因家下要錢用度無處所
出自願將到土名归榜羊波屋後地土一團上抵盤路祖
坟隆下抵沖溪左抵沖右抵買主四抵分明要錢出賣自
己上门問到石引傅萬順名下承買當中三面言定
價大十二千八百文其大賣手親領應用不欠分文其杉
木地土付與買主永遠為業自賣之后不得異言

親筆主金炳

憑中 王明鄉 曾清岩

民国十五年八月初三日立字

陸文培全母子三人將到
地名归足紫山一塊上抵坡翻頂到刘耀光田坎田
上沖為界下抵溪左抵陸德文沖右抵田沖下溪傍古
一十六千文 憑中代筆陸炳宏

民國癸亥年六月初六日 立賣

立卖地土杉木黄闷［寨］王金炳，今因家下要钱用度，无处所出，自愿将到土名归榜半波（坡）屋后地土一团，上抵盘路祖玉、祖隆，下抵冲溪，左抵冲，右抵买主，四抵分明，要钱出卖。自己上门问到石引［寨］傅万顺名下承买，当中三面言定价钱十二千八百文。其钱卖手亲领应用，不少分文，其杉木地土付与买主永远为业。自卖之后，不得异言。

亲笔：王金炳

凭中：王明瑞、曾清岩

民国十五年八月初三日立字

陆文培、文全母子三人将到地名归足柴山一块，上登口翻领（岭）到刘耀光田坎田上冲为界，下抵溪，左抵陆德文冲，右抵田冲下溪，价钱一十六千文。

凭中、代笔：陆炳宏

民国癸亥年六月初六日立卖

立賣地土杉木字人刘志ㄓ兄弟今因家下缺乏要[illegible]
用度無所出處自願將土名归移羊波地土杉木一塊上
抵領大路下抵水沖左抵侯光祥領栽有白岩為界
右抵小領主金蓮為四至分明要錢出賣自己請中上
門問到傅萬順名下承買為業當中三面言定價
錢三十八千八百文其錢賣親領應用不少分文其地
土杉付與買主耕管為業

民國十二年七月初八日立字

代筆刘志德

憑中刘志祥

三家冲豆苏山買刘秀化的上抵刘[illegible]太下抵田林元右抵陸
劉文右抵林元山 秀化筆 憑中陸春太
[illegible]苦苏山秀化大的上抵下抵田右抵林元益油山右抵嶺[illegible]
下溝盤路 秀化筆 憑中刘[illegible]三
買垣堤陸宗庭山上嶺仟文下抵瑞和田右抵壽元三山油沖
右抵嶺冲 代筆陸成堂 憑中
買垣堤林玉山上抵買主下抵田右抵路嶺下田[illegible]抵金元
憑中 代筆 陸[illegible]云

立卖地土杉木字人刘志有、刘志毛兄弟，今因家下为父亡故，要钱用度，无所出处，自愿将土名归榜半波（坡）地土杉木一块，上抵领（岭）大路，下抵水冲，左抵侯光祥领（岭）栽有白岩为界，右抵小领（岭）王金运为［界］，四至分明，要钱出卖。自己请（中）上门问到傅万顺名下承买为业，当中三面言定价钱三十八千八百文。其钱卖手亲领应用，不少分文，其地土杉［木］付与买主耕管为业。

代笔：刘志德

凭中：刘志祥

民国十二年七月初八日立字

三家冲豆共山买刘秀化、刘秀太的，上抵刘开太，下抵田林元田，右抵陆显文山，左抵林元山。

秀化笔

凭中：陆秀太

冷寨共山秀化、秀大的，上抵领（岭），下抵田，左抵路、林益油山，右抵岭、述开下沟盘路。

秀化笔

凭中：刘开言

买丘垤陆宗定山，上抵岭汗文，下抵瑞和田，左抵卖主山油冲，右抵岭山冲。

代笔、凭中：陆成坐

买丘垤冲陆祥玉山，上抵买主，下抵发田，左抵路岭下田，右抵全元冲。

请中、代笔：陆焕云

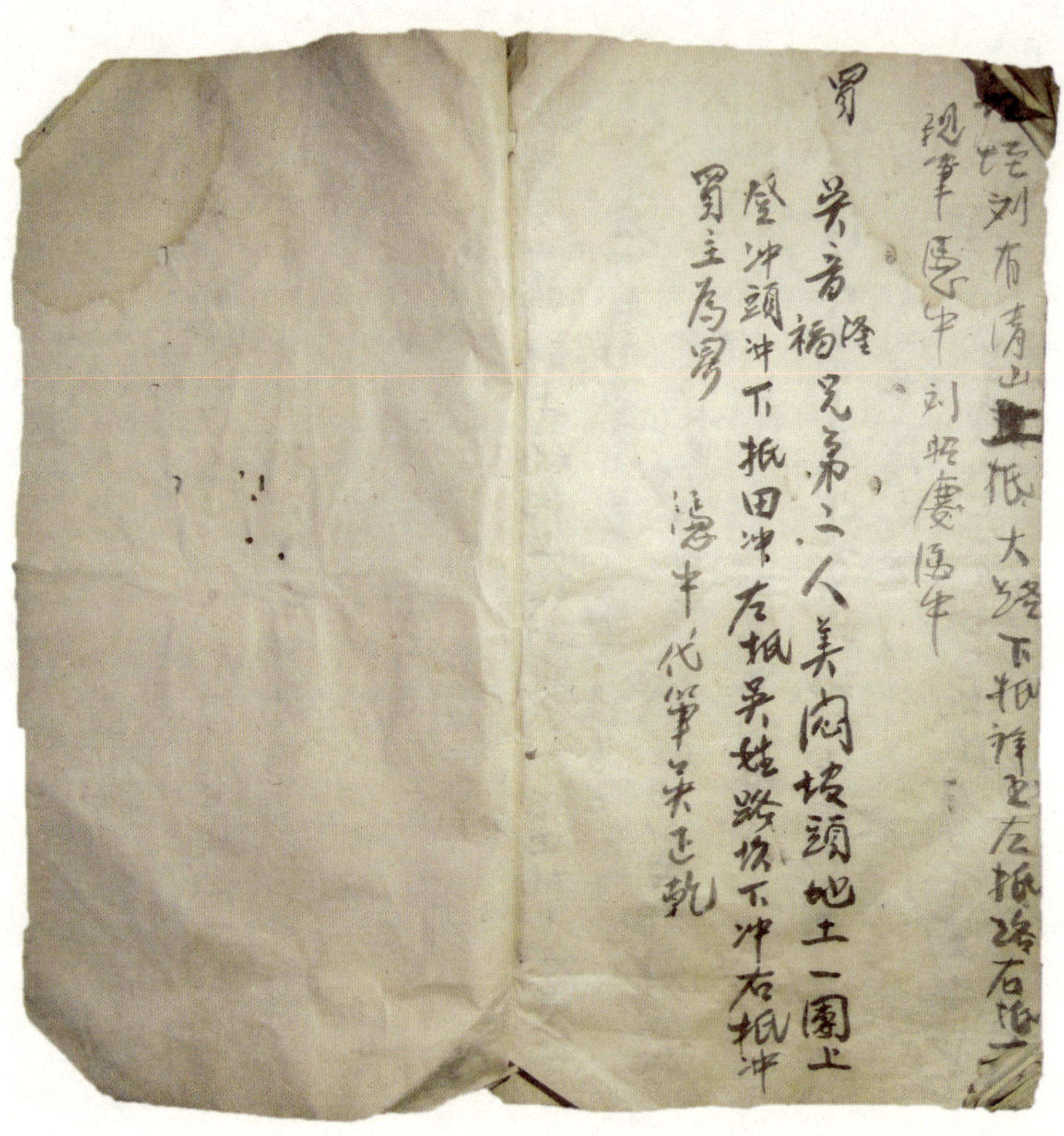
坮刘有清山上抵大路下抵祥玉右抵路右抵一
親筆憑中刘輕慶憑中
買
吴音福隆兄弟二人美𡵉坡頭地土一團上
登冲頭冲下抵田冲右抵吴娃路坎下冲右抵冲
買主爲買
憑中代筆吴正乾

买丘垤刘有清山，上抵大路，下抵祥玉，左抵路，右抵□□。

亲笔、凭中：刘昭庆

买吴音隆、音福兄弟二人美闷坡头地土一团，上登冲头冲，下抵田冲，左抵吴姓路坎下冲，右抵冲买主为界。

凭中、代笔：吴正乾

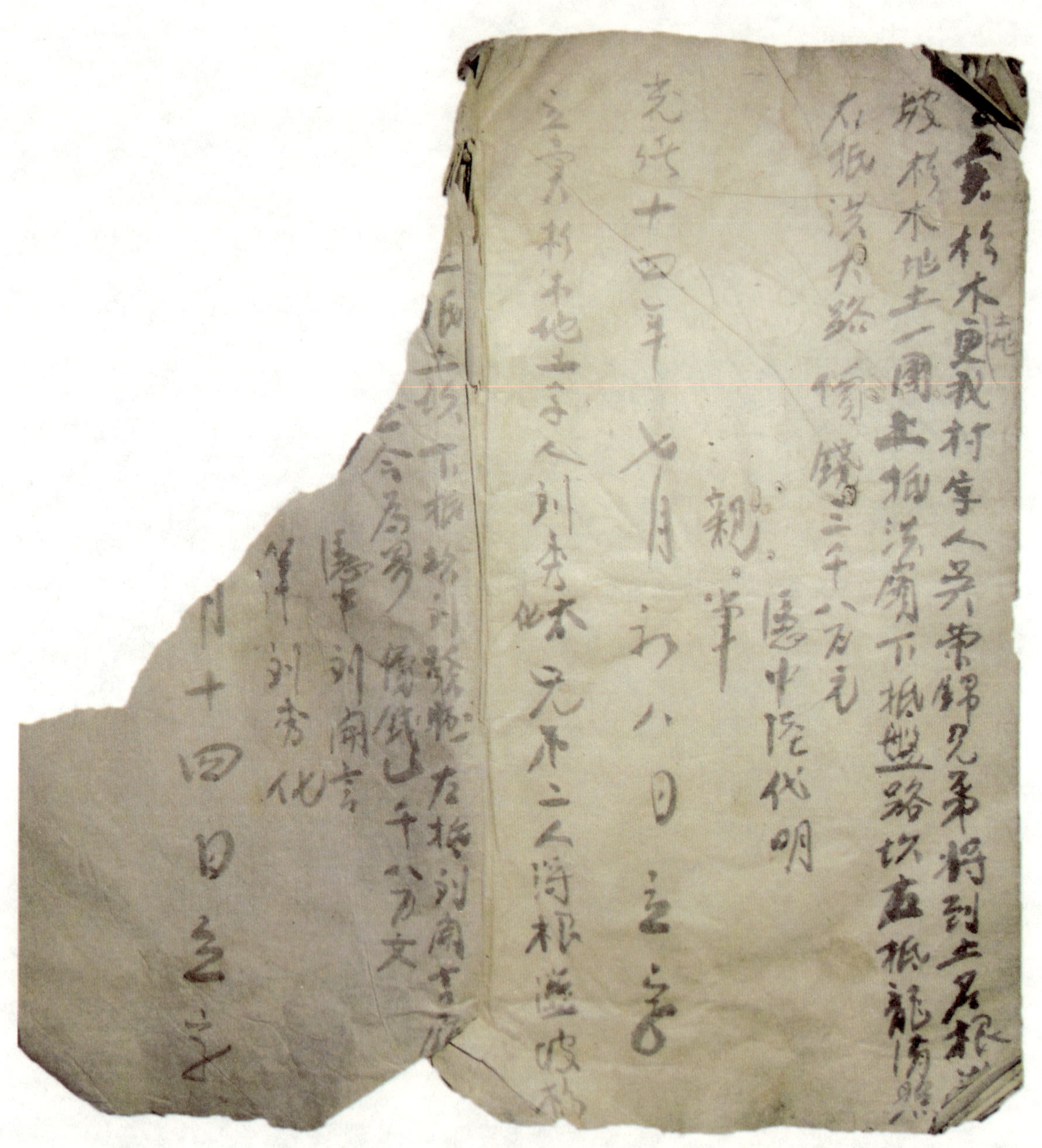

立賣杉木并地字人吴常錦兄弟將到土名根溢
坡杉木地土一團上抵溪頭下抵盤路坎左抵龍潭
右抵溪大路 價錢二千八百文
親筆
憑中 陀代明
光緒十四年七月初八日 立字

立賣杉木地土字人劉秀姑兄弟二人將根溢坡杉
一概土坎下抵路劉 右抵劉開言
今為 價錢 千八百文
憑中 劉開言
筆 劉秀化
月十四日 立字

立卖杉木土地更我村字人吴荣锦兄弟，将到土名根［滥］坡杉木地土一团，上抵洪岭，下抵盘路坎，左抵龙清照，右抵洪大路。价钱三千八百元。

凭中：陆代明

亲笔

光绪十四年七月初八日立字

立卖杉木地土字人刘秀太、刘秀化兄弟二人，将根滥坡杉……上抵土坎，下抵坎刘发旺，左抵刘开言领（岭）……今为界。价钱一千八百文。

凭中：刘开言

［亲笔］：刘秀化

□□月十四日立字

（三）票据

1. 傅万顺田赋收据9份

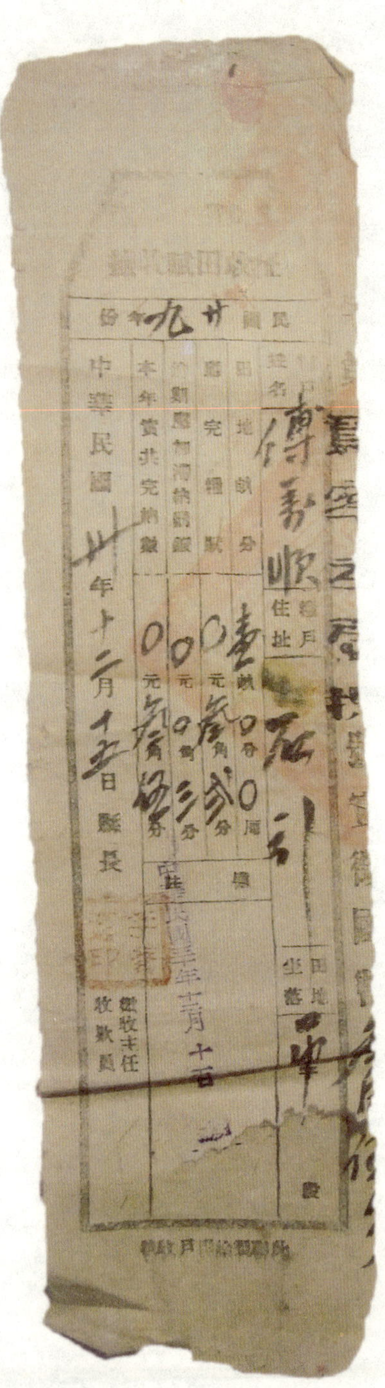

内容摘要：

民国廿九年份征收田赋收据，粮户傅万顺，田地壹亩，应完粮赋叁角贰分，逾期应加滞纳罚□三分，本年实共完纳叁角伍分。

民国卅年十二月十五日

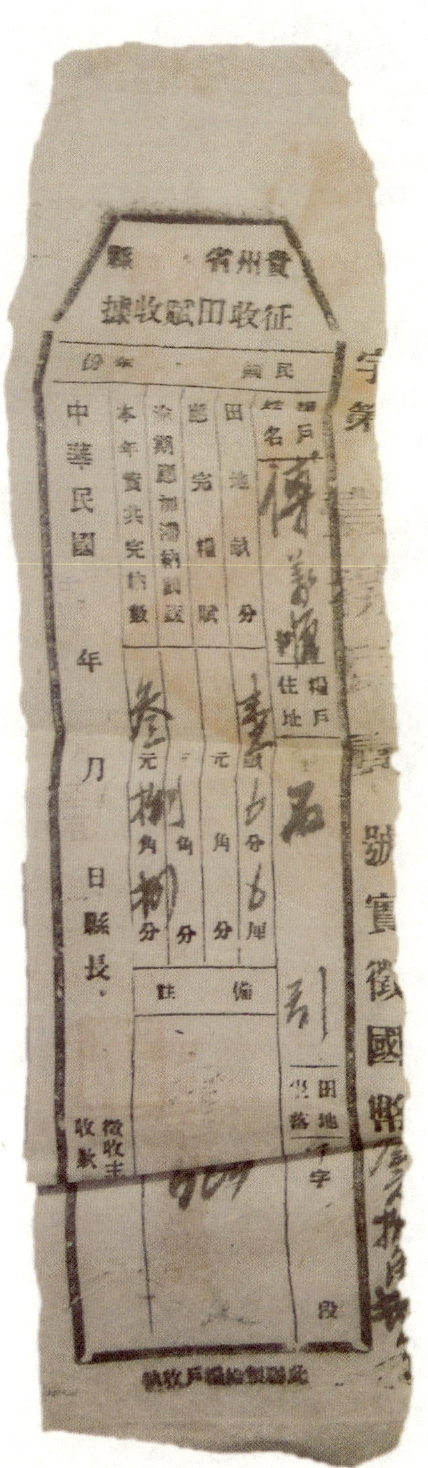

内容摘要：

民国……年份征收田赋收据，粮户傅万顺，田地壹亩，本年实共完纳叁元捌角捌分。

民国……年十二月十五日

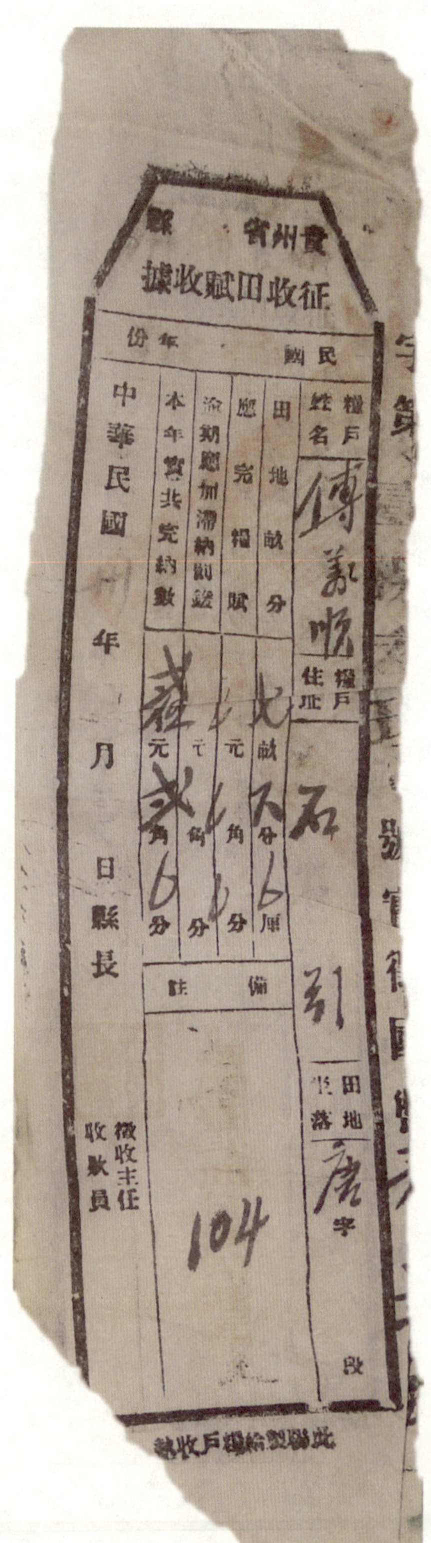

貴州省　縣
征收田賦收據

民國　年份

糧戶姓名	田地畝分	應完糧賦	逾期應加滯納罰金	本年實共完納數
傅萬順	七畝六分6厘	元　角　分	元　角6分	貳[拾]伍元貳角6分

糧戶住址：石引

田地坐落：唐字　段

備註：104

中華民國　年　月　日　縣長

徵收主任

收款員

此聯給糧戶收執

内容摘要：

民国……年份征收田赋收据，粮户傅万顺，田地七亩六分6厘，本年实共完纳贰[拾]伍元贰角6分。

民国卅年□□月□□□日

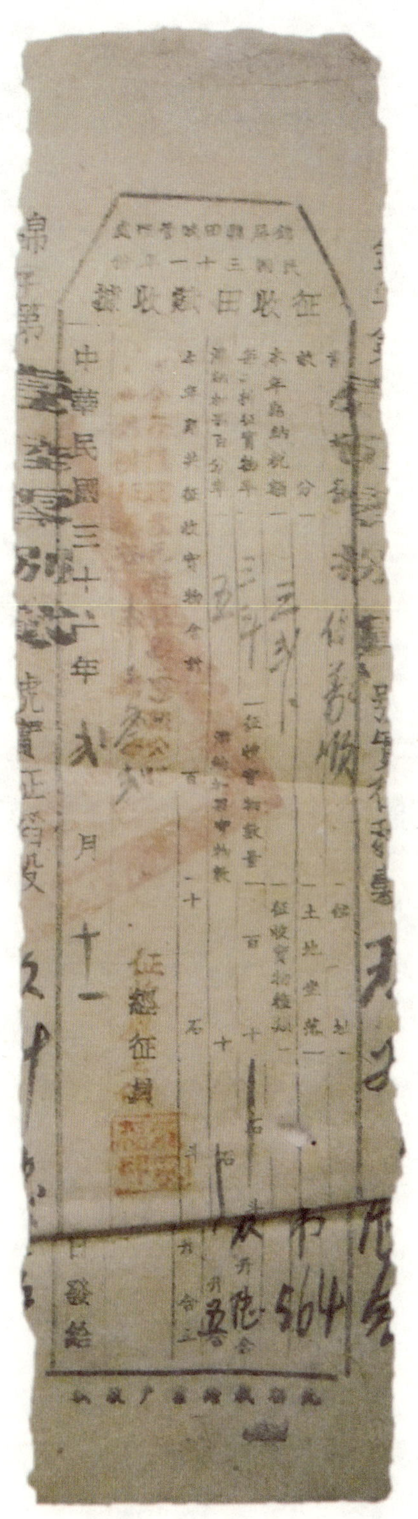

内容摘要：

民国三十一年份征收田赋收据，业户傅万顺，本年应纳税额三角贰分，每元折征实物率三斗，征收实物数量玖升陆合，滞纳加罚百分率 5%，滞纳加罚实物数五合。

民国三十二年贰月十一日

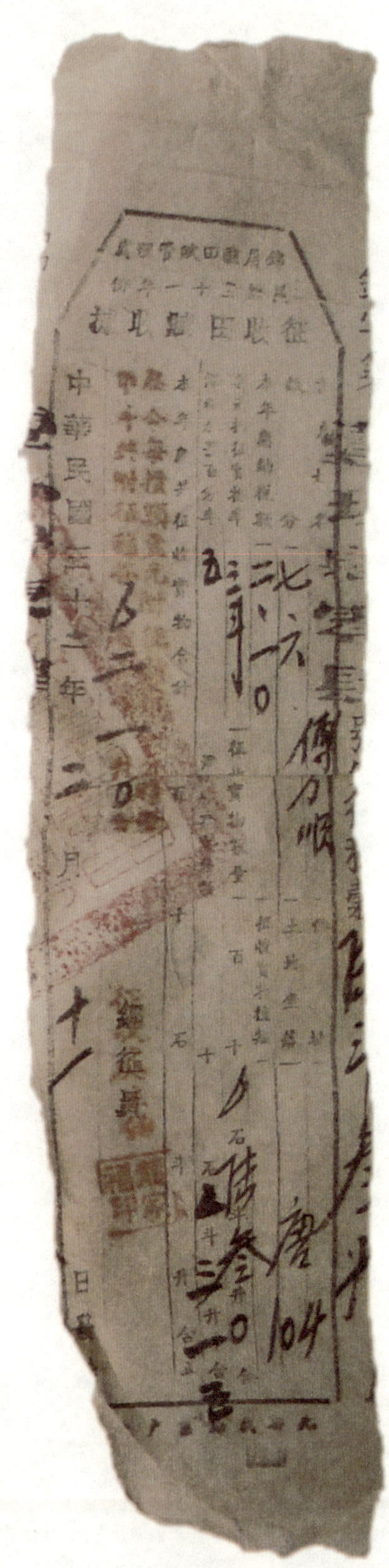

内容摘要：

民国三十一年份征收田赋收据，业户傅万顺，田地七亩六分，本年应纳税额二元一角，每元折征实物率三斗，征收实物数量陆斗叁升，滞纳加罚百分率5%，滞纳加罚数量三升一合，附征县（市）级公粮二斗一升。

民国三十二年二月十一日

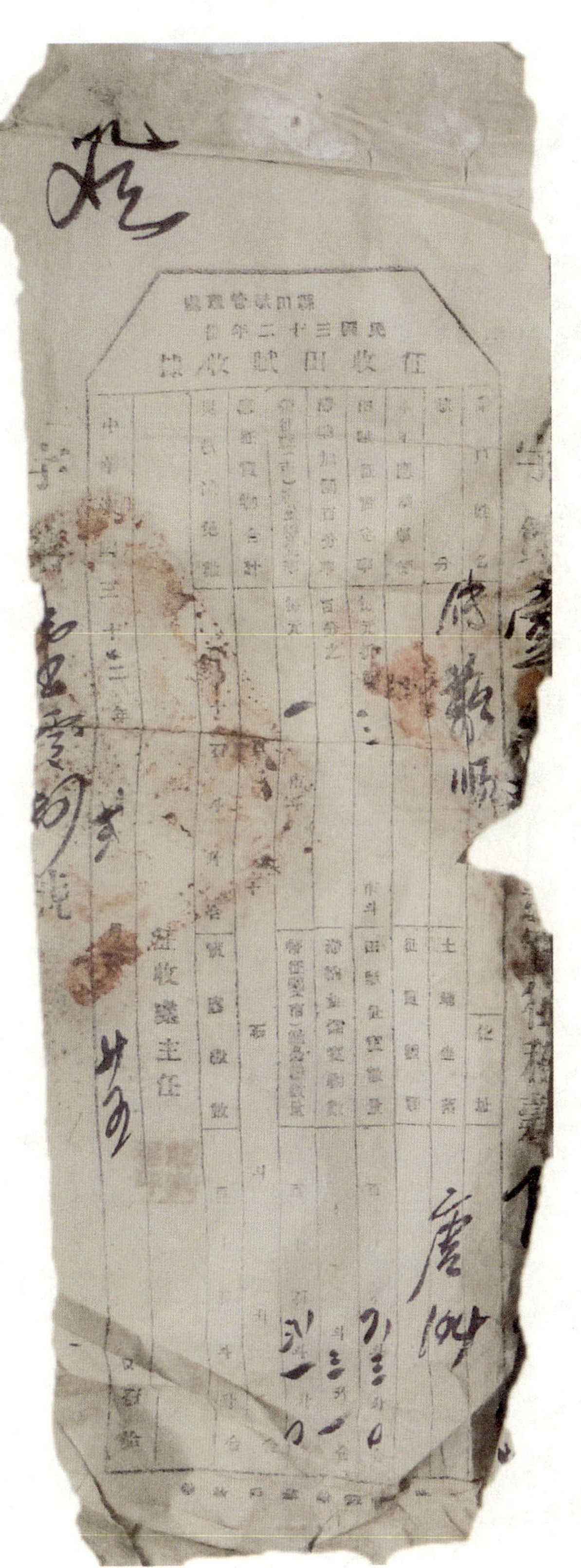

縣田賦管理處

民國三十二年份

征收田賦收據

内容摘要：

民国三十二年份征收田赋收据，业户傅万顺，田赋征实税率每元折征三市斗，田赋征实数量六斗三升，滞纳加罚实物数三升一合，带征县（市）公粮定率每元一市斗，带征县（市）公粮数量二斗一升。

民国三十二年贰月廿五日

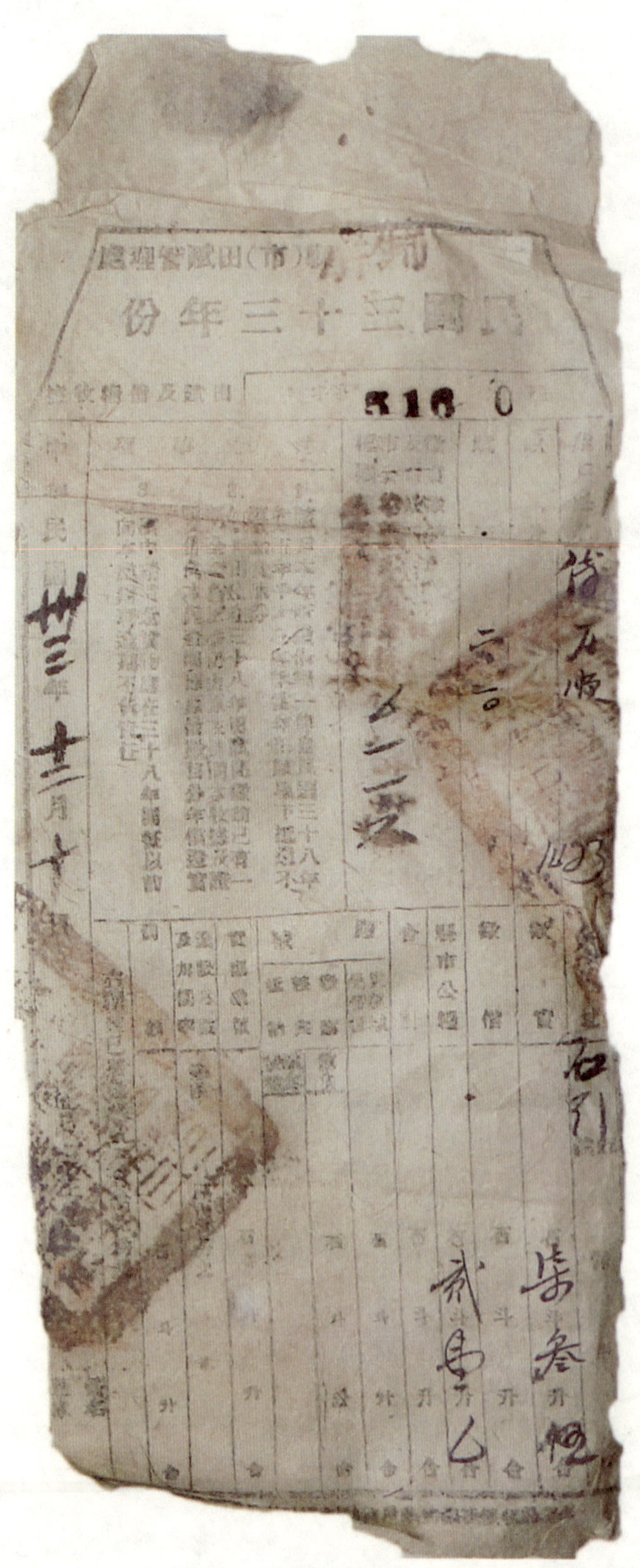

縣(市)田賦管理處

民國三十三年份

田賦及借穀收據

316 0

内容摘要：

民国三十三年份田赋及借粮收据，业户傅万顺，赋额贰元壹角，征借一斗一升六合，征实柒斗叁升伍合，县市公粮贰斗壹升（合计壹石〇斗六升一合）。

注意事项：

1. 该本户本年所缴借粮一律自民国三十八年起分五年平均在应纳当年田赋项下抵还，不再发给粮食库券。

2. 如该户田产在三十八年田赋开征前已有一部或全部售出，准仍由原主持同本收据及证明文件向本处查明，照原借数目分年偿还实物。

3. 前项申请偿还实物应在三十八年开征以前迳向本处办理，逾期不负责任。

民国卅三年十二月十日

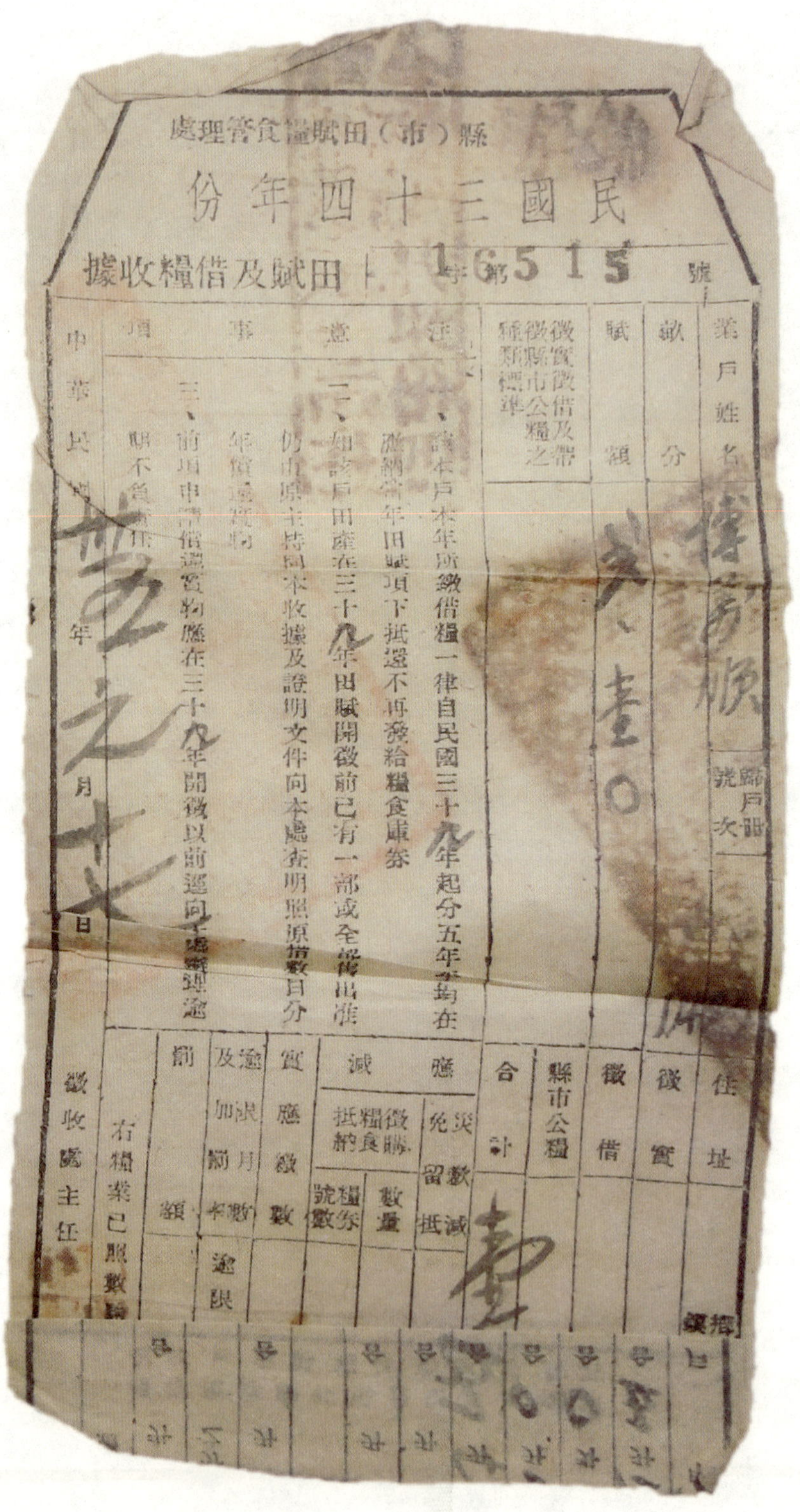
縣（市）田賦糧食管理處
民國三十四年份
田賦及借糧收據 第16515號

業戶姓名 傅□□
款分
賦額
徵實徵借及帶徵縣市公糧之種類標準 壹〇

注意事項
一、該本戶本年所繳借糧一律自民國三十九年起分五年平均在應納當年田賦項下抵還不再發給糧食庫券
二、如該戶田產在三十九年田賦開徵前已有一部或全部售出准仍由原主持同本收據及證明文件向本處查明照原借數目分年償還穀物
三、前項申請償還穀物應在三十九年開徵以前逕向本處辦理逾期不負責任

中華民國 卅五 年 之 月 十九 日

住址
徵實
徵借
縣市公糧
合計 壹
應減：災歉減免留抵；徵購糧食抵納（數量、糧券號數）
實應徵數
逾限月數及加罰率
罰額
右糧業已照數
徵收處主任

内容摘要：

民国三十四年份田赋及借粮收据，业户傅万顺，赋额二元一角，征实［柒斗叁升伍合］，征借［一斗一升六合］，县市公粮［贰斗壹升］，合计壹［石〇斗六升一合］。

注意事项：

1. 该户本年所缴借粮一律自民国三十九年起分五年平均在应纳当年田赋项下抵还，不再发给粮食库券。

2. 如该户田产在三十九年田赋开征前已有一部或全部售出，准仍由原主持同本收据及证明文件向本处查明，照原借数目分年偿还实物。

3. 前项申请偿还实物应在三十九年开征以前迳向本处办理，逾期不负责任。

民国卅五年元月十七日

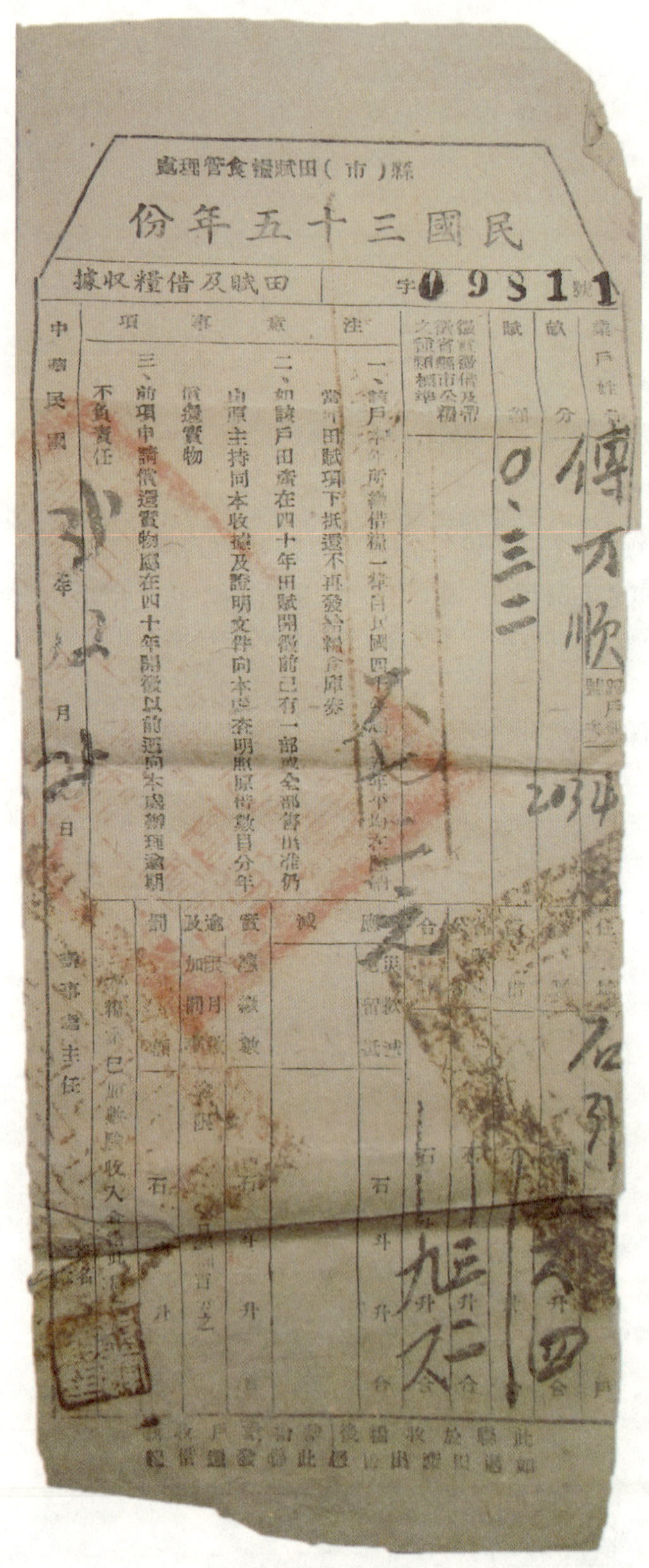

縣（市）田賦糧食管理處

民國三十五年份

田賦及借糧收據　字09811號

業戶姓名　傅万順
畝分　分
賦額　〇、三二
住址　石引

注意事項

一、該戶本年所繳借糧一律自民國四十年起分年平均在當年田賦項下抵還不再發給糧食庫券

二、如該戶田賦在四十年田賦開徵前已有一部或全部奉准仍由原主持同本收據及證明文件向本處查明照原借數目分年償還實物

三、前項申請償還實物應在四十年開徵以前逕向本處辦理逾期不負責任

中華民國　年　月　日

此聯於收據後由本處交與業戶收執

内容摘要：

民国三十五年份田赋及借粮收据，业户傅万顺，赋额三角二分，征实六升四合，县市公粮三升二合，合计九升六合。

注意事项：

1. 该本户本年所缴借粮一律自民国四十年起分五年平均在应纳当年田赋项下抵还，不再发给粮食库券。

2. 如该户田产在四十年田赋开征前已有一部或全部售出，准仍由原主持同本收据及证明文件向本处查明，照原借数目分年偿还实物。

3. 前项申请偿还实物应在四十年开征以前迳向本处办理，逾期不负责任。

民国 35 年 12 月 25 日

2. 傅万顺土地执照3份

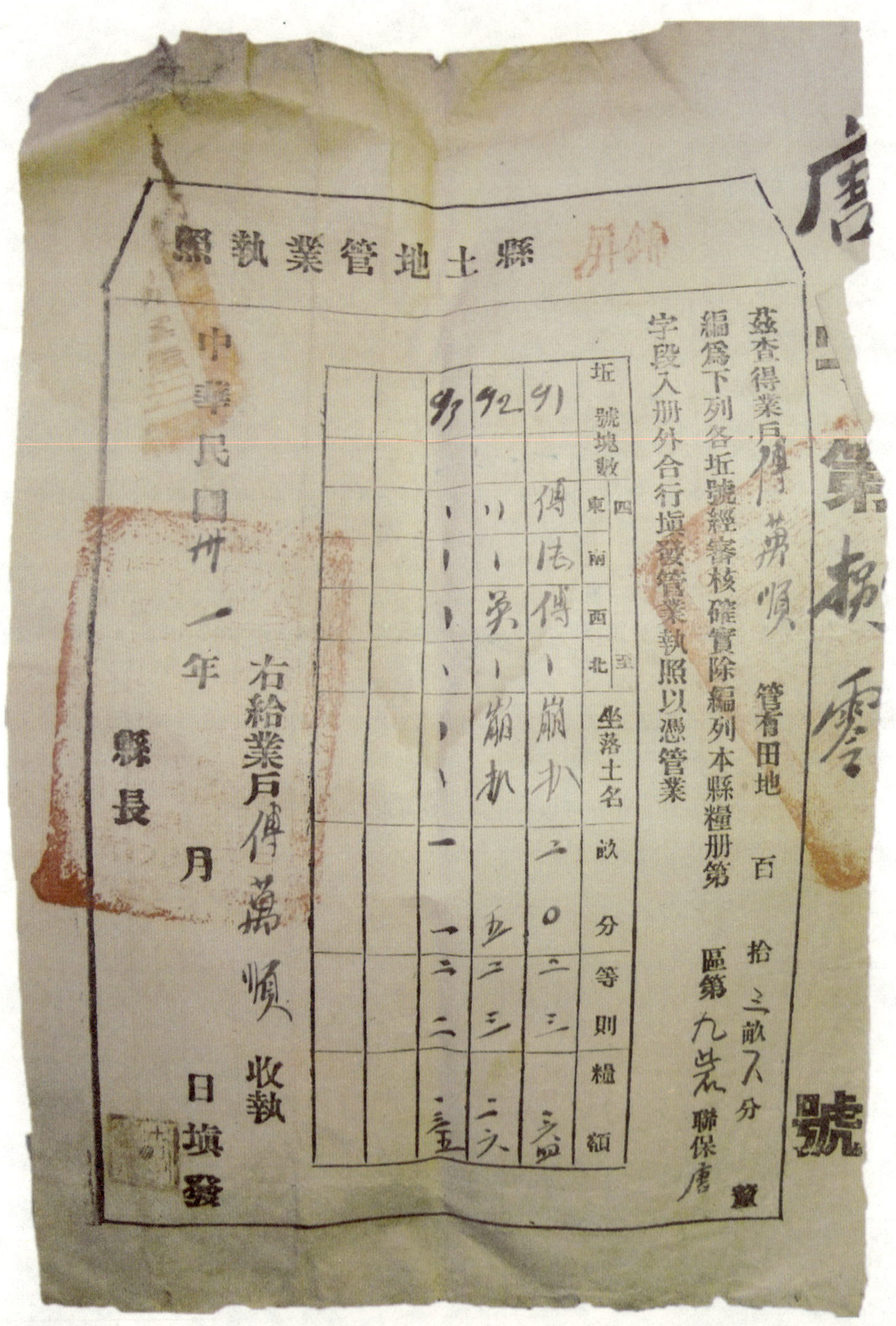

縣土地管業執照

茲查得業戶傅萬順管有田地 百 拾 三畝六分 釐 編爲下列各坵號經審核確實除編列本縣糧册第 區第九寨聯保唐字段入册外合行填發管業執照以憑管業

坵號塊數	東	南	西	北	坐落土名	畝分	等則	糧額
91	傅	法	傅	、	崩扒	二〇	二	三
92	、	、	吴	、	崩扒	五	二	二
93	、	、	、	、	、	一一	二	三五

右給業戶傅萬順收執

中華民國卅一年 月 日填發

縣長

唐字第 號

内容摘要：

九寨联保唐字段业户傅万顺，管有坐落土名崩扒田三丘，丘号91、92、93，合计三亩六分，二等二至三则，粮额合计一元一角五分。民国卅一年填发。

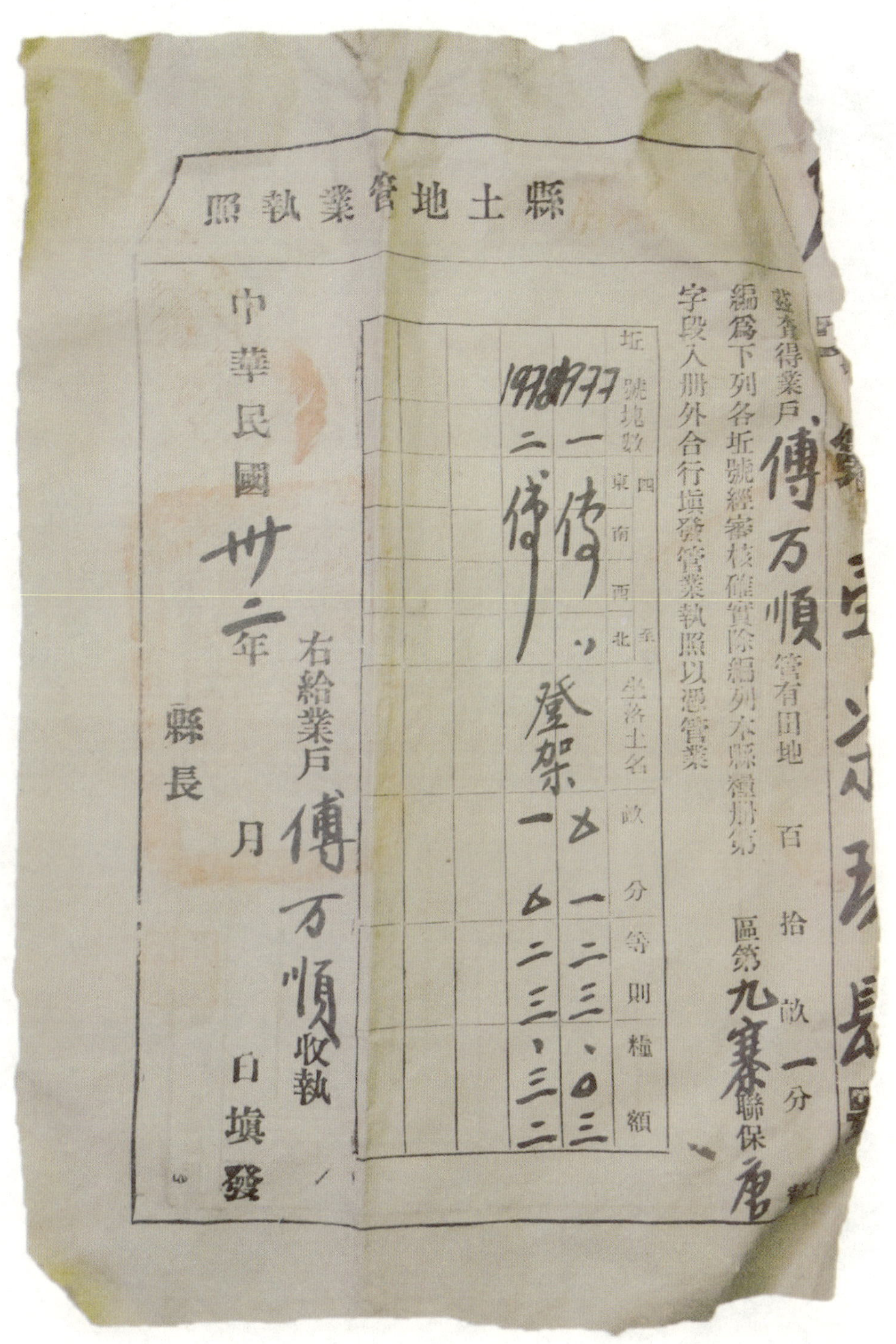

縣土地管業執照

茲查得業戶傅万順管有田地　百　拾　畝一分
編爲下列各坵號經審核確實除編列本縣禮冊第　區第九寨聯保唐
字段入冊外合行填發管業執照以憑管業

坵號坵數	四至 東 南 西 北	坐落土名	畝	分	等	則	糧額
1977 一	傅	登架			二	三	.〇三
1978 二	傅				二	三	.三二

右給業戶傅万順收執

中華民國卅二年　月　日填發

縣長

内容摘要：

九寨联保唐字段业户傅万顺，管有坐落土名登架田二丘，丘号 1977、1978，合计一亩一分，二等三则，粮额三角五分。民国卅二年填发。

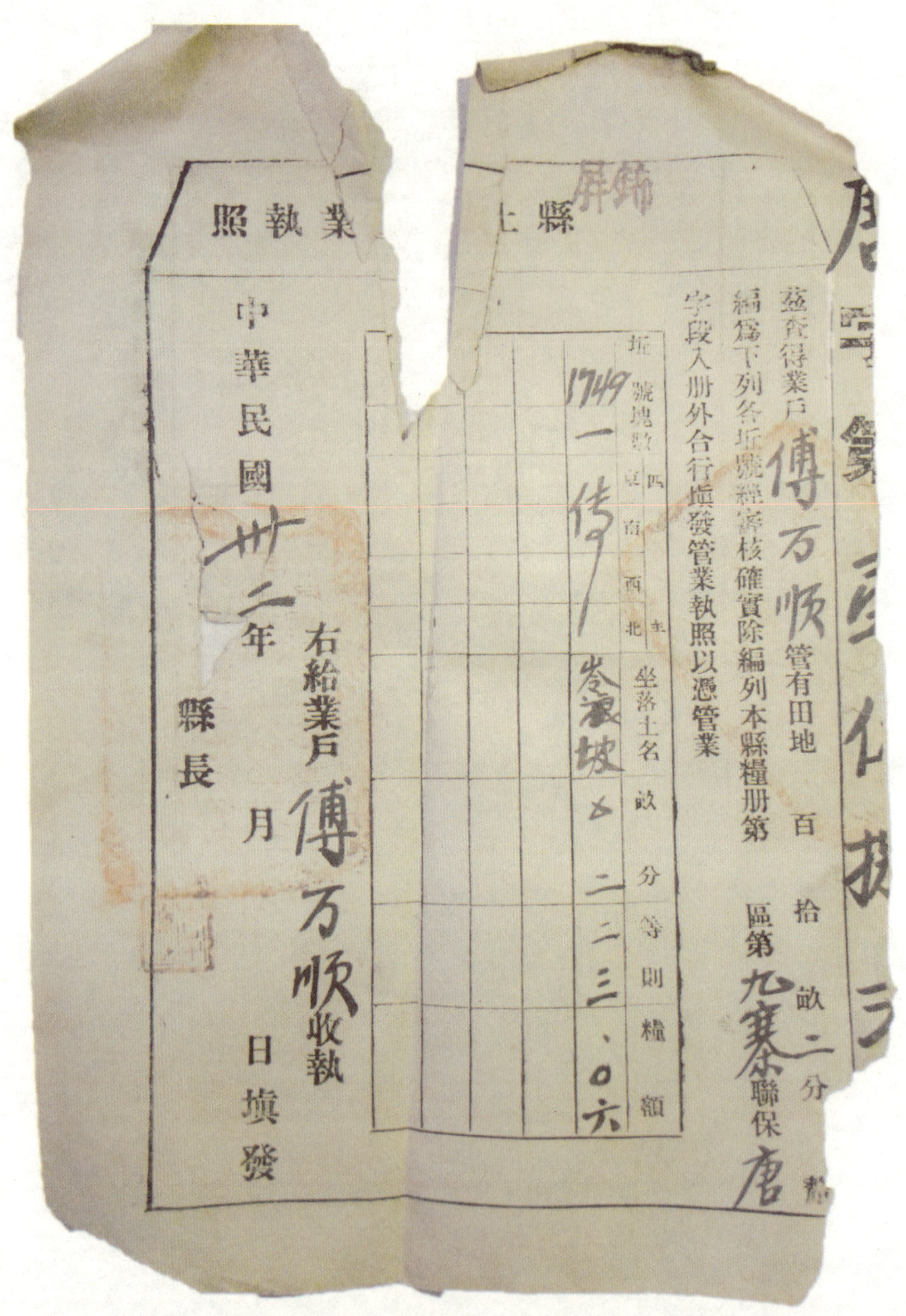

内容摘要：

九寨联保唐字段业户傅万顺，管有坐落土名岑浪坡田二分，丘号1749，二等三则，粮额六分。民国卅二年填发。

3. 傅松禄土地执照8份

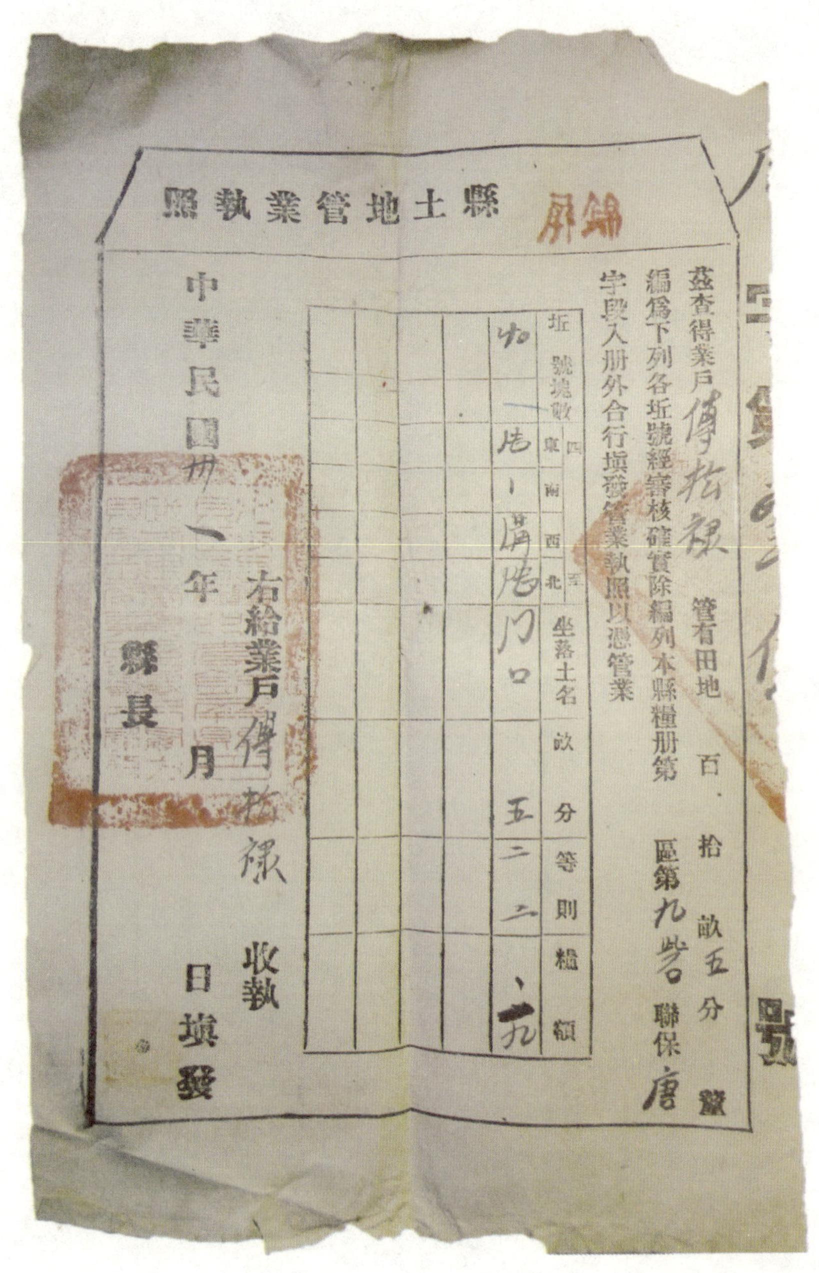

縣土地管業執照

錦屏

茲查得業戶傅松祿 管有田地 百 拾 畝五分 號
編為下列各坵號經審核確實除編列本縣糧冊第 區第九營 聯保唐
字段入冊外合行填發管業執照以憑管業

坵號	坵塊數	四至（東 南 西 北）	坐落土名	畝分	等則	糧額
40			門口	五	二二	、九

右給業戶傅松祿 收執

中華民國卅一年 月 日填發

縣長

内容摘要：

九寨联保唐字段业户傅松禄① 管有门口田五分，丘号 40，二等二则，粮额一角九分。民国卅一年填发。

① 傅松禄为傅万顺之子，与傅宗禄是同一人。

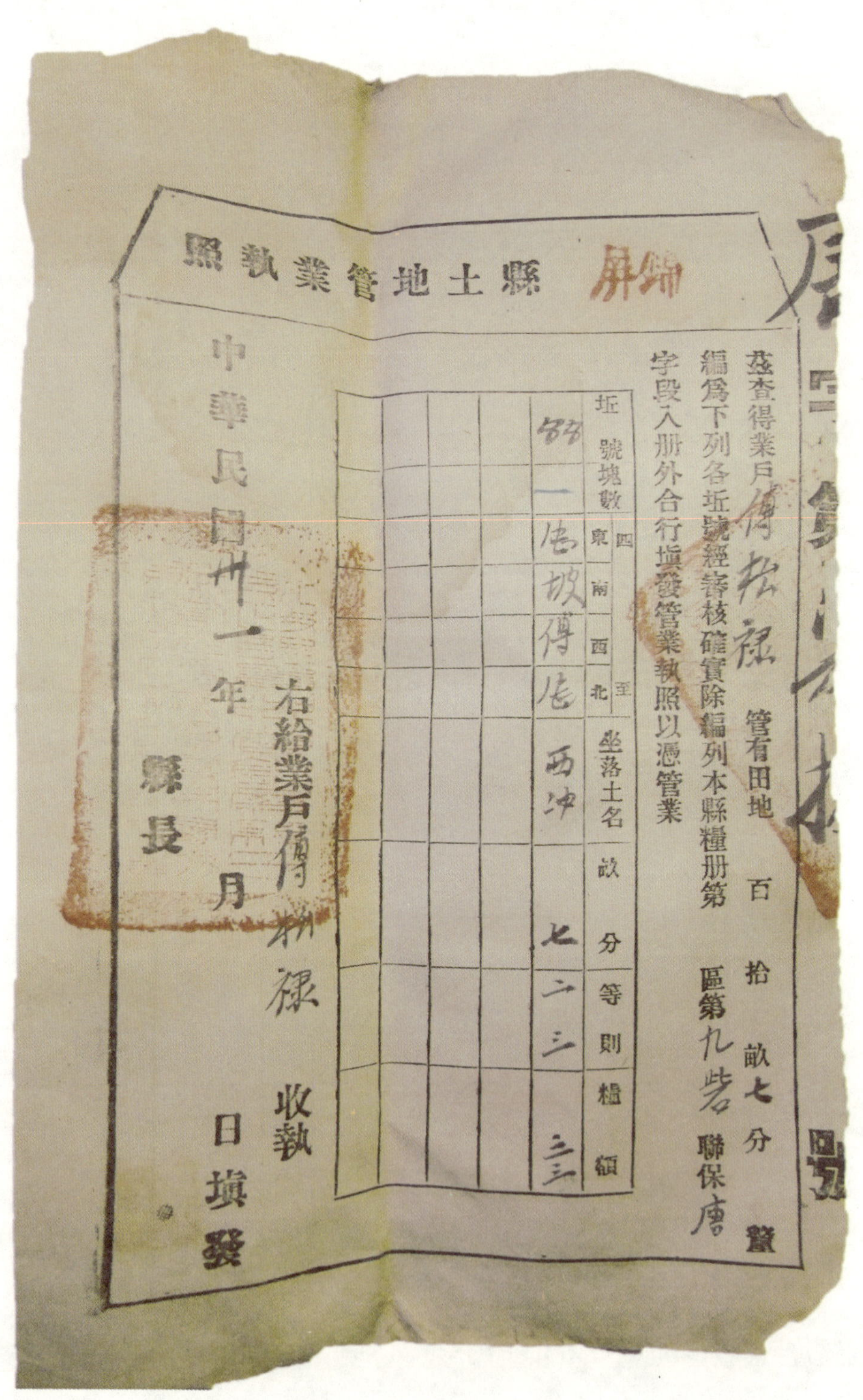

内容摘要：

九寨联保唐字段业户傅松禄管有西冲田地七分，丘号 88，二等三则，粮额三角三分。民国卅一年填发。

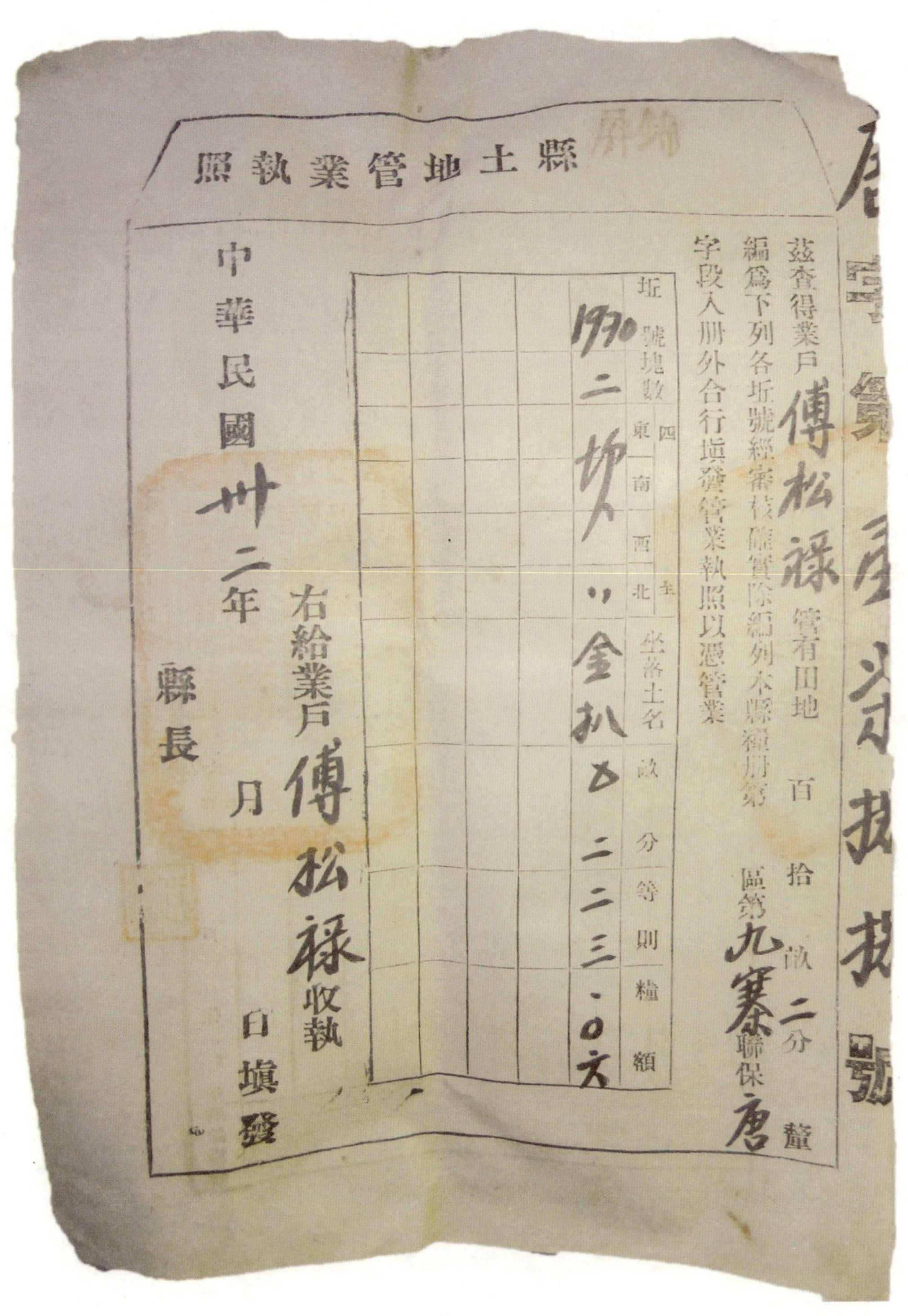

縣土地管業執照

茲查得業戶傅松祿管有田地　百　拾　畝二分　釐
編爲下列各坵號經審核確實除編列本縣籍冊第　區第九寨聯保唐
字段入冊外合行填發管業執照以憑管業

坵號	地數	四至 東	南	西	北	坐落土名	畝	分	等	則	糧額
1970	二坵					金扒		二	二	三	.0六

右給業戶傅松祿收執

中華民國卅二年　月　日填發

縣長

内容摘要：

九寨联保唐字段业户傅松禄管有金扒田二分，丘号 1970，二等三则，粮额六分。民国卅二年填发。

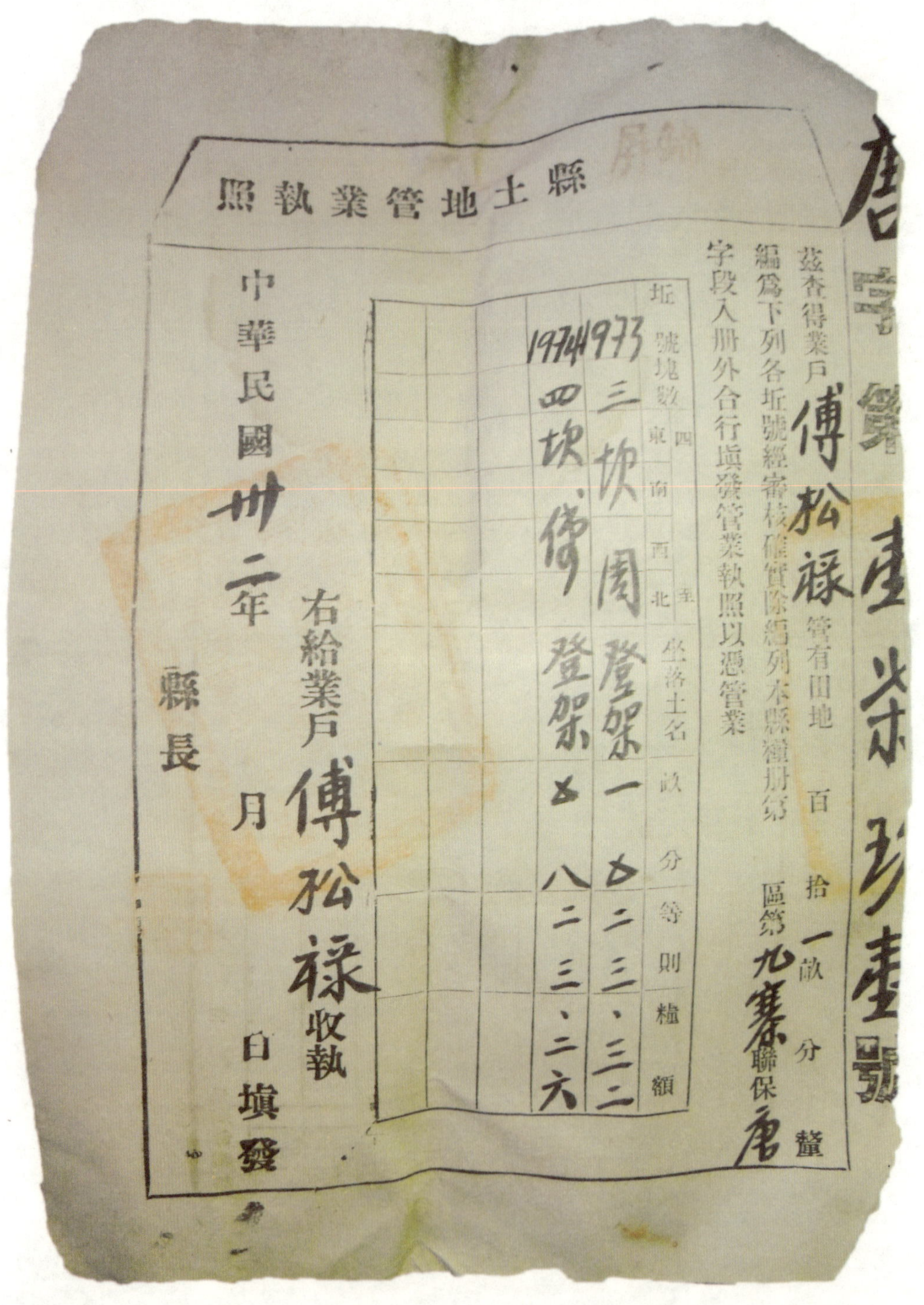

縣土地管業執照

唐字第壹柒玖叁號

茲查得業戶傅松祿管有田地 百 拾 一畝 分 釐
編爲下列各坵號經審核確實除編列本縣第 區第九寨聯保唐
字段入冊外合行塡發管業執照以憑管業

坵號	塊數	四至（東南西北）	坐落土名	畝分	等則	糧額
1973	三塊	周	登架	一〤	二三	三二
1974	四塊	傅	登架	〤八	二三	二六

右給業戶傅松祿收執

中華民國卅二年 月 日塡發

縣長

内容摘要：

九寨联保唐字段业户傅松禄管有登架田二丘，丘号 1973、1974，一亩八分，二等三则，粮额五角八分。民国卅二年填发。

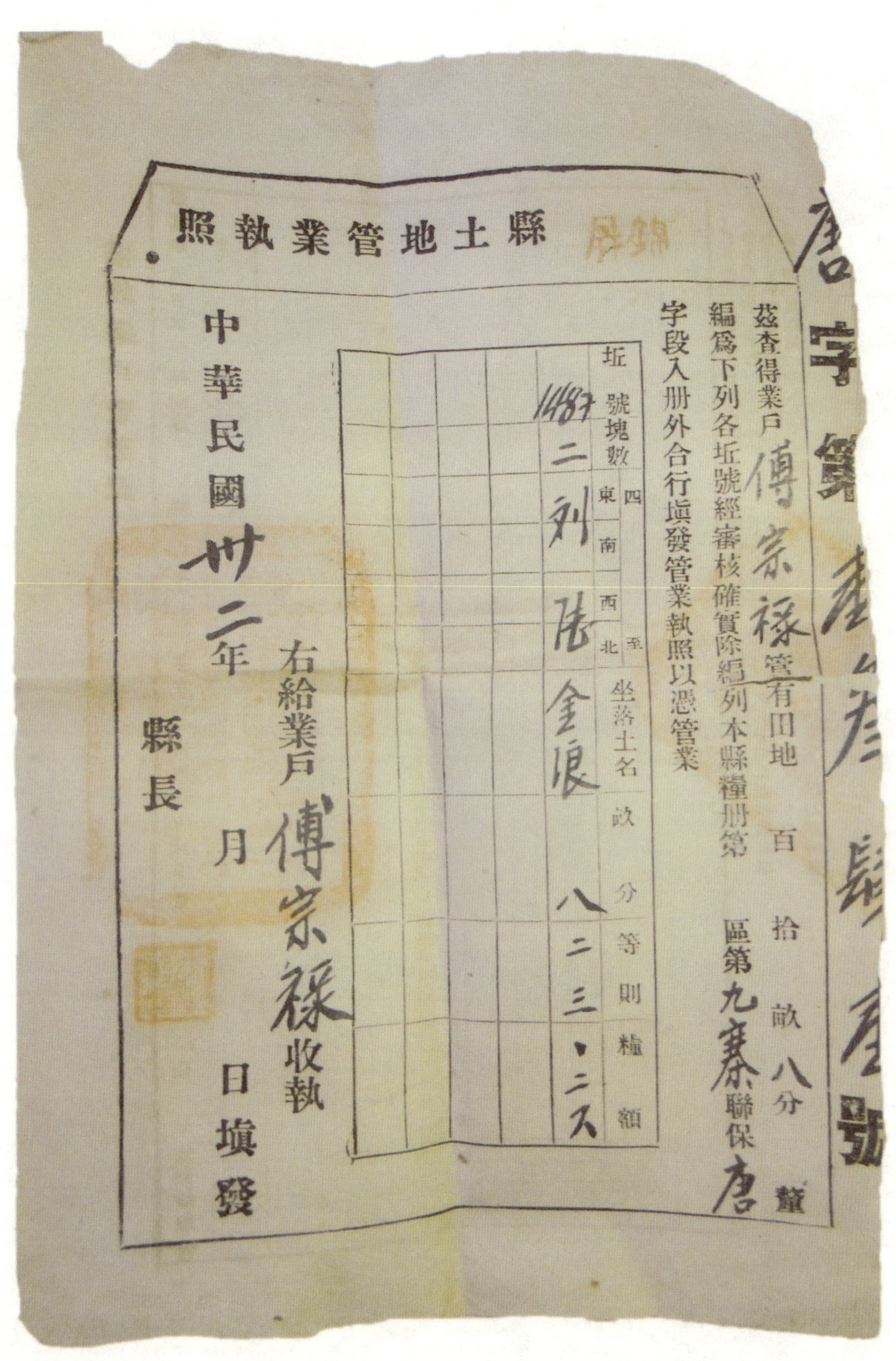
縣土地管業執照
唐字第
兹查得業戶傅宗祿管有田地 百 拾 畝 八分 釐
編為下列各坵號經審核確實除編列本縣糧册第 區第九寨聯保唐
字段入册外合行填發管業執照以憑管業

坵號塊數	四至 東 南 西 北	坐落土名	畝分	等則	糧額
1487 二列		張金浪	八	二 三	二六

右給業戶傅宗祿收執

中華民國卅二年 月 日填發

縣長

内容摘要：

九寨联保唐字段业户傅宗禄管有金浪田八分，丘号1487，二等三则，粮额二角六分。民国卅二年填发。

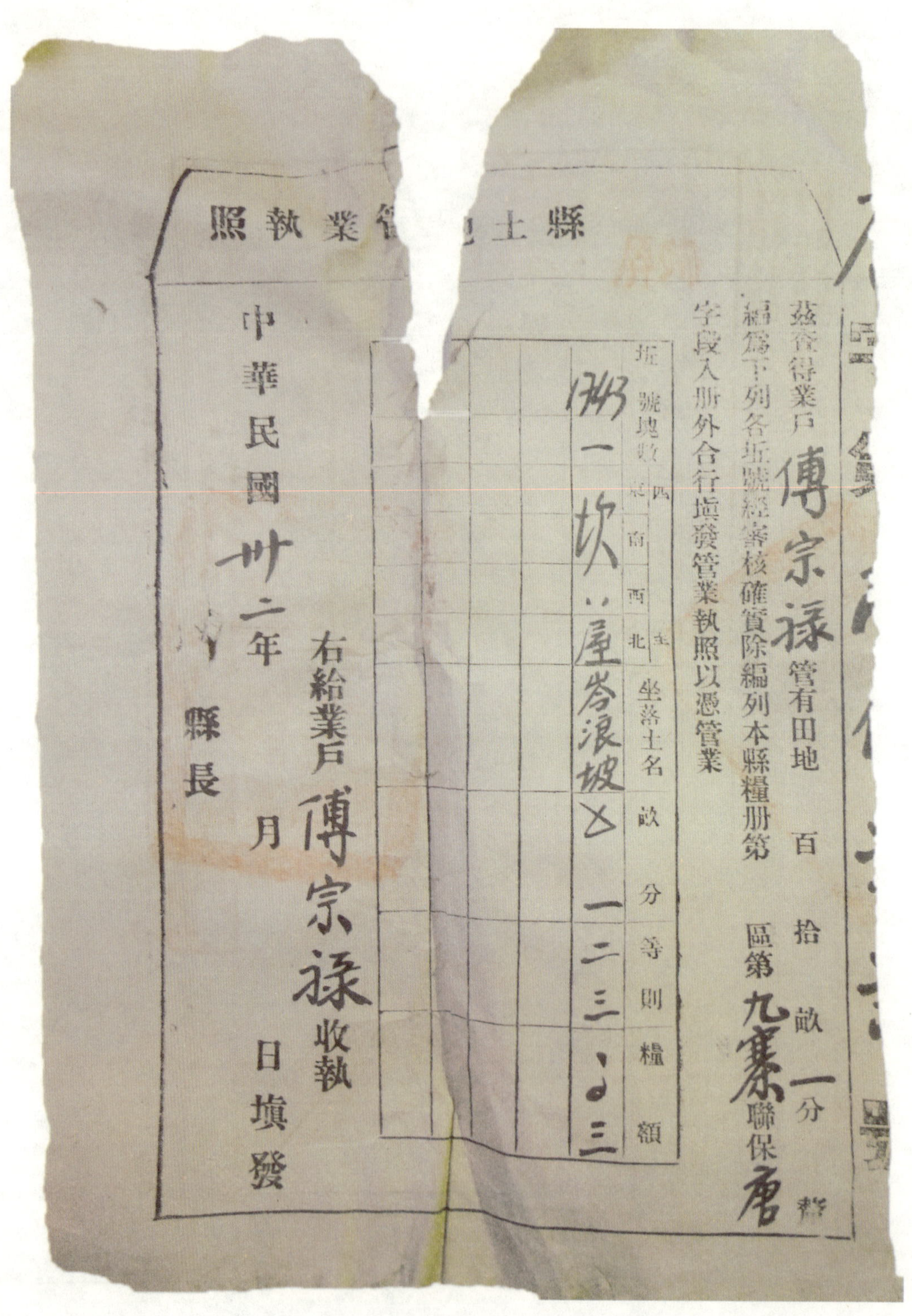
縣土地管業執照

茲查得業戶傅宗祿管有田地　百　拾　畝一分　釐
編爲下列各坵號經審核確實除編列本縣糧册第　區第九寨聯保唐
字段入册外合行填發管業執照以憑管業

坵號	坵塊數	四至 東 南 西 北	坐落土名	畝	分	等	則	糧額
1743	一坵	〃屋	岑浪坡		一	二	三	三

右給業户傅宗祿收執

中華民國卅二年　月　日填發

縣長

内容摘要：

九寨联保唐字段业户傅宗禄管有岑浪坡田一分，丘号1743，二等三则，粮额三分。民国卅二年填发。

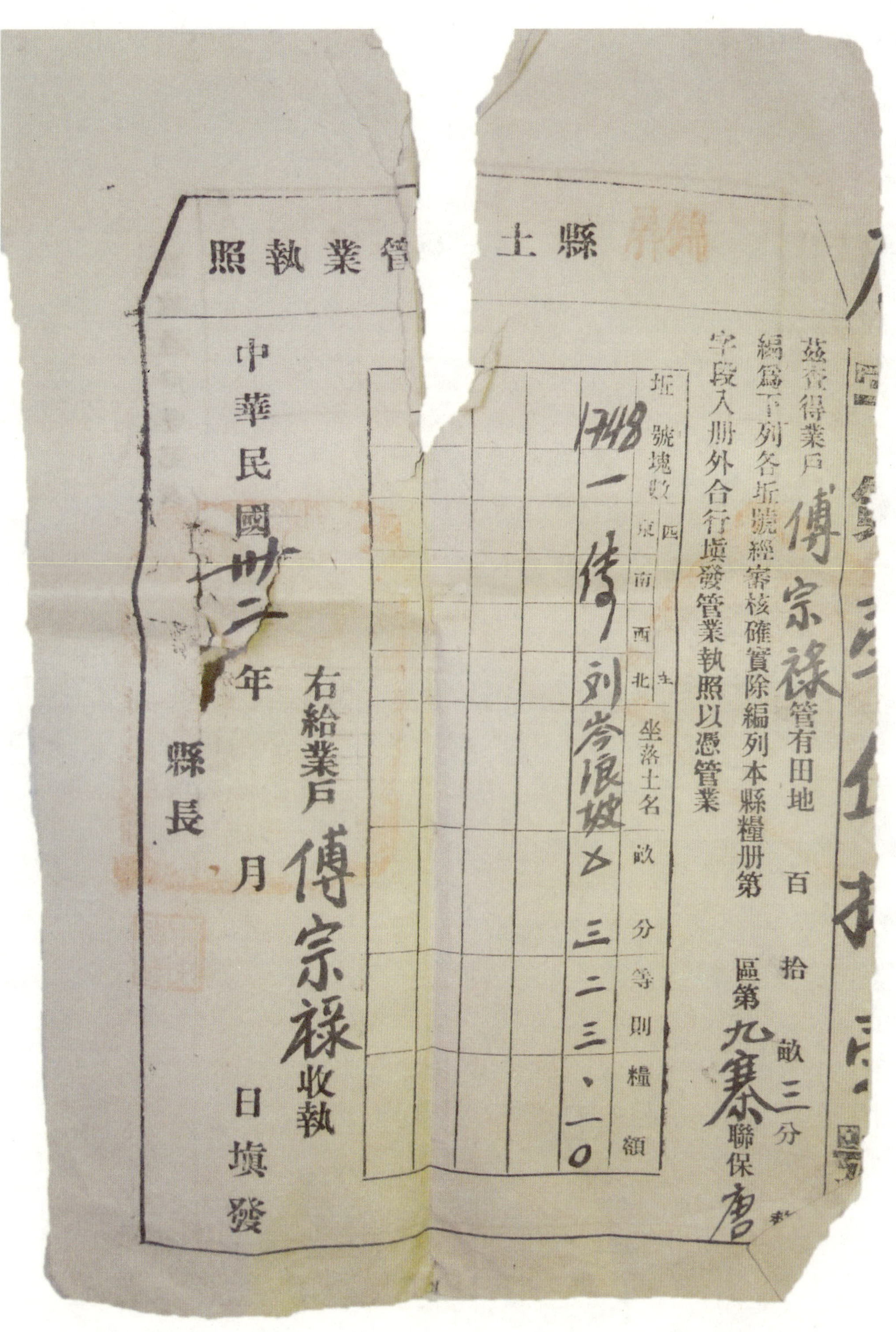

縣土管業執照

茲查得業戶傅宗祿管有田地　百　拾　畝三分
編篙下列各坵號經審核確實除編列本縣糧冊第　區第九寨聯保唐
字段入冊外合行塡發管業執照以憑管業

坵號塊數	四至 東南西北	坐落土名	畝分	等則	糧額
1748 一		傅列岺浪坡	∆三	二三	、一0

右給業戶傅宗祿收執

中華民國卅二年　月　日塡發

縣長

内容摘要：

九寨联保唐字段业户傅宗禄管有岑浪坡田三分，丘号 1748，二等三则，粮额一角。民国卅二年填发。

4. 傅松禄农业税票据4份

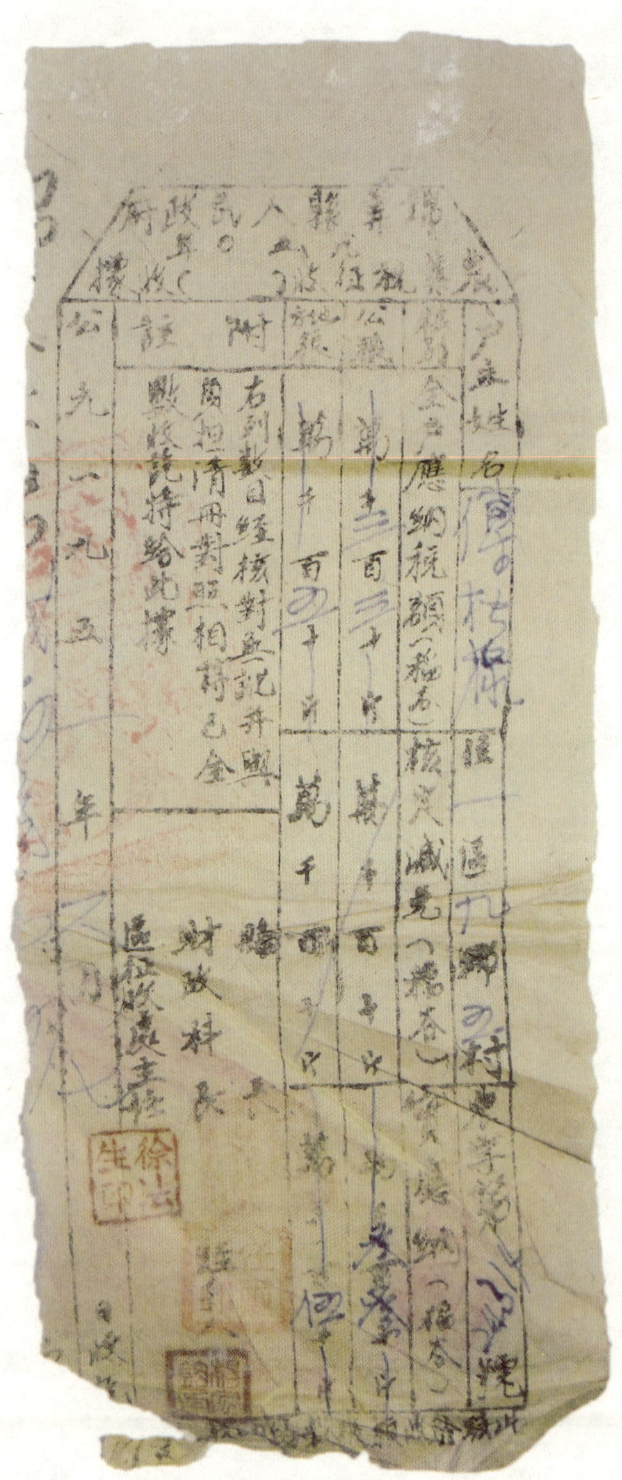

内容摘要：

锦屏县人民政府一九五〇年农业税征收收据，户主傅松禄，全户应纳税额（稻谷）公粮三百三十斤，地方粮五十斤，核定减免（稻谷）无，实应纳（稻谷）公粮叁百叁十斤，地方粮伍十斤。

一九五一年六月七日收讫

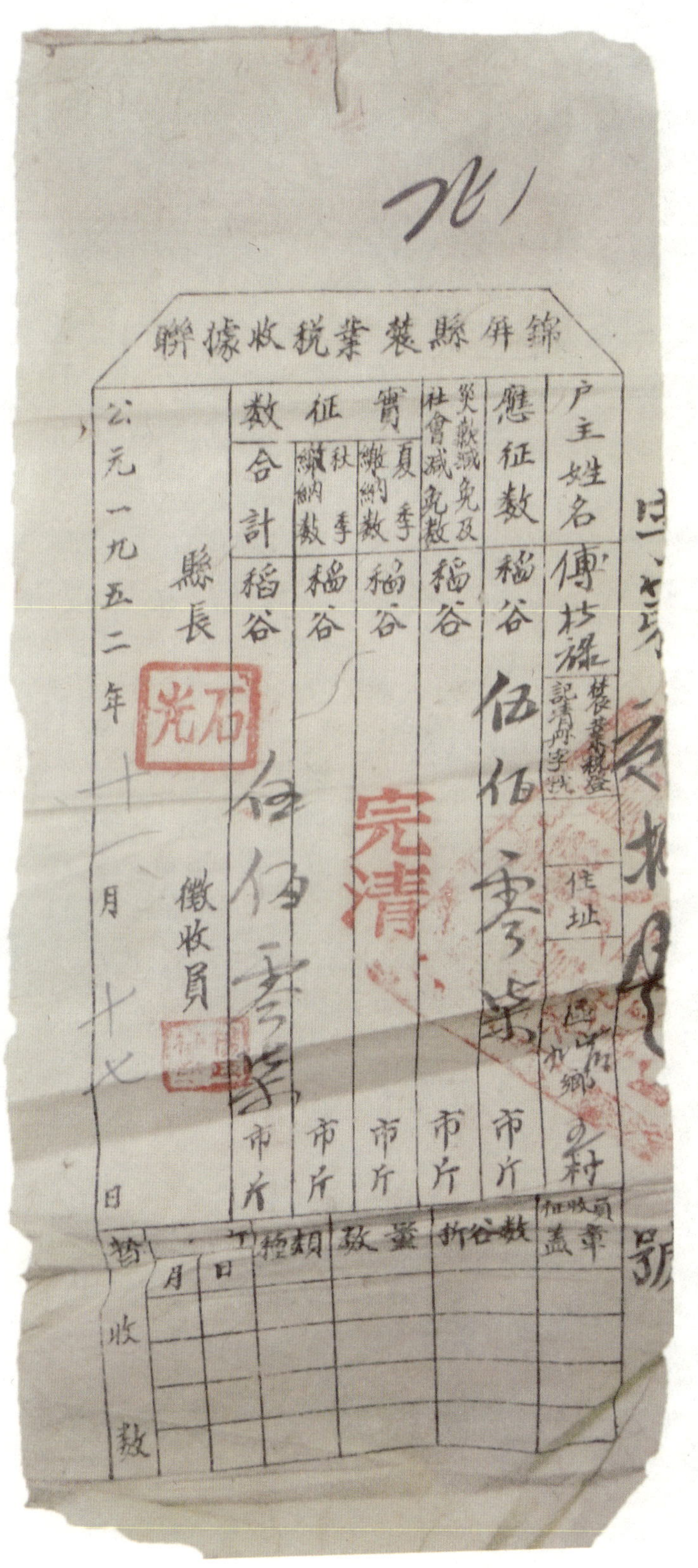

761

錦屏縣農業稅收據聯

户主姓名	傅松禄	農業稅登記清册字號		住址	鄉　村
應征數	稻谷	伍佰零柒	市斤		
獎勵減免及社會減免數	稻谷		市斤		
實征數　夏季繳納數	稻谷		市斤		
實征數　秋季繳納數	稻谷		市斤		
實征數　合計	稻谷	伍佰零柒	市斤		

縣長　石光

完清

徵收員

公元一九五二年十一月十七日

暫收數	月	日	種類	數量	折谷數	征收員蓋章

内容摘要：

锦屏县农业税收据，户主傅松禄，应征数稻谷伍佰零柒市斤。

一九五二年十一月十七日

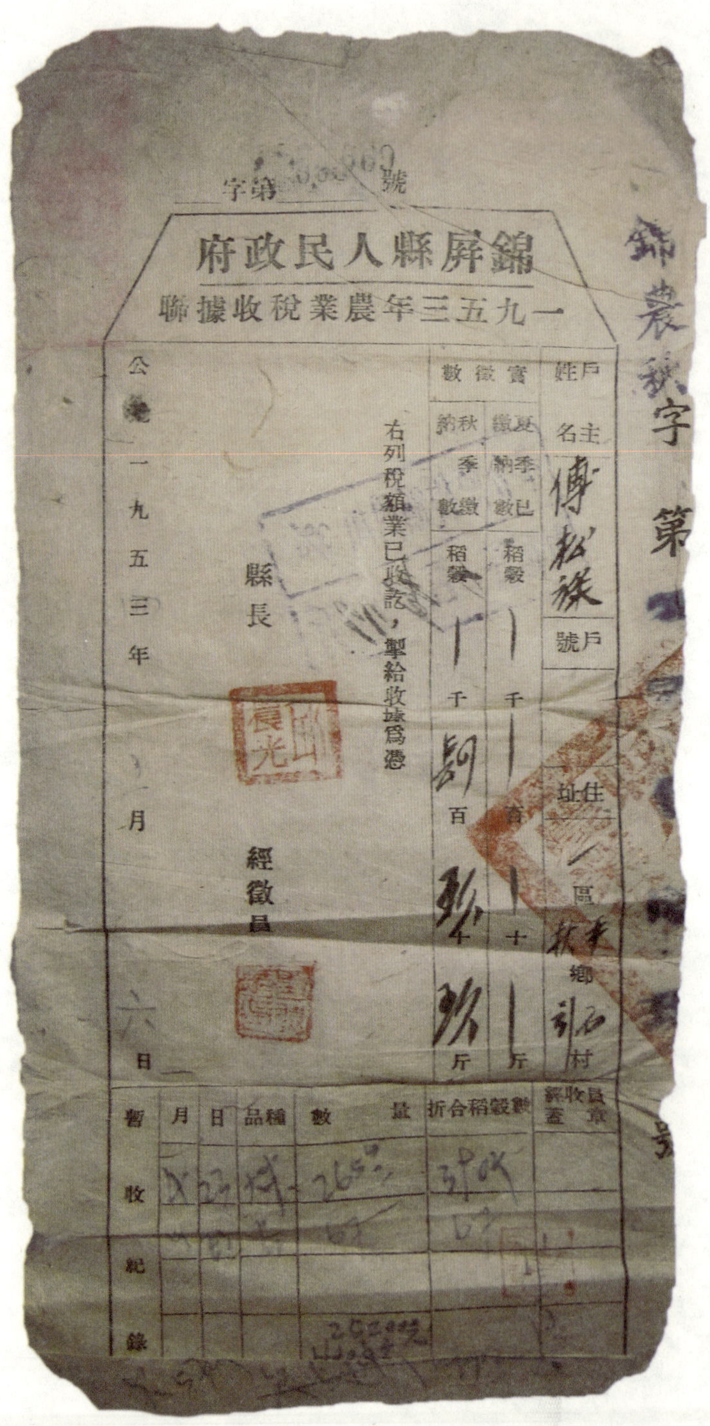

内容摘要：

锦屏县人民政府一九五三年农业税收据，户主傅松禄，实征数稻谷肆百玖十玖斤。

暂收纪（记）录：4月23日收大米265斤，折合稻谷390斤；4月……日收……67斤，折合稻谷67斤。

一九五四年五月六日

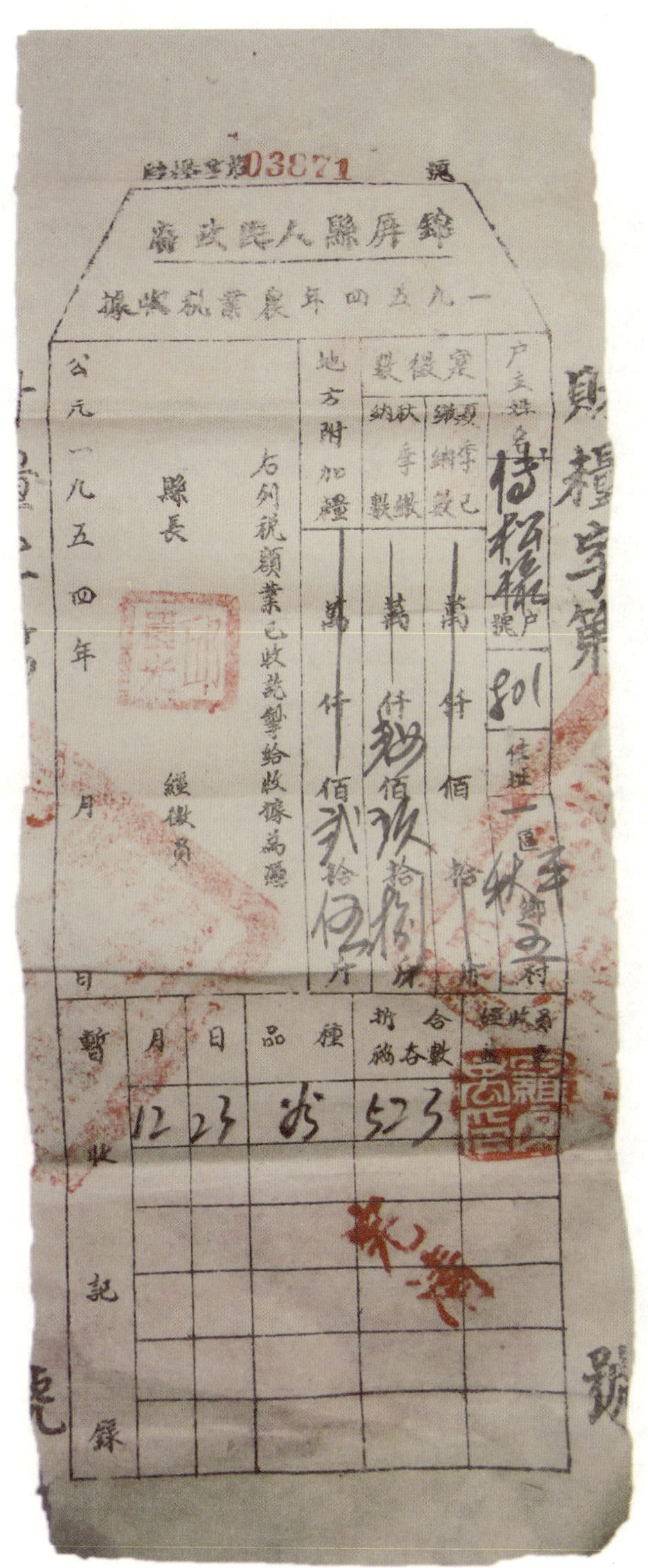

03871

錦屏縣人民政府

一九五四年農業稅收據

户主姓名	户號	住址
傅松禄	801	一區　鄉　村

實徵數		地方附加糧
夏季已繳納數	秋季繳納數	
萬　仟　佰　拾　斤	萬　仟　肆佰　玖拾　捌斤	萬　仟　佰　貳拾　伍斤

右列稅額業已收訖掣給收據爲憑

縣長

經徵員

公元一九五四年　月　日

暫收記録

月	日	品種	合數 折谷斤數	經收員蓋章
12	23	谷	523	

内容摘要：

锦屏县人民政府一九五四年农业税收据，户主傅松禄，实征数秋季缴纳数肆佰玖拾捌斤，地方附加粮贰拾伍斤。

暂收记录：12月23日，谷523斤。

一九五四年

5. 傅根林农业税收据5份

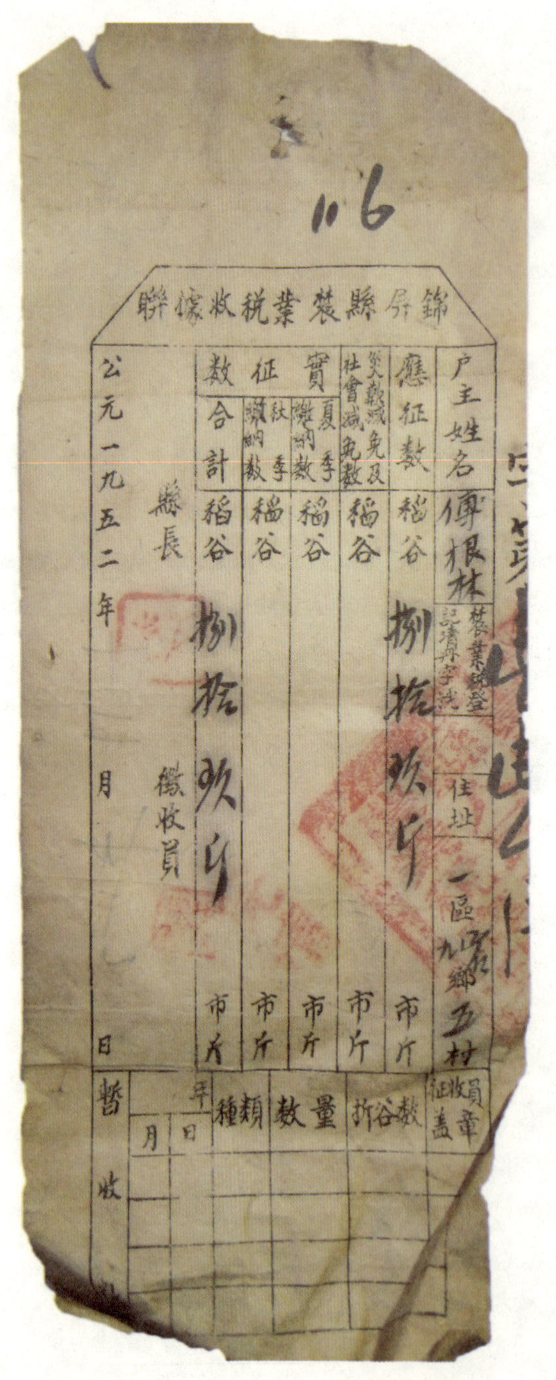
116

錦屏縣農業税收據聯

户主姓名 傅根林

農業税登記簿字號

住址 一區九寨鄉五村

應征數 稻谷 捌拾玖斤 市斤

災歉減免及社會減免數 稻谷 市斤

實征數 夏季繳納數 稻谷 市斤

實征數 秋季繳納數 稻谷 市斤

實征數 合計 稻谷 捌拾玖斤 市斤

縣長

徵收員

公元一九五二年 月 日

暫收 年 月 日 種類 數量 折谷數 征收員蓋章

内容摘要：

锦屏县农业税收据，户主傅根林[①]，应征数稻谷捌拾玖斤，实征数稻谷捌拾玖斤。

一九五二年十二月廿一日

① 傅根林为傅松禄之子。

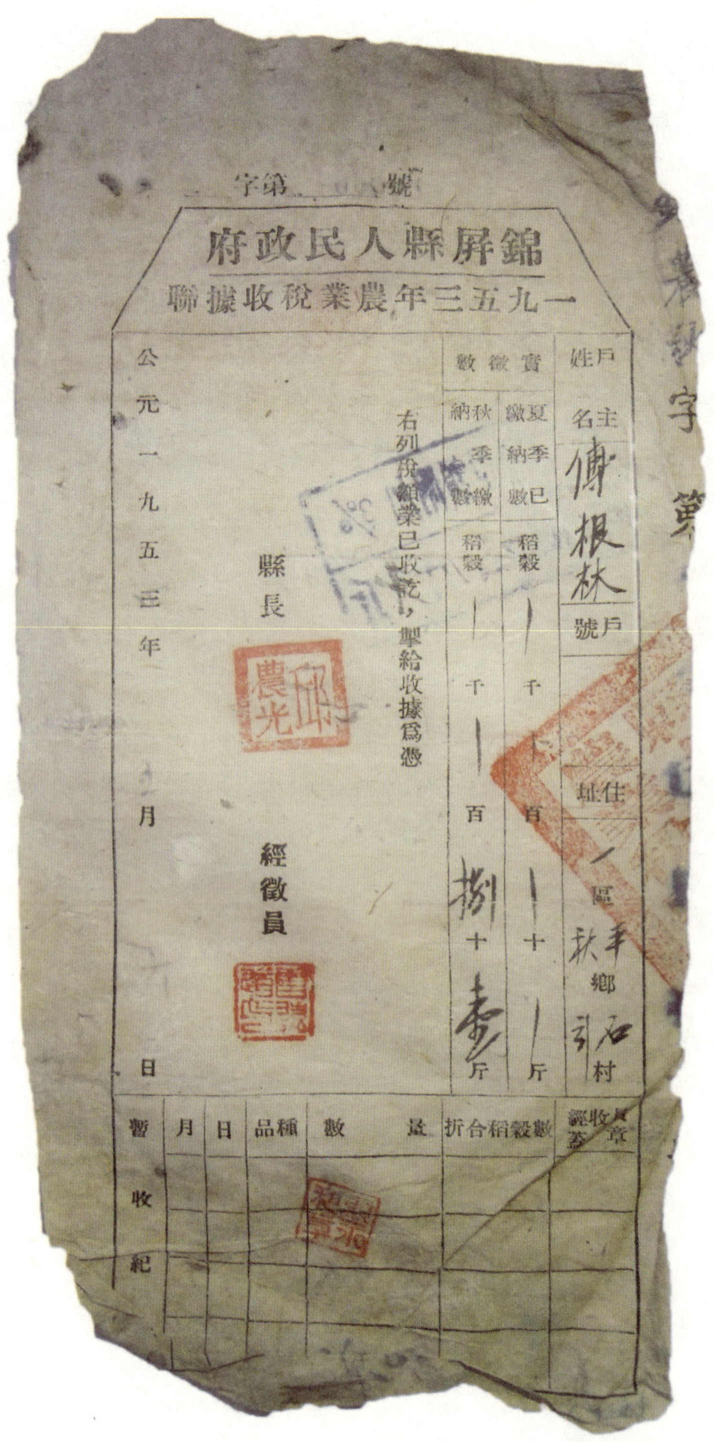
字第　　號

錦屏縣人民政府

一九五三年農業稅收據聯

戶主姓名	傅根林
戶號	
住址	一區平秋鄉石引村

實徵數	
夏季已繳納數	稻穀　千　百　十　斤
秋季繳納數	稻穀　千　百捌十壹斤

右列稅額業已收訖，掣給收據爲憑

縣長　邱農光

經徵員

公元一九五三年　月　日

暫收紀	月	日	品種	數量	折合稻穀數	經收員蓋章

内容摘要：

锦屏县人民政府一九五三年农业税收据，户主傅根林，实征数秋季缴纳数稻谷捌十壹斤。

一九五四年五月六日

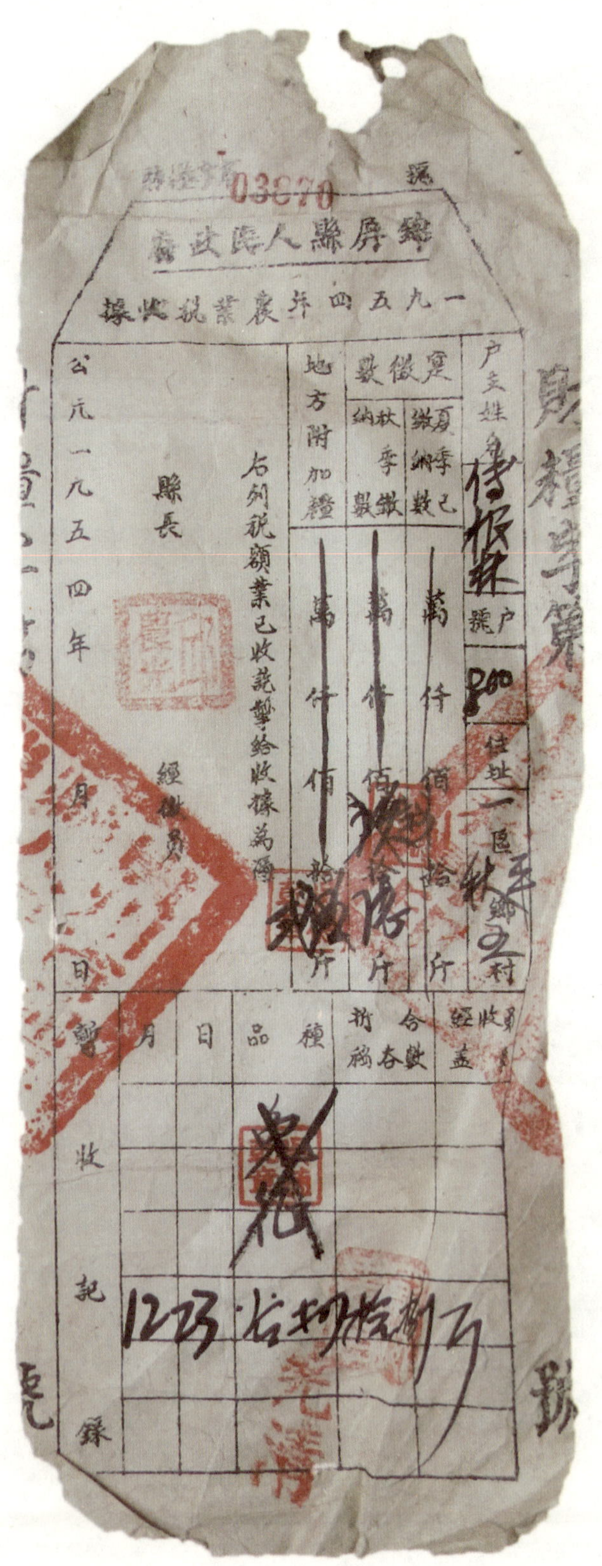

内容摘要：

锦屏县人民政府一九五四年农业税收据，户主傅根林，实征数秋季缴纳数肆拾陆斤，地方附加粮贰斤。

暂收记录：12月23日，谷肆拾捌斤。完清。

一九五四年

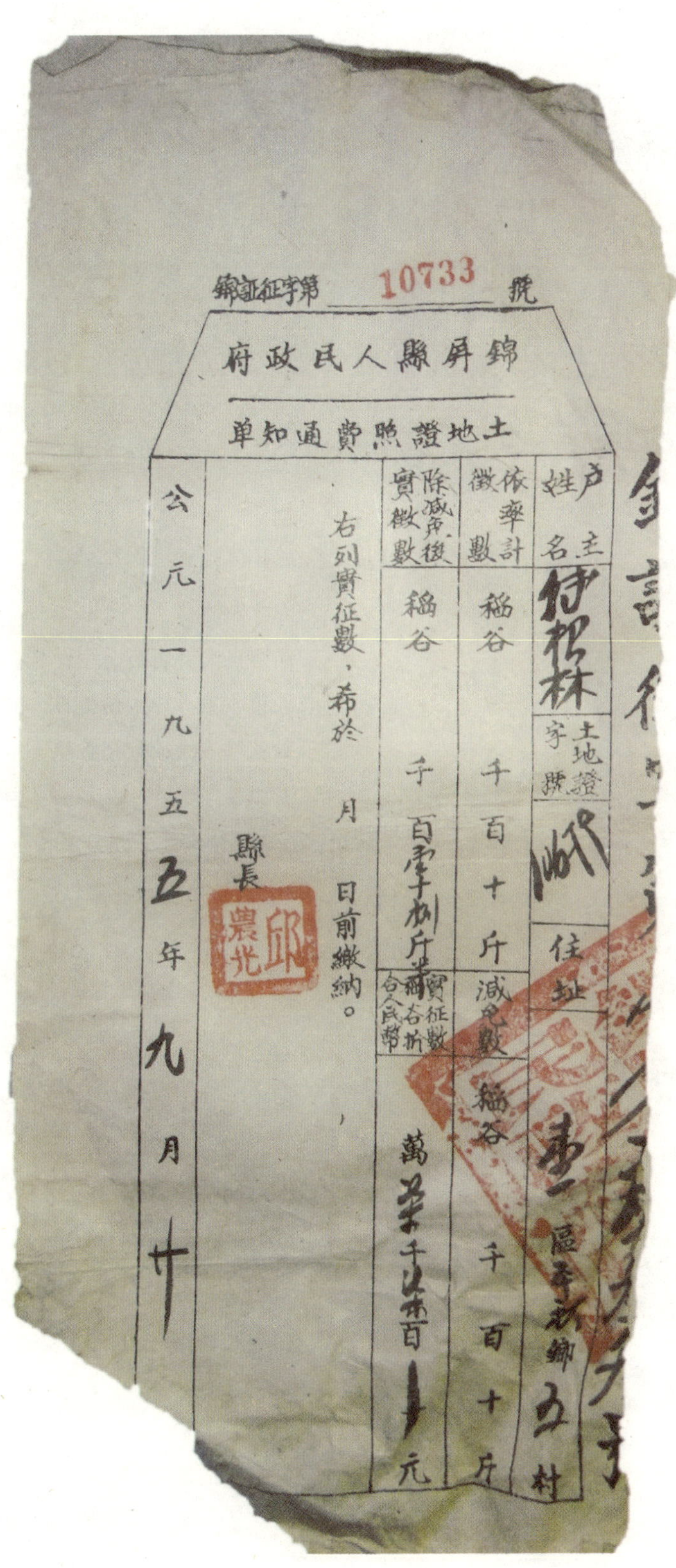

錦証征字第 10733 號

錦屏縣人民政府

土地證照費通知单

户主姓名	傅根林
土地證照字	
住址	區　鄉　五村
依率計徵數	稻谷　千　百　十　斤
減免數	稻谷　千　百　十　斤
除減免後實徵數	稻谷　千　百壹十捌斤半
實征數稻谷折合人民幣	萬柒千柒百　元

右列實征數，希於　月　日前繳納。

縣長 邱農光

公元一九五五年九月廿日

内容摘要：

锦屏县人民政府土地证照费通知单，户主傅根林，除减免后实征数稻谷壹十捌斤半，实征数稻谷折合人民币柒千柒百元。

一九五五年九月廿日

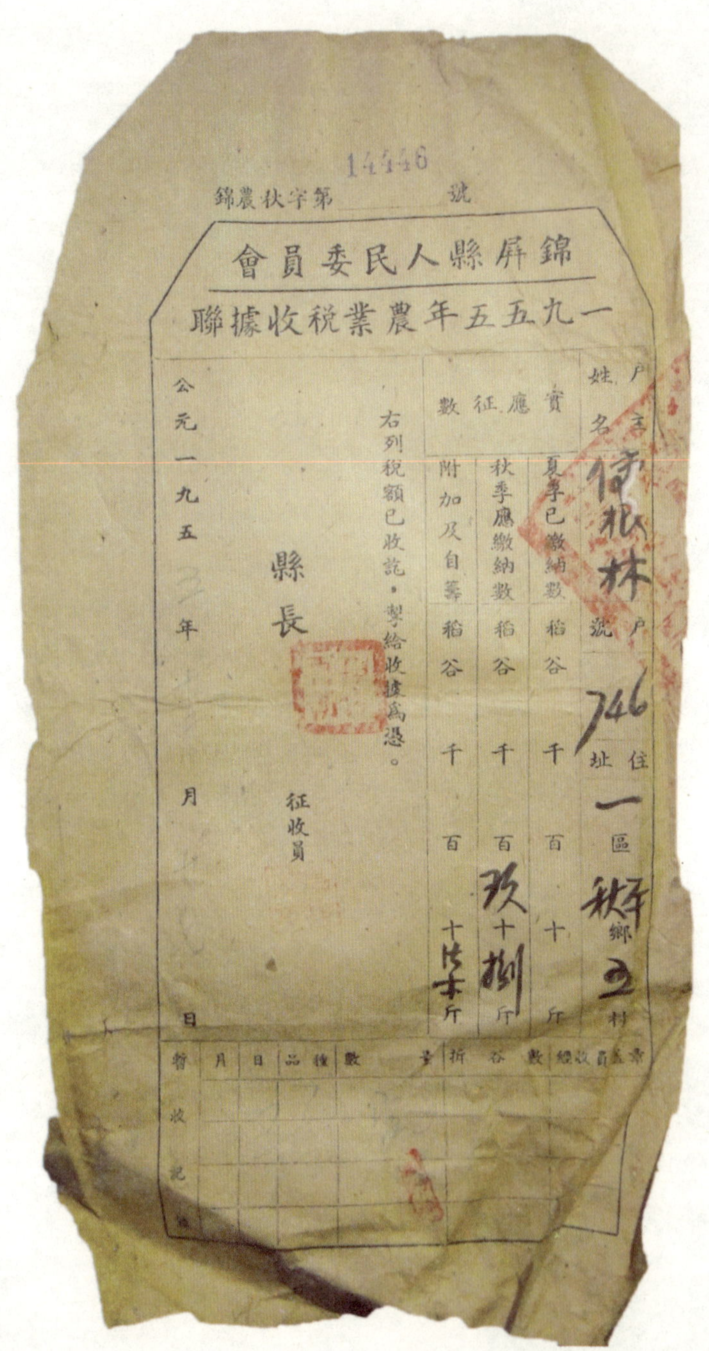
錦農秋字第 14446 號

錦屏縣人民委員會

一九五五年農業稅收據聯

戶主姓名：傅根林　戶號：746　住址：一區　鄉　村

實應征數

夏季已繳納數　稻谷　千　百　十　斤

秋季應繳納數　稻谷　千　百　玖十捌　斤

附加及自籌　稻谷　千　百　十柒　斤

右列稅額已收訖，特給收據為憑。

縣長　　征收員

公元一九五　年　月　日

暫收記錄	月	日	品種	數量	折谷數	繳收員蓋章

内容摘要：

锦屏县人民委员会一九五五年农业税收据，户主傅根林，实应征数秋季应缴纳数稻谷玖十捌斤，附加及自筹稻谷柒斤。

一九五五年十二月廿七日

6. 傅松毫田赋收据（民国三十五年十二月二十五日）

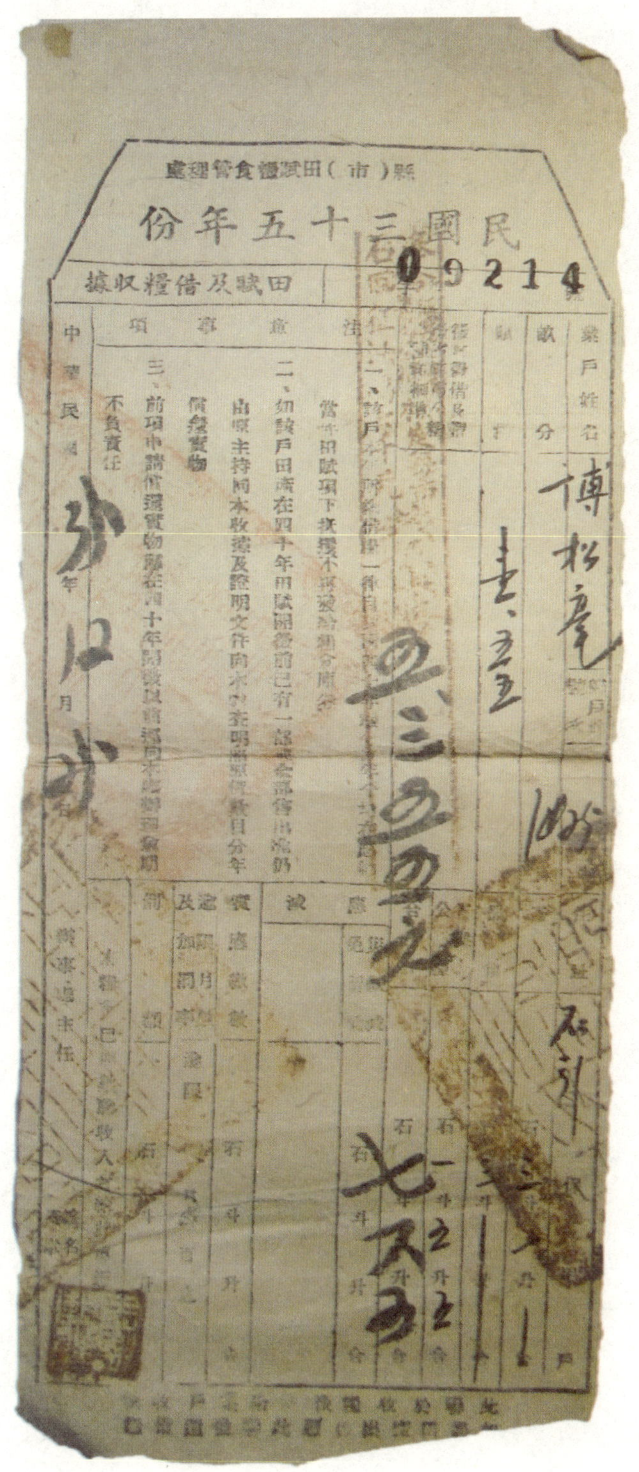
縣（市）田賦糧食管理處

民國三十五年份

田賦及借糧收據

09214

内容摘要：

民国三十五年份田赋及借粮收据，业户傅松毫，赋额壹元五角五分，征实三斗一升，征借三斗，省口公粮一斗五升五合，合计七斗六升五合。

民国三十五年十二月二十五日

7. 吴天元1965号土地执照（民国三十二年□月□□日）

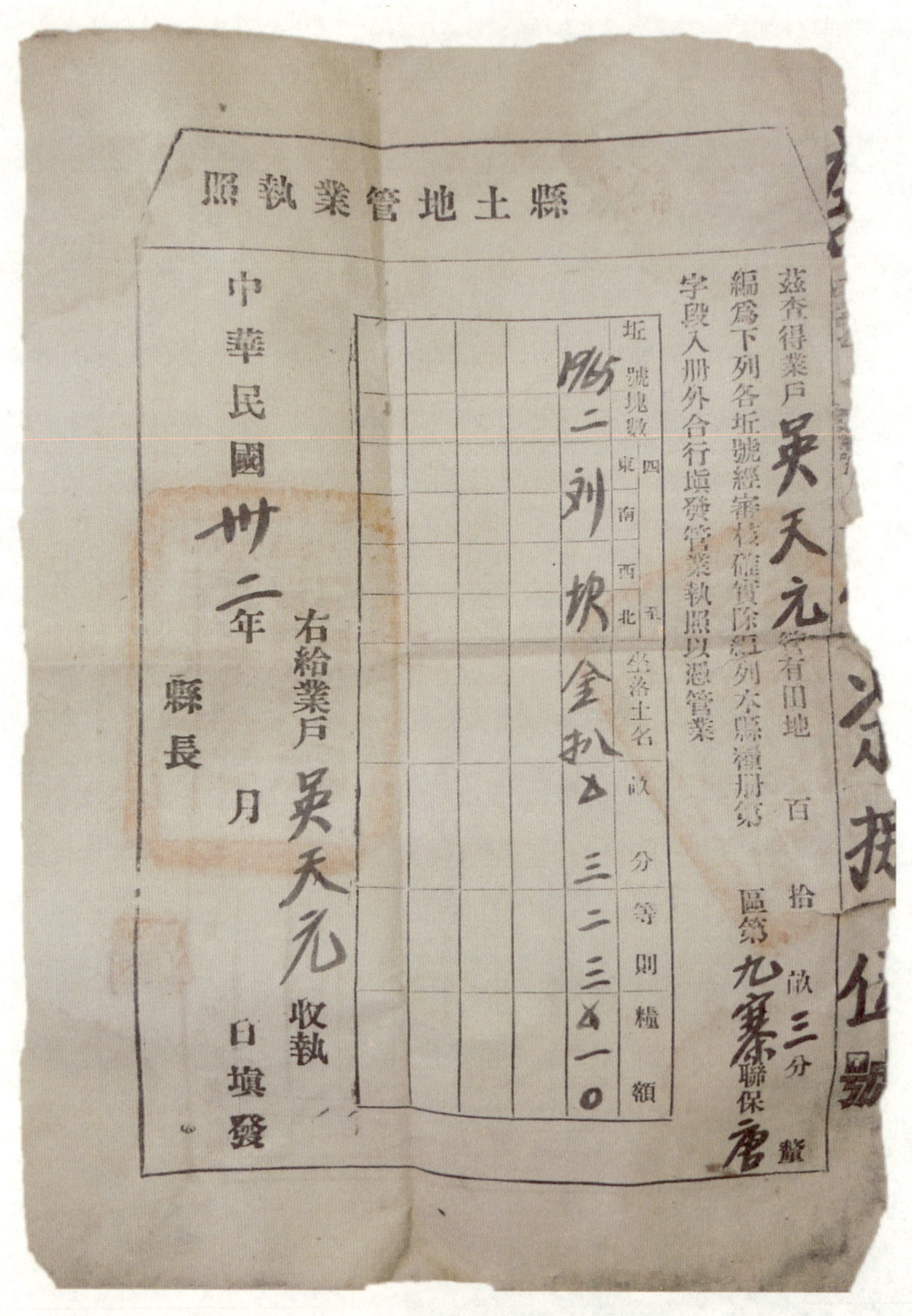

縣土地管業執照

茲查得業戶吳天元管有田地　百　拾　畝三分　釐
編爲下列各坵號經審核確實除經列本縣糧冊第　區第九寨聯保唐
字段入冊外合行塡發管業執照以憑管業

坵號	塊數	四至（東南西北）	坐落土名	畝	分	等	則	糧額
1965	二	列坎	金扒	△	三	二	三	△一0

右給業戶吳天元收執

中華民國卅二年　月　日塡發

縣長

内容摘要：

九寨联保唐字段业户吴天元管有金扒田三分，丘号 1965，二等三则，粮额一角。民国卅二年填发。

卷七　陆再成户藏文书

1. 陆三乔卖田契（道光二十二年三月初六日）

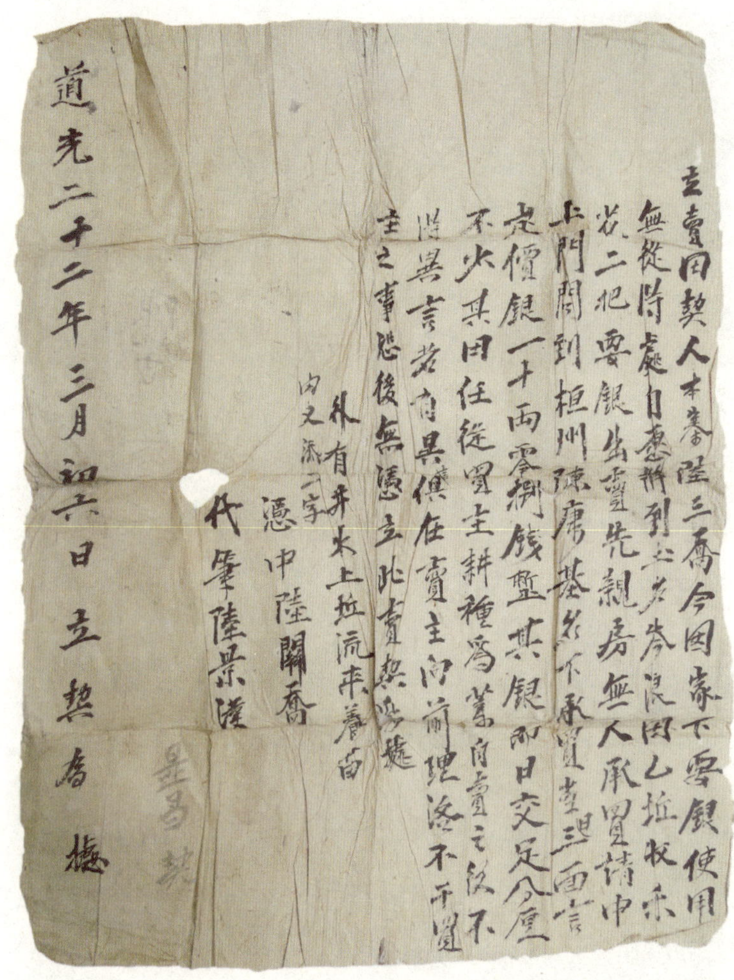

立卖田契人本寨陆三乔，今因家下要银使用，无从得处，自愿将到土名岑浪田一丘，收禾花二把，要银出卖。先［问］亲房无人承买，请中上门问到桓州陈康基名下承买，当日三面言定价银一十两零捌钱整。其银即日交足，分厘不少，其田任从买主耕种为业。自卖之后，不得异言。若有异言，俱在卖主向前理洛（落），不干买主之事。恐口无凭，立此卖契为据。

外有井水上丘流来养苗

内又添二字

凭中：陆关乔

代笔：陆景汉

显昌契

道光二十二年三月初六日立契为据

2. 刘士瑜卖田契（道光三十年三月二十九日）

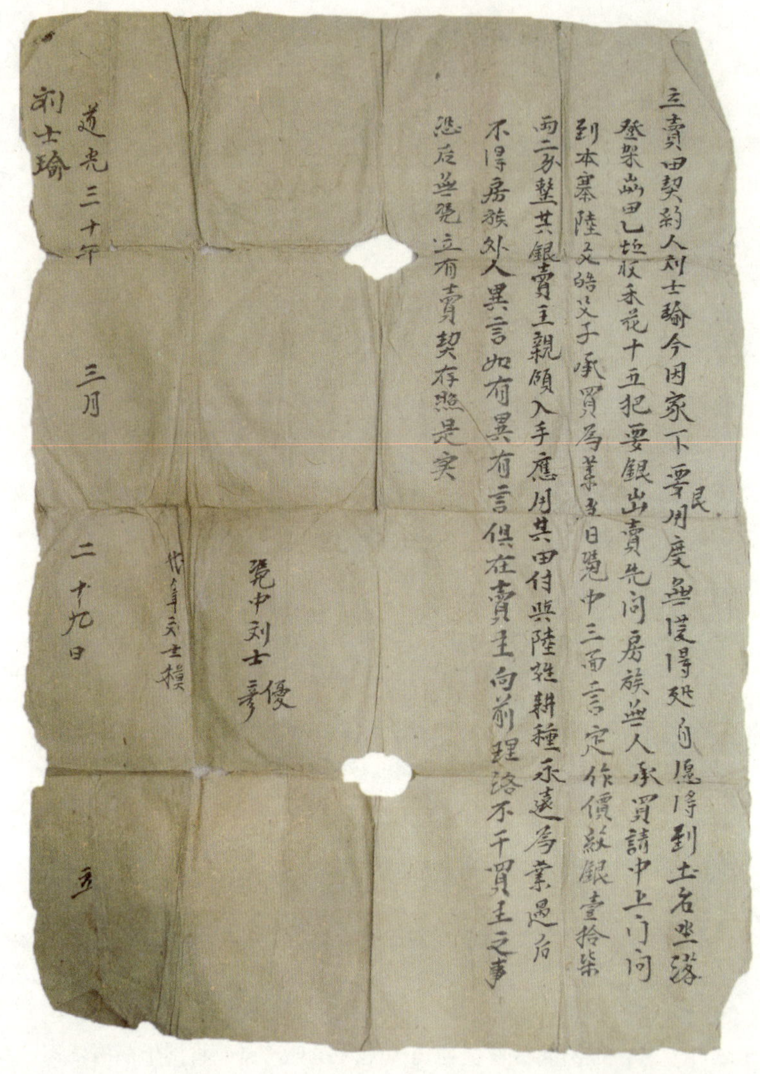

立卖田契约人刘士瑜，今因家下要银用度，无从得处，自愿将到土名坐落登架 ⿰山出田一丘，收禾花十五把，要银出卖。先问房族无人承买，请中上门问到本寨陆文皓父子承买为业，当日凭中三面言定作价纹银壹拾柒两二钱整。其银卖主亲领入手应用，其田付与陆姓耕种永远为业，过后不得房族外人异言。如有异有言，俱在卖主向前理洛（落），不干买主之事。恐口无凭，立有卖契存照是实。

凭中：刘士优、刘士彦

代笔：刘士模

道光三十年三月二十九日立

刘士瑜

3. 田老八、江未林父子卖园地字（咸丰七年七月十五日）

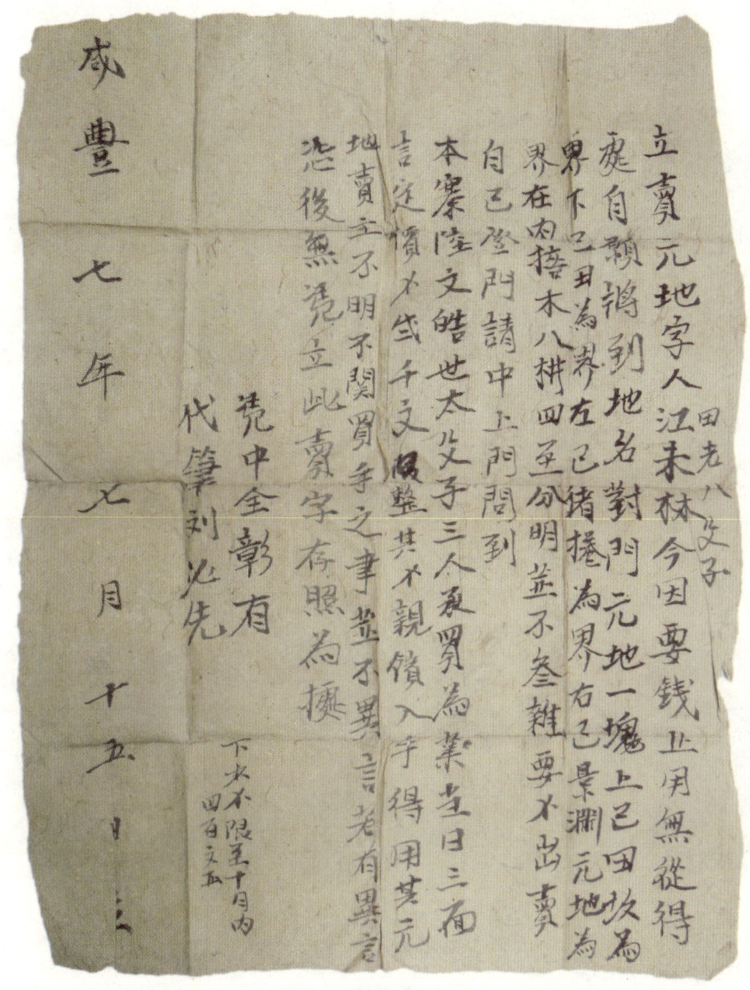

立卖元（园）地字人田老八、江未林父子，今因要钱止（自）用，无从得处，自愿将到地名对门元（园）地一块，上己（以）田坎为界，下己（以）田为界，左己（以）猪棬（圈）为界，右己（以）景渊元（园）地为界，在内揞木八耕（根），四至分明，并不叁（掺）杂，要钱出卖。自己登门请中上门问到本寨陆文皓、世太父子三人承买为业，当日三面言定价钱贰千文整。其钱亲领入手得用，其元（园）地卖主不明，不关买手之事，并不异言。若有异言，恐后无凭，立此卖字存照为据。

凭中：全彰有

代笔：刘必先

下少钱限至十月内，四百文整

咸丰七年七月十五日立

4. 陈加吉叔侄卖田契（咸丰七年十一月十九日）

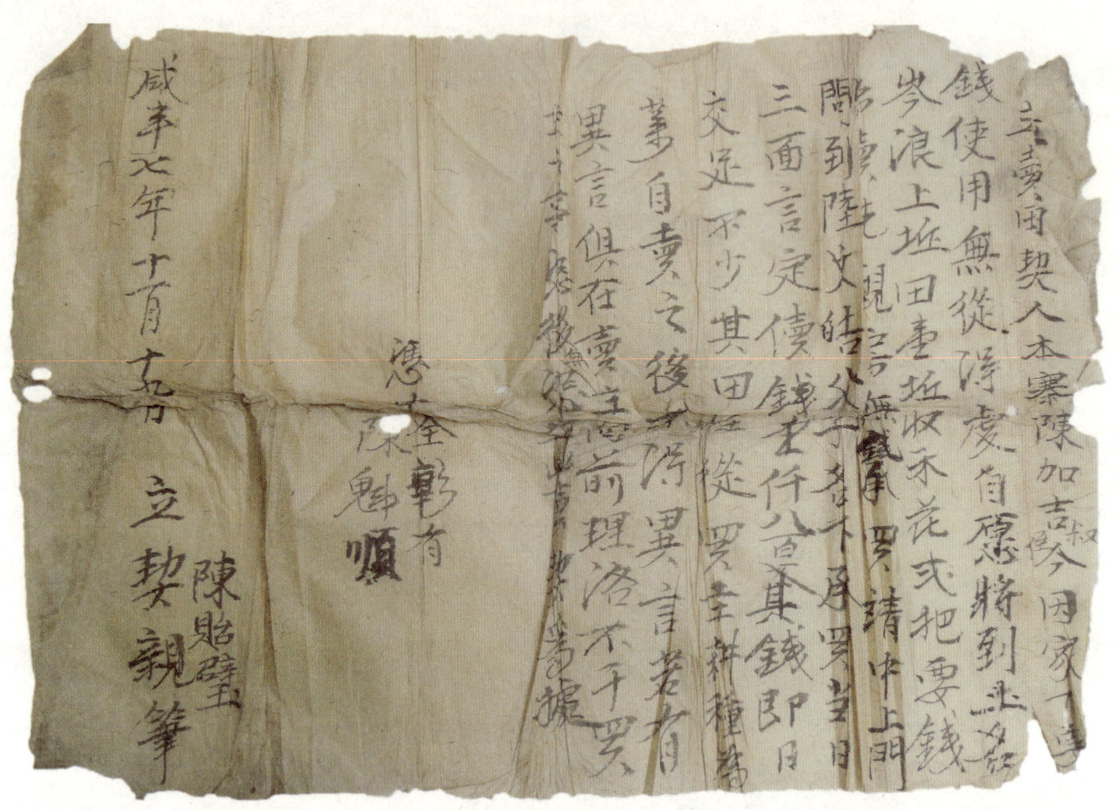

立卖田契人本寨陈加吉叔侄，今因家下要钱使用，无从得处，自愿将到土名岑浪上丘田壹丘，收禾花贰把，要钱出卖。先［问］亲房无钱承买，请中上门问到陆文皓父子名下承买，当日三面言定价钱壹仟八百文。其钱即日交足不少，其田任从买主耕种为业。自卖之后，不得异言。若有异言，俱在卖主向前理洛（落），不干买主之事。恐后无凭，立此卖契为据。

凭中：全彰有、陈魁顺

亲笔：陈贻璧

咸丰七年十一月十九日立契

5. 吴廷虞卖禁山字（咸丰九年五月十七日）

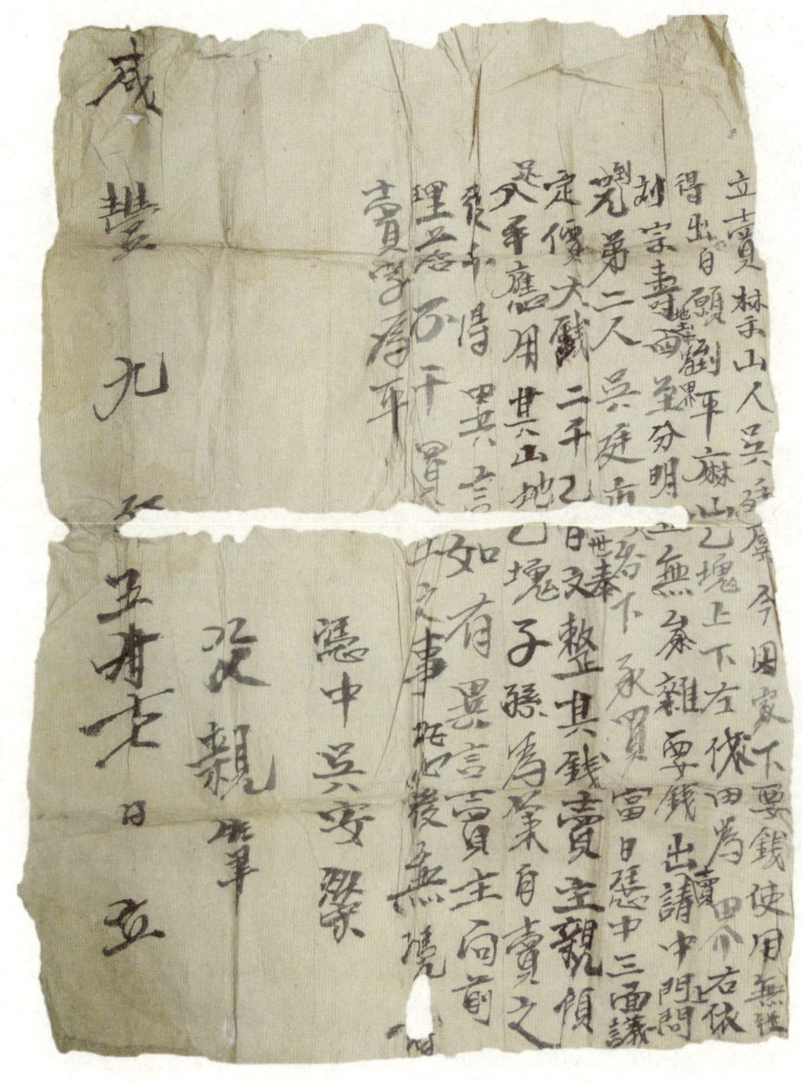

立卖禁山人吴廷虞，今因家下要钱使用，无从得出。自愿［将］到平麻山一块，上下左依田为界，右依刘宗寿地土中为界，四至分明，并无参（掺）杂，要钱出卖。请中上门问到兄弟二人吴廷唐、世泰名下承买，当日凭中三面议定价大钱二千一百文整。其钱卖主亲领足入手应用，其山地一块［付与买主］子孙为业。自卖之后，不得异言。如有异言，卖主向前理落，不干买主之事。恐后无凭，立有卖字为平（凭）。

凭中：吴安梁

父亲笔

咸丰九年五月十七日立

6. 吴廷荣卖油地字（同治元年七月十九日）

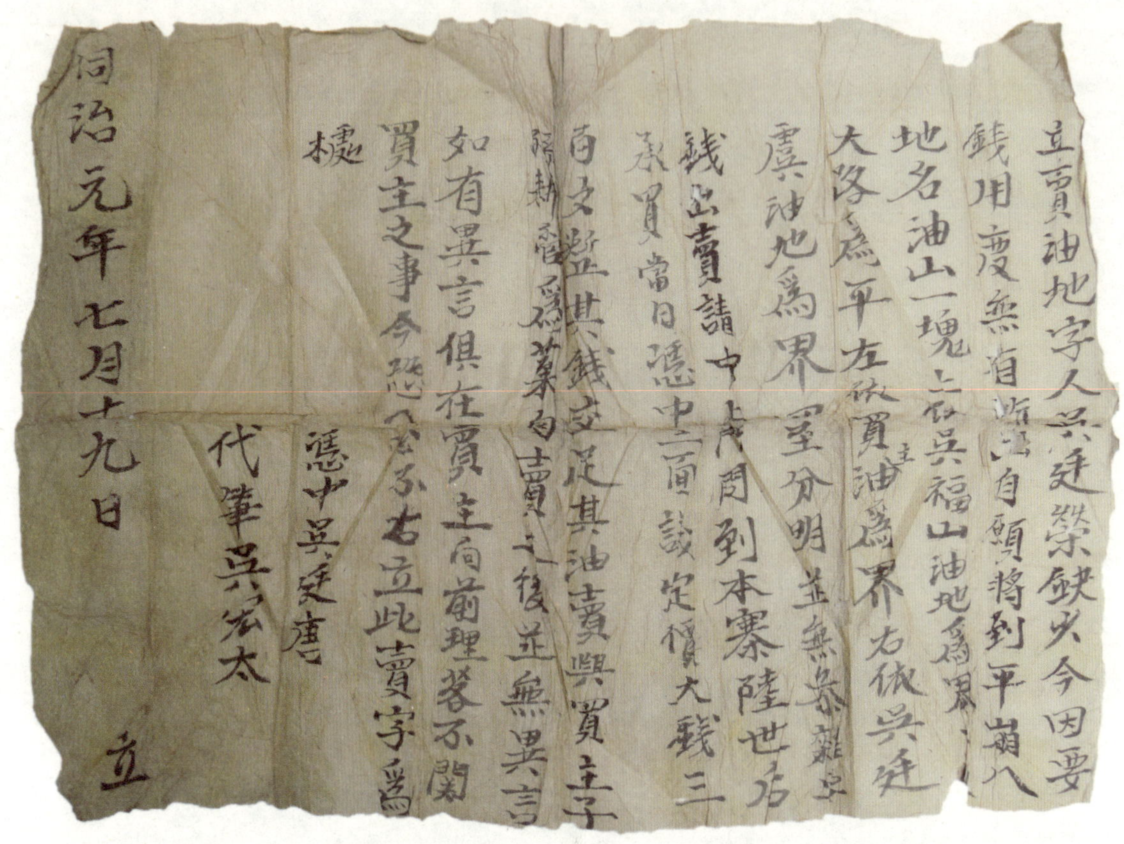

立卖油地字人吴廷荣，缺少［钱用］，今因要钱用度，无有所出，自愿将到平崩八地名油山一块，上依吴福山油地为界，下依大路为平，左依买主油［地］为界，右依吴廷虞油地为界，四至分明，并无参（掺）杂，要钱出卖。请中上门问到本寨陆世后承买，当日凭中三面议定价大钱三百文整。其钱交足，其油［地］卖与买主子孙耕管为业。自卖之后，并无异言。如有异言，俱在买主向前理落，不关买主之事。今恐人心不古，立此卖字为据。

凭中：吴廷唐

代笔：吴宏太

同治元年七月十九日立

7. 陆元童断卖田契（同治二年十二月二十五日）

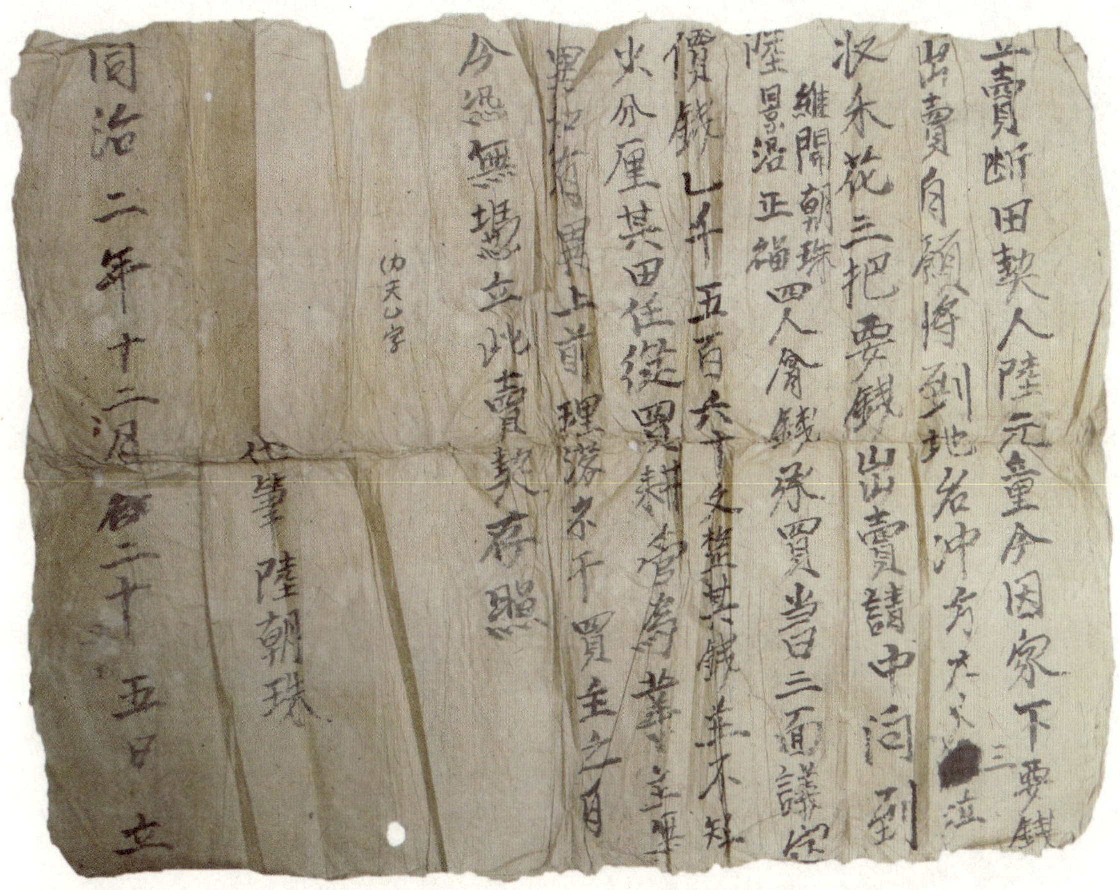

立卖断田契人陆元童，今因家下要钱出卖。自愿将到地名冲方大小三丘，收禾花三把，要钱出卖。请中问到陆景沿、正福、维开、朝珠四人会钱承买，当日三面议定价钱一千五百六十文整。其钱并不短少分厘，其田任从买［主］耕管为业，并无异言。如有异［言］，［卖主］上前理落，不干买主之事。今恐无凭，立此卖契存照。

内天（添）一字

代笔：陆朝珠

同治二年十二月二十五日立

8. 吴正乾、吴正坤兄弟卖田契（同治三年十一月初一日）

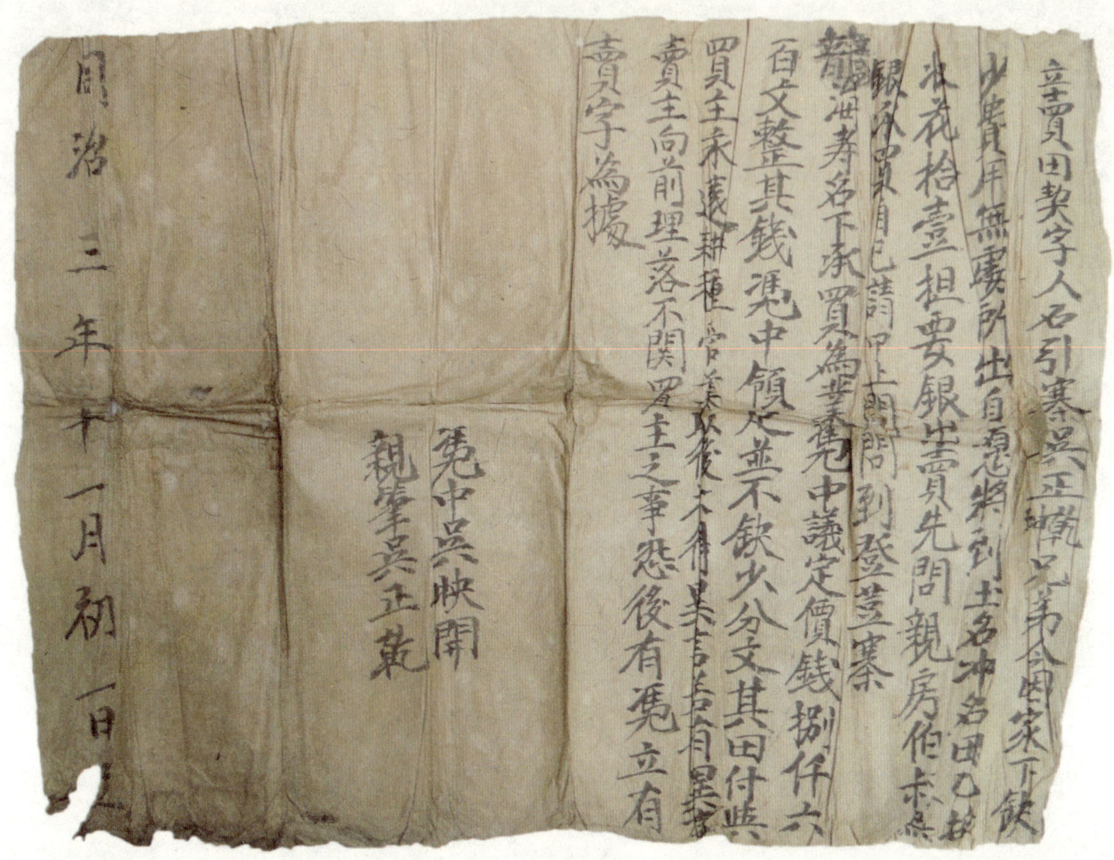

立卖田契字人石引寨吴正乾、吴正坤兄弟，今因家下缺少费用，无处所出，自愿将到土名冲名田一丘，收花拾壹担，要银出卖。先问亲房伯叔无银承买，自己请中上门问到登豆寨龙海寿名下承买为业，凭中议定价钱捌仟六百文整。其钱凭中（卖主）领足，并不缺少分文，其田付与买主永远耕种管业，以后不得异言。若有异言，卖主向前理落，不关买主之事。恐后有凭，立有卖字为据。

凭中：吴映开

亲笔：吴正乾

同治三年十一月初一日立

9. 刘知□卖屋场地基地土契（同治五年□月□□日）

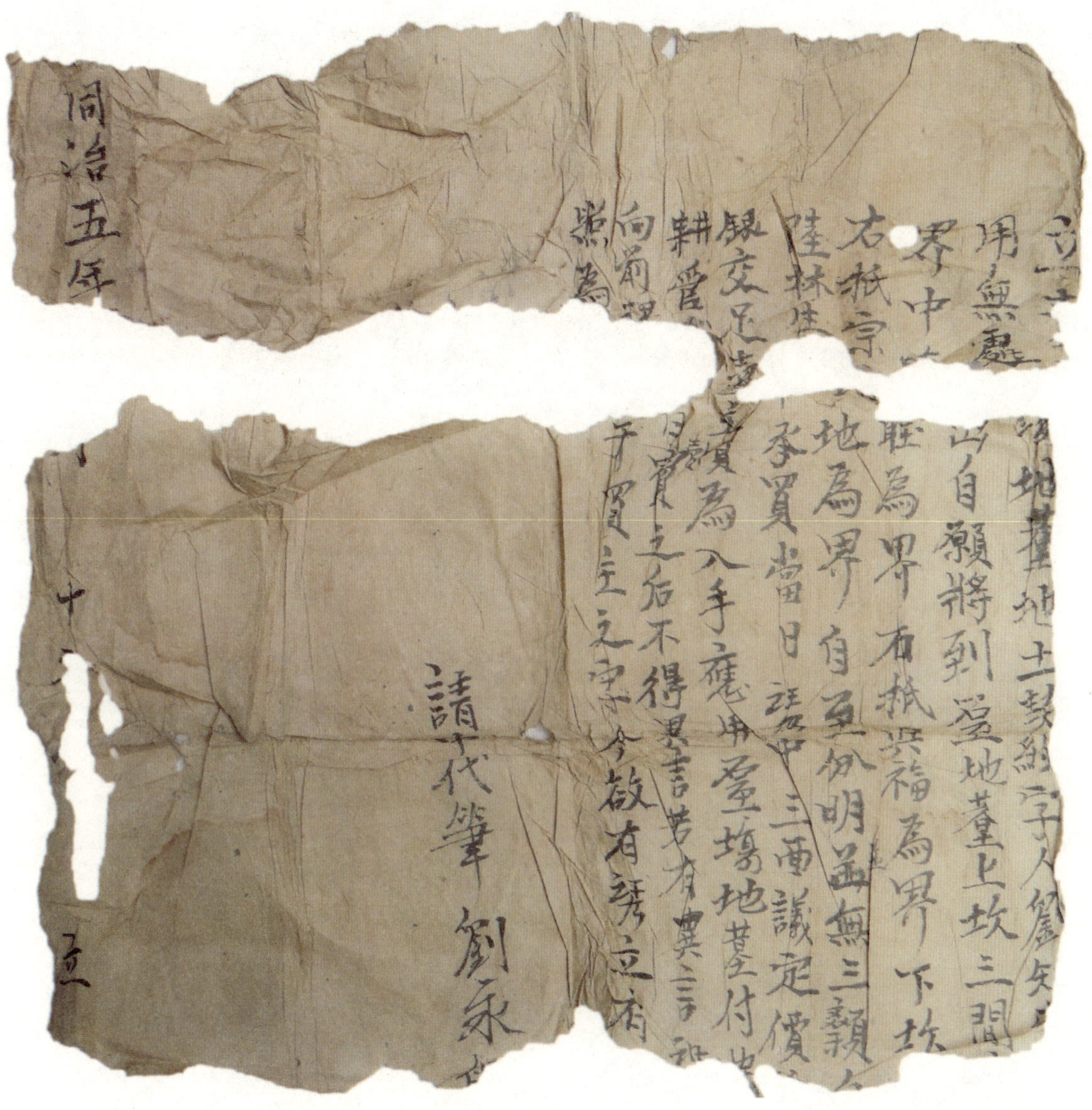

立卖［屋场］地基地土契约字人刘知□，［为因缺少钱］用，无处［所］出，自愿将到屋地基上坎三间……界，中……为界，右抵兴福为界，下坎……右抵宗□地为界，自（四）至分明，并无三（掺）杂……陆林生……承买，当日凭中三面议定价……银交足卖主领为入手应用，屋场地基付与……耕管……自卖之后，不得异言。若有异言……向前理［落］，［不］干买主之字（事）。今欲有凭，立有……照为……

请代笔：刘永□

同治五年……十……立

10. 刘开堂、刘开延、刘开厚断卖田契（同治八年八月二十六日）

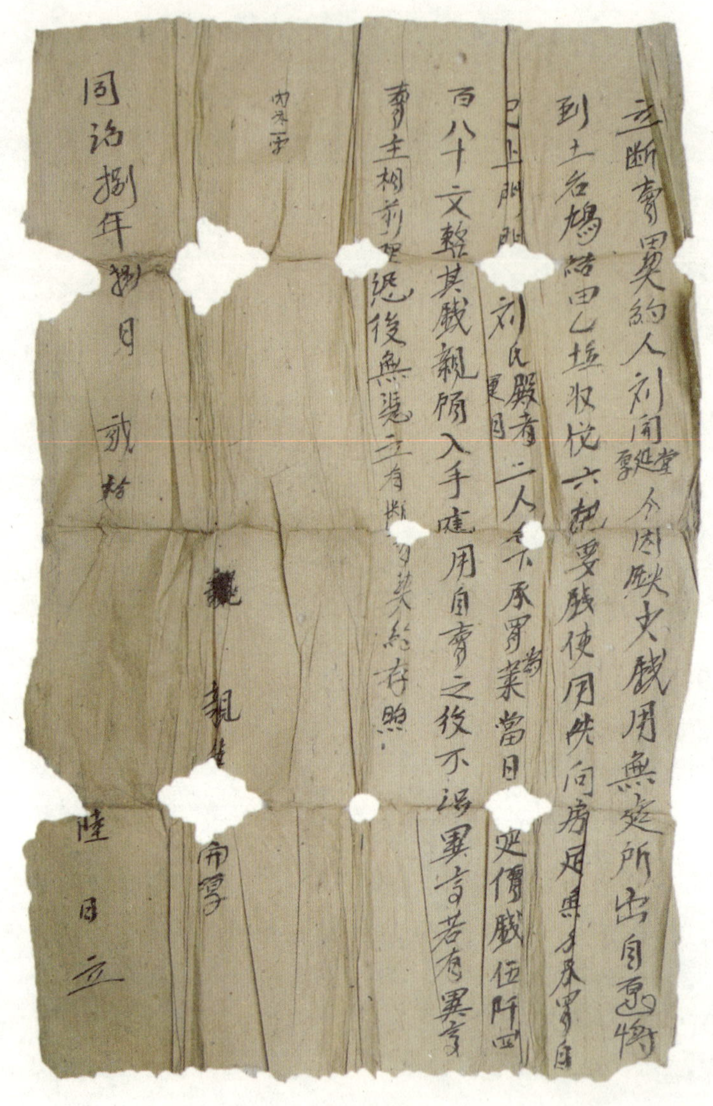

立断卖田契约人刘开堂、刘开延、刘开厚，今因缺少钱用，无处所出，自愿将到土名鸠结田一丘，收花六把，要钱使用。先问房足（族）无钱承买，自己上门问［到］刘氏殿者、运月二人名下承买为业，当日［议］定价钱伍阡（千）四百八十文整，其钱亲领入手应用。自卖之后，不得异言。若有异言，卖主相（向）前理［落］。恐后无凭，立有断卖契约存照。

内添一字

亲笔：刘开厚

同治捌年捌月贰拾陆日立

11. 陆宗龙、陆宗庆断卖田契（光绪三年十一月初五日）

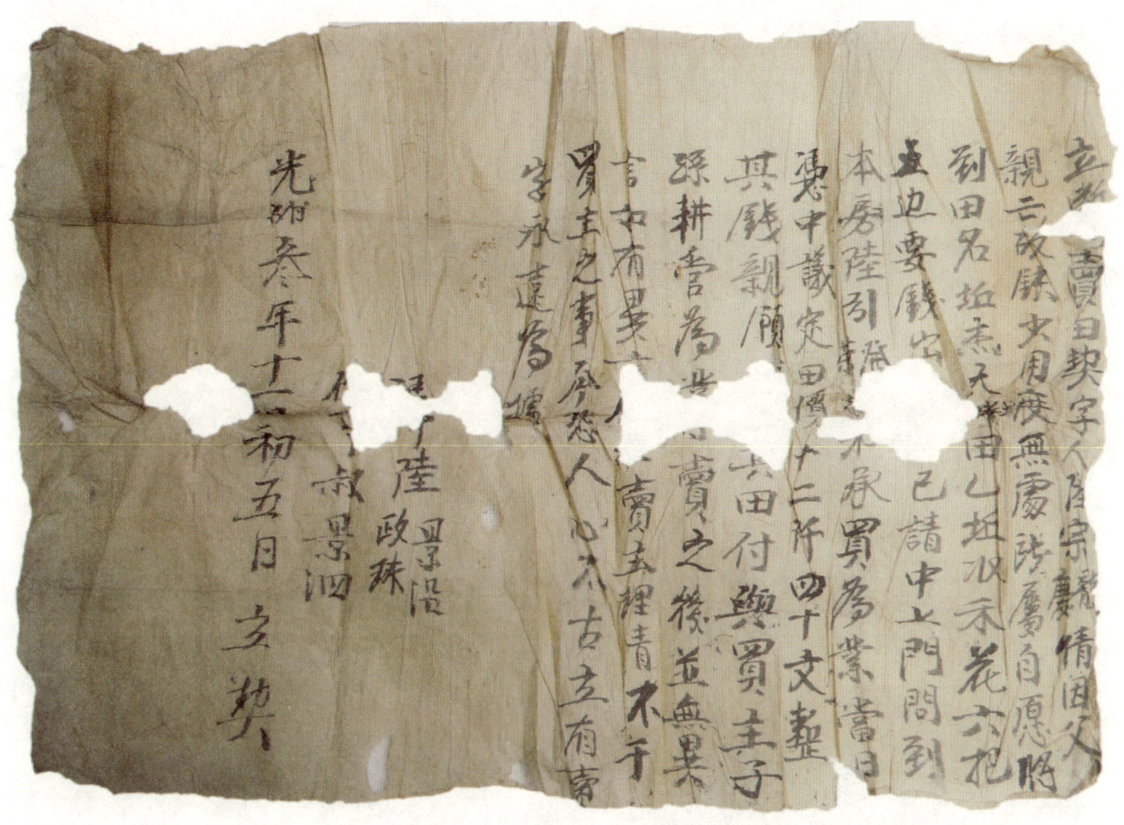

立断卖田契字人陆宗龙、陆宗庆，情因父亲亡故，缺少用度，无处所属（出），自愿将到田名丘杰天坪田一丘，收禾花六把五边，要钱出［卖］。［自］己请中上门问到本房陆引发、引荣名下承买为业，当日凭中议定田价十二仟四十文整。其钱亲领［应用］，其田付与买主子孙耕管为业。自卖之后，并无异言。如有异言，卖主理清，不干买主之事。今恐人心不古，立有卖字永远为据。

凭中：陆景沿、陆政珠

代笔：叔景泗

光绪叁年十一［月］初五日立契

12. 刘荣金、刘荣吉、刘荣建等卖油山字（光绪五年十二月十六日）

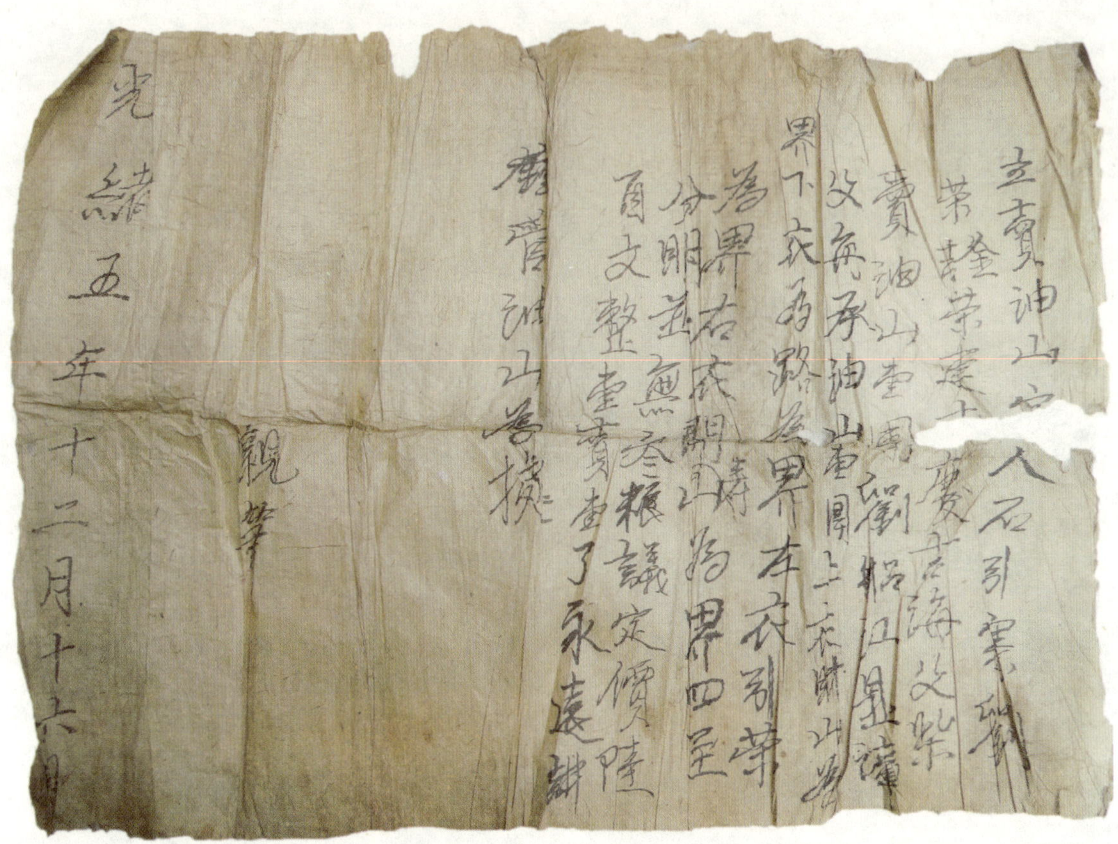

立卖油山字人石引寨刘荣金、刘荣吉、荣建、吉庆、吉海父柴卖油山壹团，刘口江、显璋父每承［买］油山壹团，上衣（依）财（柴）山为界，下衣（依）为路为界，左衣（依）引荣为界，右衣（依）开寿山为界，四至分明，并无叁（掺）杂，议定价陆百文整。壹卖壹了，永远耕种管油山为据。

亲笔

光绪五年十二月十六日［立］

13. 陆炳福卖田契（光绪九年八月十二日）

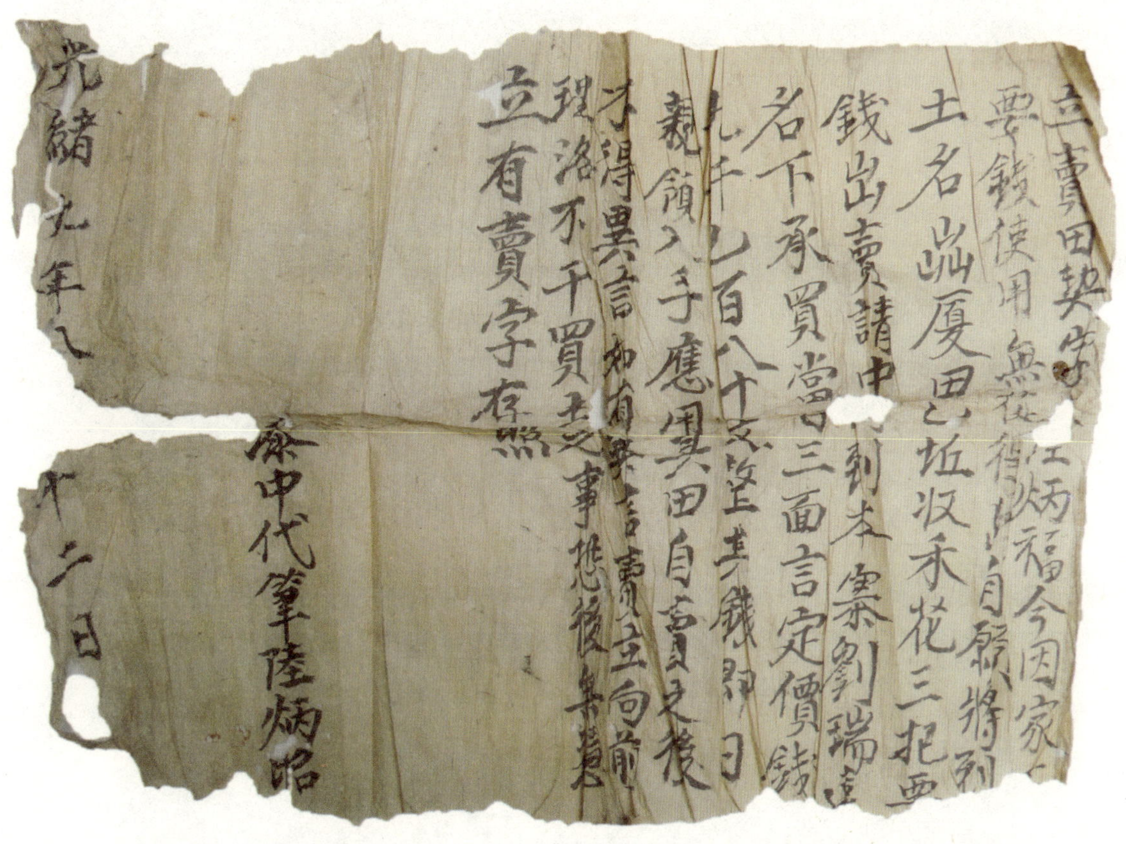

立卖田契字人陆炳福，今因家下要钱使用，无从得出，自愿将到土名岀厦田一丘，收禾花三把，要钱出卖。请中问到本寨刘瑞远名下承买，当日三面言定价钱九千一百八十文整。其钱即日亲领入手应用，其田自卖之后，不得异言。如有异言，卖主向前理洛（落），不干买主之事。恐后无凭，立有卖字存照。

凭中、代笔：陆炳昭

光绪九年八［月］十二日

14. 刘发标卖菜园字（光绪十年二月初二日）

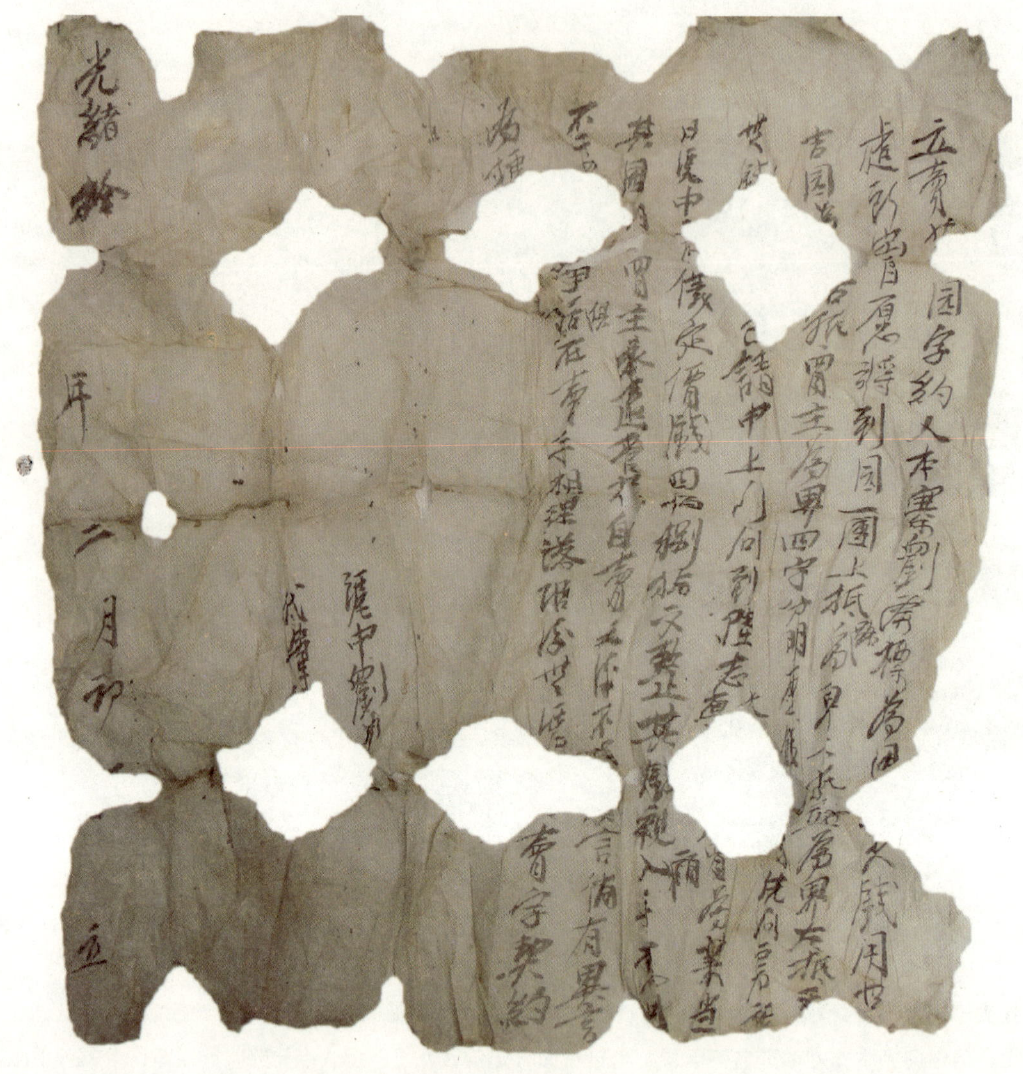

立卖菜园字约人本寨刘发标，为因缺少钱用，无处所出，自愿将到园一团，上抵路为界，下抵□为界，左抵□吉园为界，右抵买主为界，四字（至）分明，要钱［出卖］。先问房族无钱［承买］，［自］己请中上门问到陆志□、志厚［名下承］买为业，当日凭中三面仪（议）定价钱四佰捌拾文整。其钱亲领入手应用，其园付买主永远管业。自卖之后，不得异言。倘有异言，不干［买主之事］，俱在卖手相（向）［前］理落。恐后无凭，立有卖字契约为据。

凭中：刘开□

代笔：□□□

光绪拾年二月初□［日］立

15. 刘秀泰卖棉花地字（光绪十二年十月二十九日）

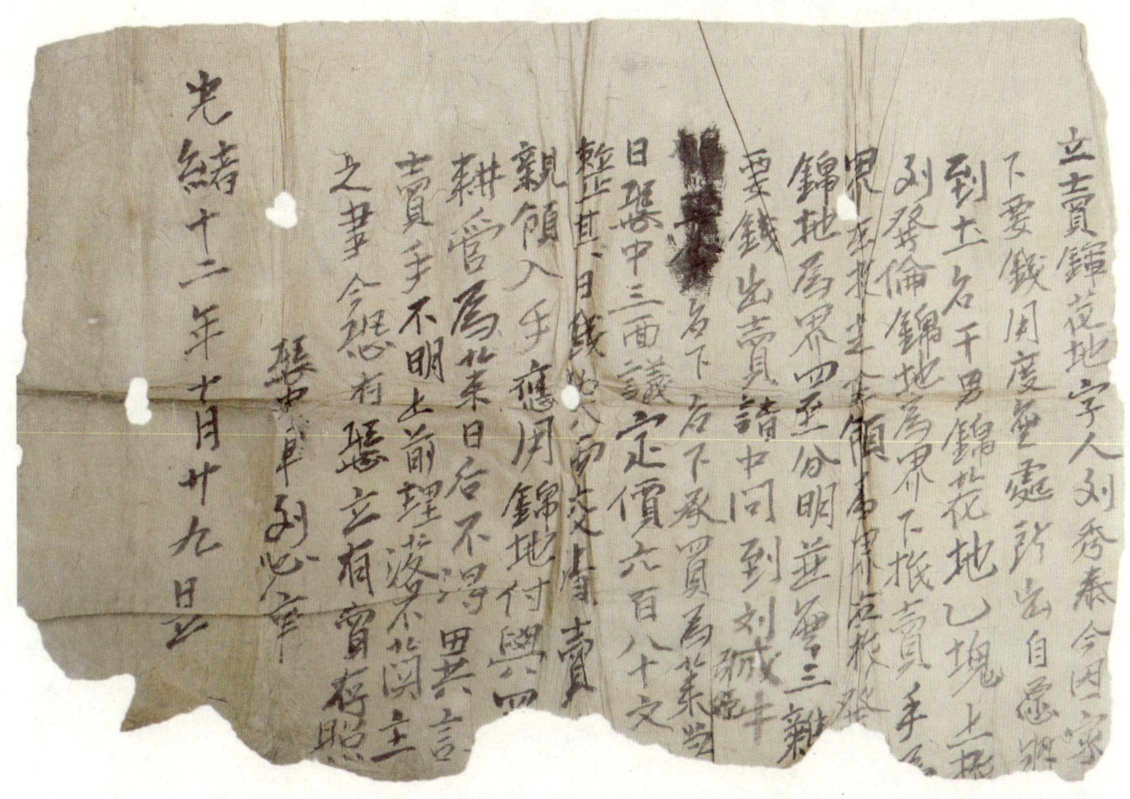

立卖鍟棉花地字人刘秀泰，今因家下要钱用度，无处所出，自愿将到土名干男锦（棉）花地一块，上抵刘发伦锦（棉）地为界，下抵卖手为界，左抵芝□领（岭）为界，右抵发□锦（棉）地为界，四至分明，并无三（掺）杂，要钱出卖。请中问到刘成牛、引姬名下承买为业，当日凭中三面议定价六百八十文整。其日钱契两交清，卖［主］亲领入手应用，锦（棉）地付与买［主］耕管为业，日后不得异言。卖手不明，上前理落，不关［买］主之事。今恐有凭，立有卖［字］存照。

凭中、笔：刘必□

光绪十二年十月廿九日立

16. 刘永辉卖土契（光绪十六年三月初七日）

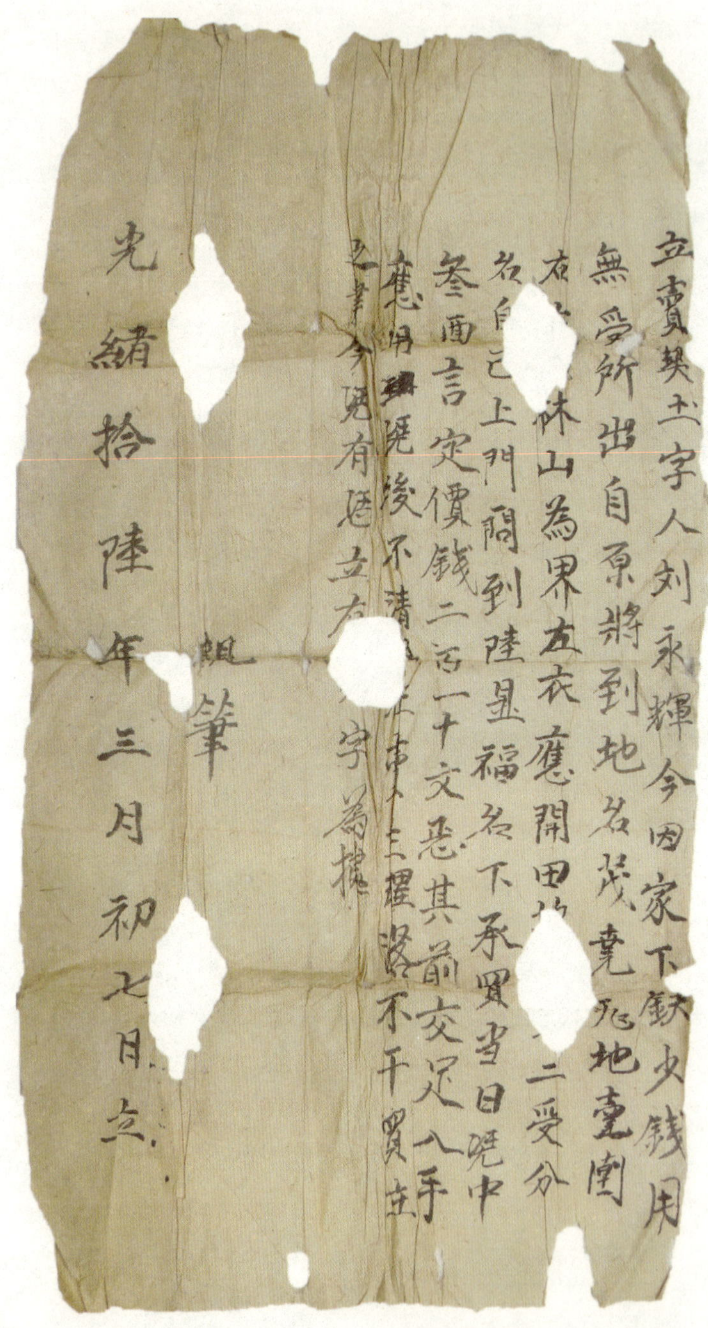

立卖契土字人刘永辉，今因家下缺少钱用，无受（处）所出，自原（愿）将到地名茂尧□地壹团，右衣（依）□林山为界，左衣（依）应开田坎［为界］，二受分名（明）。自己上门问到陆显福名下承买，当日凭中叁面言定价钱二百一十文整，其前（钱）交足入手应用。恐后不清，［俱］在卖主理落，不干买主之事。今恐有（无）凭，立有［卖］字为据。

亲笔

光绪拾陆年三月初七日立

17. 刘宏以、刘宏叁两造合同字（民国六年□月□□日）

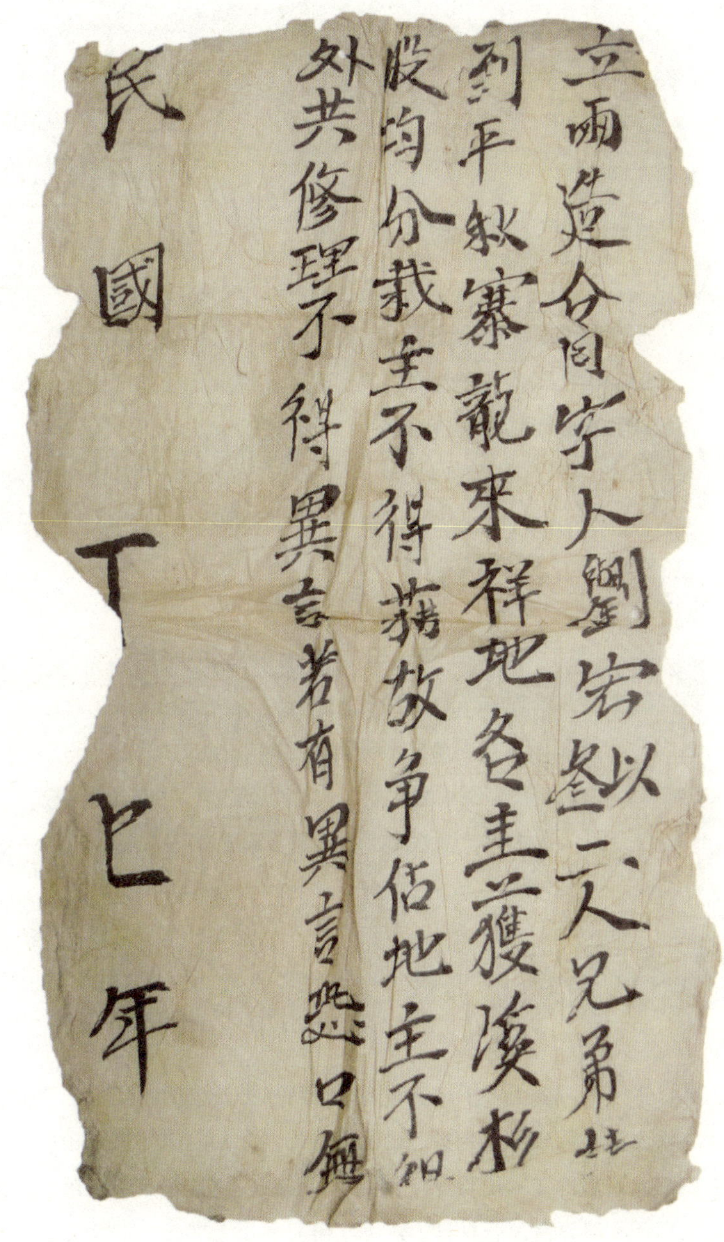
立兩造合同字人劉宏以叁二人兄弟
到平秋寨龍来祥地名圭獲溪杉
股均分栽主不得藉故争佔地主不
外共修理不得異言若有異言恐口無
民國丁巳年

立两造合同字人刘宏以、刘宏叁二人兄弟，［请中问］到平秋寨龙来祥地名圭获溪杉［一团］，［二］股均分，栽主不得借故挣占。地主不得……外共修理，不得异言。若有异言，恐口无凭……

民国丁巳年

18. 吴汉依父子卖田契（民国七年十一月二十八日）

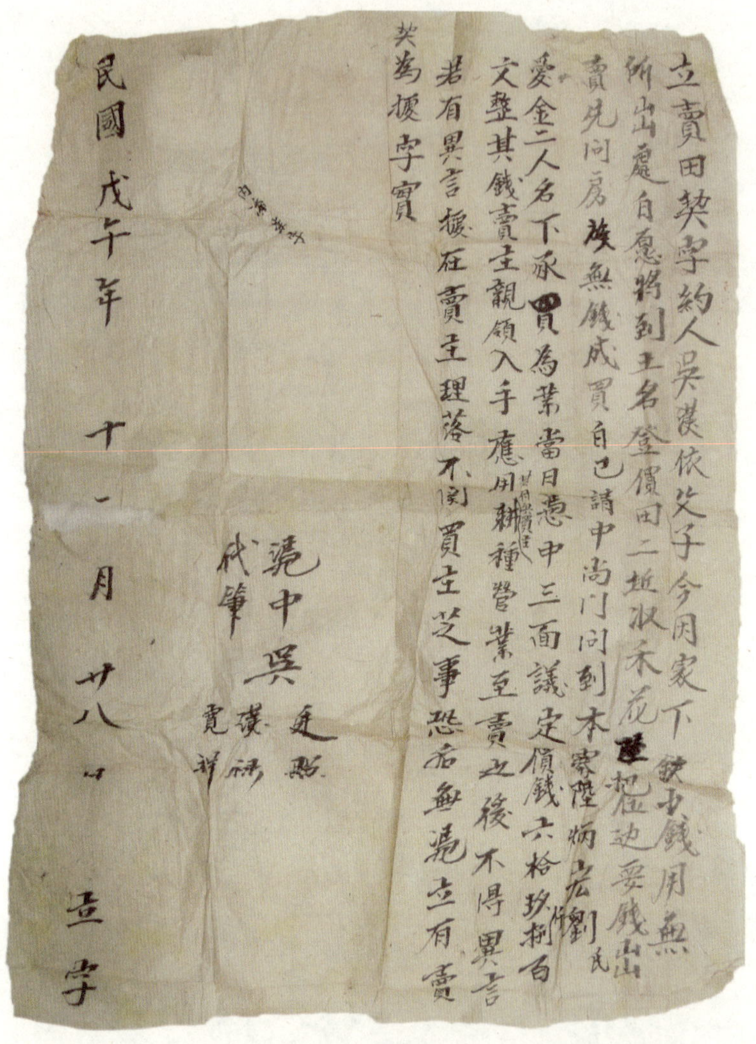

立卖田契字约人吴汉依父子，今因家下缺少钱用，无所出处，自愿将到土名登价田二丘，收禾花陆把伍边，要钱出卖。先问房族无钱成（承）买，自己请中尚（上）门问到本寨陆炳宏、刘氏爱金二人名下承买为业，当日凭中三面议定价钱六拾玖仟捌百文整。其钱卖主亲领入手应用，其［田］付与买主耕种管业。至（自）卖之后，不得异言。若有异言，据（俱）在卖主理落，不关买主芝（之）事。恐口无凭，立有卖契为据字（是）实。

内添柒字

凭中：吴廷照、吴汉禄

代笔：吴宽祥

民国戊午年十一月廿八日立字

19. 陆炳欢、陆炳庚、陆炳落兄弟卖栽主杉木字（民国七年十二月二十八日）

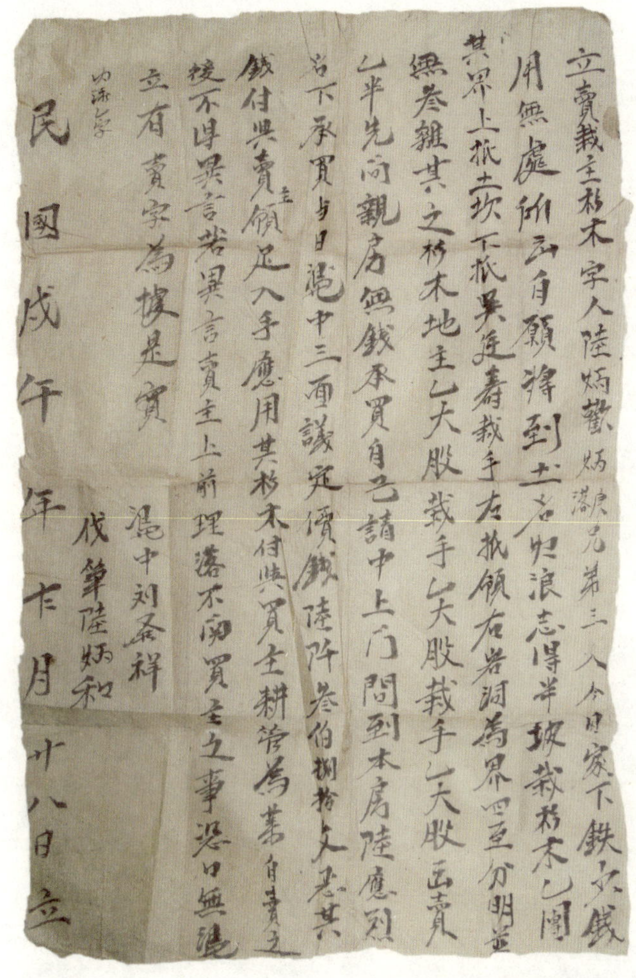

立卖栽主杉木字人陆炳欢、炳庚、炳落兄弟三人，今因家下缺少钱用，无处所出，自愿将到土名归浪志得半坡栽杉木一团，其界上抵土坎，下抵吴廷寿栽手，左抵领（岭），右抵岩洞为界，四至分明，并无叁（掺）杂，其之杉木地主一大股，栽手一大股，出卖一半。先问亲房无钱承买，自己请中上门问到本房陆应烈名下承买，当日凭中三面议定价钱陆阡（千）叁伯（佰）捌拾文整。其钱付与卖主领足入手应用，其杉木付与买主耕管为业。自卖之后，不得异言。若［有］异言，卖主上前理落，不关买主之事。恐口无凭，立有卖字为据是实。

内添一字

凭中：刘发祥

代笔：陆炳和

民国戊午年十二月廿八日立

20. 陆炳梁、陆炳欢、陆根乐兄弟卖杉木字（民国十五年二月初六日）

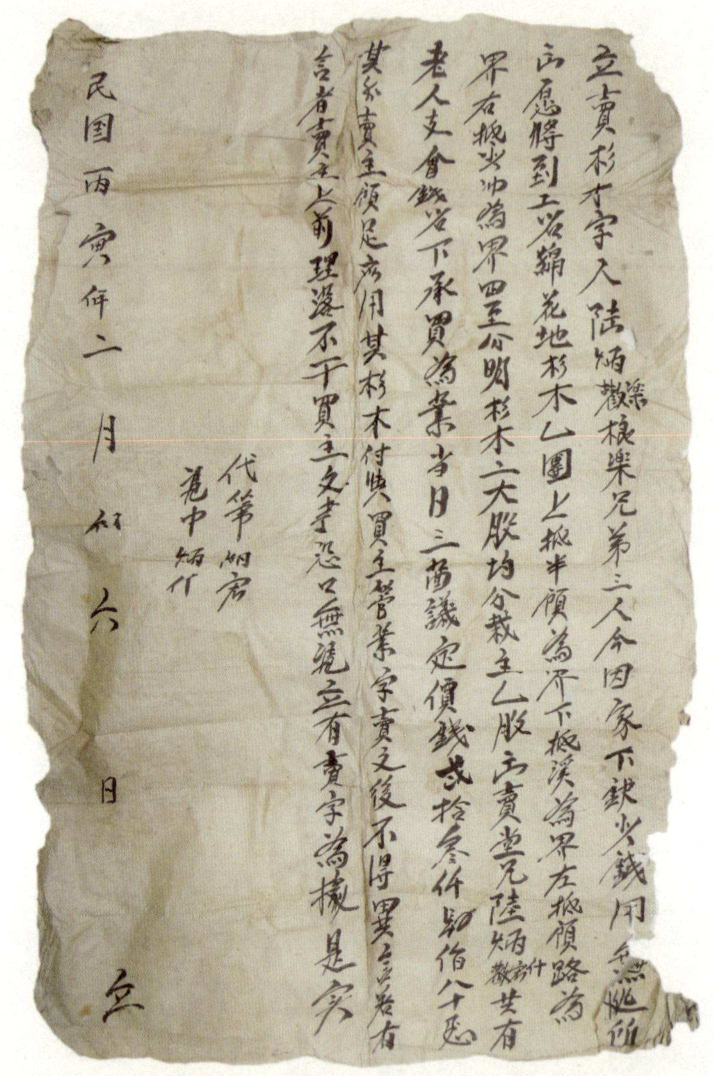

立卖杉木字人陆炳梁、陆炳欢、根乐兄弟三人，今因家下缺少钱用，无处所出，［自］愿将到土名棉花地杉木一团，上抵半领（岭）为界，下抵溪为界，左抵领（岭）路为界，右抵少冲为界，四至分明，杉木二大股均分，栽主一股出卖。堂兄陆炳什、陆炳宏、陆炳欢共有老人支会钱名下承买为业，当日三面议定价钱贰拾叁仟肆佰八十整。其钱卖主领足应用，其杉木付与买主管业。字（自）卖之后，不得异言。若有言者，卖主上前理落，不干买主之事。恐口无凭，立有卖字为据是实。

代笔：［陆］炳宏

凭中：［陆］炳什

民国丙寅年二月初六日立

21. 吴万清卖田契（民国十九年九月初八日）

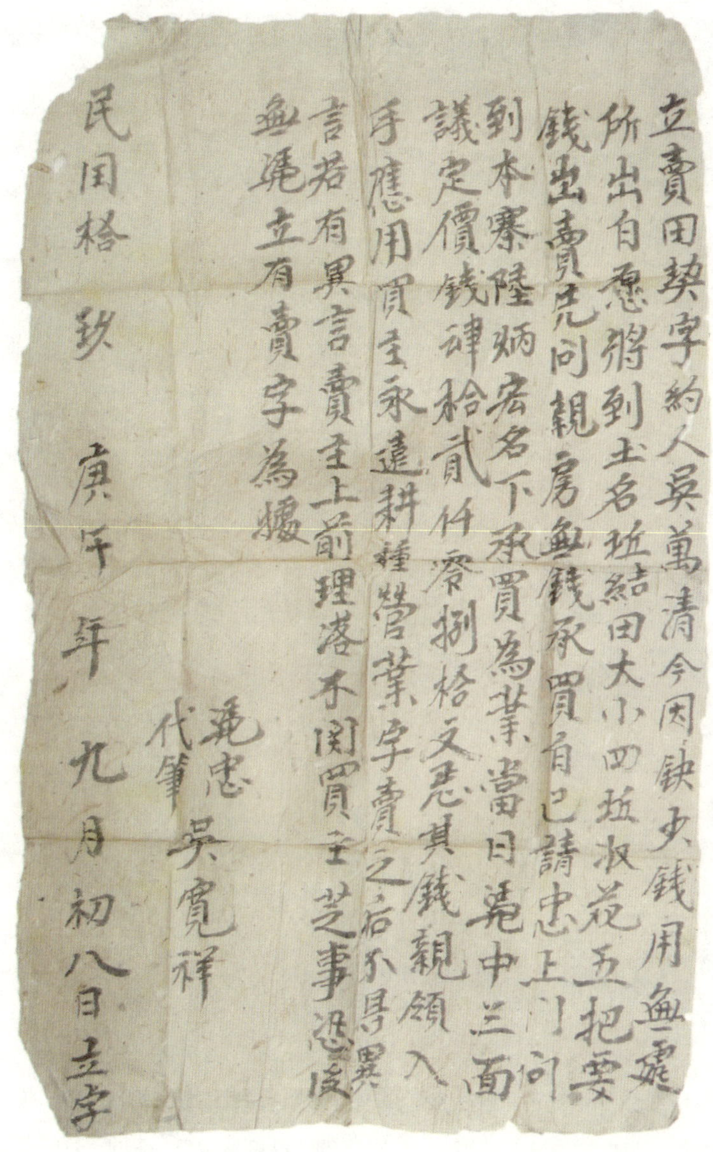
立賣田契字約人吳萬清今因缺少錢用無處
所出自愿將到土名坵結田大小四坵收花五把要
錢出賣先問親房無錢承買自己請忠上門問
到本寨陸炳宏名下承買為業當日凴中三面
議定價錢肆拾貳仟零捌拾文整其錢親領入
手應用買主永遠耕種管業字賣之后不得異
言若有異言賣主上前理落不関買主芝事恐後
無凴立有賣字為據
凴忠
代筆　吳寬祥
民国拾玖　庚午　年　九　月　初　八　日　立字

立卖田契字约人吴万清，今因缺少钱用，无处所出，自愿将到土名丘结田大小四丘，收花五把，要钱出卖。先问亲房无钱承买，自己请忠（中）上门问到本寨陆炳宏名下承买为业，当日凭中三面议定价钱肆拾贰仟零捌拾文整。其钱亲领入手应用，买主永远耕种管业。字（自）卖之后，不得异言。若有异言，卖主上前理落，不关买主芝（之）事。恐后无凭，立有卖字为据。

凭忠（中）、代笔：吴宽祥

民国拾玖庚午年九月初八日立字

22. 陆森灿典田契（民国二十二年十二月二十七日）

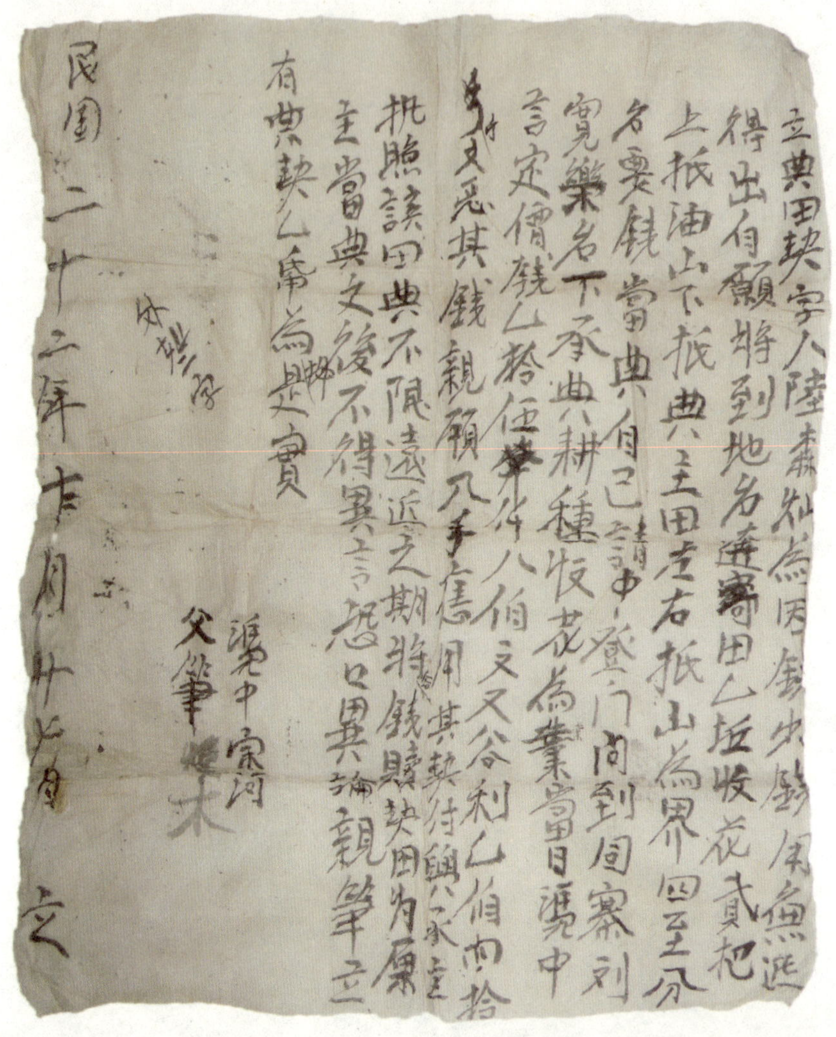

立典田契字人陆森灿，为因缺少钱用，无处得出，自愿将到地名奔寄田一丘，收花贰把，上抵油山，下抵典主田，左右抵山为界，四至分名（明），要钱当典。自己请中登门问到同寨刘宽乐名下承典耕种收花为业，当日凭中言定价钱一拾伍仟八伯（佰）文，又谷利一伯（佰）四拾斤整。其钱亲领入手应用，其契付与承主执照。该田典不限远近之期，将谷钱赎契，田归原主。当典文后，不得异言。恐口异论，亲笔立有典契一纸为据是实。

外如（涂）二字

凭中：宗河

父笔：焕木

民国二十二年十二月廿七日立

23. 刘耀海父子卖田契（民国二十二年□月□□日）

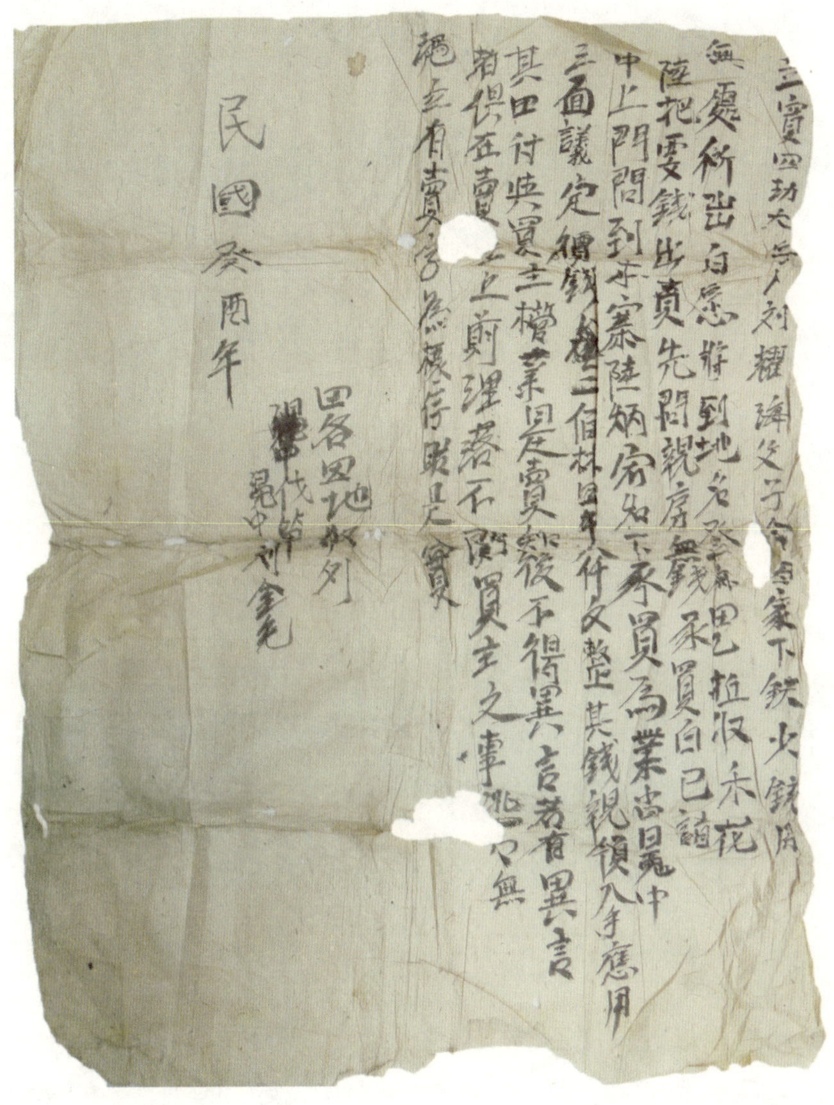

立卖四（田）契字人刘耀海父子，今因家下缺少钱用，无处所出，自愿将到地名登麻田一丘，收禾花陆把，要钱出卖。先问亲房无钱承买，自己请中上门问到本寨陆炳宏名下承买为业，当日凭中三面议定价钱三佰林（零）四十八仟文整。其钱亲领入手应用，其田付与买主管业。是（自）卖知（之）后，不得异言。若有异言者，俱在卖主上前理落，不关买主之事。恐口无凭，立有卖字为据存照是实。

田各（角）因地□外

代笔、凭中：刘金毛

民国癸酉年

24. 吴荣顺、吴吉元卖山场地土杉木字（民国二十三年五月十八日）

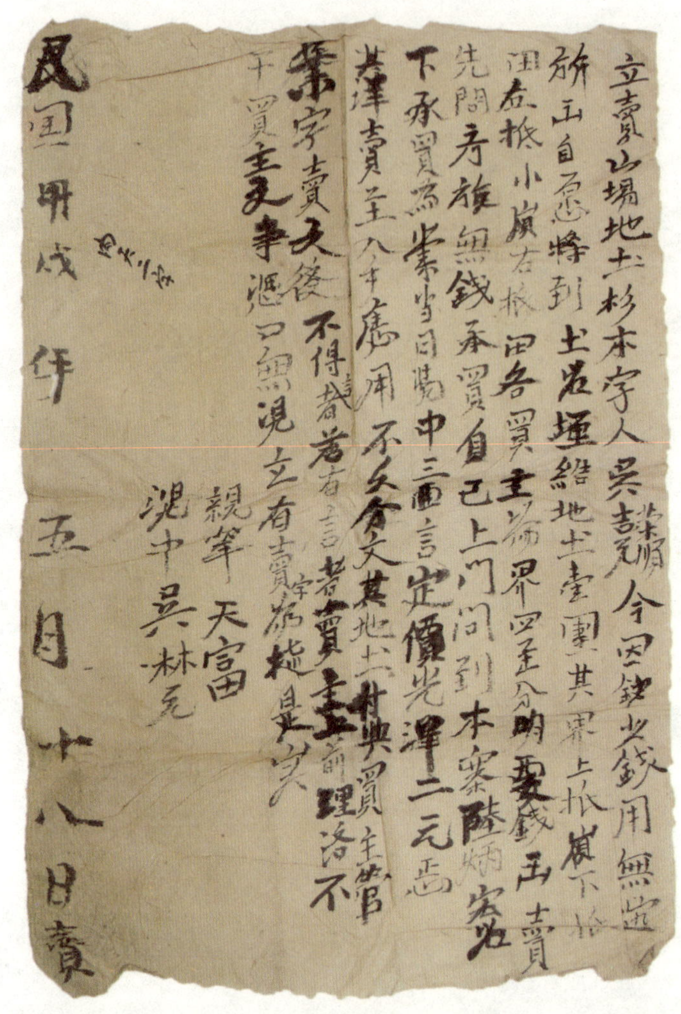

立卖山场地土杉木字人吴荣顺、吴吉元，今因缺少钱用，无处所出，自愿将到土岩垤结地土壹团，其界上抵岭，下抵田，左抵小岭，右抵田各（角）买主为界，四至分明，要钱出卖。先问房族无钱承买，自己上门问到本寨陆炳宏名下承买为业，当日凭中三面言定价光洋二元整。其洋卖主入手应用，不欠分文，其地土付与买主管业。字（自）卖之后，不得言者。若有言者，卖主上前理洛（落），不干买主之事。恐口无凭，立有卖字为据是实。

内天（添）二字

亲笔：天富

凭中：吴林元

民国甲戌年五月十八日卖

25. 刘宽乐、刘宁乐、刘寿乐等兄弟卖地土杉木字（民国二十三年六月初五日）

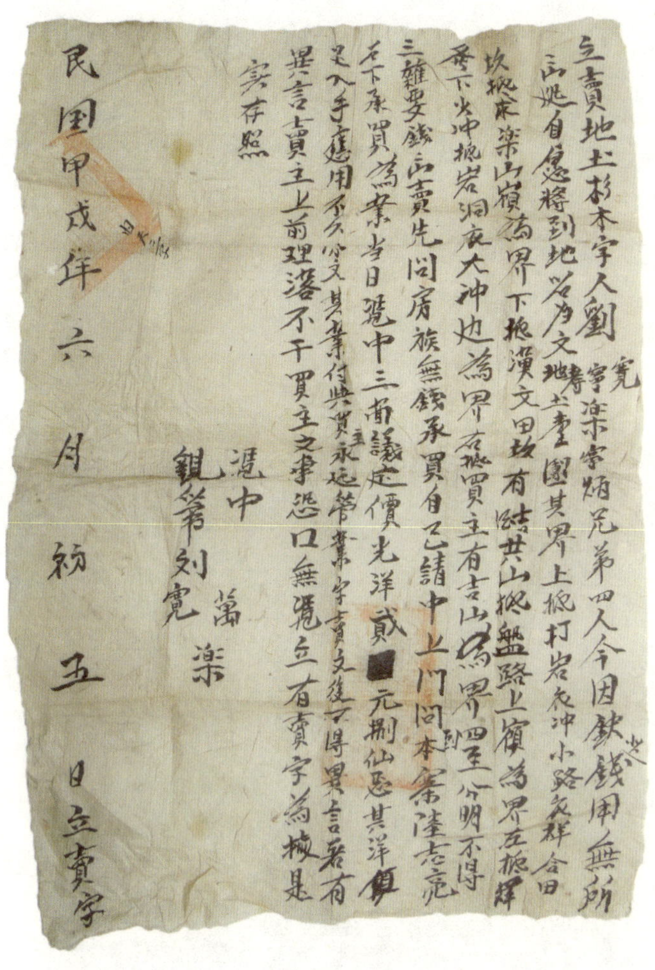

立卖地土杉木字人刘宽乐、刘宁乐、刘寿乐、宁炳兄弟四人，今因缺少钱用，无所出处，自愿将到地名归文地土壹团，其界上抵打岩衣（依）冲，小路衣（依）祥合田坎，抵求乐山岭为界，下抵汉文田坎，有吉、有□共山抵盘路上岭为界，左抵辉发下少冲，抵岩洞衣（依）大冲边为界，右抵买主有吉山为界，四至分明，不得三（掺）杂，要钱出卖。先问房族无钱承买，自己请中上门问到本寨陆志亮名下承买为业，当日凭中三面议定价光洋贰元捌仙整。其洋领足入手应用，不欠分文，其业付与买主永远管业。字（自）卖之后，不得异言。若有异言，卖主上前理落，不干买主之事。恐口无凭，立有卖字为据是实存照。

内天（添）三字

凭中：刘万乐

亲笔：刘宽乐

民国甲戌年六月初五日立卖字

26. 刘祥弟典田契（民国二十三年十二月二十一日）

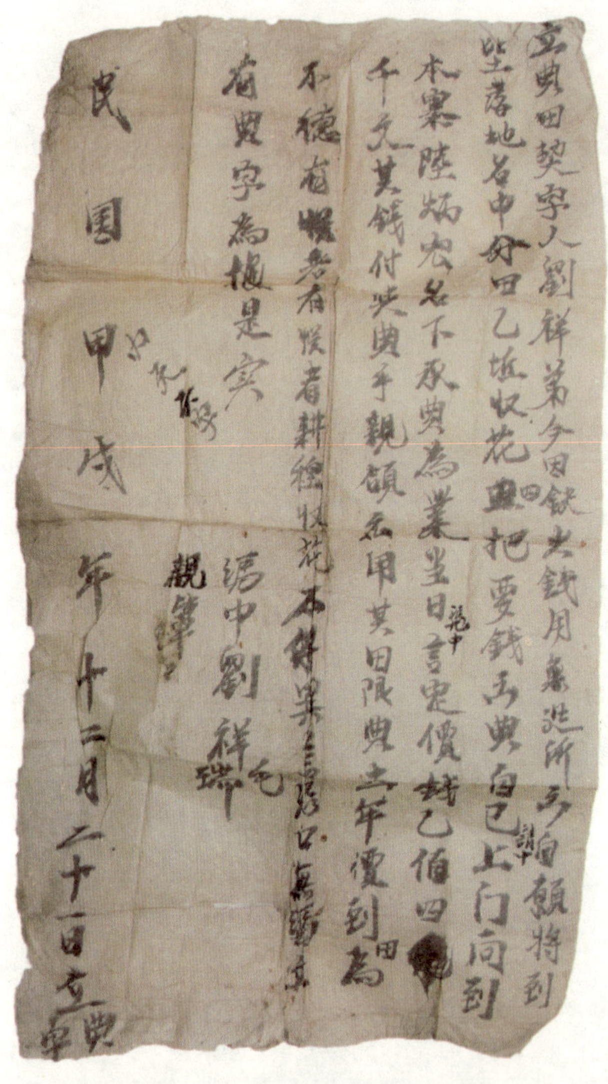

立典田契字人刘祥弟，今因缺少钱用，无处所出，自愿将到坐落地名中分田一丘，收花四把，要钱出典。自己请中上门问到本寨陆炳宏名下承典为业，当日凭中言定价钱一佰四千文。其钱付与典手（主）亲领应用，其田限典六年，价到田为（回），不德（得）有误。若有误者，耕种收花，不得异言。恐口无凭，立有典字为据是实。

内天（添）六字

凭中：刘祥毛、刘祥瑞

亲笔

民国甲戌年十二月二十一日立典字

27. 刘祥弟卖田契（民国二十四年五月初一日）

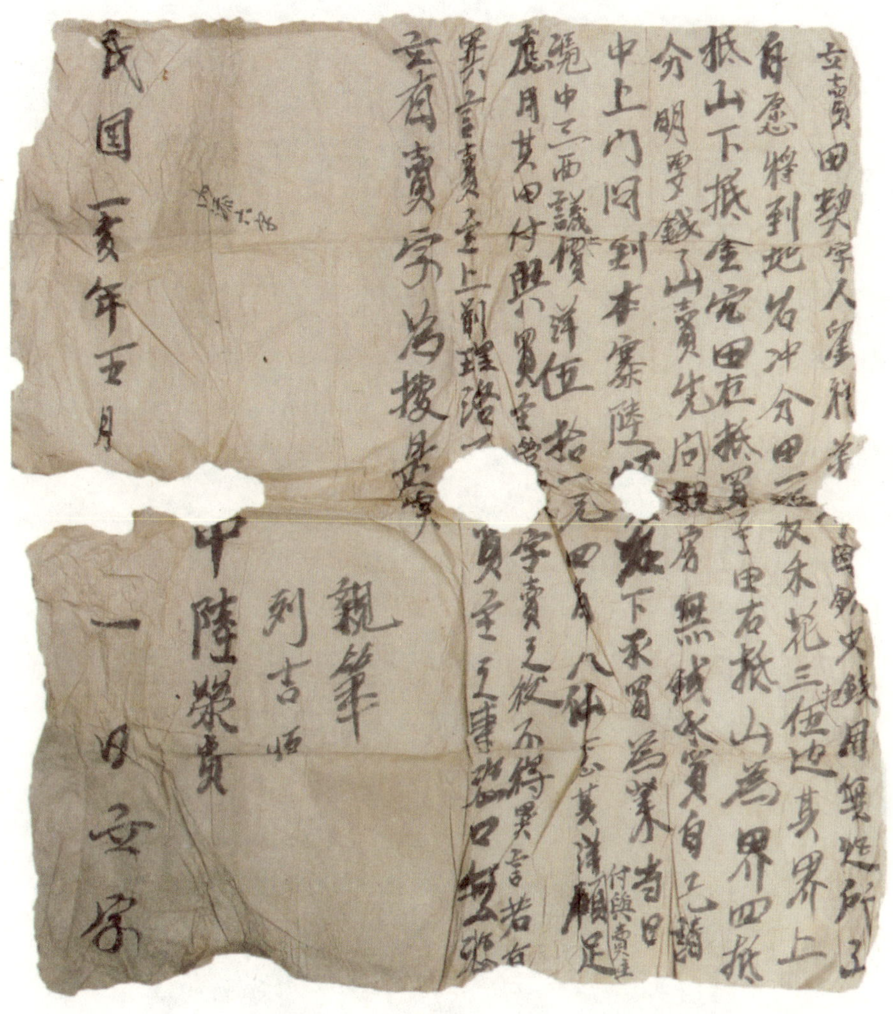

立卖田契字人刘祥弟，今因缺少钱用，无处所出，自愿将到地名冲分田一丘，收禾花三把伍边，其界上抵山，下抵金宏田，左抵买主，右抵山为界，四抵分明，要钱出卖。先问亲房无钱承买，自己请中上门问到本寨陆炳□名下承买为业，当日凭中三面议定价洋伍拾一元四角八仙整。其洋付与卖主领足应用，其田付与买主管业。字（自）卖之后，不得异言。若有异言，卖主上前理洛（落），不［关］买主之事。恐口无凭，立有卖字为据是实。

内添六字

亲笔：刘吉□

凭中：陆荣贵

民国一（乙）亥年五月［初］一日立字

28. 刘宁乐卖山场地土字（民国二十五年三月二十日）

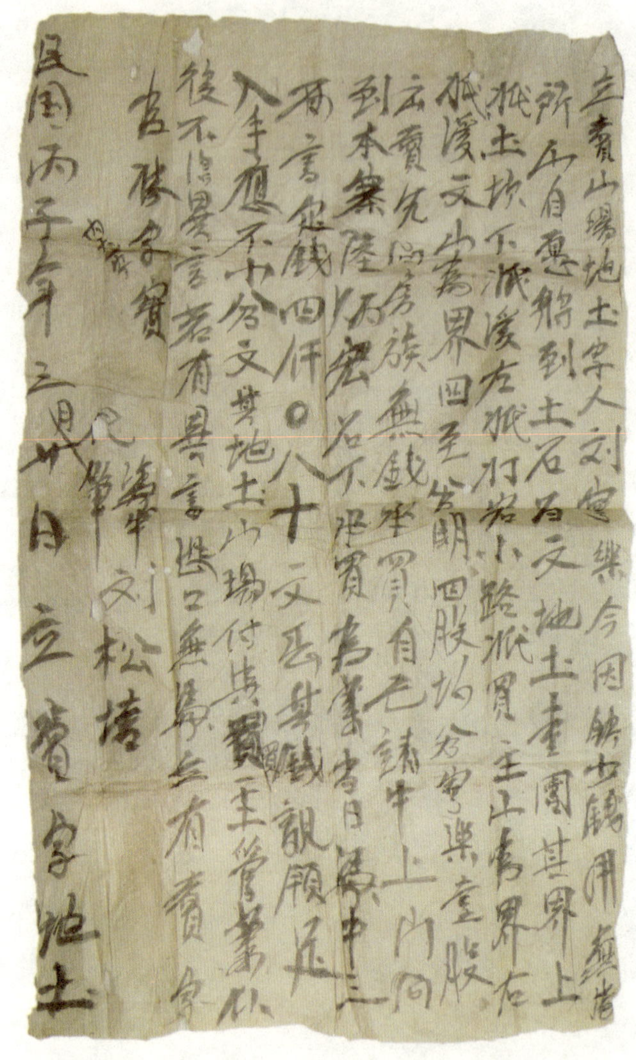

立卖山场地土字人刘宁乐，今因缺少钱用，无处所出，自愿将到土名归文地土壹团，其界上抵土坎，下抵溪，左抵打岩小路，抵买主山为界，右抵溪文山为界，四至分明，四股均分，宁乐壹股出卖。先问房族无钱承买，自己请中上门问到本寨陆炳宏名下承买为业，当日凭中三面言定钱四仟〇八十文整。其钱亲领足入手应［用］，不少分文，其地土山场付与买主管业，以后不得异言。若有异言，恐口无凭，立有卖字为据字（是）实。

内天（添）一字

凭中、代笔：刘松培

民国丙子年三月廿日立卖字地土

29. 吴万模卖田契（民国二十七年三月十三日）

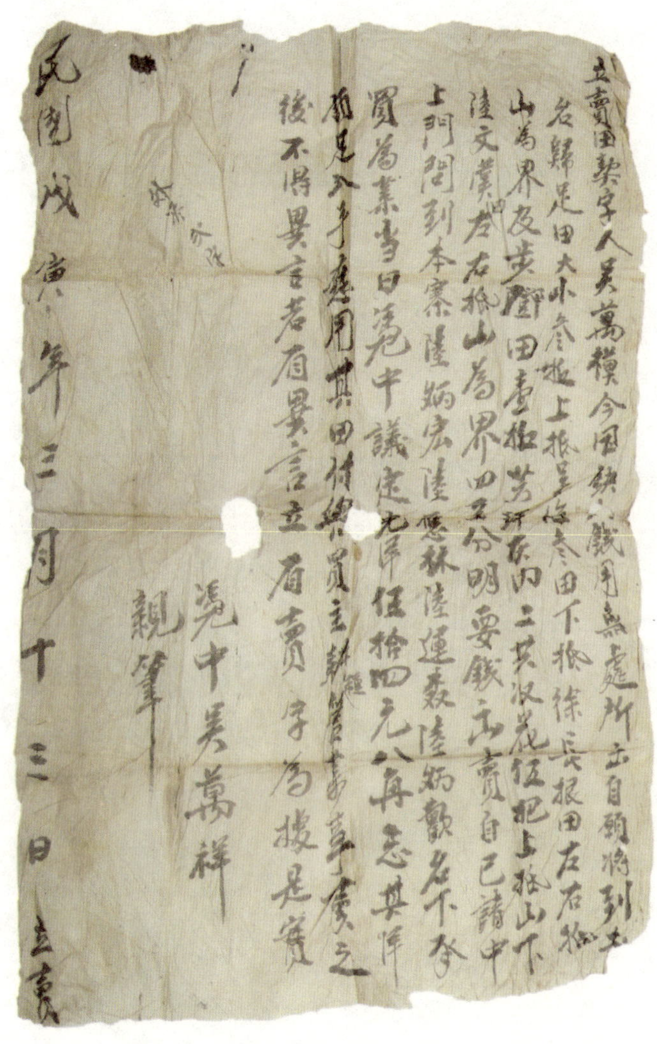

立卖田契字人吴万模，今因缺少钱用，无处所出，自愿将到土名归足田大小叁丘，上抵吴培叁田，下抵徐长根田，左右抵山为界，及步邓田壹丘，芳（荒）坪庆（在）内，二共收花伍把，上抵山，下抵陆文汉田，左右抵山为界，四至分明，要钱出卖。自己请中上门问到本寨陆炳宏、陆应林、陆连森、陆炳欢名下承买为业，当日凭中议定光洋伍拾四元八角整。其洋领足入手应用，其田付与买主耕种管业。事（自）卖之后，不得异言。若有异言，立有卖字为据是实。

外添贰字

凭中：吴万祥

亲笔

民国戊寅年三月十三日立卖

30. 吴林元、吴大顺、吴合顺父子卖山场地土杉木字（民国二十七年四月十六日）

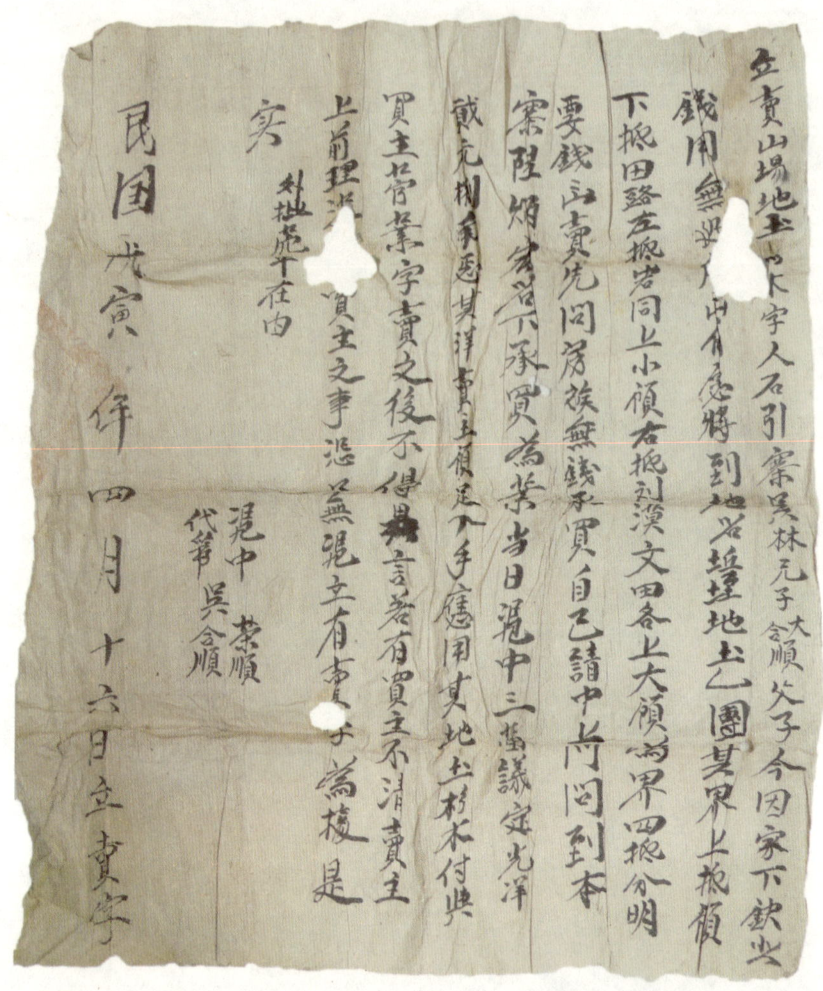

立卖山场地土杉木字人石引寨吴林元、子大顺、合顺父子，今因家下缺少钱用，无处所出，自愿将到地名丘垤地土一团，其界上抵领（岭），下抵田路，左抵岩同（洞）上小领（岭），右抵刘汉文田各（角）上大领（岭）为界，四抵分明，要钱出卖。先问房族无钱承买，自己请中上门问到本寨陆炳宏名下承买为业，当日凭中三面议定光洋贰元捌角整。其洋卖主领足入手应用，其地土杉木付与买主管业。字（自）卖之后，不得异言。若有买主不清，卖主上前理落，［不关］买主之事。恐口无凭，立有卖字为据是实。

外批：荒平（坪）在内

凭中：吴荣顺

代笔：吴合顺

民国戊寅年四月十六日立卖字

31. 陆炳宏买契纳税凭证（民国二十七年十月十七日）

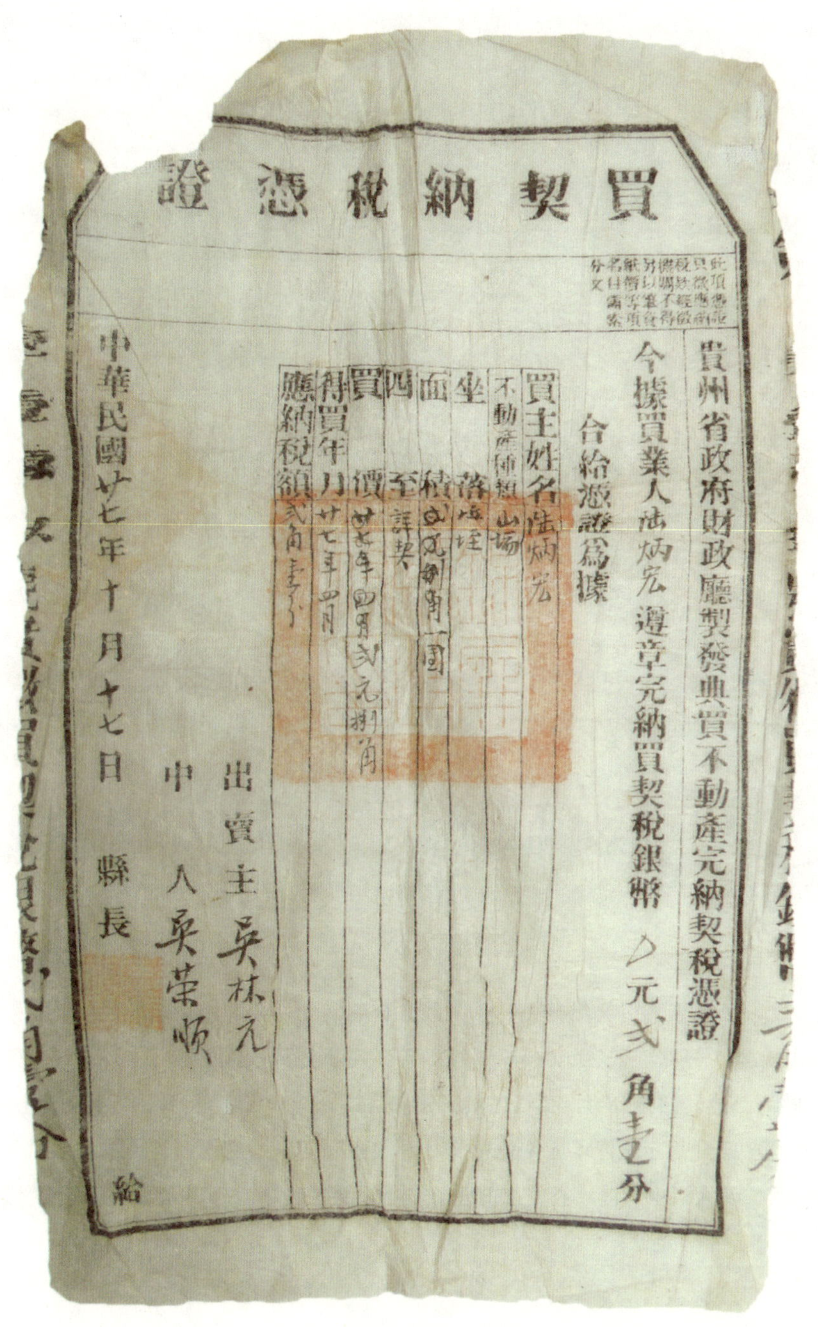

買契納稅憑證

貴州省政府財政廳製發典買不動產完納契稅憑證

今據買業人陆炳宏遵章完納買契稅銀幣 元贰角壹分

合給憑證爲據

買主姓名 陆炳宏

不動產種類 山场

坐落 丘垤

面積 壹团

四至 詳契

買價 贰元捌角

得買年月 廿七年四月

應納稅額 贰角壹分

出賣主 吴林元

中人 吴荣顺

中華民國廿七年十月十七日 縣長 給

内容摘要：陆炳宏购买丘垤山场一团，价格贰元八角，应纳税额贰角壹分，廿七年四月立契，卖主吴林元，中人吴荣顺，中华民国廿七年十月十七日。

32. 陆炳宏买契（民国二十七年十月十七日）

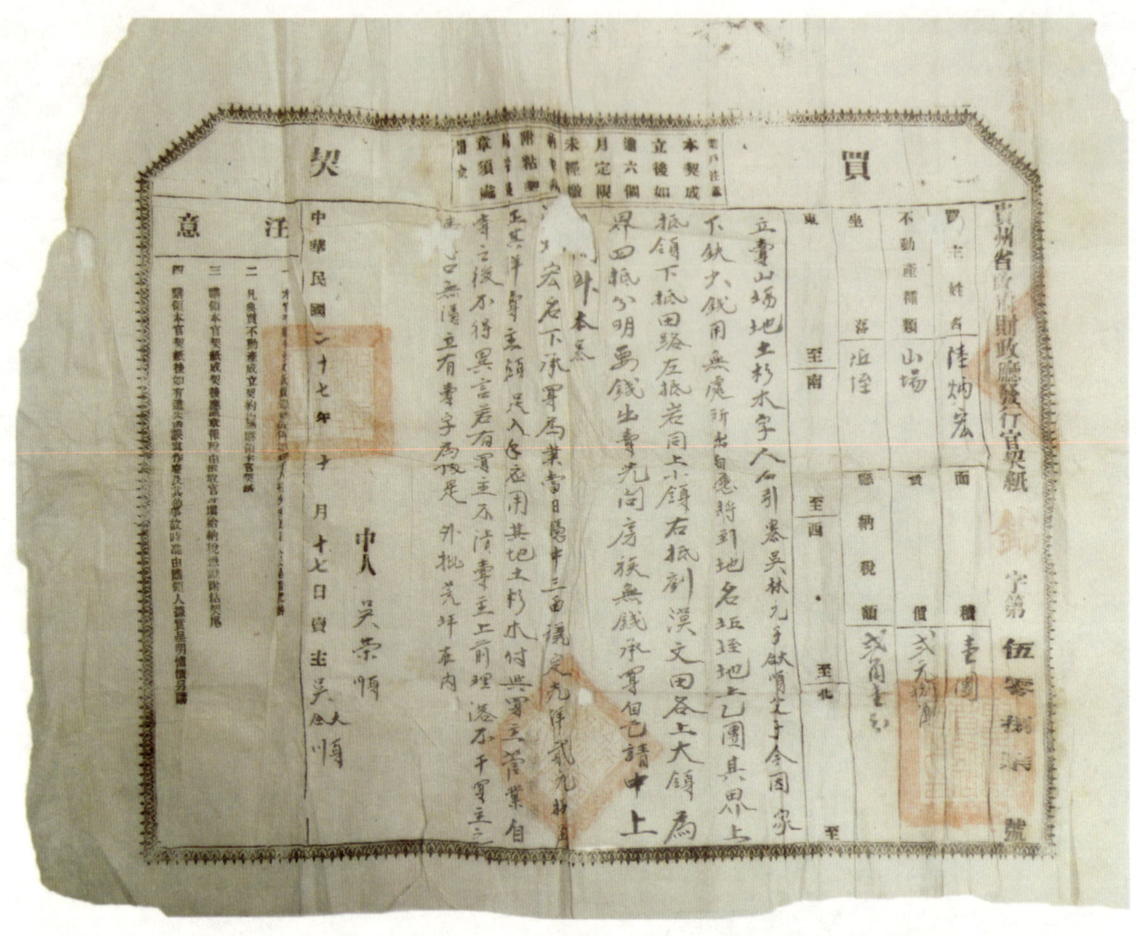

立卖山场地土杉木字人石引寨吴林元、子大顺、合顺父子，今因家下缺少钱用，无处所出，自愿将到地名丘垤地土一团，其界上抵领（岭），下抵田路，左抵岩同（洞）上小领（岭），右抵刘汉文田各（角）上大领（岭）为界，四抵分明，要钱出卖。先问房族无钱承买，自己请中上门问到本寨陆炳宏名下承买为业，当日凭中三面议定光洋贰元捌角正。其洋卖主领足入手应用，其地土杉木付与买主管业。自卖之后，不得异言。若有买主不清，卖主上前理落，不干买主之事。恐口无凭，立有卖字为据是［实］。

外批：荒坪在内

中人：吴荣顺

中华民国二十七年十月十七日卖主吴大顺、吴合顺

33. 陆求恩、陆元德卖园地字（民国二十八年五月十一日）

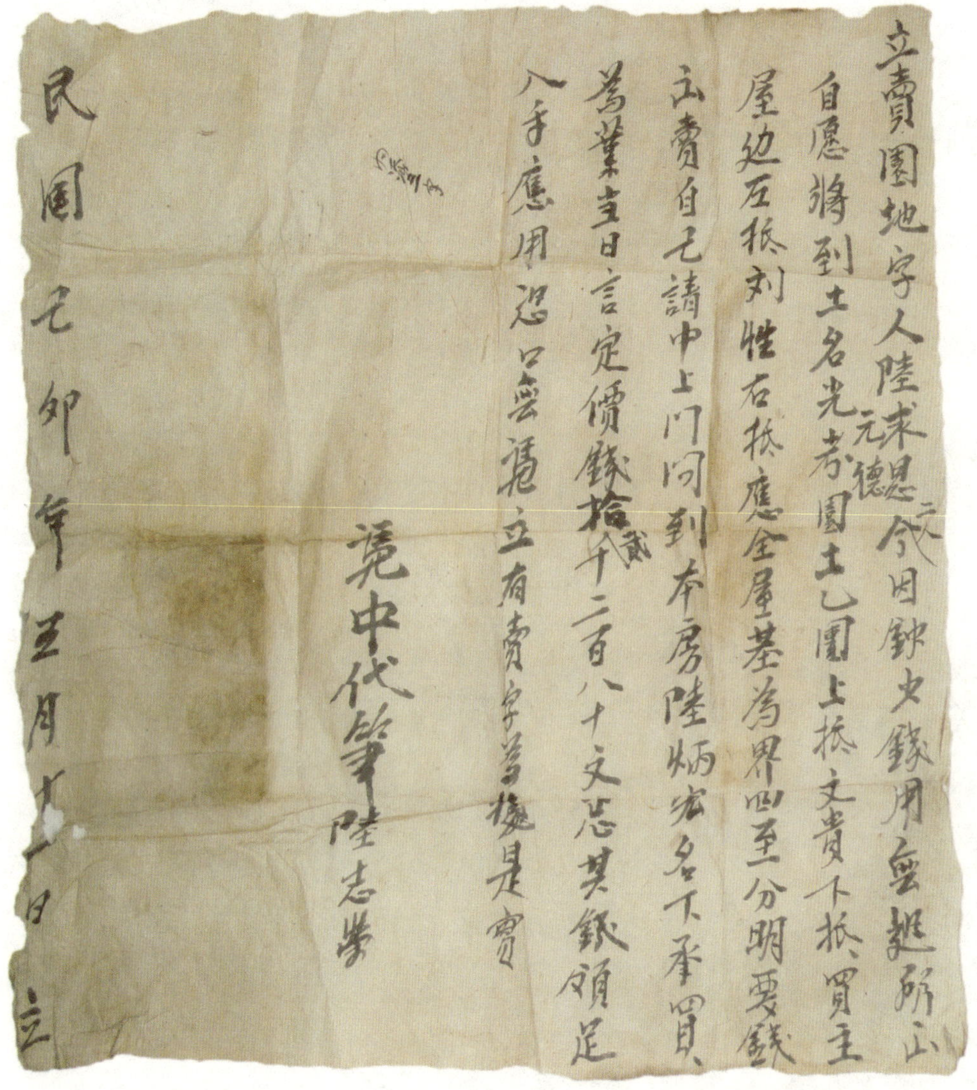

立卖园地字人陆求恩、陆元德二人，今因缺少钱用，无处所出，自愿将到土名光考园土一团，上抵文贵，下抵买主屋边，左抵刘性（姓），右抵应全屋基为界，四至分明，要钱出卖。自己请中上门问到本房陆炳宏名下承买为业，当日言定价钱拾贰千二百八十文整，其钱领足入手应用。恐口无凭，立有卖字为据是实。

内添三字

凭中、代笔：陆志荣

民国己卯年五月十一日立

34. 吴天元、吴泰顺父子卖山场地土字（民国二十八年九月廿八日）

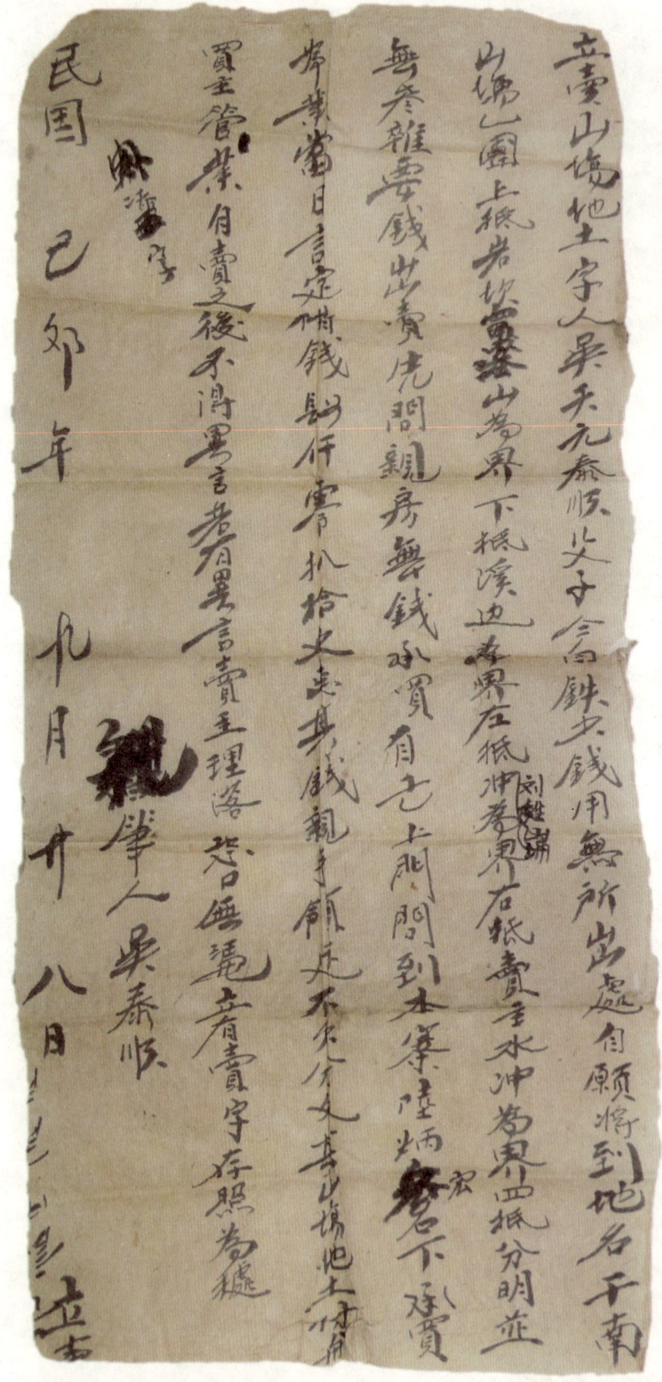

立卖山场地土字人吴天元、泰顺父子，今因缺少钱用，无所出处，自愿将到地名干南山场一团，上抵岩坎□□山为界，下抵溪边为界，左抵刘姓山场冲为界，右抵卖主水冲为界，四抵分明，并无叁（掺）杂，要钱出卖。先问亲房无钱承买，自己上门问到本寨陆炳宏名下承买为业，当日言定价钱肆仟零扒（八）拾文整。其钱亲手领足，不欠分文，其山场地土付与买主管业。自卖之后，不得异言。若有异言，卖主理落。恐口无凭，立有卖字存照为据。

内添五字

亲笔人：吴泰顺

民国己卯年九月廿八日立卖

35. □□□卖田契（民国三十二年正月二十八日）

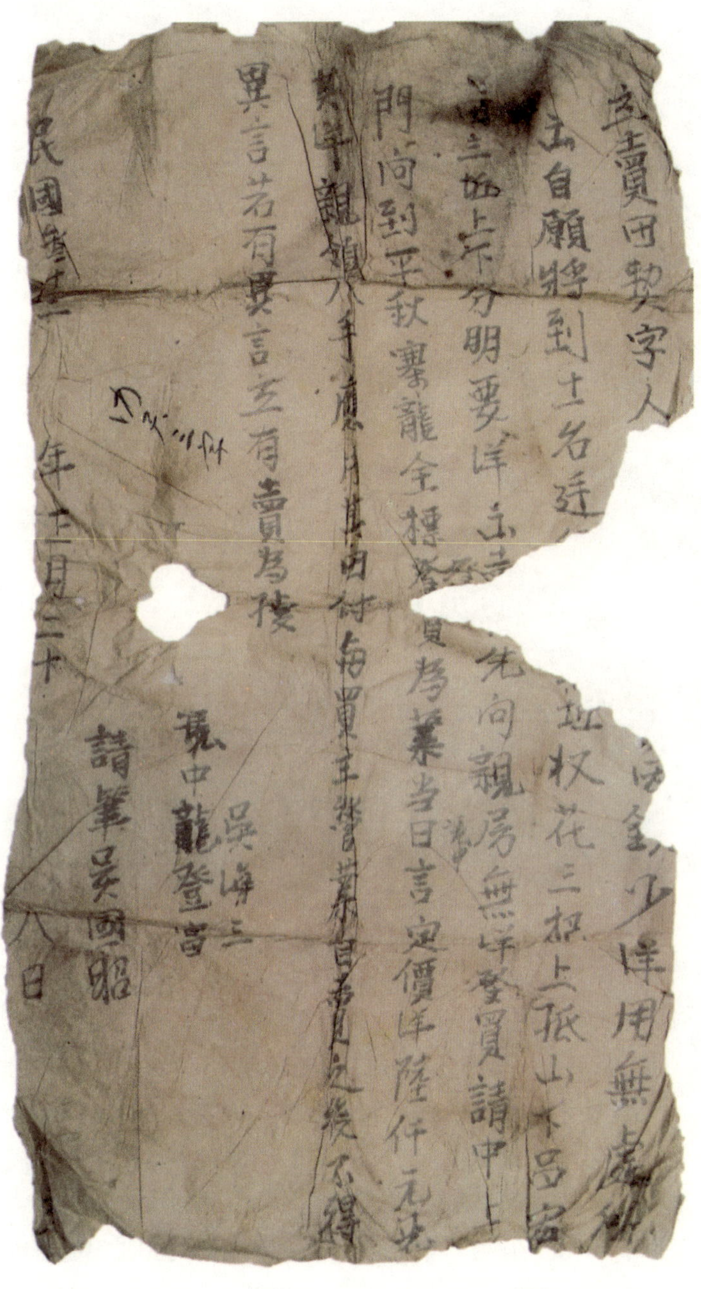

立卖田契字人……今因缺少洋用，无处所出，自愿将到土名廷……丘，收花三把，上抵山，下［抵］昌宏田，三丘上下分明，要洋出卖。先问亲房无洋承买，请中上门问到平秋寨龙全标承买为业，当日凭中言定价洋陆仟元整。其洋亲领入手应用，其田付与买主管业。自卖之后，不得异言。若有异言，立有卖［字］为据。

内天（添）三字

凭中：吴海三、龙登富

请笔：吴国昭

民国叁十二年正月二十八日立

36. 龙应求卖杉木字（民国□□年七月十三日）

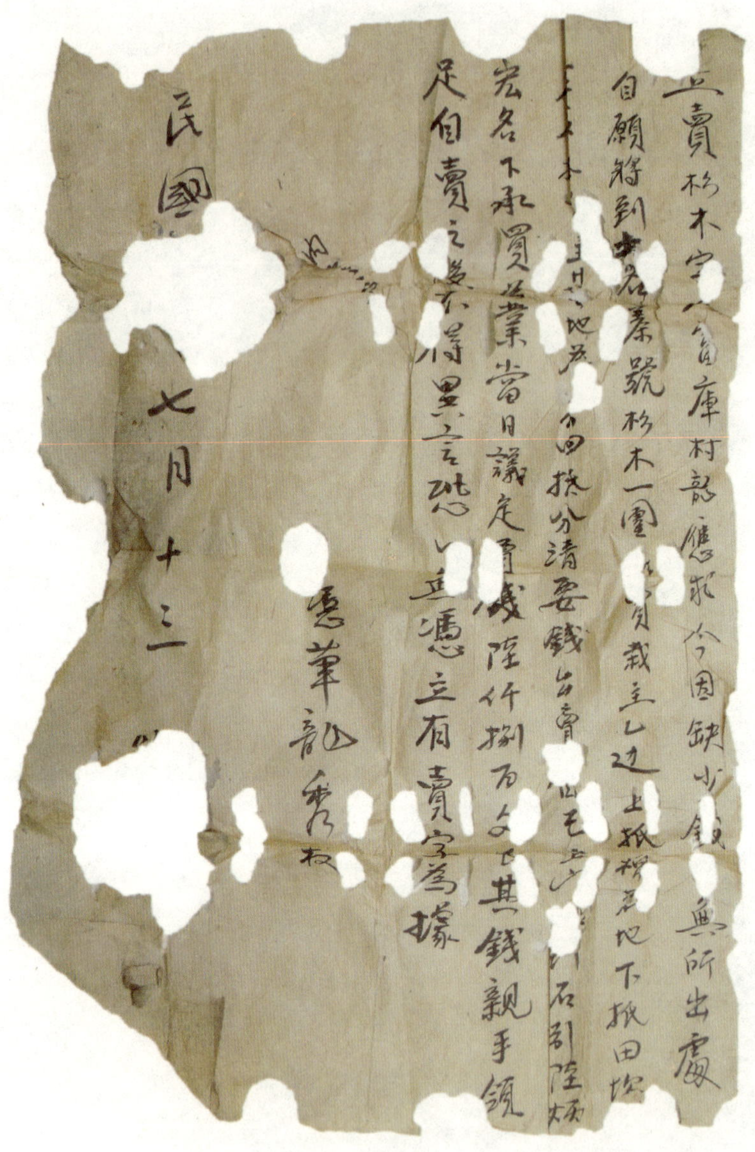

立卖杉木字人富库村龙应求，今因缺少钱用，无所出处，自愿将到土名寨号杉木一团出卖栽主一边。上抵棉花地，下抵田坎……主共地为界，四抵分清，要钱出卖。自己上门问到石引［寨］陆炳宏名下承买为业，当日议定价钱陆仟捌百文正，其钱亲手领足。自卖之后，不得异言。恐口无凭，立有卖字为据。

内添□字

凭笔：龙秀权

民国□□年七月十三日［立］

37. 罗永丰、罗永清卖田字（时间不详）

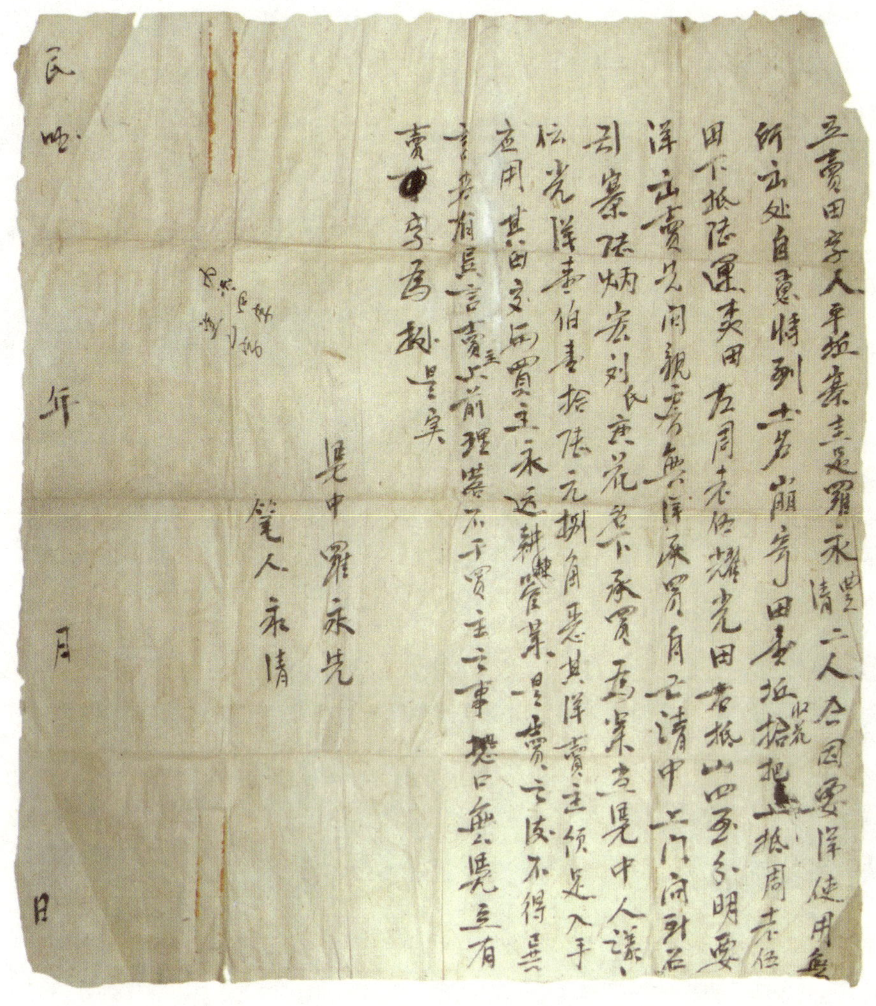

立卖田字人平丘寨圭足罗永丰、罗永清二人，今因要洋使用，无所出处，自愿将到土名崩寄田壹丘，收花拾把，上抵周老伍田，下抵陆运森田，左［抵］周老伍、耀光田，右抵山，四至分明，要洋出卖。先问亲房无洋承买，自己请中上门问到石引寨陆炳宏、刘氏庚花名下承买为业，当［日］凭中人议伝（价）光洋壹伯（佰）壹拾陆元捌角整。其洋卖主领足入手应用，其田交与买主永远耕种管业。是（自）卖之后，不得异言。若有异言，卖主上前理落，不干买主之事。恐口无凭，立有卖字为据是实。

内添四字，涂一字

凭中：罗永先

笔人：永清

民国□□年□月□日

38. 杨再榜、杨再惠父子卖禁山字（时间不详）

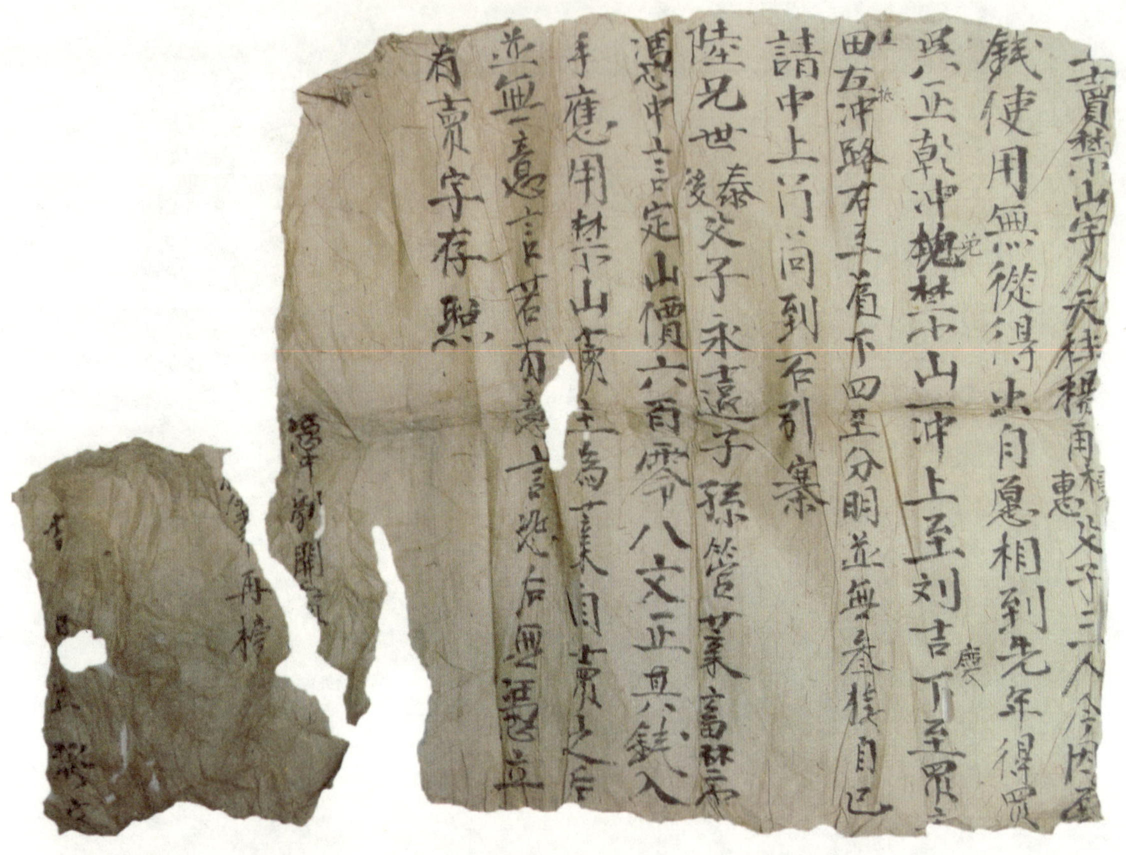

立卖禁山字人天柱杨再榜、杨再惠父子三人，今因要钱使用，无处得出，自愿相（将）到先年得买吴正乾冲免禁山一冲。上至刘吉庆，下至买主田，左抵冲路，右至领（岭）下，四至分明，并无叁（掺）杂。自己请中上门问到石引寨陆兄世泰、世后父子永远子孙管业畜（蓄）禁，凭中言定山价六百零八文正。其钱入手应用，禁山卖（买）主为业。自卖之后，并无意（异）言。若有意（异）言，恐后无凭，立有卖字存照。

凭中：刘开贤

□笔：再榜

……吉日立发字